Band 13

Neue Schriften zum Staatsrecht

Nomos

Teresa Weber

Bundesstaatliche Identitäten und ihre Achtung im Unionsrecht

Nomos Verlagsgesellschaft

FWF Der Wissenschaftsfonds.

Veröffentlicht mit Unterstützung des Austrian Science Fund (FWF): PUB 933-G

PD.in Dr.in Teresa Weber, MSc, geboren 1989, forscht und lehrt im Öffentlichen Recht und Europarecht. Studium der Rechtswissenschaften in Wien (Universität Wien, 2010; Promotion an der Wirtschaftsuniversität Wien 2014) und Law & Society in Leiden (Master of Science, 2021). Berufliche Stationen u.a. an der Wirtschaftsuniversität Wien, der Paris-Lodron-Universität Salzburg und der Ludwig-Maximilians-Universität München. 2021 Habilitation für die Fächer Verfassungsrecht, Verwaltungsrecht und Europarecht an der Paris-Lodron-Universität Salzburg.

Die Deutsche Nationalbibliothek verzeichnet diese Publikation in der Deutschen Nationalbibliografie; detaillierte bibliografische Daten sind im Internet über *http://dnb.d-nb.de* abrufbar.

Zugl.: Habil., Paris-Lodron-Universität Salzburg, 2021

1. Auflage 2022

Publiziert von
Nomos Verlagsgesellschaft mbH & Co. KG
Waldseestraße 3–5 | 76530 Baden-Baden
www.nomos.de

Gesamtherstellung:
Nomos Verlagsgesellschaft mbH & Co. KG
Waldseestraße 3–5 | 76530 Baden-Baden

ISBN (Print): 978-3-8487-8718-0
ISBN (ePDF): 978-3-7489-3109-6

DOI: https://doi.org/10.5771/9783748931096

Onlineversion
Nomos eLibrary

Schrift: Sabon 9,3 auf 12,4 pt. Das Buch wurde auf alterungsbeständigem Werkdruckpapier gedruckt und fadengeheftet.

Vorwort und Danksagung

Die Arbeit wurde im August 2020 abgeschlossen und als Habilitationsschrift an der Universität Salzburg eingereicht, wo mir im Mai 2021 die venia docendi für die Fächer Verfassungs- und Verwaltungsrecht sowie Europarecht verliehen wurde. Für die Publikationsfassung wurde neuere Rechtsprechung und Literatur bis November 2021 berücksichtigt.

Für vielfache Unterstützung und lehrreiche Diskussionen im Zusammenhang mit dieser Schrift möchte ich mich bei Benjamin Kneihs und Kirsten Schmalenbach bedanken, die mir in unterschiedlichen Phasen jeweils ihr offenes Ohr angeboten und viel wertvolle Zeit gewidmet haben. Danke!

Mein Dank gilt aber auch Michael Potacs, meinem Dissertationsvater, der mich vor einigen Jahren zum wissenschaftlichen Arbeiten und auch jetzt zur Fertigstellung dieser Schrift ermutigt und angespornt hat. Danke!

Mein Dank gebührt weiters allen Kolleginnen und Kollegen am Fachbereich Öffentliches Recht, Völker- und Europarecht der Universität Salzburg, an dem diese Habilitationsschrift entstanden ist, sowie den Mitgliedern der Habilitationskommission.

Auch dem Gutachter Ewald Wiederin und den Gutachterinnen Katharina Pabel und Patricia Popelier möchte ich für ihre kritische Durchsicht der Arbeit und die Hinweise auf Verbesserungsmöglichkeiten danken.

Für die Entstehung und den Inhalt dieser Habilitationsschrift waren mehrere Forschungsaufenthalte maßgeblich. Ich bin sehr dankbar für die Möglichkeiten zum fokussierten Forschen und zum intellektuellen Austausch, die mir dabei geboten wurden. Mein diesbezüglicher Dank gilt Karl-Peter Sommermann (Speyer), Anne Peters (Heidelberg) und Christian Behrendt (Liège/Leuven).

Der größte Dank gebührt all jenen Menschen, die mich auch außerhalb des akademischen Umfelds unterstützt und mich davor bewahrt haben, mich in dieser Arbeit zu verlieren – meiner Familie und meinen Freundinnen und Freunden. Ohne euch würde es dieses Buch nicht geben.

Wien, im November 2021 Teresa Weber

Inhaltsübersicht

Inhaltsverzeichnis

Abkürzungsverzeichnis

aA	anderer Ansicht
Abs	Absatz
ABl	Amtsblatt der Europäischen Union
AC	Arresten van het Hof van Cassatie (Sammlung der Entscheidungen des Belgischen Kassationshofes)
AEUV	Vertrag über die Arbeitsweise der Europäischen Union
AJIL	American Journal of International Law
AöR	Archiv des öffentlichen Rechts
ApplNr	application number
APT	Administration publique (Trimestriel): revue du droit public et des sciences administratives
Arg	argumentum
Art	Artikel
Aufl	Auflage
bbl	baurechtliche Blätter
BGBl	Bundesgesetzblatt (Österreich)
Blg	Beilage(n)
BR	Bundesrat
BRD	Bundesrepublik Deutschland
bspw	beispielsweise
BT-Drs	Bundestags-Drucksache
BV	Belgische Verfassung, koordinierter Text vom 17.02.1994 in der Fassung der am 29.11.2017 im Belgischen Staatsblatt kundgemachten Änderungen
BVerfG	Bundesverfassungsgericht
BVerfGE	Entscheidungen des Bundesverfassungsgerichts
BVerfGG	Gesetz über das Bundesverfassungsgericht
BVG	Bundesverfassungsgesetz
B-VG	Bundes-Verfassungsgesetz
bzw	beziehungsweise
CDPK	Chroniques de droit public/Publiekrechtelijke kronieken
CFR	EU Charter of Fundamental Rights = GRC
CLR	Columbia Law Review
CMLR	Common Market Law Review

CPE	Constitutional Political Economy
DÖV	Die Öffentliche Verwaltung
ea	et alii/et aliae
ECLR	European Constitutional Law Review
ed	editor
eds	editors
EGMR	Europäischer Gerichtshof für Menschenrechte
EL	Ergänzungslieferung
ELJ	European Law Journal
ELR	European Law Review
EMRK	Europäische Menschenrechtskonvention
EPL	European Public Law
etc	et cetera
EU	Europäische Union
EuG	Europäisches Gericht
EuGH	Europäischer Gerichtshof
EuR	Europarecht (Zeitschrift)
EUV	Vertrag über die Europäische Union
EuZW	Europäische Zeitschrift für Wirtschaftsrecht
EZB	Europäische Zentralbank
f, ff	folgende
FAG	Finanzausgleichsgesetz
FN	Fußnote
FS	Festschrift
GA	Generalanwalt, Generalanwältin
GFK	Genfer Flüchtlingskonvention
GG	Grundgesetz (Deutschland)
ggf	gegebenenfalls
GH	Belgischer Verfassungsgerichtshof
GH	Belgischer Verfassungsgerichtshof (Cour Constitutionnelle/Grondwettelijk Hof, vor 2003: Cour d'Arbitrage/Arbitragehof)
GLJ	German Law Journal
GP	Gesetzgebungsperiode
GRC	Grundrechtecharta der Europäischen Union

GRI	Gesetz über die Reform der Institutionen vom 09.08.1980, kundgemacht im Belgischen Staatsblatt am 15.08.1980, in der Fassung vom 31.01.2014
GS	Gedenkschrift
hA	herrschende Ansicht
HB StR	Handbuch Staatsrecht
Hg	Herausgeber
hL	herrschende Lehre
hM	herrschende Meinung
ICLQ	The International and Comparative Law Quarterly
idF	in der Fassung
idgF	in der geltenden Fassung
idR	in der Regel
idS	in diesem Sinn
ieS	im engeren Sinn
IGH	Internationaler Gerichtshof
inkl	inklusive
insb	insbesondere
iSd	im Sinne des/der
iSe	im Sinne einer/eines
iSv	im Sinn von
iVm	in Verbindung mit
iwS	im weiteren Sinn
JAP	Juristische Ausbildung und Praxisvorbereitung
JBl	Juristische Blätter
JBÖR	Jahrbuch des Öffentlichen Rechts der Gegenwart
JCMS	Journal of Common Market Studies
JRP	Journal für Rechtspolitik
JT	Journal des Tribunaux
JZ	Juristenzeitung (Deutschland)
KNV	Konstituiernde Nationalversammlung
Lfg	Lieferung
LGBl	Landesgesetzblatt
lit	litera/literae
LNTS	League of Nations Treaty Series

mE	meines Erachtens
mwN	mit weiteren Nachweisen
NJW	Neue Juristische Wochenschrift
NÖ	Niederösterreichisches
NR	Nationalrat
NVwZ	Neue Zeitschrift für Verwaltungsrecht
ÖJZ	Österreichische Juristenzeitung
OMT	Outright Monetary Transactions
ÖZW	Österreichische Zeitschrift für Wirtschaftsrecht
Pas	Pasicrisie belge (Sammlung der Entscheidungen belgischer Höchstgerichte)
RBDC	Revue belge de droit constitutionnel
RBDI	Revue belge de droit international
RDUL	Revue de la Faculté de droit de l'Université de Liège
RGBl	Reichsgesetzblatt
Rs	Rechtssache
Rsp	Rechtsprechung
RV	Regierungsvorlage
RW	Rechtskundig weekblad
Rz	Randziffer
s	siehe
SGGH	Sondergesetz über den Belgischen Verfassungsgerichtshof vom 06.01.1989, kundgemacht im Belgischen Staatsblatt am 07.01.1989, in der Fassung vom 10.01.2017
SGRI	Sondergesetz über die Reform der Institutionen vom 08.08.1980, kundgemacht im Belgischen Staatsblatt am 15.08.1980, in der Fassung vom 27.08.2018
sog	sogenannte/sogenannter/sogenanntes
StenPr	Stenographische Protokolle
StGBl	Staatsgesetzblatt
StGG	Staatsgrundgesetz über die allgemeinen Rechte der Staatsbürger
TBP	Tijdschrift voor bestuurswetenschappen en publiekrecht
TEU	Treaty on the European Union
TFEU	Treaty on the Functioning of the European Union
ua	unter anderem
UAbs	Unterabsatz

UNTS	United Nations Treaty Series
uU	unter Umständen
va	vor allem
VCLT	Vienna Convention on the Law of Treaties = WVK
verb Rs	verbundene Rechtssachen
VfGH	Verfassungsgerichtshof (Österreich)
VfSlg	Sammlung der Entscheidungen des Verfassungsgerichtshofs
vgl	vergleiche
Vorb	Vorbemerkung
vs	versus
VVDStRL	Veröffentlichungen der Vereinigung der deutschen Staatsrechtslehrer
VwG	Verwaltungsgericht/Verwaltungsgerichte
VwGH	Verwaltungsgerichtshof
Wr	Wiener
WVK	Wiener Vertragsrechtskonvention
Z	Ziffer
ZaöRV	Zeitschrift für ausländisches öffentliches Recht und Völkerrecht
zB	zum Beispiel
ZEuS	Zeitschrift für europarechtliche Studien
ZfV	Zeitschrift für Verwaltung
ZÖR	Zeitschrift für Öffentliches Recht
zT	zum Teil

1. Einleitung

1.1 Ausgangsfrage: Bundesstaatliche nationale Identitäten?

Die vorliegende Untersuchung geht von der grundlegenden Frage aus, ob und wenn ja in welchem Ausmaß die Organe der EU verpflichtet sind, die Bundesstaatlichkeit ihrer Mitgliedstaaten Österreich, Deutschland und Belgien zu achten. Diese Frage stellt sich im Lichte dessen, dass das Primärrecht selbst in Art 4 Abs 2 EUV[1] die Organe der EU zur Achtung der grundlegenden politischen und verfassungsmäßigen Strukturen der Mitgliedstaaten (ihrer nationalen Identitäten) verpflichtet.[2] Während andere Grundlagen der mitgliedstaatlichen Verfassungsrechtsordnungen als von der EU zu achtende Grenze nationaler Verfassungen – wie etwa Demokratie oder Rechtsstaatlichkeit – viel beschrieben wurden,[3] hat der Bundesstaat in diesem Zusammenhang verhältnismäßig wenig Aufmerksamkeit erfahren.[4] Dies möchte die nachfolgende Untersuchung ändern.

1.2 Konkrete Forschungsfragen

Die nachfolgenden Ausführungen untersuchen also, welche Elemente des bundesstaatsrelevanten Verfassungsrechts grundlegende politische und verfassungsmäßige Strukturen und damit Bestandteil der jeweiligen nationalen Identität iSd Art 4 Abs 2 EUV sind und welche Konsequenzen dies in der Unionsrechtsordnung

1 Zur Entstehungsgeschichte dieser Bestimmung ausführlich *Guastaferro*, Yearbook of European Law 2012, 271 ff; *Murphy*, Trinity College Law Review 2017, 95 ff. Zur Frage der Durchsetzbarkeit insb der Vorgängerbestimmungen von Art 4 Abs 2 EUV *Cloots*, Identity 36 ff. Weiters bietet *Simon*, in Burgorgue-Larsen, L'identité 30 ff, eine Analyse der Rsp des EuGH in der – ohne explizite Bezugnahme auf ein Konzept der nationalen Identität – nach Ansicht des Autors bereits Rücksicht auf die konstitutionelle Autonomie der Mitgliedstaaten genommen wird; vgl auch *Epiney*, EuR 1994, 304 ff, insb 307.

2 Insofern die Notwendigkeit der Erforschung der nationalen Identitätsgehalte konstatierend *von Bogdandy/Schill*, ZaöRV 2010, 708.

3 Zum Beispiel *Simon*, Grenzen 164 ff; *Kottmann/Wohlfahrt*, ZaöRV 2009, 444 ff; *Schwarze*, EuR 2010, 108 ff; *Calliess*, NVwZ 2019, 684 ff; *Rademacher*, EuR 2018, 147 ff; *Walter*, ZaöRV 2012, 181 ff; *Haratsch*, EuR 2016, 136 ff; *Walter/Vordermayer* in JBÖR 2015, 134 ff; in diese Richtung geht auch die Literatur zur *Omega*-Entscheidung des EuGH, EuGH 14.10.2004, Rs C-36/02 (*Omega-Spielhallen*) ECLI:EU:C:2004:614, zB *Murphy*, Trinity College Law Review 2017, 105 ff; *Walter*, ZaöRV 2012, 197; *Ackermann*, CMLR 2005, 1107 ff.

4 Siehe aber die doch recht umfangreiche Diskussion damit im Zusammenhang stehender Fragen in der belgischen rechtswissenschaftlichen Literatur; unten bei 7.4.2.3.2 (= 353) sowie die (knappen) Hinweise in (insb) der Kommentarliteratur zu Art 4 EUV: zB *Geiger* in Geiger/Khan/Kotzur, Art 4 EUV Rz 3; *Puttler* in Calliess/Ruffert, Art 4 EUV Rz 19; *Hatje* in Schwarze, Art 4 EUV Rz 11; *Schill/Krenn* in Grabitz/Hilf/Nettesheim, Art 4 EUV Rz 19; *Obwexer* in von der Groeben/Schwarze/Hatje, Art 4 EUV Rz 32; weiters zB *Haratsch*, EuR 2016, 136; weiters zB *Robbers* in BK Art 20 GG Rz 986; *Schnettger* in Calliess/van der Schyff, Identity 25 f. Eine Auseinandersetzung mit Strukturen der regionalen und lokalen Selbstverwaltung als Bestandteil der nationalen Identität iSd Art 4 Abs 2 EUV findet sich bei *Fromage*, EPL 2021, 497 ff.

nach sich zieht. Diese recht allgemein umschriebene Forschungsfrage lässt sich in konkretere Teilforschungsfragen gliedern:

Ausgangsbasis für die Befassung mit den einzelnen mitgliedstaatlichen Verfassungsrechtsordnungen ist eine Untersuchung von Art 4 Abs 2 EUV. Dabei ist ua zu fragen, welche Bedeutung der Bestimmung im Kontext des Unionsprimärrechts zukommt, was aus unionsrechtlicher Perspektive als nationale Identität iSd Art 4 Abs 2 EUV qualifiziert werden kann und welche Konsequenzen dies für die Tätigkeit der EU-Organe nach sich zieht.

In einem weiteren Schritt kann dann für jeden Mitgliedstaat untersucht werden, welche Elemente des Verfassungsrechts jeweils als grundlegend bzw identitätsstiftend iSd Art 4 Abs 2 EUV zu qualifizieren sind. Für die österreichische Rechtsordnung wird dabei va das bundesstaatliche Grundprinzip analysiert. In der deutschen Rechtsordnung dient Art 79 Abs 3 GG als primärer Anknüpfungspunkt für die Identifikation der deutschen nationalen Identität; es stellt sich aber auch die Frage, ob es darüber hinaus eine im Verfassungsrecht zum Ausdruck kommende bundesstaatsrelevante nationale Identität Deutschlands gibt. Die belgische Verfassung nimmt keine der deutschen oder österreichischen vergleichbare Hierarchisierung von Grundprinzipien innerhalb der Verfassung vor; dennoch hat das belgische Verfassungsgericht erst kürzlich von einer belgischen nationalen Identität gesprochen, die ua durch die grundlegenden verfassungsmäßigen Strukturen determiniert wird,[5] zu denen auch die Bundesstaatlichkeit Belgiens zählt.

Die Beantwortung der gerade genannten Teilforschungsfragen soll dazu dienen, verschiedene bundesstaatlich konnotierte Bestandteile der nationalen Identität der erwähnten Mitgliedstaaten zu identifizieren. Zu wissen, dass bspw der Grundsatz der Bundestreue einen Teil der deutschen nationalen Identität ausmacht, lässt nun zwar darauf schließen, dass die EU nach Art 4 Abs 2 EUV zur Achtung dieses Grundsatzes verpflichtet ist; eine weitere, eigene Fragestellung ist dann aber, ob es im Rahmen der geltenden Primärrechtsordnung überhaupt Konstellationen gibt, in denen derartige bundesstaatsrelevante Achtungspflichten schlagend werden können. Auch diese Frage beantwortet die vorliegende Arbeit.

1.3 Gang der Untersuchung

Der Aufbau der folgenden Ausführungen orientiert sich zum einen an dem Grundsatz, dass allgemeine Überlegungen den spezielleren Gedanken vorangestellt werden, und zum anderen daran, dass Wiederholungen soweit möglich vermieden werden sollen. Außerdem lehnt sich die Untersuchung an die Normstruktur des Art 4 Abs 2 EUV an, der in einem ersten Schritt umschreibt, was

5 GH 28.04.2016, 62/2016; dazu unten bei 7.1.5 (= 333).

die nationalen Identitäten der Mitgliedstaaten ausmacht und in einem zweiten Schritt die Organe der EU zur Achtung dieser nationalen Identitäten verpflichtet. Daraus ergibt sich im Wesentlichen die folgende Struktur:

Im Anschluss an die Einleitung (Definition der Forschungsfragen, Darlegung des Gangs der Untersuchung, Methoden, Begriffe) dient Kapitel 2 der Orientierung und der Darlegung des der Untersuchung zu Grunde liegenden Verständnisses des Zusammenspiels von Völkerrecht, nationalem mitgliedstaatlichem Recht und Unionsrecht.

Nach diesen einführenden Kapiteln untersuchen die nachfolgenden Kapitel 3 bis 7, was die nationalen bundesstaatlichen Identitäten Österreichs, Deutschlands und Belgiens ausmacht. Grundlegend dafür ist Kapitel 3, in dem zunächst dargestellt wird, ob und wie es zu einer Berücksichtigung interner Strukturen eines Staates im Völkerrecht sowie im EU-Recht kommt. Art 4 Abs 2 EUV stellt mit der Bezugnahme auf die grundlegenden politischen und verfassungsmäßigen Strukturen der Mitgliedstaaten die zentrale Bestimmung für die Annahme einer Pflicht zur Berücksichtigung interner Strukturen im EU-Recht dar und wird daher in Kapitel 3 ausführlich analysiert. Dabei wird nach einer allgemeinen Auseinandersetzung mit dem Konzept der Identität zunächst die Rsp des EuGH zu dieser Bestimmung untersucht, die allerdings hinsichtlich der Frage, wie zu bestimmen ist, was zur nationalen Identität eines Mitgliedstaates zu zählen ist, nicht sehr ergiebig ist. Im Anschluss daran wird daher ein Vorschlag dazu gemacht, wie die nationale Identität eines Mitgliedstaates auf Basis seiner grundlegenden politischen und verfassungsmäßigen Strukturen ermittelt werden kann. Die anschließenden Kapitel 5 bis 7 untersuchen auf dieser Grundlage, was jeweils zur bundesstaatsrelevanten nationalen Identität Österreichs, Deutschlands und Belgiens zu zählen ist. Davor wird in Kapitel 4 eine wichtige Weichenstellung vorgenommen: Da die Bundesstaatlichkeit eines Staates fast auf die gesamte staatliche Organisation und damit auch auf weite Teile der Rechtsordnung Auswirkungen hat, muss eine systematische Analyse bundesstaatsrelevanter Fragen einen klaren Fokus aufweisen. Dieser Fokus wird in der vorliegenden Untersuchung auf Problemstellungen gelegt, die von der bundesstaatlichen Kompetenzverteilung ausgehen, was in Kapitel 4 ausführlich begründet und erklärt wird.

Da die Untersuchung der drei bundesstaatlichen Systeme zeigt, dass es trotz einiger Unterschiede auch wesentliche Gemeinsamkeiten in den bundesstaatlichen Systemen gibt, wird im Anschluss an diesen „besonderen Teil" zu den jeweiligen mitgliedstaatlichen Rechtsordnungen in Kapitel 8 gemeinsam für die drei untersuchten Rechtsordnungen vergleichend analysiert, in welchen abstrakten Konstellationen die Gefahr besteht, dass Organe der EU die bundesstaatlichen nationalen Identitäten der Mitgliedstaaten missachten, sodass Art 4 Abs 2 EUV Relevanz haben könnte. Allerdings ist bereits an dieser Stelle deutlich klarzustellen, dass die gemeinsame Betrachtung nicht daraus resultiert, dass aus den drei betrachteten Rechtsordnungen eine einzige, einheitliche bundesstaatliche Identität konstruiert werden soll – dies würde dem Konzept des Art 4 Abs 2 EUV widersprechen, der auf die nationalen Identitäten der einzelnen Mitgliedstaaten verweist, nicht aber auf einen kleinsten gemeinsamen Nenner dieser Identitäten. Die gemeinsame Betrachtung dient also der Vermeidung von Wiederholungen und dem Aufzeigen struktureller Konfliktkonstellationen: Wenn etwa der EuGH eine Entscheidung zur Identitätsrelevanz einer bundesstaatlichen Eigenheit Deutschlands trifft, die auch im bundesstaatlichen Systems Belgiens existiert, dann hat diese Entscheidung mittelbar auch für Belgien Relevanz. Kapitel 9 widmet sich dann im Detail dem Aspekt der Achtung der bundesstaatlichen Vielfalt durch die EU in konkreten Konstellationen. Im Anschluss daran folgt eine Zusammenfassung in Kapitel 10.

1.4 Methoden

1.4.1 Rechtsdogmatik

Bei der vorliegenden Untersuchung handelt es sich um eine rechtswissenschaftliche Analyse. Untersuchungsgegenstand sind die Rechtsordnungen der EU und der drei ausgewählten Mitgliedstaaten Österreich, Deutschland und Belgien. Gegenstand der nachfolgenden rechtswissenschaftlichen Auseinandersetzung sind also Rechtsnormen, die ihren Ausdruck in Texten (Rechtsvorschriften) finden und unter Heranziehung der Regeln des allgemeinen und spezifisch juristischen Sprachgebrauchs ermittelt werden können.[6] Insofern stellt die vorliegende Arbeit eine rechtsdogmatische Arbeit dar.[7]

Die zentrale Rechtsnorm für die vorliegende Untersuchung ist Art 4 Abs 2 EUV, der anordnet, dass die Organe der EU verpflichtet sind, die nationalen Identitäten ihrer Mitgliedstaaten zu achten, die in ihren grundlegenden politischen und verfassungsmäßigen Strukturen zum Ausdruck kommt. Art 4 Abs 2 EUV regelt damit eine fundamentale Frage des Zusammenspiels von Unionsrecht und mitgliedstaatlichem Recht, indem den EU-Organen aufgetragen wird, bestimmte mitgliedstaatliche Freiräume zu respektieren.

Als Spezifikum der nachfolgenden Untersuchung kann mit Blick auf Art 4 Abs 2 EUV hervorgehoben werden, dass der in Art 4 Abs 2 EUV verankerte

---

6 Eingehend dazu zB *Potacs*, Rechtstheorie 165 ff.

7 Dies bedeutet insb, dass Fragen der Art, was nicht norm-immanente Motivationen höchstgerichtlicher Entscheidungen sind, in der vorliegenden Untersuchung im Wesentlichen außer Acht gelassen werden. Eine interessante Studie (auch) solcher Zusammenhänge mit Blick auf die Rsp des belgischen GH zu Föderalismusfragen im Lichte des EU-Rechts liegt mit *Feyen*, Federal Dogmatics vor, der sich dem Thema aus einer eher rechtsrealistisch begründeten methodischen Position nähert (s dazu insb *Feyen*, Federal Dogmatics 39 ff). Ähnlich auch *Popelier/Bielen*, Publius 2018, 587 ff.

Begriff der nationalen Identität unter Rückgriff auf das nationale Recht der Mitgliedstaaten näher determiniert wird. Dies scheint auf den ersten Blick eine Abweichung vom Grundsatz der unionsautonomen Auslegung unionsrechtlicher Begriffe[8] darzustellen. Diese Abweichung vom Grundsatz der unionsautonom einheitlichen Auslegung ist aber durch Art 4 Abs 2 EUV selbst angeordnet und insofern wiederum keine Besonderheit, sondern eine Folge der unionsautonomen Auslegung. Allerdings verursacht die Bezugnahme auf nationales Recht und nationale Begebenheiten gerade bei einer fundamentalen Bestimmung wie Art 4 Abs 2 EUV ein Spannungsverhältnis: Aus unionsrechtlicher Perspektive dient Art 4 Abs 2 EUV als Ausnahmebestimmung, die in Situationen, in denen die Grundprinzipien mitgliedstaatlicher Organisation betroffen sind, sicherstellen soll, dass mitgliedstaatliche Strukturen ausreichend beachtet werden. Dies birgt aus mitgliedstaatlicher Perspektive die Gefahr, dass aus Sicht der Union nie eine derartige Situation vorliegt, weil nationale Besonderheiten nicht als wichtig genug erachtet werden. Aus mitgliedstaatlicher Perspektive kann aber im Prinzip jeder potentielle Konflikt zwischen Unionsrecht und nationalem Recht zu einem die nationale Identität berührenden Grundlagenkonflikt heraufstilisiert werden – was aus unionsrechtlicher Perspektive die Gefahr einer Fragmentierung und damit im Ergebnis einer Aufgabe des Anspruchs der Einheitlichkeit[9] und Effektivität[10] des Unionsrechts zu Gunsten nationaler Sonderwünsche bedeuten würde.[11] Diese beiden Extremperspektiven sind nicht nur von theoretischer Relevanz, sondern können zB dann aktualisiert werden, wenn der EuGH auf der einen Seite und nationale Höchstgerichte auf der anderen Seite jeweils für sich beanspruchen, die nationale Identität eines Mitgliedstaates verbindlich und abschließend definieren zu können.[12]

---

8 Dazu zB EuGH 06.03.2008, Rs C-98/07 (BG Factoring) ECLI:EU:C:2008:144 Rz 17; EuGH 15.07.2004, Rs C-321/02 (Harbs) ECLI:EU:C:2004:447 Rz 28; EuGH 18.10.2007, Rs C-195/06 (Österreichischer Rundfunk) ECLI:EU:C:2007:613 Rz 24; EuGH 18.01.1984, Rs C-327/82 (Ekro) ECLI:EU:C:1984:11 Rz 11.

9 ZB EuGH 26.02.2013, Rs C-399/11 (Melloni) ECLI:EU:C:2013:107 Rz 63; EuGH 18.10.2007, Rs C-195/06 (Österreichischer Rundfunk) ECLI:EU:C:2007:613 Rz 24; EuGH 18.01.1984, Rs C-327/82 (Ekro) ECLI:EU:C:1984:11 Rz 11.

10 Zum Beispiel EuGH 04.12.1974, Rs C-41/74 (van Duyn) ECLI:EU:C:1974:133 Rz 12; EuGH 06.10.1970, Rs C-9/70 (Grad) ECLI:EU:C:1970:78 Rz 5; EuGH 17.09.2002, Rs C-253/00 (Munoz) ECLI:EU:C:2002:497 Rz 30.

11 Vgl dazu zB *Murphy*, Trinity College Law Review 2017, 115 f.

12 Dazu zB *Walter*, ZaöRV 2012, 190 ff. *Dreier* in HB Ius Publicum Europaeum Band I 82 Rz 149 konstatiert, dass die Bestimmung der nationalen Identität „die Kernkompetenzen des Verfassungsrechtlers“ überschreite; das stimmt, weil die nationale Identität nicht allein anhand einer national-verfassungsrechtlichen Perspektive bestimmt werden kann; kritisch zum Begriff der Identität *Korioth*, VVDStRL 62, 118. Zum Kooperationsverhältnis zwischen nationalen Verfassungsgerichten und EuGH zB *Kirchhof* in HB StR § 214 302 f, 373 ff; *Mayer* in von Bogdandy/Bast, Verfassungsrecht 560 ff. Dass die Kooperation zwischen EuGH und nationalen Gerichten nicht immer reibungslos abläuft, illustrieren zahlreiche Fälle; vgl dazu etwa *Holdgaard/Elkan/Schaldemose*, CMLR 2018, 17 ff zu EuGH 19.04.2016, Rs C-441/14 (Ajos) ECLI:EU:C:2016:278 und der Reaktion des dänischen Höchstge-

Ein wesentlicher Teil der vorliegenden Untersuchung widmet sich daher der Frage, wie ein durch Art 4 Abs 2 EUV vermittelter Ausgleich zwischen dem Erfordernis der einheitlichen Auslegung des Unionsrechts und der ausreichenden Berücksichtigung nationaler Besonderheiten erfolgen kann.[13] Schon an dieser Stelle sei vorweggenommen, dass nach der hier vertretenen Auffassung das Unionsrecht mit Art 4 Abs 2 EUV einen Rahmen dafür vorgibt, was innerhalb eines Mitgliedstaates zu dem unionsrechtlich relevanten Bereich nationaler Identität zählen kann.[14] Dieser Rahmen ist dann anhand der jeweiligen mitgliedstaatlichen Wertungen zu befüllen.[15] Die Auslegung von Art 4 Abs 2 EUV hat damit sowohl unionsrechtliche[16] als auch mitgliedstaatlich geprägte Aspekte;[17] beides wird im Folgenden untersucht.

1.4.2 Rechtsvergleichung

Die vorliegende Untersuchung ist außerdem rechtsvergleichend angelegt:[18] Der Inhalt des Art 4 Abs 2 EUV im Hinblick auf bundesstaatlich organisierte Mitgliedstaaten wird unter Bezugnahme auf die österreichische, die deutsche und die belgische Rechtsordnung ermittelt. Dadurch wird aufgezeigt, dass es sich bei der hier analysierten Fragestellung nicht nur um ein rein österreichisches Spezifikum handelt, sondern dass die zu Grunde liegende Problematik strukturelle Bedeutung für die Handhabung bundesstaatlicher und föderaler Rechtsordnungen innerhalb der EU-Rechtsordnung hat.

Für die Auswahl der österreichischen, deutschen und belgischen Rechtsordnung gibt es mehrere Gründe: Die der vorliegenden Untersuchung zu Grunde

---

richts; weiters zB *Bobek*, ECLR 2014, 54 ff zu EuGH 22.06.2011, Rs C-399/09 (Landtova) ECLI:EU:C:2011:415 und der Reaktion der tschechischen Gerichte.

13 Vgl dazu etwa auch *Walter*, ZaöRV 2012, 180, wo Art 4 Abs 2 EUV als „Verbundkonzept" charakterisiert wird; ähnlich *Schnettger* in Calliess/van der Schyff, Identity 14 f; *Schönberger* in JBÖR 2015, 49 f; *Goldhammer* in JBÖR 2015, 109 ff.

14 Vgl zB *Haider/Stöger* in Jaeger/Stöger, Art 4 EUV Rz 24; *Streinz* in Streinz, Art 4 EUV Rz 14; *Schill/Krenn* in Grabitz/Hilf/Nettesheim, Art 4 EUV Rz 15.

15 Vgl *Walter*, ZaöRV 2012, 181; *von Bogdandy/Schill*, ZaöRV 2010, 714 f; *von Bogdandy/Schill*, CMLR 2011, 1428; *Bustos Gisbert* in Saiz Arnaiz, Constitutional Identity 76 f *Claes* in Saiz Arnaiz, Constitutional Identity 138 f; *Schill/Krenn* in Grabitz/Hilf/Nettesheim, Art 4 EUV Rz 15; *Haider/Stöger* in Jaeger/Stöger, Art 4 EUV Rz 24; *Lenz* in Lenz/Borchardt, Art 4 EUV Rz 4; *Streinz* in Streinz, Art 4 EUV Rz 14; *Hatje* in Schwarze, Art 4 EUV Rz 10; *Geiger* in Geiger/Khan/Kotzur, Art 4 EUV Rz 3; *Obwexer* in von der Groeben/Schwarze/Hatje, Art 4 EUV Rz 27; ähnlich auch *Puttler* in Calliess/Ruffert, Art 4 EUV Rz 16; *Calliess/Kahl/Puttler* in Calliess/Ruffert, Art 4 EUV Rz 22; *Franzius* in Pechstein/Nowak/Häde, Art 4 EUV Rz 25, 34; *Schnettger* in Calliess/van der Schyff, Identity 12 ff; *Villotti*, ZEuS 2015, 488; *Klein* in Niedobitek/Sommermann, Wertegemeinschaft 65; *Pernice*, AöR 2011, 186 f; *Wendel*, Permeabilität 573; *Konstadinides*, Yearbook of European Law 2015, 169. Im Ergebnis meint dies wohl auch *Hwang*, wenn er mit Blick auf die Verfassungsidentität von der Unionsrechtsordnung als „dezentralisierte und entmaterialisierte Rahmenordnung" spricht, welche „die nationale Verfassungsautonomie [...][...]gewährleistet", *Hwang*, Der Staat 2017, 130.

16 Dazu bei 3.6 (= 86).

17 Dazu ab 5. (= 157).

18 Zu den Erkenntniszielen rechtsvergleichender Forschung zB *Sommermann*, DÖV 1999, 1020.

liegende Frage, wie sich die föderale Organisation eines Mitgliedstaates zum Unionsrecht verhält, stellt sich hinsichtlich aller föderal organisierten mitgliedstaatlichen Rechtsordnungen. Dazu können auch die spanische sowie die italienische Rechtsordnung gezählt werden, die bestimmten Regionen Autonomiestatus einräumen. Allerdings gewinnt die Fragestellung einiges an Komplexität, wenn – wie es etwa in Italien[19] und Spanien[20] der Fall ist[21] – den dezentralen Hoheitsträgern jeweils unterschiedliche Kompetenzen zustehen, also ein Fall einer asymmetrischen Kompetenzverteilung vorliegt.[22] Es erscheint gewinnbringender, sich in der vorliegenden Arbeit zunächst auf das „Grundproblem" der Vereinbarkeit föderaler Strukturen mit dem Unionsrecht zu konzentrieren, welches va in der unterschiedlichen Ausübung gleichartiger Sachkompetenzen durch dezentrale Hoheitsträger besteht. Ein gutes Beispiel dafür bietet die österreichische Rechtsordnung – mit der die Verfasserin der vorliegenden Untersuchung von den bisher genannten Rechtsordnungen auch am besten vertraut ist. Dazu kommt, dass zwei der wichtigsten Entscheidungen des EuGH, die sich mit dem gegenständlichen Problem befassen, zur deutschen[23] bzw zur belgischen[24] Rechtslage ergangen sind, was diese bundesstaatlichen Rechtsordnungen in eine besondere Nähe zu Art 4 Abs 2 EUV rückt. Auch die sprachlichen Kompetenzen der Verfasserin sprechen für die Bezugnahme auf die genannten Rechtsordnungen samt der dazugehörigen Judikatur und Literatur – und schließen eine Erweiterung hin zur spanischen, italienischen oder portugiesischen Rechtsordnung aus.

Mit Österreich und Deutschland auf der einen und Belgien auf der anderen Seite werden außerdem die Rechtsordnungen von drei Staaten betrachtet, die verschiedene typologische Besonderheiten abbilden: So werden Österreich und Deutschland in der traditionellen vergleichenden Föderalismusforschung als „mature federations" mit langer Tradition bezeichnet;[25] demgegenüber wird Belgien als „emergent federation" qualifiziert.[26] In Zusammenhang damit stehen auch die unterschiedlichen Richtungen, in welche die föderale Organisation

19 Vgl zB *Gamper*, Regionen 324 ff; weiters *Grasse* in Härtel, Handbuch 797 ff; *Happacher* in Gamper, Kompetenzverteilung 249 ff.

20 Vgl zB *Martínez* in Härtel, Handbuch Rz 44; *Arzoz* in Gamper, Kompetenzverteilung 327 ff.

21 Auch in Portugal kommt nach Art 6 Abs 2 der portugiesischen Verfassung (nur) einigen Regionen (nämlich den Inselgruppen Azoren und Madeira) ein Sonderstatus zu; auch dort liegt insofern also eine asymmetrische Kompetenzverteilung vor; dazu *Ackrén* in Gamper, Kompetenzverteilung 443 ff. Zur Rechtslage im Vereinigten Königreich *Himsworth* in Gamper, Kompetenzverteilung 380 ff, der auch das Modell der Devolution als asymmetrisch qualifiziert.

22 Ähnliches kann auch zum Konzept der Devolution gesagt werden, das im Vereinigten Königreich die Grundlage für die Gewährung von Autonomie an die einzelnen Regionen bildet; vgl zB *Gamper*, Regionen 111 ff.

23 EuGH 12.06.2014, Rs C-156/13 (Digibet) ECLI:EU:C:2014:1756.

24 EuGH 01.04.2008, Rs C-212/06 (Flämische Pflegeversicherung) ECLI:EU:C:2008:178.

25 *Watts*, Federal Systems 34 f (Österreich), 35 f (Deutschland).

26 *Watts*, Federal Systems 43 ff.

in den Staaten jeweils strebt: Während in Österreich[27] und Deutschland[28] eine fortschreitende Zentralisierung beobachtet wird,[29] tendiert die belgische Rechtsordnung zu einer immer weiter voranschreitenden Dezentralisierung bzw Föderalisierung.[30] Diese Tendenzen und Richtungen föderaler Systeme werden – im Vergleich zu den statischen, abgeschlossen wirkenden Konzepten der „mature" und „emergent federation" – als zentrale Merkmale des „dynamic federalism" betrachtet. [31] Relevant ist bei dieser Theorie nicht das Ausmaß an Zentralisierung, sondern die Faktoren Kohäsion (Integrität des Gesamtsystems, die nicht durch Zentralisierung, sondern Kooperation, Solidarität und Zusammengehörigkeitsgefühl erhalten werden soll) und Autonomie (der dezentralen Einheiten).[32] Auch im Lichte dieses theoretischen Zugangs scheint ein Vergleich der drei ausgewählten Systeme erkenntnisgewinnbringend, denn die belgische Rechtsordnung bietet ein Beispiel für eine bipolare, ethno-linguistisch begründete föderale Organisation,[33] während in Österreich und Deutschland diesbezüglich relative Homogenität besteht.[34]

Der Zugang zum im Folgenden angestellten Rechtsvergleich ist am ehesten als funktionaler Zugang zu bezeichnen.[35] Gegenstand der Untersuchung ist die Frage, welche Rechtsnormen innerhalb der analysierten Rechtsordnungen bundesstaatsrelevante, grundlegende politische und verfassungsmäßige Strukturen sind. Es werden also innerhalb der drei untersuchten Rechtsordnungen Normen mit denselben Funktionen (grundlegende politische und verfassungsmäßige Strukturen mit Bundesstaatsrelevanz) gesucht und analysiert. Aus dem Vergleich eines Mitgliedstaates mit ähnlichen Mitgliedstaaten können sich auch Anhaltspunkte für die Bewertung eines Merkmals als grundlegende politische und verfassungsmäßige Struktur ergeben: Denn wenn sich ein Merkmal nur in einem einzigen

---

27 Zum Beispiel *Ermacora*, JBl 1957, 549 f; *Melichar*, ZÖR 1967, 251; *Holzinger* in FS Schäffer 278 f; *Weber, K* in Schambeck, Bundesstaat 41 ff; *Holzinger* in Schambeck, Bundesstaat 235 f; *Pernthaler*, Bundesstaatsrecht 289; *Erk*, Publius 2004, 1 ff; mit Hinweis auf finanzwissenschaftliche Daten *Bußjäger*, Homogenität 10 ff.

28 Vgl zB *Benz*, Publius, Fall 1999, 55, 61 ff; *Gramm*, AöR 1999, 215 ff; *Huster/Rux* in Epping/Hillgruber, Art 20 GG Rz 17; *Grzeszick* in Maunz/Dürig, Art 20 GG Rz 187 ff.

29 Vgl zu beiden Ländern unter Hinweis auf die Besonderheit des Vollzugsföderalismus *Saunders*, Publius, Spring 1995, 70 f.

30 Zum Beispiel *Vande Lanotte*, Belgisch Publiekrecht Rz 75 ff.

31 Ausführlich *Popelier*, Federalism 46 ff.

32 *Popelier*, Federalism 52.

33 Dazu sowie zu den Hintergründen der Einrichtung des komplexen belgischen Systems zB *Popelier* in Gamper, Kompetenzverteilung 151 ff; *Alen*, Föderalstaat 13 ff; *Vande Lanotte*, Belgisch Publiekrecht Rz 1576; *Reuchamps*, RDUL 2009, 531; *Popelier/Sinardet* in Popelier, Zesde staatshervorming 6 ff; *Popelier/Cantillon*, Publius 2013, 628 ff; *Erk*, Federalism 12 f.

34 So zu Österreich *Erk*, Publius, Winter 2004, 20; *Bußjäger*, Federal Governance 2012, 10. Für Deutschland vgl *Isensee* in HB StR § 126 Rz 326; *Simeon*, Publius 2009, 242; *Benz*, Publius Fall 1999, 55, 61. Für beide *Erk*, Federalism 11 f.

35 Vgl dazu *Kischel*, Comparative Law 7 f, 88 ff; *Zweigert/Kötz*, Introduction 32 ff. Da die grundlegenden Strukturen in verschiedenen Staaten analysiert werden, könnte man weiters von einem Makrovergleich sprechen; vgl dazu *Sommermann*, DÖV 1999, 1017.

dieser Mitgliedstaaten finden lässt, dann liegt es nahe, dass es sich gerade bei diesem spezifischen Merkmal um ein für den jeweiligen Mitgliedstaat typisches Merkmal handelt, das möglicherweise auch identitätsstiftend iSd Art 4 Abs 2 EUV ist – wobei zu beachten ist, dass auch Merkmale, die sich in mehreren Mitgliedstaaten finden, durchaus zur nationalen Identität jedes dieser Mitgliedstaaten zählen können. Den Fokus der Arbeit bildet stets Art 4 Abs 2 EUV, der die nationalen Eigenheiten der drei bundesstaatlichen Rechtsordnungen ebenso abdeckt wie etwaige Gemeinsamkeiten. Die rechtsvergleichende Betrachtung der drei bundesstaatlichen Rechtsordnungen hat aber gerade im Rahmen des Art 4 Abs 2 EUV einen Mehrwert: In den Bereichen, in denen Gemeinsamkeiten festgestellt werden können, kann Art 4 Abs 2 EUV seine Schutzwirkung für alle Rechtsordnungen gleichermaßen entfalten. Der EuGH ist so unter besonderem Rechtfertigungsdruck,[36] wenn er zB für Deutschland eine bundesstaatliche Facette unter den Schutz des Art 4 Abs 2 EUV stellt, nicht aber eine funktional äquivalente Regelung in Belgien.

1.5 Begriffe: Bundesstaat, föderale/zentrale/dezentrale Hoheitsträger

Oben wurde erörtert, warum in der vorliegenden Untersuchung gerade die österreichische, deutsche und belgische Rechtsordnung herangezogen werden: Diese Mitgliedstaaten weisen gewisse Ähnlichkeiten, aber auch Unterschiede auf, die eine vergleichende Betrachtung ihrer jeweiligen grundlegenden politischen und verfassungsmäßigen Strukturen mit bundesstaatlicher Relevanz gewinnbringend erscheinen lässt.

Relevant für die Qualifikation als Bundesstaat in Abgrenzung zum Einheitsstaat ist für die hier vorliegende Untersuchung die Bezeichnung im jeweiligen Verfassungsrecht. Diese findet sich für Österreich in Art 2 Abs 1 B-VG[37], für Deutschland in Art 20 Abs 1 GG[38] und für Belgien in Art 1 BV[39]. Das Verfassungsrecht gibt auch eine Antwort darauf, welche Hoheitsträger als föderale Ho-

36 *Obwexer* nimmt im Zusammenhang mit Art 4 Abs 2 EUV sogar eine Verpflichtung des EuGH zur Rechtsvergleichung an, *Obwexer* in Gamper/Verschraegen, Rechtsvergleichung 127.

37 „Österreich ist ein Bundesstaat".

38 „Die Bundesrepublik Deutschland ist ein demokratischer und sozialer Bundesstaat".

39 „Belgien ist ein Föderalstaat, der sich aus den Gemeinschaften und den Regionen zusammensetzt" bzw „België is een federale Staat, samengesteld uit de gemeenschappen en de gewesten" bzw „La Belgique est un État fédéral qui se compose des communautés et des régions". In der deutschen Sprachfassung wird Belgien also zwar nicht explizit als „Bundesstaat" bezeichnet; bereits die Bezeichnung „Föderalstaat" reicht aber aus, um die belgische Staatsform von einem Einheitsstaat abzugrenzen. Dazu kommt, dass sowohl die französische Bezeichnung „État fédéral" als auch die niederländische Bezeichnung „federale Staat" mit „Bundesstaat" übersetzt werden können. Auch *Watts* ordnet bspw Belgien – wie Österreich und Deutschland – als „federation" ein; vgl *Watts*, Federal Systems 12, 43 ff. Zur Legitimität der Bezeichnung Belgiens als Bundesstaat vgl schon *Gamper*, Regionen 197 mwN; s weiters *Delpérée*, JT 1993, 638; *van Impe*, TBP 1991, 437 ff; *Behrendt/Bouhon*, Introduction 362.

heitsträger des jeweiligen Bundesstaates anzusehen sind: Art 2 Abs 2 B-VG legt fest, dass der Bundesstaat sich aus den Ländern zusammensetzt; das II. Hauptstück des Grundgesetzes, das Regelungen über die bundesstaatliche Organisation trifft, nennt „Bund und Länder" als föderale Hoheitsträger; die Länder werden überdies auch in der Präambel explizit aufgezählt; und nach Art 1 BV setzt sich der belgische Bundesstaat aus den Regionen und den Gemeinschaften zusammen. Das Abstellen auf die Festlegungen im mitgliedstaatlichen Verfassungsrecht ist durch die Normlogik des Art 4 Abs 2 EUV geboten, der auf nationale Gegebenheiten verweist. Eine kategorisch-theoretische Unterscheidung zwischen Bundesstaaten und Einheitsstaaten ist für die Untersuchung von Art 4 Abs 2 EUV nicht erforderlich, weil nicht nur bundesstaatliche, sondern auch einheitsstaatliche Strukturen – sowie alle dazwischenliegenden Formen der föderalen oder dezentralen Staatsorganisation – grundlegende politische und verfassungsmäßige Strukturen ausmachen können.

In der vorliegenden Untersuchung werden die Begriffe „föderale Einheiten" oder „föderale Hoheitsträger" verwendet, um die Gesamtheit der durch eine föderale Kompetenzverteilung[40] berechtigten Einheiten zu bezeichnen, also etwa Bund und Länder in Österreich. Die Begriffe der „föderalen Hoheitsträger" oder der „föderalen Einheiten" haben den Vorteil, dass sie unterschiedslos auf alle drei untersuchten Bundesstaaten angewendet werden können.[41]

Zentraler Hoheitsträger ist jener föderale Hoheitsträger, der Kompetenzen für das gesamte Staatsgebiet bzw das gesamte Staatsvolk ausüben kann, also der Bund. Dezentrale Hoheitsträger sind jene Hoheitsträger, deren Kompetenzbereich auf einen Teilbereich des Staatsgebietes bzw des Staatsvolkes beschränkt ist, also auf die Länder bzw Regionen und Gemeinschaften. Durch die Verwendung des Begriffs „dezentral" wird dabei keine Aussage über das Ausmaß der diesen Hoheitsträgern zukommenden Autonomie gemacht. Der Begriff ist insofern synonym mit dem in der Bundesstaatsliteratur häufig verwendeten Begriff der Gliedstaaten, der aber auf Grund der mangelnden Staatlichkeit der dezentralen Hoheitsträger (im völkerrechtlichen Sinn) etwas missverständlich ist.[42]

---

40 Eine föderale Kompetenzverteilung verteilt die Kompetenzen im Bundesstaat. Zur Frage, was eine Kompetenzverteilung ist, unten bei 4.3 (= 147).

41 Anders als in Österreich und Deutschland gliedert sich der belgische Bundesstaat nicht in Bund und Länder, sondern in Bund, Gemeinschaften und Regionen; dazu unten bei 7.1.1 (= 325). Dies wird durch den Begriff „föderale Hoheitsträger" abgedeckt.

42 Vgl ebenfalls schon kritisch zum Begriff des Gliedstaates *Kelsen*, ZÖR 1919/20, 119.

2. Orientierung: Das Zusammenspiel von Völkerrecht, EU-Recht und mitgliedstaatlichem Recht im Allgemeinen

2.1 Ausgangspunkt: Die EU als völkerrechtlicher Zusammenschluss

In den drei hier untersuchten Rechtsordnungen finden sich unterschiedliche Formen von Integrationsschranken für die Weiterentwicklung des Primärrechts sowie des Sekundärrechts der EU. Als eine unionsrechtliche Integrationsschranke kann wiederum Art 4 Abs 2 EUV betrachtet werden. Integrationsschranken, wo immer sie installiert werden, dienen dem Schutz mitgliedstaatlicher Souveränität, womit sich das vieldiskutierte Problemfeld der Autonomie des Unionsrechts und dessen Bedeutung für das mitgliedstaatliche Recht eröffnet. Historisch betrachtet hat der EuGH die Autonomie des Unionsrechts in erster Linie im Verhältnis zum Völkerrecht konstruiert.

Die Abhandlungen zum Verhältnis zwischen Völkerrecht und Unionsrecht, zwischen Unionsrecht und nationalem Recht sowie zwischen nationalem Recht und (europäisiertem) Völkerrecht sind heute fast unüberblickbar.[43] Basierend auf teilweise unterschiedlichen Ausgangsannahmen und differierenden Untersuchungsinteressen werden aus dem Normen- und Rechtsprechungsmaterial unterschiedliche Schlüsse gezogen. Die Frage, wie die EU und ihre Rechtsordnung damit umgehen, dass einige ihrer Mitgliedstaaten Bundesstaaten sind, ist aber eine Frage, die ohne Offenlegung einiger Grundannahmen zu genau diesen Verhältnissen rechtswissenschaftlich nicht adäquat beantwortet werden kann. Im Folgenden soll daher in aller Kürze und mit der gebotenen Präzision dargelegt werden, welches Verständnis des Zusammenspiels von Völkerrecht, Unionsrecht und nationalem Recht der vorliegenden Untersuchung zu Grunde liegt.

Ausgangspunkt für solche Überlegungen ist der Ursprung der Unionsrechtsordnung. Diese gründet bekanntlich auf völkerrechtlichen Verträgen ihrer Mitgliedstaaten,[44] welche ein gemeinsames Zusammenwirken zunächst im wirtschaftlichen Bereich und dann auch bezogen auf allgemein „politische" Fragen bewirken sollten. Die letzten größeren Reformen der Struktur der Europäischen Union erfolgten durch die Beitritte Rumäniens und Bulgariens 2007, durch den

43 Siehe zB zum Verhältnis Völkerrecht zu EU-Recht die Sammlung bei Wouters/Nollkaemper/de Wet, Europeanisation 1 ff; zum Verhältnis EU-Recht zu nationalem Recht zB de Witte/Mayoral/Jaremba/Wind/Podstawa, EU Law 1 ff; weiters zB *Giegerich*, Verfassung 616 ff; *Wendel*, Permeabilität 371 ff. Anstelle einer – mit großer Wahrscheinlichkeit ohnehin unvollständigen – Aufzählung dieser Abhandlungen sei an dieser Stelle darüber hinaus lediglich auf die in den Fußnoten zu diesem Kapitel zitierten Werke verwiesen.

44 Dazu im Detail zB *de Witte*, ZÖR 2010, 143 ff.

Vertrag von Lissabon[45], der im Jahr 2009 in Kraft trat, durch den Beitritt Kroatiens 2013 sowie durch den „Brexit“ im Jahr 2020. Der Modus des Zusammenschlusses der europäischen Staaten ist bis heute im Wesentlichen unverändert geblieben: Die EU basiert auf multilateralen völkerrechtlichen Verträgen. Diese Verträge verleihen den Vertragsparteien bestimmte Rechte und Pflichten und richten die EU darüber hinaus als eigenständige Entität mit Rechtsetzungsbefugnissen ein. Im Grunde genommen und ihrem Ursprung nach ist die EU also nichts anderes als eine internationale Organisation; die Beziehungen der Mitgliedstaaten untereinander sind völkervertragliche.

So betrachtet bestimmte sich das Verhältnis zwischen (zumindest primärem) EU-Recht und nationalem Recht so wie das Verhältnis zwischen nationalem Recht und Völkerrecht. Es wäre dann also insb davon abhängig, ob man einer dualistischen oder einer monistischen Sichtweise anhängt[46] und dabei jeweils entweder ein Primat des Völkerrechts oder ein solches des staatlichen Rechts annimmt – was jeweils sowohl aus einer abstrakten Perspektive als auch unter Berücksichtigung von in einzelnen Rechtsordnungen vorgesehenen Anordnungen beurteilt werden könnte. Konsequenzen hat die jeweilige Positionierung insb für die Beurteilung der Legitimität von Entscheidungen von Grenzorganen, va Höchstgerichten. Im Verhältnis zum Völkerrecht wäre (insb das primäre) Unionsrecht so zu behandeln wie sonstiges Völkervertragsrecht – es herrscht grundsätzlich[47] Gleichrangigkeit zwischen völkerrechtlichen Normen. Im Verhältnis verschiedener völkerrechtlicher Regelungsregime kommt es selten zur Konfrontation zwischen Grenzorganen, da es an einer zentralen Rechtsdurchsetzungsinstanz fehlt und bestehende Rechtsprechungsinstanzen idR nur für einen Teilbereich der Völkerrechtsordnung zuständig sind.

Die Bestimmung des Verhältnisses von Unionsrecht zu nationalem Recht sowie zum übrigen Völkerrecht stellt sich also, wie die vorangehenden skizzenhaften Ausführungen andeuten sollten, bereits dann als komplex und voraussetzungsreich dar, wenn man das (primäre) Unionsrecht als multilaterales Völkervertragsrecht qualifiziert.[48] Eine weitere Facette gewinnt die Problemstellung dadurch, dass sich das EU-Recht nach der (zumindest dem Grunde nach inzwischen weitgehend unbestrittenen) Judikatur des EuGH qualitativ vom übrigen

---

45 Zu den diesbezüglichen Entwicklungen zB *Orator/Thalmann/Vranes* in Griller ea, EU-Mitgliedschaft 21 ff.

46 Siehe zu diesen Konzepten zB *Behrendt/Bouhon*, Introduction 481 ff; *Potacs*, ZÖR 2010, 120 ff; vgl auch *Jestaedt* in Herzig, Europarecht 13 ff.

47 Mit der Ausnahme von *ius cogens* – zum Konzept von ius cogens und der Frage der Normenhierarchie im Völkerrecht *Schmalenbach* in Dörr/Schmalenbach, Art 53 VCLT Rz 18 ff, 43 f.

48 Vgl dazu zB *Kruis*, Anwendungsvorrang 5 ff; ein alternatives Deutungsmuster für das Verhältnis EU-Recht zu nationalem Recht vorschlagend *Burchardt*, Rangfrage 155 ff.

Völkerrecht unterscheidet.[49] Es handelt sich demnach beim Unionsrecht um eine autonome Rechtsordnung.

2.2 Weiterentwicklung: Das EU-Recht als autonome Rechtsordnung

Die These von der Autonomie der EU-Rechtsordnung[50] hat der EuGH recht früh, damals noch mit Bezug auf das Gemeinschaftsrecht, entwickelt. In der Rs *Van Gend & Loos*[51] beurteilte der EuGH das Gemeinschaftsrecht als „neue Rechtsordnung des Völkerrechts"[52] und schloss daraus, dass die innerstaatliche Wirkung einer Bestimmung des EWG-Vertrags nicht von den mitgliedstaatlichen verfassungsrechtlichen Bedingungen für die innerstaatliche Wirksamkeit eines „normalen" völkerrechtlichen Vertrags abhängen könne. Der EWG-Vertrag sei mehr als ein Vertrag zur Begründung wechselseitiger Rechte und Pflichten der Mitgliedstaaten und darauf ausgerichtet, auch den Rechtsunterworfenen die Durchsetzung der vertraglichen Garantien vor nationalen Gerichten zu ermöglichen.[53]

Die besondere Stellung des Gemeinschaftsrechts wurde in der Rs *Costa/ENEL*[54] bestätigt. In dieser Entscheidung sprach der EuGH nicht mehr von der Gemeinschaftsrechtsordnung als neuer Rechtsordnung des Völkerrechts, sondern befand, dass der EWG-Vertrag „[z]um Unterschied von gewöhnlichen internationalen Verträgen [...] eine eigene Rechtsordnung geschaffen [hat], die bei seinem Inkrafttreten in die Rechtsordnungen der Mitgliedstaaten aufgenommen worden und von ihren Gerichten anzuwenden ist"[55]. Der EuGH begründet dies damit, dass die EWG auf Grund der Dauer und der Intensität des durch sie bewirkten Zusammenschlusses ihrer Mitgliedstaaten zu einer Beschränkung der Souveränität der Mitgliedstaaten führe, die ua zur Konsequenz habe, dass das Gemeinschaftsrecht nicht nur für die Mitgliedstaaten, sondern auch für die Staatsangehörigen der Mitgliedstaaten bindend ist.[56] Der EuGH führt weiter aus, dass es mit dem besonderen Charakter der Gemeinschaftsrechtsordnung nicht in Einklang stünde, wenn Mitgliedstaaten sich – etwa durch nachfolgende Gesetzge-

49 Wobei die vordergründig terminologische Frage, ob das EU-Recht damit eine „besondere", weil spezifischen Regeln folgende Völkerrechtsordnung darstellt oder aber eine gänzlich andere Art der Rechtsordnung, hier offengelassen werden kann. Vgl dazu aber zB *de Witte*, ZÖR 2010, 147 ff.

50 Vgl dazu zB ausführlich *Burchardt*, Rangfrage 81 ff; *Grabenwarter* in von Bogdandy/Bast, Verfassungsrecht 123 ff; *Wahl*, Der Staat 2009, 591 ff.

51 EuGH 05.02.1963, Rs 26/62 (Van Gend & Loos) ECLI:EU:C:1963:1; dazu statt vieler *Kruis*, Anwendungsvorrang 44 ff; *Berger*, Anwendungsvorrang 9 ff.

52 EuGH 05.02.1963, Rs 26/62 (Van Gend & Loos) ECLI:EU:C:1963:1, 25.

53 EuGH 05.02.1963, Rs 26/62 (Van Gend & Loos) ECLI:EU:C:1963:1, 24 f.

54 EuGH 15.07.1964, Rs 6/64 (Costa/ENEL) ECLI:EU:C:1964:66; dazu statt vieler *Kruis*, Anwendungsvorrang 46 ff; *Alter*, Supremacy 18 f.

55 EuGH 15.07.1964, Rs 6/64 (Costa/ENEL) ECLI:EU:C:1964:66, 1269.

56 EuGH 15.07.1964, Rs 6/64 (Costa/ENEL) ECLI:EU:C:1964:66, 1269.

bungsakte – einseitig ihrer Verpflichtungen entledigen könnten.[57] Damit begründet der EuGH die Notwendigkeit des Vorrangs des Gemeinschaftsrechts vor dem nationalen Recht.[58]

Diesen Vorrang spezifizierte der EuGH einige Jahre später in der Rs *Simmenthal*[59]: Demnach gilt in den Mitgliedstaaten das Gemeinschaftsrecht unmittelbar; es bedarf also keines nationalen Aktes, um die Verbindlichkeit des Gemeinschaftsrechts auf nationaler Ebene zu bewirken.[60] Zudem kommt dem Gemeinschaftsrecht Anwendungsvorrang zu;[61] entgegenstehendes nationales Recht darf von nationalen Gerichten oder Behörden also nicht angewendet werden. Auch die Einschaltung eines Zwischenverfahrens vor einem nationalen Gericht zur Klärung der Gemeinschafts- oder Verfassungsrechtswidrigkeit des nationalen Rechts ist unzulässig,[62] sofern durch ein derartiges Verfahren verhindert werden soll, dass ein Gericht in den Fällen des Art 267 AEUV jederzeit zur Vorlage an den EuGH befugt ist.[63]

Der Ansicht des EuGH zufolge sind die Geltungsvoraussetzungen und die Wirksamkeit des Gemeinschaftsrechts, nunmehr des Unionsrechts, ausschließlich nach diesem selbst zu bestimmen.[64] Um die Einheitlichkeit der Anwendung und Auslegung des Unionsrechts im gesamten Gebiet der EU sicherzustellen, lässt der EuGH hier keinen Platz für nationale Spezifika – selbst wenn diese im nationalen Verfassungsrecht begründet sind.[65] Insofern ist das Unionsrecht gegenüber den mitgliedstaatlichen Rechtsordnungen „autonom". Gesichert wird die Autonomie des Unionsrechts insb durch das Auslegungs- und Verwerfungsmonopol des EuGH, das sich aus Art 19 EUV sowie insb Art 263 und 267 AEUV ergibt.

Der EuGH betrachtet das Unionsrecht aber auch in einer anderen Hinsicht als autonom – und zwar gegenüber der Völkerrechtsordnung. Paradigmatisch dafür ist schon die Abgrenzung zur „gewöhnlichen" Völkerrechtsordnung, die der EuGH in den gerade angesprochenen Rs *Van Gend & Loos* und *Costa/ENEL*

---

57 EuGH 15.07.1964, Rs 6/64 (Costa/ENEL) ECLI:EU:C:1964:66, 1269 f. Kritisch dazu zB *Wiederin* in Griller ea, EU-Mitgliedschaft 182; *Griller*, JRP 2000, 276 f.

58 Dazu statt vieler *Posch*, Vorrang 9 ff; *Kruis*, Anwendungsvorrang 44 ff; *Burchardt*, Rangfrage 67 ff; *Berger*, Anwendungsvorrang 13 ff; *Alter*, Supremacy 17 ff; *Claes* in Handbook 179 ff.

59 EuGH 09.03.1978, Rs 106/77 (Simmenthal) ECLI:EU:C:1978:49; dazu statt vieler *Kruis*, Anwendungsvorrang 54 ff; *Alter*, Supremacy 19 ff.

60 EuGH 09.03.1978, Rs 106/77 (Simmenthal) ECLI:EU:C:1978:49, Rz 14/16.

61 Die Aussagen des EuGH in der Rs *Simmenthal* sind mit Blick auf den Anwendungsvorrang noch insofern missverständlich, als er dort ausführt, dass „ein wirksames Zustandekommen innerstaatlicher Rechtsakte insofern verhindert wird, als diese mit Gemeinschaftsnormen unvereinbar wären" (17/18). Inzwischen ist es jedenfalls hL und Rsp, dass innerstaatliche unionsrechtswidrige Rechtsakte wirksam zustande kommen, aber eben (nur) nicht zur Anwendung gebracht werden dürfen; s nur *Öhlinger/Potacs*, EU-Recht 89 ff.

62 EuGH 09.03.1978, Rs 106/77 (Simmenthal) ECLI:EU:C:1978:49, Rz 21/23.

63 EuGH 22.06.2010, verb Rs C-188/10 und 189/10 (Melki und Abdeli) ECLI:EU:C:2010:363 Rz 41 ff.

64 Zur Frage, inwiefern diese Rsp durch die nationalen Gerichte akzeptiert wird, ausführlich und rechtsvergleichend *Kruis*, Anwendungsvorrang 57 ff; *Berger*, Anwendungsvorrang 67 ff.

65 Siehe auch EuGH 26.02.2013, Rs C-399/11 (Melloni) ECLI:EU:C:2013:107 Rz 60, 63. Dazu zB *Torres Peréz*, ECLR 2014, 308 ff; *de Boer*, CMLR 2013, 1083 ff.

vornimmt. In späteren Entscheidungen akzentuierte der EuGH die Autonomie des Unionsrechts gegenüber dem Völkerrecht noch stärker und nimmt auch in diesem Verhältnis eine Art Vorrang des Unionsrechts an. Als Beispiele für diese Entwicklung seien hier nur die Entscheidung *Kadi I*[66] und das Gutachten des EuGH zum Beitritt der EU zur EMRK[67] genannt.[68]

In *Kadi I* hatte der EuGH im Wesentlichen darüber zu entscheiden, ob ein auf Basis einer völkerrechtlichen Verpflichtung[69] ergangener Rechtsakt, mit dem Einzelpersonen sanktioniert wurden, denen Terrorismusfinanzierung unterstellt wurde, am Maßstab unionaler Grundrechte zu prüfen ist. Er bejahte dies; das Argument, wonach die Berücksichtigung der unionalen Grundrechte die Erfüllung der völkerrechtlichen Verpflichtung im Wesentlichen verunmöglichen würde, hielt er nicht für schlagend. Es sei für den EuGH nämlich ausschließlich eine Beurteilung aus der Perspektive der „internen und autonomen Rechtsordnung der Gemeinschaft"[70] möglich, und aus dieser Perspektive stünden eine völkerrechtliche Verpflichtung – auch wenn sie aus der UN-Satzung stammt – sowie entsprechende Umsetzungsakte im Rang unter dem Primärrecht und könnten daher[71] an diesem gemessen werden. In dieser Entscheidung betont der EuGH also nochmals, dass die Unionsrechtsordnung aus seiner Perspektive nicht auf einer Ebene mit dem Völkerrecht stehe, sondern ein eigenes System bildet, in das sich das Völkerrecht einzuordnen hat.

Ähnlich zu beurteilen ist auch die Grundtendenz im Gutachten zum EMRK-Beitritt. Es reicht an dieser Stelle aus hervorzuheben, dass der EuGH insb auch das Konzept der Autonomie der Unionsrechtsordnung heranzieht, um die Primärrechtswidrigkeit einer auch nur partiellen Unterwerfung der Unionsrechtsordnung unter das EMRK-Regime, oder anders ausgedrückt, des EuGH unter den EGMR, zu begründen.[72]

Zusammengefasst qualifiziert der EuGH die Unionsrechtsordnung also als autonome Rechtsordnung. Das bedeutet für ihn zum einen, dass die Normen des Unionsrechts gegenüber dem nationalen Recht der Mitgliedstaaten Anwen-

---

66 EuGH 03.09.2008, verb Rs C-402/05 P und C-415/05 P (Kadi) ECLI:EU:C:2008:461. Dazu und zur relevanten Vorjudikatur umfassend zB *Witte*, ZÖR 2012, 679 ff; *Eckes*, ELJ 2012, 237 ff.

67 EuGH 18.12.2014, 2/13 (EMRK-Beitritt) ECLI:EU:C:2014:2454. Dazu aus Perspektive des Vorrangs des Unionsrechts zB *Lindeboom*, Oxford Journal of Legal Studies 2018 (38:2) 329 ff.

68 Eine Analyse weiterer Beispiele aus der EuGH Rsp bieten zB *de Witte*, ZÖR 2010, 149 ff; *Lock*, CMLR 2011, 1029 ff.

69 Im Wesentlichen zur Umsetzung eines Beschlusses des UN-Sicherheitsrates bzw dessen Sanktionsausschusses; s dazu das Urteil EuGH 03.09.2008, verb Rs C-402/05 P und C-415/05 P (Kadi) ECLI:EU:C:2008:461 Rz 13 ff.

70 EuGH 03.09.2008, verb Rs C-402/05 P und C-415/05 P (Kadi) ECLI:EU:C:2008:461 Rz 317.

71 Sofern der EuGH zur Prüfung des fraglichen Rechtsaktes zuständig ist – im Fall Kadi bezog sich diese Zuständigkeit freilich ausschließlich auf die fragliche Verordnung, nicht jedoch auf den Beschluss des UN-Sicherheitsrates.

72 EuGH 18.12.2014, 2/13 (EMRK-Beitritt) ECLI:EU:C:2014:2454 Rz 201 ff. Kritisch dazu zB *Kneihs* in Griller ea, EU-Mitgliedschaft 275 ff.

dungsvorrang genießen. Zum anderen heißt es, dass sich auch völkerrechtliche Normen, sofern sie in der Unionsrechtsordnung Geltung beanspruchen, dem unionalen Primärrecht unterwerfen und einer Prüfung am Maßstab ebendieser Rechtsschicht standhalten müssen.

Die jüngere Rsp des EuGH wird zwar teilweise als Rücknahme des umfassenden Vorranganspruchs qualifiziert.[73] Maßgeblich dafür ist va die sog „Taricco-Saga“[74]: Der EuGH befand in der Rs *Taricco*, dass italienische Verjährungsvorschriften unangewendet bleiben müssten, um effektive Sanktionen gegen Beeinträchtigungen finanzieller Interessen der EU zu gewährleisten.[75] Der mit dieser Entscheidung konfrontierte italienische Verfassungsgerichtshof bezweifelte aber, dass das Nichtanwenden der Verjährungsbestimmungen – und die dadurch bewirkte Erstreckung der Strafbarkeit – mit den Grundsätzen des nationalen Verfassungsrechts vereinbar war;[76] daher legte der Gerichtshof dem EuGH ua die Frage zur Entscheidung vor, ob das vom EuGH angesprochene Unangewendetlassen der Verjährungsvorschriften auch dann vom EU-Recht gefordert wird, wenn dies „mit den obersten Grundsätzen des Verfassungsrechts des Mitgliedstaats oder mit den in der Verfassung des Mitgliedstaats anerkannten unveräußerlichen Grundrechten unvereinbar ist“.[77] In seiner Entscheidung dazu in der Rs *M.A.S.* (zT auch *Taricco II* genannt) wich der EuGH dieser spezifischen Frage zur Verfassungsidentität aus; er vermied auch eine Bezugnahme auf Art 4 Abs 2 EUV,[78] relativierte seine Äußerungen aus der vorangehenden Entscheidung aber dahingehend, dass das Unangewendetlassen der nationalen Verjährungsvorschriften nicht gefordert sei, wenn die Nichtanwendung „wegen mangelnder Bestimmtheit der anwendbaren Rechtsnorm oder wegen der rückwirkenden Anwendung von Rechtsvorschriften, die strengere Strafbarkeitsbedingungen aufstellen als die zum Zeitpunkt der Begehung der Straftat geltenden Rechtsvorschriften, zu einem Verstoß gegen den Grundsatz der Gesetzmäßigkeit im Zusammenhang mit Straftaten und Strafen [führt]“[79]. Der EuGH bemühte sich aber im Vorfeld darum, den Grundsatz der Gesetzesmäßigkeit auch als einen im Unionsrecht

73 So zumindest angedeutet bei *Burchardt*, EuR 2018, 248, 255 ff.

74 Diesen Ausdruck verwenden zB *Piccirilli*, ECLR 2018, 814 ff; *Burchardt*, EuR 2018, 249; *Lochmann*, EuR 2019, 62 und *Bonelli*, Maastricht Journal of European and Comparative Law 2018, 357. Bezeichnet werden damit zwei Entscheidungen des EuGH – EuGH 08.09.2015, Rs C-105/14 (Taricco) ECLI:EU:C:2015:555 (dazu *Timmerman*, CMLR 2016, 779 ff; *Lochmann*, EuR 2019, 61 ff) und EuGH 05.12.2017, Rs C-42/17 (M.A.S.) ECLI:EU:C:2017:936 (dazu ausführlich *Rauchegger*, CMLR 2018, 1521 ff) – und die in den entsprechenden Verfahren ergangenen Entscheidungen italienischer Gerichte.

75 EuGH 08.09.2015, Rs C-105/14 (Taricco) ECLI:EU:C:2015:555 Rz 58.

76 Corte Costituzionale (Italienisches Verfassungsgericht), Beschluss 24/2017, ECLI:IT:COST:2017:24. Ausführlich dazu *Bonelli*, Maastricht Journal of European and Comparative Law 2018, 361 ff.

77 EuGH 05.12.2017, Rs C-42/17 (M.A.S.) ECLI:EU:C:2017:936 Rz 21.

78 Dazu auch *Burchardt*, EuR 2018, 261 ff; *Rauchegger*, CMLR 2018, 1542.

79 EuGH 05.12.2017, Rs C-42/17 (M.A.S.) ECLI:EU:C:2017:936 Rz 62; vgl dazu zB *Rauchegger*, CMLR 2018, 1539 ff; *Burchardt*, EuR 2018, 250 f.

verankerten allgemeinen Grundsatz darzustellen.[80] Insofern kann die Entscheidung des EuGH nicht als Rücknahme des absoluten Vorranganspruchs zu Gunsten nationalen Rechts qualifiziert werden. Der EuGH bemühte sich vielmehr darum, den drohenden Grundsatzkonflikt mit dem italienischen Verfassungsgericht dadurch abzuwenden, dass er seine Vorjudikatur im Lichte des Unionsrechts relativierte. Es ist zwar sehr naheliegend, dass die drohende Aktivierung nationaler Kontrollvorbehalte bzw Integrationsschranken („controlimiti“[81]) durch das nationale Gericht[82] den EuGH ganz maßgeblich zu dieser Neubewertung veranlasst haben;[83] aus der Begründung der Entscheidung selbst geht dies allerdings nicht hervor. Insofern kann trotz derartiger „Ausweichmanöver“ des EuGH festgehalten werden, dass der EuGH davon ausgeht, dass das EU-Recht absoluten Anwendungsvorrang genießt, insb auch gegenüber grundlegenden Strukturen des nationalen Verfassungsrechts.[84]

2.3 Entwicklungsbremse? – Integrationsschranken im nationalen Recht und im Unionsrecht

2.3.1 Allgemeines

Die Positionierung der Unionsrechtsordnung als „Super-Rechtsordnung“, die Vorrang gegenüber jedwedem nationalem Recht und eigentlich auch gegenüber dem Völkerrecht genießt, steht in einem gewissen Missverhältnis zu ihren völkerrechtlichen Wurzeln. So versuchen auch einige staatliche Rechtsordnungen sich gegen den Anspruch der Unionsrechtsordnung zur Wehr zu setzen. Dieser „Clash“ der Rechtsordnungen zeigt sich dabei va in der Judikatur nationaler Höchst- bzw Verfassungsgerichte, die in ihrer Rechtsprechung Integrationsschranken etablieren.[85] Dabei können diese Gerichte sich teilweise auf entsprechende verfassungsrechtliche Normierungen ihrer nationalen Rechtsordnungen stützen.[86]

80 EuGH 05.12.2017, Rs C-42/17 (M.A.S.) ECLI:EU:C:2017:936 Rz 51 ff.

81 Dazu zB *Piccirilli*, ECLR 2018, 816 ff.

82 Dazu *Bonelli*, Maastricht Journal of European and Comparative Law 2018, 362 ff.

83 So auch *Rauchegger*, CMLR 2018, 1543; *Bonelli*, Maastricht Journal of European and Comparative Law 2018, 365.

84 Wie hier *Rauchegger*, CMLR 2018, 1542, 1547; für den Aspekt des Identitätsvorbehalts auch *Burchardt*, EuR 2018, 261 f.

85 Vgl dazu zB *Donnarumma*, Revue française de droit constitutionnel 2010, 726 ff; *Faraguna*, Brooklyn Journal of International Law 2016, 501 ff; *Schönberger* in JBÖR 2015, 45 f; *Rousseau* in JBÖR 2015, 91 ff.

86 Dazu und zu den verschiedenen Modellen solcher Integrationsschranken bzw -ermächtigungen ausführlich *Wendel*, Permeabilität 145 ff.

Zu unterscheiden ist hinsichtlich solcher Integrationsschranken zwischen absoluten (unüberwindbaren) und relativen Schranken; zudem ist danach zu differenzieren, worauf sich die Schranken jeweils beziehen: Es bestehen unterschiedliche Schranken mit unterschiedlichen Konsequenzen für die Weiterentwicklung des Primärrechts durch völkerrechtlichen Vertrag,[87] Rechtsakte, die auf dem Primärrecht basieren (insb also Sekundärrecht) sowie schließlich Rechtsakte, die nur scheinbar auf dem Primärrecht basieren. Bei letzteren handelt es sich um sog „ultra-vires-Akte". Im Folgenden soll das Konzept der Integrationsschranken anhand der Beispiele Österreichs, Deutschlands und Belgiens analysiert werden.[88] Die vergleichende Betrachtung dieser Rechtsordnungen zeigt sehr gut, wie unterschiedlich die Frage der Integrationsschranken in den Mitgliedstaaten beantwortet wird – und welche Probleme sich daraus für die (zumindest vom EuGH) angestrebte Einheit und Autonomie der Unionsrechtsordnung ergeben.

2.3.2 Absolute und relative Schranken für die Weiterentwicklung des Primärrechts

2.3.2.1 *Deutschland: Absolute Schranken*

Wie bereits ausgeführt basiert das Unionsrecht auf völkerrechtlichen Verträgen der Mitgliedstaaten. Diese Verträge bilden das Primärrecht. Als souveräne Staaten sind die Mitgliedstaaten grundsätzlich befugt, alle denkbaren Verpflichtungen einzugehen und entsprechend auch alle denkbaren Rechte und Befugnisse an die EU zu übertragen. Beschränkt wird diese allumfassende Kompetenz der Mitgliedstaaten zum einen durch völkerrechtliches *ius cogens* und durch bestehende völkervertragliche Verpflichtungen (zB die EMRK) sowie zum anderen durch das nationale Verfassungsrecht. So gibt es etwa Verfassungsbestimmungen, die einen Kernbereich an Aufgaben zwingend dem Staat zuordnen und für unübertragbar erklären. Außerdem wird die Übertragung von Aufgaben an die EU teilweise an die Einhaltung bestimmter Garantien, zB demokratischer oder rechtsstaatlicher Art, geknüpft.

Paradebeispiel für eine derartige Integrationsschrankenbestimmung ist Art 23 GG.[89] Dieser sieht zwar einen verfassungsrechtlichen Auftrag der Bundesrepublik

87 Vgl dazu *Wahl*, Der Staat 2009, 588 ff.

88 Keine vertiefte Berücksichtigung können hier aktuelle Entwicklungen in anderen Mitgliedstaaten finden, so problematisch diese auch sein mögen. Genügen möge hier ein Hinweis auf die Entscheidung des polnischen Verfassungsgerichts vom 07.10.2021, K3/21, in der Bestimmungen des Unionsrechts mit der polnischen Verfassung für unvereinbar erklärt wurden, sowie auf die Ausführungen von *Jaraczewski*, 2021.

89 Dazu zB *Sommermann* in HB Ius Publicum Europaeum Band II 20 ff; *Sommermann*, DÖV 1994, 596 ff; *Sommermann* in Giegerich/Gstrein/Zeitzmann, EU 52 ff; ausführlich *Schmalenbach*, Europaartikel 32 ff; *Simon*, Grenzen 46 ff; einen rechtsvergleichenden Überblick über derartige Bestimmungen bietet *Wollenschläger* in Dreier, Art 23 GG Rz 20 ff; *Grabenwarter* in von Bogdandy/Bast, Verfas-

Deutschland vor, an der EU mitzuwirken. Diese EU soll aber „demokratischen, rechtsstaatlichen, sozialen und föderativen Grundsätzen und dem Grundsatz der Subsidiarität verpflichtet [sein] und einen diesem Grundgesetz im wesentlichen vergleichbaren Grundrechtsschutz“ gewährleisten. Eine in der deutschen Verfassung vorgesehene Bestimmung kann zwar nicht die Organe der EU oder die anderen Mitgliedstaaten binden, wohl aber die Organe der Bundesrepublik Deutschland.[90] Diesen kommt eine „Integrationsverantwortung“ zu,[91] deren Verletzung durch Nichtbeachtung der genannten Grundsätze beim Abschluss eines Vertrags zur Änderung des Primärrechts aus deutscher Perspektive die Verfassungswidrigkeit dieses Vertrags zur Folge hätte. Expliziert wird dies durch Art 23 Abs 1 3. Satz GG, der festlegt, dass Art 79 Abs 2 und 3 GG auch für Änderungen der vertraglichen Grundlagen der EU gelten. Eine durch einen solchen Vertrag bewirkte Änderung des Grundgesetzes müsste also nach Art 79 Abs 2 GG mit qualifizierter Mehrheit im Bundestag und Bundesrat beschlossen werden. Nach dem Grundgesetz gar nicht zulässig wäre hingegen eine Änderung der vertraglichen Grundlagen der EU, welche „die Gliederung des Bundes in Länder, die grundsätzliche Mitwirkung der Länder bei der Gesetzgebung oder die in den Artikeln 1 und 20 niedergelegten Grundsätze“ – also die Schutzobjekte der Ewigkeitsklausel des Art 79 Abs 3 GG – berührt. Bei den von Art 79 Abs 3 GG geschützten Grundsätzen der deutschen Verfassung[92] handelt es sich somit um absolute[93] Integrationsschranken des deutschen Verfassungsrechts, die – ohne Verfassungsbruch – nicht überwunden werden können.[94] Diskutiert wurde in der Judikatur des BVerfG[95] bisher insb, ob Änderungen der Verträge gegen das durch Art 79 Abs 3 und Art 20 GG geschützte Demokratieprinzip verstoßen.[96]

---

sungsrecht 140 ff. Allgemein zur Debatte um die Teilnahme Deutschlands an der europäischen Integration *Huber*, AöR 2016, 117 ff mwN.

90 Vgl *Wollenschläger* in Dreier, Art 23 GG Rz 64.

91 BVerfGE 123, 267 (Lissabon) 356; aktuell zB BVerfG, 30.07.2019, 2 BvR 1685/14 und 2 BvR 2631/15 (Bankenunion) Rz 102 ff, 140 ff; BVerfG 05.05.2020, 2 BvR 859/15 ua (PSPP) Rz 106 ff. Zur Verwendung dieses Begriffs durch das BVerfG im Lissabon-Urteil ausführlich und mwN *Kottmann/Wohlfahrt*, ZaöRV 2009, 454 ff; weiters zB *Thym*, Der Staat 2009, 564; *Wiederin*, ÖJZ 2010, 400; vgl auch *Sommermann*, DÖV 1994, 602.

92 Zu diesen im Detail noch unten ab 6.1.4 (= 272).

93 Die Qualifikation als absolute Integrationsschranke bedeutet lediglich, dass die fragliche Schranke im Rahmen der jeweiligen Verfassungsrechtsordnung unüberwindbar ist. Damit ist nicht automatisch die Qualifikation als grundlegende Bestimmung des innerstaatlichen Rechts iSd Art 46 WVK verbunden. Selbst wenn man die aus Art 23 iVm Art 79 Abs 3 GG erwachsenden Schranken als unter Art 46 WVK fallend qualifiziert (was sich durchaus vertreten lässt), wird ein Verstoß gegen sie selten offenkundig sein. Die Subsumtion unter Art 46 WVK hat jedenfalls nichts mit der hier vorgenommenen Unterscheidung in absolute und relative Integrationsschranken zu tun – auch relative Integrationsschranken könnten als grundlegende Bestimmungen des innerstaatlichen Rechts iSd Art 46 WVK zu qualifizieren sein.

94 Dazu zB *Schwerdtfeger*, EuR 2015, 301; *Kirchhof* in HB StR § 214 318; Wischmeyer, AöR 2015, 438.

95 Zu dieser ausführlich statt vieler *Simon*, Grenzen 54 ff; *Polzin*, Verfassungsidentität 42 ff sowie unten bei 6.1.3.2 (= 264).

96 Vgl zB BVerfGE 123, 267 (Lissabon) 341 ff; BVerfGE 89, 155 (Maastricht) 182 ff. Zur (unscharfen) Abgrenzung zwischen Verfassungsidentität und Demokratieprinzip *Rademacher*, EuR 2018, 148 ff.

2.3.2.2 *Belgien: Schrankenmodell unklar und umstritten*

Eine ähnliche Entwicklung wie in Deutschland zeichnet sich derzeit auch in Belgien ab: Die belgische Rechtsordnung wurde bisher überwiegend als sehr völkerrechts- und damit auch europarechtsfreundlich qualifiziert.[97] Dies ist va auf die Entscheidung *Le Ski* bzw den sog *„Smeltkaasarrest"* des belgischen Kassationshofs (Cour de Cassation/Hof van Cassatie) zurückzuführen;[98] in dieser erkannte das belgische Höchstgericht den Vorrang völkerrechtlicher Verträge sowie des Unionsrechts vor dem innerstaatlichen Recht an.[99] In Entscheidungen aus dem Jahr 2004 bezog das Gericht seine Aussagen auch explizit auf das belgische Verfassungsrecht, das demzufolge im Konfliktfall hinter (unmittelbar anwendbarem) Völkerrecht zurückzutreten hat.[100]

Dieser Judikatur stand seit den 1990er Jahren eine Rechtsprechungslinie des belgischen Verfassungsgerichts (GH) gegenüber, in welcher jenes betonte, dass der Gesetzgeber seine verfassungsrechtlichen Verpflichtungen nicht durch Zustimmung zum Abschluss (verfassungswidriger) völkerrechtlicher Verträge unterlaufen kann.[101] Dieser Vorbehalt des GH wurde in einer Entscheidung aus 2016[102] konkretisiert:[103] Die Integration Belgiens in die EU basiert auf Art 34 BV, der vorsieht, dass Hoheitsbefugnisse auf völkerrechtliche Einrichtungen übertragen werden können. In der Entscheidung 62/2016 hielt das belgische Verfassungsgericht in einem obiter dictum fest, dass diese Bestimmung materielle Bindungen des die Befugnisse übertragenden nationalen Hoheitsträgers[104] enthalte; es sei diesem nämlich nicht erlaubt, auf diskriminierende Art die nationale Identität, die in den grundlegenden politischen und verfassungsmäßigen Strukturen zum Ausdruck kommt, zu beeinträchtigen.[105] Die vom belgischen Verfassungsgericht erwähnte Schranke der nationalen Identität findet in Art 34 BV keine explizite Erwähnung; es ist nicht nur unklar, was zur nationalen Identität in diesem Sinn zählt,[106] sondern ebenfalls, ob es sich dabei auch um eine vom

---

Zur Subjektivierung des Art 38 GG schon BVerfGE 89, 155 (Maastricht) 172; aktuell zB BVerfG, 30.07.2019, 2 BvR 1685/14 und 2 BvR 2631/15 (Bankenunion) Rz 122.

97 Siehe dazu *Gérard/Verrijdt*, ECLR 2017, 189 mwN.

98 Belgischer Kassationshof 27.05.1971, AC 1971, 959.

99 Dazu zB *Behrendt/Bouhon*, Introduction 495ff; *Vande Lanotte*, Belgisch Publiekrecht Rz 186.

100 Belgischer Kassationshof 09.11.2004, Pas 2004, 1745 (1767); 16.11.2004, Pas 2004, 1759 (1801). Insb zur erstgenannten Entscheidung *Gors*, RBDC 2005, 507 ff.

101 GH 03.02.1994, 12/94, B.4; dazu zB *Behrendt/Bouhon*, Introduction 500 ff; *Vande Lanotte*, Belgisch Publiekrecht Rz 189; zum vermittelnden Standpunkt des Staatsrates wiederum *Vande Lanotte*, Belgisch Publiekrecht Rz 192 f. Ähnlich auch schon GH 16.10.1991, 26/91, B.2 f.

102 GH 28.04.2016, 62/2016.

103 Zur Entscheidung selbst sowie zum Verhältnis dieser Entscheidung zur vorangehenden Judikatur der verschiedenen belgischen Höchstgerichte *Sottiaux*, TBP 2017, 305 ff; vgl weiters *Alen*, TBP 2017, 366 ff.

104 Und des die Befugnisse ausübenden Hoheitsträgers, also des EU-Rechtsetzers.

105 GH 28.04.2016, 62/2016, B.8.7.

106 Auf diese Frage eingehend *Cloots*, TBP 2017, 312 ff.

belgischen Verfassungsgesetzgeber zu beachtende und damit absolute Integrationsschranke handeln soll. Letzteres ist aber im Lichte dessen, dass es nach der bisher überwiegenden Ansicht im belgischen Verfassungsrecht keine unabänderlichen Verfassungsinhalte gibt,[107] zu bezweifeln.[108] Insgesamt ist die Rsp des GH nur schwer im positiven Verfassungsrecht verankerbar, da Art 34 BV eben gerade keine Schranken für die Übertragung von Hoheitsrechten vorsieht.

2.3.2.3 Österreich: Relative Schranken

Nach der österreichischen Rechtslage beinhaltet das österreichische Verfassungsrecht nur relative, also im Rahmen der Verfassung überwindbare Integrationsschranken: Der EU-Beitritt Österreichs stellte eine Gesamtänderung der Bundesverfassung dar; eine solche kann nach Art 44 Abs 3 B-VG nur nach vorheriger (positiver) Volksabstimmung beschlossen werden. Weil allerdings beim Beitritt zur EU im Jahr 1995 nicht klar war, ob Art 44 Abs 3 B-VG unmittelbar auf völkerrechtliche Verträge bzw die Ratifikation solcher Verträge angewendet werden konnte,[109] wurde eine Volksabstimmung über die Erlassung eines EU-Beitritts-BVG[110] durchgeführt. Mit diesem gesamtändernden BVG wurden die nach der Verfassung dafür zuständigen Organe dazu ermächtigt, den Beitritt entsprechend dem Verhandlungsergebnis vorzunehmen (Art I); außerdem wurden verfahrensmäßig qualifizierte Ratifikationserfordernisse festgelegt (Art II).

Auf Grund dieser Vorgehensweise[111] war zunächst umstritten,[112] ob es in Österreich überhaupt Integrationsschranken gibt.[113] Anders als etwa in Deutschland mit Art 23 GG gibt es in Österreich keine vergleichbare Bestimmung über

107 Siehe dazu noch unten bei 7.1.4 (= 331).

108 Im Lichte dessen, dass eine Bindung (auch) des Verfassungsgesetzgebers eine wesentliche Beschränkung dieses demokratisch legitimierten Organs darstellt und die belgische Verfassung auch sonst an keiner Stelle unabänderliche Inhalte vorsieht, ist nach der hier vertretenen Ansicht eher nicht davon auszugehen, dass die vom GH postulierte Schranke der nationalen Identität auch an den Verfassungsgesetzgeber richtet. Selbst wenn man – entgegen der hier vertretenen Auffassung – davon ausgeht, dass die genannte Integrationsschranke eine Grundlage im belgischen Verfassungsrecht hat, so handelt es sich dabei iSd hier zu Grunde gelegten Terminologie nur um eine relative Integrationsschranke.

109 Vgl *Öhlinger/Müller* in Korinek/Holoubek, Art 50 B-VG Rz 69; *Grabenwarter* in HB Ius Publicum Europaeum Band II 219 f.

110 BGBl 744/1994.

111 Und der daran anschließenden, bis BGBl 2008/2 dauernden Praxis, die Ermächtigung zu und Beschlussfassungserfordernisse für Änderungen der vertraglichen Grundlagen der EU jeweils mittels eigener Bundesverfassungsgesetze zu sanktionieren (BGBl I 76/1998 [Vertrag von Amsterdam]; BGBl I 120/2001 [Vertrag von Nizza]; BGBl I 53/2003 [„Osterweiterung"]; BGBl I 25/2006 [Beitritt Rumänien und Bulgarien]; BGBl I 12/2005 [Verfassungsvertrag]; alle aufgehoben durch Art 2 § 1 Abs 3 BGBl I 2/2008), s dazu *Öhlinger* in Hummer, Neueste Entwicklungen 629 ff.

112 Vgl dazu aktuell und mwN *Öhlinger*, juridikum 2019, 152 ff; *Potacs*, JRP 2019, 272.

113 Ausführlich zur diesbezüglichen Debatte *Palmstorfer* in FS Thaler 428 ff.

die Grenzen oder Bedingungen der Teilnahme an der europäischen Integration.[114] Dementsprechend wurde die im Beitritts-BVG normierte Ermächtigung zum EU-Beitritt zum Teil als umfassende Öffnung der österreichischen Rechtsordnung gegenüber dem Unionsrecht qualifiziert,[115] wenngleich die überwiegende Auffassung vom Bestehen impliziter Integrationsschranken ausgeht.[116] Seit der B-VG Novelle 2008[117] sieht das B-VG eigene Regeln für die Abänderung des Primärrechts der EU vor. „Staatsverträge, durch die die vertraglichen Grundlagen der Europäischen Union geändert werden", sind nach Art 50 Abs 1 Z 2 B-VG iVm Art 50 Abs 4 B-VG von Nationalrat und Bundesrat mit qualifizierter Mehrheit zu ratifizieren. Art 50 Abs 4 B-VG sieht dafür qualifizierte Ratifikationserfordernisse „unbeschadet des Art 44 Abs 3" B-VG vor.[118] Die Maßgeblichkeit von Art 44 Abs 3 B-VG für Änderungen des Primärrechts legt nahe, dass es in Österreich dafür zwar keine absoluten, aber relative, also überwindbare Integrationsschranken gibt.[119] Inhaltlich bestehen diese Integrationsschranken in den Grundprinzipien der Bundesverfassung, die durch das zum Stand des Beitritts bestehende System des Unionsrechts verändert wurden.[120]

2.3.2.4 *Konsequenzen eines Verstoßes gegen Schranken für die Weiterentwicklung des Primärrechts*

Die Konsequenzen eines Verstoßes gegen nationale Integrationsschranken sind vom jeweiligen nationalen Verfassungsrecht abhängig. Grundsätzlich bewirkt der Verstoß die Verfassungswidrigkeit des die Integrationsschranken missachtenden Rechtsaktes. In Österreich würde dies bedeuten, dass ein entsprechender völkerrechtlicher Vertrag nach Art 140a B-VG beim VfGH angefochten werden kann; dieser kann die Verfassungswidrigkeit des Vertrags feststellen, was zur Konsequenz hat, dass der Vertrag von der Vollziehung nicht mehr zur Anwendung gebracht werden darf. In Deutschland wäre das BVerfG mit der Frage der Verfassungskonformität des Zustimmungsgesetzes zum fraglichen Vertrag zu

---

114 Dies mit Blick auf das Beitritts-BVG und die eine andere Sprache sprechenden Materialien dazu als legistischen Mangel qualifizierend *Griller*, ZfRV 1995, 96.

115 *Grabenwarter* in HB Ius Publicum Europaeum Band II 224.

116 Zum Beispiel *Griller*, ZfRV 1995, 96; *Baumgartner*, JRP 2000, 86; *Palmstorfer* in FS Thaler 418 f mwN.

117 BGBl I 2/2008.

118 Fraglich ist, ob daraus geschlossen werden kann, dass Art 44 Abs 3 B-VG unmittelbar auf den das Primärrecht ändernden Staatsvertrag zur Anwendung kommen soll oder ob der Beschlussfassung über den Staatsvertrag ggf ein Verfahren zur Gesamtänderung der Verfassung voranzugehen hat. Die Materialien stellen auf die Erlassung eines (gesamtändernden) Ermächtigungs-BVG ab und sprechen daher für die zweite Variante; ErlRV 314 BlgNR XXIII GP 9. In der Literatur wird dies aber teils anders beurteilt; ausführlich *Öhlinger* in Hummer, Neueste Entwicklungen 641 ff, zu sonstigen Staatsverträgen 644.

119 So zB auch *Öhlinger* in Griller ea, EU-Mitgliedschaft 122; *Potacs* in Hummer, Neueste Entwicklungen 113; vgl weiters zB *Grabenwarter* in HB Ius Publicum Europaeum Band II 231 f.

120 Vgl dazu *Griller*, ZfRV 1995, 96 f; *Potacs*, JRP 2019 272 ff.

befassen und hätte ggf dessen Nichtigkeit auszusprechen. Auch in Belgien könnte – wenn man davon ausgeht, dass Art 34 BV verfassungsrechtliche Integrationsschranken beinhaltet – letztlich der GH über die Verfassungskonformität eines Zustimmungsgesetzes entscheiden und dieses ggf für nichtig erklären.

Die innerstaatliche Aufhebung des Aktes der Zustimmung zu einem völkerrechtlichen Vertrag kann aber in keinem Fall bewirken, dass der fragliche Staat von seiner völkerrechtlichen Verpflichtung befreit wird.[121] Die entsprechende Änderung des Primärrechts wäre völkerrechtlich also weiterhin verbindlich; die Unionsorgane könnten weiterhin Recht setzen, und die Nichtbeachtung des Vertrags und des durch die Vertragsorgane gesetzten Rechts durch den fraglichen Mitgliedstaat wäre eine Vertragsverletzung. Abgesehen von den schwerwiegenden politischen Implikationen einer solchen Konstellation wäre aus rechtlicher Perspektive aber anzunehmen, dass das in Art 4 Abs 3 EUV verankerte Loyalitätsgebot dem EU-Rechtsetzer in diesem Fall gebieten würde, zunächst keine weiteren Rechtsakte zu erlassen.[122]

2.3.3 Schranken für Rechtsakte, die auf dem Primärrecht beruhen

2.3.3.1 Allgemein

Gerade wurde besprochen, ob die drei bundesstaatlichen Rechtsordnungen Deutschlands, Belgiens und Österreichs Schranken für die Weiterentwicklung des Primärrechts durch völkerrechtlichen Vertrag vorsehen. Von dieser Konstellation ist die Frage zu unterscheiden, ob es in den nationalen Verfassungsordnungen Schranken für auf dem Primärrecht beruhende Rechtsakte (insb Sekundärrechtsakte und Entscheidungen des EuGH) gibt.

Vorweg ist darauf hinzuweisen, dass sich neben den nationalen Verfassungen auch im unionalen Primärrecht zahlreiche formelle und materielle Schranken für die Rechtsetzung auf Basis des Primärrechts finden. Es wäre aber terminologisch nicht zweckmäßig, die unionalen Grundrechte oder die Vorgaben für das unionale Gesetzgebungsverfahren als Integrationsschranken zu bezeichnen. Allerdings gibt es im Primärrecht eine Bestimmung, welche die Organe der Union spezifisch zur Achtung der nationalen Identität verpflichtet. Diese Bestimmung, Art 4 Abs 2 EUV, kann als unionales Spiegelbild der nationalen Integrationsschranken bezeichnet werden.[123] Sowohl die nationalen Integrationsschranken als

121 Vgl auch *Sauer*, EuR 2017, 193.

122 Vorausgesetzt, dass ein entsprechendes Loyalitätsgebot im neuen Vertrag enthalten und damit für die durch den Vertrag geschaffenen Organe verbindlich ist; bei Fehlen einer solchen Bestimmung ließe sich uU eine entsprechende Pflicht der anderen Mitgliedstaaten aus dem völkerrechtlichen Grundsatz von Treu und Glauben ableiten.

123 *Hammer* spricht hinsichtlich der Vorgängerbestimmung davon, dass die Grundprinzipien des B-VG „mittelbar zum Bestandteil des Unionsrechts" werden, *Hammer*, juridikum 2004, 113.

auch Art 4 Abs 2 EUV können also den Sekundärrechtsetzer binden. Trotz dieser Ähnlichkeit unterscheiden sich die genannten Bindungen, da an die Verletzung der nationalen Integrationsschranken andere Konsequenzen geknüpft sind als an die Missachtung des Art 4 Abs 2 EUV, wie im Folgenden dargelegt wird.

2.3.3.2 *Nationale Schranken bei umfassender Öffnung?*

Hinsichtlich der nationalen Integrationsschranken für auf dem Primärrecht beruhende Rechtsakte – insb also das Sekundärrecht, aber auch Entscheidungen des EuGH – ist zunächst ganz allgemein festzuhalten, dass das Bestehen solcher Schranken davon abhängig ist, unter welchen Bedingungen ein Mitgliedstaat das Primärrecht „akzeptiert“ bzw diesem zugestimmt hat. So erfolgte etwa in Österreich mit dem EU-Beitritt eine umfassende Öffnung für das EU-Recht;[124] auch nachfolgende Vertragsänderungen stehen – sofern sie im entsprechenden Verfahren, uU auch unter Beachtung von Art 44 Abs 3 B-VG ratifiziert wurden[125] – im Einklang mit dem österreichischen Verfassungsrecht. Mit der uneingeschränkten Akzeptanz des Primärrechts durch das österreichische Verfassungsrecht geht aber auch die Akzeptanz der darauf basierenden Rechtsakte, also etwa des Sekundärrechts, einher.[126] Dies gilt auch für primärrechtswidrige Rechtsakte: Denn im Primärrecht ist für solche Rechtsakte ein Fehlerkalkül vorgesehen; diese sind also grundsätzlich rechtswirksam, bis sie vom EuGH aufgehoben werden.[127] Auch dieses Fehlerkalkül und das Normverwerfungsmonopol des EuGH wurden aber durch die österreichische Rechtsordnung akzeptiert.[128] Es gibt daher im österreichischen Recht keine materiellen nationalen Integrationsschranken für auf dem Primärrecht basierende Rechtsakte.[129] Auf dem Primärrecht basierende Rechtsakte werden insb auch nicht durch Verletzung der von Art 44 Abs 3 B-VG geschützten Grundprinzipien „unanwendbar“;[130] sie sind dann aber möglicherweise auf Grund der Missachtung von Art 4 Abs 2 EUV primärrechtswidrig und aufhebbar.[131] Verortet man den Sitz eines Verstoßes gegen Art 44 Abs 3 B-VG hingegen im Primärrecht, so hätte die vertragliche Grundlage unter Einhaltung des Verfahrens nach Art 50 Abs 4 B-VG ratifiziert werden müssen und könnte, wenn dieses Gebot nicht eingehalten wurde, nach Art 140a B-VG vor dem VfGH

124 Vgl *Grabenwarter* in von Bogdandy/Bast, Verfassungsrecht 123 f.
125 Vgl zur Problematik *Thaler*, JRP 2000, 81; *Palmstorfer* in FS Thaler 423.
126 Vgl etwa *Baumgartner*, JRP 2000, 86; differenzierend *Öhlinger* in Griller ea, EU-Mitgliedschaft 123 f, der aber selbst auf die Relevanz von Art 4 Abs 2 EUV hinweist; mwN dazu auch *Palmstorfer* in FS Thaler 418 ff.
127 Vgl zB *Potacs*, ZÖR 2010, 131; *Wiederin*, ÖJZ 2010, 404.
128 *Griller*, ZfRV 1995, 99 f.
129 So im Ergebnis auch *Baumgartner*, JRP 2000, 86 (FN 22); *Griller*, JRP 2000, 279; Griller, ZfRV 1995, 100; *Palmstorfer* in FS Thaler 421 ff. AA zB Öhlinger, juridikum 2019, 152, 154.
130 So aber zB *Bußjäger*, JBl 2010, 280; *Bußjäger/Heißl*, ÖJZ 2008, 314.
131 Siehe dazu gleich unten 2.3.3.4 (= 58).

angefochten werden.[132] Gerade Art 4 Abs 2 EUV bietet aber die Möglichkeit, bei der Auslegung des sonstigen Primärrechts „identitätsschonend“ vorzugehen.[133]

2.3.3.3 *Nationale Schranken bei bedingter Öffnung?*

Etwas anders ist die Rechtslage in Deutschland[134] und neuerdings auch in Belgien[135] zu beurteilen – hier behalten sich das belgische Verfassungsgericht sowie das BVerfG vor, die auf dem Primärrecht basierenden Rechtsakte mittelbar[136] anhand der jeweiligen Maßstäbe des nationalen Verfassungsrechts zu überprüfen.[137]

Das BVerfG beansprucht dabei eine qualifizierte, ausnahmsweise vorzunehmende Grundrechtskontrolle sowie die sog „Identitätskontrolle“, die teilweise zusammenhängen.[138] So hat das BVerfG in der bekannten Entscheidung *Solange I* zunächst befunden, dass es auf Grund des GG zur Kontrolle unionaler Rechtsakte am Maßstab der deutschen Grundrechte berufen ist, solange es in der Unionsrechtsordnung keinen äquivalenten Grundrechtsschutz gibt.[139] Auf Grund der Weiterentwicklung des Unionsrechts wurde dieser Kontrollanspruch in *Solange II* wieder zurückgenommen, solange sichergestellt ist, dass der durch das Unionsrecht gewährleistete Grundrechtsschutz dem deutschen äquivalent ist.[140] Verdeutlicht wurde diese Rücknahme des Kontrollanspruchs in der Entscheidung zur Bananenmarktordnung, nach der Verfassungsbeschwerden, die eine Verletzung in Grundrechten durch Sekundärrecht behaupten, „von vornherein unzulässig [sind], wenn ihre Begründung nicht darlegt, dass die europäische Rechtsentwicklung einschließlich der Rechtsprechung des Europäischen Gerichtshofes nach Ergehen der Solange II-Entscheidung […] unter den erforderlichen Grundrechtsstandard abgesunken sei“.[141] Eine Grundrechtsverletzung durch Sekundärrecht kann also nur ausnahmsweise vor dem BVerfG geltend gemacht werden. Liegt sie aber vor, dann besteht gleichzeitig eine Verletzung der nach der Judikatur des BVerfG[142] durch Art 23 Abs 1 3. Satz iVm Art 79 Abs 3 GG geschützten Verfas-

---

132 So zB auch *Wiederin* in Griller ea, EU-Mitgliedschaft 194.
133 Auch dazu unten bei 3.4 (= 76).
134 Dazu auch noch unten bei 6.1.3.2 (= 264).
135 Seit GH 28.04.2016, 62/2016; dazu schon oben bei 2.3.2.2 (= 50).
136 Aktuell zB BVerfG, 30.07.2019, 2 BvR 1685/14 und 2 BvR 2631/15 (Bankenunion) Rz 102.
137 Wobei teilweise eine unmittelbare Kontrolle der Sekundärrechtsakte stattfindet, teilweise aber nur ein mittelbarer Kontrollanspruch über die Kontrolle staatlichen Handelns oder Unterlassens ausgeübt wird; vgl zum Kontrollgegenstand des BVerfG *Simon*, Grenzen 214 ff; *Sauer*, EUR 2017, 189 f.
138 Prägnant zur Judikatur des BVerfG *Walter*, ZaöRV 2012, 181 ff; *Sommermann* in HB Ius Publicum Europaeum Band II 14 ff; *Huber*, AöR 2016, 124 ff; zur Verwendung des Identitätsbegriffs durch das BVerfG etwa *Ingold*, AöR 2015, 3 ff.
139 BVerfGE 37, 271 (Solange I); dazu *Simon*, Grenzen 56 f.
140 BVerfGE 73, 339 (Solange II).
141 BVerfGE 102, 147 (Bananenmarktordnung).
142 Begründet va in seiner Lissabon-Entscheidung, BVerfGE 123, 267 (Lissabon). Dazu zB *Simon*, Grenzen 64 ff; *Polzin*, Verfassungsidentität 48 ff; *Wahl*, Der Staat 2009, 612 ff; *Thym*, Der Staat 2009, 559 ff; *Schönberger*, Der Staat 2009, 535 ff; *Khushal Murkens*, Der Staat 2009, 517 ff; *Jestaedt*, Der

sungsidentität, die das BVerfG nach seiner Judikatur im Rahmen der Identitätskontrolle wahrzunehmen hat. Die deutsche Rechtsordnung hat sich demzufolge nur in dem Ausmaß geöffnet, wie Art 23 Abs 1 3. Satz GG dies zulässt – die von der Ewigkeitsklausel des Art 79 Abs 3 GG geschützten, identitätsstiftenden Grundsätze dürfen auch durch auf dem Primärrecht basierende Rechtsakte der Unionsorgane nicht unterlaufen werden. Zu diesen Grundsätzen zählen neben dem bundesstaatlichen Aufbau auch der Grundrechtsschutz – dabei wiederum insb der Schutz der Menschenwürde nach Art 1 GG – und das Demokratieprinzip.[143] Das BVerfG behält sich daher mit der Identitätskontrolle vor, auf dem Primärrecht basierende Akte wegen qualifizierter Verfassungswidrigkeit für unanwendbar zu erklären: Der Anwendungsvorrang soll nach dem BVerfG „nur kraft und im Rahmen der fortbestehenden verfassungsrechtlichen Ermächtigung"[144] gelten und wird – so die Formulierung im Haftbefehl-Urteil – „durch die in Art. 23 Abs. 1 Satz 3 in Verbindung mit Art. 79 Abs. 3 GG verfassungsänderungs- und integrationsfest ausgestaltete Verfassungsidentität des Grundgesetzes begrenzt"[145]. Dies ist nach Ansicht des BVerfG auch durch Art 4 Abs 2 EUV – der insofern auch auf Art 79 Abs 3 GG verweist – geboten.[146]

Die Identitätskontrolle tritt nach dem BVerfG *neben* die ultra-vires-Kontrolle und hat als solche einen eigenen Kontrollmaßstab, nämlich die ausreichende Berücksichtigung der durch Art 79 Abs 3 GG geschützten Verfassungsidentität.[147] Das BVerfG hat bereits in einigen Fällen eine Verletzung der Verfassungsidentität erwogen, im Ergebnis aber eine Beschränkung des Anwendungsvorrangs noch nie für notwendig erachtet:

Staat 2009, 497 ff; *Grimm*, Der Staat 2009, 475 ff; *Walter*, ZaöRV 2012, 182 ff; *Schwarze*, EuR 2010, 108 ff; *Everling*, EuR 2010, 91 ff; *Lepsius* in JBÖR 2015, 63 ff.

143 Vgl dazu zB *Walter*, ZaöRV 2012, 181 f.

144 BVerfGE 123, 267 (Lissabon) 354; s auch BVerfGE 123, 267 (Lissabon) 397 („Vorrang kraft verfassungsrechtlicher Ermächtigung"); BVerfGE 123, 267 (Lissabon) 398 („Der europarechtliche Anwendungsvorrang lässt entgegenstehendes mitgliedstaatliches Recht in seinem Geltungsanspruch unberührt und drängt es nur in der Anwendung soweit zurück, wie es die Verträge erfordern und nach dem durch das Zustimmungsgesetz erteilten innerstaatlichen Rechtsanwendungsbefehl auch erlauben"); auch BVerfGE 123, 267 (Lissabon) 402 („Der Grund und die Grenze für die Geltung des Rechts der Europäischen Union in der Bundesrepublik Deutschland ist der im Zustimmungsgesetz enthaltene Rechtsanwendungsbefehl, der nur im Rahmen der geltenden Verfassungsordnung erteilt werden kann [...] der Vorrang des Unionsrechts gilt in Deutschland nur kraft des durch Zustimmungsgesetz zu den Verträgen erteilten Rechtsanwendungsbefehls. Der Anwendungsvorrang reicht für in Deutschland ausgeübte Hoheitsgewalt nur so weit, wie die Bundesrepublik Deutschland dieser Kollisionsregel zugestimmt hat und zustimmen durfte"). Ebenso BVerfGE 140, 317 (Haftbefehl) 336; BVerfGE 142, 123 (OMT-Urteil) Rz 120.

145 BVerfGE 140, 317 (Haftbefehl) Rz 41.

146 BVerfGE 123, 267 (Lissabon) 354; BVerfGE 140, 317 (Haftbefehl) Rz 44. Da Art 4 Abs 2 EUV nach Ansicht des BVerfG auf derartige Fälle anwendbar ist, müsste das BVerfG bei entsprechenden Fragen zunächst dem EuGH vorlegen, bevor es einen Rechtsakt der EU für unanwendbar erklärt; so auch die Praxis des BVerfG, etwa in BVerfGE 134, 366 (OMT-Vorlagebeschluss); BVerfG, 30.07.2019, 2 BvR 1685/14 und 2 BvR 2631/15 (Bankenunion) Rz 314 ff.

147 BVerfGE 123, 267 (Lissabon) 353 f („Darüber hinaus prüft das Bundesverfassungsgericht").

In einer Entscheidung betreffend einen Europäischen Haftbefehl befasste sich das BVerfG mit dem strafrechtlichen Schuldprinzip als Teil der Verfassungsidentität, nahm aber im Ergebnis Übereinstimmung zwischen dem durch Art 1 GG geschützten Schuldprinzip im Strafverfahren und unionalen Grundrechten an, welche eine grundrechtskonforme Auslegung des Rahmenbeschlusses über den Europäischen Haftbefehl durch die nationalen Gerichte möglich mache und gebiete.[148] In seiner OMT-Entscheidung identifizierte das BVerfG die haushaltspolitische Gesamtverantwortung des Bundestags als Teil des Demokratieprinzips und damit der Verfassungsidentität der Bundesrepublik, verneinte aber auch hier im Ergebnis nach Einholung einer Vorabentscheidung[149] die Verletzung der Verfassungsidentität durch das OMT-Programm der EZB.[150] In seiner Entscheidung zur Bankenunion stand im Hinblick auf die Identitätskontrolle vor allem zur Diskussion, ob die durch die einschlägigen Sekundärrechtsakte verlangte Einrichtung unabhängiger Behörden auf unionaler und nationaler Ebene, die vom BVerfG als „Vorgabe eines ministerialfreien Raums"[151] bezeichnet wurde, mit dem „durch Art. 20 Abs. 2 Satz 1 in Verbindung mit Art. 79 Abs. 3 GG geschützten Grundsatz der Volkssouveränität"[152] vereinbar sei. Das BVerfG bejahte dies gestützt auf die vorgesehenen weitreichenden Mechanismen – etwa Aufsichts- und Informationsrechte – zur Kompensation des durch die Unabhängigkeit bewirkten demokratischen Defizits.[153] In der PSPP-Entscheidung wurde zwar das Vorliegen eines ultra-vires-Aktes bejaht, eine Verletzung der Verfassungsidentität aber verneint:[154] Das BVerfG qualifizierte einige der verfahrensgegenständlichen Beschlüsse der EZB als ultra-vires, weil ein Verstoß gegen das Verhältnismäßigkeitsprinzip vorläge,[155] erachtete aber die haushaltspolitische Gesamtverantwortung des Bundestages als gewahrt und verneinte daher eine Verletzung der Verfassungsidentität.[156]

Konsequenterweise ist die Identitätskontrolle als Unterfall der ultra-vires-Kontrolle zu qualifizieren, wie es das BVerfG bspw in der Bankenunion-Entscheidung tut:[157] Wenn die Übertragung von Hoheitsrechten an die EU durch Art 23 Abs 1 3. Satz GG an die materielle Voraussetzung der Einhaltung des Art 79 Abs 3 GG

148 BVerfGE 140, 317 (Haftbefehl) insb Rz 84 und 107. Umfassend dazu zB *Burchardt*, ZaöRV 2016, 529 ff; *Hwang*, Der Staat 2017, 110 ff; kritisch ebenfalls *Classen*, EuR 2016, 30 ff.

149 EuGH 16.06.2015, Rs C-62/14 (Gauweiler) ECLI:EU:C:2015:400; zum Vorabentscheidungsersuchen des BVferG zB *Claes/Reestman*, GLJ 2015, 918 ff.

150 BVerfGE 142, 123 (OMT-Urteil).

151 BVerfG, 30.07.2019, 2 BvR 1685/14 und 2 BvR 2631/15 (Bankenunion) Rz 222.

152 BVerfG, 30.07.2019, 2 BvR 1685/14 und 2 BvR 2631/15 (Bankenunion) Rz 222.

153 BVerfG, 30.07.2019, 2 BvR 1685/14 und 2 BvR 2631/15 (Bankenunion) Rz 224 ff; 285 ff; 310.

154 BVerfG 05.05.2020, 2 BvR 859/15 ua (PSPP) Rz 222.

155 BVerfG 05.05.2020, 2 BvR 859/15 ua (PSPP) Rz 154 ff.

156 BVerfG 05.05.2020, 2 BvR 859/15 ua (PSPP) Rz 222 ff.

157 BVerfG, 30.07.2019, 2 BvR 1685/14 und 2 BvR 2631/15 (Bankenunion) Rz 203; vgl aber auch BVerfG 05.05.2020, 2 BvR 859/15 ua (PSPP) Rz 115, 222 ff. Siehe zur Abgrenzung ausführlicher unten bei 6.1.3.2.1 (= 264).

geknüpft ist, dann ist jeder Rechtsakt, der sich nicht an diese Beschränkung hält, ultra-vires.[158]

Aus Perspektive des Art 4 Abs 2 EUV kann die Argumentation des BVerfG allerdings nicht überzeugen: Denn gerade die Einfügung von Art 4 Abs 2 EUV, der die Organe der EU zur Achtung der nationalen Identität der Mitgliedstaaten verpflichtet, entzieht die Aufgabe der Identitätskontrolle hinsichtlich der Sekundärrechtsakte der Allein- und va auch der Letztverantwortung der mitgliedstaatlichen (Verfassungs-)Gerichte:[159] Nunmehr ist der EuGH befugt zu überprüfen, ob Sekundärrechtsakte die nationalen Identitäten der Mitgliedstaaten achten und damit den Anforderungen des Art 4 Abs 2 EUV entsprechen.[160] Auf Basis des Primärrechts erlassene Sekundärrechtsakte sind daher nicht unmittelbar am Maßstab von Art 79 Abs 3 GG zu messen.[161]

Noch weniger konturiert ist die Judikatur des belgischen Verfassungsgerichts zu nationalen Schranken für auf dem Primärrecht basierende Rechtsakte. Das belgische Verfassungsgericht nimmt in seiner Entscheidung 62/2016 Bezug auf eine belgische nationale Identität, die durch unionale Rechtsetzer nicht in diskriminierender Weise beeinträchtigt werden dürfe. In der Literatur wird die Stoßrichtung dieser Entscheidung mit der Rsp des BVerfG zur deutschen Verfassungsidentität verglichen.[162] Auch die vom GH zur Integrationsschranke erhobene nationale Identität Belgiens wird aber durch Art 4 Abs 2 EUV geschützt. Die Beurteilung einer Missachtung der nationalen Identität durch einen Sekundärrechtsakt obliegt damit auch hier dem EuGH. Der GH könnte bestenfalls eine ultra-vires-Kontrolle vornehmen.[163]

2.3.3.4 Unionsrechtliche Schranken aus Art 4 Abs 2 EUV

Art 4 Abs 2 EUV verpflichtet die Union zur Achtung der nationalen Identität der Mitgliedstaaten, „die in ihren grundlegenden politischen und verfassungsmäßigen Strukturen einschließlich der regionalen und lokalen Selbstverwaltung zum Ausdruck kommt". Ungeachtet der Frage, wer wie bestimmt, was zur nationalen Identität gehört,[164] bedeutet dies, dass Unionsrechtsakte, mit denen die nationale Identität missachtet wird, primärrechtswidrig sind. Sie unterliegen dem Verwerfungsmonopol des EuGH; bis dieser solche Rechtsakte für nichtig erklärt, sind

158 So zB auch *Klein* in Niedobitek/Sommermann, Wertegemeinschaft 73; *Hufeld* in HB StR § 215 421 f.

159 Dazu zB *Schwerdtfeger*, EuR 2015, 310; *Schwarze*, EuR 2010, 115; *Everling*, EuR 2010, 100 f; vgl auch schon zur Rechtslage vor dem Vertrag von Lissabon *Hammer*, juridikum 2004, 112.

160 Die Qualifikation eines Rechtsaktes als „identitätsverletzend" führt insb auch nicht dazu, dass dieser nicht wirksam entsteht, vgl *Sauer*, EuR 2017, 194.

161 Ausführlich *Polzin*, Verfassungsidentität 178 ff; so im Ergebnis auch *Wiederin*, ÖJZ 2010, 404 f.

162 ZB *Gérard*, TBP 2017, 351 ff; *Gérard/Verrijdt*, ECLR 2017, 182, 187.

163 Zu dieser gleich unten bei 2.3.4 (= 60).

164 Dazu gleich bei 3.4 (= 76).

sie für die Organe der Union und die Mitgliedstaaten verbindlich und genießen den unionsrechtlichen Anwendungsvorrang.[165] Der Ausschluss der Wirkung eines solchen Rechtsaktes durch Erklärung der Nichtanwendbarkeit seitens eines nationalen Gerichts unterläuft das Verwerfungsmonopol des EuGH und die einheitliche Anwendung des Unionsrechts, dem dieses Monopol dient. Die Frage der Achtung der nationalen Identität durch einen Unionsrechtsakt ist eine Frage, die seine Gültigkeit betrifft und deren Aufkommen alle Gerichte iSd Art 267 AEUV zur Vorlage an den EuGH verpflichtet.[166]

Ob ein Unionsrechtsakt wegen Verletzung des Art 4 Abs 2 EUV für nichtig zu erklären ist, ist also eine Frage, die der EuGH zu klären hat. Bei der Klärung dieser Frage sind zwei unterschiedliche Ebenen zu unterscheiden: die eine betrifft die Frage, welche Teile einer Rechtsordnung die nationale Identität mitkonstituieren, was also der Maßstab dafür ist, dass etwas als identitätsstiftend gilt. Nachdem der Begriff der nationalen Identität in der unionsrechtlichen Norm des Art 4 Abs 2 EUV grundgelegt ist, handelt es sich bei diesem Begriff bzw bei dem relevanten Maßstab um einen unionsrechtlichen Begriff bzw Maßstab, der für alle Mitgliedstaaten gleichermaßen zur Anwendung kommt.[167] Dies schließt aber nicht aus, dass die anhand des unionsrechtlichen Maßstabs geschützten Inhalte sich von Mitgliedstaat zu Mitgliedstaat unterscheiden. Die zweite zu stellende Frage ist dann, was der Inhalt einer konkreten mitgliedstaatlichen nationalen Identität ist und ob bzw wie sich diese mit einem konkreten Rechtsakt vereinbaren lässt. Dies lässt sich nur für jeden Mitgliedstaat und dessen jeweilige nationale Identität im Einzelnen beantworten.

Beides wird weiter unten vertieft.[168] Ziel der vorangehenden Ausführungen war es lediglich darauf hinzuweisen, dass es im Unionsrecht selbst Schranken für den unionalen Rechtsetzer gibt, die den im nationalen Verfassungsrecht aufgestellten Integrationsschranken stark ähneln.

2.3.3.5 Unterschied zwischen nationalen und unionalen Schranken: Konsequenzen der Verletzung

Art 4 Abs 2 EUV wird in der Literatur zum Teil als unionsrechtliche Anerkennung und Grundlage der den Verfassungsordnungen der meisten Mitgliedstaaten inhärenten Integrationsvorbehalte qualifiziert.[169] Umgekehrt werden auch die na-

165 Dazu ausführlich unten bei 3.6.7 (= 138).

166 Vgl dazu mwN insb aus der Rsp *Öhlinger/Potacs*, EU-Recht 206 f.

167 Dazu im Detail unten ab 3.6.4.1 (= 110).

168 Siehe aber unten ab 3.4 (= 76).

169 *Walter*, ZaöRV 2012, 179 f; *von Bogdandy/Schill*, ZaöRV 2010, 707 ff; *von Bogdandy/Schill* in Grabitz/Hilf/Nettesheim, Art 4 EUV Rz 25 ff; zu den bestehenden Integrationsvorbehalten bzw „Struktursicherungsklauseln“ im Verfassungsrecht der Mitgliedstaaten s auch *Grabenwarter* in von Bogdandy/Bast, Europäisches Verfassungsrecht 140 ff.

tionalen Integrationsvorbehalte in Verbindung zu Art 4 Abs 2 EUV gesetzt.[170] Dies gilt insb für die begrifflich ähnliche Konstruktion der Verfassungsidentität.[171] Bei näherer Betrachtung zeigt sich aber, dass eine Gleichsetzung der nationalen Integrationsvorbehalte mit Art 4 Abs 2 EUV nur bedingt richtig ist: Denn nationale Integrationsvorbehalte dienen, wie oben dargelegt, va der Einschränkung der Weiterentwicklung des Primärrechts durch völkerrechtliche Verträge. Eine solche Funktion kann Art 4 Abs 2 EUV nicht erfüllen,[172] da diese Bestimmung ja erst durch völkerrechtlichen Vertrag konstituiert wird und dadurch auch abgeändert werden kann.

Andererseits hat die Verletzung etwa des vom deutschen BVerfG formulierten Integrationsvorbehaltes zur Folge, dass der identitätsverletzende Rechtsakt in Deutschland nicht angewendet werden darf.[173] Im Gegensatz dazu sind Rechtsakte, die Art 4 Abs 2 EUV verletzen, bis zu ihrer Nichtigerklärung durch den EuGH sehr wohl anzuwenden.[174] Eine Aufhebung hat dann aber nicht nur für den Mitgliedstaat Relevanz, dessen Identität missachtet wird, sondern für die gesamte EU, da eine Nichtigerklärung durch den EuGH im gesamten Gebiet der Union gilt.

Unterschiedlich zu beurteilen ist hinsichtlich der nationalen und der unionalen Schranken auch die Letztentscheidungskompetenz: Während nationale Integrationsschranken letztendlich durch nationale Höchstgerichte auszulegen sind, obliegt die (Letzt-)Interpretation von Art 4 Abs 2 EUV dem EuGH. Dieser wird sich dabei freilich auf die bestehende Judikatur zu nationalen Integrationsschranken und verfassungsrechtlichen Gegebenheiten stützen müssen.

2.3.4 Schranken für Rechtsakte, die nur scheinbar auf dem Primärrecht beruhen – ultra-vires-Akte

In der Judikatur des BVerfG wird, wie oben bereits angedeutet, die Frage der nationalen Integrationsschranken im Zusammenhang mit der Kontrolle von ultra-vires-Akten der EU durch die nationalen Gerichte gestellt.[175] In der hier angelegten Dreiteilung handelt es sich bei ultra-vires-Akten um Akte, die sich nur

170 So insb hinsichtlich der neueren belgischen Judikatur, in der sich mit der Verwendung des Begriffs der nationalen Identität tatsächlich Ähnlichkeiten zu Art 4 Abs 2 EUV finden; in der vom belgischen Verfassungsgericht verwendeten Formel bestehen aber auch Unterschiede zu Art 4 Abs 2 EUV (zB das Abstellen auf einen diskriminierenden Eingriff), vgl dazu unten bei 7.1.5 (= 333).

171 Zur Unterscheidung zwischen Verfassungsidentität und nationaler Identität s ausführlich unten bei 3.6.2.3.4.2 (= 98).

172 So auch *Obwexer* in von der Groeben/Schwarze/Hatje, Art 4 EUV Rz 56.

173 Zum Beispiel BVerfGE 123, 267 (Lissabon) 354.

174 Vgl zB *Sauer*, EUR 2017, 194. Im Detail dazu unten bei 3.6.7 (= 138).

175 Vgl insb zur Honeywell-Entscheidung des BVerfG *Sauer*, EuZW 2011, 94 ff; zur Maastricht- und Lissabon-Entscheidung etwa *Thym*, Der Staat 2009, 568 ff; vgl auch *Hufeld* in HB StR § 215 148 ff.

scheinbar auf das Primärrecht stützen. So betrachtet sind sowohl die Problematik als auch ihre Auflösung leicht zu erfassen:

Ultra-vires-Akte der EU sind durch das Primärrecht und die dazu kraft Ratifikation des völkerrechtlichen Vertrags gegebene Zustimmung der Mitgliedstaaten nicht gedeckt. Sie sind als solche rechtlich unbeachtlich. Die Feststellung, dass ein ultra-vires-Akt vorliegt, kann letzten Endes nur von den mitgliedstaatlichen Gerichten vorgenommen werden.[176]

Im Detail stellt sich freilich die Frage, wann ein ultra-vires-Akt vorliegt. Hier ist daran zu erinnern, dass es auch im Unionsrecht ein Fehlerkalkül gibt[177] – rechtswidrige Akte sind nicht per se nichtig und unbeachtlich, sondern unterliegen der Verwerfungskompetenz des EuGH.[178] Wann ein ultra-vires-Akt vorliegt, ist also davon abhängig, wie weit das Fehlerkalkül geht, das die Mitgliedstaaten mit dem Abschluss der völkerrechtlichen Verträge, die das Primärrecht konstituieren, akzeptiert haben. Dabei ist zwischen Sekundärrechtsakten und darauf basierenden Rechtsakten auf der einen Seite und Rechtsakten, die vom EuGH gesetzt werden, auf der anderen Seite zu unterscheiden.

Das unionsrechtliche Fehlerkalkül umfasst auch die grobe Verletzung der nationalen Identität durch einen Sekundärrechtsakt oder einen Rechtsakt, der auf dem Sekundärrecht basiert, und zwar auch dann, wenn sich eine Rechtsordnung nur bedingt für die Unionsrechtsordnung geöffnet hat und die Identitätsverletzung gerade auf die Missachtung der etablierten nationalen Integrationsschranken zurückzuführen ist. Ein solcher Rechtsakt missachtet Art 4 Abs 2 EUV und ist daher primärrechtswidrig. Diese (Primär-)Rechtswidrigkeit ist vom EuGH wahrzunehmen. Ein Sekundärrechtsakt, der die durch die Ewigkeitsklausel des Art 79 Abs 3 GG geschützten Inhalte missachtet, ist also nicht schon allein deswegen als ultra-vires-Akt zu qualifizieren.[179] Dies lässt sich va damit begründen, dass ansonsten für ultra-vires-Akte je nachdem, aus der Perspektive welcher Rechtsordnung ein Rechtsakt beurteilt wird, andere Kriterien herangezogen werden müssten. Wenn sich aber die Mitgliedstaaten vertraglich darauf geeinigt haben, den Organen der EU bestimmte Befugnisse zu übertragen, welche diese unionsweit ausüben können sollen, dann dürfen die Grenzen, die diesen Organen durch den Vertrag gesetzt werden, grundsätzlich nicht davon abhängig sein, welche Vertragspartei den Vertrag auslegt.

176 Vgl dazu zB *Nettesheim* in von Bogdandy/Bast, Verfassungsrecht 403; *Kirchhof* in HB StR § 214 325. AA *Ress*, ZÖR 2009, 392 f, der darauf hinweist, dass die Mitgliedstaaten sich freiwillig in die fragliche internationale Organisation (die EU) eingegliedert haben und aus dieser unter Beachtung der völkerrechtlichen Vorgaben auch wieder austreten können, etwa durch Kündigung des Vertrags. Dabei lässt *Ress* mE aber außer Acht, dass die Eingliederung in die EU ja – zumindest in manchen Mitgliedstaaten – nicht bedingungslos erfolgte.

177 ZB *Potacs*, ZÖR 2010, 131; *Wiederin*, ÖJZ 2010, 404.

178 Vgl dazu zB *Ress*, ZÖR 2009, 390; *Griller*, ZfRV 1995, 99.

179 So auch *Sauer*, EUR 2017, 194 f, 197.

Damit ein ultra-vires-Akt vorliegt, muss der fragliche Sekundärrechtsakt qualifiziert gegen das Primärrecht – insb also die primärrechtliche Kompetenzverteilung, aber eben auch Art 4 Abs 2 EUV oder die Grundrechte der GRC[180] – verstoßen. Dies zu beurteilen, ist Sache des EuGH.[181]

Allerdings kann auch der EuGH selbst rechtswidrige Entscheidungen treffen und im Extremfall auch ultra-vires handeln. Entscheidungen des EuGH sind dann als ultra-vires-Akte zu qualifizieren, wenn mit der Entscheidung ein qualifizierter Verstoß gegen das Primärrecht und die dem EuGH dadurch übertragenen Befugnisse erfolgt.[182] Die Beurteilung, wann eine Entscheidung des EuGH derart ultra-vires erfolgt ist, wird dadurch erschwert, dass dem EuGH eine weitreichende Kompetenz zur Rechtsfortbildung zukommt.[183]

Auch wenn abstrakt schwer zu definieren ist, wann eine Entscheidung des EuGH einen ultra-vires-Akt darstellt, kann festgehalten werden, dass es diese Möglichkeit gibt.[184] Nachdem ultra-vires-Akte keiner Nichtigerklärung oder Aufhebung bedürfen, sondern kraft ihrer Qualifikation als ultra-vires nicht Teil der (Unions-)Rechtsordnung sind, sind sie unbeachtlich. Nationale Behörden oder Gerichte müssen ultra-vires-Entscheidungen des EuGH bei ihrer Entscheidungsfindung außer Acht lassen.[185] Dass also auch nationale Gerichte, und nicht der EuGH, über das Vorliegen von ultra-vires-Akten – nämlich solche des EuGH – entscheiden, ist unvermeidlich.[186] Die von ihnen dabei zu stellende Frage ist, ob der EuGH seine Rechtsfortbildungsbefugnis überschritten hat oder nicht. Da die-

---

180 Vgl *Ress*, ZÖR 2009, 391; *Herdegen* in HB StR § 211 204, der angesichts der Unklarheit darüber, wann ein grober Verstoß vorliegt, im Wesentlichen von einer de facto schrankenlosen Befugnis des EuGH ausgeht.

181 Vgl dazu zB auch *Wiederin* in Griller ea, EU-Mitgliedschaft 194 f; *Potacs*, ZÖR 2010, 133 f; *Sauer*, EuZW 2011, 95. Der hier angenommenen Zuständigkeit des EuGH kann auch nicht entgegengehalten werden, dass es sich bei einem ultra-vires-Akt ja definitionsgemäß nicht um einen Teil der Unionsrechtsordnung handle und dieser daher auch nicht in die Auslegungshoheit des EuGH falle. Zwar stimmt es, dass die Klärung der ultra-vires-Frage zur Folge haben kann, dass ein Akt nicht mehr als Teil der Unionsrechtsordnung qualifiziert werden kann, und es ist auch durchaus denkbar, dass diese Qualifikation ex tunc wirkt. Allerdings lässt sich die (alleinige) Zuständigkeit des EuGH mit Art 4 Abs 3 EUV begründen, der die Mitgliedstaaten dazu verpflichtet, etwaige Zweifel an der Zuordenbarkeit eines Rechtsakts zur EU-Rechtsordnung innerhalb der gemeinsamen EU-Rechtsordnung zu klären.

182 Vgl zB BVerfGE 123, 267 (Lissabon) 353, 400; aktuell BVerfG, 30.07.2019, 2 BvR 1685/14 und 2 BvR 2631/15 (Bankenunion) Rz 151; BVerfG 05.05.2020, 2 BvR 859/15 ua (PSPP) Rz 112 f.

183 ZB *Potacs*, ZÖR 2010, 132; *Potacs* in Hummer, Neueste Entwicklungen 114. Vgl weiters zB *Griller*, JRP 2000, 277, der die Vorrangrechtsprechung des EuGH als Rechtsfortbildung qualifiziert.

184 Und sie auch nicht ausgeschlossen werden kann; vgl *Thaler*, JRP 2000, 80.

185 Zum Beispiel *Potacs*, ZÖR 2010, 133; vgl auch *Palmstorfer* in FS Thaler 427 f.

186 *Wiederin*, ÖJZ 2010, 404. In der jüngeren Vergangenheit finden sich auch Beispiele für solche Entscheidungen, so zB durch das tschechische Verfassungsgericht; dazu ausführlich *Komárek*, ECLR 2012, 328 ff; *Zbíral*, CMLR 2012, 1475 ff; weiters *Bobek*, ECLR 2014, 54 ff, der die Begleitumstände der Entscheidung ausführlich darlegt und dabei aufzeigt, dass die Stoßrichtung der Entscheidung nicht jene einer „Revolte" gegen den EuGH war, sondern stark durch die (unglücklichen) Umstände des nationalen Verfahrens bzw der nationalen Rechtslage bedingt war, und daher anrät, die Bedeutung der Entscheidung nicht zu überschätzen.

se Befugnis des EuGH ihre Grundlage im Primärrecht hat, muss die Beurteilung dieser Frage zumindest theoretisch unionsweit einheitlich ausfallen.[187]

Interessant ist dabei, dass über Art 4 Abs 2 EUV – wie weiter unten ausführlich dargelegt wird[188] – die grundlegenden politischen und verfassungsmäßigen Strukturen der Mitgliedstaaten zum primärrechtlichen Maßstab für Sekundärrecht werden. Fraglich ist nun, ob die grundsätzlich angenommene Rechtsfortbildungsbefugnis auch hinsichtlich dieser primärrechtlichen Anordnung gilt; oder anders formuliert: ob die Befugnis des EuGH, in seiner Rsp vom geltenden Unionsrecht abzuweichen und dieses weiterzuentwickeln, die mit der Verpflichtung der Mitgliedstaaten verbunden ist, die in der Rsp vorgenommene Weiterentwicklung zu akzeptieren.[189] Würde man dies verneinen, so würde jede Abweichung des EuGH von den durch nationales Verfassungsrecht (und die Rechtsprechung der nationalen Verfassungsgerichte) determinierten grundlegenden politischen und verfassungsmäßigen Strukturen die Qualifikation der fraglichen Entscheidung als ultra-vires-Akt nach sich ziehen. Da es sich bei den durch Art 4 Abs 2 EUV geschützten grundlegenden verfassungsmäßigen Strukturen aber um einen unionsrechtlichen Begriff handelt, kann auch diesbezüglich von einer Rechtsfortbildungsbefugnis des EuGH ausgegangen werden. Die Festlegung dessen, was mit Blick auf einen konkreten Mitgliedstaat als Teil der nationalen Identität zu qualifizieren ist, hat unter Berücksichtigung des nationalen Rechts stattzufinden; insofern kann eine Pflicht des EuGH angenommen werden, sich mit den – insb von den Vertreterinnen und Vertretern des fraglichen Mitgliedstaats – zur nationalen Identität vorgebrachten Argumenten ernsthaft auseinanderzusetzen.[190] Diese Pflicht kann freilich auch in anderen Verfahren und betreffend anderer Vorbringen als allgemeine rechtsstaatliche Anforderung qualifiziert werden und ist insofern keine Besonderheit der Beurteilung der nationalen Identität durch den EuGH.

2.4 Zwischenergebnis

In den nationalen Rechtsordnungen finden sich unterschiedliche Formen von Integrationsschranken für die Weiterentwicklung des Primärrechts sowie der da-

187 Sofern Art 4 Abs 2 EUV unter Berücksichtigung der uU von Mitgliedstaat zu Mitgliedstaat unterschiedlichen Bedeutung von „nationaler Identität" von Relevanz ist.

188 Unten ab 3.4 (= 76).

189 Nicht weiter zu diskutieren, weil mE außer Frage steht, ob auch hinsichtlich Art 4 Abs 2 EUV ein Fehlerkalkül besteht, also Rechtsakte, die gegen Art 4 Abs 2 EUV verstoßen, Teil der Rechtsordnung (aber uU anfechtbar) werden.

190 Vgl dazu zB die Ausführungen zur diesbezüglichen „Plausibilitätskontrolle" durch den GA in der Rs Taricco II, *Burchardt*, EuR 2018, 262 f.

rauf beruhenden Rechtsakte. Inhaltlich stellen diese Schranken auf grundlegende Wertungen der Verfassungsrechtsordnungen der jeweiligen Mitgliedstaaten ab.

Eine inhaltlich zumindest teilweise äquivalente Bestimmung findet sich mit Art 4 Abs 2 EUV, der die Achtung der nationalen Identität der Mitgliedstaaten durch die Organe der EU anordnet, auch im Unionsrecht. Als nationale Identität eines Mitgliedstaates sind insb grundlegende verfassungsrechtliche Strukturen zu qualifizieren. Damit werden aber Fragen der ausreichenden Achtung der nationalen Identität durch Sekundärrechtsakte – anders formuliert: die Vereinbarkeit des Sekundärrechts mit dem grundlegenden Verfassungsrecht der Mitgliedstaaten – zu unionsrechtlichen Fragen, die zunächst durch den EuGH zu beantworten sind, nicht durch die nationalen (Verfassungs-)Gerichte. Keinesfalls sind Sekundärrechtsakte, welche die grundlegenden verfassungsmäßigen Strukturen – die nationale Identität – eines Mitgliedstaates missachten, automatisch als ultra-vires-Akte zu qualifizieren.

Identitätsschützende nationale Integrationsvorbehalte können (in Ausnahmefällen) zur Qualifikation von EuGH-Entscheidungen als ultra-vires-Akte führen, wenn der EuGH in dieser Entscheidung seine – sich grundsätzlich auch auf Art 4 Abs 2 EUV beziehende – Rechtsfortbildungsbefugnis überschritten und den fraglichen Integrationsvorbehalt verletzt hat. Die schwierige Beurteilung, ob eine solche Konstellation vorliegt, obliegt wiederum den mitgliedstaatlichen Gerichten. Die Frage der Vereinbarkeit eines EU-Rechtsaktes mit den grundlegenden politischen und verfassungsmäßigen Strukturen – der nationalen Identität – eines Mitgliedstaates stellt sich den mitgliedstaatlichen Gerichten daher nur in Ausnahmefällen und auch dann nur hinsichtlich Entscheidungen des EuGH.

3. Im Fokus: Die Unionsrechtsordnung und die Bundesstaatlichkeit von Mitgliedstaaten

3.1 Ausgangspunkt: „Länderblindheit“ der EU?

Nachdem die vorangehenden Ausführungen skizziert haben, wie sich das Unionsrecht zu Integrationsgrenzen im nationalen Verfassungsrecht verhält, soll in den folgenden Kapiteln analysiert werden, wie sich das Unionsrecht zu dem in den Verfassungen einiger Mitgliedstaaten etablierten Grundsatz der Bundesstaatlichkeit verhält.

Als Ausgangspunkt der Untersuchung kann dabei die These herangezogen werden, dass die EU bundesstaatenblind[191] oder, wie es vor allem in der deutschen Literatur heißt, länderblind[192] sei, die inzwischen zu einem Gemeinplatz im Europarecht geworden ist.[193] Demnach berücksichtige die Europäische Union den bundesstaatlichen Aufbau eines Mitgliedstaates nicht. Diese These findet ihren Ausgangspunkt und manifestiert sich insb darin, dass der EuGH in ständiger Rsp davon ausgeht, „dass sich ein Mitgliedstaat nicht auf Umstände seiner internen Rechtsordnung einschließlich solcher Umstände, die sich aus seinem bundesstaatlichen Aufbau ergeben, berufen kann“[194], um die Nichtdurchführung oder unionsrechtswidrige Durchführung des Unionsrechts zu rechtfertigen. Diese Gesamtverantwortung des Mitgliedstaates kann auf den völkerrechtlichen Ursprung der Union zurückgeführt werden.

Aus der Verantwortlichkeit des Gesamtstaats für jedwede staatliche Unionsrechtsverletzung aber auf eine absolute Bundesstaatenblindheit der Union zu schließen, erscheint vorschnell.[195] Denn erstens finden sich auch im Völkerrecht Konstellationen, in denen die interne Organisation eines Staates auf völkerrecht-

191 ZB *Frank*, Gemeinschaftsrecht 30; *Lienbacher* in Aulehner, Föderalismus 198; *Gamper* in Lachmayer/Bauer, Praxiswörterbuch 148, *Madner* in FS Rill 139; *Potacs*, BRGÖ 2021, 391.

192 Begriffsbildend *Ipsen* in FS Hallstein 256; aktueller zB *Korioth* in Papier, Föderalismus 17; *Melin*, EuR 2011, 655 mwN; *Isensee* in HB StR § 126 Rz 251; innerhalb der österreichischen Literatur aber auch zB *Ranacher*, Umsetzung 31, 323 f; *Lopatka*, Bundesländer 59 ff.

193 Differenzierend und eine Pflicht der EG/EU zur Berücksichtigung föderaler Strukturen, die im Verfassungsrecht der Mitgliedstaaten verankert sind, annehmend aber schon *Epiney*, EuR 1994, 304 ff, insb auch unter Hinweis auf die Vorgängerbestimmung des heutigen Art 4 Abs 2 EUV (*Epiney*, EuR 1994, 307). Inzwischen weisen auch zahlreiche Kommentatoren des Art 4 EUV darauf hin, dass die Bundesstaatlichkeit (insb: Deutschlands) einen Teil der nationalen Identität ausmacht; s zB *Geiger* in Geiger/Khan/Kotzur, Art 4 EUV Rz 3; *Puttler* in Calliess/Ruffert, Art 4 EUV Rz 19; *Hatje* in Schwarze, Art 4 EUV Rz 11; *Schill/Krenn* in Grabitz/Hilf/Nettesheim, Art 4 EUV Rz 19. Vgl aktuelle auch *Lopatka*, Bundesländer 64 ff; *Jaeger* in Lienbacher/Pürgy, Gesetzgebungskompetenz 22 ff.

194 EuGH 17.01.2002, Rs C-423/00 (Kommission/Belgien) ECLI:EU:C:2002:32 Rz 16; s auch EuGH 06.02.1997, Rs C-205/96 (Kommission/Belgien) ECLI:EU:C:1997:63 Rz 10; EuGH 17.09.1998, Rs C-323/96 (Kommission/Belgien) ECLI:EU:C:1998:411 Rz 42.

195 In dieser Schärfe ist die ursprüngliche Begriffsbildung auch nicht erfolgt; so erkennt schon *Ipsen*, dass „das Vertragsrecht selbst und das Sekundärrecht die mitgliedstaatliche Impermeabilität der

licher Ebene Relevanz hat. Zweitens gibt es im EU-Primärrecht und der Rsp des EuGH Anhaltspunkte für die Notwendigkeit der Berücksichtigung des internen Aufbaus eines (Bundes-)Staates im Unionsrecht. Die prominenteste Norm in diesem Zusammenhang ist Art 4 Abs 2 EUV, durch den sich die Unionsrechtsordnung in gewissem Ausmaß gegenüber mitgliedstaatlichen Strukturen öffnet. Aber auch einige andere Bestimmungen des Primärrechts – etwa die Art 300 ff AEUV über den Ausschuss der Regionen – zeigen, dass die EU nicht ganz bundesstaatsblind ist.

3.2 Grundsätzliche Irrelevanz interner Strukturen im Völkerrecht

3.2.1 Staaten als Völkerrechtssubjekte

Das Vorliegen von Völkerrechtssubjektivität ist grundlegende Voraussetzung, um am Völkerrechtsverkehr teilnehmen zu können. Um Träger von völkerrechtlichen Rechten und Pflichten sein zu können, muss ein Gebilde nämlich Völkerrechtssubjektivität besitzen bzw Völkerrechtssubjekt sein. Staaten gelten als der Prototyp des Völkerrechtssubjekts.[196] Nach der klassischen Definition des Staates liegt ein Staat dann vor, wenn dieser über Staatsvolk, Staatsgebiet und Staatsgewalt verfügt.[197] Besteht ein Staat im völkerrechtlichen Sinn, dann kommt ihm originäre und umfassende Völkerrechtssubjektivität zu. Im Gegensatz zu Staatenbünden[198] sind Bundesstaaten Staaten im völkerrechtlichen Sinn.[199] Grundsätzlich tritt der Bundesstaat als einheitliches Völkerrechtssubjekt auf, das bezüglich

---

Bundesrepublik nicht durchhalten", führt die in Einzelfragen erfolgende Bezugnahme auf die Länder allerdings noch auf Pragmatismus zurück (*Ipsen* in FS Hallstein, 259).

196 Neben den Staaten gibt es auch andere (umfassende oder partielle, originäre oder derivative) Völkerrechtssubjekte; so kommt insb auch der EU Völkerrechtssubjektivität zu, vgl Art 47 EUV.

197 Diese Kriterien werden insb in der Montevideo Convention on the Rights and Duties of States vom 26.12.1993 (165 LNTS 19) für maßgeblich erachtet. Zur Definition des Staates im Völkerrecht und der Rolle der Montevideo-Konvention ausführlich *Grant*, Columbia Journal of Transnational Law 1998/1999 (37:2) 409 ff; vgl auch *Acquaviva*, Vanderbilt Journal of Transnational Law 2005 (38:2) 348 ff; *Nicholson*, Statehood 92 ff. Für den Bundesstaat s auch *Jellinek*, Staatslehre 175 sowie im Detail 381 ff (Staatsgebiet), 393 (Staatsvolk), 413 ff (Staatsgewalt); weiters *Jellinek*, Staatenverbindungen 34 ff.

198 Staatenbünde erfüllen idR nicht die Voraussetzungen für die Zuschreibung von Staatlichkeit iSd Völkerrechts und der daran anschließenden Völkerrechtssubjektivität. Ein Staatenbund verfügt nämlich idR nicht über unmittelbare Hoheitsgewalt über ein Volk und ein Territorium; diese Verfügungsgewalt verbleibt jeweils bei den Mitgliedern des Staatenbundes. Der Zusammenschluss zwischen den Mitgliedern basiert auf dem Völkerrecht; die Mitgliedstaaten eines Staatenbundes können auch weiterhin völkerrechtsunmittelbare Handlungen setzen. Siehe schon *Jellinek*, Staatslehre 743 ff; weiters zB *Koja*, Staatslehre 350 f; *Kelsen*, General Theory 316 ff; Reinisch, Handbuch 189; *Shaw*, International Law 164, 330 ff.

199 Zum Beispiel *Van de Craen*, RBDI 1983, 379; *Bernier*, Federalism 33 ff; *Shaw*, International Law 172.

seiner Glieder im völkerrechtlichen Verkehr meistens als vermittelnder Akteur fungiert.[200]

3.2.2 Grundsätzliche Irrelevanz des innerstaatlichen Aufbaus

Der Begriff des Staates verlangt nach der Zuschreibung der originären Völkerrechtssubjektivität hinsichtlich eines Gebiets und eines Volkes an ein einziges Zurechnungssubjekt.[201] Qualifiziert man also einen Bundesstaat als Völkerrechtssubjekt, so ist damit ausgeschlossen, dass die Glieder des Bundesstaates ebenfalls Staaten iSd Völkerrechts sind – das Bestehen eines Staates auf einem Staatsgebiet und hinsichtlich eines Staatsvolks schließt das Bestehen eines anderen Staates mit zumindest teilweise identem Staatsgebiet und Staatsvolk aus.[202] Ob die Ausübung der Hoheitsgewalt innerhalb eines Staates durch ein einziges zentrales Organ, durch mehrere zentrale Organe oder zwischen zentralen und dezentralen Hoheitsträgern geteilt erfolgt, ist aus Perspektive des Völkerrechts irrelevant, solange diese innerhalb eines Staates iSd Völkerrechts organisiert sind.[203] Allein die interne Aufteilung der Hoheitsgewalt auf mehrere Hoheitsträger – etwa Bund und Länder in einem Bundesstaat – führt noch nicht dazu, dass diesen jeweils eigenständige Völkerrechtssubjektivität zukommt.[204] Insofern ist das Vorliegen von Bundesstaatlichkeit bei der Beurteilung der Völkerrechtssubjektivität eines Staates irrelevant – ebenso wie bspw die Frage, ob der Staat als Monarchie oder Republik organisiert ist.

Die mangelnde Berücksichtigung des innerstaatlichen Aufbaus eines Staates im Zusammenhang mit der Völkerrechtssubjektivität setzt sich konsequenterweise bei den Fragen der Vertragsschlussfähigkeit, der Immunität[205] oder der Staatenverantwortlichkeit[206] fort. Immer dann, wenn es um völkerrechtliche Rechte oder

200 Zur Ausnahme davon – der Vertragsschlussfähigkeit von Gliedstaaten – gleich unten bei 3.4.2 (= 76).

201 Vgl dazu *Shaw*, International Law 171 ff.

202 Vgl *Grant*, Columbia Journal of Transnational Law 1998/1999 (37:2) 439 f.

203 Vgl dazu *Shaw*, International Law 171 ff.

204 Diese völkerrechtliche Qualifikation verunmöglicht aber nicht, dass den Gliedstaaten im bundesstaatsinternen Verhältnis eine starke Stellung zukommt. Das Völkerrecht schließt auch nicht aus, dass die Gliedstaaten in der innerstaatlichen Verfassung als eigenständige „Staaten“ bezeichnet werden, wie es etwa im deutschen Grundgesetz der Fall ist; vgl etwa Art 30 GG, wo von „staatlichen“ Befugnissen der Länder die Rede ist; zum Dogma von der „Staatlichkeit“ der deutschen Länder s etwa kritisch *Möllers*, Staat 350 ff. Diese „Staatlichkeit“ ist dann aber eben keine völkerrechtliche, sondern hat eine beschränkte, dem nationalen Verfassungsrecht zu entnehmende Bedeutung. Siehe dazu auch unten bei 6.3.3.1 (= 278).

205 Vgl dazu aber Art 28 der Europäischen Konvention über die Staatenimmunität (ETS 74 bzw BGBl 432/1976), der als Regel vorsieht, dass Gliedstaaten eines Bundesstaates keine Immunität besitzen, dann aber zulässt, dass Bundesstaaten die Immunität auch für ihre Gliedstaaten beanspruchen – eine Möglichkeit, von der etwa Österreich hinsichtlich aller neun Bundesländer Gebrauch gemacht hat; weiters *Bernier*, Federalism 121 ff.

206 Dazu zB *Acquaviva*, Vanderbilt Journal of Transnational Law 2005 (38:2) 393; *Bernier*, Federalism 84 ff; vgl auch *Shaw*, International Law 175.

Pflichten geht, wird der Bundesstaat behandelt wie andere Staaten auch; die Gliedstaaten werden als Zurechnungssubjekt für völkerrechtliche Rechte und Pflichten nicht berücksichtigt:

Wie ein Bundesstaat sicherstellt, dass eingegangene vertragliche Verpflichtungen, die intern den Zuständigkeitsbereich der Gliedstaaten betreffen, von diesen umgesetzt werden, ist keine Frage des Völkerrechts, sondern dem innerstaatlichen Recht überlassen.[207] Die Nichteinhaltung völkerrechtlicher Verpflichtungen durch die Gliedstaaten wird völkerrechtlich dem Bundesstaat als Völkerrechtssubjekt angelastet, wie der IGH etwa im Fall *La Grand* bestätigte.[208] Dabei gilt der Grundsatz, dass innerstaatliches Recht – und damit auch die verfassungsrechtlich angeordnete Kompetenzverteilung – weder allgemein als Rechtfertigung für die Nichterfüllung eines Vertrags[209] noch im Speziellen als Begründung für die Nichtigkeit eines Vertragsabschlusses herangezogen werden kann.[210] Die Nichteinhaltung der innerstaatlichen Kompetenzverteilung[211] kann – sowohl, was die Verteilung von Verbandskompetenzen im föderalen Gefüge als auch, was die Verteilung von Organkompetenzen zwischen verschiedenen Staatsorganen betrifft[212] – nur dann die Ungültigkeit eines Vertragsabschlusses begründen, wenn der nicht beachteten Vorschrift fundamentale Bedeutung zukommt und die Verletzung der Vorschrift für die Vertragspartner offensichtlich war oder hätte sein müssen.[213] Während Ersteres auf Bestimmungen der föderalen Kompetenzverteilung meist zutreffen wird – diese haben in einer föderalen Ordnung grundlegende

207 Zum Beispiel *Bernier*, Federalism 152 ff; *Shaw*, International Law 173. *Wyttenbach*, Umsetzung 106 führt aus, dass das Völkerrecht (insb Menschenrechtsübereinkommen) dann nach einer Anpassung der Kompetenzverteilung verlangt, wenn die fragliche völkerrechtliche Verpflichtung gerade auf Grund der Kompetenzrechtslage nicht erfüllt werden kann. Meines Erachtens wird es aber idR unmöglich sein nachzuweisen, dass gerade die Kompetenzrechtslage die Nichterfüllung einer völkerrechtlichen Verpflichtung bedingt.

208 ICJ La Grand (Germany v United States of America) Provisional Measures, Order of 03.03.1999, ICJ Reports 1999, 9 (16 Rz 28); ICJ La Grand (Germany v United States of America) Judgement of 27.06.2001, ICJ Reports 2001, 466 (507 f); *Shaw*, International Law 175.

209 Vgl dazu Art 27 WVK, der insofern Völkergewohnheitsrecht kodifiziert (*Schmalenbach* in Dörr/Schmalenbach, Art 27 VCLT Rz 5; *Villiger*, Commentary Art 27 VCLT Rz 11; *Schaus* in Corten/Klein, Art 27 VCLT Rz 4 f).

210 Vgl dazu Art 46 WVK, der insofern inzwischen Völkergewohnheitsrecht kodifiziert (*Rensmann* in Dörr/Schmalenbach, Art 46 VCLT Rz 77; *Villiger*, Commentary Art 46 VCLT Rz 19; *Bothe* in Corten/Klein, Art 46 VCLT Rz 5 ff), dazu auch unten bei 3.4.4 (= 82).

211 Die Nichteinhaltung der Kompetenzverteilung bezieht sich auf die Verbandskompetenz zum Vertragsabschluss selbst – in Österreich liegt zwar auf Grund von Art 10 Abs 1 Z 2 B-VG diesbezüglich eine umfassende Kompetenz des Bundes vor (dazu unten bei 5.3.2.5.2.1 [= 204]), in Deutschland ist dies aber umstritten (vgl Art 32 GG sowie unten bei 6.3.3.5.2.1 [= 284]), und in Belgien ist die Vertragsabschlusskompetenz zwischen Bund und dezentralen Einheiten geteilt (vgl Art 167 Abs 1 BV sowie unten bei 7.3.3.2 [= 340]).

212 Vgl dazu und zur Frage, ob auch Verletzungen anderer materieller Normen des internen Rechts unter Art 46 WVK fallen können *Rensmann* in Dörr/Schmalenbach, Art 46 VCLT Rz 33 ff.

213 Vgl *Rensmann* in Dörr/Schmalenbach, Art 46 VCLT Rz 37 ff.

Bedeutung[214] –, mangelt es einem Verstoß gegen die föderale Kompetenzverteilung oft an Evidenz.

Im Völkerrecht gibt es also erstens keine Vorgaben für die Ausgestaltung der internen staatlichen Organisation und zweitens kann sich ein Staat grundsätzlich nicht auf diese interne Organisation berufen, um die Nichteinhaltung des Völkerrechts zu rechtfertigen.

3.3 Grundsätzliche Irrelevanz interner Strukturen im EU-Recht

3.3.1 Rechte der Mitgliedstaaten im Primärrecht

Die völkerrechtlichen Wurzeln des Primärrechts zeigen sich erstens darin, dass im Primärrecht als Adressaten von Rechten (und Pflichten) die Mitgliedstaaten angesprochen werden,[215] und zweitens darin, dass die Rechte der Mitgliedstaaten idR von ihren Regierungen als im völkerrechtlichen Sinn außenvertretungsbefugten Organen[216] der Staaten wahrzunehmen sind: Nach Art 10 Abs 2 EUV werden die Mitgliedstaaten im Rat „von ihrer jeweiligen Regierung“ vertreten. Auch die Beschickung des EuGH obliegt nach den Art 19 Abs 2 EUV, Art 253 f AEUV den „Regierungen der Mitgliedstaaten“. Ob und wenn ja, inwiefern bei solchen Beschickungsvorgängen die bundesstaatliche Struktur eines Mitgliedstaates berücksichtigt werden muss, regelt das Unionsrecht nicht. Entsprechende Regelungen finden sich aber regelmäßig im nationalen (Verfassungs-)Recht.[217] Gleiches gilt zB für die Festlegung des Sitzes der Organe der Union, welche nach Art 341 AEUV ebenfalls den Regierungen der Mitgliedstaaten obliegt.

Dieses mit wenigen Ausnahmen[218] „bundesstaatenblinde“ Konzept des Mitgliedstaates im Primärrecht setzt sich bei den Klagebefugnissen der Mitgliedstaaten fort: Art 263 Abs 2 AEUV sieht vor, dass Mitgliedstaaten Handlungen der Organe der EU als privilegierte Kläger beim EuGH anfechten können. Der Begriff des Mitgliedstaates erfasst aber nach dem EuGH „nur die Regierungsbehörden der Mitgliedstaaten“, nicht auch „die Regierungen von Regionen oder ande-

214 *Rensmann* in Dörr/Schmalenbach, Art 46 VCLT Rz 40.

215 Vgl dazu auch *Finck*, Authorities 62 ff.

216 Vgl zB Art 7 Abs 3 der Wiener Vertragsrechtskonvention, nach der „Staatsoberhäupter, Regierungschefs und Außenminister“ ohne Vorlage einer Vollmacht als vertretungsbefugte Organe gelten; dazu *Hoffmeister* in Dörr/Schmalenbach, Art 7 VCLT 7 Rz 22 ff.

217 In Deutschland bspw in § 1 Abs 3 und § 3 Abs 3 des Richterwahlgesetzes (Landesminister sind Mitglieder im den Vorschlag für die Besetzung von Richter- oder Generalanwaltsstellen am EuGH erstellenden Richterwahlausschuss); in Österreich § 23c B-VG (der Bundesrat ist über den Vorschlag der Bundesregierung nur zu informieren; dies betrifft etwa Vorschläge für die Besetzung der Kommission und des EuGH).

218 Zu diesen unten bei 3.5 (= 84).

ren unterstaatlichen Einheiten".[219] Durch eine Erstreckung des Klagerechts auf solche Einheiten würde nämlich „das institutionelle Gleichgewicht beeinträchtigt, das in den Verträgen vorgesehen ist, die insbesondere die Bedingungen festlegen, unter denen die Mitgliedstaaten, also die Staaten, die Parteien der Gründungs- und Beitrittsverträge sind, bei der Tätigkeit der Gemeinschaftsorgane mitwirken. Die Europäischen Gemeinschaften können nämlich nicht eine Zahl von Mitgliedstaaten umfassen, die höher ist als die Zahl der Staaten, die in ihnen zusammengeschlossen sind".[220] Diese letzte Passage macht klar, dass nach dem Verständnis des EuGH nicht nur ein Klagerecht von Regionen, sondern auch von Gliedstaaten eines Bundesstaates (jeweils im eigenen Namen) ausgeschlossen ist – selbst wenn diese nach nationalem Verständnis als „Staaten" zu qualifizieren wären. Freilich können Regionen oder Gliedstaaten, sofern ihnen Rechtspersönlichkeit zukommt, einen Rechtsakt der Union bei Vorliegen der Voraussetzungen des Art 263 Abs 4 AEUV als nicht-privilegierte Kläger bekämpfen.[221]

3.3.2 Pflichten und Verantwortlichkeit der Mitgliedstaaten im Primärrecht

Mit den völkerrechtlichen Wurzeln der Union ist weiters auch zu begründen, dass sich die Pflichten aus dem Primärrecht va an die Mitgliedstaaten richten: Die Mitgliedstaaten sind es, die ungerechtfertigte Beschränkungen der Grundfreiheiten[222] oder der in der GRC normierten Grundrechte[223] zu unterlassen haben. Die Mitgliedstaaten haben von den Organen der Union erlassene Richtlinien in ihr innerstaatliches Recht umzusetzen, und die Mitgliedstaaten haben sicherzustellen, dass Verordnungen der Europäischen Union in ihrem Hoheitsgebiet rechtmäßig zur Anwendung gebracht werden.[224] Die Mitgliedstaaten sind es schließlich auch, die sich für die Verletzung einer der vorgenannten Verpflichtungen vor dem EuGH verantworten müssen.[225] Die Rechtsunterworfenen werden zwar durch das Unions(primär)recht berechtigt, so zB im Zusammenhang mit den unmittelbar anwendbaren Grundrechten, und zum Teil auch verpflichtet, so bspw, wenn einer Grundfreiheit horizontale Wirkung zukommt.[226] Eine Verletzung ihrer unionsrechtlich gewährleisteten Rechte oder auch eine durch das Unionsrecht bewirkte, uU nicht rechtmäßige Verpflichtung können die Rechtsunterworfenen aber regelmäßig nicht vor unionalen Instanzen, sondern nur vor

219 EuGH 02.05.2006, Rs C-417/04 P (Regione Siciliana/Kommission) ECLI:EU:C:2006:282 Rz 21. Vgl zur Thematik auch *Finck*, Authorities 69 ff.
220 EuGH 01.10.1997, Rs C-180/97 (Regione Toscana/Kommission) ECLI:EU:C:1997:451 Rz 6; vgl auch EuGH 21.03.1997, Rs C-95/97 (Wallonische Region/Kommission) ECLI:EU:C:1997:184 Rz 6.
221 Vgl etwa EuGH 22.11.2001, Rs C-452/98 (Nederlandse Antillen/Rat) ECLI:EU:C:2001:623 Rz 51 ff.
222 Vgl insb Art 34, 45, 49, 56 und 63 AEUV.
223 Bei der Durchführung von Unionsrecht gem Art 51 Abs 1 GRC.
224 Art 288, 291 AEUV.
225 Vgl insb Art 258 ff AEUV; aus der Literatur zB *Finck*, Authorities 75 ff.
226 Dazu zB *Perner*, Grundfreiheiten 141 ff.

den Gerichten eines Mitgliedstaates geltend machen.[227] Wird eine potentielle Unionsrechtswidrigkeit durch die Tätigkeit der nationalen Gerichte nicht beseitigt, so ist es wiederum der Mitgliedstaat, der sich dafür vor dem EuGH zu verantworten hat. Eine Anrufung des EuGH durch Betroffene ist im Primärrecht nicht vorgesehen – vorlageberechtigt nach Art 267 AEUV sind nur Gerichte; die Parteien des Verfahrens können eine Vorlage regelmäßig nur anregen[228] und sind in weiterer Folge auf die nachträgliche Geltendmachung von Ersatzansprüchen aus dem Titel der Staatshaftung[229] vor nationalen Gerichten angewiesen.

Bei den Pflichten, die sich aus dem Primärrecht für die Mitgliedstaaten ergeben, ist aber eine interessante Diskrepanz zwischen unionsrechtlich Verpflichteten und unionsrechtlich für eine Pflichtverletzung verantwortlichen Stellen auszumachen: Die „primäre" Verpflichtung, nämlich jene zur Einhaltung und Umsetzung des Unionsrechts, richtet sich nach ständiger und unumstrittener Judikatur des EuGH an alle staatlichen Stellen, unabhängig davon, ob diese solche „der staatlichen Zentralgewalt, eines Gliedstaates oder sonstiger Gebietskörperschaften"[230] sind. Die „sekundäre" Verpflichtung, nämlich jene, für Verletzungen der primären Verpflichtungen einzustehen, richtet sich nach dem Unionsrecht aber nur an die Mitgliedstaaten als Gesamtstaaten: Mit einem Vertragsverletzungsverfahren kann nur der jeweilige Mitgliedstaat als Ganzes für die Verletzung seiner unionsrechtlichen Pflichten verantwortlich gemacht werden.[231] Der Mitgliedstaat kann sich wiederum zur Rechtfertigung einer Unionsrechtswidrigkeit vor dem EuGH nicht auf interne Umstände wie die innerstaatlich geltende Kompetenzverteilung berufen:[232] Die Einrede, die Umsetzung einer Richtlinie läge nicht in der Hand des Gesamtstaates, sondern eines dezentralen Hoheitsträgers, kann nach der Rsp des EuGH die Nichteinhaltung der Verträge nicht rechtfertigen.[233]

227 Eine diesbezügliche Ausnahme ist die Nichtigkeitsklage vor dem EuGH (Art 263 AEUV), die va im Bereich des Wettbewerbs- und Beihilfenrechts von Relevanz ist.

228 Dazu zB *Wegener* in Calliess/Ruffert, Art 267 AEUV Rz 19.

229 Dazu zB *Breuer*, Staatshaftung 382 ff; *Schütze*, EU Law 421 ff mwN; *Geiger* in Geiger/Khan/Kotzur, Art 4 EUV Rz 41 ff.

230 EuGH 12.06.1990, Rs C-8/88 (BRD/Kommission) ECLI:EU:C:1990:241 Rz 13.

231 Vgl zB EuGH 17.07.2014, verb Rs C-473/13 und C-514/13 (Bero) ECLI:EU:C:2014:2095 Rz 33.

232 Vgl zB *Kössinger*, Durchführung 31 ff.

233 EuGH 17.01.2002, Rs C-423/00 (Kommission/Belgien) ECLI:EU:C:2002:32 Rz 16; s auch EuGH 06.02.1997, Rs C-205/96 (Kommission/Belgien) ECLI:EU:C:1997:63 Rz 10; EuGH 17.09.1998, Rs C-323/96 (Kommission/Belgien) ECLI:EU:C:1998:411 Rz 42; eine vergleichbare Regelung findet sich zB in Art 46 WVK, wonach einem Staat nicht geltend machen kann, dass der Abschluss des Vertrags durch ihn unter Verletzung der innerstaatlichen Zuständigkeitsvorschriften zustande gekommen ist. Ähnlich auch EuGH 17.07.2014, verb Rs C-473/13 und C-514/13 (Bero) ECLI:EU:C:2014:2095 Rz 30 f.

3.3.3 Aufteilung der Verantwortlichkeit und Durchsetzung der Einhaltung des EU-Rechts im innerstaatlichen Verhältnis

Welche Mechanismen in einem Bundesstaat vorzusehen sind, um eine effektive Durchführung des Unionsrechts durch die Gliedstaaten bzw dezentralen Hoheitsträger zu gewährleisten, regelt das Unionsrecht nicht.[234] Das Unionsrecht verlangt nämlich überhaupt nicht nach dem Bestehen solcher Mechanismen im nationalen Recht: Die vom EuGH angenommene Verantwortlichkeit des Mitgliedstaates spricht aus unionsrechtlicher Sicht nicht für die Notwendigkeit interner Koordinierungs- und Aufsichtsinstrumente mit der Zielsetzung, die Durchführung des Unionsrechts zu gewährleisten.[235] Denn die unionsrechtlich für den Fall einer Vertragsverletzung vorgesehene Rechtsfolge ist die Durchführung eines Vertragsverletzungsverfahrens, in welchem über die Verantwortlichkeit des Mitgliedstaates entschieden wird.[236] Als Druckmittel kann der EuGH auch finanzielle Sanktionen verhängen.[237] Betroffene können bei Vorliegen einer qualifizierten Verletzung des Unionsrechts überdies Staatshaftungsansprüche geltend machen.[238] Die Herstellung des unionsrechtskonformen Zustandes kann so zwar nur mittelbar bewirkt werden[239] – dies ist jedoch unabhängig davon, ob die Vertragsverletzung durch das Organ eines Einheitsstaates oder bspw die Gesetzgebung eines dezentralen Hoheitsträgers im Bundesstaat bewirkt wird.

Dennoch erscheint es berechtigt, die Frage zu stellen, ob das in Art 4 Abs 3 EUV verankerte Loyalitätsgebot ein Minimum an innerstaatlichen Regelungen verlangt, die sicherstellen, dass der Mitgliedstaat (nach erfolgter Feststellung der Vertragsverletzung durch den EuGH) Druck auf seine Gliedstaaten oder Verwaltungseinheiten ausüben kann, um die Abstellung der Unionsrechtswid-

---

234 Vgl zB auch EuGH 17.07.2014, verb Rs C-473/13 und C-514/13 (Bero) ECLI:EU:C:2014:2095 Rz 30 f: Art 16 der Rückführungs-RL 2008/115, ABl L 348/98 verlangt von den Mitgliedstaaten für die Abschiebehaft besondere Hafteinrichtungen einzurichten; die Vollziehung in diesem Bereich fiel in Deutschland in die Zuständigkeit der Länder; der EuGH hielt fest, dass es aus Perspektive des Unionsrechts egal ist, ob jedes Land besondere Hafteinrichtungen einrichtet oder aber mittels Kooperationsverträgen erreicht, dass es die besonderen Hafteinrichtungen anderer Länder mitverwenden darf, solange sichergestellt ist, dass Abschiebehäftlinge entsprechend Art 16 Rückführungs-RL untergebracht werden.

235 Aus mitgliedstaatlicher Sicht stellt aber diese Verantwortlichkeit ein rechtspolitisches Argument für die Einführung von Mechanismen zur Sicherstellung der Durchführung des Unionsrechts durch eine Gebietskörperschaft dar; zum Teil werden solche Regelungen auch als Ausfluss des Verursacherprinzips angesehen (so zB *Egger*, in Kneihs/Lienbacher, Art23d B-VG Rz 147 hinsichtlich § 3 FAG).

236 Aus der Perspektive der im Einzelfall von der Unionsrechtswidrigkeit Betroffenen kann außerdem der Anwendungsvorrang zum Tragen kommen; s dazu *Öhlinger/Potacs*, EU-Recht und staatliches Recht 89 ff.

237 Art 260 AEUV.

238 Dazu zB *Breuer*, Staatshaftung 382 ff; *Schütze*, EU Law 421 ff mwN; *Geiger* in Geiger/Khan/Kotzur, Art 4 EUV Rz 41 ff.

239 Zu einer unmittelbaren Beseitigung der Unionsrechtswidrigkeit im Einzelfall kommt es allerdings in all jenen Fällen, in welchen die verletzte Norm des Unionsrechts unmittelbar anwendbar ist.

rigkeit sicherzustellen.[240] Denn der EuGH leitet aus dem Loyalitätsgebot etwa auch eine (beschränkte) Pflicht zur Beseitigung rechtswidriger Verwaltungsentscheidungen[241] und Gesetze[242] ab.[243] Die Pflicht eines Mitgliedstaates zur Etablierung von Mechanismen zur Sicherstellung der Einhaltung der unionsrechtlichen Verpflichtungen durch mehr oder weniger autonome staatliche Stellen wie Länder bzw dezentrale Hoheitsträger eines Bundesstaates könnte diese etablierten Rechtsbereinigungspflichten ergänzen. Außerdem verlangt das Unionsrecht mit dem effet utile auch danach, dass das innerstaatliche System die Durchführung des Unionsrechts nicht grundsätzlich verunmöglichen darf.[244]

Die Union kann aber auch bei nicht-autonomen mitgliedstaatlichen Stellen nur über die Instrumente des Anwendungsvorrangs, der Vertragsverletzung und der Staatshaftung die Einhaltung des Unionsrechts sicherstellen, und es ist kein Grund dafür ersichtlich, warum dies im Hinblick auf autonome staatliche Stellen anders sein sollte.[245] Dies gilt insb dann, wenn die Umsetzung des Unionsrechts das Tätigwerden eines politischen Organs (im weiteren Sinn) verlangt. Denkt man etwa an die zentrale Gesetzgebungsinstanz in einem Einheitsstaat, so gibt es dort idR auch keine Mechanismen, die einen auf die Nichtumsetzung des Unionsrechts gerichteten politischen Willen „aushebeln" können. Dasselbe gilt auch dann, wenn der Bundesgesetzgeber in Österreich Unionsrecht nicht umsetzen „will" – in diesem Fall gibt es keine verfassungsrechtlich vorgesehene Sanktion.[246] Auch das Unionsrecht sieht für derartige Fälle eben nur den Anwendungsvorrang und in letzter Instanz die Sanktion der Vertragsverletzung und Staatshaftung vor. Wenn aber das Unionsrecht in diesen Fällen nicht nach der Einführung nationaler Sanktionsmechanismen zur Sicherung der Effektivität des Unionsrechts verlangt, sondern die Einhaltung des Unionsrechts durch unionsrechtliche Sanktionen zu erreichen versucht, ist kein Grund ersichtlich, warum

240 So zB durch den Entzug der Zuständigkeit oder durch die finanzielle Verantwortlichkeit der Gliedstaaten/Verwaltungseinheiten (s dazu in Österreich insb Art 23d Abs 5 B-VG sowie § 3 FAG 2008 idF BGBl I 17/2015). Zur anders gelagerten Frage, ob Art 23d Abs 5 B-VG in seiner derzeitigen Ausgestaltung dem Unionsrecht entspricht, bejahend *Ranacher*, Umsetzung 356 ff.

241 EuGH 13.01.2004, Rs C-453/00 (Kühne & Heitz) ECLI:EU:C:2004:17 Rz 28.

242 ZB EuGH 24.03.1988, Rs 104/86 (Kommission/Italien) ECLI:EU:C:1988:171 Rz 12; EuGH 02.07.1996, Rs C-290/94 (Kommission/Griechenland) ECLI:EU:C:1996:265 Rz 29.

243 Den Blick auf die Bedeutung des Loyalitätsgebots in diesen Konstellationen richtend *Klamert*, Loyalty 132 f.

244 Vgl dazu *Potacs*, EuR 2009, 467 ff.

245 Der wesentliche Unterschied zwischen autonomen und nicht-autonomen Stellen liegt darin, dass bei nicht-autonomen Stellen Einflussmöglichkeiten des zentralen Hoheitsträgers bestehen; ob dieser davon Gebrauch macht, ist aber für die Frage danach, ob der Anwendungsvorrang zum Tragen kommt, eine Vertragsverletzung vorliegt oder ein Staatshaftungsanspruch geltend gemacht werden kann, gerade nicht relevant.

246 Art 23d Abs 5 B-VG kommt auf diesen Fall gerade nicht zur Anwendung, und auch andere verfassungsrechtliche Sanktionen gegen den Gesetzgeber sind nicht vorgesehen. Vgl dazu *Holoubek* in Holoubek/Lang, Untätigkeit 257 f sowie zu den ausschließlich unionsrechtlichen Sanktionsmöglichkeiten bei Verletzung unionsrechtlicher Pflichten durch den nationalen Gesetzgeber zB *Storr* in Holoubek/Lang, Untätigkeit 61 ff.

dies betreffend dezentrale Hoheitsträger eines Bundesstaates anders beurteilt werden sollte. Allein durch die Einrichtung eines föderalen Systems wird die Durchführung des Unionsrechts auch nicht prinzipiell verunmöglicht – und auch wenn etwa in Österreich Art 23d Abs 5 B-VG abgeschafft würde, wäre eine Durchführung des Unionsrechts durch die jeweils kompetenten Hoheitsträger problemlos möglich.

Das Loyalitätsgebot, das möglicherweise als Grundlage für die Etablierung einer Pflicht der Mitgliedstaaten zur Ausübung von Druck auf dezentrale Hoheitsträger mit dem Ziel der Umsetzung von Unionsrecht herangezogen werden könnte, ist ebenso wie das Gebot der Achtung der nationalen Identität in Art 4 EUV verankert. Wenn die Union sich aber im unten näher besprochenen[247] Art 4 Abs 2 EUV dazu verpflichtet, die nationale Identität zu achten und dabei auch explizit die Struktur der regionalen und territorialen Selbstverwaltung in den Mitgliedstaaten erwähnt wird,[248] spricht dies dagegen, dass diese in Art 4 Abs 2 EUV verankerte Achtungsverpflichtung durch Art 4 Abs 3 EUV dahingehend geschmälert wird, dass Autonomierechte durch die Mitgliedstaaten nur unter der Voraussetzung des Bestehens ausreichender Steuerungsinstrumente der Mitgliedstaaten zwecks Sicherstellung der Einhaltung des Unionsrechts gewährt werden dürfen. Im Lichte des Art 4 Abs 2 EUV ist also nicht davon auszugehen, dass insb für Bundesstaaten eine unionsrechtliche Pflicht zur Einführung von Mechanismen zur Sicherstellung der Einhaltung und Durchführung des Unionsrechts durch die dezentralen Hoheitsträger besteht. Auch der EuGH leitete bisher weder aus Art 4 Abs 3 EUV noch aus anderen Bestimmungen des Unionsrechts eine Verpflichtung von Mitgliedstaaten ab, entsprechende ergänzende nationale Sanktionsmechanismen einzuführen.[249] Nichtsdestotrotz steht es den Mitgliedstaaten offen, entsprechende Mechanismen vorzusehen. Dies ist etwa in Österreich der Fall, wo eine durch die Länder verursachte Unionsrechtswidrigkeit nach Art 23d Abs 5 B-VG den Übergang der Zuständigkeit zur Setzung des relevanten Aktes auf den Bund bewirken kann. Außerdem haben in Österreich die Länder auch die Kosten einer durch sie verursachten Vertragsverletzung zu tragen.[250] Ähnliche Bestimmungen finden sich mit Art 169 BV und Art 16 Abs 3 SGRI auch in Belgien.

247 Ab 3.5.3 (= 85).

248 Dazu ausführlich *Finck*, Authorities 96 ff.

249 Vgl zB EuGH 17.01.2002, Rs C-423/00 (Kommission/Belgien) ECLI:EU:C:2002:32; EuGH 06.02.1997, Rs C-205/96 (Kommission/Belgien) ECLI:EU:C:1997:63; EuGH 17.09.1998, Rs C-323/96 (Kommission/Belgien) ECLI:EU:C:1998:411; EuGH 17.07.2014, verb Rs C-473/13 und C-514/13 (Bero) ECLI:EU:C:2014:2095.

250 § 3 des Bundesgesetzes, mit dem der Finanzausgleich für die Jahre 2017 bis 2021 geregelt wird und sonstige finanzausgleichsrechtliche Bestimmungen getroffen werden (Finanzausgleichsgesetz 2017 – FAG 2017) BGBl I 116/2016 idF BGBl I 103/2019.

Wenn die Mitgliedstaaten verfassungsautonom solche Einhaltungsmechanismen vorsehen, stellt sich allerdings die Anschlussfrage, ob sie unionsrechtlich – insb auf Grund des Loyalitätsgebots des Art 4 Abs 3 EUV – dazu verpflichtet sind, diese Mechanismen im Fall einer durch die dezentralen Hoheitsträger verursachten Unionsrechtswidrigkeit auch auszunützen. Anders formuliert wäre dann also die Nichtausnutzung eines solchen Sanktionsmechanismus durch den Gesamtstaat wiederum eine unionsrechtliche Pflichtverletzung, die durch Einleitung eines Vertragsverletzungsverfahrens sanktioniert werden könnte. Der EuGH hatte sich mit dieser Frage bisher noch nicht zu befassen.

Eine Verpflichtung der Mitgliedstaaten zur Ausschöpfung bestehender Sanktionsmöglichkeiten gegen dezentrale Hoheitsträger könnte sich nicht nur aus Art 4 Abs 3 EUV, sondern auch aus Art 260 AEUV ergeben: Nach dieser Bestimmung sind die Mitgliedstaaten nämlich im Fall der Feststellung einer Vertragsverletzung dazu verpflichtet, jene Maßnahmen zu ergreifen, die sich aus dem Urteil des Gerichtshofes ergeben. Bejaht man eine aus Art 260 AEUV erwachsende Verpflichtung zum Einsatz nationaler Sanktionsmechanismen, so würde schon der Nichteinsatz eines solchen Mechanismus die Möglichkeit der Einleitung eines Vertragsverletzungsfolgeverfahrens nach Art 260 Abs 2 AEUV nach sich ziehen. Wäre dies der Fall, so müsste der EuGH in einem Vertragsverletzungsfolgeverfahren darüber entscheiden, ob die Voraussetzungen für den Einsatz eines nationalen Sanktionsmechanismus gegen einen dezentralen Hoheitsträger vorliegen. Dabei handelt es sich aber um eine Frage, die ausschließlich das mitgliedstaatliche Recht betrifft. Dazu kommt, dass der Nichteinsatz eines nationalen Sanktionsmechanismus nur dann als Nichtbefolgung des EuGH-Urteils qualifiziert werden könnte, wenn auch seitens der dezentralen Hoheitsträger keine sonstigen Maßnahmen gesetzt wurden, die das Urteil umsetzen. Im Vertragsverletzungsverfahren wird aber ohnehin nicht danach differenziert, ob eine Vertragsverletzung durch den Bund oder einen oder mehrere dezentrale Hoheitsträger erfolgt. Es bedarf daher auch keiner besonderen unionsrechtlichen Sanktionierung der Nichtdurchsetzung des Unionsrechts gegenüber den dezentralen Hoheitsträgern durch den Bund bzw den Gesamtstaat.

Dieselben Argumente sprechen gegen die Annahme einer Pflicht zum Einsatz nationaler Sanktionsmechanismen aus Art 4 Abs 3 EUV. Selbst wenn also in einem bundesstaatlich organisierten Mitgliedstaat Mechanismen existieren, die eine Durchsetzung des Unionsrechts durch den Bund bzw den Gesamtstaat gegenüber den dezentralen Hoheitsträgern ermöglichen, besteht keine unionsrechtliche Pflicht, diese Mechanismen zum Einsatz zu bringen – auch dann nicht, wenn der EuGH bereits eine Vertragsverletzung festgestellt hat.

3.4 Berücksichtigung interner Strukturen im Völkerrecht

3.4.1 Freiwillige Berücksichtigung im Völkervertragsrecht

Im Bereich des Völkervertragsrechts finden sich trotz der grundsätzlichen Länderblindheit einige Ausnahmen vom Grundsatz der Nichtberücksichtigung des innerstaatlichen Aufbaus. So wird es für zulässig erachtet, wenn den dezentralen Hoheitsträgern eines Bundesstaates in der bundesstaatlichen Verfassung die Fähigkeit zuerkannt wird, völkerrechtliche Verträge zu schließen. Darüber hinaus wird der bundesstaatliche Aufbau beim Abschluss von Verträgen mit Bundesstaaten durch Aufnahme sog „Bundesklauseln“ berücksichtigt. Beide Formen der Berücksichtigung beruhen aber auf dem freien Entschluss anderer Völkerrechtssubjekte, dem innerstaatlichen Aufbau eines Bundesstaates Bedeutung zuzumessen und können daher nicht als allgemeine völkerrechtliche Verpflichtung zur Anerkennung der Vertragsschlussfähigkeit von Gliedstaaten bzw zur Aufnahme von Bundesklauseln in Verträge qualifiziert werden.

3.4.2 Vertragsschlussfähigkeit und Völkerrechtssubjektivität von Gliedstaaten

In einigen bundesstaatlichen Verfassungen wird den Gliedstaaten bzw dezentralen Einheiten explizit die Befugnis eingeräumt, völkerrechtliche Verträge abzuschließen.[251] Entsprechende Befugnisse finden sich etwa in Art 16 Abs 1 B-VG, Art 32 Abs 3 GG und Art 167 BV. Dies führt allerdings nicht dazu, dass die Gliedstaaten der genannten Bundesstaaten zu „Staaten“ iSd Völkerrechts werden.[252] Umstritten ist, ob derartige verfassungsrechtliche Ermächtigungen den dezentralen Hoheitsträgern – wenn auch nur partielle – Völkerrechtssubjektivität verleihen. Dabei ist zum einen zu bemerken, dass manche Autorinnen und Autoren explizit zwischen der Vertragsschlussfähigkeit bzw der „Handlungsfähigkeit“[253] von dezentralen Hoheitsträgern und deren Völkerrechtssubjektivität unterscheiden.[254] Zum anderen schlägt der im Völkerrecht noch immer bestehende Meinungsstreit darüber, ob die Anerkennung eines Staates konstitutive Voraussetzung für dessen Völkerrechtssubjektivität ist, auch auf die Frage der Völkerrechtssubjektivität bzw Vertragsschlussfähigkeit von dezentralen Hoheitsträgern durch.[255]

251 Vgl dazu *Van de Craen*, RBDI 1983, 382 ff; *Shaw*, International Law 172 f.

252 Vgl dazu *Shaw*, International Law 172.

253 *Seidel*, Zustimmung 21 f.

254 So etwa *Schmalenbach* in Dörr/Schmalenbach, Art 3 VCLT Rz 19, 23 ff.

255 Siehe mwN allgemein zur Anerkennung als konstitutives Element hinsichtlich Bundesstaaten *Bernier*, Federalism 74 ff sowie hinsichtlich Gliedstaaten 78 ff; die Anerkennung als konstitutiv qualifizierend etwa *Schmalenbach* in Dörr/Schmalenbach, Art 3 VCLT Rz 24; *Sonn*, Auswärtige Gewalt 18; ähnlich *Hammer*, Länderstaatsverträge 50 ff.

Zur begrifflichen Unterscheidung zwischen Handlungs- bzw Vertragsschlussfähigkeit und Völkerrechtssubjektivität ist darauf hinzuweisen, dass das Vorliegen von Völkerrechtssubjektivität Voraussetzung dafür ist, dass eine Entität Trägerin von völkerrechtlichen Rechten und Pflichten sein kann. Die Völkerrechtssubjektivität kann zwar beschränkt sein – so etwa auf das Recht auf Selbstbestimmung[256] oder auf die Pflicht, Kriegsverbrechen zu unterlassen.[257] Jedes einzelne Recht oder jede einzelne Pflicht im Völkerrecht ist allerdings ein Beleg dafür, dass der Träger des Rechts bzw der Pflicht ein beschränktes Völkerrechtssubjekt ist. So verhält es sich auch mit der Vertragsschlussfähigkeit. Wird diese einem Land zugewiesen, ist das Land ein spezifisch beschränktes Völkerrechtssubjekt. Im Folgenden wird daher der Begriff der Völkerrechtssubjektivität (von dezentralen Hoheitsträgern bzw Gliedstaaten) verwendet; jener der Vertragsschlussfähigkeit bezeichnet eine spezifisch beschränkte Völkerrechtssubjektivität.

Hinsichtlich der Frage danach, welche Relevanz die Anerkennung im Zusammenhang mit der Völkerrechtssubjektivität von Gliedstaaten hat, wird in der vorliegenden Abhandlung die Auffassung vertreten, dass die Anerkennung weder hinsichtlich der Völkerrechtssubjektivität von Staaten noch hinsichtlich der Völkerrechtssubjektivität von Gliedstaaten konstitutives Element ist.[258] Die umfassende Völkerrechtssubjektivität eines Bundesstaates erfasst auch dessen Kompetenz, seinen dezentralen Hoheitsträgern das Recht zum Vertragsschluss mit anderen Völkerrechtssubjekten und dazu derivative, partielle Völkerrechtssubjektivität einzuräumen. Dieses Recht eines Bundesstaates ist im völkerrechtlichen Schrifttum anerkannt.[259] Die Ausübung dieses Rechts durch den Bundesstaat hat durch Anordnung im innerstaatlichen (Verfassungs-)Recht zu erfolgen.[260] Die „Einseitigkeit" der Erschaffung spricht nicht gegen ihre Rechtswirksamkeit;[261] die Frage, inwiefern die Völkerrechtssubjektivität der Gliedstaaten im internationalen Rechtsverkehr „anerkannt" wird bzw inwiefern tatsächlich Rechtsgeschäfte mit Gliedstaaten abgeschlossen werden, ist keine Frage der Rechtswirksamkeit, sondern der Effektivität der Völkerrechtssubjektivität.[262] Voraussetzung für

256 Art 1 des International Covenant on Civil and Political Rights (Internationaler Pakt über Bürgerliche und Politische Rechte) 999 UNTS 171.

257 Art 5 und 8 des Rom-Statuts.

258 Anderer Ansicht hinsichtlich der Völkerrechtssubjektivität von Gliedstaaten etwa *Hammer,* Länderstaatsverträge 50 ff; *Schmalenbach* in Dörr/Schmalenbach, Art 3 VCLT Rz 23; *Sonn,* Auswärtige Gewalt 18; *Bernier*, Federalism 81.

259 Vgl etwa *Schmalenbach* in Dörr/Schmalenbach, Art 3 VCLT Rz 23; instruktiv *Steinberger*, ZaöRV 1967, 418.

260 Dies dient auch der Rechtssicherheit der Drittstaaten; eine diesbezügliche „Praxis" des Bundesstaates ist dafür nicht ausreichend; dazu *Weber* in Kneihs/Lienbacher, Art 16 B-VG Rz 11 f; aA *Hammer* in Korinek/Holoubek, Art 16 B-VG Rz 18.

261 Vgl dazu etwa *Hammer*, Länderstaatsverträge 52.

262 Insb das Abstellen auf bereits bestehende Vertragspraxis für die Beurteilung des Vorliegens der Völkerrechtssubjektivität von Gliedstaaten (so etwa *Hammer*, Länderstaatsverträge 55 ff) ist problematisch: Denn wie soll eine Entität, die noch gar keine Völkerrechtssubjektivität hat, rechtswirksam am Rechtsverkehr teilnehmen – und welches andere Völkerrechtssubjekt wird mit einem derartigen „Wa-

die Völkerrechtssubjektivität eines „Gliedstaates" ist also, dass diese im nationalen (Verfassungs-)Recht vorgesehen bzw – wenn „nur" Vertragsschlusskompetenz eingeräumt wird – impliziert ist.[263] Ob dies der Fall ist, ist eine Frage der Auslegung des nationalen Rechts.

Wenn also in einem Bundesstaat eine verfassungsrechtliche Ermächtigung wie Art 16 Abs 1 B-VG, Art 32 Abs 3 GG[264] oder Art 167 Abs 1 BV[265] vorliegt, dann kommt den dezentralen Hoheitsträgern Völkerrechtssubjektivität zu. Diese Völkerrechtssubjektivität ist derivativ, weil sie sich von der Völkerrechtssubjektivität des jeweiligen Bundesstaates ableitet. Sie ist außerdem idR nur partiell; der Umfang der Völkerrechtssubjektivität bestimmt sich nach der verfassungsrechtlichen Ermächtigung und ist akzessorisch zu dieser. Die verfassungsrechtlichen Ermächtigungen beschränken die Vertragsschlusskompetenz der dezentralen Hoheitsträger dabei regelmäßig auf jene Angelegenheiten, für die sie nach der allgemeinen Kompetenzverteilung zuständig sind.[266] Über die verfassungsrechtliche Ermächtigung hinausgehende Akte der Gliedstaaten überschreiten deren völkerrechtliche Rechtsfähigkeit, sind ultra-vires und somit nichtig.[267]

Der Abschluss völkerrechtlicher Verträge durch die Gliedstaaten erfolgt nach den verfassungsrechtlichen Ermächtigungen idR in Abstimmung mit den Organen des Bundes.[268] Derart soll sichergestellt werden, dass es nicht zu Interessenkonflikten zwischen der völkerrechtlichen Stellung des Bundesstaates und jener der dezentralen Hoheitsträger kommt. Das Fehlen der notwendigen Zustimmung

---

ckelkandidaten" eine Rechtsbeziehung einzugehen versuchen? Das ausschließliche Abstellen auf das Vorliegen einer verfassungsrechtlichen Ermächtigung dient insofern auch dem Schutz des Vertrauens der anderen Völkerrechtssubjekte und der Transparenz.

263 Eine Einräumung nur der Vertragsschlusskompetenz könnte auch so gedeutet werden, dass die Glieder des Bundesstaates befugt sind, als Organe des Bundesstaates Verträge abzuschließen. Siehe dazu *Weber* in Kneihs/Lienbacher, Art 16 B-VG Rz 13.

264 Vgl zu diesem unten bei 6.3.3.5.2.1 (= 284).

265 Vgl zu diesem unten bei 7.3.3.2 (= 340).

266 Art 32 Abs 3 GG beschränkt die Vertragsschlusskompetenz der Länder auf jene Angelegenheiten, hinsichtlich derer den Ländern Gesetzgebungskompetenzen zukommen; dies schließt nach einer Ansicht eine Vertragsschlusskompetenz der Länder in Angelegenheiten, in denen ihnen „nur" eine Vollziehungskompetenz zukommt, aus; *Nettesheim* in Maunz/Dürig, Art 32 GG Rz 114; s aber BVerfGE 2, 347 (Kehler Hafen) 370 sowie die hM, *Heintschel von Heinegg/Frau* in Epping/Hillgruber, Art 32 GG Rz 20.1 mwN. Die Vertragsschlusskompetenzen der österreichischen Länder nach Art 16 Abs 1 B-VG („Angelegenheiten, die in ihren selbständigen Wirkungsbereich fallen") und der Regionen und Gemeinschaften Belgiens nach Art 167 BV („in den Angelegenheiten zu regeln, für die sie durch die Verfassung oder auf Grund der Verfassung zuständig sind") sind ebenfalls umfassend.

267 *Seidel*, Zustimmung 21; *Schmalenbach* in Dörr/Schmalenbach, Art 3 VCLT Rz 26 ff; *Steinberger*, ZaöRV 1967, 425 ff, der aber den Fall, dass eine Überschreitung der Kompetenzen durch Genehmigung des Vertragsschlusses seitens des Bundes(staates) „saniert" wurde, von der ultra-vires-Folge ausgenommen wissen möchte; vgl weiters *Nettesheim* in Maunz/Dürig, Art 32 GG Rz 94.

268 Bereits erwähnt wurde, dass nach Art 16 B-VG die Bundesregierung und der Bundespräsident in das Verfahren zum Abschluss eines Vertrags einzubeziehen sind. Auch nach Art 32 Abs 2 GG müssen die Länder zum Abschluss eines völkerrechtlichen Vertrags die Zustimmung der Bundesregierung einholen. Für Belgien vgl Art 143 BV (föderale Loyalität).

eines Bundesorgans stellt keinen Grund für die Nichtigkeit des Vertragsabschlusses (iSd insoweit Völkergewohnheitsrecht kodifizierenden Art 46 WVK) dar.[269]

Nach alledem stellt sich die Folgefrage, ob ein Bundesstaat zumindest sekundär bzw mittelbar für die Völkerrechtsverletzungen, insb Vertragsverletzungen, seiner Gliedstaaten verantwortlich gemacht werden kann.[270] Nach den allgemeinen Regeln des Völkerrechts ist dies zu verneinen: jenes Völkerrechtssubjekt, das vertragliche Verpflichtungen eingeht, ist auch völkerrechtlich verantwortlich für deren Nichterfüllung.[271]

3.4.3 Berücksichtigung der föderalen Kompetenzverteilung in völkerrechtlichen Verträgen – Bundesklauseln

Bundesstaaten werden nach außen idR von den Organen des Bundes vertreten.[272] Die Völkerrechtssubjektivität, insb auch die Vertragsschlusskompetenz des Bundesstaates als originäres Völkerrechtssubjekt ist unbeschränkt und geht somit idR weiter als die innerstaatlichen Kompetenzen des Bundes: In Bundesstaaten sind die Kompetenzen zur Gesetzgebung und Vollziehung definitionsgemäß zwischen Bund und Gliedstaaten aufgeteilt, was ausschließt, dass der Bund auch nach innen über eine umfassende Zuständigkeit verfügt.[273] In diesem Zusammenhang stellt sich die Frage, wie der Bundesstaat sicherstellen kann, dass völkervertragliche Verpflichtungen, welche aus innerstaatlicher Perspektive den Zuständigkeitsbereich der dezentralen Hoheitsträger betreffen, von diesen auch erfüllt werden. Dies ist allerdings eine Frage des innerstaatlichen Rechts – das Völkerrecht behandelt die Nichterfüllung durch einen „Gliedstaat", wie oben bereits dargelegt, grundsätzlich genauso wie die Nichterfüllung durch den Bund oder durch einen Einheitsstaat. Die Konsequenz ist die Staatenverantwortlichkeit der nicht erfüllenden Vertragspartei.

In Österreich wird die Erfüllung von völkerrechtlichen Verpflichtungen, welche die Republik Österreich eingegangen ist, im Wesentlichen durch die Mechanismen des Art 16 Abs 4 und 5 B-VG sichergestellt: Demnach sind die Länder verpflichtet, Maßnahmen zur Umsetzung solcher Verpflichtungen zu setzen; tun sie dies nicht, so geht die Zuständigkeit zur Setzung entsprechender Maßnahmen auf den Bund über. Ähnlich ist die Regelung in Art 169 BV. Nach dieser Bestimmung kann der föderale Gesetzgeber bzw die föderale Verwaltung zur Erfüllung internationaler Verpflichtungen und nach Maßgabe eines besonderen

269 *Schmalenbach* in Dörr/Schmalenbach, Art 3 VCLT Rz 24.
270 Ausführlich dazu *Bernier*, Federalism 101 ff.
271 So grundsätzlich *Schmalenbach* in Dörr/Schmalenbach, Art 3 VCLT Rz 30 f.
272 Österreich: Art 65 B-VG; Deutschland: Art 59 Abs 1 GG; Belgien: Art 167 BV.
273 Zur Kompetenzverteilung in Österreich insb Art 10 ff B-VG und Art 16 B-VG; in Deutschland insb Art 70 ff GG; in Belgien Art 35 und 127 ff BV sowie Art 169 BV.

Gesetzes zeitweilig an die Stelle der Regionen bzw der Gemeinschaften, somit an die Stelle der Glieder des Bundesstaates, treten.[274] In anderen Staaten, etwa in Deutschland, fehlt es an einer solchen Regelung. In Deutschland ist allerdings bereits umstritten, wie weit die Außenkompetenz des Bundes geht, ob dieser nach Art 32 Abs 1 GG also überhaupt befugt ist, in Angelegenheiten Verträge abzuschließen, die nach innen die Gesetzgebungszuständigkeit der Länder betreffen – ob es sich also bei der Kompetenz der Länder nach Art 32 Abs 3 GG um eine ausschließliche Kompetenz handelt oder nicht.[275] Praktisch wurde diese Frage durch das sog „Lindauer Abkommen"[276] gelöst, nach dem sich der Bund dazu verpflichtet hat, die Zustimmung der Länder zu Verträgen einzuholen, die ihre ausschließlichen Gesetzgebungskompetenzen betreffen, wohingegen sich die Länder „verpflichten", Umsetzungsmaßnahmen zu setzen.[277]

Bundesstaaten, in denen es anders als in Österreich keine verfassungsrechtliche Verpflichtung der Gliedstaaten zur Umsetzung völkerrechtlicher Verträge gibt, die der Bundesstaat eingegangen ist, versuchen teilweise, mittels sog „Bundesklauseln" in völkerrechtlichen Verträgen die Berücksichtigung der innerstaatlichen Kompetenzverteilung zu erreichen.[278] Die Verpflichtungen aus einem völkerrechtlichen Vertrag sollen dann nicht weiter gehen als die Befugnisse des Bundes nach der innerstaatlichen Kompetenzverteilung.[279] Dabei finden sich ganz unterschiedliche Modelle solcher Bundesklauseln:

So wird etwa in der Genfer Flüchtlingskonvention[280] die vertragliche Verpflichtung der unterzeichnenden Bundesstaaten insoweit relativiert, als nach Art 41 GFK jene Teile der Konvention, die innerstaatlich in den Kompetenzbe-

---

274 Die Ausgestaltung in einem Gesetz, das unter Beachtung der in Art 4 Abs 3 BV bestimmten Mehrheitserfordernisse zustande kam, ist in Art 16 Abs 3 des SGRI erfolgt. Voraussetzung für den Zuständigkeitsübergang ist ua, dass Belgien bereits wegen Nichteinhaltung der Verpflichtung verurteilt wurde; außerdem müssen näher spezifizierte Verfahrensbestimmungen eingehalten werden.

275 Siehe etwa *Rudolf*, Völkerrecht 184 ff mwN; ausführlich *Nettesheim* in Maunz/Dürig, Art 32 GG Rz 60 ff, der im Ergebnis die vermittelnde „norddeutsche" Lösung für zutreffend hält, nach der es sich bei Art 32 Abs 3 GG um eine parallele Zuständigkeit der Länder handelt, die, wenn sie einem Vertragsabschluss durch den Bund (der demnach eben auch in Bereichen der Gesetzgebungszuständigkeit der Länder eine Außenkompetenz hat) zugestimmt haben, einer Obliegenheit zur Umsetzung des Vertrags unterliegen; eine solche Zuständigkeit des Bundes verneinend *Hüchting*, Verträge des Bundes 33 ff. Zu all dem noch unten bei 6.3.3.5.2.1 (= 284).

276 Verständigung zwischen der Bundesregierung und den Staatskanzleien der Länder über das Vertragsschließungsrecht des Bundes (Lindauer Absprache) vom 14.11.1957, BT-Drs 7/5924, 236. Das Lindauer „Abkommen" ist mangels Rechtsverbindlichkeit kein „Abkommen" im eigentlichen Sinn; s dazu *Nettesheim* in Maunz/Dürig, Art 32 GG Rz 73 ff. Zum gescheiterten Versuch, das Abkommen verbindlich zu machen *Schmalenbach*, Europaartikel 172 ff.

277 Siehe dazu und auch mit Abdruck des Abkommens vom 14.11.1957 *Nettesheim* in Maunz/Dürig, Art 32 GG Rz 72 ff.

278 Insb zum Bereich der Menschenrechtsübereinkommen *Wyttenbach*, Umsetzung 29 ff, die insb den pauschalen Ausschluss der Geltung solcher Übereinkommen für die dezentralen Einheiten (bzw: eine dezentrale Einheit) eines Bundesstaates für idR unzulässig hält (insb 56).

279 Zu diesen sog „Bundesklauseln" bzw „federal clauses" s zB *Liang*, AJIL 1951, 121 ff; ausführlich *Zellweger*, Bundesstaat 132 ff.

280 189 UNTS 137.

reich der Gliedstaaten[281] fallen, den Gliedstaaten nur zur Kenntnis zu bringen sind. Die Nichtumsetzung der in die Zuständigkeit der Gliedstaaten fallenden Teile der Konvention durch die Gliedstaaten zieht keine Verantwortlichkeit des Bundes nach sich. Der Vertrag gilt also im gesamten Gebiet des Bundesstaates, ist aber in sachlicher Hinsicht nur hinsichtlich der in die Zuständigkeit des Bundes fallenden Teile verbindlich.[282]

Ein anderes Modell der Bundesklausel wird als „territorial unit clause" bezeichnet und hat sein Vorbild in den sog „Kolonialklauseln":[283] Dabei verpflichtet sich ein Bundesstaat, bekanntzugeben, in welchen Teilen seines Staatsgebiets ein völkerrechtlicher Vertrag anwendbar sein soll – dort ist der Vertrag dann in sachlicher Hinsicht umfassend anwendbar und entsprechend vollständig umzusetzen. Eine derartige Klausel findet sich etwa in Art 93 des UN-Kaufrechts.[284] Diese Klausel ermöglicht es einem Bundesstaat, die Bedürfnisse und Wünsche einzelner Gliedstaaten zu berücksichtigen.[285]

Außerdem gibt es Bundesklauseln, mit denen versucht wird, auf die nationale Kompetenzverteilung ausstrahlende Wirkungen[286] eines völkerrechtlichen Vertrags auszuschließen.[287] Die Notwendigkeit dazu ergab sich insb infolge der Judikatur einiger Höchst- bzw Verfassungsgerichte zur Frage der Konsequenzen eines völkerrechtlichen Vertragsabschlusses für die innerstaatliche Kompetenzverteilung: So judizierte etwa das australische Höchstgericht, dass der Abschluss eines völkerrechtlichen Vertrags auf innerstaatlicher Ebene die Umsetzungskompetenz des Bundes nach sich ziehe.[288] Ähnliches sprach auch der US-amerikanische Supreme Court in *Missouri v Holland*[289] hinsichtlich der „necessary and proper clause"[290] aus. Mit der Einfügung einer expliziten Klausel, nach der sich

281 Die nicht bereits verfassungsrechtlich zur Ergreifung gesetzgeberischer Maßnahmen verpflichtet sind, Art 41 lit b GFK.

282 Zum Einsatz von nach dem Modell der GFK strukturierten Bundesklauseln *Burmester*, ICLQ 1985, 523 f; *Zellweger*, Bundesstaat 328 ff.

283 *Burmester*, ICLQ 1985, 524 f; *Zellweger*, Bundesstaat 342.

284 United Nations Convention on Contracts for the International Sale of Goods, 1489 UNTS 3.

285 Zur Problematik, dass bei einem Vertrag, der sowohl in die Zuständigkeit des Bundes als auch der Gliedstaaten fällt, bei Vorliegen einer solchen Klausel auch die Umsetzung durch den Bund „parzelliert" zu erfolgen hat bzw bekanntzu gebenist *Zellweger*, Bundesstaat 343.

286 Ob solche Ausstrahlungswirkungen überhaupt bestehen – also zB der Abschluss eines Vertrags durch den Bund auch seine Befugnis zur internen Umsetzung nach sich zieht – hängt vom nationalen Verfassungsrecht ab.

287 Zum Beispiel Art 41 der Hague Convention on the Civil Aspects of International Child (Haager Kindesentführungsübereinkommen), zB BGBl 512/1988.

288 Im sog „Franklin Dam Case"; High Court of Australia, 01.07.1983, Commonwealth vs Tasmania; zu dieser Entscheidung und den Konsequenzen für die föderale Kompetenzverteilung in Australien *Burmester*, ICLQ 1985, 528 ff.

289 United States Supreme Court, 19.04.1920, 252 US 416 (1920) Missouri vs Holland; instruktiv dazu und zur Verteilung der Außen- und Umsetzungskompetenzen in den USA *Friesen*, CLR 1994, 1418 ff.

290 Art 1 Section 8 der Verfassung der USA („The Congress shall have power [...] to make all Laws which shall be necessary and proper for carrying into Execution the foregoing Powers, and all other Powers vested by this Constitution in the Government of the United States, or in any Department or Officer thereof.").

aus dem völkerrechtlichen Vertrag keine Konsequenzen für die innerstaatliche Kompetenzverteilung ergeben, soll derartigen Tendenzen entgegengewirkt werden.[291]

Schließlich wurde in der völkerrechtlichen Praxis auch versucht, das Instrument des Vorbehalts zur Berücksichtigung der bundesstaatlichen Kompetenzverteilung zu instrumentalisieren.[292] Wenn aber, wie bei der territorial unit clause, ganze Gebietsteile von der Geltung eines Vertrags ausgenommen werden sollen, stellt sich die Frage nach der Vereinbarkeit eines Vorbehalts mit Art 19 lit c WVK, der vorsieht, dass Vorbehalte nicht dem Sinn und Zweck eines Vertrags zuwiderlaufen dürfen.[293]

Einer Berücksichtigung des nationalen Verfassungsrechts – und damit auch der bundesstaatlichen Organisation – auf völkerrechtlicher Ebene wird auf Grund der daraus potentiell resultierenden mangelnden Reziprozität vertraglicher Verpflichtungen mit Skepsis begegnet.[294] Ob eine Bundesklausel zum Einsatz kommt und welche Bundesklausel verwendet wird, hängt stark vom Inhalt des völkerrechtlichen Vertrags ab, insb davon, ob eine Vereinheitlichung des Rechts der Vertragsparteien angestrebt ist oder etwa das Setzen von (menschenrechtlichen) Mindeststandards.[295]

3.4.4 Art 46 WVK

Eine ausnahmsweise erfolgende Berücksichtigung innerstaatlicher Strukturen ermöglicht auch Art 46 WVK. Diese Bestimmung der WVK, die auch als Bestandteil des Völkergewohnheitsrechts qualifiziert werden kann,[296] ordnet zunächst grundsätzlich an, dass ein Staat die Ungültigkeit eines Vertrags nicht mit der Verletzung innerstaatlicher Vorschriften über den Vertragsabschluss[297] begründen kann. Ausnahmsweise wird eine solche Berufung auf interne Umstände aber erlaubt,[298] wenn es sich bei der verletzten Regel um eine mit fundamentaler

291 *Burmester*, ICLQ 1985, 536.

292 Beispiele dafür bringt *Zellweger*, Bundesstaat 155 ff.

293 *Zellweger*, Bundesstaat 167; vgl auch *Walter* in Dörr/Schmalenbach, Art 19 VCLT Rz 67 ff, 81.

294 Vgl *Zellweger*, Bundesstaat 325.

295 *Zellweger*, Bundesstaat 347 ff, der die territorial unit clause rechtstechnisch und mit Blick auf Transparenz, Rechtssicherheit und Reziprozität gegenüber einer Bundesklausel nach dem Typ der GFK als überlegen bezeichnet, gleichzeitig aber nachvollziehbar darlegt, dass eine territorial unit clause etwa in Menschenrechtsverträgen seltener eingesetzt wird, weil damit offengelegt würde, dass Menschenrechtsgarantien in Gliedstaaten nicht gelten; ähnlich *Burmester*, ICLQ 1985, 537.

296 *Rensmann* in Dörr/Schmalenbach, Art 46 VCLT Rz 77; *Villiger*, Commentary Art 46 VCLT Rz 19; *Bothe* in Corten/Klein, Art 46 VCLT Rz 5 ff.

297 Zur Frage, wie weit der Begriff der Vorschriften über den Vertragsabschluss zu ziehen ist, vgl *Bothe* in Corten/Klein, Art 46 VCLT Rz 11 (nur prozedurale Bestimmungen) und *Rensmann* in Dörr/Schmalenbach, Art 46 VCLT Rz 33 ff (auch materielle Beschränkungen im internen Recht zu beachten) jeweils mwN.

298 Die Geltendmachung ist dem betroffenen Staat überlassen, vgl dazu *Villiger*, Commentary Art 46 VCLT Rz 11.

Bedeutung („fundamental importance") handelt und die Verletzung dieser Regel offensichtlich („manifest") war.

Die Einschränkung auf interne Vorschriften mit fundamentaler Bedeutung verdeutlicht, dass eine erfolgreiche Berufung auf die Verletzung interner Vorschriften nur in Ausnahmesituationen möglich sein soll.[299] Ob einer Vorschrift des innerstaatlichen Rechts fundamentale Bedeutung zukommt, ist anhand der im innerstaatlichen Recht vorgenommenen Wertungen und aus der Perspektive der betroffenen Vertragspartei zu beurteilen.[300] Nicht maßgeblich ist, ob es sich bei der relevanten Vorschrift um formelles Verfassungsrecht handelt.[301] Bundesstaatsrelevante Bestimmungen wie die bundesstaatliche Kompetenzverteilung im Bereich der Außenvertretung können solche Bestimmungen mit fundamentaler Bedeutung sein.[302]

Fraglich wird aber oft sein, ob die Verletzung einer bundesstaatsrelevanten Bestimmung offensichtlich ist.[303] Diese Beurteilung ist nach Art 46 Abs 2 WVK aus der Perspektive eines redlichen Beobachters vorzunehmen;[304] eine Verletzung ist offensichtlich, wenn sie ohne weitere Nachforschungen erkennbar war, weil das Thema bspw medial[305] oder in den Verhandlungen[306] diskutiert wurde. Art 46 WVK stellt sich damit als Verwirklichung des Prinzips des Schutzes guten Glaubens dar: Wenn ein redlicher, unbeteiligter Beobachter die Verletzung erkennen konnte, dann besteht kein guter Glaube der Vertragsparteien und der Staat, dessen internes Recht verletzt wurde, darf sich ausnahmsweise darauf berufen.[307] Wenn es um komplexe Fragen der Kompetenzabgrenzung geht, wird die Offensichtlichkeit häufig zu verneinen sein – das sogar unabhängig davon, ob es zur jeweiligen Frage schon höchstgerichtliche Judikatur gibt.

299 *Rensmann* in Dörr/Schmalenbach, Art 46 VCLT Rz 38.
300 *Rensmann* in Dörr/Schmalenbach, Art 46 VCLT Rz 40.
301 *Rensmann* in Dörr/Schmalenbach, Art 46 VCLT Rz 39; *Villiger*, Commentary Art 46 VCLT Rz 8.
302 *Rensmann* in Dörr/Schmalenbach, Art 46 VCLT Rz 40; *Bothe* in Corten/Klein, Art 46 VCLT Rz 13.
303 Allgemein zum Problem der Offensichtlichkeit *Wildhaber*, Treaty-Making 176 ff; vgl auch *Meron*, British Yearbook of International Law, 1978 (49:1) 191, der mehrere Fälle, in denen die Anwendbarkeit des Art 46 WVK diskutiert wurde, analysiert und feststellt, dass die Einordnung einer Vorschrift als „fundamental importance" besitzend deutlich weniger problematisch ist als die Feststellung, dass die Verletzung dieser Vorschrift „manifest" war.
304 *Villiger*, Commentary Art 46 VCLT Rz 14; *Bothe* in Corten/Klein, Art 46 VCLT Rz 14.
305 Vgl *Rensmann* in Dörr/Schmalenbach, Art 46 VCLT Rz 48.
306 *Meron*, British Yearbook of International Law, 1978 (49:1) 191.
307 Vgl *Rensmann* in Dörr/Schmalenbach, Art 46 VCLT Rz 44.

3.5 Berücksichtigung interner Strukturen der Mitgliedstaaten im EU-Recht

3.5.1 Art 16 Abs 2 EUV

Eine punktuelle Berücksichtigung interner, bundesstaatlicher Strukturen der Mitgliedstaaten findet sich in Art 16 EUV. Als Mitglied des Rates nach Art 16 Abs 2 EUV können nicht nur Mitglieder der „Zentralregierung", sondern auch Mitglieder der Regierung eines bundesstaatlichen „Gliedstaates" zugelassen werden.[308] Dies ist auf die besondere Formulierung der Bestimmung zurückzuführen: Es ist dort nicht „nur" von Mitgliedern der Regierung eines Mitgliedstaates, sondern von Vertretern der Mitgliedstaaten „auf Ministerebene" die Rede, was auch die Ebene der Landesminister inkludiert.

3.5.2 Ausschuss der Regionen

Eine Berücksichtigung findet die interne Struktur der Mitgliedstaaten weiters durch die primärrechtliche Einrichtung des Ausschusses der Regionen in den Art 300, 305 ff AEUV: Dieses dem Europäischen Parlament beigegebene Gremium setzt sich aus Vertreterinnen und Vertretern regionaler und lokaler Gebietskörperschaften zusammen und kann seine Rechte nach 263 Abs 2 AEUV als teilprivilegierter Kläger mit Nichtigkeitsklage beim EuGH durchsetzen. Dieses Klagerecht bezieht sich zum einen auf das Stellungnahmerecht, das dem Ausschuss zukommt; zum anderen kann seit dem Vertrag von Lissabon aber auch eine Verletzung des Subsidiaritätsprinzips vom Ausschuss der Regionen beim EuGH gerügt werden,[309] sofern die Verletzung durch einen Rechtsakt erfolgt, vor dessen Erlassung eine Anhörung des Ausschusses durchzuführen war. Der Ausschuss der Regionen ist allerdings kein Gremium, das spezifisch auf die bundesstaatliche Struktur einiger Mitgliedstaaten Rücksicht nimmt – das Primärrecht verlangt hinsichtlich der territorialen Einheiten, deren Vertreter:innen Mitglieder des Ausschusses werden können, weder nach einer spezifischen verfassungsrechtlichen (Autonomie-)Stellung noch nach einer bestimmten Größe. Art 300 Abs 3 AEUV verlangt lediglich nach einer gewissen demokratischen Legitimation der in den Ausschuss entsandten Mandatarinnenund Mandatare. Neben Vertreterinnen und Vertretern von Ländern eines Bundesstaates können daher auch Vertreter:innen von Städten, Regionen und anderen territorialen Untereinheiten in den Ausschuss der Regionen entsandt werden.

308 Siehe dazu zB *Calliess* in Calliess/Ruffert, Art 16 EUV Rz 9; *Ziegenhorn* in Grabitz/Hilf/Nettesheim, Art 16 EUV Rz 31 f; weiters *van Nuffel* in Cloots, Federalism 196 ff; *Lopatka*, Bundesländer 153 ff.

309 Art 8 Abs 2 Protokoll (Nr. 2) über die Anwendung der Grundsätze der Subsidiarität und der Verhältnismäßigkeit. Soweit ersichtlich hat der Ausschuss der Regionen bis heute (Stand 27.12.2021) noch nie von dieser Befugnis Gebrauch gemacht.

3.5.3 Art 4 Abs 2 EUV als Relativierung der Länderblindheit

Während die zuvor genannten Bestimmungen sehr spezifische Fragen der internen Organisation eines Mitgliedstaates betreffen, erfolgt eine weitreichende Öffnung des EU-Rechts für die Berufung auf interne Strukturen durch Art 4 Abs 2 EUV: Diese Bestimmung verpflichtet die Organe der EU, die jeweilige nationale Identität der Mitgliedstaaten zu achten, „die in ihren grundlegenden politischen und verfassungsmäßigen Strukturen einschließlich der regionalen und lokalen Selbstverwaltung zum Ausdruck kommt". Art 4 Abs 2 EUV weist damit Ähnlichkeiten zu Art 46 WVK auf und kann mit Blick auf bundesstaatlich organisierte Mitgliedstaaten auch als spezielle Bundesklausel qualifiziert werden.

Die Ähnlichkeit zu Art 46 WVK liegt darin, dass auf grundlegende Strukturen der Mitgliedstaaten Bezug genommen wird. Ähnlich wie bei Art 46 WVK kann daraus geschlossen werden, dass der Zweck des Art 4 Abs 2 EUV darin besteht, nur in Ausnahmefällen eine Berufung auf interne Strukturen zu ermöglichen.

Art 4 Abs 2 EUV geht aber deutlich weiter als Art 46 WVK, weil für die Einordnung als Bestandteil der nationalen Identität dem Wortlaut des Art 4 Abs 2 EUV zufolge nicht danach verlangt wird, dass die identitätsstiftenden Merkmale in offensichtlicher Weise („manifest") verletzt wurden. Die Berufung auf Art 4 Abs 2 EUV setzt also nicht voraus, dass die Missachtung der grundlegenden Strukturen für die Organe der EU oder die anderen Mitgliedstaaten klar ersichtlich war; es bestehen insb auch keine diesbezüglichen Rügepflichten des durch den Rechtsakt in seinen nach Art 4 Abs 2 EUV identitätsrelevanten Strukturen betroffenen Mitgliedstaates im Rechtsetzungsverfahren.[310] Ein weiterer wesentlicher Unterschied zwischen Art 4 Abs 2 EUV und Art 46 WVK besteht darin, dass Art 46 WVK auf einen konkreten Vertragsabschluss und dessen Begleitumstände abstellt, während Art 4 Abs 2 EUV allgemein die Verpflichtung zur Achtung grundlegender mitgliedstaatlicher Strukturen bei sämtlichen Handlungen der EU-Organe auf Basis des Primärrechts festlegt. Art 46 WVK ermöglicht eine gutgläubige Berufung auf die Verletzung interner Strukturen[311] – die Grenzen des guten Glaubens werden aber durch das Interesse der anderen Vertragsparteien an der Rechtssicherheit und dem Bestand des Vertrags gesteckt, was durch das Erfordernis der offensichtlichen Verletzung deutlich wird. Bei Art 4 Abs 2 EUV werden die durch das Primärrecht geschaffenen EU-Organe von den Mitgliedstaaten zur Achtung mitgliedstaatlicher Strukturen verpflichtet; die mögliche Verletzung interner Strukturen erfolgt hier nicht durch einen vertragsschließenden Staat, sondern durch die Organe der EU. Schutzzweck ist damit auch nicht das

310 Dazu auch unten bei 3.6.6.2 (= 136).

311 Die Verletzung erfolgt beim Vertragsabschluss; vgl *Rensmann* in Dörr/Schmalenbach, Art 46 VCLT Rz 43; *Villiger*, Commentary Art 46 VCLT Rz 15; die Geltendmachung der erfolgten Verletzung findet erst später statt.

gutgläubige Handeln eines Staates, sondern die Sicherstellung mitgliedstaatlicher Freiräume, die von den Organen der EU unabhängig vom Bestehen guten Glaubens nicht beschränkt werden sollen. Als Unterschied kann dabei schließlich auch ausgemacht werden, dass die Geltendmachung der Verletzung interner Vorschriften nach Art 46 WVK dem betroffenen Staat überlassen wird – bei einem Verstoß gegen Art 4 Abs 2 EUV liegt hingegen eine Primärrechtswidrigkeit vor, die – zumindest in der Theorie – auch von den Organen der EU selbst oder von anderen, nicht betroffenen Mitgliedstaaten geltend gemacht werden kann.[312]

Insoweit die Bundesstaatlichkeit eines Mitgliedstaates als grundlegende politische und verfassungsmäßige Struktur qualifiziert werden kann und daher von den Organen der EU bei ihren Handlungen zu achten ist, lässt sich Art 4 Abs 2 EUV auch als Bundesklausel verstehen. Da Art 4 Abs 2 EUV aber nicht spezifisch nur auf die Bundesstaatlichkeit von Mitgliedstaaten ausgerichtet ist, verfolgt er keines der oben dargestellten Konzepte völkerrechtlicher Bundesklauseln. Wie die Bundesstaatlichkeit durch Art 4 Abs 2 EUV geschützt wird, muss erst unter Berücksichtigung der entsprechenden mitgliedstaatlichen Strukturen und der relevanten „Bedrohungsszenarien" im EU-Recht analysiert werden.

3.6 Verpflichtung der EU zur Achtung der bundesstaatlichen Struktur nach Art 4 Abs 2 EUV

3.6.1 Gang der Untersuchung

Vorangehend wurde analysiert, inwiefern das Primärrecht bei der Verteilung von Rechten und Pflichten sowie der Verantwortlichkeit für Unionsrechtsverletzungen auf den bundesstaatlichen Aufbau Rücksicht nimmt. In einem weiteren Schritt soll nun die Grundlage für eine Untersuchung dessen gelegt werden, ob und wenn ja inwieweit die Organe der EU auf Grund von Art 4 Abs 2 EUV verpflichtet sind, die Bundesstaatlichkeit ihrer Mitgliedstaaten zu achten.[313]

Art 4 Abs 2 EUV kann von den Mitgliedstaaten auf verschiedene Arten instrumentalisiert werden: Die nationale Identität könnte etwa schon im EU-Rechtsetzungsverfahren vorgebracht werden, um in einem Rechtsakt eine Sonderrolle oder Sonderregelung für einen Mitgliedstaat zu erwirken oder den fraglichen

312 Vgl dazu unten bei 3.6.7 (= 138).

313 Da Art 4 Abs 2 EUV einen Teil des Primärrechts ausmacht, ist nach der hier vertretenen Ansicht nicht fraglich, ob diese Bestimmung rechtsverbindlich ist; s dazu und zur Frage der alternativen Durchsetzbarkeit insb der Vorgängerbestimmungen von Art 4 Abs 2 EUV *Cloots*, Identity 36 ff; zum Gehalt der Vorgängerbestimmung s auch *Haltern*, Der Staat 1998, 617 ff. Weiters bietet *Simon*, in Burgorgue-Larsen, L'identité 30 ff, eine Analyse der Rsp des EuGH in der – ohne explizite Bezugnahme auf ein Konzept der nationalen Identität – nach Ansicht des Autors bereits Rücksicht auf die konstitutionelle Autonomie der Mitgliedstaaten genommen wird.

Rechtsakt ganz zu verhindern.[314] Die durch Art 4 Abs 2 EUV geschützte nationale Identität kann aber auch „ex post" gegen einen EU-Rechtsakt ins Treffen geführt werden, um dessen Nichtigkeit vor dem EuGH zu begründen; und schließlich lässt sich die nationale Identität heranziehen, um vor dem EuGH Spielräume bei der Durchführung des Unionsrechts zu begründen, etwa im Zusammenhang mit der Rechtfertigung von Grundfreiheitsbeschränkungen. Der Fokus der nachfolgenden Untersuchung liegt auf dem „harten" Einsatz von Art 4 Abs 2 EUV, der im Streitfall vor dem EuGH erfolgt.

Im Folgenden werden zunächst einige grundlegende Überlegungen zum Begriff der Identität gemacht, der in verschiedenen Wissenschaftsdisziplinen Bedeutung hat. Anschließend wird ganz konkret analysiert, wie der EuGH die in Art 4 Abs 2 EUV geschützte nationale Identität versteht. Da sich aus der Rsp kein klares Bild ableiten lässt, wird im Anschluss daran losgelöst von der Rsp ermittelt, was unter den unionsrechtlichen Begriffen der „nationalen Identität" und der Pflicht zu ihrer „Achtung" zu verstehen ist. Erst in den anschließenden Kapiteln wird anhand dessen untersucht, welcher Inhalt der bundesstaatlichen Organisation Teil der jeweiligen nationalen Identitäten Österreichs, Deutschlands und Belgiens ist.[315] Ein eigenes Kapitel untersucht dann für diese drei Mitgliedstaaten übergreifend, in welchen konkreten Konstellationen die Pflicht zur Achtung der nationalen bundesstaatlichen Identität von Relevanz sein könnte.[316]

3.6.2 Identität – Verortung eines Konzepts

3.6.2.1 Identität als nur scheinbar klarer Begriff

Der Begriff „Identität" ist in zahlreichen Bedeutungsfacetten aus verschiedenen Perspektiven Gegenstand unterschiedlicher Wissenschaftsdisziplinen, etwa der Philosophie, Psychologie, Soziologie und Politikwissenschaften. Thematisch geht es dabei vor allem darum, was eine Identität ausmacht und wie sich diese – im Zusammenspiel von Individuum und Gesellschaft und im Spannungsfeld zwischen Dynamik und Konstanz – bildet und verändert.

Der Begriff „Identität" leitet sich vom lateinischen „idem" (derselbe) ab.[317] Die Identität einer Sache bezeichnet im Grunde[318] alle jene Eigenschaften, die eine Sache als solche ausmachen, die ihr damit auch einen Wiedererkennungs-

314 Vgl *Pernice*, AöR 2011, 212 f; *Guastaferro*, Yearbook of European Law 2012, 303 ff; *Dobbs*, Yearbook of European Law 2014, 316; *Schönberger* in JBÖR 2015, 52; *Franzius* in Pechstein/Nowak/Häde, Art 4 EUV Rz 71; *Schill/Krenn* in Grabitz/Hilf/Nettesheim, Art 4 EUV Rz 46; weiters auch *Faraguna*, Brooklyn Journal of International Law 2016, 525 ff.

315 Dazu unten ab 5 (= 157).

316 Unten bei 8 (= 369).

317 Ausführlich dazu *Hughes*, Identity 9 ff; *Gleason*, The Journal of American History, 1983, 911.

318 Zur begrifflichen Unklarheit im Detail etwa *Descombes*, Identität 9 ff.

wert und eine Einheit vermitteln und so zu ihrer Individuation führen.[319] Diese Definition mag zunächst selbstreferentiell und damit nutzlos erscheinen,[320] wie dies etwa *Wittgenstein* äußert,[321] hilft aber dennoch zur ersten Veranschaulichung des Begriffes. Durch die Besinnung auf die Eigenschaften, die eine Sache als solche ausmachen, wird diese Sache von anderen, auch ähnlichen Sachen unterscheidbar: Der Fleck wird als solcher erst vor dem weißen Hintergrund deutlich erkennbar,[322] auch wenn er – entsprechende sprachliche Mittel vorausgesetzt – auch ohne diesen Hintergrund beschreibbar wäre.

Jenseits der oben dargelegten Definition wird Identität allerdings sehr unterschiedlich verstanden und definiert;[323] ein Indiz für die Vieldeutigkeit des Begriffs kann auch darin gesehen werden, dass in den vergangenen zehn Jahren zwei monografische Abhandlungen erschienen sind, die sich ihrem Titel zufolge mit dem „Rätsel" der Identität befassen.[324] Die Wahl des Verständnisses von Identität ist va abhängig von der einschlägigen Wissenschaftsdisziplin und dem verfolgten Forschungsinteresse – Definitionen von Identität, die auf die Identität von Personen Bezug nehmen, unterscheiden sich etwa von solchen, die Identität als abstraktes Konzept definieren wollen:

Als abstraktes Konzept kann Identität so verstanden werden, dass es ein relationaler Begriff ist, der die Gemeinsamkeiten und die Unterschiede von Dingen bezeichnet.[325] In politikwissenschaftlichen Abhandlungen zum Thema Identität finden sich hingegen anders nuancierte Definitionen wie „[i]dentity is at once a set of values, assumptions, and meanings that guide an agent's self-interpretations, projects, and responses, and a mode of differentiating self from other."[326] Aus anthropologischer Perspektive wird Identität als Bezeichnung für die Zugehörigkeit einer Person zu einer bestimmten sozialen Gruppe definiert;[327] teilweise wird dies auch explizit als „social identity" bezeichnet.[328] Soziale Identität, die etwa auch die Zugehörigkeit zu bestimmten ethnischen oder indigenen Gruppen bezeichnen kann, wird dabei dem Begriff der „Kultur" gegenübergestellt; wäh-

319 *Hughes*, Identity 6.

320 Im Kern wird nämlich bei dieser Definition die Identität der Sache A mit den Eigenschaften der Sache A gleichgesetzt, was den Begriff der Identität entbehrlich erscheinen lässt.

321 *Wittgenstein*, Untersuchungen 84 f, § 216.

322 Vgl das Beispiel bei *Wittgenstein*, Untersuchungen 85, § 216.

323 Zur Geschichte von Identität als Wissenschaftsbegriff *Gleason*, The Journal of American History, 1983, 910 ff. Vgl zur Kritik an der Begriffsverwendung etwa *Niethammer*, Identität 33 ff.

324 *Descombes*, Identität (etwa 10, wo eine gängige Definition von Identität als „Quelle philosophischer Ratlosigkeit" qualifiziert wird) und *Brooks*, Identity (etwa 7: „[identity is] a crucial knot of our thinking—a concept as necessary as it is difficult to analyze").

325 *Wodak/de Cilia/Reisigl/Liebhart*, Identity 11: „Formally and logically, 'identity' is a relational term. It defines the relationship between two or more related entities in a manner that asserts a sameness or equality".

326 *Todd*, politics 2018, 87.

327 *Kroskrity*, Journal of Linguistic Anthropology 1999, 111: „Identity is defined as the linguistic construction of membership in one or more social groups or categories".

328 *Eriksen*, Anthropology 153.

rend letztere aus gegebenen Strukturen und Werten bestehe, sei Identität manchen zufolge „a reflexive construct or experiential modality through which one knows oneself and claims recognition“.[329] Auch in anderen Bereichen der Sozialwissenschaften wird (individuelle) Identität unter Bezugnahme auf das soziale Umfeld definiert: „Identity is the idea of the self understood within and against the social context, a means by which the individual is categorized and located as part of, or set apart from, recognized social, political, and cultural groups“.[330] Etwas diffuser sind Beschreibungen wie die folgende: „*Identity* has become the encompassing term for cultural, social, and spiritual wholeness.“[331] Relativ inhaltsoffen ist auch eine Definition, der zufolge Identität das Ergebnis diskursiver Praktiken ist.[332] Jedenfalls wird Identität in den genannten Zusammenhängen aber als im Lauf der Zeit veränderlich und formbar wahrgenommen. Dies steht im Gegensatz zur Identität im logischen Sinn, bei der gerade auf die Kontinuität und Beständigkeit der relevanten, als gegeben angenommenen Eigenschaften abgestellt wird.[333] Die hier nur beispielhaft angeführten Definitionsversuche zeigen das im Zusammenhang mit Identität in den verschiedenen Variationen auftretende Spannungsverhältnis zwischen Selbstbezogenheit und Autonomie auf der einen Seite und Selbstdefinition durch Abgrenzung von anderen auf der anderen Seite.

Je näher man hinsieht, umso schwieriger wird es, eine klar abgegrenzte, universale Definition des Begriffs „Identität“ vorzunehmen. Die Vieldeutigkeit des Begriffes und seiner Verwendung in der Alltags- und der Wissenschaftssprache[334] machen es schwer, eine allgemeingültige Definition aufzustellen, ermöglichen aber auch einen vielseitigen Einsatz des Konzepts. In der Literatur wird angemerkt, Identität „tends to mean too much (when understood in a strong sense), too little (when understood in a weak sense), or nothing at all (because of its sheer ambiguity)“[335]. Identität wird auch als „foyer virtuel“ qualifiziert, auf das Wissenschaftler:innen in verschiedenen Kontexten Bezug nehmen müssen, ohne dass es tatsächlich existiert.[336] Trotz aller Unterschiede im Detail kann im wissenschaftlichen Diskurs in groben Linien zwischen der Befassung mit individuellen und kollektiven Identitäten unterschieden werden;[337] an dieser Unterscheidung orientieren sich die nachfolgenden Ausführungen.

329 *Leve*, Current Anthropology 2011, 513.
330 *Rodas* in Adams, Keywords 103.
331 *Abrahams* in Feintuch, Culture 198 (Hervorhebung im Original) – freilich ist dies nicht der einzige Definitionsansatz, den der Autor im entsprechenden Kapitel präsentiert.
332 *Butler*, Trouble 18.
333 Vgl dazu ausführlich *Descombes*, Identität 55 ff.
334 Dazu umfassend *Brubaker/Cooper*, Theory and Society 2000, 4 ff.
335 *Brubaker/Cooper*, Theory and Society 2000, 1.
336 *Lévi-Strauss/Benoist* in Benoist, Identität 264 (Deutsch: virtueller Brennpunkt).
337 Vgl zB *Hughes*, Identity 2 f; *Wodak/de Cilia/Reisigl/Liebhart*, Identity 15 f.

3.6.2.2 Identität und Individuum: Ich

Diskussionen um den Begriff der Identität lassen sich bis in die Antike zurückverfolgen. So lässt sich diskutieren, ob es überhaupt so etwas wie eine konstante individuelle Identität eines Menschen gibt und wie sich eine solche ermitteln lässt.[338] Dieses Thema beschäftigte Philosophen der Antike in Form des „Wachstumsarguments“: Alles, auch der menschliche Körper, verändert sich ständig – die Identität einer Person kann dann aber nur konstant bleiben, wenn sie durch mehr oder etwas anderes konstituiert wird als die Summe aller Teile des Körpers. Pointiert veranschaulicht wird dies durch das sog „Schiff des Theseus“:[339] Wenn ein Schiff in See sticht und während der Reise so viele Planken des Schiffes ausgetauscht werden, dass bei der Rückkehr zum Heimathafen kein Teil des ursprünglichen Schiffes mehr erhalten ist – handelt es sich dabei noch um dasselbe Schiff? Im Lichte der historischen Bedeutung der Person Theseus für die Gründung des Stadtstaates Athens hat diese Fragestellung im Übrigen ihrem Ursprung nach auch metaphorische Bedeutung für die Frage nach der Kontinuität und Identität von Staaten, deren „Planken“ die im Lauf der Zeit wechselnde Bevölkerung sind.[340]

Ab den 1950er Jahren war Identität ein zentrales Thema in der (Sozial-)Psychologie, ausgehend von *Erikson* und seinen Arbeiten rund um Identitätskrisen.[341] Dabei geht es vor allem um die Frage, wie Individuen in einem sich verändernden gesellschaftlichen Umfeld und bei an sie herangetragenen konfligierenden Wertvorstellungen ihre Identität definieren und bewahren. Ausgehend von *Eriksons* Überlegungen[342] wurde Identität zu einem zentralen Konzept der Sozialwissenschaften,[343] wenngleich in der sozialwissenschaftlichen Literatur kritisiert wurde, dass *Erikson* selbst den Begriff der Identität nicht einheitlich verwendet.[344] Daher verwundert es auch nur wenig, dass darauf aufbauend so unterschiedliche Disziplinen wie Anthropologie und Politikwissenschaften mit ganz diversen Identitätsbegriffen operieren. Die Nutzbarmachung des sozialpsychologischen Konzepts der individuellen Identität für andere Zweige der Soziologie ist dabei thematisch naheliegend, da die individuelle Identität immer wieder unter Bezugnahme auf die gesellschaftliche Verortung des Individuums thematisiert wird. Wenn also etwa danach gefragt wird, welche Faktoren zur Ausprägung und Veränderung der individuellen Identität beitragen, dann kann dies mit Blick

338 Vgl zB *Wittgenstein*, Untersuchungen 91, § 253 sowie 122 ff, §§ 404 ff.
339 Vgl dazu zB *Hughes*, Identity 11 f.
340 *Hughes*, Identity 11 f.
341 *Weigert/Teitge/Teitge*, Identity 60 ff.
342 Grundlegend *Erikson*, Psychoanalytic Study of the Child 1946, 359 ff; *Erikson*, Journal of the American Psychoanalytic Association 1956, 56 ff.
343 Vgl dazu *Gleason*, The Journal of American History, 1983, 914 ff.
344 *Gleason*, The Journal of American History, 1983, 930; *Descombes*, Identität 84.

auf unterschiedliche Lebensphasen und Lebenserfahrungen des Individuums erfolgen,[345] ebenso aber mit Fokus auf gesellschaftliche Gegebenheiten.

In der Alltagsprache und zum Teil auch im (älteren) wissenschaftlichen Diskurs herrscht dabei ein essentialistisch-naturalistisches Verständnis von Identität vor: Die Identität einer Person oder Sache ist etwas Gegebenes, das von der Betrachterin nur erkannt und beschrieben werden muss. Demgegenüber überwiegt in den Sozialwissenschaften heute ein konstruktivistisches Verständnis von Identität,[346] das manchmal mit dem Aufkommen des Individualismus, dem Aufbrechen starrer, traditionsorientierter Gesellschaften und der daraus folgenden Veränderlichkeit der individuellen Identität erklärt wird.[347] Schon auf individueller Ebene wird Identität dabei überwiegend als Fiktion oder soziales Konstrukt verstanden,[348] das den Einzelnen durch Bewusstmachung seiner zentralen Eigenschaften zu selbstbestimmtem Handeln ermächtigen kann, durch Festlegung auf bestimmte zentrale Eigenschaften aber auch freiheitsbeschränkend wirkt. Relevant ist dabei immer auch, wer die individuelle Identität definiert, ob diese also auf einer selbstbestimmten Festlegung basiert oder auf einer Zuschreibung durch Dritte. Dass Identität ein soziales Konstrukt und somit grundsätzlich unabhängig von Körperlichkeit ist, wird bspw dadurch illustriert, dass sich eine postmortale Identität ausmachen lässt.[349] Exemplifizieren lässt sich die soziale Konstruiertheit von Identität auch anhand des häufig als Identitätsmerkmals herangezogenen Geschlechts: Wie schon *de Beauvoir* herausarbeitete, kann neben einem biologischen auch ein soziales Geschlecht ausgemacht werden.[350] Dieses bezeichnet die von der Gesellschaft an die Konzepte von „Männlichkeit" oder „Weiblichkeit" herangetragenen Zuschreibungen.[351] Dadurch, dass diese Zuschreibungen aber gerade nicht selbstbestimmt erfolgen, sondern dem Individuum von der Gesellschaft auferlegt werden bzw durch diskursive Praktiken geprägt werden,[352] kann Geschlecht als Identitätsmerkmal für das Individuum beschränkend wirken.[353]

345 Zum Beispiel *Pratt/Matsuba*, Life Story 29 ff.

346 Zum Beispiel *Calhoun* in Calhoun, Social Theory 13 ff; *Bilgrami* in Bernstein, Concepts 159 ff.

347 *Dunn*, Crises 52 ff.

348 Zum Beispiel *Weigert/Teitge/Teitge*, Identity 34, 53, 68 ff; *Rodas* in Adams, Keywords 103.

349 *Weigert/Teitge/Teitge*, Identity 92 ff.

350 Ausführlich *de Beauvoir*, Geschlecht 27 ff, prägnant 334 („Man kommt nicht als Frau zur Welt, man wird es"). Zur Unterscheidung zwischen „sex" und „gender" zB *Butler*, Trouble 6 ff.

351 Vgl dazu auch *Weigert/Teitge/Teitge*, Identity 68 ff.

352 *Butler*, Trouble 32 f.

353 Vgl dazu etwa auch *Stammers* in McGarry/Jasper, Dilemma 121 mwN; *de Beauvoir*, Geschlecht 334 („Nur die Vermittlung anderer kann ein Individuum zum *Anderen* machen" [Hervorhebung im Original]).

3.6.2.3 *Identität und Kollektive: Wir*

3.6.2.3.1 *Aspekte kollektiver Identität*

Wie sich schon bei den Ausführungen zur individuellen Identität gezeigt hat, ist die Definition der eigenen Identität maßgeblich durch das soziale Umfeld geprägt. Dies bringt auch der Begriff der sozialen Identität (des Einzelnen) gut zum Ausdruck.

Über die Verortung des Einzelnen in der Gesellschaft hinaus lässt sich nun aber auch fragen, ob Gruppen und Kollektive eine Identität haben und wie sich diese bestimmen lässt. Es geht dann nicht mehr nur um die Identifikation des Einzelnen als Teil einer Gruppe, sondern um die Identifikation der Gruppe selbst, etwa auch in Abgrenzung zu anderen Gruppen. Dafür hat sich der Begriff der kollektiven Identität etabliert, der freilich im Detail wieder unterschiedlich verstanden wird. Eine mögliche Definition lautet etwa: „Collective identities are the shared sense of 'we' within groups that are continuously constructed and reinforced when group members interact and manage external pressures"[354].

Dass auch Kollektive eine Identität haben können, ist wenig verwunderlich, wenn man sich das vorherrschende Verständnis der sozialen Konstruktion von Identität vor Augen führt.[355] Die Fragen, die sich im Zusammenhang damit stellen, sind also ganz ähnlich wie bei der individuellen Identität; so kann etwa danach gefragt werden, wie die Kontinuität der kollektiven Identität bewirkt wird. Entsprechende Fragestellungen beschäftigten schon Aristoteles, der im Grunde nach der kollektiven Identität einer Polis fragt, wenn er darüber nachdenkt, welche Voraussetzungen gegeben sein müssen, damit wir ein Gebilde über einen längeren Zeitraum hinweg als ein und denselben Staat bezeichnen können.[356] Wissenschaftlich untersucht wird aber auch, welche Faktoren die kollektive Identitätsbildung beeinflussen, etwa welche Rolle Politik, Medien und Privatmeinungen bei der diskursiven Herausbildung kollektiver Identität spielen.[357] Aus sozialwissenschaftlicher Perspektive wird zB analysiert, wie neue Medien (Internet-Memes, YouTube) bei der Herausbildung kollektiver Identitäten eingesetzt werden[358] oder wie Eheschließungen und Familiengründungen als Praxis der kollektiven Identitätsbildung wahrgenommen werden.[359] Darüber hinaus lässt sich

354 *Lauger*, Sociology Compass 2020, 2; vgl auch *Jasper/McGarry* in McGarry/Jasper, Dilemma 1: „A collective identity is an act of the imagination, a trope that stirs people to action by arousing feelings of solidarity with their fellows and by defining moral boundaries against other categories".

355 Zum Beispiel *Stammers* in McGarry/Jasper, Dilemma 122.

356 *Aristoteles*, Politics, Book III 1276a.

357 Eine Beeinflussung des privaten durch den politischen und medialen Diskurs hervorhebend *Wodak/de Cilia/Reisigl/Liebhart*, Identity 202.

358 *Gal/Shifman/Kampf*, new media & society 2016, 1699 ff.

359 *Schmidt*, Journal of Ethnic and Migration Studies 2011, 264 ff.

auch fragen, wie bestehende kollektive Identitäten die Handlungen von Menschen beeinflussen:[360] Bei der Erforschung sozialer (Protest-)Bewegungen wird etwa untersucht, ob die Herausbildung einer kollektiven Identität das Protestverhalten verändert;[361] unter dem Titel „identity economics“ wird danach gefragt, wie kollektive Identitäten Entscheidungen der Akteure beeinflussen.[362]

Interessant ist in diesem Zusammenhang va auch, welchen Arten von kollektiven Identitäten Bedeutung zugemessen wird. Während der Mensch als Individuum für den Menschen ein naheliegendes Identitätszurechnungssubjekt darstellt, sind die als relevant erachteten Kollektive im Grunde zufälliger Art. Dabei ist vor allem die soziale Funktion der Kollektive bedeutsam: Sie dienen in der Regel der Erzeugung eines „Wir-Gefühls“, also eines Gruppenzusammenhalts und der Abgrenzung zu anderen Gruppen,[363] wobei grundsätzlich irrelevant ist, ob die Abgrenzung eher negativ (*us versus them*) oder neutral bis positiv (*us and them*) konnotiert ist.[364]

Als Grundlage für derartige Kollektive kann die Zugehörigkeit zu einer Sprach- oder Religionsgemeinschaft ebenso dienen wie ethnische Zugehörigkeit, Geschlecht, Hautfarbe, kulturelle Bräuche oder wirtschaftliche Stellung bzw „Klassenzugehörigkeit“ und Bildungsgrad.[365] Auch die Staatsangehörigkeit kann als entsprechendes Merkmal dienen, das Individuen dem Kollektiv eines spezifischen Staates zuordnet.[366] Die Zugehörigkeit zu einem Staat als konkretes, rechtlich konstituiertes Gebilde kann aber auch über andere Merkmale vermittelt werden.[367]

3.6.2.3.2 Nationale Identität als kollektive Identität

Welche Gruppenzugehörigkeit für den Einzelnen besondere Relevanz hat und welche Kollektive besonders deutlich wahrgenommen werden, ist dabei von den historischen und sozialen Umständen und Bedürfnissen abhängig.[368] Große Relevanz kam in den vergangenen Jahrhunderten dem Konzept der nationalen Zuge-

360 Zur Frage, inwiefern eine gemeinsame nationale Identität die soziale Kohäsion fördert *Miller/Ali*, European Political Science Review 2014, 238 ff.

361 *Opp*, Rationality and Society 2012, 74 ff; *Jasper/Tramontano/McGarry* in McGarry/Jasper, Dilemma 29.

362 *Akerlof/Kranton*, Economics 13 ff.

363 „[w]ho is ‚in' and who is ‚out'“, *Stammers* in McGarry/Jasper, Dilemma 121.

364 Vgl dazu zB *Ghaziani*, Social Problems 2011, 116 ff.

365 Vgl dazu *Jasper/Tramontano/McGarry* in McGarry/Jasper, Dilemma 18 ff.

366 Vgl *Habermas*, Staatsbürgerschaft 9.

367 Siehe etwa die Diskussion betreffend „Danishness“ bei *Schmidt*, Journal of Ethnic and Migration Studies 2011, 260 ff.

368 Dies am Beispiel der Klassenzugehörigkeit diskutierend *Eidlin*, Sociology Compass 2014, 1045 ff.

hörigkeit und damit dem Kollektiv der Nation zu,[369] das zT sogar als stärkster politischer Wert der heutigen Zeit qualifiziert wird.[370]

Was eine Nation ausmacht, wird dabei unterschiedlich aufgefasst.[371] Um von einer Nation zu sprechen, bedarf es aber regelmäßig eines (vermeintlich) historischen Territoriums[372] und eines Gemeinschaftsgefühls bzw eines Gefühls der Verbundenheit durch Institutionen, Werte und Mythen.[373] Die kollektive Identität einer Nation baut damit häufig auf anderen kollektiven Identitäten auf (etwa religiöse oder ethnische Zugehörigkeit, Zugehörigkeit zu einem Staatsverband).[374] Die kollektive Identität einer Nation setzt einen gewissen Grad an Homogenität voraus, schließt aber auch regionale Differenzierungen (etwa sprachliche und kulturelle Unterschiede wie in der Schweiz) nicht aus und kann sich sogar aus diesen speisen.[375]

Eine nationale Identität kann auf unterschiedlichen Merkmalen aufbauen; sie kann zB kulturbasiert ausgestaltet sein,[376] auf sportliche Erfolge Bezug nehmen[377] oder auch nationale Symbole wie Hymnen und Flaggen[378] beinhalten und durch diese veranschaulicht werden.[379] Ebenso können politische Ereignisse der Vergangenheit bzw ihre Interpretation und Wahrnehmung durch die Bevölkerung zur nationalen Identität zu zählen sein; so wird etwa für Österreich diskutiert, inwiefern die „Opferthese", wonach Österreich das erste Opfer der NS-Aggressionspolitik sei[380] oder die dauerhafte Neutralität Österreichs[381] Bestandteile der nationalen Identität Österreichs sind. Systematisch werden die unterschiedlichen Merkmale in der Literatur den Begriffen „civic nationalism" (Zugehörigkeit zu einem Staat und seinen Institutionen) und „ethnic nationalism" (Zusammenge-

369 Vgl *Jasper/Tramontano/McGarry* in McGarry/Jasper, Dilemma 19.

370 *Anderson*, Communities 3. Nationale Identität wie hier als einen möglichen Aspekt kollektiver Identität einordnend *McCrane/Bechhofer*, Identity 195. Siehe dazu auch *Miller/Ali*, European Political Science Review 2014, 238 ff.

371 Vgl dazu *Habermas*, Staatsbürgerschaft 8 ff.

372 *Smith*, Identity 9; zur Frage, inwiefern Nationen „erfunden" werden können („nations by design"), vgl *Smith*, Identity 99 ff.

373 *Smith*, Identity 10 ff; vgl auch *Anderson*, Communities 6 f, der dies anspricht, wenn er Nationen als „imagined communities" definiert.

374 *Smith*, Identity 14. Zur Unterscheidung zwischen „civic nationalism" und „ethnic nationalism" zB *Buhr/Fabrykant/Hoffmann*, Journal of Baltic Studies 2014, 143 f; *Ha/Jang*, Social Indicators Research 2015, 473.

375 *Smith*, Identity 146.

376 *Wodak/de Cilia/Reisigl/Liebhart*, Identity 54, 189.

377 *Wodak/de Cilia/Reisigl/Liebhart*, Identity 191; *Broch*, Sociology Compass 2016, 569 ff.

378 *Wodak/de Cilia/Reisigl/Liebhart*, Identity 191.

379 Die „Hauptmerkmale" der nationalen Identität können sich im Lauf der Zeit auch ändern; vgl dazu *Eisenstadt/Giesen*, European Journal of Sociology 1995, 86 ff.

380 *Wodak/de Cilia/Reisigl/Liebhart*, Identity 195 f.

381 *Wodak/de Cilia/Reisigl/Liebhart*, Identity zB 53, 199.

hörigkeit auf Basis „gegebener" Merkmale wie Sprache oder Ethnie) zugeordnet.[382]

3.6.2.3.3 *„Identity politics": Kollektive Identität als politischer Kampfbegriff*

Kollektive Identitäten bilden die Grundlage für sog „identity politics", welche seit den 1970er Jahren als solche bezeichnet und analysiert wurden.[383] Dabei geht es im Wesentlichen darum, dass bestimmte Gruppen sich auf ihre kollektive Identität berufen und für diese Anerkennung, Gleichberechtigung oder auch Bewahrung des status quo verlangen. Insbesondere dort, wo es zu Ungleichbehandlung und Unterdrückung auf Basis kollektiver Identitäten kommt – etwa in Form von strukturellem Rassismus oder Sexismus –, wird gerade jenes Identitätsmerkmal für die Betroffenen besonders bedeutsam und der maßgebliche Faktor für politische Protestbewegungen.[384] Der Begriff „identity politics" wurde daher va mit dem civil rights movement in den USA, dem Kampf um die Gleichberechtigung von Frauen, dem Schutz von ethnischen oder religiösen Minderheiten sowie der Anerkennung von Homo-, Bi- und Transsexualität in Verbindung gebracht.[385]

Seit den 1990er Jahren wird aber beobachtet, dass sich auch vermehrt Angehörige der Mehrheitsgesellschaft auf ihre (Mehrheits-)Identität berufen und deren Schutz verlangen. Dabei kommt es gewissermaßen zu einer Trendumkehr: Während die ursprüngliche Domäne der „identity politics" der Kampf um die Anerkennung von Minderheiten durch die Mehrheit war, wird Identitätspolitik heute (auch) betrieben, um die Mehrheitsgesellschaft etwa im Zusammenhang mit globaler Migration vor dem Einfluss neu dazukommender Bevölkerungsgruppen zu „schützen" und die „traditionellen gesellschaftlichen Werte" zu bewahren.[386]

Gemeinsam ist beiden Ausprägungen von Identitätspolitik, dass sie durch die Fokussierung auf ein einziges, wesentliches Identitätsmerkmal gekennzeichnet sind, das die Basis für alle geäußerten politischen Forderungen bildet. Durch diese Reduktion auf ein wesentliches Identitätsmerkmal kann Identitätspolitik zu einer Polarisierung und Fragmentierung des gesellschaftlichen und politischen

382 Zur Unterscheidung zwischen „civic nationalism" und „ethnic nationalism" zB *Buhr/Fabrykant/Hoffmann*, Journal of Baltic Studies 2014, 143 f; *Ha/Jang*, Social Indicators Research 2015, 473; zur ähnlichen Unterscheidung zwischen „Willensnation" und „Kulturnation" *Wodak/de Cilia/Reisigl/Liebhart*, Identity 18 ff.

383 Vgl dazu *Bernstein*, Annual Review of Sociology 2005, 47 ff; zu aktuellen Forschungsfragen im Zusammenhang mit identity politics vgl *Todd*, politics 2018, 90 f.

384 Vgl zB *Bilgrami* in Bernstein, Concepts 160; *Gilbert*, Identity 67 ff; *Somers*, Theory and Society 1994, 608 ff; *Jasper/Tramontano/McGarry* in McGarry/Jasper, Dilemma mit den Beispielen der Kurden oder Mazedonier in Griechenland.

385 Vgl dazu *Jasper/Tramontano/McGarry* in McGarry/Jasper, Dilemma 20 ff.

386 Vgl zB *Gilbert*, Identity 197.

Diskurses beitragen[387] und rasch ausgrenzende und fundamentalistische Formen annehmen.[388]

3.6.2.3.4 Kollektive Identität – nationale Identität – Art 4 Abs 2 EUV

3.6.2.3.4.1 Von der Souveränität zur Identität

Staaten sind ein mögliches Zurechnungssubjekt kollektiver Identität. Dabei ist es grundsätzlich irrelevant, ob die Grundlage für die Entstehung eines „Wir-Gefühls" zwischen den Staatsbürgerinnen und Staatsbürgern auf sprachlichen, ethnischen oder religiösen Gemeinsamkeiten beruht oder ob das Zusammengehörigkeitsgefühl durch die staatlichen Institutionen selbst begründet und bestärkt werden soll,[389] wie dies etwa dem Konzept des Verfassungspatriotismus zu Grunde liegt. Versteht man einen Staat als Gebilde mit einer kollektiven Identität, dann liegt es nahe, dass es auch diesbezügliche Bestrebungen zur Erhaltung der „eigenen" Identität und zur Anerkennung dieser Identität durch Andere gibt.[390] Diese Bestrebungen können historisch betrachtet und auch heute noch teilweise mit dem Begriff der Souveränität der Staaten in Zusammenhang gebracht werden; in den letzten Jahrzehnten fand diesbezüglich ein begrifflicher Wandel hin zur Wahrung der staatlichen „Identität" statt.[391] Im Zusammenhang mit der europäischen Integration wird dies von *Jakab* wie folgt auf den Punkt gebracht: „Nobody wants to see him- or herself giving up sovereignity to another entity (without feeling primarily a member of the latter), because it is linked to identity".[392] Oder in den Worten von *Weiler*: „To protect national sovereignty is passé; to protect national identity by insisting on constitutional specificity is à la mode"[393].

Souveränität bezeichnet die Idee, dass jeder politischen Ordnung eine originäre und ausschließliche Herrschaftsquelle zu Grunde liegt[394] und kann ideengeschichtlich auf *Bodin*[395] zurückgeführt werden.[396] Souveränität ist ein seit langem umstrittenes Konzept;[397] ohne hier auf alle diesbezüglichen Details einzugehen,

387 Vgl *Bernstein*, Annual Review of Sociology 2005, 51 f.

388 *Stammers* in McGarry/Jasper, Dilemma 122; vgl auch *Bernstein*, Annual Review of Sociology 2005, 56 ff.

389 Zum Konzept des „civic nationalism", bei dem das für eine Nation relevante Zusammengehörigkeitsgefühl sich aus der Verbundenheit zum Staat und seinen Institutionen ergibt, zB *Buhr/Fabrykant/Hoffmann*, Journal of Baltic Studies 2014, 147.

390 Vgl etwa auch *Jakab*, Language 109.

391 Vgl dazu auch *Kirchmair*, DÖV 2021, 321 ff.

392 *Jakab*, Language 109.

393 *Weiler*, International Journal of Constitutional Law 2005, 184.

394 *Lewicki*, Souveränität 20.

395 *Bodin*, Six livres de la République (1567). Vgl dazu *Grimm*, Souveränität 16 ff.

396 Zum Souveränitätsbegriff in der Philosophiegeschichte *Lewicki*, Souveränität 19 ff.

397 Ausführlich dazu zB *Prickartz* in Kopetzki, Europa 169 ff; *MacCormick*, Sovereignty 127 ff; *Troper* in Rosenfeld/Sajó, Handbook 351 ff mwN.

lassen sich auf den Staat bezogen theoretisch eine innere und eine äußere Komponente von Souveränität unterscheiden: Nach innen als höchste und unabgeleitete Macht, nach außen in Form von Autonomie gegenüber anderen.[398] Das Aufkommen des Souveränitätsdenkens wurde durch die historischen Umstände begünstigt:[399] Mit der Aufklärung fiel die Idee eines von Gott gegebenen Herrschaftspostulats zu Gunsten eines Monarchen oder ähnlichen Staatsoberhauptes. Wenn aber die Legitimation der Herrschaft durch dieses Staatsoberhaupt nicht mehr auf Gott oder andere außerweltliche Phänomene gestützt werden kann, bedarf es eines anderen Legitimationsgedankens. Gleichzeitig kam es aber zunächst noch zu keinen maßgeblichen Änderungen, was den Inhalt des Herrschaftsanspruchs betraf: Dieser sollte wie bisher unbeschränkt und absolut bestehen. Dieser Herrschaftsanspruch wurde mit dem Konzept der Souveränität erklärt und legitimiert, das sich auch nach Aufkommen demokratischer Staatsformen als Konzept für die Erfassung der Staatsgewalt nutzbar machen ließ.

Durch die zunehmende Verrechtlichung der internationalen Beziehungen, aber auch des Verhältnisses zwischen Untertanen und Staat in Form des Konstitutionalismus blieb den Staaten jedoch sowohl nach innen wie auch nach außen immer weniger Handlungsspielraum, was teilweise als Bedrohung ihrer Souveränität wahrgenommen wurde oder wird.[400] Dies gilt noch verstärkt innerhalb Europas, wo es durch die europäische Integration zu einer besonders intensiven Verflechtung der Mitgliedstaaten der EU gekommen ist.[401] Schon in der Rs *Van Gend & Loos* führte der EuGH aus, dass die neu geschaffene Rechtsordnung „die Souveränitätsrechte"[402] der Mitgliedstaaten eingeschränkt habe. Die Souveränität der Mitgliedstaaten wird aber im Gegensatz dazu von diesen immer wieder als Grenze des weiteren Fortschreitens dieser Integration in Stellung gebracht.[403] Dabei wird die Souveränität von den Staaten wie ein äußerst kostbares und daher zu bewahrendes und zu schützendes Gut gehandhabt, das von Anderen – etwa der Völkerrechtsgemeinschaft oder der Europäischen Union – anerkannt und respektiert werden soll.

Hier zeigt sich die gedankliche Ähnlichkeit zum Phänomen der identity politics: Auch dort geht es um die Anerkennung und den Schutz bestimmter Eigenschaften. Im Zusammenhang mit der staatlichen Souveränität sind dies va die Eigenschaften des Staates, autonom und letztentscheidungsbefugt zu sein. Entscheidungen über das Auftreten nach außen wie auch über die Handlungsweisen nach innen sollen vom Staat selbst (durch seine Staatsorgane) getroffen

398 Vgl dazu *Lewicki*, Souveränität 43 ff; *Troper* in Rosenfeld/Sajó, Handbook 355 ff; *Grimm*, Souveränität 35 ff.

399 Prägnant dazu *Jakab*, Language 92.

400 Vgl dazu ausführlich *Jakab*, Language 91 ff; *Haltern*, Souveränität 16 ff.

401 Vgl dazu zB *Jakab*, Language 104 ff; *Haltern*, Souveränität 98 ff.

402 EuGH 05.02.1963, Rs 26/62 (Van Gend & Loos) ECLI:EU:C:1963:1, 25.

403 MwN zB *Jakab*, Language 104 ff.

werden können. Diese Befugnis autonom zu entscheiden, kann als Teil der Identität eines Staates gesehen werden – genauso wie das Ergebnis der autonomen Entscheidungsbefugnis, nämlich die Gestaltung der staatlichen Ordnung nach innen und des Auftretens nach außen. Eine Form der Ausübung dieser Entscheidungsbefugnis kann auch darin bestehen, intensiv mit anderen Staaten zu kooperieren. Intensive Kooperation mit anderen Staaten, etwa im Zuge der europäischen Integration, kann dann wiederum einen Bestandteil der Identität eines Staates ausmachen. Dies lässt sich zwar auch unter dem Stichwort „Souveränität“ diskutieren – auch ein souveräner Staat kann sich entscheiden, vertiefte Beziehungen mit anderen Staaten einzugehen und dazu bestimmte Befugnisse an gemeinsame überstaatliche Institutionen übertragen. Wird aber betont, dass es sich bei den in der heutigen EU zusammengeschlossenen Staaten um souveräne Staaten handelt, dann wird damit häufig auch impliziert, dass eine Abkehr von der Integration jederzeit und durch einseitige Entscheidung eines Staates möglich sein soll. Veränderungen der „Identität“ finden im Gegensatz dazu meist nur langsam und kontinuierlich statt; insofern kann die Berufung auf die staatliche Identität im Verhältnis zur fortschreitenden europäischen Integration eine ähnliche konservative Funktion übernehmen wie die Berufung auf die Souveränität der Staaten.[404] Identität ist aber gleichzeitig ein offenerer Begriff, der insoweit, als man die Integration in die EU als Bestandteil der staatlichen Identität qualifiziert, potentiell integrationsfreundlicher wirken könnte als die Berufung auf staatliche Souveränität – auch wenn dies derzeit nicht der Fall zu sein scheint.[405] Insofern ist es wenig überraschend, dass als eine Art Kompromiss[406] nicht die Achtung der Souveränität, sondern der Identität der Mitgliedstaaten Eingang in das Unionsprimärrecht gefunden hat, und zwar in Form der Verpflichtung zur Achtung der nationalen Identität der Mitgliedstaaten durch die Organe der EU.[407]

3.6.2.3.4.2 Nationale Identität und Verfassungsidentität

Die Aufnahme der nationalen Identität der Mitgliedstaaten in das Primärrecht mit dem Vertrag von Maastricht wird als „constitutional *volte face*“[408] bezeichnet, weil damit eine Trendumkehr weg von den fortschreitenden Souveränitätsbeschränkungen und hin zu einer formellen Anerkennung der Mitgliedstaaten als Bausteine der Union bewirkt wurde: Mit Art F Abs 1 1. HS EUV idF des

404 Vgl dazu etwa *Kelemen/Pech*, Cambridge Yearbook of European Legal Studies 2019, 61 ff.

405 Auch dazu wieder *Kelemen/Pech*, Cambridge Yearbook of European Legal Studies 2019, 67 ff, die die Verwendung des Identitäts-Topos zur Legitimation autokratischer Politik in Ungarn und Polen darstellen und analysieren.

406 So zB auch *Fabbrini/Sajó*, ELJ 2019, 458.

407 Vgl dazu auch *Guastaferro*, Yearbook of European Law 2012, 287; *Prickartz* in Kopetzki, Europa 175 ff.

408 *Besselink*, Utrecht Law Review 2010, 41 (Hervorhebung im Original).

Vertrags von Maastricht wurde die Union verpflichtet, die „nationale Identität ihrer Mitgliedstaaten zu achten“. Zwar wurden durch nachfolgende Vertragsänderungen weiterhin mehr und mehr Kompetenzen an die Union übertragen, die souveränen Mitgliedstaaten als Basis der Union blieben aber rechtlich verankert. Die Achtungsverpflichtung war auch Bestandteil des Vertrags über eine Verfassung für Europa, nach dessen Art I-5 Abs 1 die Union verpflichtet werden sollte, „die nationale Identität der Mitgliedstaaten [zu achten], die in deren grundlegender politischer und verfassungsrechtlicher Struktur einschließlich der regionalen und kommunalen Selbstverwaltung zum Ausdruck kommt“.[409] Ganz ähnlich[410] ist auch die Formulierung im heute relevanten Art 4 Abs 2 EUV idF des Vertrags von Lissabon, der die Union zur Achtung der jeweiligen mitgliedstaatlichen „nationale[n] Identität [verpflichtet], die in ihren grundlegenden politischen und verfassungsmäßigen Strukturen einschließlich der regionalen und lokalen Selbstverwaltung zum Ausdruck kommt“.

Nach seiner Einführung in das Primärrecht wurde der Begriff der nationalen Identität der Mitgliedstaaten sohin durch die Einfügung des Zusatzes „die in ihren grundlegenden politischen und verfassungsmäßigen Strukturen einschließlich der regionalen und lokalen Selbstverwaltung zum Ausdruck kommt“ näher konkretisiert. Damit wird zum Ausdruck gebracht, dass unter den vielen verschiedenen Gesichtspunkten der nationalen Identität[411] nur ganz spezifische von der Union zu achten sind. Mit der gewählten Formulierung werden nämlich nur bestimmte inhaltliche und modale Aspekte für relevant erklärt: Nur das, was mit den grundlegenden politischen und verfassungsmäßigen Strukturen in Zusammenhang steht und gerade durch sie zum Ausdruck gebracht wird, soll Relevanz haben. Nicht erfasst von der Identitätsklausel des Art 4 Abs 2 EUV sind außerhalb der Verfassung liegende Belange, etwa rein kulturelle Aspekte – auch wenn dies Aspekte sein können, die für das „Wir-Gefühl“ der Bevölkerung von immenser Bedeutung sein mögen,[412] wie etwa im Fall Österreichs die Differenzierung zwischen Hochdeutsch und „österreichischem Hochdeutsch“.[413] Die von Art 4 Abs 2 EUV nicht erfassten Aspekte der nationalen Identität können aber durchaus Schutzgut anderer unionsrechtlicher Vorschriften sein; bei den kulturellen Besonderheiten ist als schützende Norm zB an Art 22 EU-GRC und

409 Dazu ausführlich *Guastaferro*, Yearbook of European Law 2012, 271 ff. Zur Entwicklung s auch *Faraguna*, EPL 2021, 427 ff.

410 Die Unterscheidung zwischen „verfassungsrechtlichen“ (Art I-5 Vertrag über eine Verfassung für Europa) und „verfassungsmäßigen“ (Art 4 Abs 2 EUV) Strukturen hat soweit ersichtlich kein Äquivalent in anderen Sprachfassungen; dazu auch unten bei 3.6.4.4.3 (= 116).

411 Ausführlich zu diesen zB *McCrane/Bechhofer*, Identity 9 ff sowie schon oben bei 3.6.2.3.2 (= 93).

412 Vgl dazu *McCrane/Bechhofer*, Identity 139 ff, die feststellen, dass die Unterscheidung zwischen schottischer und englischer Identität von der jeweiligen Bevölkerung eher auf kulturelle als auf politische Unterschiede zurückzuführen ist.

413 Dies als relevant für die österreichische nationale Identität qualifizierend etwa *Wodak/de Cilia/Reisigl/Liebhart*, Identity 57.

Art 3 Abs 3 UAbs 4 EUV zu denken.[414] Ebenfalls nicht erfasst von der nationalen Identität iSd Art 4 Abs 2 EUV sind verfassungswidrige Gehalte einer nach anderen Gesichtspunkten ermittelten nationalen Identität: Wenn etwa in politik- und sozialwissenschaftlichen Studien festgehalten wird, dass Minderheiten in Österreich von der Bevölkerung nur marginale Bedeutung beigemessen und Minderheitensprachen von den Befragten kein der deutschen Sprache äquivalenter Status zuerkannt wird, Minderheitensprachen somit auch nicht als schützenswerter Identitätsbestandteil eingeordnet werden,[415] so kann daraus schon auf Grund der Anerkennung bestimmter Minderheiten und Minderheitensprachen in Art 8 B-VG nichts für die nationale Identität Österreichs iSd Art 4 Abs 2 EUV gewonnen werden. Ganz allgemein wird in der sozialwissenschaftlichen Literatur darauf hingewiesen, dass die „staatliche" Version nationaler Identität sich deutlich von dem unterscheiden kann, was die Bevölkerung als identitätsstiftend ansieht.[416] Art 4 Abs 2 EUV verweist mit der Bezugnahme auf die grundlegenden politischen und verfassungsmäßigen Strukturen auf eine solche staatliche Version der nationalen Identität, nicht auf Wahrnehmungen der oder Wertschätzungen durch die Bevölkerung.[417] Diese können freilich wiederum bei der Abänderung der bestehenden politischen und verfassungsmäßigen Strukturen eine Rolle spielen, etwa indem ein politischer Wandel oder eine Verfassungsreform angestoßen wird.[418]

Nationale Identität iSd Art 4 Abs 2 EUV kann aber auch nicht einfach mit dem Begriff „Verfassungsidentität" gleichgesetzt werden.[419] Bei letzterem handelt es sich um ein theoretisch unklares Konzept[420] – in rechtsdogmatischer Hinsicht ist Verfassungsidentität eine Begriffsschöpfung des BVerfG,[421] die insb

---

414 Vgl dazu *Besselink*, Utrecht Law Review 2010, 43 f.

415 *Wodak/de Cilia/Reisigl/Liebhart*, Identity 190 f.

416 *Buhr/Fabrykant/Hoffmann*, Journal of Baltic Studies 2014, 149 f.

417 Zur Frage, inwiefern Menschen eine Bindung zum Konzept der nationalen Identität aufweisen, vgl *McCrane/Bechhofer*, Identity 43 ff; *Miller/Ali*, European Political Science Review 2014, 244 ff; inwiefern diese Bindung das subjektive Glücksempfinden beeinflusst, zB *Reeskens/Wright*, Psychological Science 2011, 1460 ff.

418 Dazu ausführlich *Sajó*, Sentiments 23 ff; *Jacobsohn*, The Review of Politics 2006, 363.

419 Vgl dazu zB *van der Schyff*, EPL 2016, 231 ff; *Cloots*, Identity 165 ff. Ebenfalls deutlich zwischen den beiden unterscheidend *Rosenfeld* in Rosenfeld/Sajó, Handbook 758; vgl weiters die Ausführungen bei *Perju*, Vanderbilt Journal of Transnational Law 2020, 219 ff.

420 Zu den verschiedenen Bedeutungsnuancen von Verfassungsidentität („constitutional identity") *Rosenfeld* in Rosenfeld/Sajó, Handbook 756 ff; aus allgemeinerer, politikwissenschaftlicher Perspektive lässt sich „constitutional identity" auch als das definieren, was uns eine Verfassung grundsätzlich als Verfassung erkennen lässt und – konkreter – was etwa die US-amerikanische Verfassung als US-amerikanische Verfassung wiedererkennbar macht; *Jacobsohn*, The Review of Politics 2006, 362 ff. Zur mangelnden Determiniertheit des Konzepts auch aus rechtsdogmatischer Perspektive *Fabbrini/Sajó*, ELJ 2019, 466 ff.

421 Aktuell zB BVerfG 05.05.2020, 2 BvR 859/15 ua (PSPP) Rz 101: „Die demokratische Legitimation der in Deutschland ausgeübten öffentlichen Gewalt durch das Staatsvolk gehört als wesentlicher Inhalt des Grundsatzes der Volkssouveränität zu der durch Art. 79 Abs. 3 GG geschützten und nach Art. 23 Abs. 1 Satz 3 in Verbindung mit Art. 79 Abs. 3 GG auch integrationsfesten Verfassungsidenti-

im deutschen Schrifttum übernommen wurde,[422] die in anderen Mitgliedstaaten der Europäischen Union aber Nachahmer gefunden hat.[423] Wesentlich ist dabei va, dass die Verfassungsidentität sich lediglich aus der Verfassung selbst speist und insofern grundsätzlich[424] auch durch den Verfassungsgesetzgeber autonom abgeändert werden kann – auch, indem die Verfassungsidentität explizit geregelt und geschützt wird, wie dies inzwischen etwa in der ungarischen Verfassung der Fall ist.[425] Eine solche Änderung hat aber nicht zwingend zur Folge, dass der Verfassungsidentitätsbestandteil auch Teil der nationalen Identität iSd Art 4 Abs 2 EUV wird; problematisch kann dies etwa sein, wenn der neue Verfassungsidentitätsbestandteil den Werten des Art 2 EUV widerspricht. Wie die Abgrenzung im Detail erfolgen kann, wird weiter unten analysiert.[426]

Auch hinsichtlich anderer Details ist die in Art 4 Abs 2 EUV enthaltene Wendung auslegungsbedürftig; die Bestimmung wird weiter unten einer eingehenden Analyse unterzogen.[427] Hervorzuheben ist aber bereits an dieser Stelle, dass die Identitätsklausel mit dem Vertrag von Lissabon justitiabel wurde;[428] ihre Einhaltung unterliegt nunmehr der Kontrolle durch den EuGH, der insoweit missbräuchlichen Berufungen auf die Identitätsklausel durch die Mitgliedstaaten Einhalt gebieten kann.[429] Schon das erklärt, wieso es seither ein noch höheres Interesse an dieser Bestimmung gibt, da etwaige Zweifel daran, was zur nationalen Identität eines Mitgliedstaates iSd Art 4 Abs 2 EUV zählt, nun nicht mehr einfach dem mitgliedstaatlichen Diskurs überlassen bleiben, sondern einer gerichtlichen Klärung – allerdings durch ein Organ der Union! – zugänglich sind. Dies entspricht nicht dem bevorzugt auf Verdrängung ausgelegten Umgang mit Identitätszweifeln oder Krisen: „Deep doubts about identity are usually omitted from awareness. When they do intrude into our attention, life becomes uneasy, decisions become difficult, and disappointment or frustration begin to gnaw at our hearts“[430]. Auch wenn diese Beobachtung aus der Sozialpsychologie stammt, lässt sie sich gut auf Zweifel im Zusammenhang mit der nationalen Identität übertragen. Umso spannender ist es, sich Fragen nach der nationalen Identität

---

tät des Grundgesetzes“. Vgl zur geschichtlichen Entwicklung zB *Polzin*, International Journal of Constitutional Law, 2016, 411 ff.

422 Wie hier differenzierend *Cloots*, Identity 165 ff; *Polzin*, Verfassungsidentität 62 ff; weiters *Skouris* in Papier, Föderalismus 118. Den Begriff der Verfassungsidentität unter Hinweis auf das BVerfG verwendend statt vieler zB *Hwang*, Der Staat 2017, 107 ff; zwischen Verfassungsidentität und nationaler Identität in der Rsp des BVerfG differenzierend *Rademacher*, EuR 2018, 145 f.

423 Vgl dazu zB *Kelemen/Pech*, Cambridge Yearbook of European Legal Studies 2019, 59 ff; *Fabbrini/Sajó*, ELJ 2019, 458 ff.

424 Sofern man nicht als Verfassungsidentität lediglich das einordnet, was nicht abänderbar ist; vgl dazu *Fabbrini/Sajó*, ELJ 2019, 467 f.

425 Vgl zB *Kelemen/Pech*, Cambridge Yearbook of European Legal Studies 2019, 68.

426 Unten ab 3.6.4.4 (= 114).

427 Unten ab 3.6.4 (= 110).

428 Dazu unten bei 3.6.3 (= 102).

429 Dies hervorhebend *Kelemen/Pech*, Cambridge Yearbook of European Legal Studies 2019, 73.

430 *Weigert/Teitge/Teitge*, Identity 61.

der Mitgliedstaaten aus rechtswissenschaftlicher Perspektive zu widmen. Im Folgenden wird zunächst analysiert, wie der EuGH den Begriff der nationalen Identität in seiner Rsp versteht.

3.6.3 Nationale Identität iSd Art 4 Abs 2 EUV in der Rsp des EuGH

3.6.3.1 Fallkonstellationen

Im Folgenden soll ein Überblick über die Rsp des EuGH zur durch Art 4 Abs 2 EUV geschützten nationalen Identität der Mitgliedstaaten gegeben werden.[431] Dabei wird zunächst darauf eingegangen, in welchen Konstellationen sich der EuGH bisher mit dem Einwand der nationalen Identität auseinanderzusetzen hatte. In einem zweiten Schritt wird dargestellt, ob sich aus der Rsp eine klare Leitlinie dafür ergibt, was zur nationalen Identität eines Mitgliedstaates zu zählen ist. Die Untersuchung berücksichtigt den Stand der Rsp zum 23.11.2021. Den Vorgängerbestimmungen des Art 4 Abs 2 EUV[432] mangelte es an Durchsetzbarkeit vor dem EuGH.[433]

In inhaltlicher Hinsicht war der EuGH – in Vertragsverletzungs-[434] und Vorabentscheidungsverfahren[435] – am häufigsten mit der Frage befasst, ob eine Berufung auf die nationale Identität die Beschränkung einer Grundfreiheit rechtfertigen kann: In der Rs *Sayn-Wittgenstein*[436] ging es um die Frage, ob das Verbot des Führens eines Adelstitels als Bestandteil der nationalen Identität eine Beschränkung des in Art 21 AEUV verankerten Freizügigkeitsrechts rechtfertigen könne (der EuGH bejahte dies). Eine ganz ähnliche Konstellation lag der Rs *Bogendorff*

431 *Simon*, in Burgorgue-Larsen, L'identité 30 ff, führt eine Analyse jener Rsp des EuGH durch, in der – ohne explizite Bezugnahme auf ein Konzept der nationalen Identität – nach Ansicht des Autors bereits Rücksicht auf die konstitutionelle Autonomie der Mitgliedstaaten genommen wird; ähnlich auch *Faraguna*, Brooklyn Journal of International Law 2016, 509 f.

432 Zu diesen oben bei 3.6.2.3.4.2 (= 98).

433 Siehe dazu und zur Frage der alternativen Durchsetzbarkeit insb der Vorgängerbestimmungen von Art 4 Abs 2 EUV *Cloots*, Identity 36 ff.

434 EuGH 31.10.2019, Rs C-395/17 (Kommission/Niederlande) ECLI:EU:C:2019:918; EuGH 31.10.2019, Rs C-391/17 (Kommission/Vereinigtes Königreich) ECLI:EU:C:2019:919; EuGH 24.10.2013, Rs C-151/12 (Kommission/Spanien) ECLI:EU:C:2013:690.

435 EuGH 18.06.2020, Rs C-328/19 (Porin kaupunki) ECLI:EU:C:2020:483; EuGH 13.06.2019, Rs C-317/18 (Correia Moreira) ECLI:EU:C:2019:499; EuGH 11.12.2018, Rs C-493/17 (Weiss) ECLI:EU:C:2018:1000; EuGH 05.06.2018, Rs C-673/16 (Coman) ECLI:EU:C:2018:385; EuGH 21.12.2016, Rs C-51/15 (Remondis) ECLI:EU:C:2016:985 ; EuGH 02.06.2016, Rs C-438/14 (Bogendorff von Wolffersdorff) ECLI:EU:C:2016:401; EuGH 29.09.2015, Rs C-276/14 (Gmina Wrocław) ECLI:EU:C:2015:635; EuGH 17.07.2014, verb Rs C-58/13 und C-59/13 (Torresi) ECLI:EU:C:2014:2088; EuGH 12.06.2014, Rs C-156/13 (Digibet) ECLI:EU:C:2014:1756; EuGH 16.04.2013, Rs C-202/11 (Las) ECLI:EU:C:2013:239; EuGH 01.03.2012, Rs C-393/10 (O'Brien) ECLI:EU:C:2012:110; EuGH 12.05.2011, Rs C-391/09 (Runevič-Vardyn) ECLI:EU:C:2011:291; EuGH 22.12.2010, Rs C-208/09 (Sayn-Wittgenstein) ECLI:EU:C:2010:806.

436 EuGH 22.12.2010, Rs C-208/09 (Sayn-Wittgenstein) ECLI:EU:C:2010:806; dazu zB *Kröll* in Lienbacher/Wielinger, Jahrbuch 313 ff; *Lienbacher/Lukan* in Calliess/van der Schyff, Identity 54 f; *Besselink*, CMLR 2012, 671 ff; *Villotti*, ZEuS 2015, 498 f; *von Bogdandy/Schill*, CMLR 2011, 1423 ff.

von Wolffersdorff [437] zu Grunde. In der Rs *Runevič-Vardyn*[438] konnte eine aus spezifischen Vorgaben für die Schreibweise eines Namens resultierende Beschränkung des Freizügigkeitsrechts durch den von Art 4 Abs 2 EUV umfassten Schutz der Landessprache gerechtfertigt werden. Auch in der Rs *Coman*[439] wurde die nationale Identität – die in diesem Fall als die „traditionelle Ehe" schützend eingewandt wurde – als Rechtfertigung einer Beschränkung des Freizügigkeitsrechts vorgebracht (allerdings erfolglos[440]). In der Rs *Las*[441] wurde die Rechtfertigung einer Beschränkung der Arbeitnehmer:innenfreizügigkeit durch die von Art 4 Abs 2 EUV geschützten Landessprache erwogen (und im Ergebnis mangels Verhältnismäßigkeit verneint).[442] In der Rs *Digibet*[443] wurde die nationale bundesstaatliche Zuständigkeitsverteilung via Art 4 Abs 2 EUV erfolgreich als Rechtfertigung einer Beschränkung der Dienstleistungsfreiheit geltend gemacht.

In einigen Fällen wurde Art 4 Abs 2 EUV auch bemüht, um eine identitätskonforme Auslegung anderer Primärrechtsbestimmungen zu erwirken:[444] So wurde etwa vorgebracht, eine aus Art 4 Abs 3 EUV resultierende Haftung von Mitgliedstaaten für überseeische Länder und Hoheitsgebiete sei nicht mit der diesen Gebieten zukommenden, durch Art 4 Abs 2 EUV geschützten Autonomie vereinbar; dies war jedoch in beiden Fällen erfolglos, da der EuGH befand, dass die betroffenen Mitgliedstaaten nicht ausreichend substantiiert hätten, wieso die geschützte Autonomie durch die fraglichen Maßnahmen betroffen sei.[445] Weiters wurde die durch Art 4 Abs 2 EUV geschützte nationale Identität von Spanien bemüht, um zu begründen, dass die Erhebung einer Vertragsverletzungsklage samt Beantragung finanzieller Sanktionen durch die Kommission eine unzulässige Ermessensausübung der Kommission darstelle, wenn ein Mitgliedstaat auf

437 EuGH 02.06.2016, Rs C-438/14 (Bogendorff von Wolffersdorff) ECLI:EU:C:2016:401.

438 EuGH 12.05.2011, Rs C-391/09 (Runevič-Vardyn) ECLI:EU:C:2011:291; dazu *van Eijken*, CMLR 2012, 809 ff.

439 EuGH 05.06.2018, Rs C-673/16 (Coman) ECLI:EU:C:2018:385.

440 Da der EuGH eine Beeinträchtigung des Instituts der Ehe durch die Verpflichtung zur Anerkennung im Ausland eingegangener (gleichgeschlechtlicher) Ehen bei der Gewährung von Aufenthaltsrechten als nicht gegeben erachtete; EuGH 05.06.2018, Rs C-673/16 (Coman) ECLI:EU:C:2018:385 Rz 45 f.

441 EuGH 16.04.2013, Rs C-202/11 (Las) ECLI:EU:C:2013:239; dazu zB *Cloots*, CMLR 2014, 623 ff.

442 EuGH 16.04.2013, Rs C-202/11 (Las) ECLI:EU:C:2013:239 Rz 34.

443 EuGH 12.06.2014, Rs C-156/13 (Digibet) ECLI:EU:C:2014:1756.

444 Zu dieser Kategorie kann auch EuGH 24.10.2013, Rs C-151/12 (Kommission/Spanien) ECLI:EU:C:2013:690 gezählt werden. Spanien brachte dort vor, Art 4 Abs 2 EUV verbiete eine Auslegung des Art 288 Abs 3 AEUV, wonach die Kommission die Art und Weise der Umsetzung einer Richtlinie vorschreiben könne – der EuGH setzte sich damit allerdings inhaltlich nicht auseinander, da er zu dem Ergebnis kam, dass die Kommission dies gar nicht versucht habe und Spanien insofern einem Missverständnis unterliege; EuGH 24.10.2013, Rs C-151/12 (Kommission/Spanien) ECLI:EU:C:2013:690 Rz 37. Ähnlich gelagert ist auch das Vorbringen der polnischen Regierung, wonach Art 4 Abs 2 EUV die Anwendung des Unionsrechts auf bestimmte Fragen im Zusammenhang mit der Unabhängigkeit von Richterinnen und Richtern bzw Richteramtskandidatinnen und -kandidaten ausschließe; der EuGH setzte sich damit aber nicht näher auseinander, EuGH 02.03.2021, C-824/18 (A.B. u.a.) ECLI:EU:C:2021:153 (Vorbringen Polens in Rz 78).

445 EuGH 31.10.2019, Rs C-395/17 (Kommission/Niederlande) ECLI:EU:C:2019:918 Rz 93; EuGH 31.10.2019, Rs C-391/17 (Kommission/Vereinigtes Königreich) ECLI:EU:C:2019:919 Rz 91.

Grund der politischen Situation (konkret: Auflösung des Parlaments, Neuwahlen, Regierung nur zur laufenden Geschäftsführung berufen) nicht in der Lage sei, unionsrechtskonform zu handeln.[446] Der EuGH ging auf dieses Vorbringen nicht ein, stellte eine Vertragsverletzung fest und verurteilte Spanien zur Zahlung finanzieller Sanktionen.[447]

Schließlich wurde der EuGH (im Rahmen von Vorabentscheidungsverfahren) auch angerufen, um EU-Rechtsakte wegen Verstoßes gegen Art 4 Abs 2 EUV für nichtig zu erklären – wenngleich derartige Vorbringen bisher noch nie erfolgreich waren. In der Rs *Torresi*[448] etwa wurde behauptet, eine Richtlinienbestimmung über die Anerkennung von im Ausland erworbenen Berufsqualifikationen verstoße gegen die italienische nationale Identität; der EuGH schloss sich dem aber nicht an, nachdem auch die italienische Regierung im betreffenden Verfahren keine Identitätsverletzung behauptete.[449] In der Rs *Weiss*[450] wurde vom vorlegenden BVerfG die Rechtswidrigkeit eines Beschlusses der EZB wegen Missachtung der nationalen Identität in Erwägung gezogen; der EuGH erachtete diese Frage aber als rein hypothetisch.[451]

In einigen Fällen erfolgte eine Berufung auf Art 4 Abs 2 EUV, um eine die nationale Identität berücksichtigende Auslegung des Sekundärrechts zu bewirken:[452]

446 EuGH 25.02.2021, Rs C-658/19 (Kommission/Spanien) ECLI:EU:C:2021:138 Rz 26.

447 EuGH 25.02.2021, Rs C-658/19 (Kommission/Spanien) ECLI:EU:C:2021:138.

448 EuGH 17.07.2014, verb Rs C-58/13 und C-59/13 (Torresi) ECLI:EU:C:2014:2088; dazu *Villotti*, ZEuS 2015, 499.

449 EuGH 17.07.2014, verb Rs C-58/13 und C-59/13 (Torresi) ECLI:EU:C:2014:2088 Rz 58.

450 EuGH 11.12.2018, Rs C-493/17 (Weiss) ECLI:EU:C:2018:1000.

451 EuGH 11.12.2018, Rs C-493/17 (Weiss) ECLI:EU:C:2018:1000 Rz 166.

452 Erfolglos blieb die Berufung Deutschlands auf Art 4 Abs 2 EUV (Demokratie- und Rechtsstaatsprinzip als Teil der nationalen Identität) in EuGH 02.09.2021, Rs C-718/18 (Kommission/Deutschland) ECLI:EU:C:2021:662 (Vorbringen Deutschlands in Rz 96): Eine Auslegung der Richtlinien 2009/72 und 2009/73 und der darin enthaltenen Unabhängigkeitsvorgaben für Regulierungsbehörden im Lichte des Demokratie- und Rechtsstaatsprinzips lasse es zu, dass durch die Bundesregierung Vorgaben für die Tätigkeit der Regulierungsbehörde gemacht werden; der EuGH ging auf das Vorbringen zu Art 4 Abs 2 EUV nicht ein. Ähnlich auch EuGH 15.07.2021, Rs C-742/19 (B.K.) ECLI:EU:C:2021:597 insb Rz 77, wo der EuGH die Richtlinie 2003/88, welche Vorgaben über die Arbeitszeit enthält, im Lichte der Vorgaben des Art 4 Abs 2 EUV zum Schutz der grundlegenden Funktionen des Staates als nicht auf Militärangehörige, die an militärischen Operationen teilnehmen, anwendbar erachtete; sowie die Argumentation der ungarischen Regierung, wonach der in Art 4 Abs 2 EUV verankerte Schutz der grundlegenden Funktionen des Staates eine Abweichung vom sekundärrechtlichen Asylregime rechtfertige; der EuGH erachtete das Vorbringen Ungarns zu Art 4 Abs 2 EUV als zu wenig substantiiert, EuGH 17.12.2020, Rs C-808/18 (Kommission/Ungarn) ECLI:EU:C:2020:1029 Rz 262 (Vorbringen Ungarns in Rz 233 ff); gleiche Argumentation auch schon in EuGH 02.04.2020, Rs C-715/17 (Kommission/Polen). ECLI:EU:C:2020:257 Rz 170 f bzw Rz 134 (Vorbringen Polens). Ähnlich weiters EuGH 06.10.2020, verb Rs C-511/18, C-512/18 und C-520/18 (La Quadrature du Net u.a.) ECLI:EU:C:2020:791 Rz 99: Hier brachte die französische Regierung den Schutz der grundlegenden Funktionen des Staates als Argument vor, um eine einschränkende Auslegung des Anwendungsbereichs der Richtlinie 2002/58/EG (Vorratsdatenspeicherung) zu begründen (Rz 87 und 89 der Entscheidung); der EuGH folgte dem nicht. Auch in EuGH 16.07.2020, Rs C-311/18 (Facebook Ireland und Schrems) ECLI:EU:C:2020:559 wurde von den Verfahrensparteien zur Auslegung einer Richtlinie auf die grundlegenden Funktionen des Staates iSd Art 4 Abs 2 EUV Bezug genommen; der EuGH wies aber nur darauf hin, dass Art 4 Abs 2 EUV lediglich die Mitgliedstaaten betreffe, nicht aber nicht-staatliche Akteure oder Drittstaaten (Rz 80 f). Relevan-

So wurde etwa in der Rs *Gmina Wrocław*[453] Art 4 Abs 2 EUV von einem polnischen Gericht Bedeutung für die Auslegung einer Mehrwertsteuer-RL zugemessen – der EuGH verneinte aber das Vorliegen einer Berührung von Art 4 Abs 2 EUV.[454] In der Rs *Correia Moreira*[455] wurde Art 4 Abs 2 EUV von einem portugiesischen Gericht als bedeutsam für die Auslegung einer Richtlinienbestimmung betreffend Ansprüche von Arbeitnehmerinnen bzw Arbeitnehmern im Fall eines Unternehmensübergangs erachtet – der EuGH hielt aber fest, dass Art 4 Abs 2 EUV nicht herangezogen werden könne, um den durch die RL gewährten Schutz auszuhebeln.[456] In der Rs *O'Brien*[457] wurde die nationale Identität (erfolglos)[458] als Argument gegen die Auslegung einer Richtlinie dahingehend vorgebracht, dass diese auch auf Richter:innen anzuwenden sei. In den Rs *Remondis*[459] und *Porin kaupunki*[460] wurde die nationale Zuständigkeitsverteilung (auch auf Gemeindeebene) als Bestandteil der nationalen Identität qualifiziert, was nach Ansicht des EuGH Konsequenzen für die Auslegung einer Vergabe-RL hatte.

In einem Beschluss aus 2021 führt der EuGH überdies aus, dass nicht alle Fragen im Zusammenhang mit den grundlegenden Strukturen eines Mitgliedstaates, insb der regionalen und lokalen Selbstverwaltung, den Anwendungsbereich des Unionsrechts eröffnen – Voraussetzung für die Zuständigkeit des EuGH über Fragen im Zusammenhang mit der nationalen Identität iSd Art 4 Abs 2 EUV ist, dass der Anwendungsbereich des Unionsrechts bereits eröffnet ist.[461]

Auch das EuG nahm (in Nichtigkeitsverfahren)[462] Bezug auf die nationale Identität iSd Art 4 Abs 2 EUV, trug aber dort nichts zur Klärung des Begriffes bei, sondern knüpfte nur an diesen an: Im fraglichen Verfahren wurde ein Beschluss der Kommission bekämpft, mit dem die Registrierung einer Bürgerinitiative abgelehnt wurde, die auf die Erlassung eines EU-Rechtsaktes abzielte, indem eine neue Kategorie der „Regionen mit nationalen Minderheiten" etabliert werden sollte.[463] Die Kommission lehnte die Registrierung dieser Bürgerinitiative ua deswegen ab, weil es für einen derartigen Rechtsakt keine Rechtsgrundlage im Primärrecht gäbe – das EuG bestätigte diesen Befund und erwähnte dabei Art 4

ter war Art 4 Abs 2 EUV und der Schutz der grundlegenden Funktion des Staates für die Auslegung des Sekundärrechts in EuGH 06.10.2020, Rs C-623/17 (Privacy International) ECLI:EU:C:2020:790 Rz 44, 49, 74f und 81f.

453 EuGH 29.09.2015, Rs C-276/14 (Gmina Wrocław) ECLI:EU:C:2015:635.

454 EuGH 29.09.2015, Rs C-276/14 (Gmina Wrocław) ECLI:EU:C:2015:635 Rz 40.

455 EuGH 13.06.2019, Rs C-317/18 (Correia Moreira) ECLI:EU:C:2019:499.

456 EuGH 13.06.2019, Rs C-317/18 (Correia Moreira) ECLI:EU:C:2019:499 Rz 61.

457 EuGH 01.03.2012, Rs C-393/10 (O'Brien) ECLI:EU:C:2012:110.

458 Da nach Ansicht des EuGH keine Auswirkungen auf die nationale Identität ersichtlich waren, EuGH 01.03.2012, Rs C-393/10 (O'Brien) ECLI:EU:C:2012:110 Rz 49.

459 EuGH 21.12.2016, Rs C-51/15 (Remondis) ECLI:EU:C:2016:985.

460 EuGH 18.06.2020, Rs C-328/19 (Porin kaupunki) ECLI:EU:C:2020:483.

461 EuGH 06.05.2021, Rs C-679/20 (Administración General del Estado) ECLI:EU:C:2021:362 Rz 26.

462 EuG 10.05.2016, Rs T-529/13 (Izsák/Kommission) ECLI:EU:T:2016:282.

463 EuG 10.05.2016, Rs T-529/13 (Izsák/Kommission) ECLI:EU:T:2016:282 Rz 1 ff.

Abs 2 EUV, um zu begründen, dass der Begriff des „Gebiets“ iSd Art 174 ff AEUV grundsätzlich unter Berücksichtigung der mitgliedstaatlichen Gegebenheiten zu ermitteln sei.[464] Eine nähere Auseinandersetzung mit dem Inhalt von Art 4 Abs 2 EUV erfolgte aber nicht.[465]

3.6.3.2 Kein einheitlicher Maßstab des EuGH bei der Bestimmung der nationalen Identität

Die inhaltlichen Fragen, mit denen sich der EuGH betreffend die nationale Identität zu befassen hatte, decken also ein weites Feld ab und betreffen verschiedene Mitgliedstaaten. Insofern hätte der EuGH ausreichend Gelegenheit gehabt, eine unionsweit einheitliche Auslegung des Art 4 Abs 2 EUV voranzutreiben und darauf basierend einen einheitlichen Maßstab zur Ermittlung der grundlegenden politischen und verfassungsmäßigen Strukturen zu etablieren. Im Folgenden wird gezeigt, dass der EuGH von dieser Gelegenheit bisher nicht Gebrauch gemacht hat:[466]

In der Rs *Sayn-Wittgenstein* berief sich die Republik Österreich auf die „Entstehungsgeschichte und [die] Grundwertungen der Republik Österreich“,[467] um zu begründen, dass das Adelsaufhebungsgesetz einen Bestandteil der nationalen Identität Österreichs ausmache. Der EuGH folgerte, „dass im Kontext der österreichischen Verfassungsgeschichte das Adelsaufhebungsgesetz als Teil der nationalen Identität bei der Abwägung legitimer Belange auf der einen Seite und dem vom Unionsrecht gewährten Recht der Freizügigkeit von Personen auf der anderen berücksichtigt werden kann“.[468] In der inhaltlich ähnlich gelagerten Rs *Bogendorff von Wolffersdorff* hielt der EuGH unter Bezugnahme auf die Entscheidung *Sayn-Wittgenstein* fest, dass „in der vorliegenden Rechtssache ebenfalls anzuerkennen [sei], dass Art. 109 Abs. 3 der Weimarer Verfassung als Teil der nationalen Identität eines Mitgliedstaats im Sinne von Art. 4 Abs. 2 EUV, im Kontext der verfassungsrechtlichen Entscheidung in Deutschland betrachtet, als ein Rechtfertigungsgrund für eine Beschränkung des vom Unionsrecht anerkannten Rechts auf Freizügigkeit berücksichtigt werden kann“.[469]

Den Schutz der Landessprache als Teil der nationalen Identität begründete die litauische Regierung in der Rs *Runevič-Vardyn* damit, dass „die litauische Spra-

---

464 EuG 10.05.2016, Rs T-529/13 (Izsák/Kommission) ECLI:EU:T:2016:282 Rz 70, 75.

465 Auch in EuGH 14.04.2021, Rs C-504/20 P (Wagenknecht/Rat) ECLI:EU:C:2021:305 berief sich lediglich der Beschwerdeführer in seinem Rechtsmittel auf Art 4 Abs 2 EUV, ohne dass der EuGH näher darauf einging.

466 So im Übrigen auch der Befund bei *Cloots*, Identity 8 f; *di Federico*, EPL 2019, 364 f; *Fromage/de Witte*, EPL 2021, 422.

467 EuGH 22.12.2010, Rs C-208/09 (Sayn-Wittgenstein) ECLI:EU:C:2010:806 Rz 75.

468 EuGH 22.12.2010, Rs C-208/09 (Sayn-Wittgenstein) ECLI:EU:C:2010:806 Rz 83.

469 EuGH 02.06.2016, Rs C-438/14 (Bogendorff von Wolffersdorff) ECLI:EU:C:2016:401 Rz 64.

che einen Verfassungswert darstelle, der die Identität der Nation bewahre, zur Integration der Bürger beitrage und den Ausdruck der nationalen Souveränität, die Unteilbarkeit des Staates und das ordnungsgemäße Funktionieren der Dienststellen des Staates und der Gebietskörperschaften sicherstelle".[470] Der EuGH stellte daraufhin lediglich fest, dass „der Schutz der offiziellen Landessprache des Staates"[471] zur nationalen Identität iSd Art 4 Abs 2 EUV zähle. Um diesen Schutz zu aktivieren,[472] reichte es auch aus, dass die belgische Regierung in der Rs *Las* vorbrachte, eine nationale Regelung diene dazu, den „Gebrauch einer ihrer Amtssprachen zu fördern"[473].

In anderen Entscheidungen setzt sich der EuGH nicht vertieft mit dem Vorbringen der Mitgliedstaaten bzw der Vorlagegerichte betreffend die nationale Identität auseinander, sondern stellt bspw lediglich fest, „dass die Anwendung der Richtlinie 97/81 und der Rahmenvereinbarung über Teilzeitarbeit auf Teilzeitrichter, die auf der Basis von Tagesgebühren vergütet werden, keine Auswirkungen auf die nationale Identität haben kann",[474] dass „die Garantien des Art. 4 Abs. 2 EUV nicht berührt"[475] seien bzw dass mangels Berührung des Instituts der Ehe durch Anerkennungspflichten solche auch nicht der nationalen Identität widersprechen können.[476] In der Rs *Correia Moreira* führt der EuGH lediglich aus, dass die nationale Identität iSd Art 4 Abs 2 EUV nicht den durch eine Richtlinie gewährten Arbeitnehmer:innenschutz unterlaufen kann – weder aus den Vorlagefragen noch aus der Entscheidung des EuGH ergibt sich aber, wieso in der gegenständlichen Fallkonstellation die nationale Identität (Portugals) überhaupt berührt sein sollte.[477]

In der Rs *Torresi* wurde das Vorbringen des italienischen Vorlagegerichts, wonach eine Beeinträchtigung der nationalen Identität vorläge, vom EuGH deswegen nicht für zutreffend erachtet, weil auch die italienische Regierung in der mündlichen Verhandlung eingeräumt habe, dass die fragliche Richtlinienbestimmung „jedenfalls nicht geeignet ist, die grundlegenden politischen und verfassungsmäßigen Strukturen oder die grundlegenden Funktionen des Aufnahmemitgliedstaats im Sinne von Art. 4 Abs. 2 EUV zu berühren"[478].

In der Rs *Digibet* geht der EuGH ohne weitere Begründung davon aus, dass „die Verteilung der Zuständigkeiten zwischen den Ländern nicht in Frage gestellt

470 EuGH 12.05.2011, Rs C-391/09 (Runevič-Vardyn) ECLI:EU:C:2011:291 Rz 84.
471 EuGH 12.05.2011, Rs C-391/09 (Runevič-Vardyn) ECLI:EU:C:2011:291 Rz 86.
472 EuGH 16.04.2013, Rs C-202/11 (Las) ECLI:EU:C:2013:239 Rz 26.
473 EuGH 16.04.2013, Rs C-202/11 (Las) ECLI:EU:C:2013:239 Rz 24.
474 EuGH 01.03.2012, Rs C-393/10 (O'Brien) ECLI:EU:C:2012:110 Rz 49.
475 EuGH 29.09.2015, Rs C-276/14 (Gmina Wrocław) ECLI:EU:C:2015:635 Rz 40.
476 EuGH 05.06.2018, Rs C-673/16 (Coman) ECLI:EU:C:2018:385 Rz 45 f.
477 EuGH 13.06.2019, Rs C-317/18 (Correia Moreira) ECLI:EU:C:2019:499 Rz 61; in dieser Rs sind keine Schlussanträge ergangen.
478 EuGH 17.07.2014, verb Rs C-58/13 und C-59/13 (Torresi) ECLI:EU:C:2014:2088 Rz 58.

werden [kann], da sie unter dem Schutz von Art. 4 Abs. 2 EUV steht"[479] – an diesen Ausspruch „erinnert" der EuGH in der Rs *Remondis*, wo er die Aufteilung der Zuständigkeiten innerhalb eines Mitgliedstaates ebenfalls als Bestandteil der nationalen Identität iSd Art 4 Abs 2 EUV qualifiziert.[480] Ein Verweis auf das Urteil in der Rs *Remondis* genügt dem EuGH dann wiederum in der Rs *Porin kaupunki* dazu, die Zuständigkeitsverteilung zwischen den finnischen Gemeinden ebenfalls dem Schutz des Art 4 Abs 2 EUV zu unterstellen.[481]

In zwei gleichgelagerten Entscheidungen war die Berufung auf die nationale Identität vor dem EuGH deswegen erfolglos, weil die betreffenden Mitgliedstaaten nicht ausreichend dargelegt hätten, dass die – offenbar nach Ansicht des EuGH einen Teil der nationalen Identität ausmachende – Autonomie überseeischer Länder und Hoheitsgebiete durch die von der Kommission vorgenommene Auslegung des Unionsrechts wirklich angetastet würde.[482]

Auch in den Schlussanträgen der Generalanwältinnen und Generalanwälte wird kein unionsautonomer Maßstab für die Ermittlung der nationalen Identität der Mitgliedstaaten etabliert. In den einschlägigen Schlussanträgen finden sich lediglich Hinweise darauf, dass nicht das gesamte nationale Verfassungsrecht zur nationalen Identität eines Mitgliedstaates zähle;[483] dass es sich um „grundlegende" Verfassungsziele handeln müsse;[484] dass „die sprachlichen Aspekte von Verfassungsrang eines Mitgliedstaats"[485] und „im Fall des Königreichs Belgien unzweifelhaft seine verfassungsrechtliche Aufteilung in Sprachregionen"[486] zur nationalen Identität gehören; und dass, wie schließlich auch festgehalten wird, Art 4 Abs 2 EUV als nationale Identität die interne Organisation des Staates schützt.[487] All dies wird aber in den angeführten Stellen nicht begründet, sondern – regelmäßig basierend auf Vorbringen der beteiligten Mitgliedstaaten – behauptet. In den meisten Schlussanträgen zu den oben genannten Rechtssachen finden sich im Übrigen überhaupt keine Ausführungen dazu, was zu nationaler Identität

479 EuGH 12.06.2014, Rs C-156/13 (Digibet) ECLI:EU:C:2014:1756 Rz 34; in dieser Rs gibt es keine Schlussanträge. Siehe aber zuvor schon GA *Kokott* 08.05.2008, verb Rs C-428/06 bis C-434/06 (UGT-Rioja) ECLI:EU:C:2008:262 Rz 54.

480 EuGH 21.12.2016, Rs C-51/15 (Remondis) ECLI:EU:C:2016:985 Rz 40. Interessant ist, dass das äquivalente Vorbringen Deutschlands – vgl dazu GA *Bot* 30.04.2014, verb Rs C-473/13 und C-514/13 (Bero) ECLI:EU:C:2014:295 Rz 122 – in der Rs *Bero* nicht berücksichtigt wurde (weder von GA *Bot* noch vom EuGH).

481 EuGH 18.06.2020, Rs C-328/19 (Porin kaupunki) ECLI:EU:C:2020:483 Rz 46.

482 EuGH 31.10.2019, Rs C-395/17 (Kommission/Niederlande) ECLI:EU:C:2019:918 Rz 93; EuGH 31.10.2019, Rs C-391/17 (Kommission/Vereinigtes Königreich) ECLI:EU:C:2019:919 Rz 91.

483 GA *Wahl* 10.04.2014, verb Rs C-58/13 und C-59/13 (Torresi) ECLI:EU:C:2014:265 Rz 100; ähnlich auch GA *Wathelet* 11.01.2018, Rs C-673/16 (Coman) ECLI:EU:C:2018:2 Rz 39. So im Übrigen auch schon GA *Maduro* 08.10.2008, Rs C-213/07 (Michaniki) ECLI:EU:C:2008:544 Rz 33.

484 GA *Sharpston* 14.10.2010, Rs C-208/09 (Sayn-Wittgenstein) ECLI:EU:C:2010:608 Rz 63; 65.

485 GA *Jääskinen* 12.07.2012, Rs C-202/11 (Las) ECLI:EU:C:2012:456 Rz 59.

486 GA *Jääskinen* 12.07.2012, Rs C-202/11 (Las) ECLI:EU:C:2012:456 Rz 60.

487 GA *Mengozzi* 30.06.2016, Rs C-51/15 (Remondis) ECLI:EU:C:2016:504 Rz 38, 40.

gehört oder wie diese zu bestimmen ist.[488] Relativ umfassend setzte sich GA Bot in den Schlussanträgen in der Rs *M.A.S.*[489] (*Taricco II*) mit der nationalen Identität Italiens auseinander: Er nahm dort zur Ermittlung der nationalen Identität insb auf die Bezeichnung als grundlegend in der italienischen Verfassung selbst Bezug[490] sowie auf die Rsp des italienischen Verfassungsgerichts – der er aber nicht uneingeschränkt folgte[491] – und das Vorbringen der italienischen Regierung in einem anderen Verfahren[492]. Allerdings nahm der EuGH in seiner Entscheidung[493] nicht Bezug auf die vom GA entwickelten Kriterien.

Aus der gerade skizzierten Rsp des EuGH ergibt sich kein eindeutiger Maßstab für die Bestimmung der nach Art 4 Abs 2 EUV geschützten nationalen Identität eines Mitgliedstaates.[494] Vielmehr ergibt diese Rsp – soweit sie anhand der Entscheidungstexte beurteilt werden kann – ein recht kasuistisches Bild,[495] in dem der mitgliedstaatlichen Behauptung, dass etwas der nationalen Identität angehöre, manchmal gefolgt wird und manchmal nicht. Auf Grund der Eigenart der nationalen Identität, die eben auf nationale mitgliedstaatliche Strukturen und Besonderheiten abstellt, ist es zwar naheliegend, dass der EuGH sich grundsätzlich nur dann mit Fragen der nationalen Identität auseinandersetzt, wenn dies von einer mitgliedstaatlichen Stelle in einem Verfahren auch vorgebracht wird. Aber selbst dort, wo die Mitgliedstaaten dies vorbringen, geht der EuGH häufig apodiktisch vor und verneint die Relevanz von Art 4 Abs 2 EUV damit, dass eine Identitätsverletzung ohnehin nicht ersichtlich sei – was mit dem Vorbringen der Mitgliedstaaten nur schwer in Einklang zu bringen ist – oder von den Mitgliedstaaten nicht ausreichend begründet worden wäre. Wenn aber der EuGH keine Aussagen dazu trifft, wann eine grundlegende politische und verfassungsmäßige Struktur zu einem Identitätsbestandteil iSd Art 4 Abs 2 EUV wird, dann fällt es den Mitgliedstaaten naturgemäß schwer, die nicht artikulierten Begründungserfordernisse zu erfüllen. Dahinter mag durchaus stehen, dass der EuGH gar kein Interesse an der Etablierung eines konkreten, operationalisierbaren Maßstabs hat: Schließlich kann eine erfolgreiche Berufung auf Art 4 Abs 2 EUV den Spiel-

488 GA *Jääskinen* 16.12.2010, Rs C-391/09 (Runevič-Vardyn) ECLI:EU:C:2010:784; GA *Kokott* 17.11.2011, Rs C-393/10 (*O'Brien*) ECLI:EU:C:2011:746; GA *Kokott* 30.05.2013, Rs C-151/12 (*Kommission/Spanien*) ECLI:EU:C:2013:354; GA Jääskinen 30.06.2015, Rs C-276/14 (Gmina Wrocław) ECLI:EU:C:2015:431; GA *Wathelet* 14.01.2016, Rs C-438/14 (Bogendorff von Wolffersdorff) ECLI:EU:C:2016:11; GA *Bobek* 06.02.2019, Rs C-391/17 (Kommission/Vereinigtes Königreich) ECLI:EU:C:2019:97; GA *Bobek* 06.02.2019, Rs C-395/17 (Kommission/Niederlande) ECLI:EU:C:2019:98; GA *Wathelet* 04.10.2018, Rs C-493/17 (Weiss) ECLI:EU:C:2018:815.

489 GA *Bot* 18.07.2017, Rs C-42/17 (M.A.S) ECLI:EU:C:2017:564 Rz 169 ff.

490 GA *Bot* 18.07.2017, Rs C-42/17 (M.A.S) ECLI:EU:C:2017:564 Rz 181.

491 GA *Bot* 18.07.2017, Rs C-42/17 (M.A.S) ECLI:EU:C:2017:564 Rz 180, 184; kritisch zur Auslegung des italienischen Verfassungsrechts durch GA *Bot Rauchegger*, CMLR 2018, 1542.

492 GA *Bot* 18.07.2017, Rs C-42/17 (M.A.S) ECLI:EU:C:2017:564 Rz 185.

493 EuGH 05.12.2017, Rs C-42/17 (M.A.S.) ECLI:EU:C:2017:936; dazu schon oben bei 2.2 (= 43).

494 Vgl auch *Schnettger* in Calliess/van der Schyff, Identity 22; *Millet* in Azoulai, Competence 262; *Wischmeyer*, AöR 2015, 446; *di Federico*, EPL 2019, 364 f.

495 So auch *di Federico*, EPL 2019, 365.

raum der Unionsorgane empfindlich begrenzen. Insofern ist die Situation ähnlich wie im Zusammenhang mit dem Grundsatz der Subsidiarität (Art 5 Abs 3 EUV), dessen Einhaltung der EuGH ebenfalls nur sehr zurückhaltend kontrolliert;[496] und das, obwohl es für diesen Bereich mit dem Subsidiaritätsprotokoll inzwischen recht rigide prozedurale Vorgaben gibt – die im Zusammenhang mit Art 4 Abs 2 EUV fehlen.

3.6.4 Nationale Identität iSd Art 4 Abs 2 EUV

3.6.4.1 Unionsautonomer Identitätsmaßstab

Bei der Beantwortung der Frage, welche Teile einer mitgliedstaatlichen Rechtsordnung die nationale Identität iSd Art 4 Abs 2 EUV bilden können, handelt es sich um eine Frage der Anwendung und Auslegung des Unionsrechts.[497] Bereits an dieser Stelle kann aber vorweggenommen werden, dass die Klärung des Inhalts der „nationalen" Identität eines Mitgliedstaates auf Grund des in Art 4 Abs 2 EUV enthaltenen Verweises auf nationale Gegebenheiten nicht allein anhand des EUV erfolgen kann, sondern diese jeweiligen nationalen Gegebenheiten – und damit auch das jeweilige nationale Recht –berücksichtigen muss.[498] Da es sich bei dem Begriff der nationalen Identität um einen Begriff des Unionsrechts handelt, ist aber hinsichtlich aller Mitgliedstaaten derselbe Identitätsmaßstab anzulegen, nämlich jener, der in Art 4 Abs 2 EUV vorgesehen ist.[499] Die Anwendung desselben Maßstabs auf die unterschiedlichen mitgliedstaatlichen Rechtsordnungen hat zur Folge, dass jeweils unterschiedliche Inhalte als identitätsstif-

---

496 Vgl dazu zB *Biondi* in Biondi/Eeckhout/Ripley, EU Law 216 ff, insb 220; *Ranacher* in Gamper/Bußjäger, Subsidiarität 186 ff; Ritzer/Ruttloff, EuR 2006, 121 ff; die insgesamt geringe Anzahl an Fällen, in denen eine Subsidiaritätsverletzung gerügt wird, hervorhebend *Craig*, JCMS 2012, 80 f. Aktuell aus der Rsp etwa EuGH 04.05.2016, Rs C-547/14 (Philip Morris) ECLI:EU:C:2016:325 Rz 216 ff; EuGH 18.06.2015, Rs C-508/13 (Estland/Kommission) ECLI:EU:C:2015:403 Rz 40 ff.

497 Vgl zB *Haider/Stöger* in Jaeger/Stöger, Art 4 EUV Rz 24; *Streinz* in Streinz, Art 4 EUV Rz 14; *Schill/Krenn* in Grabitz/Hilf/Nettesheim, Art 4 EUV Rz 15.

498 Vgl *Walter*, ZaöRV 2012, 181; *von Bogdandy/Schill*, ZaöRV 2010, 714 f; *von Bogdandy/Schill*, CMLR 2011, 1428; *Bustos Gisbert* in Saiz Arnaiz, Constitutional Identity 76 f *Claes* in Saiz Arnaiz, Constitutional Identity 138 f; *Schill/Krenn* in Grabitz/Hilf/Nettesheim, Art 4 EUV Rz 15; *Haider/Stöger* in Jaeger/Stöger, Art 4 EUV Rz 24; *Lenz* in Lenz/Borchardt, Art 4 EUV Rz 4; *Streinz* in Streinz, Art 4 EUV Rz 14; *Hatje* in Schwarze, Art 4 EUV Rz 10; *Geiger* in Geiger/Khan/Kotzur, Art 4 EUV Rz 3; *Obwexer* in von der Groeben/Schwarze/Hatje, Art 4 EUV Rz 27; ähnlich auch *Puttler* in Calliess/Ruffert, Art 4 EUV Rz 16; *Calliess/Kahl/Puttler* in Calliess/Ruffert, Art 4 EUV Rz 22; *Franzius* in Pechstein/Nowak/Häde, Art 4 EUV Rz 25, 34; *Schnettger* in Calliess/van der Schyff, Identity 12 ff; *Villotti*, ZEuS 2015, 488; *Klein* in Niedobitek/Sommermann, Wertegemeinschaft 65; *Pernice*, AöR 2011, 186 f; *Wendel*, Permeabilität 573; *Konstadinides*, Yearbook of European Law 2015, 169. Im Ergebnis meint dies wohl auch *Hwang*, wenn er mit Blick auf die Verfassungsidentität von der Unionsrechtsordnung als „dezentralisierte und entmaterialisierte Rahmenordnung" spricht, welche „die nationale Verfassungsautonomie [...] gewährleistet", *Hwang*, Der Staat 2017, 130.

499 So zB auch *Skouris* in Papier, Föderalismus 117; *Schill/Krenn* in Grabitz/Hilf/Nettesheim, Art 4 EUV Rz 15; *Franzius* in Pechstein/Nowak/Häde, Art 4 EUV Rz 28; *Haratsch*, EuR 2016, 139.

tend qualifiziert werden.[500] Im Folgenden wird erörtert, was der in Art 4 Abs 2 EUV angelegte und damit unionsautonome Identitätsmaßstab ist, an dem sich mitgliedstaatliche Gegebenheiten messen lassen müssen, um als identitätsstiftend qualifiziert werden zu können. Eine Bezugnahme auf nationales Recht erfolgt an dieser Stelle nur zur Verdeutlichung dieses Identitätsmaßstabs.[501]

3.6.4.2 Der Begriff „Identität“

Zunächst ist zu fragen, ob sich schon aus dem Begriff der nationalen „Identität” in Art 4 Abs 2 EUV Eckpunkte des Identitätsmaßstabs ableiten lassen.[502] Eine solche Analyse des Begriffs „Identität“[503] ist allerdings wenig ergiebig:[504] Wie oben bereits dargelegt wurde, kann der Begriff der Identität sehr unterschiedlich verstanden werden, auch abhängig von der eingenommenen disziplinären Perspektive.[505] Jedenfalls bezeichnet er das, was für eine konkrete Entität als typisch oder kennzeichnend wahrgenommen wird.[506] Ob dabei auf Selbst- oder Fremdwahrnehmung abzustellen ist und ob die kennzeichnenden Eigenschaften jegliche „wesentlichen“ Eigenschaften sind oder aber nur solche, die eine Entität von anderen (ähnlichen) Entitäten gerade unterscheiden,[507] hängt vom jeweiligen Begriffsverständnis ab. Gerade diese Fragen können aber für die Beurteilung dessen, was zur nationalen Identität eines Mitgliedstaates iSd Art 4 Abs 2 EUV zählt, von erheblicher Bedeutung sein. So kann es etwa als Frage der Maßgeblichkeit von Selbst- oder Fremdwahrnehmung qualifiziert werden, wenn man sich die Frage stellt, ob ein Mitgliedstaat autonom entscheiden darf, was er zu „seiner“ nationalen Identität macht.[508] Weiters wird man dann, wenn man als

500 Vgl *Thym*, Der Staat 2009, 572; *Walter*, ZaöRV 2012, 181.

501 Eine umfassende Analyse mit Blick auf die bundesstaatlichen Elemente der nationalen Identitäten Österreichs, Deutschlands und Belgiens findet sich unten ab 5.1.4.4 (Österreich [= 176]), 6.4.1 (Deutschland [= 299]) bzw 7.1.4 (Belgien [= 331]).

502 Eine Auseinandersetzung mit diesem Begriff halten *Haider/Stöger* in Jaeger/Stöger, Art 4 EUV Rz 26 mangels Ergiebigkeit für nicht erforderlich; sie halten – wie es im Ergebnis auch hier getan wird – eine Auseinandersetzung mit der Wendung „grundlegende verfassungsmäßige Strukturen“ für zielführender.

503 Maßgeblich ist dabei der rechtliche Bedeutungsgehalt; vgl *Klein* in Niedobitek/Sommermann, Wertegemeinschaft 64.

504 Vgl auch *Niethammer*, Identität 625; *von Bogdandy*, VVDStRL 62, 159; zu den Gründen der Konjunktur des Identitätsbegriffs (auch) in den Rechtswissenschaften *Schönberger* in JBÖR 2015, 46 ff.

505 Dazu schon oben bei 3.6.2 (= 87). Siehe dazu weiters (im rechtswissenschaftlichen Kontext) *Baade*, AöR 2017, 570 ff; *Wischmeyer*, AöR 2015, 419 ff; *von Bogdandy*, VVDStRL 62, 160 ff; *Korioth*, VVDStRL 62, 118; *von Bogdandy/Schill*, CMLR 2011, 1428 f; *Faraguna*, GLJ 2017, 1622 ff; *Schnettger* in Calliess/van der Schyff, Identity 14; weiters die zahlreichen Nachweise bei *Cloots*, Identity 139 ff. Weitere sozialwissenschaftliche und theoretische Perspektiven bieten zB *Parekh*, Identity 8 ff; *Niethammer*, Identität 28 ff; *Henning* in Petzold, Identität 19 ff; *Sökefeld* in Petzold, Identität 39 ff.

506 Dazu ausführlich schon oben bei 3.6.2 (= 87). Vgl weiters zB *Baade*, AöR 2017, 570 f.

507 Vgl die Beispiele bei *Villotti*, ZEuS 2015, 489 sowie die Diskussion oben ab 3.6.2 (= 87).

508 Dazu zB *Murphy*, Trinity College Law Review 2017, 100 f.

zur Identität einer Entität gehörend nur Alleinstellungsmerkmale zählt, ein im nationalen Verfassungsrecht verankertes Grundrecht oder die Bundesstaatlichkeit eines Mitgliedstaates nur dann als Teil der nationalen Identität dieses Mitgliedstaates qualifizieren können, wenn sich in anderen mitgliedstaatlichen Rechtsordnungen kein vergleichbares Grundrecht bzw keine vergleichbare bundesstaatliche Organisation findet. Aus dem Begriff der Identität selbst lassen sich auf die aufgeworfenen Fragen keine Antworten finden. Aus diesem Begriff allein lassen sich also nur in äußerst begrenztem Umfang Schlüsse für den Bedeutungsgehalt der nationalen Identität iSd Art 4 Abs 2 EUV gewinnen. Zur Ermittlung des Inhalts von Art 4 Abs 2 EUV ist es daher zielführender, die Konkretisierung des Identitätsbegriffs durch die Wendung „die in ihren grundlegenden politischen und verfassungsmäßigen Strukturen einschließlich der regionalen und lokalen Selbstverwaltung zum Ausdruck kommt“ einer näheren rechtswissenschaftlichen Analyse zu unterziehen, wie es unten getan wird.[509]

3.6.4.3 Der Begriff der „jeweiligen nationalen“ Identität eines Mitgliedstaates

Eindeutig lässt sich aus Art 4 Abs 2 EUV aber ableiten, dass es um den Schutz der Identitäten der Mitgliedstaaten geht. Die Bezugnahme auf die „jeweilige nationale“ Identität macht dabei deutlich, dass jeder Mitgliedstaat eine eigene nationale Identität hat, die es in ihrer spezifischen Eigenart zu achten gilt.[510] Die nationale Identität der Mitgliedstaaten iSd Art 4 Abs 2 EUV ist also nicht der kleinste gemeinsame Nenner der Identitäten aller Mitgliedstaaten.[511] Im Lichte dessen lässt sich auch die oben aufgeworfene Frage beantworten, ob zur nationalen Identität eines Mitgliedstaates nur zu zählen ist, was ihn von anderen Mitgliedstaaten unterscheidet. Würde man diese Frage nämlich bejahen,[512] dann wäre der Inhalt der nationalen Identität eines Mitgliedstaates abhängig von den nationalen Identitäten anderer Mitgliedstaaten. Ein Alleinstellungsmerkmal eines Mitgliedstaates würde bspw seinen identitätsstiftenden Charakter verlieren, wenn ein neuer Mitgliedstaat beitritt, der dasselbe Charakteristikum aufweist.[513] Im Übrigen hätte die Annahme, dass nur jene Merkmale identitätsstiftend iSd Art 4 Abs 2 EUV wirken, die sich nur in einem einzigen Mitgliedstaat finden, auch die Konsequenz, dass häufig auftretende Merkmale – zB Aspekte des

509 Gleich unten bei 3.6.4.4 (= 114). Wie hier gehen etwa auch *Haider/Stöger* in Jaeger/Stöger, Art 4 EUV Rz 26 vor.
510 So auch *von Bogdandy/Schill* in Grabitz/Hilf/Nettesheim, Art 4 EUV Rz 18.
511 Vgl dahingehend auch *van der Schyff*, ELR 2012, 569 f.
512 So ausdrücklich *Kaczorowska-Ireland*, EPL 2019, 61 ff.
513 Vgl dahingehend auch *Cloots*, Identity 143. Dies mE verkennend *Villotti*, ZEuS 2015, 489; sowie auch *Kaczorowska-Ireland*, EPL 2019, 61 ff.

Grundrechtsschutzes – keinen Schutz nach Art 4 Abs 2 EUV genießen würden.[514] Art 4 Abs 2 EUV dient nun aber gerade der Sicherstellung von Freiräumen der einzelnen Mitgliedstaaten[515] – unabhängig davon, wie andere Mitgliedstaaten die korrespondierenden Freiräume nutzen. Aus teleologischer Perspektive ist daher davon auszugehen, dass Art 4 Abs 2 EUV die nationale Identität jedes einzelnen Mitgliedstaates schützt, unabhängig davon, ob einzelne Elemente dieser nationalen Identität sich in anderen Mitgliedstaaten wiederfinden.[516]

Gerade für die hier in weiterer Folge interessierende Frage des Gehalts der nationalen Identität verschiedener Mitgliedstaaten mit Blick auf ihre Bundesstaatlichkeit stellt sich außerdem die Frage, ob ein Mitgliedstaat auch über mehrere Ebenen nationaler Identitäten verfügen kann. Dies wäre dann denkbar, wenn etwa die Länder bzw die dezentralen Hoheitsträger eines Bundesstaates jeweils über eigene „nationale" Identitäten verfügten, die dann auch als nationale Identitäten des (Gesamt-)Bundesstaates zu qualifizieren wären. Zu denken wäre dabei zB an Besonderheiten im Landesverfassungsrecht eines Landes. Art 4 Abs 2 EUV stellt allerdings deutlich auf die nationale Identität des (Gesamt-)Mitgliedstaates ab, und nicht auf jene etwaiger staatlicher Substrukturen.[517] Die charakteristischen Merkmale einer dezentralen Einheit sind also (nur) dann Teil der nationalen Identität eines Mitgliedstaates, wenn sie für diesen insgesamt als identitätsstiftend qualifiziert werden können – wie es der EuGH bspw in der Rs *Las* für den Gebrauch der niederländischen Sprache in Belgien anerkannte.[518]

Schließlich bleibt noch zu diskutieren, ob die Nennung der „nationalen"[519] Identität zum Ausdruck bringen soll, dass die Identität von „Nationen" geschützt werden soll – also nicht nur der Mitgliedstaat selbst bzw dessen Identität,

514 So explizit *Kaczorowska-Ireland*, EPL 2019, 64 für Merkmale, die sich in allen Mitgliedstaaten wiederfinden. Dass gerade in mehreren Mitgliedstaaten auftretende grundlegende Strukturen nicht von Art 4 Abs 2 EUV geschützt sein sollen, erscheint zumindest auf den ersten Blick seltsam; denkbar wäre allerdings auch, dass Art 4 Abs 2 EUV gerade einen „minderheitsschützenden" Charakter haben soll: Ist nämlich ein Merkmal in vielen Mitgliedstaaten anzutreffen, so sinkt die Wahrscheinlichkeit, dass die Organe der EU – in denen ja die Mitgliedstaaten tätig werden, insb im Rat – einen Akt setzen, der genau dieses Merkmal untergräbt. Selbst im Lichte dieses Arguments wäre dann aber nicht einsichtig, wieso Voraussetzung für den Schutz nach Art 4 Abs 2 EUV sein soll, dass ein Merkmal nur in einem einzigen Mitgliedstaat vorkommen soll; ein Bedürfnis nach „Minderheitenschutz" bestünde ja auch dann noch, wenn ein Merkmal nur in zwei Mitgliedstaaten vorkäme (bzw in mehr als zwei, solange diese eben nicht über die erforderlichen Mehrheiten verfügen, um im Rat eine Vetoposition einzunehmen). Für die Annahme der Notwendigkeit der Differenzierung des Inhalts der nationalen Identität je nachdem, ob für eine konkrete Maßnahme zB Einstimmigkeit im Rat gefordert wird oder nicht, finden sich in Art 4 Abs 2 EUV keine Anhaltspunkte. Vgl auch *Kumm*, International Journal of Constitutional Law 2008, 120: „the universality of an ideal does not make it formally inadequate as an ideal central to the identity of a particular community".

515 Dazu oben bei 3.5.3 (= 85).

516 So auch *Schill/Krenn* in Grabitz/Hilf/Nettesheim, Art 4 EUV Rz 20; *Franzius* in Pechstein/Nowak/Häde, Art 4 EUV Rz 28.

517 Vgl dazu auch *van Nuffel* in Cloots, Federalism 193 ff.

518 EuGH 16.04.2013, Rs C-202/11 (Las) ECLI:EU:C:2013:239 Rz 27.

519 Laut *Haider/Stöger* in Jaeger/Stöger, Art 4 EUV Rz 26 kann eine Auseinandersetzung mit diesem Begriff mangels Ergiebigkeit entfallen; sie halten – wie es im Ergebnis auch hier getan wird – eine

sondern auch jene auf Grund ethnischer, sprachlicher oder ähnlicher Gemeinsamkeiten „zusammengehörender“ Menschen. Derartige „Nationen“ müssten sich ja nicht zwingend mit den Staatsgrenzen decken.[520] Gegen ein solches Begriffsverständnis spricht aber erstens, dass der Begriff der Nation und insb dessen Grenzen nicht klar abgrenzbar sind;[521] zweitens stellt Art 4 Abs 2 EUV eben auf die „nationale Identität" von „Mitgliedstaaten" ab. Relevant ist daher, was Teil eines Staates bzw dessen Organisation ist. Dass durch Art 4 Abs 2 EUV keine außerverfassungsrechtlichen „nationalen“ Bestrebungen geschützt werden, zeigt sich im Übrigen auch an der Bezugnahme auf die grundlegenden politischen und verfassungsmäßigen Strukturen.[522] Auf die darüber hinausgehende Bedeutung dieser Wendung wird im Folgenden eingegangen.

3.6.4.4 Grundlegende politische und verfassungsmäßige Strukturen

3.6.4.4.1 Divergierende Sprachfassungen

Art 4 Abs 2 EUV spezifiziert die jeweilige nationale Identität der Mitgliedstaaten näher als das, was „in ihren grundlegenden politischen und verfassungsmäßigen Strukturen einschließlich der regionalen und lokalen Selbstverwaltung zum Ausdruck kommt“. In der englischen Sprachfassung („inherent in their fundamental structures, political and constitutional“) ist ebenso wie zB in der französischen („inhérente à leurs structures fondamentales politiques et constitutionnelles“) und der spanischen Sprachfassung („inherente a las estructuras fundamentales políticas y constitucionales de éstos“) die Rede davon, dass die nationale Identität diesen Strukturen „inhärent“ ist. Während aus der deutschen Sprachfassung auch geschlossen werden könnte, dass die nationale Identität unabhängig von den grundlegenden Strukturen existiert und durch diese grundlegenden Strukturen nur erkennbar gemacht, also zum Ausdruck gebracht wird, legt das Adjektiv „inhärent“ (innewohnend) nahe, dass die nationale Identität gerade durch die grundlegenden Strukturen konstituiert wird.[523]

Ein Vergleich der verschiedenen Sprachfassungen zeigt außerdem deutlich, dass sich das Adjektiv „grundlegend“ auf „Strukturen“ bezieht und keine Qualifikation des Adjektivs „politische“ darstellt: Dazu ist im Gegensatz zur deutschen Sprachfassung („grundlegenden politischen und verfassungsmäßigen Strukturen“) insb auf die englische („inherent in their fundamental structures,

Auseinandersetzung mit der Wendung „grundlegende verfassungsmäßige Strukturen“ für zielführender.

520 Vgl zur Problematik substaatlicher „nationaler“ Gruppen *Cloots*, Identity 151 ff.

521 Vgl dazu *Haltern*, Der Staat 1998, 594 ff; sowie schon oben bei 3.6.2.3.2 (= 93).

522 Ähnlich auch *Schill/Krenn* in Grabitz/Hilf/Nettesheim, Art 4 EUV Rz 16 f.

523 Vgl auch *von Bogdandy/Schill*, CMLR 2011, 1422.

political and constitutional"), niederländische („politieke en constitutionele basisstructuren"), schwedische („politiska och konstitutionella grundstrukturer") und italienische („struttura fondamentale, politica e costituzionale") Sprachfassung hinzuweisen. Art 4 Abs 2 EUV stellt also nicht – wie die deutsche Fassung nahelegen könnte – auf grundlegende politische Strukturen und nicht-grundlegende verfassungsmäßige Strukturen ab, sondern auf grundlegende Strukturen politischer und verfassungsmäßiger Art.

3.6.4.4.2 Politische Strukturen

Art 4 Abs 2 EUV definiert die nationale Identität der Mitgliedstaaten durch Bezugnahme auf deren politische Strukturen. Oben wurde bereits ausgeführt, dass die nationale Identität eines Staates nach unterschiedlichen Gesichtspunkten ermittelt werden kann und dass je nachdem auch unterschiedliche Inhalte als Bestandteil einer solchen nationalen Identität qualifiziert werden können.[524] Dazu zählen zB auch kulturelle Eigenheiten und Traditionen.[525]

Mit der expliziten Erwähnung der „politischen" Strukturen wird zum Ausdruck gebracht, dass nur ein spezifischer Ausschnitt der nationalen Identität der Mitgliedstaaten für die Achtungspflicht nach Art 4 Abs 2 EUV von Relevanz ist, nämlich eben jener Ausschnitt, der sich auf die politischen Strukturen bezieht.[526] Zwar ist es schwierig, eine ganz klare Definition von Politik und noch mehr vom Begriff „politisch" zu geben,[527] jedenfalls ist „politisch" aber eine Eigenschaft, die jene Strukturen bezeichnet, die sich auf die Organisation des Zusammenlebens von Menschen und dessen Gestaltung bezieht. Da es um die mitgliedstaatlichen politischen Strukturen geht, ist die relevante Organisationsebene die staatliche; auf Grund der expliziten Nennung in Art 4 Abs 2 EUV sind aber auch unterstaatliche Strukturen wie lokale und regionale Selbstverwaltungsstrukturen umfasst.

In Anlehnung an eine weit verbreitete politikwissenschaftliche Unterscheidung kann näher zwischen *polity* (Strukturen des politischen Systems), *politics* (Pro-

524 Oben bei 3.6.2.3.2 (= 93).

525 Vgl dazu *Besselink*, Utrecht Law Review 2010, 43 f; *Villotti*, ZEuS 2015 477, die als pointierte Beispiele das deutsche Oktoberfest, die österreichische Sachertorte und die spanischen Stierkämpfe nennt.

526 Vgl etwa auch *von Bogdandy/Schill*, CMLR 2011, 1422: „distances the notion of national identity in Article 4(2) TEU from cultural, historical, or linguistic criteria and turns to the content of domestic constitutional orders"; *Besselink*, Utrecht Law Review 2010, 44 betont allerdings, dass auch politische (und verfassungsmäßige) Grundentscheidungen ihre Wurzeln häufig in kulturellen Besonderheiten haben.

527 *Patzelt*, Einführung 20 ff, insb 23: „jenes menschliche Handeln, das auf die Herstellung allgemein verbindlicher Regelungen und Entscheidungen in und zwischen Gruppen von Menschen abzielt"; anders etwa *Goodin/Klingemann* in Goodin/Klingemann, Handbook 8: „'Politics' might best be characterized as the constrained use of social power"; vgl weiters zB *Mols* in Lauth/Wagner, Politikwissenschaft 25 f.

zesse innerhalb des politischen Systems) und *policy* (Ergebnis der Prozesse) unterschieden werden.[528] Für die grundlegenden politischen Strukturen können prinzipiell alle drei Teilbereiche von Relevanz sein: Zum Bereich *polity* kann die Entscheidung gezählt werden, ob es sich bei dem Staat um eine Monarchie oder eine Republik handelt oder welche Institutionen im Gesetzgebungsprozess Relevanz haben. Zum Bereich *politics* können zB Regeln oder Bräuche im Zusammenhang mit dem demokratischen Prozess innerhalb eines Mitgliedstaates gezählt werden. In den Bereich *policy* fallen etwa Entscheidungen darüber, wie der Sozialstaat ausgestaltet sein soll (falls es einen solchen gibt), oder welchen Stellenwert Umweltschutz im staatlichen Gefüge hat. All diese Bereiche können zu den grundlegenden Strukturen zählen und damit die nationale Identität eines Mitgliedstaates prägen. Auch bei der Art und Weise, wie in einem Mitgliedstaat Wahlkampf geführt wird, bei den Regeln über die Festlegung der Tagesordnung in parlamentarischen Sitzungen oder bei protokollarischen Bräuchen in ministeriellen Besprechungen handelt es sich um mitgliedstaatliche politische Strukturen. Dort ist aber offensichtlicher fraglich, ob es sich auch um grundlegende Strukturen handelt, die identitätsprägend iSd Art 4 Abs 2 EUV wirken.

3.6.4.4.3 Verfassungsmäßige Strukturen

Die explizite Erwähnung der „verfassungsmäßigen" Strukturen hat alleine betrachtet ebenfalls vorrangig eine ausschließende Funktion: Jedenfalls nicht erfasst von der nationalen Identität iSd Art 4 Abs 2 EUV sollen verfassungswidrige Strukturen oder Bestrebungen sein.

Art I-5 Abs 1 des Vertrags über eine Verfassung für Europa verwendete in der deutschen Sprachfassung noch den Begriff „verfassungsrechtliche Struktur". Die Unterscheidung zwischen verfassungsrechtlich und verfassungsmäßig hat aber soweit ersichtlich in keiner der anderen Sprachfassungen der Verträge ein Äquivalent;[529] daher kann nicht davon ausgegangen werden, dass allein dadurch ein Bedeutungswandel beabsichtigt wurde.

Da die Verfassungen der einzelnen Mitgliedstaaten in formeller und inhaltlicher Hinsicht sehr unterschiedlich ausgestaltet sind, kann der Verweis auf die „verfassungsmäßigen" Strukturen nicht als Verweis auf einen bestimmten Typus

528 Vgl zB *Patzelt*, Einführung 28 ff; *Mols* in Lauth/Wagner, Politikwissenschaft 27.

529 Jeweils dieselbe Formulierung wird zB in beiden Fassungen im Englischen („constitutional"), Französischen („constitutionnelles"), Spanischen („constitucionales"), Tschechischen („ustavnich"), Dänischen („forfatningsmæssige"), Estnischen („põhiseaduslikele"), Italienischen („costituzionale"), Lettischen („konstitucionālajām"), Litauischen („konstitucinių"), Ungarischen („alkotmányos"), Maltesischen („kostituzzjonali"), Niederländischen („constitutionele"), Polnischen („konstytucyjnymi"), Portugiesischen („constitucionais"), Slovakischen („ústavných"), Slovenischen („ustavnimi"), Finnischen („valtiosäännön") und im Schwedischen („konstitutionella") verwendet.

von Verfassung verstanden werden.[530] Art 4 Abs 2 EUV verlangt also zB nicht danach, dass verfassungsmäßige Strukturen in einem zentralen Dokument verschriftlicht sind, um als verfassungsmäßig qualifiziert werden zu können. Was zur Verfassung zählt, ist grundsätzlich unter Berücksichtigung des jeweiligen mitgliedstaatlichen Systems zu beurteilen. Verfassungsmäßige Strukturen können daher die in einer formellen Verfassung enthaltenen Regelungen sein, aber auch ungeschriebenes Verfassungsrecht oder Rechtsprechung von dazu berufenen Gerichten, soweit dies jeweils innerhalb einer mitgliedstaatlichen Rechtsordnung vorgesehen ist.

3.6.4.4.4 Grundlegende politische und verfassungsmäßige Strukturen als Einheit

Bei der Wendung „grundlegende politische und verfassungsmäßige Strukturen" handelt es sich um eine höchst unklare und auslegungsbedürftige Formulierung. Jede relevante Verfassungsinstitution, zB das jeweilige Verfassungsgericht, wird eine vorgefasste Vorstellung davon haben, was innerhalb einer mitgliedstaatlichen Verfassungsrechtsordnung zu diesen grundlegenden Strukturen zu zählen ist. In der rechtswissenschaftlichen Literatur zu Art 4 Abs 2 EUV wird bspw häufig auf die Identifikation von Normenhierarchien – etwa auf die deutsche Ewigkeitsklausel des Art 79 Abs 3 GG oder auf die Grundprinzipien der österreichischen Bundesverfassung nach Art 44 Abs 3 B-VG – abgestellt, um zu ermitteln, was zur nationalen Identität eines Mitgliedstaates zu zählen ist.[531] Dies ist insb bei jenen Autorinnen und Autoren häufig zu beobachten, deren „eigene" und daher vertrauteste Rechtsordnung eine deutliche Hierarchisierung (insb innerhalb des Verfassungsrechts) aufweist.[532] Nun gibt es aber auch mitgliedstaatliche Rechtsordnungen – wie weiter unten am Beispiel Belgiens verdeutlicht wird[533] –, in denen normhierarchisches Denken weniger ausgeprägt ist.[534] Für derartige Rechtsordnungen kann ein ausschließlich normhierarchischer Ansatz nicht zielführend sein. Wenn aber der unionsrechtliche Identitätsmaßstab ein grundsätzlich einheitlicher sein soll, dann erscheint es nicht zweckmäßig, bei der Bestimmung dieses Maßstabes ausschließlich auf Kriterien abzustellen, die nicht auf alle Mitgliedstaaten passen.[535] Die Funktion des Art 4 Abs 2 EUV

530 Vgl zu den zahlreichen Facetten des Begriffs „Constitution" zB *Tushnet* in Rosenfeld/Sajó, Handbook 218 ff.

531 Zum Beispiel *Franzius* in Pechstein/Nowak/Häde, Art 4 EUV Rz 34; *Hatje* in Schwarze, Art 4 EUV Rz 14; *Schill/Krenn* in Grabitz/Hilf/Nettesheim, Art 4 EUV Rz 22; *Obwexer* in von der Groeben/Schwarze/Hatje, Art 4 EUV Rz 32.

532 Zum Beispiel *Dreier* in HB Ius Publicum Europaeum Band I 83.

533 Im Detail unten bei 7.1.4 (= 331). Vgl mit weiteren Beispielen überdies *Grewe* in Saiz Arnaiz, Constitutional Identity 43.

534 Vgl weiters zum Beispiel der Niederlande *van der Schyff*, EPL 2016, 230.

535 Auch *van der Schyff*, ELR 2012, 578 geht davon aus, dass die Normenhierarchie (zumindest) nicht das einzige Kriterium für die Bestimmung der essentiellen Elemente einer Verfassung darstellen kann.

als einheitlicher Identitätsmaßstab legt daher eine nicht allein normhierarchisch geprägte Betrachtung nahe. Bei einer solchen materiellen Betrachtung ist ein mitgliedstaatlicher Verfassungsinhalt oder eine politische Struktur identitätsstiftend, wenn dieser bzw diese auf Grund seiner bzw ihrer inhaltlichen Ausgestaltung und seines bzw ihres Bedeutungsgehalts für die jeweilige mitgliedstaatliche Rechtsordnung grundlegend für die politischen und verfassungsmäßigen Strukturen des jeweiligen Mitgliedstaates ist. Was für ein System grundlegend ist, ist aber eine Wertungsfrage, die innerhalb der jeweiligen Systeme idR nicht explizit beantwortet wird und deren Beantwortung stark von der jeweils eingenommenen Perspektive auf das System abhängt.

Gerade innerhalb der „eigenen" Rechtsordnung werden die meisten besonders viele grundlegende Strukturen identifizieren können.[536] Es besteht allerdings die Gefahr, dass Art 4 Abs 2 EUV von hauptsächlich mit dem „eigenen" Verfassungsrecht oder politischem System Befassten jeweils so verstanden wird, dass er zu diesen individuellen Einschätzungen „passt".[537] Art 4 Abs 2 EUV stellt nun zwar auch auf Inhalte mitgliedstaatlicher Rechtsordnungen ab; der fundamentalen Bedeutung der Bestimmung für das Zusammenspiel von mitgliedstaatlichem Recht und EU-Recht würde es aber nicht gerecht, jegliche „Besonderheit" einer mitgliedstaatlichen Rechtsordnung als Bestandteil der jeweiligen nationalen Identität zu qualifizieren.

Um zu vermeiden, dass die Bestimmung des Inhalts der nationalen Identität in einer Nabelschau mitgliedstaatlich geprägter Verfassungsrechtler:innen resultiert, werden im Folgenden Überlegungen dazu angestellt, wie die grundlegenden politischen und verfassungsmäßigen Strukturen anhand eines Maßstabs ermittelt werden können, der unionsweit einheitlich angewandt werden kann.[538] Nur eine derartige Herangehensweise wird dem Anspruch an ein grundsätzlich unionsautonomes Verständnis des Art 4 Abs 2 EUV gerecht.[539]

Damit bleibt zu diskutieren, welche politischen und verfassungsmäßigen Inhalte zu den grundlegenden Strukturen zu zählen sind und daher identitätsstiftend iSd Art 4 Abs 2 EUV wirken. Der Begriff „grundlegend" allein ist dabei nicht aufschlussreich, weil je nach Abstraktionsniveau und eingenommener Perspektive ganz unterschiedliche Dinge als grundlegend eingeordnet werden, wie schon eingangs am Beispiel der in der deutschsprachigen rechtswissenschaftlichen Literatur vorherrschenden Fokussierung auf Normenhierarchie erörtert wurde.

Den Ausgangspunkt für die Einordnung von Inhalten als „grundlegende politische und verfassungsmäßige Strukturen" bildet hier die These, dass die grundle-

536 Vgl dazu *Schnettger* in Calliess/van der Schyff, Identity 18.
537 *Schnettger* in Calliess/van der Schyff, Identity 19 mwN.
538 Ähnlich wie hier auch *Schnettger* in Calliess/van der Schyff, Identity 17.
539 *Schnettger* in Calliess/van der Schyff, Identity 17.

genden Strukturen politischer und verfassungsmäßiger Art nicht prinzipiell voneinander getrennt werden können. Art 4 Abs 2 EUV stellt nach dieser These auf eine integrative Betrachtung sowohl der grundlegenden politischen als auch der grundlegenden verfassungsmäßigen Strukturen ab, um die nationale Identität zu bestimmen.

Für eine derartige Auslegung des Art 4 Abs 2 EUV spricht vor allem, dass eine klare Trennung zwischen politischen und verfassungsmäßigen Strukturen ohnehin nicht möglich ist, sondern eine gekünstelte Unterscheidung darstellen würde:[540] So spricht etwa *Möllers* in Anlehnung an *Luhmann*[541] von der „Kopplung von Politik und Recht durch die Verfassung",[542] während ein Beitrag von *Drewry* im New Handbook of Political Science mit der Schlussfolgerung endet, „[a]lmost every aspect of political activity and political change—at sub-national, national, international or global levels—has a legal or a constitutional aspect to it"[543]. Legt man ein materielles Verfassungsverständnis[544] zu Grunde,[545] so sind Verfassungen nämlich Ausdruck politischer Entscheidungen; Politik findet im Rahmen der Verfassung statt.[546] Die Kohärenz zwischen verfassungsmäßigen und politischen Strukturen wird auch durch den Grundsatz der Rechtsstaatlichkeit bzw rule of law gefördert,[547] der als Wert der Union in Art 2 EUV verankert ist: Der Grundgedanke der rule of law ist, dass der politische Prozess innerhalb der Rechtsordnung und insb auch innerhalb der Verfassungsordnung stattfinden und durch diese „gezähmt" werden soll.[548] Dieser rechtliche Rahmen begünstigt einen Trend zur Verrechtlichung und Konstitutionalisierung politischer Entscheidungen und Prozesse,[549] was wiederum einen Gleichklang der grundlegenden Strukturen politischer und verfassungsmäßiger Art begünstigt.

540 Vgl dazu *Möllers* in von Bogdandy/Bast, Verfassungsrecht 238 ff; *Drewry* in Goodin/Klingemann, Handbook 192 ff.

541 *Luhmann*, Gesellschaft 468 ff.

542 *Möllers* in von Bogdandy/Bast, Verfassungsrecht 239. Vgl etwa auch *Tushnet* in Rosenfeld/Sajó, Handbook 219: „The term constitution is used to identify fundamental institutional arrangements, mostly but not always dealing with the distribution of political power, that are more entrenched than is ordinary law".

543 *Drewry* in Goodin/Klingemann, Handbook 201.

544 Zur Unterscheidung zwischen Verfassungsrecht im formellen und im materiellen Sinn zB *Behrendt/Bouhon*, Introduction 200 ff; *Öhlinger/Eberhard*, Verfassungsrecht Rz 2 ff, 13 ff; zu weiteren Bedeutungen des Begriffs „Verfassung" etwa *Möllers* in von Bogdandy/Bast, Verfassungsrecht 227 ff.

545 Dafür, dass ein solches dem Art 4 Abs 2 EUV zu Grunde zu legen ist, zB *van der Schyff*, EPL 2016, 232; vgl auch *Villotti*, ZEuS 2015, 481 f; *Haratsch*, EuR 2016, 135; *Haider/Stöger* in Jaeger/Stöger, Art 4 EUV Rz 29.

546 Vgl *Drewry* in Goodin/Klingemann, Handbook 192 ff.

547 Zum Konzept zB *Krygier* in Rosenfeld/Sajó, Handbook 233 ff.

548 *Krygier* in Rosenfeld/Sajó, Handbook 235: "the feature that makes the rule of law distinctive and precious: constraint by law on the ways in which power can be exercised".

549 Die Notwendigkeit der Erfüllung der Kopenhagen-Kriterien im Rahmen des Beitritts zur EU begünstigt ebenfalls diesen Trend, da sowohl die Übernahme des acquis communautaire als auch der Nachweis der Erfüllung der politischen Kriterien (zu denen auch der Grundsatz der rule of law zählt) durch Anpassungen der Rechtsordnung der zukünftigen Mitgliedstaaten stattfindet.

Auch in der Rsp des EuGH[550] wird dementsprechend keine klare Trennung zwischen grundlegenden politischen und grundlegenden verfassungsmäßigen Strukturen eines Mitgliedstaates vorgenommen. In der Literatur differenziert dagegen *Haratsch*,[551] dem zufolge die grundlegenden politischen Strukturen die grundlegenden verfassungsmäßigen Strukturen ergänzen können, aber restriktiv zu verstehen sind; die Notwendigkeit einer Differenzierung zwischen diesen beiden Kategorien begründet er insb damit, dass auch Art 4 Abs 2 EUV differenziere, indem dort beide Begriffe explizit verwendet werden. Allerdings dienen diese Begriffe ja nur dazu, den Begriff dernationalen Identität näher zu determinieren; eine strenge Trennung und Unterscheidung ist daher aus systematischer Perspektive allein auf Grund der Verwendung beider Begriffe innerhalb der Norm noch nicht unbedingt angezeigt.

In Rechtsordnungen, in denen es formelles Verfassungsrecht[552] gibt,[553] kann dieses daher nur einen ersten Ausgangspunkt[554] für die Ermittlung der grundlegenden politischen und verfassungsmäßigen Strukturen darstellen.[555] Das formelle Verfassungsrecht ist aber nicht eins zu eins mit den grundlegenden Strukturen gleichzusetzen.[556] Aus dem formellen Verfassungsrecht ergeben sich Anhaltspunkte für diese grundlegenden Strukturen in Form von Präambeln und Zielbestimmungen, Normenhierarchien und der Rsp der Höchstgerichte zum formellen Verfassungsrecht, wie unten noch näher diskutiert wird.[557] Um die Elemente einer Rechtsordnung identifizieren zu können, die grundlegend für diese sind, ist aber auch eine Betrachtung der politischen Aspekte erforderlich. Beiden Perspektiven – der verfassungsrechtlichen und der politischen – kommt dabei eine Indizfunktion für die Bestimmung des Inhalts der nationalen Identität zu, wie im Folgenden dargelegt wird.[558]

Dies bedeutet nun nicht, dass ein Inhalt stets als verfassungsmäßig *und* politisch qualifiziert werden können muss, damit er identitätsstiftend iSd Art 4 Abs 2 EUV ist. Es ist an sich auch denkbar, dass ein verfassungsmäßig gar nicht

550 Zu dieser bereits oben bei 3.6.3 (= 102) – in keiner der genannten Entscheidungen differenziert der EuGH zwischen grundlegenden politischen und grundlegenden verfassungsmäßigen Strukturen.

551 *Haratsch*, EuR 2016, 137. Differenzierend etwa auch *Streinz* in Streinz, Art 4 EUV Rz 15; weiters *Haider/Stöger* in Jaeger/Stöger, Art 4 EUV Rz 28, 33, die aber auch keine Notwendigkeit sehen, ein Element zwingend ausschließlich unter den einen oder den anderen Begriff zu subsumieren. Keine Differenzierung vornehmend: Zum Beispiel *Franzius* in Pechstein/Nowak/Häde, Art 4 EUV Rz 24 ff; *Hatje* in Schwarze, Art 4 EUV Rz 9 ff; *Geiger* in Geiger/Khan/Kotzur, Art 4 EUV Rz 3; *Klamert* in Kellerbauer/Klamert/Tomkin, Art 4 TEU Rz 19.

552 Zur Unterscheidung zwischen Verfassungsrecht im formellen und im materiellen Sinn zB *Behrendt/Bouhon*, Introduction 200 ff; *Öhlinger/Eberhard*, Verfassungsrecht Rz 2 ff, 13 ff.

553 Das sind alle drei der im Folgenden näher untersuchten Rechtsordnungen.

554 So auch *Villotti*, ZEuS 2015, 488 („point of departure").

555 Vgl *van der Schyff*, EPL 2016, 232; *Schönberger* in JBÖR 2015, 53.

556 Prägnant *Haratsch*, EuR 2016, 135 f; *Villotti*, ZEuS 2015, 488; vgl auch *von Bogdandy/Schill*, CMLR 2011, 1431; *Millet* in Azoulai, Competence 264.

557 Unten ab 3.6.4.4.5 (= 121).

558 Unten ab 3.6.4.4.5 (= 121).

verankerter Prozess – zu denken ist hier zB an die Landeshauptleutekonferenz in Österreich[559] – eine politische Struktur darstellt, die innerhalb des jeweiligen Mitgliedstaates als grundlegende Struktur eingeordnet werden kann. Allerdings spricht eine starke Vermutung dafür, dass die grundlegenden politischen Strukturen sich in der Verfassung wiederfinden – wie dies etwa für Entscheidungen über die Staatsform, die Einrichtung der staatlichen Organe und die grundsätzliche inhaltliche Ausrichtung der staatlichen Tätigkeit zutrifft. Umgekehrt stehen verfassungsmäßige Strukturen, die als grundlegend eingeordnet werden können, regelmäßig in Zusammenhang mit politischen Grundentscheidungen innerhalb des Mitgliedstaates; verfassungsrechtliche Regelungen, die einen eher technischen Charakter haben – zB darüber, wo Gesetzesbeschlüsse kundzumachen sind –, werden nur in Ausnahmefällen als grundlegende Struktur eingeordnet werden können. Wie stark die Kohärenz von politischen und verfassungsmäßigen Strukturen ausgestaltet ist, hängt wieder vom jeweiligen nationalen System ab. Gerade in Systemen, in denen es umfassendes geschriebenes Verfassungsrecht gibt, wird der Nachweis, dass eine nicht in der Verfassung enthaltene politische Struktur dennoch grundlegend sein soll, regelmäßig schwierig sein. Dazu bedürfte es im Einzelfall ausführlicher politikwissenschaftlicher Untersuchungen, welche – um beim obigen Beispiel zu bleiben – die grundlegende Bedeutung der Landeshauptleutekonferenz für das Funktionieren des österreichischen Bundesstaates belegen. Dabei wäre auch zu berücksichtigen, dass Versuche einer verfassungsrechtlichen Verankerung der Landeshauptleutekonferenz bisher immer gescheitert sind.[560] Die bloße Behauptung, dass es sich bei der Landeshauptleutekonferenz um eine „wichtige" Einrichtung handelt,[561] reicht für die Einordnung als grundlegende politische Struktur nicht aus; für eine klare Zuordnung wären ergänzende Darlegungen und Untersuchungen politikwissenschaftlicher Natur erforderlich.

3.6.4.4.5 Verfassungsrechtliche Perspektive

Das Verfassungsrecht eines Mitgliedstaates bildet den Ausgangspunkt für die Ermittlung der grundlegenden politischen und verfassungsmäßigen Strukturen. Allerdings treffen die wenigsten Verfassungsrechtsordnungen explizite Anordnungen darüber, welche Elemente der Rechtsordnung grundlegend sind. Hinweise auf grundlegende Strukturen können aber in Präambeln und Zielbestimmungen enthalten sein. Implizit können auch Normenhierarchien eine Auskunft darüber geben, was innerhalb der jeweiligen Rechtsordnung von besonderer Bedeutung

559 Zu dieser ausführlich *Karlhofer* in FS 60 Jahre Verbindungsstelle 311 ff; zur mangelnden verfassungsrechtlichen Verankerung vgl auch *Lienbacher* in FS 60 Jahre Verbindungsstelle 151 f.

560 Vgl dazu *Lienbacher* in FS 60 Jahre Verbindungsstelle 152.

561 Vgl dazu die jeweils überblicksmäßigen Beiträge: *Esterbauer*, System 79; *Bußjäger* in Bischof/Karlhofer, Federalism 16, 19 ff; *Sturm* in Griffiths, Handbook 50.

ist. Die Rsp der nationalen Höchstgerichte kann Hinweise auf grundlegende Strukturen des Verfassungsrechts enthalten; das hängt aber von der Stellung des Gerichts innerhalb der mitgliedstaatlichen Rechtsordnung ab.

3.6.4.4.5.1 Indizfunktion von Präambeln und Zielbestimmungen

Viele mitgliedstaatliche Verfassungen enthalten Präambeln, feierliche Proklamationen oder allgemein gehaltene Zielbestimmungen, die die grundlegenden Strukturen und Ziele des jeweiligen Mitgliedstaates festlegen. Diese Bestimmungen haben bei der Frage danach, was innerhalb des jeweiligen Mitgliedstaates zu den grundlegenden politischen und verfassungsmäßigen Strukturen zählt, Indizfunktion.[562] Typischerweise sind derartige Bestimmungen aber selbst recht offen formuliert, sodass ihre alleinige Heranziehung die Abgrenzung der grundlegenden Strukturen im Einzelnen nur bedingt erleichtert.

Qualifiziert man etwa Art 20 GG, Art 2 B-VG und Art 1 BV als grundlegende Proklamationen der Bundesstaatlichkeit Deutschlands, Österreichs bzw Belgiens, so ist damit noch nicht geklärt, welche Elemente des Bundesstaates grundlegende Strukturen darstellen. Die genannten Bestimmungen klären aber grundsätzlich, dass die Bundesstaatlichkeit der genannten Staaten zu den grundlegenden Strukturen dieser Mitgliedstaaten zählt.

3.6.4.4.5.2 Indizfunktion von Normenhierarchien im Verfassungsrecht

Obwohl oben[563] dargelegt wurde, dass eine ausschließliche Orientierung an normhierarchischen Überlegungen für die Bestimmung des Identitätsmaßstabs nicht der Funktion des Art 4 Abs 2 EUV entspricht, haben existierende Normenhierarchien Relevanz für die Bestimmung des Inhalts der nationalen Identität. Von Normenhierarchien spricht man insb dann, wenn es innerhalb einer Rechtsordnung unterschiedliche Verfahren für die Erzeugung bzw Abänderung verschiedener Rechtsinhalte gibt.[564] Normenhierarchien sind also das Resultat von Änderungsverboten oder Änderungsvorbehalten. Durch diese Änderungsverbote oder -vorbehalte sollen bestimmte, für besonders wichtig erachtete Inhalte vor dem Zugriff des (Verfassungs-)Gesetzgebers geschützt werden. Damit geben Änderungsverbote oder -vorbehalte implizit Aufschluss darüber, was aus Per-

562 So zB auch *Cloots*, Identity 161; *van der Schyff*, TBP 2017, 326; *Grewe* in Saiz Arnaiz, Constitutional Identity 44 f.

563 Bei 3.6.4.4.1 (= 114).

564 Dazu zB *Behrendt/Bouhon*, Introduction 189 ff.

spektive der jeweiligen Rechtsordnung als grundlegende Struktur zu verstehen ist.[565]

Das deutsche Grundgesetz sieht bspw vor, dass die in Art 79 Abs 3 GG genannten Inhalte im Rahmen der grundgesetzlichen Ordnung[566] nicht abgeändert werden dürfen. Diese Ewigkeitsklausel wird – wie oben bereits dargelegt wurde[567] – dadurch ergänzt, dass die Inhalte der Ewigkeitsklausel von deutschen staatlichen Organen auf Grund von Art 23 Abs 1 GG auch im Rahmen der europäischen Integration zu beachten sind. Es kann daher davon ausgegangen werden, dass die durch Art 79 Abs 3 GG geschützten Verfassungsinhalte einen Teil der nationalen Identität Deutschlands ausmachen.[568]

Auch in Österreich werden bestimmte Verfassungsinhalte durch ein besonderes Änderungsverfahren geschützt: Nach Art 44 Abs 3 B-VG sind „Gesamtänderungen" der Bundesverfassung nur dann verfassungskonform, wenn über die Verfassungsänderung eine Volksabstimmung durchgeführt wird und diese positiv ausfällt. Jenen Verfassungsinhalten, die durch dieses qualifizierte Änderungsverfahren geschützt werden, kann bei Zugrundelegung einer normhierarchischen Betrachtung ebenfalls identitätsstiftender Charakter iSd Art 4 Abs 2 EUV zugemessen werden. Dagegen kann auch nicht eingewendet werden, dass die von Art 44 Abs 3 B-VG erfassten Inhalte gerade nicht – wie bei Art 79 Abs 3 GG – änderungsfest sind, sondern nur „änderungsfester" als die übrige Verfassung. Würde man die Unabänderlichkeit als Voraussetzung für die Qualifikation als identitätsstiftend heranziehen, dann wäre in vielen mitgliedstaatlichen Rechtsordnungen bei einer normhierarchischen Betrachtung fast nichts oder gar nichts identitätsstiftend. Während nämlich durch die Ewigkeitsklausel des Art 79 Abs 3 GG die wichtigsten Grundsatzentscheidungen der Verfassung der Gestaltungsmacht des Verfassungsgebers entzogen sind, gibt es etwa in Belgien oder Österreich keine derartige Klausel. Grundsätzlich kann nach dem österreichischen B-VG (Art 44 Abs 3 B-VG) die gesamte Verfassung samt der ihr zu Grunde liegenden Grundprinzipien geändert werden, wenn die verfahrensmäßigen Voraussetzungen – dazu gehört insb die Durchführung einer Volksabstimmung – eingehalten werden. Nun könnte man vertreten, dass ein Unionsrechtsakt, der eine Gesamtänderung der Bundesverfassung notwendig machen würde, nur dann eine Missachtung der nationalen Identität darstellt, wenn die notwendige Gesamtän-

565 So auch *von Bogdandy/Schill*, CMLR 2011, 1432; *Villotti*, ZEuS 2015, 488; *Haratsch*, EuR 2016, 139 f; vgl auch *Polzin*, GLJ 2017, 1608 ff.

566 Die von der Ewigkeitsklausel geschützten Inhalte könnten zwar ebenfalls – nämlich jedenfalls durch Verfassungsbruch – geändert werden. Nach einem solchen Verfassungsbruch läge aber keine Verfassungsidentität mit dem Grundgesetz mehr vor; ein unionaler Rechtsakt, der die Änderung eines von der Ewigkeitsklausel geschützten Grundsatzes notwendig machen würde, würde also eine Änderung der Verfassungsidentität notwendig machen und diese somit nicht ausreichend achten.

567 Oben bei 2.3.2.1 (= 48).

568 Siehe dazu im Detail unten ab 6.4.1 (= 299).

derung tatsächlich nicht herbeigeführt werden kann – weil sich die erforderlichen Mehrheiten in National- und Bundesrat nicht bilden bzw weil eine Volksabstimmung über die Gesamtänderung negativ ausgeht. Es gäbe so betrachtet also eine unionsrechtliche Pflicht des nationalen Verfassungsgebers, eine Unionsrechtsumsetzung qua gesamtändernder Verfassungsgesetzgebung zumindest zu versuchen; identitätsstiftend wäre dann nur, was tatsächlich nicht abgeändert werden kann.

Gegen eine solche Betrachtung sprechen allerdings mehrere Argumente. Denn erstens ist unklar, wann eine solche Pflicht des nationalen Verfassungsgesetzgebers zum Tragen kommen sollte. Grundsätzlich muss es ja dem EU-Gesetzgeber und allen anderen Organen der EU möglich sein, zum Zeitpunkt der Beschlussfassung über einen Rechtsakt zu beurteilen, ob dieser Rechtsakt primärrechtskonform ist. Es muss also auch beurteilt werden können, ob ein Rechtsakt im Einklang mit Art 4 Abs 2 EUV steht. Wenn nun aber nur identitätsstiftend wäre, was tatsächlich nicht abgeändert werden kann, dann müsste ein Mitgliedstaat wie Österreich, der sich nicht sicher ist, ob ein Rechtsakt mit den Grundprinzipien der Bundesverfassung in Einklang zu bringen ist, zunächst versuchen, eine Gesamtänderung der Verfassung herbeizuführen, um den Inhalt der nationalen Identität zu klären. Dazu kommt, dass man das Argument der Abänderbarkeit noch weiter auf die Spitze treiben könnte: Wenn eine Gesamtänderung etwa auf Grund der Volksabstimmung nicht durchgeführt werden kann, dann könnte man ja einen neuen Gesetzesbeschluss fassen und eine erneute Volksabstimmung durchführen – solange, bis die Verfassung abgeändert wird und der Rechtsakt nicht mehr mit der nationalen Identität konfligiert. Dies führt aber die Idee der Achtung der nationalen Identität ad absurdum. Schließlich dient die Achtung der nationalen Identität durch die Union ja der Gewährung einer autonomen Entscheidungssphäre der Mitgliedstaaten und ihrer Staatsangehörigen über ihre nationale Identität. Wird nun aber ein Gesamtänderungsverfahren nur deswegen durchgeführt, weil es aus unionsrechtlichem Anlass geboten ist, dann fehlt es genau an dieser – von der Union autonomen – Entscheidungssphäre. Es verengte den Schutzbereich des Art 4 Abs 2 EUV also drastisch, identitätsstiftende Verfassungsstrukturen mit unabänderbaren Verfassungsstrukturen gleichzusetzen. Ein souveräner Mitgliedstaat muss autonom in der Lage sein können, die identitätsstiftenden Strukturen seiner Verfassungsordnung zu bestimmen, zu überprüfen und ggf zu ändern. Art 4 Abs 2 EUV kann und darf zur Frage der grundsätzlichen Abänderbarkeit keine Position einnehmen, sondern schützt den Mitgliedstaat davor, dass die Union einen solchen Änderungsprozess anstößt oder determiniert.

Außerdem spricht noch ein weiterer Gesichtspunkt dafür, nicht die tatsächliche Unabänderbarkeit, sondern die Anwendbarkeit der qualifizierten Abänderungserfordernisse als Kriterium für die Qualifikation als identitätsstiftend heranzuziehen, wie sich am Beispiel Österreichs verdeutlichen lässt: Wenn eine

Änderung der vertraglichen Grundlagen der EU eine Gesamtänderung der Bundesverfassung bewirken würde, dann müsste die Änderung entsprechend den Voraussetzungen für die Gesamtänderung der Bundesverfassung ratifiziert werden.[569] Der Vertrag von Lissabon wurde nicht gesamtändernd ratifiziert, sondern „nur" mit qualifizierter Mehrheit von Nationalrat und Bundesrat, aber ohne Volksabstimmung.[570] Aus österreichischer Perspektive wurden bei der Ratifikation des Vertrags von Lissabon also zumindest die Grundprinzipien der Bundesverfassung, deren Abänderung eine Gesamtänderung darstellen würde, nicht verändert und dem EU-Recht gegenüber vorbehalten.[571] Diesen Vorbehalt greift Art 4 Abs 2 EUV mit der Achtung der nationalen Identität unionsrechtlich auf. Die Achtung der Grundprinzipien des B-VG wird somit durch Art 4 Abs 2 B-VG zu einer primärrechtlich verankerten Pflicht der Union und ihrer Organe.

Relevant für die Ermittlung der grundlegenden politischen und verfassungsmäßigen Strukturen nach Art 4 Abs 2 EUV sind also nach dem gerade Gesagten verschiedene Formen hierarchischer Abstufungen, nicht nur die absolute Unabänderlichkeit von Vorschriften. Diese Normenhierarchie wird deswegen als Anhaltspunkt für die Bestimmung der nationalen Identität herangezogen, weil erschwerte Änderungsbedingungen ein Indiz dafür sind, dass die von diesen erschwerten Bedingungen geschützten Inhalte innerhalb der Rechtsordnung einen besonderen Stellenwert haben. Dieser besondere Stellenwert kann aber nicht nur durch absolute Änderungsverbote – wie bei Art 79 Abs 3 GG – ausgedrückt werden, sondern auch durch die Anordnung besonderer Änderungsvorbehalte und -verfahren. Dies gilt auch dann, wenn es innerhalb des Verfassungsrechts mehrere qualifizierte Änderungsverfahren gibt. Dies ist etwa in Österreich der Fall, wo nicht nur Art 44 Abs 3 B-VG, sondern auch Art 2 Abs 3 B-VG und Art 44 Abs 2 B-VG ein besonderes Verfassungsrechtsänderungsverfahren anordnen. All diese qualifizierten Verfassungsänderungsverfahren indizieren einen besonderen Stellenwert der durch sie geschützten Inhalte.

3.6.4.4.5.3 Indizfunktion der Rsp nationaler Höchstgerichte

In einem nächsten Schritt ist die Bedeutung der Rsp nationaler Höchstgerichte bei der Ermittlung der nationalen Identität eines Mitgliedstaates zu analysieren.[572] In Frage kommt dafür insb die Rsp nationaler Verfassungsgerichte, die

569 Wie oben unter 2.3.2.3 (= 51) bereits erörtert.

570 BGBl III 132/2009.

571 Dazu oben bei 2.3.3.2 (= 54).

572 Bejahend *Franzius* in Pechstein/Nowak/Häde, Art 4 EUV Rz 34; *Hatje* in Schwarze, Art 4 EUV Rz 14; *Schill/Krenn* in Grabitz/Hilf/Nettesheim, Art 4 EUV Rz 23; *Villotti*, ZEuS 2015, 488; *von Bogdandy/Schill*, CMLR 2011, 1433 ff; vgl auch *Haratsch*, EuR 2016, 140; *Besselink*, Utrecht Law Review 2010 (6:3) 45 f; *Millet* in Azoulai, Competence 260; *Polzin*, GLJ 2017, 1610 ff.

zur Auslegung des Verfassungsrechts berufen sind[573] – in den drei im Folgenden untersuchten Mitgliedstaaten gibt es jeweils solche spezialisierten Verfassungsgerichte.

Nachdem Art 4 Abs 2 EUV für die Bestimmung der grundlegenden Strukturen auf das nationale Recht abstellt, ist auch für die Bedeutung der Rsp nationaler Verfassungsgerichte maßgeblich, welche Rolle diesen nach dem nationalen Verfassungsrecht zukommt.[574] Gibt es in einem Mitgliedstaat ein eigens zur Verfassungsauslegung berufenes (Höchst-)Gericht, dann muss sich die Interpretin (oder auch: der EuGH) mit der Auslegung des Verfassungsrechts durch diese Instanz auseinandersetzen.[575] Die Rechtsprechung dieses Gerichts kann Hinweise auf grundlegende Strukturen enthalten. Allein die Rsp eines nationalen Verfassungsgerichts macht eine nicht-grundlegende Struktur noch nicht zu einer grundlegenden. Jedenfalls ist aber das, was von einem nationalen Verfassungsgericht als grundlegende Struktur qualifiziert wird, einer näheren Analyse anhand der anderen hier diskutierten Kriterien (Präambeln und Zielbestimmungen, Normenhierarchie, Politik) zu unterziehen. Insofern kommt auch der Rsp nationaler Verfassungsgerichte eine Indizfunktion für die Ermittlung des Inhalts der nationalen Identität zu.

3.6.4.4.6 Politische Perspektive

Die wenigsten mitgliedstaatlichen Rechtsordnungen bzw politischen Systeme ordnen explizit an, was für sie grundlegend ist. Dies ist vielmehr aus einer systematischen Gesamtschau auf die gesamte Rechtsordnung und dem Stellenwert des relevanten (Verfassungs-)Inhalts für diese und das politische System zu ermitteln. Bei dieser Gesamtschau stößt eine rein rechtsdogmatische Arbeit freilich rasch an ihre Grenzen. Auch die oben genannten Kriterien – insb Präambeln und Zielbestimmungen sowie Normenhierarchie –, die sich aus der Rechtsordnung selbst ergeben, führen meist nicht zu eindeutigen Ergebnissen, weil die in der Rechtsordnung verwendeten Begriffe gerade in diesem Bereich häufig sehr allgemein gehalten sind.

Um nicht unreflektiert rein subjektive Wertungen für die Beurteilung eines Inhalts als „grundlegende politische und verfassungsmäßige Struktur“ maßgeblich

573 Vgl dahingehend auch *Hwang*, Der Staat 2017, 126 f; *Franzius* in Pechstein/Nowak/Häde, Art 4 EUV Rz 34; *Obwexer* in von der Groeben/Schwarze/Hatje, Art 4 EUV Rz 30.

574 Diesen Ansatz verfolgend zB GA *Bot* 18.07.2017, Rs C-42/17 (M.A.S) ECLI:EU:C:2017:564 Rz 182 ff.

575 In erster Linie ist also etwa bspw mit Blick auf Österreich die Rsp des VfGH maßgeblich, nicht ein etwaiges Vorbringen der Bundesregierung. Im Ergebnis wie hier *Cloots*, Identity 148 ff mwN; weiters zB auch *Franzius* in Pechstein/Nowak/Häde, Art 4 EUV Rz 39; vgl außerdem *Faraguna*, GLJ 2017, 1637 f. Kritisch zur Rolle der Gerichte, aber wie hier auf die Relevanz der Akteure im nationalen System abstellend *van der Schyff*, ELR 2012, 573 f; auf Mitgliedstaaten hinweisend, in denen es keine Verfassungsgerichte gibt, *Schönberger* in JBÖR 2015, 53.

werden zu lassen[576] und dennoch konkrete Aussagen zum Inhalt der nationalen Identität der hier betrachteten Mitgliedstaaten machen zu können, müssen ergänzende objektivierbare Beurteilungskriterien einfließen. Als solche objektivierbaren Beurteilungskriterien bieten sich für die hier anzustellende Untersuchung Einschätzungen dazu an, welche Elemente den jeweiligen Bundesstaat charakterisieren. Auf solche Erkenntnisse aus der vergleichenden Föderalismus- bzw Bundesstaatsforschung[577] wird daher unten bei der Erörterung der untersuchten Bundesstaaten ergänzend Bezug genommen, um zu beurteilen, ob ein Element einer Rechtsordnung als grundlegende politische und verfassungsmäßige Struktur qualifiziert werden kann. Dabei ist zu beachten, dass bei dieser Betrachtung auch „unterhalb" der formellen Verfassung stehende Elemente der Rechtsordnung relevant sein können.[578]

3.6.4.4.7 Historische Perspektive? – Dynamisches Verständnis nationaler Identität und Missbrauchsverbot

„Grundlegende politische und verfassungsmäßige Strukturen" stellen als Teil der nationalen Identität iSd Art 4 Abs 2 EUV eines Mitgliedstaates Grenzen für das Handeln der Organe der Union dar. Das Anlegen eines genuin unionsrechtlichen Maßstabs bedeutet also nicht, dass mitgliedstaatliche Wertungen und Verhältnisse außer Acht gelassen werden, sondern soll verhindern, dass Mitgliedstaaten durch einseitige Rechtsetzung einen unionalen Rechtsakt torpedieren, etwa indem sie kurzerhand eine dem fraglichen EU-Rechtsakt entgegenstehende Verfassungsvorschrift erlassen.[579]

Schwierig wird die Bestimmung des Vorliegens eines identitätsstiftenden Merkmals va dann sein, wenn es in einem Mitgliedstaat erst vor Kurzem einen Strukturwandel gegeben hat – also zB, wenn ein Einheitsstaat in einen Bundesstaat umgewandelt wurde, der Sozialstaat umgestaltet wurde oder verstärkt Elemente der direkten Demokratie eingeführt werden. Grundsätzlich müssen solche Strukturwandel in den Mitgliedstaaten weiterhin möglich sein, und nicht nur das; sie sollten nach ihrer Durchführung auch dem Schutz des Art 4 Abs 2 EUV unterstehen können.[580] Art 4 Abs 2 EUV liegt insofern ein dynamisches

576 Zum Problem *Schnettger* in Calliess/van der Schyff, Identity 18.

577 Zum Beispiel in *Watts*, Federal Systems 34 ff (Austria, Germany), 43 ff (Belgium); *Elazar*, Federal Systems 30 ff (Austria), 37 ff (Belgium), 102 ff (Germany); *Sturm* in Griffiths, Handbook 45 ff (Austria); *Hrbek* in Griffiths, Handbook 149 ff (Germany); *Lecours* in Griffiths, Handbook 58 ff (Belgium) sowie die durch das Forum of Federations vorgenommenen Ländercharakterisierungen unter <http://www.forumfed.org/countries/> (abgerufen am 16.08.2020).

578 Vgl dahingehend auch *van der Schyff*, EPL 2016, 232.

579 Vgl zur entsprechenden Vorgehensweise in Ungarn *Halmai*, Review of Central and Eastern European Law 2018, 25 ff; *Kelemen/Pech*, Cambridge Yearbook of European Legal Studies 2019, 68; *Perju*, Vanderbilt Journal of Transnational Law 2020, 262; *Martinico*, EPL 2021, 447 ff.

580 Vgl dazu zB *Dobbs*, European Journal of Current Legal Issues 2015, nach FN 73.

Verständnis nationaler Identität zu Grunde,[581] denn es ist nicht ersichtlich, dass Art 4 Abs 2 EUV „versteinernd“ auf die nationale Identität eines Mitgliedstaates zum Zeitpunkt des Inkrafttretens des Vertrags von Lissabon bzw des Beitritts zur EU abstellen würde.[582] Insofern spielen historische Argumente bei der Beurteilung dessen, was zu den grundlegenden politischen und verfassungsmäßigen Strukturen zählt, prinzipiell keine ausschlaggebende Rolle: Nicht nur das, was „immer schon so war“,[583] sondern auch das, was erst kürzlich eingeführt wurde, kann einen Bestandteil der nationalen Identität ausmachen. Gleichwohl können historische Argumente im Rahmen der Beurteilung dessen, ob etwas als grundlegende Struktur eingeordnet werden kann, eine Rolle spielen, insb dann, wenn es um politische Strukturen geht – etwa, wenn sich Besonderheiten der Staatsorganisation auf so gravierende historische Ereignisse wie Friedensverträge oder Handlungen von (ehemaligen) Besatzungsmächten zurückführen lassen.[584]

Allerdings darf ein Strukturwandel nicht als Vorwand dafür herangezogen werden, einen Unionsrechtsakt zu torpedieren oder gegen die Werte des Art 2 EUV zu verstoßen[585] – dies verbietet das Loyalitätsgebot des Art 4 Abs 3 EUV, das insofern auch als Rechtsmissbrauchsverbot fungiert.[586] In strittigen Fällen wird der EuGH im Einzelfall und unter Berücksichtigung des Vorbringens des betroffenen Mitgliedstaates zu entscheiden haben.[587] Steht fest, dass ein potentieller Identitätsbestandteil in diesem Sinn „rechtsmissbräuchlich“ ins nationale (Verfassungs-)Recht eingeführt wurde, so verstößt er gegen die Loyalitätspflicht des Art 4 Abs 3 EUV[588] und darf daher nicht angewendet werden. Insofern kommt einem solchen „rechtsmissbräuchlich“ eingeführten, potentiellen Identitätsbestandteil im Zusammenhang mit der in Art 4 Abs 2 EUV verankerten Achtungspflicht keine Bedeutung zu.[589]

---

581 Vgl etwa auch *Konstadinides*, Yearbook of European Law 2015, 166.

582 Vgl etwa *Pernice*, AöR 2011, 190; *Franzius* in Pechstein/Nowak/Häde, Art 4 EUV Rz 28.

583 In diese Richtung argumentiert etwa *Kaczorowska-Ireland*, EPL 2019, 67, wenn sie für die Identitätsrelevanz des Adelsaufhebungsgesetzes in Österreich darauf hinweist, dass dieses seit über 100 Jahren in Kraft sei.

584 Vgl zB zur historischen Bedingtheit des Gebots der Trennung von Nachrichtendiensten und Polizei in Deutschland *Schmalenbach* in Thiel, Demokratie 432 ff.

585 *Kelemen/Pech*, Cambridge Yearbook of European Legal Studies 2019, 69.

586 Dazu *Wutscher* in Potacs/Tichý, Abuse 305. Zur Relevanz von Art 4 Abs 3 EUV auch bei der Anwendung des Art 4 Abs 2 EUV zB GA *Wathelet* 11.01.2018, Rs C-673/16 (Coman) ECLI:EU:C:2018:2 Rz 40. Ohne Berufung auf Art 4 Abs 3 EUV, da es um Rechtsmissbrauch durch Private ging, EuGH 22.11.2017, Rs C-251/16 (Cussens) ECLI:EU:C:2017:881 Rz 27 ff; dazu *Buckler*, EuR 2018, 371 ff.

587 Vgl zu den Kriterien, die der EuGH in seiner Rsp zur Beurteilung dessen anwendet, ob „Rechtsmissbrauch“ vorliegt, ausführlich *Wutscher* in Potacs/Tichý, Abuse 299 ff. Gerade in der hier angedachten Konstellation werden regelmäßig solche strittigen Fälle vorliegen, da eine Verfassungsänderung aus Perspektive des jeweiligen Mitgliedstaates regelmäßig nicht als „rechtsmissbräuchlich“ zu qualifizieren sein wird.

588 Regelmäßig iVm der unionsrechtlichen Norm, die durch die neu eingeführte Verfassungsbestimmung entkräftet bzw „umgangen“ werden soll.

589 Dazu auch *Hatje* in Schwarze, Art 4 EUV Rz 24.

3.6.4.4.8 Ergebnis: Erfordernis einer integrativen Betrachtung

Zusammenfassend lässt sich aus den vorangehenden Überlegungen Folgendes festhalten: Der Begriff „nationale Identität" ist ebenso wie die Wendung „grundlegende politische und verfassungsmäßige Strukturen" offen für verschiedene Deutungen. Dies macht es nicht einfach, den Inhalt der nationalen Identität einzelner Mitgliedstaaten anhand eines unionsautonomen Maßstabs zu ermitteln. Hier wird vertreten, dass grundlegende politische und verfassungsmäßige Strukturen nicht voneinander getrennt werden können und daher unter Berücksichtigung sowohl verfassungsrechtlicher als auch politischer Kriterien zu ermitteln sind. Zu diesen Kriterien zählen in der jeweiligen Rechtsordnung selbst enthaltene Präambeln bzw Zielbestimmungen und Normenhierarchien, die jeweils zum Ausdruck bringen, dass bestimmten Verfassungsinhalten ein besonderer Stellenwert innerhalb der mitgliedstaatlichen Verfassungsrechtsordnung zukommt, sowie politikwissenschaftliche Aussagen zur Relevanz bestimmter Inhalte für das politische System als Ganzes (hier interessiert insb das Funktionieren des Bundesstaates; daher wird auf die nationale und vergleichende Föderalismusforschung Bezug genommen). Auch der Rsp nationaler Verfassungsgerichte kommt diesbezüglich eine Indizfunktion zu. Die genannten Kriterien ermöglichen eine strukturierte Untersuchung dessen, was innerhalb eines mitgliedstaatlichen Systems zur nationalen Identität gehört. Je mehr Indizien für die Einordnung als Bestandteil der nationalen Identität sprechen, umso eher lässt sich eine entsprechende Einordnung vertreten – es ist aber nicht ausgeschlossen, dass ein Element ausschließlich anhand eines einzigen Kriteriums als Bestandteil der nationalen Identität qualifiziert werden kann, wenn sich dies aus dem mitgliedstaatlichen System mit hinreichender Deutlichkeit ergibt.

3.6.4.5 Nationale Identität und Systematik des Art 4 Abs 2 EUV

Art 4 Abs 2 EUV regelt nicht nur den Schutz der nationalen Identität der Mitgliedstaaten, sondern ordnet in Satz 1 auch an, dass die Organe der EU die Gleichheit der Mitgliedstaaten vor den Verträgen zu achten haben.[590] Im 3. Satz des Art 4 Abs 2 EUV wird überdies eine Verpflichtung zur Achtung der „grundlegenden Funktionen des Staates" angeordnet, worunter ua die Wahrung der ter-

590 Dazu *Klamert* in Kellerbauer/Klamert/Tomkin, Art 4 TEU Rz 7 ff; *Franzius* in Pechstein/Nowak/Häde, Art 4 EUV Rz 20 ff; *Hatje* in Schwarze, Art 4 EUV Rz 8; *Streinz* in Streinz, Art 4 EUV Rz 13 ff; *Puttler* in Calliess/Ruffert, Art 4 EUV Rz 11 ff; *Obwexer* in von der Groeben/Schwarze/Hatje, Art 4 EUV Rz 18 ff.

ritorialen Unversehrtheit, die Aufrechterhaltung der öffentlichen Ordnung und der Schutz der nationalen Sicherheit verstanden wird.[591]

Aus systematischer Perspektive stellt sich die Frage, wie sich der Schutz der nationalen Identität zur Achtung der Gleichheit der Mitgliedstaaten sowie zu den grundlegenden Funktionen des Staates verhält.

So könnte man etwa erwägen, dass die Gleichheit der Mitgliedstaaten[592] es untersagt, nationale Besonderheiten, die nur in einem Mitgliedstaat existieren, dem Schutz der nationalen Identität zu unterstellen. Dies würde aber dem Zweck der Identitätsklausel seine grundlegende Bedeutung nehmen und – zumindest potentiell – eine Vereinheitlichung der nationalen Identitäten nach sich ziehen. Dies stünde wiederum in Widerspruch zum expliziten Wortlaut des Art 4 Abs 2 EUV (arg: „jeweilige“ nationale Identität[593]). Das Verhältnis zwischen der Gleichheit der Mitgliedstaaten und deren jeweiligen nationalen Identitäten ist also so zu bestimmen, dass die Mitgliedstaaten gerade in ihrer Verschiedenheit gleich sind.[594] Diese Verschiedenheit kann auch in unterschiedlichen nationalen Identitäten zum Ausdruck kommen, die aber alle gleich zu behandeln sind: Sie sind nach Art 4 Abs 2 EUV zu achten.[595]

Auch das Verhältnis des Schutzes der nationalen Identität zur Achtung der grundlegenden Funktionen des Staates[596] wirft Fragen auf, nämlich insb jene danach, ob sich ein Mitgliedstaat zur Rechtfertigung seiner Rechtslage sowohl auf den Schutz der nationalen Identität als auch auf die geforderte Achtung der grundlegenden Funktionen des Staates berufen kann.[597] Art 4 Abs 2 EUV spricht nicht gegen eine kumulative Heranziehung dieser Bestimmungen: Soweit ein Bestandteil der nationalen Identität gleichzeitig auch eine Ausübung einer grundlegenden Funktion des Staates darstellt, sind beide Achtungspflichten einschlägig – dies nahm etwa auch GA *Mengozzi* in seinen Schlussanträgen betreffend die

591 Dazu *Klamert* in Kellerbauer/Klamert/Tomkin, Art 4 TEU Rz 22; *Franzius* in Pechstein/Nowak/Häde, Art 4 EUV Rz 50 ff; *Geiger* in Geiger/Khan/Kotzur, Art 4 EUV Rz 4; *Hatje* in Schwarze, Art 4 EUV Rz 19; *Puttler* in Calliess/Ruffert, Art 4 EUV Rz 21; *Obwexer* in von der Groeben/Schwarze/Hatje, Art 4 EUV Rz 38 ff.

592 Auf die völkerrechtlichen Wurzeln dieses Grundsatzes hinweisend *Schill/Krenn* in Grabitz/Hilf/Nettesheim, Art 4 EUV Rz 7; *Puttler* in Calliess/Ruffert, Art 4 EUV Rz 11; *Obwexer* in von der Groeben/Schwarze/Hatje, Art 4 EUV Rz 18; *Streinz* in Streinz, Art 4 EUV Rz 13; die Gleichheit der Mitgliedstaaten als Grundlage für den Grundsatz wechselseitigen Vertrauens (principle of mutual trust) qualifizierend *Lenaerts*, CMLR 2017 808 ff.

593 Dazu schon oben bei 3.6.4.3 (= 112).

594 So zB auch *von Bogdandy/Schill*, CMLR 2011, 1426; *Schill/Krenn* in Grabitz/Hilf/Nettesheim, Art 4 EUV Rz 13; vgl weiters etwa *Besselink* in Giegerich/Gstrein/Zeitzmann, EU 69.

595 So zB auch *von Bogdandy/Schill*, CMLR 2011, 1426 f.

596 Auch diesbezüglich auf völkerrechtliche Parallelen hinweisend *Schill/Krenn* in Grabitz/Hilf/Nettesheim, Art 4 EUV Rz 40; *Obwexer* in von der Groeben/Schwarze/Hatje, Art 4 EUV Rz 40.

597 Vgl dazu auch *Schnettger* in Calliess/van der Schyff, Identity 25; *Streinz* in Streinz, Art 4 EUV Rz 18; *Schill/Krenn* in Grabitz/Hilf/Nettesheim, Art 4 EUV Rz 42; *Obwexer* in von der Groeben/Schwarze/Hatje, Art 4 EUV Rz 41 f.

Rs *Remondis* an.[598] Er führte dort aus, dass sich aus der Rsp des EuGH klar entnehmen lasse, dass „die interne Organisation des Staates nicht unter das Unionsrecht fällt“[599] und dass „das Unionsrecht die Verteilung der Zuständigkeiten zwischen Gebietskörperschaften nicht in Frage stellen darf, da sie unter dem Schutz von Art. 4 Abs. 2 EUV steht, nach dem die Union verpflichtet ist, die jeweilige nationale Identität der Mitgliedstaaten zu achten“.[600] Diese Rsp, so GA *Mengozzi*, stehe „im Einklang mit Art. 4 Abs. 2 Satz 2 EUV, wonach die Union die grundlegenden Funktionen des Staates achtet, zu denen zweifellos jene zu rechnen ist, die sich als Funktion der internen Selbstorganisation des Staates definieren lässt“[601].

3.6.4.6 Relevanz von Konfliktpotential für die Bestimmung der nationalen Identität?

Art 4 Abs 2 EUV gibt keine explizite Antwort darauf, ob eine grundlegende politische und verfassungsmäßige Struktur nur dann als durch Art 4 Abs 2 EUV geschützte nationale Identität qualifiziert werden kann, wenn das Potential besteht, dass es zu einem Konflikt zwischen der mitgliedstaatlichen Struktur und dem Unionsrecht kommt. Wie sich unten bei der Analyse der bundesstaatsbezogenen Identität Österreichs, Deutschlands und Belgiens zeigen wird, gibt es nun aber viele Aspekte, die als grundlegende politische und verfassungsmäßige Struktur eines Mitgliedstaates qualifiziert werden können, die aber – sowohl auf den ersten Blick als auch zumindest teilweise bei näherer Betrachtung – in keinerlei Beziehung oder gar in einem Spannungsverhältnis zur EU im Allgemeinen und dem Unionsrecht im Speziellen stehen.[602] Dies gilt va für viele Grundsätze der innerstaatlichen Organisation.

Es stellt sich nun die Frage, ob es Voraussetzung für die Qualifikation einer grundlegenden politischen oder verfassungsmäßigen Struktur als Bestandteil der nationalen Identität iSd Art 4 Abs 2 EUV ist, dass diese überhaupt das Potential hat, in Konflikt mit dem Unionsrecht zu geraten. Es mag nämlich als unzweckmäßig erachtet werden, den Inhalt der nationalen Identität eines Mitgliedstaates zu ermitteln, wenn feststeht, dass es keine Konstellation gibt, in der die in Art 4 Abs 2 EUV verankerte Achtungspflicht hinsichtlich dieses Teils der nationalen Identität relevant werden könnte. Dies könnte etwa dann der Fall sein, wenn der

598 So qualifizierte etwa GA *Mengozzi* die Verteilung der Zuständigkeiten innerhalb eines Mitgliedstaates als grundlegende Funktion des Staates und als Teil der nationalen Identität; GA *Mengozzi* 30.06.2016, Rs C-51/15 (Remondis) ECLI:EU:C:2016:504 Rz 38 ff; dazu auch *Schnettger* in Calliess/van der Schyff, Identity 24.

599 GA *Mengozzi* 30.06.2016, Rs C-51/15 (Remondis) ECLI:EU:C:2016:504 Rz 38.

600 GA *Mengozzi* 30.06.2016, Rs C-51/15 (Remondis) ECLI:EU:C:2016:504 Rz 40.

601 GA *Mengozzi* 30.06.2016, Rs C-51/15 (Remondis) ECLI:EU:C:2016:504 Rz 39.

602 Vgl dazu unten bei 8 (= 369).

EU in dem fraglichen Bereich gar keine Kompetenzen zukommen, wie dies zB im Bereich der Staatsorganisation häufig der Fall ist.

Allerdings finden sich für eine rein konfliktbezogene Abgrenzung der nationalen Identität eines Mitgliedstaates keine Anhaltspunkte in Art 4 Abs 2 EUV selbst. Dazu kommt, dass eine Prognose, ob es zu einem Konflikt des fraglichen Identitätsbestandteils mit Unionsrecht kommen könnte, auf Grund ihres prognostischen Charakters eben immer mit Unsicherheit verbunden ist. Es kann bspw zum heutigen Zeitpunkt nicht mit Sicherheit beurteilt werden, in welche Richtung sich die Rechtsetzung der Union in zehn Jahren entwickeln wird.

Bei der Ermittlung der nationalen Identität eines Mitgliedstaates ist daher die Frage bedeutungslos, ob aus heutiger Perspektive ein Konflikt mit Unionsrecht denkbar oder gar wahrscheinlich ist. Das Ermitteln solcher potentieller Konfliktkonstellationen ist eine nachgeschaltete Frage, die eigens zu untersuchen ist.[603]

3.6.5 „Achtung" der nationalen Identität iSd Art 4 Abs 2 EUV – absolut oder abwägungsoffen?

Art 4 Abs 2 EUV sieht vor, dass die nationale Identität der Mitgliedstaaten durch die Organe der EU zu „achten" ist. Grundsätzlich kann der Begriff „Achtung" (zumindest) zwei unterschiedliche negative[604] Handlungsgebote implizieren und damit für zwei unterschiedlich starke Abwehrfunktionen stehen:

Achtung der nationalen Identität kann zum einen bedeuten, dass eine Beeinträchtigung der nationalen Identität eines Mitgliedstaates absolut verboten ist und jedenfalls zur Primärrechtswidrigkeit des fraglichen Rechtsaktes führt (absolutes Eingriffsverbot, starke Abwehrfunktion).[605] Zum anderen könnte man Art 4 Abs 2 EUV auch so verstehen, dass dem darin enthaltenen Achtungsgebot schon dann Genüge getan wird, wenn die nationale Identität als ein Aspekt in einen Abwägungsvorgang einbezogen wird, etwa bei der Beurteilung der Frage der Verhältnismäßigkeit der Erlassung eines Sekundärrechtsaktes oder einer Grundfreiheitsbeschränkung (Berücksichtigungsgebot, schwache Abwehrfunktion).[606] Dabei wird als Mittellösung zT auch angedacht, einen „absolut"

603 Siehe dazu insb unten ab 9 (= 379).

604 Hier interessiert nur diese „negative" Seite von Art 4 Abs 2 EUV. Die Frage, inwiefern Art 4 Abs 2 EUV auch positive Schutzpflichten enthält, ist ungeklärt; ablehnend unter Hinweis auf den fehlenden Kompetenzgehalt des Art 4 Abs 2 EUV *Schill/Krenn* in Grabitz/Hilf/Nettesheim, Art 4 EUV Rz 48; *Obwexer* in von der Groeben/Schwarze/Hatje, Art 4 EUV Rz 55; iVm mit Art 4 Abs 3 EUV Schutzpflichten aus Art 4 Abs 2 EUV annehmend *Pernice*, AöR 2011, 194.

605 *Haider/Stöger* in Jaeger/Stöger, Art 4 EUV Rz 11 bezeichnen dies als „mitgliedstaatliche Deutung"; diese Deutung präferierend zB *Calliess/Kahl/Puttler* in Calliess/Ruffert, Art 4 EUV Rz 22; vgl auch *Klein* in Niedobitek/Sommermann, Wertegemeinschaft 67.

606 *Haider/Stöger* in Jaeger/Stöger, Art 4 EUV Rz 11 bezeichnen dies als „unionale Deutung", die von ihnen auch bevorzugt wird (Rz 13); so auch *Hatje* in Schwarze, Art 4 EUV Rz 22. Ebenfalls für eine Abwägung *von Bogdandy/Schill* in Grabitz/Hilf/Nettesheim, Art 4 EUV Rz 35; gleichlautend *von Bogdandy/Schill*, ZaöRV 2010, 725 f; vgl auch *Schill/Krenn* in Grabitz/Hilf/Nettesheim, Art 4 EUV

eingriffsfesten „Kernbereich“ der nationalen Identität einem einer Abwägung zugänglichen Randbereich der nationalen Identität gegenüberzustellen.[607] Dabei soll der Kernbereich der nationalen Identität eines Mitgliedstaates das sein, was durch die in Art 2 EUV genannten Werte der EU gedeckt ist.[608] Allerdings ist fraglich, ob die Bezugnahme auf Art 2 EUV die Definition eines Kernbereichs tatsächlich erleichtert; die dort genannten Werte sind nämlich selbst sehr unbestimmt.[609] Gerade für die hier interessierende Frage der föderalen Organisation eines Mitgliedstaates kann ebenso gut vertreten werden, dass diese durch die Werte des Art 2 EUV gedeckt ist – etwa, indem die föderale Organisation mit Demokratie[610], Freiheit[611] oder Pluralismus[612] in Verbindung gebracht wird –, wie es auch vertretbar ist zu argumentieren, die etwaige föderale Organisation eines Mitgliedstaates sei gar nicht Thema des Art 2 EUV und daher auch von diesem nicht gedeckt (was nicht gleichzeitig bedeutet, dass die föderale Organisation in Widerspruch zu diesen Werten steht).[613] Eine Unterscheidung in Kern- und Randbereich der nationalen Identität ist daher nicht zielführend, weil sie zu noch mehr Unklarheit über die geschützten Inhalte führt; diese erhöhte Unklarheit wird auch durch eine ergänzende Bezugnahme auf Art 2 EUV nicht verringert.[614] So wird etwa in der Literatur auch betont, dass Art 4 Abs 2 EUV gerade dort Bedeutung hat, wo die grundlegenden mitgliedstaatlichen Strukturen nicht bereits von Art 2 EUV erfasst sind.[615]

Rz 43; *Obwexer* in von der Groeben/Schwarze/Hatje, Art 4 EUV Rz 49; vgl weiters zB *Kröll* in Lienbacher/Wielinger, Jahrbuch 235; *Pernice*, AöR 2011, 195 ff; *Wischmeyer*, AöR 2015, 447 ff. Zunächst ebenfalls mit einer Abwägung sympathisierend, dann aber doch bestimmte Bereiche (zB Menschenwürde) als absolut abwägungsfest qualifizierend und insofern offenbar auf den jeweils geschützten Inhalt abstellend, *Franzius* in Pechstein/Nowak/Häde, Art 4 EUV Rz 58 f.

607 So *Haratsch*, EuR 2016, 142; ihm folgend *Hatje* in Schwarze, Art 4 EUV Rz 18. Ebenfalls auf einen „Kernbereich“ stellen *von Bogdandy/Schill* in Grabitz/Hilf/Nettesheim, Art 4 EUV Rz 35 ab; gleichlautend *von Bogdandy/Schill*, ZaöRV 2010, 725 f; bei ihnen ist aber auch der (nicht näher definierte) Kernbereich einer Abwägung zugänglich.

608 *Haratsch*, EuR 2016, 142; ihm folgend *Hatje* in Schwarze, Art 4 EUV Rz 18. Für die Bestimmung des Inhalts der nationalen Identität ebenfalls auf Art 2 EUV abstellend *Franzius* in Pechstein/Nowak/Häde, Art 4 EUV Rz 32; *Millet* in Azoulai, Competence 264; *Bogdandy/Schill*, CMLR 2011, 1430. Ganz allgemein zur Bedeutung des Art 2 EUV bei der systematisch-teleologischen Auslegung des EU-Primärrechts *Potacs*, EuR 2016, 167 f; zum Gehalt der in Art 2 EUV genannten Werte zB *Sommermann* in Niedobitek, Grundlagen Rz 22 ff.

609 *Potacs*, EuR 2016, 170 mwN. Zur weitgehenden Konvergenz zwischen Werten der EU iSd Art 2 EUV und nationalen Identitäten iSd Art 4 Abs 2 EUV *Kaddous* in Giegerich/Gstrein/Zeitzmann, EU Rz 105 f.

610 Dazu zB *Sommermann* in Niedobitek, Grundlagen Rz 32 ff.

611 Dazu zB *Sommermann* in Niedobitek, Grundlagen Rz 30 f.

612 Dazu zB *Sommermann* in Niedobitek, Grundlagen Rz 47.

613 *Streinz* in Streinz, Art 4 EUV Rz 14 betont, dass Art 4 Abs 2 EUV gerade dort Bedeutung hat, wo die grundlegenden mitgliedstaatlichen Strukturen nicht bereits von Art 2 EUV erfasst sind. Ebenso *Obwexer* in von der Groeben/Schwarze/Hatje, Art 4 EUV Rz 30.

614 Ebenfalls kritisch zu einem solchen „Kernbereich“ *van der Schyff*, ELR 2012, 581, der im Übrigen aber ebenfalls eher für ein relatives, einer Abwägung zugängliches Verständnis der nationalen Identität plädiert (579 f).

615 *Streinz* in Streinz, Art 4 EUV Rz 14; ebenso *Obwexer* in von der Groeben/Schwarze/Hatje, Art 4 EUV Rz 30.

Der Begriff „Achtung“ lässt an sich beide der vorangehend genannten gegensätzlichen Deutungen – absolutes Eingriffsverbot oder Berücksichtigungsgebot mit Abwägungspflicht – zu. Im Primärrecht wird Achtung häufig in Konstellationen verwendet, in denen die EU verpflichtet wird, bestimmte Vorgaben jedenfalls einzuhalten, ohne dass diese einer Abwägung mit anderen Geboten zum Opfer fallen können: Zu denken ist dabei etwa an Art 51 GRC („Achtung der Grenzen der Zuständigkeiten“), Art 69 AEUV („Achtung des Subsidiaritätsprinzips“) oder Art 2 EUV („Achtung der Menschenwürde“). Wenn darauf hingewiesen wird, dass der Begriff „Achtung“ in der GRC lediglich als Abwägungsgebot angesehen wird,[616] wird vernachlässigt, dass es für den Bereich der GRC mit Art 52 Abs 1 GRC eine explizite Eingriffsermächtigung gibt, in welcher die Relevanz des Verhältnismäßigkeitsgrundsatzes angeordnet wird. Mit Blick auf Art 4 Abs 2 EUV kommt als entsprechende Positivierung des Verhältnismäßigkeitsgrundsatzes lediglich Art 5 Abs 4 EUV in Betracht. Im Lichte der Systematik der genannten Bestimmungen des EUV ist aber nicht anzunehmen, dass durch die Anordnung des Verhältnismäßigkeitsgrundsatzes in Art 5 Abs 4 EUV tatsächlich auch die Achtungspflicht in Art 4 Abs 2 EUV einer Abwägung zugänglich gemacht werden soll.[617]

Auch die Funktion von Art 4 Abs 2 EUV spricht eher für ein absolut verstandenes Achtungsgebot: Als Bestandteil der nationalen Identität können ohnehin nur grundlegende Elemente der verfassungsmäßigen und politischen Strukturen eines Mitgliedstaates qualifiziert werden. Wenn aber ohnehin nur grundlegende nationale Strukturen geschützt werden, dann spricht der Zweck des Art 4 Abs 2 EUV, mitgliedstaatliche Freiräume zu garantieren, dafür, diese Strukturen absolut zu schützen und nicht zum Gegenstand von Abwägungsprozessen zu machen. Würde man solche Abwägungsprozesse zulassen, dann stellte sich im Übrigen auch die Frage, welcher Stellenwert einem Identitätsbestandteil eines einzelnen Mitgliedstaates zukommt, wenn zB durch einen Sekundärrechtsakt ein unionsweites Ziel verfolgt werden soll. Würde man davon ausgehen, dass der Stellenwert des Identitätsbestandteils im Rahmen der Abwägung höher wäre, wenn sich entsprechende Strukturen in mehreren Mitgliedstaaten finden, dann würde dies das erkennbare Ziel des Art 4 Abs 2 EUV unterlaufen, gerade auch Spezifika einzelner Mitgliedstaaten zu schützen, sofern diesen im jeweiligen Mitgliedstaat grundlegende Bedeutung zukommt; dies wäre damit auch nicht mit dem Grundsatz der Gleichheit der Mitgliedstaaten vereinbar. Wie sich unten noch zeigen wird, sind im Übrigen einige Bestandteile der nationalen Identität mancher Mitgliedstaaten einer Abwägung gar nicht zugänglich: Entweder die nationale Iden-

---

616 ZB *von Bogdandy/Schill* in Grabitz/Hilf/Nettesheim, Art 4 EUV Rz 35, gleichlautend *von Bogdandy/Schill*, ZaöRV 2010, 726.

617 Verneinend *Calliess/Kahl/Puttler* in Calliess/Ruffert, Art 4 EUV Rz 22.

tität wird geachtet oder missachtet, da es keine reduzierbaren „Schichten" an nationaler Identität gibt.[618] In diesen Fällen ist das Achtungsgebot jedenfalls als abwägungsfeindlich zu qualifizieren, da es andernfalls bedeutungslos wäre.

Das Achtungsgebot des Art 4 Abs 2 EUV ist aber auch abseits davon absolut zu verstehen – eine Beeinträchtigung der nationalen Identität kann nicht mit der Verfolgung bestimmter Ziele ausgeglichen oder gerechtfertigt werden. Dies schließt nicht aus, dass die dogmatische Verankerung der Achtung der nationalen Identität im Rahmen von „Abwägungen" erfolgt, indem zB der EuGH die Missachtung der nationalen Identität als Element der Verhältnismäßigkeitsprüfung berücksichtigt.[619] Das hier vertretene Verständnis von Art 4 Abs 2 EUV als „absolutes" Achtungsgebot erlaubt es, im Einzelfall zu prüfen, ob eine nationale Maßnahme, die vorgeblich dem Schutz der nationalen Identität dient, auch tatsächlich geeignet und erforderlich ist, um dieses Ziel zu erreichen, insb dann, wenn die nationale Identität die Erreichung eines bestimmten Ziels gebietet, das durch unterschiedliche Maßnahmen verwirklicht werden kann.[620]

3.6.6 Verpflichtete des Art 4 Abs 2 EUV

3.6.6.1 Organe der EU

Adressaten der Achtungspflicht des Art 4 Abs 2 EUV sind die Organe der EU.[621] Die Achtungspflicht trifft daher zum einen den EU-Rechtsetzer, der die nationale Identität bei der Erlassung von Sekundärrechtsakten zu berücksichtigen hat,[622] sowie die Kommission bei der Anwendung des EU-Rechts und bei der Beurteilung der Rechtmäßigkeit der Durchführung des EU-Rechts durch die Mitgliedstaaten.[623] Zum anderen verpflichtet Art 4 Abs 2 EUV auch den EuGH

---

618 Siehe insb unten zur bundesstaatlichen Relativierung des Gleichheitssatzes (ab 9.2 [= 393]) oder zum Erfordernis eines Mindestausmaßes an Länderkompetenzen („konstitutive Vielfalt", bei 9.1 [= 379]). Vgl dahingehend auch *Cloots*, Identity 243. Vgl auch *Franzius* in Pechstein/Nowak/Häde, Art 4 EUV Rz 59.

619 Siehe dazu zB unten bei der Kohärenzprüfung, 9.2.3.2 (= 407). Nicht bundesstaatlich konnotiert, aber strukturell dieselbe Konstellation betreffend (Berücksichtigung von Art 4 Abs 2 EUV) EuGH 22.12.2010, Rs C-208/09 (Sayn-Wittgenstein) ECLI:EU:C:2010:806 Rz 93 ff; EuGH 12.05.2011, Rs C-391/09 (Runevič-Vardyn) ECLI:EU:C:2011:291 Rz 87.

620 Vgl zB auch EuGH 24.05.2011, Rs C-51/08 (Kommission/Luxemburg) ECLI:EU:C:2011:336 Rz 124: „Ziel" der geschützten nationalen Identität war dort va die Bewahrung der eigenen Sprache (auch im Rechtsverkehr), die (im Ergebnis als zur Erreichung dieses Ziels als nicht erforderlich qualifizierte) Maßnahme ein Staatsbürgervorbehalt für die Ausübung des Berufs des Notars.

621 Dazu auch *Calliess/Kahl/Puttler* in Calliess/Ruffert, Art 4 EUV Rz 22; *Schill/Krenn* in Grabitz/Hilf/Nettesheim, Art 4 EUV Rz 6; *Hatje* in Schwarze, Art 4 EUV Rz 5; *Walter*, ZaöRV 2012, 181; *Obwexer* in von der Groeben/Schwarze/Hatje, Art 4 EUV Rz 47.

622 So zB auch *van der Schyff*, ELR 2012, 567; *Hatje* in Schwarze, Art 4 EUV Rz 20.

623 Zur Rolle der Kommission im Zusammenhang mit Vertragsverletzungsverfahren zB *Smith* in Handbook 352 ff; *Schütze*, EU Law 380 ff.

zur Achtung der nationalen Identitäten der Mitgliedstaaten.[624] Die Bindung des EuGH an Art 4 Abs 2 EUV ist nicht nur dann von Relevanz, wenn dieser Sekundärrecht auf dessen Übereinstimmung mit Art 4 Abs 2 EUV überprüft[625] oder auszulegen hat,[626] sondern auch dann, wenn er andere Bestimmungen des Primärrechts auszulegen hat.[627] Art 4 Abs 2 EUV verpflichtet den Gerichtshof, die nationale Identität der Mitgliedstaaten bei der Auslegung der übrigen Bestimmungen des Primärrechts zu berücksichtigen.[628]

3.6.6.2 Sorgfaltspflichten der Mitgliedstaaten?

Nicht ganz so naheliegend wie die Verpflichtung der Organe der EU durch Art 4 Abs 2 EUV ist die Frage, ob auch die Mitgliedstaaten bzw ihre Organe durch Art 4 Abs 2 EUV verpflichtet werden.[629] Denkbar ist, dass jenem Mitgliedstaat, der sich auf Art 4 Abs 2 EUV beruft, gewisse Sorgfaltspflichten obliegen, deren Verletzung dazu führt, dass die nationale Identität nicht mehr erfolgreich vor dem EuGH geltend gemacht werden kann. Erstens kann dabei gefragt werden, ob die Vertreter:innen eines jeden Mitgliedstaates verpflichtet sind, jeweils da-

---

624 Ausführlich dazu *Cloots*, Identity 75 ff; vgl auch *Schill/Krenn* in Grabitz/Hilf/Nettesheim, Art 4 EUV Rz 54; *Hatje* in Schwarze, Art 4 EUV Rz 21; *Klamert* in Kellerbauer/Klamert/Tomkin, Art 4 TEU Rz 20 f; *Besselink*, Utrecht Law Review 2010 (6:3) 45.

625 Wie hier für eine Überprüfbarkeit von Sekundärrecht am Maßstab von Art 4 Abs 2 EUV zB *von Bogdandy/Schill*, CMLR 2011, 1443. Die bei *Cloots*, Identity 325 f vorgebrachten Bedenken gegen eine Nichtigerklärung von Sekundärrechtsakten auf Grund einer Identitätsverletzung (im Wesentlichen: dass möglicherweise nur die nationale Identität eines von vielen Mitgliedstaaten betroffen ist und dass durch eine Nichtigerklärung in den politischen Gestaltungsspielraum des Sekundärrechtsetzers eingegriffen wird) treffen auch auf andere Primärrechtsbestimmungen zu und ändern nichts an der überprüfbaren Verpflichtung des Sekundärrechtsetzers, Art 4 Abs 2 EUV einzuhalten. Dass einzelne Mitgliedstaaten durch eine Identitätsverletzung uU mehr betroffen sind als andere ist dem Konzept des Art 4 Abs 2 EUV – der eben auf die einzelnen mitgliedstaatlichen Rechtsordnungen abstellt – inhärent.

626 Dort kann Art 4 Abs 2 EUV insb in Form einer primärrechtskonformen Interpretation von Relevanz sein; dazu *Schnettger* in Calliess/van der Schyff, Identity 30 f; *Villotti*, ZEuS 2015, 501; vgl auch *Cloots*, Identity 344, die allerdings den diesbezüglichen Spielraum des EuGH dann verringert wissen will, wenn der Sekundärrechtsetzer sich bewusst mit der Frage der Vereinbarkeit mit Art 4 Abs 2 EUV auseinandergesetzt hat; in diesem Fall soll der EuGH an die Entscheidung des Sekundärrechtsetzers gebunden sein. Eine solche Herangehensweise hätte aber nach der hier vertretenen Ansicht einen noch größeren Eingriff in den Gestaltungsspielraum des Sekundärrechtsetzers zur Folge, da dann ja der fragliche Rechtsakt für nichtig erklärt werden müsste.

627 *Schnettger* in Calliess/van der Schyff, Identity 34 f; *Obwexer* in von der Groeben/Schwarze/Hatje, Art 4 EUV Rz 57.

628 Vgl GA *Kokott* 31.05.2016, Rs C-157/15 (*Achbita*) ECLI:EU:C:2016:382 Rz 32, 125, wo es zwar vorrangig um die Auslegung der Gleichbehandlungs-RL 2000/78/EG geht, allerdings auch Bezug auf den – im Rang von Primärrecht stehenden – Art 21 GRC genommen wird (Rz 123).

629 Verneinend zB *Schill/Krenn* in Grabitz/Hilf/Nettesheim, Art 4 EUV Rz 6, die aber eine Verpflichtung zur Achtung der wechselseitigen nationalen Identitäten aus Art 4 Abs 3 EUV ableiten; ebenfalls eine Verpflichtung zur Achtung der wechselseitigen nationalen Identitäten andenkend *Franzius* in Pechstein/Nowak/Häde, Art 4 EUV Rz 18; *Hatje* in Schwarze, Art 4 EUV Rz 6, die beide aber völkerrechtliche Argumente gegen die Annahme einer (zusätzlichen) derartigen Pflicht aus Art 4 Abs 2 EUV ins Treffen führen. Vorsichtig bejahend *Obwexer* in von der Groeben/Schwarze/Hatje, Art 4 EUV Rz 48.

rauf zu achten, dass „ihre" nationale Identität im Rechtsetzungsprozess nicht missachtet wird, und ob sie entsprechende Aufklärungs- bzw Warnpflichten treffen.[630] Zweitens kann gefragt werden, ob das Verhalten der Vertreterin bzw des Vertreters eines Mitgliedstaates (insb im Rat) im Rahmen des Rechtsetzungsprozesses Relevanz für die Bestimmung des Inhalts der nationalen Identität des jeweiligen Mitgliedstaates haben kann.

Das Bestehen von Aufklärungs- und Warnpflichten der Vertreter:innen der Mitgliedstaaten im Rechtsetzungsprozess könnte im Lichte dessen als notwendig erachtet werden, dass der Begriff der nationalen Identität auf nationale Gegebenheiten abstellt und dass es für Außenstehende schwer zu beurteilen ist, was zur nationalen Identität eines anderen Staates zählt. Solche Pflichten könnten sich aus Art 4 Abs 3 EUV ergeben, wenn sie erforderlich sind, damit die Organe der EU die Vertragsziele erreichen bzw die in den Verträgen enthaltenen Verpflichtungen erfüllen können – eine solche Erforderlichkeit wird man idR nicht annehmen können.[631] Aus Art 4 Abs 2 EUV selbst lassen sich Aufklärungspflichten aber ebenfalls nicht ableiten, insb weil Art 4 Abs 2 EUV – im Gegensatz zu Art 46 WVK – nicht auf die Offensichtlichkeit der Missachtung grundlegender Strukturen abstellt;[632] die Erfüllung etwaiger Aufklärungs- oder Warnpflichten kann daher auch keine Voraussetzung dafür sein, dass Art 4 Abs 2 EUV zur Anwendung kommen kann.[633] Ein gegen Art 4 Abs 2 EUV verstoßender Rechtsakt ist also unabhängig davon rechtswidrig, ob die Identitätsmissachtung vom betroffenen Mitgliedstaat im Rechtsetzungsverfahren „gerügt" wurde. Dies steht auch mit der allgemeinen Beobachtung in Einklang, dass der EuGH soweit ersichtlich in von Mitgliedstaaten durch Nichtigkeitsklage eingeleiteten Nichtigkeitsverfahren für die Zulässigkeit oder Begründetheit der vorgebrachten Bedenken noch nie darauf abgestellt hat, ob bereits im Rat entsprechende Bedenken vorgebracht wurden.[634]

Zu klären bleibt, ob bzw inwiefern das Abstimmungsverhalten der Vertreterin bzw des Vertreters eines Mitgliedstaates bei der Beschlussfassung über einen

630 Dies andiskutierend auch *Schnettger* in Calliess/van der Schyff, Identity 32, wobei unklar bleibt, ob sie auf Basis der geltenden Rechtslage vom Bestehen einer derartigen Pflicht ausgeht, da sie zuerst vom Bestehen einer Pflicht spricht, dann aber ausführt „[t]his could be realised through an identity complaint procedure for national parliaments" – was eher dahin deutet, dass eine derartige Pflicht ihrer Ansicht nach erst nach Einführung eines solchen Verfahrens bestünde. Zum rechtspolitischen Vorschlag der Einführung eines „identity committee" *Villotti*, ZEuS 2015, 502 ff.

631 Zu einem möglichen Sonderfall unten bei 9.1.2.6 (= 385).

632 Oben bei 3.5.3 (= 85).

633 So wohl auch *Hatje* in Schwarze, Art 4 EUV Rz 24, der von „Rügeobliegenheiten im Rechtsetzungsverfahren" spricht, aber eben gerade nicht von Rügepflichten.

634 Der EuGH gibt zwar entsprechende Vorgänge im Rechtsetzungsverfahren wieder, etwa in EuGH 05.12.2017, Rs C-600/14 (Deutschland/Rat) ECLI:EU:C:2017:935 Rz 18 oder EuGH 13.03.2019, Rs C-128/17 (Polen/Europäisches Parlament) ECLI:EU:C:2019:194 Rz 16, führt aber etwa in der letztgenannten Entscheidung nur an, dass „Bedenken" vorgebracht wurden, ohne auf das konkrete Abstimmungsverhalten einzugehen; eine Verknüpfung mit der Frage nach der Zulässigkeit oder der Begründetheit des Vorbringens im Nichtigkeitsverfahren findet nicht statt.

Rechtsakt im Rat relevant sein soll, insb dann, wenn Entscheidungen mit qualifizierter Mehrheit getroffen und einzelne Mitgliedstaaten überstimmt werden können. Man könnte behaupten, dass eine Missachtung der nationalen Identität eines Mitgliedstaates dann nicht anzunehmen sei, wenn die Vertreterin bzw der Vertreter des fraglichen Mitgliedstaates dem Rechtsakt zugestimmt hätte. Das Stimmverhalten der Vertreterin bzw des Vertreters eines Mitgliedstaates im Rat hätte dann unmittelbare Bedeutung für die Bestimmung des Inhalts der nationalen Identität des jeweiligen Mitgliedstaates. Gegen diesen Ansatz spricht aber, dass das Stimmverhalten der Vertreterin bzw des Vertreters eines Mitgliedstaates nicht zwingend nur auf die Frage der Achtung der nationalen Identität zurückzuführen ist. Außerdem ist denkbar, dass eine Identitätsverletzung erst nach Inkrafttreten eines Rechtsaktes zu Tage tritt. Das Stimmverhalten kann also weder in die eine noch in die andere Richtung als Nachweis der (Miss-)Achtung der nationalen Identität gewertet werden; auch der EuGH misst diesem bei sonstigen Primärrechtswidrigkeiten keine Bedeutung zu.[635] Ob es innerstaatlich, wie etwa vom deutschen BVerfG judiziert,[636] eine „Integrationsverantwortung" der Vertreter:innen im Rat gibt,[637] ist für die Rechtslage nach Art 4 Abs 2 EUV unerheblich.

3.6.7 Konsequenzen der Missachtung der nationalen Identität

Wie bereits mehrfach erwähnt, ist die Konsequenz einer Missachtung der nationalen Identität durch die Organe der EU die Primärrechtswidrigkeit des fraglichen Rechtsaktes.[638] Handelt es sich dabei um Sekundärrecht, so kann dieses vom EuGH als nichtig erklärt werden.[639] Eine Missachtung der nationalen Identität führt aber – entgegen einer in der Literatur vertretenen Auffassung[640] – nicht automatisch dazu, dass die missachtende Handlung nicht mehr vom unionalen Anwendungsvorrang profitiert.[641] Eine Verletzung von Art 4 Abs 2 EUV ist eine Primärrechtsverletzung und nimmt als solche keine Sonderstellung im Gefüge des

635 Siehe dazu schon oben in Fn 635.

636 BVerfGE 123, 267 (Lissabon); aktuell etwa auch BVerfG 05.05.2020, 2 BvR 859/15 ua (PSPP) Rz 106 ff. Zur Verwendung dieses Begriffs durch das BVerfG im Lissabon-Urteil ausführlich und mwN *Kottmann/Wohlfahrt*, ZaöRV 2009, 454 ff.

637 BVerfGE 123, 267 (Lissabon) 356; aktuell zB BVerfG, 30.07.2019, 2 BvR 1685/14 und 2 BvR 2631/15 (Bankenunion) Rz 102 ff, 140 ff; BVerfG 05.05.2020, 2 BvR 859/15 ua (PSPP) Rz 106 ff. Dazu *Pernice*, AöR 2011, 212 f.

638 So zB auch *Dobbs*, Yearbook of European Law 2014, 315 f; *Hatje* in Schwarze, Art 4 EUV Rz 20; *Schnettger* in Calliess/van der Schyff, Identity 32; *Obwexer* in von der Groeben/Schwarze/Hatje, Art 4 EUV Rz 36.

639 Ein Beispiel für eine Prüfung von Sekundärrecht am Maßstab von Art 4 Abs 2 EUV findet sich zB in EuGH 17.07.2014, verb Rs C-58/13 und C-59/13 (Torresi) ECLI:EU:C:2014:2088 Rz 54 ff.

640 Zum Beispiel *von Bogdandy/Schill* in Grabitz/Hilf/Nettesheim, Art 4 EUV Rz 48; *Franzius* in Pechstein/Nowak/Häde, Art 4 EUV Rz 31; *Besselink*, Utrecht Law Review 2010 (6:3) 47 f.

641 Wie hier zB *Cloots*, Identity 181 ff; *van der Schyff*, EPL 2016, 231; *van der Schyff*, ELR 2012, 572 f, 583; *Murphy*, Trinity College Law Review 2017, 118 f; vgl auch *Polzin*, Verfassungsidentität 190 ff.

Unionsrechts ein. Primärrechtsverletzungen durch EU-Sekundärrechtsakte haben aber nicht zur Folge, dass der Sekundärrechtsakt im beschwerdeführenden oder von der Primärrechtsverletzung besonders betroffenen Staat „automatisch“ und schon vor einer Nichtigerklärung durch den EuGH keinen Anwendungsvorrang mehr genießt. Dies bestätigte der EuGH – zumindest implizit – auch in der Rs *M.A.S.*[642] (bzw *Taricco II*).[643] Dem EuGH hätte sich in dieser Rechtssache die Gelegenheit geboten, die nationale Identität als Rechtfertigung für die teilweise Aussetzung des Anwendungsvorrangs heranzuziehen; er wich dem aber aus.[644] Stattdessen begründete er die Relativierung des Anwendungsvorrangs im konkreten Fall mit einer Bezugnahme auf den Grundsatz der Gesetzmäßigkeit als im Unionsrecht verankerten allgemeinen Rechtsgrundsatz.[645] Aus der bisherigen Rsp des EuGH lassen sich damit keine Anhaltspunkte dafür entnehmen, dass Art 4 Abs 2 EUV zu einer Relativierung des Anwendungsvorrangs führt. Eine Verletzung der nationalen Identität eines Mitgliedstaates führt also – sofern sie vom EuGH aufgegriffen wird – zur Nichtigkeit des Rechtsaktes mit Wirkung für die gesamte EU-Rechtsordnung und damit auch für die nicht betroffenen Mitgliedstaaten. Dieses Ergebnis wird auch durch den Grundsatz der Einheitlichkeit der Unionsrechtsordnung[646] unterstrichen, nachdem das Unionsrecht in allen Mitgliedstaaten einheitlich gilt und angewendet werden muss. Auch die von *Cloots*[647] vorgebrachten Bedenken gegen eine Nichtigerklärung von Sekundärrechtsakten auf Grund einer Identitätsverletzung (im Wesentlichen: dass möglicherweise nur die nationale Identität eines von vielen Mitgliedstaaten betroffen ist und dass durch eine Nichtigerklärung in den politischen Gestaltungsspielraum des Sekundärrechtsetzers eingegriffen wird) treffen auch auf andere Primärrechtsbestimmungen zu und ändern nichts an der überprüfbaren Verpflichtung des Sekundärrechtsetzers, Art 4 Abs 2 EUV einzuhalten. Dass einzelne Mitgliedstaaten durch eine Identitätsverletzung uU mehr betroffen sind als andere, ist dem Konzept des Art 4 Abs 2 EUV – der eben auf die einzelnen mitgliedstaatlichen Rechtsordnungen abstellt – immanent.

Die Heranziehung von Art 4 Abs 2 EUV durch den EuGH setzt weiters nicht voraus, dass sich ein Mitgliedstaat – durch die beteiligte Regierung oder das

642 EuGH 05.12.2017, Rs C-42/17 (M.A.S.) ECLI:EU:C:2017:936. Zu dieser Entscheidung auch schon oben bei 2.2 (= 43).

643 Wie hier *Rauchegger*, CMLR 2018, 1542, 1547; für den Aspekt des Identitätsvorbehalts auch *Burchardt*, EuR 2018, 261 f; vgl auch *Obwexer* in von der Groeben/Schwarze/Hatje, Art 4 EUV Rz 37, 54.

644 Dazu auch *Burchardt*, EuR 2018, 261 ff; *Rauchegger*, CMLR 2018, 1542.

645 EuGH 05.12.2017, Rs C-42/17 (M.A.S.) ECLI:EU:C:2017:936 Rz 51 ff.

646 ZB EuGH 26.02.2013, Rs C-399/11 (Melloni) ECLI:EU:C:2013:107 Rz 63; EuGH 18.10.2007, Rs C-195/06 (Österreichischer Rundfunk) ECLI:EU:C:2007:613 Rz 24; EuGH 18.01.1984, Rs C-327/82 (Ekro) ECLI:EU:C:1984:11 Rz 11.

647 *Cloots*, Identity 325 f.

Vorlagegericht – auf diese Bestimmung beruft.[648] Schließlich ist kein Grund ersichtlich, wieso die Heranziehung von Art 4 Abs 2 EUV durch den EuGH anderen Regeln unterliegen sollte als die Heranziehung des sonstigen Primärrechts.[649] Zwar muss die Identitätsverletzung ausreichend substantiiert werden, damit der EuGH sie anerkennt – was durch die mangelnde Offenlegung der vom EuGH geforderten Substantiierungserfordernisse[650] erschwert wird. Dies könnte aber – zumindest theoretisch – auch durch die Generalanwältinnen und Generalanwälte oder sogar durch den EuGH selbst passieren – wenngleich sich dieser idR nicht darum bemühen wird, sich zu Ungunsten des Unionsrechts für mitgliedstaatliche Freiräume einzusetzen.

Eine Sonderfrage in diesem Zusammenhang ist, ob die Geltendmachung der Missachtung der nationalen Identität jenem Mitgliedstaat vorbehalten bleibt, dessen nationale Identität missachtet wurde. Verneint man dies, so wäre es bspw denkbar, dass Frankreich einen Sekundärrechtsakt vor dem EuGH mit der Begründung bekämpft, dass durch den Sekundärrechtsakt die nationale Identität Deutschlands verletzt wird. Es sprechen eine Reihe von Argumenten dafür, eine Rüge auch durch „fremde" Mitgliedstaaten zuzulassen: Art 4 Abs 2 EUV nimmt auf alle nationalen Identitäten der Mitgliedstaaten Bezug und macht diese zu seinem Schutzobjekt; ob ein Verstoß gegen diese Bestimmung vorliegt, kann aber nicht davon abhängen, wer einen Rechtsakt anficht oder wo dieser zur Anwendung kommen soll. Auch müssen die Mitgliedstaaten bei der Nichtigkeitsklage nach Art 263 AEUV im Allgemeinen keine „Selbstbetroffenheit" geltend machen, sondern sind als privilegierte Kläger befugt, jedwede Rechtswidrigkeit beim EuGH geltend zu machen. In der Praxis wird die Bezugnahme eines Mitgliedstaates auf die nationale Identität eines anderen Mitgliedstaates dadurch erschwert, dass die tätig werdenden Personen sich mit der nationalen Identität eines anderen Mitgliedstaates auseinandersetzen und die Identitätsverletzung ent-

---

648 In diese Richtung könnten die Ausführungen von GA *Øe* 04.05.2017, Rs C-566/15 (Erzberger) ECLI:EU:C:2017:347 Rz 101 ff gedeutet werden, der die Qualifikation bestimmter Vorschriften über die betriebliche Arbeitnehmer:innenmitbestimmung eher nicht als Teil der deutschen nationalen Identität qualifiziert wissen will und dazu auch darauf hinweist, dass die deutsche Bundesregierung kein entsprechendes Vorbringen erstattet hat.

649 Die Beantwortung der Frage, inwiefern der EuGH ohne entsprechendes Vorbringen der beteiligten Mitgliedstaaten (oder der Kommission) und somit „selbstständig" darauf eingehen darf, ob Art 4 Abs 2 EUV im von ihm zu beurteilenden Fall einschlägig ist oder nicht, hängt damit von der fraglichen Verfahrensart und von der Rolle ab, die Art 4 Abs 2 EUV in diesem Kontext spielen würde. So besteht bspw im Vertragsverletzungsverfahren eine Bindung an die begründete Stellungnahme der Kommission (wenngleich zugegebenermaßen schwer vorstellbar ist, wie ein Mitgliedstaat selbst gegen Art 4 Abs 2 EUV verstoßen soll), was den behaupteten Vertragsverstoß angeht; soweit es um die Rechtfertigung eben dieses geht, wird man dem EuGH aber auch die amtswegige Heranziehung von Art 4 Abs 2 EUV zugestehen müssen. Im Nichtigkeitsklageverfahren besteht idR eine Bindung an die vorgebrachten Nichtigkeitsgründe; im Vorabentscheidungsverfahren formuliert der EuGH die Vorlagefrage idR ohnehin so um, wie es ihm nützlich erscheint, um dem vorlegenden Gericht die Vorgaben „der Verträge" zu erklären.

650 Dazu oben bei 3.6.3.2 (= 106).

sprechend substantiieren müssen – ein Unterfangen, das bereits mit Blick auf den „eigenen" Mitgliedstaat bzw die „eigene" Rechtsordnung nicht einfach ist.

4. Die Kompetenzverteilung als Ausgangspunkt einer systematischen Analyse grundlegender bundesstaatlicher Strukturen

4.1 Notwendigkeit einer Vorstrukturierung

In den folgenden Kapiteln sollen die grundlegenden politischen und verfassungsmäßigen Strukturen – die nationalen Identitäten – Österreichs, Deutschlands und Belgiens ermittelt werden, die Bezug zur Bundesstaatlichkeit dieser Staaten haben.

Dabei ist allerdings zu veranschlagen, dass die bundesstaatliche Organisation eines Staates auf weite Teile der Rechtsordnung und des politischen Systems Auswirkungen hat: Für Deutschland etwa wird konstatiert, dass zumindest die Hälfte[651] aller oder „nahezu alle"[652] Normen des Grundgesetzes bundesstaatsrelevant sind. Für die österreichische Rechtsordnung wird festgehalten, dass fast alle Bestimmungen des Bundesverfassungsrechts bundesstaatsrelevant seien und eine erschöpfende Behandlung aller damit in Zusammenhang stehenden Fragen daher schwer durchführbar sei.[653] Auch bezüglich der belgischen Rechtsordnung wird sich nicht bestreiten lassen, dass die nunmehr bestehende bundesstaatliche Organisation Konsequenzen für fast alle Teile der (Verfassungs-)Rechtsordnung hat.[654] Entsprechend umfangreich ist die rechtswissenschaftliche Literatur zu bundesstaatsrelevanten Fragen.[655]

651 *Isensee* in HB StR § 126 Rz 5; so auch *Oeter* in Gamper, Kompetenzverteilung 107.

652 *Robbers* in BK Art 20 GG Rz 958.

653 *Pernthaler* in FS 75 Jahre B-VG 659; dies wird im Übrigen auch dadurch illustriert, dass *Pernthalers* Werk mit dem Titel „Österreichisches Bundesstaatsrecht" eine umfassende Aufarbeitung des (abgesehen von wenigen Ausnahmen gesamten) österreichischen Verfassungsrechts darstellt.

654 Belegt wird dies etwa dadurch, wie häufig nach der belgischen Verfassung Sondergesetze nach Art 4 Abs 3 BV erforderlich sind (bei diesen Sondergesetzen bedarf es der Mehrheit beider Sprachgruppen in beiden Kammern des Parlaments; es handelt sich dabei um ein Gesetzgebungsverfahren mit besonderer Berücksichtigung der föderalen Struktur Belgiens – dazu unten bei 7.1.1 [= 325]): Siehe neben Art 4 Abs 3 BV etwa Art 35, 29 und 127 ff BV (Kompetenzverteilung), Art 39bis BV (Volksbefragungen in der Region Brüssel-Hauptstadt), Art 41, 162 BV (bestimmte Kommunalangelegenheiten), § 63 Abs 4, 168bis BV (Wahlkreise in der Region Brabant), 68 BV (Senatssitze), Art 77 BV (Erweiterung der Zuständigkeiten des Parlaments), Art 115, 118 BV (Zusammensetzung und Arbeitsweise der Regional- und Gemeinschaftsparlamente, Wahlen zu diesen), Art 121, 125 BV (Zusammensetzung und Arbeitsweise der Regierung der Französischen und der Flämischen Gemeinschaft; Strafverfolgung von Regierungsmitgliedern), Art 135 ff BV (Sonderregelungen für das zweisprachige Gebiet Brüssel-Hauptstadt), Art 137 BV (Wahrnehmung von Regionalkompetenzen durch die Gemeinschaften), Art 142 BV (Regelungen über den Verfassungsgerichtshof), Art 143 BV (Beilegung von Interessenkonflikten), Art 151 BV (Strafverfolgung im Bereich der föderalen Hoheitsträger; Befugnisse des Hohen Justizrates), Art 157bis BV (Sprachgebrauch im Gerichtsbezirk Brüssel), Art 160 BV (Befugnisse des Staatsrats), Art 167 Abs 4 BV (Verfahren beim Abschluss von völkerrechtlichen Verträgen der föderalen Hoheitsträger bzw gemischten Abkommen), Art 169 BV (Zuständigkeitsübergang an den zentralen Hoheitsträger zur Wahrung internationaler Verpflichtungen), Art 175 ff BV (Finanzierung der Gemeinschaften und der Regionen), Art 180 (Rechnungshofkontrolle).

Aus diesen Gründen ist es sinnvoll, bei der Untersuchung der bundesstaatsrelevanten Aspekte der nationalen Identitäten der genannten Mitgliedstaaten auf Einzelaspekte der Bundesstaatlichkeit zu fokussieren und eine entsprechende Vorstrukturierung vorzunehmen. Dies erleichtert auch die vergleichende Betrachtung, die im Anschluss an die nationalen Kapitel vorgenommen wird. Die im Folgenden vorgenommene Vorstrukturierung hat dabei zum Ziel, strukturell, also potentiell wiederkehrend auftretende Probleme des Verhältnisses bundesstaatlicher Rechtsordnungen zur Unionsrechtsordnung in den Blick zu nehmen.

4.2 Strukturierung anhand der bundesstaatlichen Kompetenzverteilungen

Dieses Ziel kann am besten erreicht werden, wenn die bundesstaatlichen Kompetenzverteilungen als struktureller Ausgangspunkt der Untersuchung(en) gewählt werden. Dafür gibt es mehrere Gründe:

Erstens ist festzustellen, dass jede bundesstaatliche oder föderale Rechtsordnung über eine derartige Kompetenzverteilung verfügt.[656] Dies trifft insb auch auf die österreichische,[657] deutsche[658] und belgische[659] Rechtsordnung zu. Die Kompetenzverteilung eignet sich daher als Ausgangspunkt für die systematische Untersuchung aller drei Rechtsordnungen.

Das Vorliegen einer föderalen Kompetenzverteilung ist in diesen Rechtsordnungen zweitens die Grundlage der gesamten staatlichen Tätigkeit; dementsprechend werden die Regelungen über die Kompetenzverteilung als Verfassungsrecht im materiellen Sinn qualifiziert.[660] Außerdem findet sich die föderale Kompetenzverteilung entweder im Verfassungsrecht (im formellen Sinn) oder wird in einem anderen erschwerten Rechtserzeugungsverfahren geregelt.[661] Insofern steht die Kompetenzverteilung auch aus verfassungsrechtlicher Perspektive in einem Nahe-

655 Hier sei lediglich beispielhaft für Österreich darauf hingewiesen, dass es eigene Werke gibt, die sich um eine umfassende Auflistung der bundesstaatsrelevanten Literatur bemühen. Eine solche findet sich (zum Stand Anfang 1998) bei *Pernthaler/Bucher/Gamper*, Bibliographie. Wie schwierig es ist, die Literatur zum Bundesstaat (auch wenn dies „nur" der österreichische Bundesstaat ist) vollständig zu überblicken, zeigt die Tatsache, dass sich trotz der umfassenden Erfassung der Literatur in der genannten Bibliographie noch weitere wissenschaftliche Werke zum Bundesstaat finden lassen; vgl *Kohl* in Schennach, Föderalismus 122 f. Was für die österreichische Literatur gilt, gilt in verstärktem Ausmaß für die deutsche rechtswissenschaftliche Literatur.

656 Vgl dazu zB *Watts*, Federal Systems 83.

657 Insb Art 10 ff B-VG.

658 Insb Art 70 ff GG.

659 Insb Art 35 ff, 127 ff BV sowie die dazu ergangenen Sondergesetze (vgl im Detail unten bei 7.1.1 [= 325]).

660 *Öhlinger/Eberhard*, Verfassungsrecht Rz 13; *Behrendt/Bouhon*, Introduction 200 ff.

661 *Saunders* sieht dies gar als Voraussetzung dafür, dass ein föderales System existieren und funktionieren kann, *Saunders*, Publius Spring 1995, 63 („Federal systems require a written, formal constituent document, usually but not necessarily called a constitution, which has the status of fundamental law, overriding other laws or executive acts").

verhältnis zu den grundlegenden politischen und verfassungsmäßigen Strukturen iSd Art 4 Abs 2 EUV.

Weil die bundesstaatliche Kompetenzverteilung die Grundlage für die gesamte staatliche Tätigkeit in den jeweiligen Bundesstaaten ist, eröffnet die Heranziehung der bundesstaatlichen Kompetenzverteilung als Ausgangspunkt drittens die Möglichkeit, die Auswirkungen der bundesstaatlichen Organisation auf das gesamte Staatsgefüge bzw die gesamte Rechtsordnung im Blick zu haben.

Viertens wird die föderale Kompetenzverteilung auch in der Politikwissenschaft einhellig als maßgeblicher Faktor für das Funktionieren oder Scheitern einer föderalen oder bundesstaatlichen Rechtsordnung verstanden.[662] Die Erfüllung der verschiedenen Funktionen, die einer solchen Rechtsordnung zukommen – genannt seien hier nur etwa die Ermöglichung sprachlicher und kultureller Vielfalt,[663] wirtschaftlicher Differenzierung[664] und Wettbewerb zwischen den föderalen Hoheitsträgern[665] sowie ein Mehr an Gewaltenteilung[666] – hängt maßgeblich von der Ausgestaltung der bundesstaatlichen Kompetenzverteilung ab. Die bundesstaatliche Kompetenzverteilung ist also nicht nur einer von vielen nebensächlichen Gesichtspunkten, die eine bundesstaatliche Rechtsordnung ausgestalten, sondern das zentrale Instrument zur Verwirklichung der bundesstaatlichen Organisation.

Fünftens ist die bundesstaatliche Kompetenzverteilung der einzige bundesstaatliche Aspekt, der bisher in der Rsp des EuGH mit der nationalen Identität iSd Art 4 Abs 2 EUV in Verbindung gebracht wurde: In seiner Rechtsprechung zu dieser Bestimmung führte der EuGH in der Rs *Digibet* aus, dass auch „die Verteilung der Zuständigkeiten zwischen den Ländern"[667] (im konkreten Fall: des deutschen Bundesstaats) als grundlegende verfassungsmäßige Struktur von Art 4 Abs 2 EUV erfasst sei. Relevant war die Zuständigkeitsverteilung zwischen den Ländern in diesem Fall, weil Schleswig-Holstein glücksspielrechtliche Regelungen verabschiedet hatte, die sich deutlich von jenen in allen anderen deutschen Bun-

662 Zum Beispiel *Watts*, Federal Systems 83 („Thus the fundamental defining institutional characteristic of federations has been the constitutional distribution of powers between the federal and regional governments"); *Starck* in Härtel, Handbuch Rz 8; *Starck* in FS Öhlinger, 254; *Engelmann/Schwartz*, Publius Winter 1981, 81; *Saunders*, Publius Spring 1995, 64 („It is generally assumed to be a logical consequence of a system controlled by no one order of government that a document is needed to prescribe the limits of each"), 68 ff; *Breuss/Eller*, CPE 2004, 28 ff; *Bednar*, CPE 2005, 191; *Feld*, Public Choice 2005, 436 ff; *Behnke/Benz*, Publius 2009, 214; *Burkhart*, Publius 2008, 343 ff; *Simeon*, Publius 2009, 246; *Sagar*, Perspectives on Federalism 2011, 3:1, E-3; *Benz*, West European Politics 2013, 726.

663 Vgl *Pernthaler*, Grundsätze 33 ff, 56; *Isensee* in HB StR § 126 Rz 337 ff.

664 ZB *Pernthaler*, Grundsätze 62 f; *Benz*, Publius Spring 1995, 19 ff; s etwa auch Federalist Paper No 11.

665 Vgl zB *Kincaid*, Publius, Spring 1995, 41 ff; *Isensee* in HB StR § 126 Rz 330 ff.

666 *Pernthaler*, Grundsätze 71 ff; *Isensee* in HB StR § 126 Rz 198 ff, 328; Federalist Paper No 51. Wenn die Sphären der föderalen Einheiten nicht strikt getrennt sind, kommt es überdies zu Gewaltenteilung iSv wechselseitiger Kontrolle; statt vieler *Benz*, Politik 32; *Elazar*, Federalism 86.

667 EuGH 12.06.2014, Rs C-156/13 (Digibet) ECLI:EU:C:2014:1756 Rz 34.

desländern unterschieden, was die Frage aufwarf, ob durch diese Unterschiedlichkeit eine rechtswidrige Grundfreiheitsbeschränkung bewirkt wurde. Die Entscheidung in der Rs *Digibet* ist bisher die einzige Entscheidung des EuGH, in der auch[668] bundesstaatsrelevante Strukturen mit Art 4 Abs 2 EUV in Verbindung gebracht werden. Diese Entscheidung ist umso bemerkenswerter, als der EuGH nicht weiter begründet, warum die Zuständigkeitsverteilung zu den grundlegenden politischen und verfassungsmäßigen Strukturen zählt – und das, obwohl er in der Rs *Digibet* von seiner Vorjudikatur in der Rs *Carmen Media*[669] abging: Auch in der Rs *Carmen Media* bedingte die bundesstaatliche Kompetenzverteilung unterschiedliche glücksspielrechtliche Regelungen innerhalb Deutschlands, allerdings zum einen auf der Ebene des Bundes und zum anderen auf der Ebene der Länder. In dieser Konstellation verneinte der EuGH die Möglichkeit, eine Grundfreiheitsbeschränkung mit der Kompetenzverteilung zu rechtfertigen[670] – auf Art 4 Abs 2 EUV nahm er dabei nicht Bezug, weil die Entscheidung noch vor dem Vertrag von Lissabon erging. In der Rs *Digibet* erkannte der EuGH zwar keinen Widerspruch zur Vorjudikatur, sondern wies darauf hin, dass es in der Rs *Carmen Media* um das Verhältnis zwischen Bund und Ländern ging, während in der Rs *Digibet* „das horizontale Verhältnis zwischen den Bundesländern mit eigenen Gesetzgebungsbefugnissen im Rahmen eines föderal strukturierten Mitgliedstaats"[671] entscheidungserheblich gewesen sei.[672] Diese Unterscheidung des EuGH vermag allerdings nicht zu überzeugen. Denn ebenso, wie die Länder bzw dezentralen Hoheitsträger ein Recht darauf haben, ihre Kompetenzen eigenständig wahrzunehmen, kommt dem Bund dieses Recht hinsichtlich der ihm zustehenden Kompetenzen zu. Auch die Aussage des EuGH, wonach „die Verteilung der Zuständigkeiten zwischen den Ländern"[673] nicht in Frage gestellt werden dürfe, ist insofern missverständlich, als sie nahelegt, dass die verfassungsrechtliche Kompetenzverteilung in einem Bundesstaat zur Gänze dem Schutz von Art 4 Abs 2 EUV unterliegt. Dies ist schon allein mit Blick darauf mehr als hinterfragenswert, dass die Ausübung einer Kompetenz durch die EU immer auch Auswirkungen auf die nationale Kompetenzverteilung hat. Insofern ergeben sich aus der Rsp des EuGH mehr Unklarheiten als die kurze Formulierung auf den ersten Blick nahelegt. Die Entscheidung des EuGH in der Rs *Digibet* rechtfertigt aber jedenfalls, sich vorrangig mit der dort angesprochenen Kompetenzverteilung zu be-

668 In der Rs EuGH 21.12.2016, Rs C-51/15 (Remondis) ECLI:EU:C:2016:985 sowie in EuGH 18.06.2020, Rs C-328/19 (Porin kaupunki) ECLI:EU:C:2020:483 wurde die Zuständigkeitsverteilung auch im kommunalen Bereich in Verbindung mit Art 4 Abs 2 EUV gebracht.

669 EuGH 08.09.2010, Rs C-46/08 (Carmen Media) ECLI:EU:C:2010:505.

670 EuGH 08.09.2010, Rs C-46/08 (Carmen Media) ECLI:EU:C:2010:505 Rz 70.

671 EuGH 12.06.2014, Rs C-156/13 (Digibet) ECLI:EU:C:2014:1756 Rz 35.

672 Außerdem wies der EuGH noch „rechtfertigend" darauf hin, dass die Anwendbarkeit der schleswig-holsteinischen Regelung va auch zeitlich beschränkt war, EuGH 12.06.2014, Rs C-156/13 (Digibet) ECLI:EU:C:2014:1756 Rz 36.

673 EuGH 12.06.2014, Rs C-156/13 (Digibet) ECLI:EU:C:2014:1756 Rz 34.

schäftigen, um strukturelle relevante Fragen der bundesstaatlichen nationalen Identitäten Deutschlands, Österreichs und Belgiens aufzuwerfen und zu beantworten.

Eine Untersuchung der bundesstaatsrelevanten nationalen Identitäten ausgehend von der bundesstaatlichen Kompetenzverteilung zu strukturieren, ist also zum einen praxisrelevant und eröffnet zum anderen den Zugriff auf Strukturprobleme des Verhältnisses bundesstaatlicher Rechtsordnungen zur Unionsrechtsordnung, die nicht nur in spezifischen Einzelfällen schlagend werden, sondern das Verhältnis zwischen einem föderal organisierten Mitgliedstaat und der EU dauerhaft und wiederkehrend belasten können. Wie genau sich die vorliegende Untersuchung an der bundesstaatlichen Kompetenzverteilung orientiert, wird im Folgenden im Detail erörtert.[674]

4.3 Was ist eine bundesstaatliche Kompetenzverteilung?

Unter einer föderalen Kompetenzverteilung wird hier[675] eine rechtsverbindliche Aufteilung der Verbandskompetenzen verstanden. Rechtsverbindlich bedeutet, dass die föderalen Hoheitsträger an die Kompetenzverteilung gebunden sind und sie nur unter den im Zusammenhang mit der Kompetenzverteilung festgelegten Bedingungen abändern können. Dies schließt nicht aus, dass – wenn die Kompetenzverteilung dies vorsieht – ein Hoheitsträger in bestimmten Fällen dazu befugt ist, die Kompetenzverteilung abzuändern, also etwa auch seine eigenen Kompetenzen zu erweitern. Verbandskompetenzen sind – im Unterschied zu Organkompetenzen – die Kompetenzen, die einem föderalen Hoheitsträger unabhängig davon zukommen, welche Organe des Hoheitsträgers dann dazu befugt sind, diese Kompetenzen auszuüben.

4.4 Wie kann sich eine Untersuchung an der Kompetenzverteilung orientieren?

4.4.1 Übersicht

Eine Untersuchung der genauen Ausgestaltung der Kompetenzverteilung, also der Kompetenztatbestände im Einzelnen, ist für eine Untersuchung grundlegen-

674 Unten bei 4.4 (= 147).

675 Zur historischen Verwendung des Begriffs Kompetenzverteilung in Österreich *Schennach* in Gamper, Kompetenzverteilung 491 ff, der auch konstatiert, dass es sich dabei seit Inkrafttreten des B-VG um einen „Kernbegriff“ des verfassungsrechtswissenschaftlichen Diskurses handelt (494). Zum Begriff der Kompetenz vgl zB *Nettesheim* in von Bogdandy/Bast, Verfassungsrecht 389 ff.

der politischer und verfassungsmäßiger Strukturen mit Bundesstaatsrelevanz nicht vielversprechend, denn alle drei der hier untersuchten bundesstaatlichen Kompetenzverteilungen enthalten detailreiche Kompetenzzuweisungen, die sich nur zT in ein übergreifendes System einordnen lassen. Ihre Betrachtung würde zwar im Einzelnen zahlreiche spannende Auslegungsfragen nach sich ziehen, aber kaum Aufschluss darüber geben können, was für den jeweiligen Bundesstaat grundlegend und identitätsstiftend iSd Art 4 Abs 2 EUV ist.

Für die Zwecke des Art 4 Abs 2 EUV ist es zielführender, den Fokus auf strukturelle Fragen der bundesstaatlichen Kompetenzverteilung zu legen. Strukturelle Fragen sind dabei solche, deren Beantwortung nicht nur für einen konkreten Einzelfall von Relevanz ist (etwa: Ist Hoheitsträger A oder B zuständig für die Regelung einer konkreten Naturschutzangelegenheit?), sondern von deren Beantwortung die Lösung vieler gleichartiger Rechtsfragen abhängt (etwa: Wie ist vorzugehen, wenn zwei Regelungen unterschiedlicher Hoheitsträger einander widersprechen?). Die Antwort auf derartige strukturelle Fragen findet sich nur selten unmittelbar in der bundesstaatlichen Kompetenzverteilung selbst, sondern muss aus der gesamten bundesstaatlichen Rechtsordnung ermittelt werden. Die bundesstaatliche Kompetenzverteilung zum Ausgangspunkt zu nehmen bedeutet daher nicht, dass im Folgenden nur die Normen der bundesstaatlichen Kompetenzverteilungen analysiert werden, sondern dass diese den gedanklichen Ausgangspunkt dafür bildet, strukturelle Fragen mit Bundesstaatsrelevanz überhaupt erst zu identifizieren und systematisch abhandeln zu können.

Nimmt man die bundesstaatliche Kompetenzverteilung in diesem Sinn als Ausgangspunkt der Betrachtung einer bundesstaatlichen Rechtsordnung, lässt sich von ihr ausgehend nach dem gedanklichen „Davor“ (strukturelle Voraussetzungen der Kompetenzverteilung) und dem „Danach“ (strukturelle Konsequenzen der Kompetenzverteilung) sowie danach fragen, ob es verfassungsrechtliche Anforderungen an die strukturelle Ausgestaltung der Kompetenzverteilung selbst gibt – all dies wird im Anschluss noch im Detail erörtert.[676]

Wenn es sich bei den so identifizierbaren Fragestellungen um „strukturelle Fragen“ mit Bundesstaatsrelevanz handelt, dann liegt es nahe – und ist in den unteren Abschnitten für jede Rechtsordnung im Detail zu untersuchen –, dass die im jeweiligen Verfassungsrecht darauf gegebenen Antworten zu den grundlegenden politischen und verfassungsmäßigen Strukturen eines Bundesstaates und der bundesstaatlichen Rechtsordnung zu zählen sind. Ob dies im Einzelfall auch zutrifft, ist eine Auslegungsfrage, die innerhalb der jeweils betrachteten Rechtsordnung anhand der oben ermittelten Kriterien[677] zu beurteilen ist. Die Orientierung

676 Gleich unten ab 4.4.2 (= 149).
677 Oben bei 3.6.4.4 (= 114) wurden als relevante Kriterien Präambeln und Zielbestimmungen, Normenhierarchien, Rsp der Höchstgerichte sowie politikwissenschaftliche Charakterisierungen ermittelt.

an den drei genannten Kategorien (Voraussetzungen der Kompetenzverteilung, Anforderungen an die Ausgestaltung der Kompetenzverteilung und Konsequenzen der Kompetenzverteilung) ist also noch keine Vorentscheidung darüber, was grundlegend für eine bundesstaatliche Rechtsordnung ist, sondern soll nur den Rahmen dafür bieten, diese Frage systematisch zu untersuchen.

Im Folgenden wird erörtert, was unter den drei genannten Aspekten der Kompetenzverteilung jeweils verstanden und später unter Berücksichtigung der verschiedenen mitgliedstaatlichen Rechtsordnungen im Detail analysiert wird.

4.4.2 Strukturelle Voraussetzungen der bundesstaatlichen Kompetenzverteilung

Dass es eine bundesstaatliche Kompetenzverteilung geben kann, setzt voraus, dass das Verfassungsrecht die Existenz unterschiedlicher föderaler Hoheitsträger vorsieht; nur dann besteht überhaupt die Möglichkeit (und Notwendigkeit) der Verteilung der Kompetenzen zwischen diesen Hoheitsträgern. Es ist daher zu fragen, wie die drei untersuchten Rechtsordnungen die föderalen Hoheitsträger konstituieren und ihren Bestand absichern und ob dies jeweils zu den grundlegenden politischen und verfassungsmäßigen Strukturen iSd Art 4 Abs 2 EUV zählt.[678]

4.4.3 Strukturelle Ausgestaltung der Kompetenzverteilung

Als zweiter Punkt im Untersuchungsrahmen ist die strukturelle Ausgestaltung der Kompetenzverteilung zu diskutieren. Dabei sind formelle und materielle Aspekte der Ausgestaltung der Kompetenzverteilung unterscheidbar.

In formeller Hinsicht ist zu untersuchen, in welchem Verfahren die Kompetenzverteilung abgeändert werden kann und welche Rolle die dezentralen Hoheitsträger dabei spielen. In materieller Hinsicht ist zu fragen, welches Ausmaß an Autonomie den Hoheitsträgern eingeräumt wird und wie und in welchen Bereichen diese zusammenwirken.[679]

4.4.4 Strukturelle Konsequenzen der Kompetenzverteilung

4.4.4.1 Analytischer Rahmen

Den letzten Punkt des dreiteiligen Untersuchungsrahmens bildet die Frage nach den strukturellen Konsequenzen einer bundesstaatlichen Kompetenzverteilung.[680]

678 Dazu unten bei 5.2 (= 188, Österreich), 6.2 (= 274, Deutschland) und 7.2 (= 335, Belgien).
679 Dazu unten bei 5.3 (= 192, Österreich), 6.3 (= 276, Deutschland) und 7.3 (= 337, Belgien).
680 Dazu unten bei 5.4 (= 219, Österreich), 6.4 (= 299, Deutschland) und 7.4 (= 344, Belgien).

Unter Konsequenzen der Kompetenzverteilung soll dabei nicht die eigentlich und primär bezweckte Folge der Kompetenzverteilung verstanden werden, die darin liegt, dass bestimmte Hoheitsträger für bestimmte konkrete Angelegenheiten zuständig oder nicht zuständig sind. Diese Abgrenzung ist in den drei untersuchten Rechtsordnungen im Einzelnen sehr unterschiedlich. Als Konsequenzen der Kompetenzverteilung werden hier im Gegensatz dazu die strukturellen „Nebeneffekte" bezeichnet, die sich aus der Kompetenzverteilung für die restliche Rechtsordnung ergeben. Dazu zählt zum einen, dass es mehrere Hoheitsträger gibt, die ihre jeweiligen Kompetenzen ausüben können. Es stellt sich daher die Frage, wie sich von unterschiedlichen Hoheitsträgern gesetzte Maßnahmen im Konfliktfall zueinander verhalten. Zum anderen folgt aus der Kompetenzverteilung, dass keiner der föderalen Hoheitsträger über alle Lebenssachverhalte umfassende Kompetenzen verfügt. Die Existenz der Kompetenzverteilung hat also zur Folge, dass die Kompetenzen der Hoheitsträger rechtlich beschränkt sind. Im Zusammenhang mit dieser Beschränktheit der Kompetenzen der föderalen Hoheitsträger stellen sich einige Fragen; so etwa, ob es eine Pflicht zur gemeinsamen Anstrengung der Kompetenzträger zur Erreichung gemeinsamer (verfassungsrechtlich verankerter) Ziele gibt.

Weiters ist es als Konsequenz der Kompetenzverteilung zu betrachten, dass zumindest dann, wenn den dezentralen Hoheitsträgern Gesetzgebungskompetenzen eingeräumt werden, vielfältige Regelungen ermöglicht werden sollen. Dies bedeutet auch, dass es grundsätzlich möglich sein muss, dass die dezentralen Hoheitsträger unterschiedliche Regelungen erlassen, selbst wenn die tatsächlichen Umstände bzw die von den Regelungen betroffenen Sachverhalte im Wesentlichen gleich sind.[681] Es ist ja eines der Ziele der vorgesehenen Autonomie der dezentralen Einheiten, bei im Wesentlichen gleicher Ausgangslage auch unterschiedliche Ergebnisse erreichen zu können. Dieses Ziel der Vielfalt steht aber in einem möglichen Spannungsverhältnis zu (verfassungsrechtlichen) Forderungen nach Gleichbehandlung und Einheit im jeweiligen Bundesstaat.

681 Anders ist dies aus Perspektive des Zwecks der bundesstaatlichen Kompetenzverteilung zu beurteilen, wenn etwa der Bund in einem in seine Kompetenz fallenden Bereich länderweise differenzierte Regelungen erlassen möchte: Derart partikuläres Bundesrecht kann nicht „allein" mit dem Zweck der Zuordnung einer Kompetenz zum Bund legitimiert werden.

4.4.4.2 *Theoretische Fragen und Begrifflichkeiten im Zusammenhang mit den Konsequenzen der Kompetenzverteilung*

4.4.4.2.1 *Mehrheit von Hoheitsträgern: Abgrenzung und Abgrenzbarkeit von Kompetenzbereichen*

Zweck einer Kompetenzverteilung ist es, die Kompetenzen auf die relevanten Hoheitsträger zu verteilen. Optimalerweise erfolgt diese Aufteilung oder Abgrenzung möglichst trennscharf, sodass in möglichst wenigen Fällen unklar bleibt, wer zur Setzung einer Handlung befugt ist. Dieses Ziel kann eine Kompetenzverteilung aber idR nicht vollständig erreichen; die Abgrenzbarkeit der Kompetenzen sieht sich nämlich mit zwei Problemen konfrontiert:

Erstens muss sich auch der Kompetenzrechtsetzer der Sprache bedienen. Seine Anordnungen sind daher immer mit einem Rest an potentieller Unklarheit bzw Unschärfe belastet. Eine Kompetenzverteilung, in der ex ante alle Kompetenzen ausschließlich auf Grund der abgrenzenden Formulierung der Kompetenztatbestände so verteilt sind, dass es zu keinen Unklarheiten hinsichtlich der Verteilung oder Überschneidungen der Kompetenzen der verschiedenen Hoheitsträger kommen kann, ist kaum vorstellbar.

Zweitens sind auch die regelungsbedürftigen Sachverhalte schwer vorhersehbar: So können neue technische oder gesellschaftliche Entwicklungen eintreten, die sich nicht in die bestehenden Kategorien der Kompetenzverteilung einordnen lassen.[682] Ebenso ist es denkbar, dass Aktivitäten eines Hoheitsträgers in einem Kompetenzbereich unvorhergesehene (faktische) Auswirkungen auf den Kompetenzbereich eines anderen Hoheitsträgers haben. Auch hier wird die mangelnde Vollständigkeit der Abgrenzbarkeit der Kompetenzbereiche deutlich, die sich daraus ergibt, dass verschiedene Rechtsetzer in einem Bundesstaat eben doch nur über ein (teilweise) einheitliches Gebiet und eine einheitliche Personenmenge herrschen.

Diese Probleme der Abgrenzbarkeit lassen sich im Rahmen der Kompetenzverteilung selbst nicht lösen. Allerdings können sie sowohl durch die Möglichkeit der Abänderung der Kompetenzverteilung als auch durch die Einsetzung einer Kompetenzgerichtsbarkeit bewältigt werden. Diese Mechanismen stehen in ihrer Funktion zur Ermöglichung der Abgrenzbarkeit der Kompetenzen nicht im Fokus der vorliegenden Abhandlung.

Von der Abgrenzbarkeit der Kompetenzen ist die Frage zu unterscheiden, wie die Abgrenzung der Kompetenzen erfolgt. Dabei interessiert an dieser Stelle nicht

---

682 Einige Gründe, warum sich die Beurteilung der Zweckmäßigkeit der Kompetenzverteilung im Lauf der Zeit ändern kann, finden sich bspw bei *Edling*, Verflechtungstendenzen 104 ff; vgl dazu zB auch *Schäffer* in Schäffer/Stolzlechner, Reformbestrebungen 13 f; *Hesse*, Bundesstaat 12 ff; *Braun*, Acta Politica 2008, 9 f, 13 ff; *Hüther/Hafemann* in Härtel, Handbuch 347 ff.

die Rechtstechnik der Abgrenzung, sondern die Frage, welche Auswirkungen es jeweils auf die Kompetenzen des bzw der anderen Hoheitsträger hat, wenn eine Kompetenz dem bzw den jeweils anderen Hoheitsträgern zugeordnet wird.[683] Dazu können zwei Ebenen unterschieden werden: Zunächst besteht die abstrakte Ebene der Kompetenzverteilung selbst. Auf dieser kann die Abgrenzung der Kompetenzen verschiedenen Modellen entsprechen. So kann eine Kompetenzverteilung parallele Kompetenzen zulassen. Sind in einer Kompetenzverteilung parallele Kompetenzen vorgesehen, ist es möglich, dass mehreren Hoheitsträgern dieselbe Kompetenz zukommt. In diesem Fall lassen sich daher aus der Zuordnung einer Kompetenz an einen Hoheitsträger keine Schlüsse auf das Fehlen einer Kompetenz des jeweils gegenbeteiligten Hoheitsträgers ziehen. Anders ist dies dann zu beurteilen, wenn in einer Kompetenzverteilung das Bestehen einer Kompetenz eines Hoheitsträgers das Bestehen einer gleichartigen Kompetenz eines anderen Hoheitsträgers ausschließt, parallele Kompetenzen also nicht vorgesehen sind. Als Spezialfall können „konkurrierende Kompetenzen" bezeichnet werden; hier sind grundsätzlich mehrere Hoheitsträger zur Regelung kompetent; die Ausübung der Kompetenz durch den einen Hoheitsträger führt aber dazu, dass der andere Hoheitsträger seine Kompetenz verliert.[684]

Gleichzeitig existiert die Ebene der realen Lebenssachverhalte, auf die sich die Tätigkeiten der Hoheitsträger letzten Endes auswirken sollen. Auch diesbezüglich stellt sich die Frage, ob bzw wie sich das Bestehen einer Kompetenz eines Hoheitsträgers zur Regelung eines Lebenssachverhaltes auf die Befugnis eines anderen Hoheitsträgers auswirkt, denselben Lebenssachverhalt zu regeln. Auch hier sind verschiedene Zugänge denkbar: Schließt die Zuständigkeit eines Hoheitsträgers zur Rechtsetzung mit Bezug auf einen konkreten Lebenssachverhalt – zB die Werbung für Glücksspiel – jegliche Rechtsetzung des gegenbeteiligten Hoheitsträgers hinsichtlich dieses Lebenssachverhalts aus, so kann man von einem Ausschließlichkeitsanspruch der Kompetenzen sprechen. Ebenso ist aber auch denkbar, dass beide Hoheitsträger im Rahmen ihrer Kompetenzbereiche befugt sind, dieselben Lebenssachverhalte kumulierend zu regeln – der eine Hoheitsträger zB unter dem Aspekt der Suchtprävention, der andere Hoheitsträger unter dem Aspekt der Besteuerung oder des Jugendschutzes. In dieser Variante kann es also – aus Perspektive eines Lebenssachverhaltes – zu einer Kumulation von Kompetenzen und damit auch von zu beachtenden Regelungen kommen.

Auf den ersten Blick scheint eine Kompetenzverteilung, in der es erstens keine parallelen Kompetenzen gibt und die zweitens vom Prinzip der Ausschließlichkeit beherrscht wird, aus Perspektive des Rechtsunterworfenen vorteilhaft zu sein.

683 Zu den Regelungen in den einzelnen Rechtsordnungen unten bei 5.4.2 (= 220, Österreich), 6.4.2 (= 299, Deutschland) und 7.4.1 (= 344, Belgien).

684 Teilweise werden in der Literatur die Begriffe „parallel" und „konkurrierend" auch synonym verwendet, s etwa zu Österreich unten bei 5.4.2.1 (= 220).

Der Vorteil liegt darin, dass der bzw die Rechtsunterworfene hinsichtlich eines Lebenssachverhaltes nur einem Regelungsregime unterworfen ist. Dieser Vorteil kommt allerdings nur dann zum Tragen, wenn die Kompetenzverteilung in sachlicher Hinsicht so abgestimmt ist, dass es durch die Tätigkeit der Hoheitsträger in ihren jeweiligen Kompetenzbereichen nicht zu faktischen Auswirkungen auf von einem anderen Hoheitsträger geregelte Lebenssachverhalte kommt.[685] An dieser Stelle wird also wieder das oben erörterte Problem der Abgrenzbarkeit der Kompetenzen relevant.

Da die Abgrenzbarkeit der Kompetenzen regelmäßig an die oben aufgezeigten Grenzen stößt und daher nicht optimal trennscharf erfolgen kann, bedarf es auch in einer Kompetenzverteilung, die grundsätzlich parallele Kompetenzen nicht zulässt und vom Grundsatz der Ausschließlichkeit der Kompetenzen getragen ist, Konfliktlösungsregeln. Dies gilt verstärkt, wenn eine Kompetenzverteilung parallele Kompetenzen vorsieht oder hinsichtlich eines Lebenssachverhaltes kumulierende Kompetenzen zulässt. Auf die damit verbundenen theoretischen Probleme wird im Folgenden eingegangen.

4.4.4.2.2 Konfliktpotential und Konfliktlösung

Oben wurde dargelegt, dass es nicht nur in Kompetenzverteilungen, die parallel oder konkurrierende Kompetenzen zulassen, zu Regelungskonflikten zwischen den Regelungen verschiedener Hoheitsträger kommen kann; häufig können auch auf unterschiedliche Kompetenztitel gestützte Regelungen (faktische) Auswirkungen auf Regelungen eines anderen Hoheitsträgers haben. Dieser Fall kann insbesondere dann eintreten, wenn eine Kompetenzverteilung es nicht ausschließt, dass ein und derselbe Lebenssachverhalt durch verschiedene Hoheitsträger mit verschiedenen Regelungsintentionen geregelt wird. Dabei ist an dieser Stelle darauf hinzuweisen, dass bei den vorgenannten Regelungskonflikten zwischen Normkonflikten im engeren Sinn und solchen im weiteren Sinne unterschieden werden kann. Ein Normenkonflikt im engeren Sinn liegt nur dann vor, wenn die gleichzeitige Erfüllung zweier Normen unmöglich ist. Dies ist etwa dann der Fall, wenn etwas, das durch die eine Norm geboten ist, durch die andere Norm verboten wird.[686] Kein derartiger Normenkonflikt liegt also etwa dann vor, wenn eine Norm einer Person ein Recht einräumt, dessen Ausübung durch die andere Norm verboten wird. In diesem Fall liegt kein Normenkonflikt im engeren Sinn vor, da die Einräumung eines Rechtes ja nur eine Ermächtigung darstellt, aber die Ausübung des Rechtes nicht gebietet. Auch in dem zuletzt genannten Fall

685 Außerdem ist zu beachten, dass eine nationale Rechtsordnung idR auch von völkerrechtlichen und im Falle der EU-Mitgliedstaaten von unionsrechtlichen Einflüssen nicht frei ist.

686 Vgl zu einer derartigen Definition des Normenkonflikts zB *Potacs*, Rechtstheorie 132; spezifisch zu Bundesstaaten 135.

liegen aber zwei Normen vor, die unterschiedliche Zielsetzungen haben und insofern nicht miteinander in Einklang stehen. Insbesondere aus Perspektive des betroffenen Rechtsunterworfenen besteht ein Bedürfnis nach Auflösung dieses Konflikts im weiteren Sinn.

Eine Rechtsordnung muss nicht zwingend Konfliktlösungsmechanismen für die genannten Fälle vorsehen, wird dies aber regelmäßig tun.[687] Konzeptuell kann dabei zwischen zwei verschiedenen Konfliktlösungsansätzen unterschieden werden: Die Rechtsordnung kann einerseits materielle Regeln zur Konfliktlösung vorgeben. Derartige Regeln können etwa dahingehend lauten, dass Bundesrecht Landesrecht oder späteres Recht früherem Recht vorgeht (lex posterior). Auch „weiche" materielle Konfliktlösungsregeln sind denkbar; so etwa dahingehend, dass der eine Hoheitsträger bei der Ausübung der eigenen Kompetenzen die Kompetenzen des jeweils gegenbeteiligten Hoheitsträgers entsprechend zu berücksichtigen hat. Eine derartige Regel kann entweder konfliktlösend wirken[688] oder das Entstehen von Konflikten schon präventiv vermeiden. Andererseits ist auch denkbar, dass die Rechtsordnung zwar keine materiellen Konfliktlösungsvorgaben macht, aber zumindest in formeller Hinsicht Regelungen über die Beilegung entsprechender Konflikte vorsieht. So kann etwa eine entsprechende Konfliktlösungsinstanz eingerichtet werden.[689] Grundsätzlich ist auch nicht ausgeschlossen, dass sich in einer Rechtsordnung sowohl materielle als auch formelle Konfliktlösungsmechanismen finden.

4.4.4.2.3 Beschränktheit der Kompetenzen der föderalen Hoheitsträger

Die zentrale Konsequenz einer föderalen Kompetenzverteilung ist, dass die Kompetenzen der föderalen Hoheitsträger beschränkt werden.[690] Diese dürfen nämlich nur insoweit tätig werden, als die föderale Kompetenzverteilung ihnen Kompetenzen zuordnet. Spezifisch an der Beschränktheit der Kompetenzen der föderalen Hoheitsträger ist in einem System, das parallele oder konkurrierende Kompetenzen grundsätzlich ausschließt, dass es sich um eine wechselseitige bzw komplementäre Beschränkung handelt: Die Kompetenzen des einen Hoheitsträgers enden idR dort, wo die Kompetenzen des anderen beginnen. Aber auch in bundesstaatlichen Systemen, die parallele oder konkurrierende Kompetenzen grundsätzlich zulassen, sind die Kompetenzen der föderalen Hoheitsträger nicht unbeschränkt. Hinsichtlich der Beschränktheit der föderalen Hoheitsträger kann

687 Vgl dazu wiederum *Potacs*, Rechtstheorie 133 f. Zu den einzelnen hier untersuchten Rechtsordnungen unten bei 5.4.2.2 (= 224, Österreich), 6.4.2.2 (= 300, Deutschland) und 7.4.1.2 (= 346, Belgien).

688 Etwa dadurch, dass ein Verstoß gegen die genannten Regeln die entsprechende Handlung rechtswidrig macht.

689 Vgl dahingehend etwa auch *Edenharter*, Grundrechtsschutz 145 ff.

690 Zur spezifischen Ausgestaltung in den hier untersuchten Rechtsordnungen unten bei 5.4.3 (= 227, Österreich), 6.4.3 (= 308, Deutschland) und 7.4.2 (= 349, Belgien).

man theoretisch zwischen sachlicher, territorialer und finaler Beschränktheit unterscheiden.

In sachlicher Hinsicht sind idR alle föderalen Hoheitsträger beschränkt. Dies ist die zentrale Folge der Kompetenzverteilung. So darf etwa der Bund nach der österreichischen Kompetenzverteilung keine naturschutzrechtlichen Regelungen erlassen, die Länder sind nicht für das Gewerberecht zuständig usw. Die sachliche Beschränkung hat also zur Folge, dass jeder Hoheitsträger nur für in der Kompetenzverteilung bestimmte Lebenssachverhalte und Regelungsgesichtspunkte zuständig ist – dabei kann es sich sowohl um Sachgebiete als auch um Personengruppen handeln, je nachdem, wie der Kompetenztatbestand ein Sachgebiet abgrenzt.

Die Kompetenzen der dezentralen Einheiten sind idR aber auch in einer anderen Dimension beschränkt, nämlich meist in territorialer Hinsicht auf ihr jeweiliges „Landesgebiet“. Während die territoriale Beschränktheit auf den ersten Blick meist wenig problematisch erscheint, können sich auch hier im Detail schwierige Abgrenzungsfragen stellen.[691]

Als finale Beschränkung der föderalen Hoheitsträger lässt es sich schließlich bezeichnen, wenn diesen nur insoweit eine Kompetenz zukommt, als dies zur Erreichung eines vorgegebenen Ziels notwendig ist.[692]

4.5 Ergebnis: Struktur der nachfolgenden Kapitel

Die nachfolgenden Kapitel zu den Rechtsordnungen Österreichs, Deutschlands und Belgiens folgen daher folgender Struktur: Einleitend wird jeweils ein Überblick über die Funktionsweise des bundesstaatlichen Systems gegeben. In diesem einleitenden Kapitel wird auch die Rolle der Verfassungsgerichtsbarkeit und von Normenhierarchien im jeweiligen System erörtert. Im Anschluss daran werden jeweils Voraussetzungen der Kompetenzverteilung, Anforderungen an die Kompetenzverteilung und Konsequenzen der Kompetenzverteilung im Sinne der dargestellten Fragestellungen und Problemkreise innerhalb des jeweiligen Systems diskutiert und auf ihre Relevanz für Art 4 Abs 2 EUV untersucht.

691 So etwa hinsichtlich des zulässigen territorialen Anknüpfungspunkts für Handlungen der dezentralen Hoheitsträger. Siehe dazu etwa die Kontroverse rund um die Flämische Pflegeversicherung, die unten bei 7.4.2.3.2 (= 353) erörtert wird.

692 Dies ist etwa im Zusammenhang mit den Bedarfskompetenzen nach Art 11 Abs 2 und Art 15 Abs 9 B-VG oder den „implied powers“ der dezentralen Hoheitsträger nach Art 10 SGRI der Fall.

5. Bundesstaatlichkeit als Teil der nationalen Identität Österreichs

5.1 Einleitendes

5.1.1 Österreich als Bundesstaat

Österreich ist nach Art 2 B-VG ein Bundesstaat, der sich aus neun Bundesländern zusammensetzt.[693] Die Bevölkerung Österreichs ist relativ homogen.[694] Die Einrichtung Österreichs als Bundesstaat stellte nach dem Zerfall der Monarchie einen Kompromiss zwischen zentralistischen und föderalistischen Kräften dar,[695] der sich bis heute darin widerspiegelt, dass Österreich zwar im Verfassungsrecht explizit als Bundesstaat bezeichnet wird, aber einen – auch im internationalen Vergleich – hohen Grad an Zentralisierung aufweist:[696]

Zwar liegt die Residualkompetenz nach Art 15 Abs 1 B-VG bei den Ländern, aber die verfassungsrechtliche Kompetenzverteilung weist große Kompetenzbereiche in Gesetzgebung und Vollziehung dem Bund zu.[697] Als zentralistischer Einschlag kann auch das System der mittelbaren Bundesverwaltung gewertet werden, das in Beschreibungen des österreichischen Bundesstaates immer wieder als besonders charakteristisch hervorgehoben wird.[698] Dabei vollziehen Landesbehörden Bundesrecht; sie tun dies aber – anders als etwa nach dem deutschen Modell des Exekutivföderalismus – nicht eigenverantwortlich, sondern unter Bindung an die Weisungen der obersten Bundesbehörden.[699] Diese haben ihre Weisungen an den Landeshauptmann zu richten, der diese an die ihm untergeordneten Landesbehörden weitergibt und insofern eine zentrale Stellung im Rahmen dieses Vollzugsmodells einnimmt.[700]

---

693 Ein Überblick über die Geschichte des Föderalismus in Österreich findet sich bspw bei *Melichar*, ZÖR 1967, 220 ff; *Weber, K.*, Kriterien 59 ff; einen Überblick über die Entwicklung des bundesstaatsrelevanten Verfassungsrechts bis zum Österreich-Konvent gibt *Holzinger* in FS Schäffer 277 ff; *Pernthaler*, Bundesstaatsrecht 289 ff.

694 *Watts*, Federal Systems 34.

695 Zum Beispiel *Sturm* in Griffiths, Handbook 46. Allgemein zur Entstehungsgeschichte des B-VG *Wiederin* in HB Ius Publicum Europaeum Band I 394 ff.

696 *Bußjäger* in Bischof/Karlhofer, Federalism 13; *Sturm* in Griffiths, Handbook 47 f; *Erk*, Federalism 17 f, 29; *Esterbauer*, System 75 qualifiziert Österreich als unitarischen Bundesstaat. Vgl weiters etwa *Ermacora*, JBl 1957, 549 f; *Melichar*, ZÖR 1967, 251; *Holzinger* in FS Schäffer 278 f; *Weber, K.* in Schambeck, Bundesstaat 41 ff; *Holzinger* in Schambeck, Bundesstaat 235 f; *Pernthaler*, Bundesstaatsrecht 289; *Erk*, Publius 2004, 1 ff; aktuell zB *Pürgy* in Lienbacher/Pürgy, Gesetzgebungskompetenz 15 ff; mit Hinweis auf finanzwissenschaftliche Daten *Bußjäger*, Homogenität 10 ff.

697 *Watts*, Federal Systems 34.

698 *Esterbauer*, System 76; *Bußjäger* in Bischof/Karlhofer, Federalism 14; *Sturm* in Griffiths, Handbook 48 f.

699 Art 102 f B-VG.

700 Art 102 f B-VG.

Dort, wo die Länder über eigene Gesetzgebungsbefugnisse verfügen, üben die Landtage diese aus.[701] Dies betrifft insb auch die Landesverfassungsgesetzgebung – den Ländern kommt nach dem B-VG eine (stark) beschränkte, sog „relative Verfassungsautonomie" zu: Landesverfassungsrecht darf der Bundesverfassung nicht widersprechen, die auch weitgehende Vorgaben für die Landesorganisation macht (Art 95 ff B-VG).[702]

Die Länder sind über den Bundesrat an der Gesetzgebung des Bundes beteiligt.[703] Im Verfahren der Bundesgesetzgebung kommt diesem allerdings nur ein suspensives Veto zu; er kann daher das Zustandekommen von Bundesgesetzen nur verzögern, nicht verhindern.[704] Hervorgehoben wird immer wieder,[705] dass dem Bundesrat seit 1984 in Fällen, in denen den Ländern durch Verfassungsgesetz Kompetenzen entzogen werden sollen, ein Zustimmungsrecht zukommt. Dieses Zustimmungs- und damit auch Vetorecht bedeutet zumindest in der Theorie eine erhebliche Aufwertung des Bundesrates; de facto wird die Zustimmung durch den Bundesrat aber nur äußerst selten versagt.[706]

Der österreichische Bundesstaat trägt darüber hinaus auch Züge des kooperativen Föderalismus:[707] Dazu zählen auf rechtlicher Ebene vor allem die Vereinbarungen nach Art 15a B-VG, mit denen Bund und Länder verbindliche Vereinbarungen – etwa über die Ausübung der ihnen jeweils zustehenden Kompetenzen – treffen können.[708] Auch informelle Kooperationsformen prägen den österreichischen Bundesstaat; dazu zählt insb die praktisch sehr bedeutsame, rechtlich aber nicht verankerte Landeshauptleutekonferenz.[709]

5.1.2 Art 2 B-VG als grundlegende Deklaration der Bundesstaatlichkeit

Die österreichische Bundesverfassung enthält keine Präambel oder andere feierliche Proklamationen über Ziele und Aufbau des Staates. Dennoch können Art 1 und 2 B-VG als grundlegende Festlegungen über den Aufbau des österreichischen

701 Art 95 B-VG.

702 Art 99 B-VG.

703 *Watts*, Federal Systems 34; *Esterbauer*, System 74; *Bußjäger* in Bischof/Karlhofer, Federalism 17; *Sturm* in Griffiths, Handbook 49 f; *Erk*, Federalism 20.

704 Art 42 B-VG; dazu zB *Sturm* in Griffiths, Handbook 50.

705 *Esterbauer*, System 75; *Bußjäger* in Bischof/Karlhofer, Federalism 17; *Sturm* in Griffiths, Handbook 50.

706 Vgl dazu Föderalismusdatenbank, Stand 2017, 20 (258 Zustimmungen, keine Ablehnung seit 1985) (abrufbar unter <http://www.foederalismus.at/publikationen_datenbank.php>, abgerufen am 16.08.2020). Erstmals erfolgte eine Verweigerung der Zustimmung 2019 (StenPrBR S 889 BlgBR 26. GP) zu einer geplanten Novellierung des Ökostromgesetzes (IA 505/A BlgNR 26. GP).

707 *Esterbauer*, System 78 f; *Bußjäger* in Bischof/Karlhofer, Federalism 16.

708 *Bußjäger* in Bischof/Karlhofer, Federalism 27 ff; vgl dazu auch AB 991 BlgKNV 4.

709 *Esterbauer*, System 79; *Bußjäger* in Bischof/Karlhofer, Federalism 16, 19 ff; *Sturm* in Griffiths, Handbook 50.

Staates qualifiziert werden.[710] Nach diesen Bestimmungen ist Österreich eine demokratische Republik (Art 1 B-VG) und ein Bundesstaat (Art 2 B-VG).[711]

Für die hier interessierende Forschungsfrage gibt die grundsätzliche Festlegung der Bundesstaatlichkeit an prominenter Stelle des B-VG einen Hinweis darauf, dass bundesstaatliche Aspekte der Rechtsordnung einen Bestandteil der grundlegenden politischen und verfassungsmäßigen Strukturen iSd Art 4 Abs 2 EUV ausmachen können. Welche Elemente der Rechtsordnung genau unter Art 4 Abs 2 EUV zu subsumieren sind, kann anhand des Art 2 B-VG allein aber nicht beantwortet werden.

5.1.3 Die Rolle der Verfassungsgerichtsbarkeit im österreichischen Recht

Hinweise auf die grundlegenden politischen und verfassungsmäßigen Strukturen können sich – abhängig vom jeweiligen Verfassungsrecht – auch aus der Rsp eines Verfassungsgerichts ergeben. Vor einer näheren Untersuchung der österreichischen Bundesstaatlichkeit ist daher darauf einzugehen, welche Rolle der Rechtsprechung des österreichischen VfGH für die Auslegung des Verfassungsrechts zukommt.

Der VfGH hat im Wesentlichen die Aufgabe, staatliches Handeln auf seine Verfassungskonformität zu überprüfen und verfassungswidrige Rechtsakte aufzuheben. Der Überprüfungsbefugnis des VfGH unterliegen dabei auch Verfassungsbestimmungen, die er am Maßstab höherrangigen Verfassungsrechts prüft.[712] Er fungiert insofern insb als negativer (Verfassungs-)Gesetzgeber. Die Aufhebung eines generellen Rechtsaktes verpflichtet zum einen die jeweils zuständige Stelle zur Kundmachung der Aufhebung.[713] Zum anderen sind alle staatlichen Behörden und Gerichte an den Spruch einer solchen Entscheidung gebunden.[714] Der Spruch besteht allerdings lediglich in der Aufhebung der fraglichen Norm; die Gründe für die Aufhebung sind für die genannten Stellen nicht rechtsverbindlich.[715] Normativen Charakter und Bindungswirkung hat also lediglich der Ausspruch, dass ein konkreter Rechtsakt aufgehoben wird (weil er gegen eine genau bezeichnete

710 Vgl dazu *Rill/Schäffer* in Kneihs/Lienbacher, Art 1 B-VG Rz 3 ff; *Oberndorfer* in Korinek/Holoubek, Art 1 B-VG Rz 8; *Weber, K.*, in Korinek/Holoubek, Art 2 B-VG Rz 2.

711 Zu Art 2 B-VG etwa *Bußjäger* in Kahl ea, Art 2 B-VG.

712 So schon *Kelsen/Fröhlich/Merkl* 258; weiters zB *Mayer/Kucsko-Stadlmayer/Stöger*, Bundesverfassungsrecht Rz 1157; *Schäffer†/Kneihs* in Kneihs/Lienbacher, Art 140 B-VG Rz 15. Siehe zu Art 44 Abs 3 B-VG unten bei 5.1.4 (= 160).

713 Insb Art 139 Abs 5, Art 140 Abs 5 B-VG.

714 Insb Art 139 Abs 6, Art 140 Abs 7 B-VG.

715 *Schäffer†/Kneihs* in Kneihs/Lienbacher, Art 140 B-VG Rz 86. Anderes gilt nach § 87 VfGG bei der Aufhebung einer Entscheidung eines Verwaltungsgerichts nach Art 144 B-VG. In diesem Fall sind die zuständigen Behörden und Gerichte verpflichtet, einen der „Rechtsanschauung" des VfGH entsprechenden Rechtszustand herzustellen. Dabei handelt es sich allerdings lediglich um eine einfachgesetzliche Anordnung, die daher im Weiteren für die Beurteilung der verfassungsrechtlichen Stellung des VfGH außer Acht gelassen wird.

Bestimmung des Verfassungsrechts verstößt). Allgemein gehaltene Aussagen, etwa zum Inhalt und der Auslegung einer Verfassungsbestimmung (etwa Art 44 Abs 3 B-VG), die sich insb in der Begründung des VfGH finden, sind nicht rechtsverbindlich.[716]

Wie im Folgenden noch ausführlich dargelegt wird, ist für die Ermittlung der österreichischen nationalen Identität auch relevant, welche Inhalte des positiven Verfassungsrechts von Art 44 Abs 3 B-VG geschützt werden.[717] Da der VfGH über die Einhaltung dieser Bestimmung durch „einfaches" Verfassungsrecht entscheidet, trifft er in seiner Rsp auch Aussagen dazu, wie Art 44 Abs 3 B-VG zu verstehen ist und kann in diesem Zusammenhang Aussagen über die grundlegenden politischen und verfassungsmäßigen Strukturen Österreichs iSd Art 4 Abs 2 EUV treffen. Seine Rsp kann daher Hinweise auf diese Strukturen enthalten.

Die Konsequenz der voranstehenden Überlegungen ist die folgende: Bei der Bestimmung des Schutzgehalts des Art 44 Abs 3 B-VG kommt der Judikatur des VfGH – wie auch bei der Ermittlung des Inhalts sonstiger Verfassungsbestimmungen – zwar keine normprägende, konstitutive Bedeutung zu. Freilich hat in einer rechtswissenschaftlichen Untersuchung dennoch eine Auseinandersetzung mit der Argumentation des VfGH bei der Auslegung des Verfassungsrechts zu erfolgen; diese kann va dann, wenn es um die Auslegung von Art 44 Abs 3 B-VG geht, Hinweise auf die grundlegenden politischen und verfassungsmäßigen Strukturen Österreichs enthalten.

5.1.4 Art 44 Abs 3 B-VG und die österreichische Bundesstaatlichkeit

5.1.4.1 Gesamtänderung iSd Art 44 Abs 3 B-VG und Grundprinzipien

Nach der überwiegenden Auffassung[718] genießt die Bundesstaatlichkeit im österreichischen Verfassungsrecht den höchsten darin vorgesehenen Bestandsschutz: Eine wesentliche Änderung des bundesstaatlichen Aufbaus wäre eine Gesamtänderung der Bundesverfassung iSd Art 44 Abs 3 B-VG und daher nach der Beschlussfassung (mit qualifizierten Mehrheiten) einer Volksabstimmung zu unter-

716 *Schäffer†/Kneihs* in Kneihs/Lienbacher, Art 140 B-VG Rz 86. Umstritten ist die Qualifikation von „Rechtssätzen" (§ 56 Abs 4 VfGG), die im Verfahren nach Art 138 Abs 2 B-VG erlassen werden. Dort stellt der VfGH fest, ob die Erlassung eines Rechtsaktes in die Zuständigkeit des Bundes oder der Länder fällt. Von Teilen der Lehre wird diesen Rechtsakten Verfassungsrang zugesprochen; zB *Pürgy* in Pürgy, Recht der Länder Rz 72. Mit überzeugenden Argumenten für die gegenteilige Ansicht *Moritz*, ÖJZ 1988, 4 f.

717 Dazu sogleich unten bei 5.1.4.3 (= 173).

718 Zum Beispiel *Berka*, Verfassungsrecht 48 ff; *Öhlinger/Eberhard*, Verfassungsrecht 57 f; *Mayer/Kucsko-Stadlmayer/Stöger*, Bundesverfassungsrecht 87 ff; *Pernthaler*, Bundesstaatsrecht 305 f.

ziehen.[719] Da die Normenhierarchie bei der Bestimmung der nationalen Identität eine Indizfunktion hat, ist die Gesamtänderungsschwelle ein relevanter Anhaltspunkt für die Bestimmung der österreichischen nationalen Identität iSd Art 4 Abs 2 EUV.[720]

Anders als in Deutschland gibt es in Österreich keine verfassungsrechtlich verankerte Ewigkeitsklausel.[721] Dennoch wird daraus, dass Art 44 Abs 3 B-VG ein im Vergleich zur „einfachen“ Verfassungsänderung qualifiziertes Verfahren für die „Gesamtänderung“ der Bundesverfassung vorsieht, geschlossen, dass es Systementscheidungen der Verfassung gibt, die in der Normenhierarchie (nach der derogatorischen Kraft und der rechtlichen Bedingtheit) über dem Rest der Verfassung stehen.[722] Der Begriff der Gesamtänderung wird von der hA[723] qualitativ verstanden, da nicht darauf abgestellt wird, wie viele Bestimmungen der bestehenden Verfassung geändert werden, sondern vielmehr relevant ist, ob diese Änderungen auch zu einer strukturellen Änderung der Verfassungsrechtsordnung führen.[724] Maßgeblich für das Vorliegen einer Gesamtänderung iSd Art 44 Abs 3 B-VG ist demnach, ob die „Systementscheidungen“ der Verfassungsrechtsordnung geändert werden.

Diese Systementscheidungen der Verfassung werden Grundprinzipien oder „Baugesetze“ der Verfassung genannt. In den folgenden Ausführungen wird dafür der Begriff „Grundprinzipien“ der Bundesverfassung verwendet, wobei an dieser Stelle darauf hinzuweisen ist, dass damit nicht die Zuschreibung von „Prinzipiencharakter“ iSd *Alexy*schen Unterscheidung zwischen Regeln und Prinzipien[725] beabsichtigt ist. Bei diesen Grundprinzipien handelt es sich vielmehr jeweils um Sammelbegriffe für grundlegende Systementscheidungen der öster-

---

719 Zum Beispiel *Mayer/Kucsko-Stadlmayer/Stöger*, Bundesverfassungsrecht Rz 160; *Pernthaler*, Bundesstaatsrecht 305 f; vgl auch *Berka*, Verfassungsrecht Rz 155 ff; *Öhlinger/Eberhard*, Verfassungsrecht Rz 70 ff.

720 Allgemein zur Relevanz von Normenhierarchien oben bei 3.6.4.4.5.2 (= 122) sowie spezifisch für das bundesstaatliche Grundprinzip in Österreich noch unten bei 5.1.4.4.1 (= 176).

721 Teilweise wird in der Literatur zwar überlegt, ob bestimmte Inhalte der österreichischen Bundesverfassung als unabänderlich zu qualifizieren sind; zB *Pernthaler*, Verfassungskern VI; *Öhlinger* in FS Pernthaler 284 f; Art 44 Abs 3 B-VG spricht aber gegen derartige Annahmen. So zB auch *Vašek*, Revisionsschranken 49; *Hiesel*, ÖJZ 2002, 124 ff; *Mayer* in FS Schäffer 473 ff. Differenziert *Thaler*, ZÖR 2020, 205 ff.

722 Vgl *Rill/Schäffer†/Rill* in Kneihs/Lienbacher, Art 44 B-VG Rz 39. Der Schutz dieser grundsätzlichen Entscheidungen ist aber insofern nur relativ, als sie – anders als beim Schutzinhalt der Ewigkeitsklausel nach Art 79 Abs 3 GG – unter Einhaltung des in Art 44 Abs 3 B-VG vorgesehenen Verfahrens geändert und abgeschafft werden können. Insofern besteht im österreichischen Verfassungsrecht kein Raum für Annahmen dahingehend, dass – sofern das entsprechende Verfahren eingehalten wird – die Abänderung bestimmter Verfassungsinhalte einen „Verfassungsbruch“ darstellt; so aber *Pernthaler*, ZÖR 1969, 361 ff im Hinblick auf die Abschaffung der Selbstständigkeit der Länder bzw ihrer Verfassungsautonomie; ihm folgend *Weber, K.*, Kriterien 84 f.

723 Zum Beispiel Öhlinger/Eberhard, Verfassungsrecht Rz 64; *Rill* in FS Schäffer 725; *Janko*, Gesamtänderung 61 ff; *Gamper*, Verfassungsinterpretation 160 f; für eine gemischte (materielle und formelle Aspekte erfassende) Deutung *Wiederin* in FS Schäffer 980.

724 Dazu *Rill/Schäffer†/Rill* in Kneihs/Lienbacher, Art 44 B-VG Rz 35 f mwN.

725 Zum Beispiel *Alexy*, Theorie 75 ff.

reichischen Bundesverfassung.[726] Der Begriff des Grundprinzips wird hier also im Sinne eines deskriptiven Prinzipienbegriffs verwendet; die in einem Grundprinzip zusammengefassten Systementscheidungen haben aber selbst normativen Charakter, unabhängig davon, ob es sich dabei um (normative) Prinzipien oder Regeln iSv *Alexy* handelt.

Als solche Grundprinzipien der österreichischen Bundesverfassung werden etwa die Demokratie, die republikanische Staatsform, die Rechtsstaatlichkeit und die Bundesstaatlichkeit bezeichnet.[727] Zu beachten ist, dass die Grundprinzipien nicht nur die getroffene Systementscheidung für Demokratie, Republik oder Bundesstaatlichkeit umfassen, sondern auch die grundlegende Ausgestaltung ebendieser Grundsätze. Nicht nur eine vollkommene Abschaffung der Demokratie wäre also eine Gesamtänderung der Bundesverfassung, sondern auch eine inhaltliche Umorientierung, etwa hin zu einer stärker direkt-demokratisch orientierten Staatsform. Bezogen auf die genannten Systementscheidungen stellt also ein Systemwechsel jedenfalls eine Gesamtänderung dar; die Einführung einer systemwidrigen Norm kann eine Gesamtänderung darstellen.

5.1.4.2 Ermittlung des Inhalts von Grundprinzipien

5.1.4.2.1 Relevanz der Verfassungsrechtsordnung

Der Inhalt dieser Grundprinzipien ergibt sich nicht aus vorpositiven Vorstellungen der von ihnen erfassten Gehalte. Was etwa von dem dem österreichischen B-VG zu Grunde liegenden demokratischen Grundprinzip erfasst wird, ist in einer Gesamtschau jener verfassungsrechtlichen Regeln zu ermitteln, die im Zusammenhang mit Demokratie stehen.[728] Man könnte nun behaupten, dass ein Systemwechsel bei Beibehaltung der jeweiligen Systementscheidung – also etwa die Einführung eines direkt-demokratischen Systems bei Beibehaltung des Grundsatzes der Demokratie – keine Gesamtänderung darstellt, da weder das System abgeschafft noch eine systemwidrige Norm geschaffen würde, Art 44 Abs 3 B-VG aber nur die Aufgabe von ganz grundlegenden Entscheidungen und schwerwiegende Systemwidrigkeiten verhindern soll. Das ist nach der hier vertretenen Ansicht aber nicht zutreffend: Die Entscheidung für ein System – zB die Demokratie – kann nämlich nach dem Konzept des B-VG nicht von ihrem Inhalt getrennt werden; die Systementscheidung für die Demokratie beinhaltet

726 Einen der hier herangezogenen Verwendung entsprechenden theoretischen Prinzipienbegriff verwendet zB *Jakab*, Language 377 ff.

727 Dazu *Rill/Schäffer†/Rill* in Kneihs/Lienbacher, Art 44 B-VG Rz 40 ff; *Berka*, Verfassungsrecht Rz 114; *Öhlinger/Eberhard*, Verfassungsrecht Rz 63 f; *Mayer/Kucsko-Stadlmayer/Stöger*, Bundesverfassungsrecht Rz 146.

728 *Rill/Schäffer†/Rill* in Kneihs/Lienbacher, Art 44 B-VG Rz 36.

also bspw auch eine Systementscheidung für eine repräsentative Demokratie. Beurteilt man dies anders, so werden die Systementscheidungen (Demokratie, Rechtsstaat) etc zu leeren Worthüllen, die von der Interpretin bzw dem Interpreten nach Lust und Laune befüllt werden könnten, um so das Vorliegen einer Gesamtänderung zu bejahen oder zu verneinen. Nach der hier vertretenen Ansicht ist aber bei der Ermittlung der Systementscheidungen – also der Grundprinzipien – auf die Normen der Bundesverfassung Rücksicht zu nehmen.[729] Der Inhalt des bundesstaatlichen Grundprinzips kann auch nicht anhand einer der gängigen Bundesstaatstheorien ermittelt werden, weil keine davon für die Entstehung des B-VG prägend war.[730]

729 So zum Bundesstaat etwa auch *Koja*, Staatslehre 352.

730 Es lässt sich nämlich nicht feststellen, dass sich der österreichische Bundesverfassungsgesetzgeber bei der Konstituierung des Bundesstaates eindeutig von einem dieser theoretischen Modelle leiten hätte lassen. Vgl zB AB 991 BlgKNV 1 („Begründung des Staates durch den Zusammenschluss bis dahin unabhängiger Staats*teile*", Hervorhebung durch die Verfasserin), 4 („Verteilung der Staatsfunktionen auf Oberstaat und Gliedstaaten" – dies könnte sowohl iSe einer hierarchischen Dezentralisation als auch iSe Staatenstaates gedeutet werden; andererseits wird darauf hingewiesen, „daß der Entwurf den Ausdruck ‚Staat' und ‚staatlich' in einem sowohl den Bund als auch die Länder umfassenden Sinn gebraucht"; ob dies nun wiederum darauf hindeuten soll, dass die Länder als „Staaten" im herkömmlichen Sinn qualifiziert werden oder aber darauf, dass der Begriff „Staat", wie er im B-VG verwendet wird, gerade von diesem herkömmlichen Sinn abweicht, ist fraglich). Auch die mehrfache Betonung der „Parität von Bund und Ländern" (AB 991 BlgKNV 2, 6) gibt keinen eindeutigen Hinweis auf ein präferiertes Vorverständnis, weil diese eben nur dem Grundsatz nach bestehen soll, im Verfassungsrecht bzw dem diskutierten Entwurf also durchaus auch anders angeordnet sein kann. Vgl zB auch *Koja*, Bundesländer 20: „Der Bundesverfassungsgesetzgeber von 1920 wollte einen Bundesstaat nach den damals herrschenden Ideen, allerdings mit bestimmten Modifikationen, schaffen"; 25 (die hohe Dichte an Regelungen betreffend die Landesorganisation sei nicht darauf zurückzuführen, „daß die Schöpfer des B-VG Anhänger einer bestimmten Bundesstaatstheorie, nämlich der sogenannten Dezentralisierungstheorie waren"). Wie hier zB *Weber, K.*, Bundesverwaltung 251 ff; im Gegensatz dazu aus dem genannten AB eine Orientierung an der Staatenstaat-Theorie annehmend *Rill*, Gliedstaatsverträge 69. Diesen Nachweis – und zwar spezifisch dahingehend, dass das österreichische Bundesverfassungsrecht den österreichischen Bundesstaat nach dem Modell eines Staatenstaates einrichten soll – kann auch die Feststellung, dass es (auch) in den Ländern „Staatsgründungsakte" gab (*Pernthaler*, Staatsgründungsakte 21 ff), nicht erbringen (*Thienel*, ZÖR 1991, 232; wie hier auch *Koja*, Bundesländer 6, 28 f), weil nicht ersichtlich ist, warum derartige Akte für die Auslegung des Bundesverfassungsrechts Relevanz haben sollten. Ebensowenig lässt sich aber behaupten, dass die Konstituierung des Bundesstaates eindeutig eine Verwirklichung eines Dezentralisationsmodells darstellt. Eine Orientierung an der Drei-Kreise-Theorie ist schon aus zeitlichen Gründen nicht naheliegend, da diese von *Kelsen* erst später ausformuliert wurde (*Kelsen* in FS Fleiner 130 ff). Damit bleibt hier festzuhalten, dass die kurz vorgestellten Theorien jedenfalls insofern keinen Mehrwert für die Auslegung des Verfassungsrechts darstellen, als keine davon für sich genommen dem historischen Verfassungsgesetzgeber als Vorbild gedient zu haben scheint. Für die Frage nach dem Inhalt des bundesstaatlichen Grundprinzips iSd Art 44 Abs 3 B-VG lässt sich aus ihnen daher im Allgemeinen nichts gewinnen (sofern eine Bundesstaatstheorie für die Prägung einer konkreten verfassungsrechtlichen Vorschrift Patin gestanden hat, wird bei der Auslegung dieser Vorschrift darauf eingegangen). Im Übrigen: Selbst wenn man dem Verfassungsgesetzgeber unterstellen könnte, sich an einer der Theorien orientiert zu haben, ist nicht ersichtlich, inwiefern das den Begriff des gesamtänderungsrelevanten bundesstaatlichen Grundprinzips näher determinieren würde. Nach der Dezentralisationsthese ist im Bundesstaat so gut wie alles möglich und daher auch nichts wesentlich; nach der Staatenstaats-Theorie ist die „Selbstständigkeit" oder „Staatlichkeit" der Länder eine tragende Maxime, die aber so unbestimmt ist, dass auch unter diese Begriffe alles (oder nichts) subsumiert werden kann. Am ehesten ließe sich noch anhand der Drei-Kreise-Theorie ein Maßstab dafür festlegen, was gesamtänderungsrelevant ist – nämlich die gesamtstaatliche Rechtsordnung. Wenn man diese aber mit dem gesamten Bun-

Ebenso ist der Inhalt des bundesstaatlichen Grundprinzips anhand des bundesstaatsrelevanten Verfassungsrechts und nicht aus einem wie auch immer gearteten „Wesen“[731] des Bundesstaates zu ermitteln.[732] Zwar mag es dann, wenn der Verfassungsgesetzgeber auslegungsbedürftige Begriffe verwendet – wie etwa „Bundesstaat“ oder „demokratisch“ – ausnahmsweise sinnvoll sein, zur Ermittlung des Sinngehalts eines Begriffs auf die entsprechende Begriffsverwendung in der allgemeinen Staatslehre zu rekurrieren und diese als Orientierungshilfe zu verwenden.[733] Allerdings ist eben primär auf verfassungsrechtliche Normen Bezug zu nehmen, die auch Inhalte haben können, die nicht dem aus der allgemeinen Staatslehre bekannten Begriffsverständnis entsprechen und trotzdem als grundlegende Systementscheidungen zu qualifizieren sein können.[734]

5.1.4.2.2 Derogationsfragen – Welches Verfassungsrecht ist relevant?

Fraglich ist aber, welche Bestimmungen des Bundesverfassungsrechts für die Gewinnung des Inhalts der Grundprinzipien herangezogen werden können. Nimmt man auf Grund der zusätzlichen Erzeugungsbedingung in Art 44 Abs 3 B-VG (obligatorische Volksabstimmung) einen höheren Rang der von den Grundprinzipien erfassten Inhalte im Stufenbau nach der rechtlichen Bedingtheit an und folgert daraus auch einen höheren Rang im Stufenbau nach der derogatorischen Kraft,[735] so könnte der Inhalt der Grundprinzipien nur durch die ursprüngliche Fassung der Verfassung bzw durch Verfassungsänderungen determiniert werden, die als Gesamtänderung nach Art 44 Abs 3 B-VG beschlossen wurden. Nachfolgende Teiländerungen der Verfassung könnten dann die Inhalte der Grundprinzipien nicht abändern, da andernfalls eine schleichende Aushöhlung des Gesamtänderungserfordernisses des Art 44 Abs 3 B-VG eintreten könnte. Teiländerun-

---

desverfassungsrecht gleichsetzt (zB *Wiederin*, Bundesrecht 40 ff), dann würde das bedeuten, dass jede Verfassungsänderung eine Gesamtänderung darstellt (vgl schon *Öhlinger*, Bundesstaat 20 f). Dies würde aber die Vorsehung mehrerer unterschiedlich ausgestalteter Verfassungsänderungsverfahren ad absurdum führen und ist daher mit dem Zweck des Art 44 Abs 3 B-VG nicht in Einklang zu bringen. Vgl im Übrigen zB *Storr*, ZfV 2009, 538 („Das Wesen des Bundesstaates folgt nicht aus einer Bundesstaatstheorie, sondern aus der Ausgestaltung des bundesstaatlichen Prinzips in der jeweiligen Verfassung“).

731 So aber VfSlg 5676/1968; aktuell zB VfSlg 19.964/2015; ähnlich auch: „Wesen der bundesstaatlichen Organisationsform“, VfSlg 2455/1952; „Natur des Bundesstaates“, VfSlg 2674/1954; „Idee des Bundesstaates“ in VfSlg 1030/1928. Weitere Beispiele bei *Gamper*, Grundordnung 143 ff. Vgl aus der Literatur zB den Beitrag von *Ermacora*, JBl 1957, 521 ff, der den Titel „Über das Wesen des österreichischen Bundesstaates in Theorie und Praxis“ trägt (sich aber nicht mit Art 44 Abs 3 B-VG befasst).

732 Auch ein Versuch, das „Wesen“ des Bundesstaates rechtsvergleichend zu destillieren, ist hier fehl am Platz. So aber etwa *Adamovich* in FS Koja 215 mwN; *Pernthaler*, Bundesstaatsrecht 349.

733 Vgl *Rill/Schäffer* in Kneihs/Lienbacher, Art 1 B-VG Rz 1 f.

734 Dazu zB unten bei 5.3.1 (= 192).

735 Vgl etwa *Rill/Schäffer†/Rill* in Kneihs/Lienbacher, Art 44 B-VG Rz 39. Ganz allgemein zur Stufenbaulehre inkl Kritik daran *Jakab*, Language 326 ff, der aber die Zweckmäßigkeit einer Betrachtung der Rechtsordnung anhand eines Stufenbaus nach der derogatorischen Kraft bei Verwendung eines adäquaten Derogationsbegriffs bejaht, *Jakab*, Language 353 ff.

gen der Verfassung wären am Maßstab der Grundprinzipien zu messen, bildeten aber keine Grundlage für die Ermittlung ebendieser Prinzipien.

Allein auf Grund des Erfordernisses einer obligatorischen Volksabstimmung für Gesamtänderungen der Bundesverfassung muss allerdings nicht zwingend auf einen höheren Rang des Inhalts der Grundprinzipien (als von diesem Erfordernis erfassten bzw geschützten Inhalten) im Stufenbau nach der derogatorischen Kraft geschlossen werden.[736] Bevor überlegt wird, welche derogatorische Kraft den Inhalten der Grundprinzipien zukommt, ist es zunächst sinnvoll, den hier verwendeten Begriff der Derogation zu erläutern. Dabei beziehen sich die folgenden Überlegungen auf Grund des verfolgten Untersuchungszwecks va auf generelle Normen.[737]

Derogation meint im rechtswissenschaftlichen Diskurs allgemein die Abänderung einer Norm.[738] Die Abänderung einer Norm kann entweder dadurch erfolgen, dass die abändernde Norm die Geltung[739] der abgeänderten Norm endgültig aufhebt,[740] oder dadurch, dass eine abändernde Norm die abgeänderte Norm vorübergehend überlagert und so ihre Anwendbarkeit für die Dauer der Anwendbarkeit oder Geltung der abändernden Norm ausschließt.[741] In dieser Konstellation hat also die abgeänderte Norm ihre Geltung nicht verloren und kann wieder in Kraft treten – zur Anwendung kommen –, wenn die abändernde Norm nicht mehr anwendbar ist oder nicht mehr gilt. Beides könnte man grundsätzlich als Derogation bezeichnen.[742] Um Verwechslungen zu vermeiden, wird im Folgenden die erste Konstellation – der endgültige Geltungsverlust – als Derogation ieS bezeichnet, die zweitgenannte Konstellation als Überlagerung.[743]

---

736 Dazu zB *Wiederin*, Bundesrecht 230 ff (freilich unter Verwendung anderer Begrifflichkeiten, erörtert auf 51 ff); einen solchen Schluss im Gegensatz dazu vornehmend zB *Walter*, ÖJZ 1965, 169 f.

737 Und lassen, ebenfalls dem Untersuchungszweck geschuldet, das Unionsrecht außer Betracht.

738 Vgl dazu *Jakab*, Language 354 mwN.

739 Geltung meint Zugehörigkeit zur Rechtsordnung (s dazu zB *Ringhofer*, Strukturprobleme 88 f; ausführlich *Kneihs*, Kundmachung 4 ff; *Schäffer†/Kneihs* in Kneihs/Lienbacher, Art 140 B-VG Rz 28; wie hier zB auch *Mayer/Kucsko-Stadlmayer/Stöger*, Bundesverfassungsrecht Rz 488; *Thienel*, JBl 1994, 27; *Thienel* in Walter, Untersuchungen 14); und ist vom Inkrafttreten und der Anwendbarkeit der Norm zu unterscheiden. Ob eine Norm in einer Rechtsordnung gilt, hängt von der Erfüllung der Geltungsbedingungen ab, welche die Rechtsordnung vorsieht. Ob eine Norm in Kraft getreten und auf einen konkreten Fall anwendbar ist, hängt von ihrem Inhalt ab. Die Geltung einer Norm in einer Rechtsordnung ist notwendige Voraussetzung für ihre (rechtmäßige) Anwendbarkeit in verschiedenen Spielarten (vgl *Thienel*, JBl 1994, 27 ff); sieht also eine Rechtsordnung vor, dass eine Norm in einer bestimmten Konstellation angewendet werden soll, dann wird damit vorausgesetzt, dass diese Norm in der fraglichen Rechtsordnung gilt.

740 Vgl dazu ausführlich *Thienel* in Walter, Untersuchungen 13 ff.

741 Vgl zB *Rohregger* in Korinek/Holoubek, Art 140 B-VG Rz 9, der hinsichtlich verfassungswidriger Gesetze eine vorläufige Zurückdrängung der entgegenstehenden Verfassungsbestimmungen (aber keine „endgültige" Derogation) annimmt; differenzierend dazu *Thienel* in Walter, Untersuchungen 40 ff.

742 Welcher Derogationsbegriff verwendet wird, ist eine Zweckmäßigkeitsfrage. Vgl etwa die Begriffsbildung bei *Griller*, JRP 2000, 275.

743 Diesen Begriff verwendet auch *Kneihs*, Kundmachung 82, wenn auch mit etwas anderer Bedeutung.

Beides sind aber nach dem hier vertretenen Verständnis Formen der Derogation iwS.

Hinsichtlich beider denkbarer Formen der Derogation iwS kann man außerdem gleichermaßen zwischen der Derogationswirkung und dem Derogationspotential einer Norm unterscheiden. Als Derogationswirkung lässt sich dabei die unmittelbar von einer abändernden Norm auf die abgeänderte Norm ausgehende Wirkung bezeichnen. Als Derogationspotential kann man die Wirkung einer abändernden Norm auf eine abgeänderte Norm bezeichnen, die nicht unmittelbar auf Grund der Geltung oder des Inkrafttretens der abändernden Norm eintritt, sondern von einem weiteren Akt abhängt, etwa von einer Gerichtsentscheidung. Die derogatorische Kraft einer Norm setzt sich nun aus ihrer Derogationswirkung und ihrem Derogationspotential zusammen, die durchaus unterschiedlich ausgestaltet sein können: So kann etwa ein einfaches Bundesgesetz, das gegen die Bundesverfassung verstößt, solange es anwendbar ist, die entsprechende Verfassungsbestimmung überlagern (Überlagerung, Derogationswirkung), aber nicht ihren endgültigen Geltungsverlust bewirken (weder Derogationswirkung ieS noch Potential zur Derogation ieS).[744]

Versucht man nun, den der österreichischen Rechtsordnung zu Grunde liegenden Stufenbau nach der derogatorischen Kraft zu beschreiben, so sind dabei va die verfassungsrechtlich verankerten Rechtsetzungsbefugnisse der gesetzgebenden Körperschaften und der Verwaltungsbehörden zu berücksichtigen; aber auch die Normprüfungs- und -verwerfungskompetenz des VfGH hat eine maßgebliche Bedeutung dafür. Bei einer gesamthaften Betrachtung dieser Normen wird schnell ersichtlich, dass ein Stufenbau nach der derogatorischen Kraft – zumindest dann, wenn man vom Begriff der Derogation iwS ausgeht – sinnvollerweise nur anhand des Derogationspotentials, nicht aber anhand der Derogationswirkung der Normen gebildet werden kann:

Zunächst kann überlegt werden, welche Normen selbst unmittelbar und endgültig die Geltung anderer Normen ausschließen bzw beenden (Derogationswirkung ieS). Eine solche Wirkung könnte nun für jene Normen angenommen werden, die im selben Verfahren erlassen werden wie die abzuändernden Normen, allerdings später: Die Abänderbarkeit aller generellen Normen ist der österreichischen Rechtsordnung immanent. Das ergibt sich daraus, dass es Verfahren zur Erlassung von Normen gibt; die Verfassung sieht also etwa ein Verfahren zur Bundesgesetzgebung oder zur Abänderung der Verfassung selbst vor. In den Bestimmungen über diese Verfahren ist nicht vorgesehen, dass der jeweilige Rechtsetzer nur regeln darf, was er davor noch nicht geregelt hat. Daraus lässt sich also ableiten, dass es dem Rechtsetzer offensteht, die von ihm in einem vorangehenden Verfahren getroffenen Entscheidungen und die daraus resultie-

744 Vgl zB *Rohregger* in Korinek/Holoubek, Art 140 B-VG Rz 9.

renden Rechtsakte abzuändern.[745] Diese Befugnis des Rechtsetzers ergibt aber nur dann Sinn, wenn die später erlassene Norm der vorangehenden Norm iSd lex posterior vorgeht.[746] Allerdings wäre diese Derogationswirkung ieS einer Norm auf Normen beschränkt, die früher im selben Rechtsetzungsverfahren erlassen worden sind: Die Anordnung unterschiedlicher Rechtsetzungsverfahren – etwa für Bundesgesetze und Bundesverfassungsgesetze – würde nämlich keinen Sinn ergeben, wenn die Nichteinhaltung des für einen bestimmten Rechtsakt vorgesehenen Verfahrens keine Konsequenzen hätte.[747] Versteht man aber wie hier Derogation ieS als den durch eine Norm bewirkten endgültigen Geltungsverlust einer anderen Norm, so muss man eingestehen, dass eine Norm in der österreichischen Rechtsordnung zwar in der Theorie den endgültigen Geltungsverlust einer anderen Norm herbeiführen kann, dass die Annahme des Geltungsverlustes praktisch aber häufig inhibiert sein wird:[748] Insb bei Gesetzen sieht ja Art 140 Abs 6 B-VG vor, dass jene Vorschriften, welche durch ein Gesetz aufgehoben wurden, mit der Aufhebung dieses aufhebenden Gesetzes durch den VfGH wieder in Kraft treten.[749] Daraus kann nun aber geschlossen werden, dass die durch das verfassungswidrige Gesetz aufgehobenen Bestimmungen niemals ihre Geltung verloren haben,[750] sondern von dem verfassungswidrigen Gesetz nur „überlagert“ wurden.[751]

745 Ausdrücklich ist die Befugnis zur Abänderung (und eben nicht nur zur Regelung dessen, was vorher noch nicht geregelt wurde) in Art 44 B-VG für Verfassungsgesetze geregelt. Für Gesetze vgl *Mayer/Kucsko-Stadlmayer/Stöger*, Bundesverfassungsrecht Rz 496.

746 Was freilich nicht zwingend nach einer Derogationswirkung ieS verlangt; allerdings ist es naheliegend, dass derjenige Rechtsetzer, der einer Norm Geltung verschaffen kann, grundsätzlich auch befugt ist, ihre Geltung wieder zu beseitigen. Für Gesetze vgl wiederum *Mayer/Kucsko-Stadlmayer/Stöger*, Bundesverfassungsrecht Rz 496.

747 Wobei bei der Beurteilung, ob das richtige Verfahren eingehalten wurde, auch materiell-rechtliche Überlegungen eine Rolle spielen: Wird etwa ein Bundesgesetz erlassen, das gegen die bestehende bundesverfassungsrechtliche Kompetenzverteilung verstößt, dann hätte ein Rechtsakt mit diesem Inhalt „richtigerweise“ als Bundesverfassungsgesetz und damit in einem anderen Verfahren beschlossen werden müssen.

748 *Kneihs*, Kundmachung 120f.

749 Diese Wirkung tritt von Verfassung wegen ein (soweit der VfGH nichts anderes anordnet); *Rohregger* in Korinek/Holoubek, Art 140 B-VG Rz 304.

750 Sie sind iSd des B-VG nur außer Kraft getreten – was eine weiterbestehende Geltung nicht ausschließt, *Thienel*, JBl 1994, 29, 32; auch *Haller*, Prüfung 107ff unterscheidet zwischen Geltung und verbindlicher Kraft (Zeitraum zwischen In- und Außerkrafttreten; allerdings fallen bei ihm Außerkrafttreten [= Ende des Rechtsfolgenbereichs] und Geltungsverlust [= „Aufhebung des Rechtsfolgenbereichs“ ex tunc, *Haller*, Prüfung 118]) tendenziell zusammen; *Wiederin*, Bundesrecht 233 spricht hinsichtlich Art 140 Abs 6 B-VG ebenfalls davon, dass verfassungswidriges Recht verfassungskonformes Recht (zwischenzeitlich) „außer Kraft“ zu setzen vermag (ob dies den [zwischenzeitlichen] Geltungsverlust bedeuten soll, bleibt dort unklar, wird aber an anderer Stelle [insb 237] deutlich). Eine andere Deutungsmöglichkeit wäre jene, dass die Normen zwar ihre Geltung verloren haben, diese aber auf Grund des Ausspruchs des VfGH iVm Art 140 Abs 6 B-VG neu erlangen (so *Wiederin*, Bundesrecht 234). Nach dem B-VG ist der VfGH aber grundsätzlich nicht als positiver Rechtsetzer konzipiert (vgl *Schäffer†/Kneihs* in Kneihs/Lienbacher, Art 140 B-VG Rz 80ff), was systematisch gegen eine derartige – freilich dennoch nicht völlig undenkbare – Betrachtung spricht.

751 *Schäffer†/Kneihs* in Kneihs/Lienbacher, Art 140 B-VG Rz 28 und FN 58a; *Kneihs*, Kundmachung 111ff; *Rohregger* in Korinek/Holoubek, Art 140 B-VG Rz 302 und 9 vertritt zwar, dass der Fall des

Soweit also ein Gesetz verfassungswidrig ist, kann es die Geltung anderer Gesetzesbestimmungen nicht beenden, sondern diese Normen nur überlagern, also ihre Anwendbarkeit ausschließen.[752] Eine Derogationswirkung ieS (Geltungsverlust) lässt sich damit nur für verfassungskonforme Normen annehmen.[753] Selbst wenn man die Problematik rund um die (jederzeitige) Feststellbarkeit der Verfassungskonformität außer Acht lässt[754] und von der theoretisch bestehenden Derogationswirkung ieS ausgeht, lässt sich im Übrigen kein Stufenbau bilden, da sich die Derogationswirkung ieS dann jeweils nur innerhalb einer Kategorie von Rechtsnormen auswirken könnte, nämlich innerhalb jener Normen, die im selben Verfahren erlassen werden müssen.[755] Es kann daraus also lediglich geschlossen werden, dass es unterschiedliche Derogationsbereiche gibt, aber nicht, in welchem Verhältnis diese Bereiche zueinander stehen, welche Bereiche also im Bild vom Stufenbau gesprochen über anderen stehen.

Wiederinkrafttretens nach Art 140 Abs 6 B-VG von dem „Wiederaufleben" des durch ein verfassungswidriges Gesetz zeitweilig verdrängten Verfassungsrechts zu unterscheiden sei, spricht aber in beiden Fällen davon, dass die jeweiligen Normen „wieder in Wirksamkeit" treten.

752 *Schäffer†/Kneihs* in Kneihs/Lienbacher, Art 140 B-VG Rz 28 und FN 58a. Anders offenbar die hA; s zB *Mayer/Kucsko-Stadlmayer/Stöger*, Bundesverfassungsrecht Rz 496 (wo von „Derogation" die Rede ist; in Rz 492 wird aber Derogation nicht als endgültiger Geltungsverlust definiert); *Rohregger* in Korinek/Holoubek, Art 140 B-VG Rz 302 und 9 (allerdings terminologisch unklar, dazu schon oben in FN 751); dies auch für verfassungswidriges Verfassungsrecht bejahend *Wiederin*, Bundesrecht 237.

753 Selbst bei verfassungskonform zustande gekommenen Gesetzen ist aber die Annahme einer Derogation ieS insofern problematisch, als die ursprünglich verfassungskonform zustande gekommene Norm ja – etwa durch eine Änderung der Verfassungsrechtslage – nachträglich invalidieren kann. Auch dann muss es aber bei Gesetzen nach Art 140 Abs 6 B-VG möglich sein, dass durch das invalidierte Gesetz aufgehobene Bestimmungen wieder in Kraft treten – was nach der hier vertretenen Betrachtungsweise (vgl oben bei FN 739) voraussetzt, dass sie noch in Geltung stehen; dazu *Kneihs*, Kundmachung 116. Wenn aber der durch eine Derogation ieS bewirkte Geltungsverlust endgültig sein soll, dann können auch ursprünglich verfassungskonform zustande gekommene Normen keine derartige Wirkung auf andere Normen haben, wenn der Eintritt des Geltungsverlustes abhängig von der Verfassungskonformität der Norm ist (die ja selbst zumindest bis zu einer Entscheidung durch den VfGH nicht endgültig feststeht).

754 Eine Problematik, die sich – wenn man hier das weiter unten präsentierte Ergebnis der gerade angestellten Überlegungen vorwegnimmt – im Zusammenhang mit der Verfassungskonformität bzw Grundprinzipienkonformität einfacher Verfassungsgesetze ja ohnehin nicht ergibt: Ein Verfassungsgesetz kann nach der hier vertretenen Ansicht nicht nachträglich prinzipienwidrig werden. Denn die Grundprinzipien sind, wie im Anschluss ausgeführt, grundsätzlich „statisch" anhand der Stammfassung des B-VG zu ermitteln. Kommt es aber zu einer Gesamtänderung und wird das fragliche Verfassungsgesetz nicht iSd Ziels der Gesamtänderung abgeändert, so ist es dennoch nicht grundprinzipienwidrig, da es ja weiterhin Teil des Bundesverfassungsrechts ist, aus dem die Grundprinzipien abgeleitet werden (dies gilt zumindest, sofern das hier analysierte System des Art 44 Abs 3 B-VG durch die Gesamtänderung nicht angetastet wird). Wird also etwa Österreich durch Gesamtänderung der Bundesverfassung in einen Einheitsstaat umgewandelt, Art 17 B-VG aber beibehalten, so ist diese Bestimmung dadurch nicht grundprinzipienwidrig geworden.

755 Wesentlich ist dabei, dass es sich um ein von Verfassung wegen obligatorisches Verfahren handelt, dessen Anwendbarkeit nicht von der Entscheidung eines Verfassungsorgans abhängt; so auch *Schäffer†/Kneihs* in Kneihs/Lienbacher, Art 140 B-VG FN 58a. So kann auch die unterschiedliche Derogationswirkung ieS von Gesamtänderungen entweder mit obligatorischer Volksabstimmung nach Art 44 Abs 3 B-VG oder mit Teiländerungen mit fakultativer Volksabstimmung begründet werden (vgl dazu *Wiederin*, Bundesrecht 232 mwN, der deswegen, weil in beiden Fällen eine Volksabstimmung durchgeführt wird, davon ausgeht, dass die Durchführung der Volksabstimmung nicht das entscheidende Kriterium für die Höherrangigkeit von Grundprinzipien sein kann).

Man kann auch überlegen, welche Normen andere Normen unmittelbar überlagern und so abändern können (Überlagerungswirkung). Auch hier lässt sich aber – zumindest für den Bereich der generellen Normen – kein Stufenbau nach der Überlagerungswirkung bilden; allenfalls wäre zu konstatieren, dass ein derartiger „Stufenbau" nur eine einzige Ebene hätte, denn jede generelle Norm kann jede andere generelle Norm überlagern und so ihre Anwendbarkeit ausschließen: Verfassungswidrige Gesetze überlagern bis zu ihrer Aufhebung durch den VfGH oder den Gesetzgeber das Verfassungsrecht, gegen das sie verstoßen, weil sie bis zu diesem Zeitpunkt grundsätzlich von Verwaltungsbehörden und Gerichten anzuwenden sind;[756] ebenso wie gesetzeswidrige Verordnungen bis zu ihrer Aufhebung durch den VfGH die Gesetze überlagern, gegen die sie verstoßen.[757] Zwischen verschiedenen generellen Normen besteht also hinsichtlich ihrer Überlagerungswirkung keine Rangordnung; als Konfliktlösungsregel kommt die lex posterior oder die lex specialis zur Anwendung.[758] Die Überlagerungswirkung ist aber insofern unvollkommen, als idR weder der Rechtsetzer selbst noch der VfGH die Überlagerungswirkung beachten müssen: Hinsichtlich des Rechtsetzers ergibt sich das aus dem schon oben vorgetragenen Argument, dass die verfassungsmäßige Anordnung unterschiedlicher Rechtsetzungsverfahren keinen Sinn hätte, wenn die Setzung von Rechtsakten unter Außerachtlassung dieser Vorgaben diese Vorgaben für den Rechtsetzer selbst unbeachtlich machen würde.[759] Ähnliches gilt hinsichtlich der Irrelevanz der Überlagerungswirkung für den VfGH: Nachdem der VfGH nach den Art 139 ff B-VG dazu berufen ist, über die Rechtmäßigkeit genereller Normen zu entscheiden, bleibt für ihn die „überlagerte" Norm Prüfungsmaßstab und wird insofern eben nicht überlagert. Im Lichte dessen ist auch festzuhalten, dass die Überlagerungswirkung auch hinsichtlich der anderen Gerichte insofern relativiert wird, als diese nach Art 89 Abs 2 B-VG (bei den VwG und dem VwGH iVm Art 135 Abs 4 B-VG) verpflichtet sind, den VfGH anzurufen, wenn sie Zweifel an der Vereinbarkeit einer generellen Norm mit einer anderen generellen Norm mit höherem Derogationspotential[760] haben.

Ein anderes Bild als bei der Analyse der Derogationswirkung bietet sich bei der schematischen Betrachtung des Derogationspotentials genereller Normen in der österreichischen Rechtsordnung. Zunächst kann festgehalten werden, dass es grundsätzlich keine Normen gibt, denen „nur" Überlagerungspotential im Ver-

---

756 Vgl dazu zB *Schäffer†/Kneihs* in Kneihs/Lienbacher, Art 140 B-VG Rz 24 mwN.

757 Vgl dazu zB *Aichlreiter* in Kneihs/Lienbacher, Art 139 B-VG Rz 2 mwN.

758 Dass es in diesen Fällen nur zu einer Überlagerung, nicht aber zu einer Derogation ieS kommt, ergibt sich insb aus Art 140 Abs 6 B-VG.

759 Würde etwa ein kompetenzwidrig erlassenes Bundesgesetz die einschlägige Bestimmung über die Kompetenzverteilung und das Verfahren zur Änderung der Kompetenzverteilung (also zur Änderung der Verfassung) im dargestellten Sinn überlagern, könnte der Bundesgesetzgeber während der Geltung dieses Bundesgesetzes weitere entsprechende Bundesgesetze erlassen, ohne von den genannten verfassungsrechtlichen Vorgaben gebunden zu sein.

760 Dazu sogleich unten.

hältnis zu anderen Normen zukommt. Dass die (zeitweise) Überlagerung einer abgeänderten Norm durch eine abändernde Norm von einem dazwischentretenden Akt abhängig ist, ist in der Verfassung nicht vorgesehen.

Fraglich ist noch, wie es um das Derogationspotential ieS genereller Normen in der österreichischen Rechtsordnung steht. In den Art 139 ff B-VG ist vorgesehen, dass der VfGH bestimmte Normen, die nicht in Einklang mit anderen Normen stehen, aufheben kann. Daraus ließe sich schließen, dass jene Normen, die im jeweiligen Verfahren Prüfungsmaßstab des VfGH sind, das Potential haben, das Geltungsende jener Normen herbeizuführen, die im fraglichen Verfahren Prüfungsgegenstand sind. Die Derogationswirkung würde in diesen Fällen aber eben nicht schon auf Grund der Geltung der Norm eintreten, die den Prüfungsmaßstab bildet, sondern wäre davon abhängig, dass der VfGH eine Aufhebung ausspricht (daher ist hier von Derogationspotential ieS und nicht von Derogationswirkung ieS die Rede).

Um zu beurteilen, ob generelle Normen in der österreichischen Rechtsordnung im Verhältnis zu anderen generellen Normen das Potential zur Derogation ieS haben, muss man aber fragen, welche Auswirkungen die Aufhebung einer Norm durch den VfGH auf die Geltung dieser Norm hat. Denn nur dann, wenn die verfassungsgerichtliche Aufhebung einer Norm wegen Verstoßes gegen eine andere Norm dazu führt, dass die aufgehobene Norm ihre Geltung verliert, kommt der ersten Norm gegenüber der aufgehobenen Norm Derogationspotential ieS zu. Wie aufgezeigt wurde führt aber die Aufhebung einer generellen Norm durch den VfGH nicht dazu, dass diese mit dem Zeitpunkt des Inkrafttretens der Aufhebung ihre Geltung verliert.[761] Anders als bei der Aufhebung einer Norm durch den sie erlassenden Rechtsetzer besteht zwar bei vom VfGH aufgehobenen Normen nicht mehr die Möglichkeit des Wiederinkrafttretens nach Art 140 Abs 6 B-VG;[762] es muss daher auch nicht davon ausgegangen werden, dass die Norm trotz ihrer Aufhebung im Sinne einer „Reservehaltung" unbefristet weiter gilt. Allerdings ist die Norm grundsätzlich weiterhin auf bereits verwirklichte Sachverhalte anzuwenden, was ihre Weitergeltung bis zu dem Zeitpunkt voraussetzt, zu dem all diese Sachverhalte „abgehandelt" sind.[763] Die Aufhebung einer

761 *Kneihs*, Kundmachung 105 f; implizit aber auch schon *Thienel*, JBl 1994, 33, 35, der an den genannten Stellen diskutiert, inwiefern die Wirkung aufhebender Erkenntnisse sich bei bedingten und unbedingten Normen unterscheidet – für beide erwägt er aber nur das Ende bestimmter Aspekte des zeitlichen Geltungsbereichs, nicht ihrer Geltung als solcher (zwischen den beiden Aspekten differenziert er aber explizit, *Thienel*, JBl 1994, 27).

762 Weil die Aufhebung durch den VfGH bzw die entsprechende Kundmachung nicht Gegenstand eines Verfahrens nach Art 140 B-VG sein und daher auch nicht aufgehoben werden kann.

763 *Kneihs*, Kundmachung 105 f; 114 f; *Thienel*, JBl 1994, 33, 35. Anderer Ansicht offenbar *Haller*, Prüfung 118, allerdings nur für den Fall der „Aufhebung des Rechtsfolgenbereichs" (zur Unterscheidung zwischen Rechtsfolgen- und Bedingungsbereich einer Norm *Haller*, Prüfung 109 ff) – allerdings ist unklar, ob die von *Kneihs* und *Thienel* in Erwägung gezogene Heranziehung aufgehobener Normen als Deutungsschema nicht ohnehin auch dem *Haller*schen Rechtsfolgenbereich zuzuordnen wäre (der

generellen Norm durch den VfGH kann daher zwar zum (endgültigen) Geltungsverlust der aufgehobenen Norm führen, allerdings tritt dieser Geltungsverlust nicht schon mit dem Zeitpunkt des Inkrafttretens der Aufhebung ein, sondern erst zu einem späteren, allgemein nur abstrakt bestimmbaren Zeitpunkt.

Auch wenn aber die aufgehobene Norm mit der Aufhebung durch den VfGH nicht sofort ihre Geltung verliert, gehört sie auf Grund der Aufhebung zu einem späteren Zeitpunkt und dann endgültig nicht mehr der österreichischen Rechtsordnung an. Insofern kommt den Normen, die der VfGH in den Verfahren nach Art 139 ff B-VG als Prüfungsmaßstab heranzieht, Derogationspotential ieS hinsichtlich jener Normen zu, die im jeweiligen Verfahren Prüfungsgegenstand sind. Die in den Art 139 ff B-VG verankerten Kompetenzen des VfGH zur Prüfung genereller Normen lassen also auf eine Normenhierarchie – oder anders gewendet, auf einen Stufenbau – nach dem derogatorischen Potential ieS schließen, der der österreichischen Rechtsordnung zu Grunde liegt. Dieser Stufenbau nach dem derogatorischen Potential ieS deckt sich idR mit dem Stufenbau nach der rechtlichen Bedingtheit bzw dem Erzeugungszusammenhang, da der VfGH nach den Art 139 ff B-VG Normen wegen Nichteinhaltung der (gesetzlichen oder verfassungsrechtlichen) Erzeugungsbedingungen aufheben kann.

Es bleibt aus dem Vorangehenden also festzuhalten, dass zwischen Derogation ieS (Herbeiführung des endgültigen Geltungsverlustes) und Überlagerung zu unterscheiden ist; beides kann iwS als Derogation verstanden werden. Zu differenzieren ist außerdem zwischen den Wirkungen und dem Potential einer Norm, die bzw das diese mit Blick auf Derogationsfragen iwS hat. Generellen Normen kommt gegenüber früher erlassenen generellen Normen grundsätzlich[764] Überlagerungswirkung zu; Derogationspotential ieS kommt im Gegensatz dazu nur den bedingenden Normen im Hinblick auf die durch sie bedingten Normen zu. Das Derogationspotential ieS dieser Normen wird durch Entscheidungen des VfGH realisiert. Im Lichte dieser allgemeinen Überlegungen kann nun die Frage beantwortet werden, wie sich die Grundprinzipien der österreichischen Bundesverfassung zu (teiländernden) Verfassungsgesetzen verhalten:

Dazu ist zunächst daran zu erinnern, dass die Grundprinzipien der Bundesverfassung durch das Erfordernis der Abhaltung einer Volksabstimmung bei jeder Gesamtänderung der Bundesverfassung geschützt werden, da die Änderung oder Abschaffung der Grundprinzipien eine Gesamtänderung iSd Art 44 Abs 3 B-VG darstellt. „Nur" teiländernde Verfassungsgesetze unterliegen diesem Erfordernis nicht; für sie kommen „nur" die erhöhten Quoren des Art 44 Abs 1 B-VG zur Anwendung.[765]

---

das Ende der Existenz einer Norm „mit dem Verlust jeglicher rechtlicher Wirkung" definiert, *Haller*, Prüfung 118).

764 Es sei denn, die frühere Norm ist die lex specialis.

765 Die auch bei Gesamtänderungen relevant sind.

Oben wurde nun darauf hingewiesen, dass – auch verfassungskonform zustande gekommene – Normen der österreichischen Rechtsordnung mit Blick auf Normen, die in anderen Erzeugungsverfahren zustande kommen, keine Derogationswirkung ieS zukommt. Zwischen Normen aus verschiedenen Erzeugungsverfahren kann es zwar Überlagerungswirkungen geben; diese sind aber weder für den Verfassungsgesetzgeber noch für den VfGH beachtlich. Umgelegt auf das Verhältnis der Grundprinzipien zu teiländernden Verfassungsgesetzen heißt das nun, dass solche Teiländerungen die Grundprinzipien nicht ieS derogieren können;[766] materiell gesamtändernde Teiländerungen führen also nicht zum Geltungsverlust des durch sie materiell betroffenen Grundprinzips. Ein solcher Geltungsverlust kann nur durch eine formelle Gesamtänderung bewirkt werden. Sehr wohl kann aber eine – unter Missachtung von Art 44 Abs 3 B-VG zustande gekommene – materiell gesamtändernde Teiländerung das von ihr abgeänderte Grundprinzip überlagern; diese Überlagerungswirkung ist aber für den VfGH irrelevant, der bei einer Prüfung der Teiländerung das höhere Derogationspotential ieS des betroffenen Grundprinzips realisieren kann, indem er die Teiländerung als verfassungswidrig aufhebt.

Soll also – um dies an einem plastischen Beispiel zu verdeutlichen – der österreichische Bundesstaat durch eine Teiländerung der Verfassung abgeschafft werden, obwohl wegen der dadurch erfolgenden Abschaffung des bundesstaatlichen Grundprinzips ein Gesamtänderungsverfahren durchzuführen gewesen wäre, dann führt die durch die Teiländerung erfolgte und somit verfassungswidrige Einführung des Einheitsstaates nicht dazu, dass das bundesstaatliche Grundprinzip seine Geltung verliert. Das im Teiländerungsverfahren beschlossene Verfassungsgesetz ist wegen Verstoßes gegen das bundesstaatliche Grundprinzip – das mit Blick auf das Verfassungsgesetz über höheres Derogationspotential ieS verfügt – verfassungswidrig und kann vom VfGH aufgehoben werden.[767]

Es bleibt darauf hinzuweisen, dass die Überlagerungswirkung der verfassungswidrig zustande gekommenen materiellen Gesamtänderung in Form eines „einfachen“ Verfassungsgesetzes auch für den (gesamtändernden) Verfassungsgesetzgeber unbeachtlich ist. Dies hat zur Konsequenz, dass der Verfassungsgesetzgeber,

766 So auch *Schäffer†/Kneihs* in Kneihs/Lienbacher, Art 140 B-VG Rz 15, insb FN 58a.

767 Anzumerken ist allerdings, dass die Frage, ob das verfassungswidrige Verfassungsgesetz wegen Verstoßes gegen das Grundprinzip aufgehoben werden kann, nicht davon abhängt, ob das Grundprinzip auf Grund des verfassungswidrigen Verfassungsgesetzes seine Geltung verliert: Die Frage der Einhaltung des richtigen Verfahrens wird vom VfGH anhand der Rechtslage zum Zeitpunkt der Erlassung einer Rechtsvorschrift geprüft. Zum Zeitpunkt der Erlassung des verfassungswidrigen Verfassungsgesetzes war aber das Grundprinzip, dessen Abänderung oder Abschaffung die Einhaltung des in Art 44 Abs 3 B-VG vorgesehenen Verfahrens notwendig macht, jedenfalls noch in Geltung und bewirkt damit die Verfassungswidrigkeit des fraglichen Verfassungsgesetzes. Selbst wenn das verfassungswidrige Verfassungsgesetz seine rückwirkende Geltung anordnet, wäre das im Ergebnis nicht anders zu beurteilen: Der VfGH würde dann zuerst die Rückwirkungsbestimmung aufheben (der selbst keine Rückwirkung zukommt), bevor er das übrige Verfassungsgesetz aufhebt.

wenn er im obigen Beispiel den Bundesstaat „wieder einführen“ wollen würde, kein Gesamtänderungsverfahren einzuhalten hätte, da das bundesstaatliche Grundprinzip ja weiterhin gilt und daher durch die „Wiedereinführung“ per Teiländerung nicht wesentlich verändert wird.[768]

Dass eine verfassungswidrigerweise nicht im Gesamtänderungsverfahren beschlossene Verfassungsänderung nichts an der Geltung des von ihr „betroffenen“ Grundprinzips zu ändern vermag, gilt auch für den Fall, dass sämtliche materiellen Anhaltspunkte für die Existenz des Grundprinzips aus der geschriebenen Verfassung eliminiert werden, wie etwa im Beispiel der gänzlichen Abschaffung des Bundesstaates. Dem kann nicht entgegengehalten werden, dass es dann an einer „Kundmachung“ des Grundprinzips und diesem damit an der grundlegenden Geltungsvoraussetzung fehle. Denn dass es in der österreichischen Bundesverfassung Grundprinzipien gibt, ergibt sich va aus Art 44 Abs 3 B-VG, der zumindest im Fall der Abschaffung des Bundesstaates ja nicht zwingend mitaufgehoben werden müsste.[769] Der materielle Inhalt des betroffenen Grundprinzips ließe sich aber zwanglos aus den Kundmachungen der dann nicht mehr in Kraft stehenden verfassungsrechtlichen Bestimmungen ermitteln. Würde also der Bundesstaat durch eine Teiländerung abgeschafft, so wäre der Inhalt des bundesstaatlichen Grundprinzips weiterhin aus dem außer Kraft stehenden Bundesverfassungsrecht und den darin befindlichen Normen über den Bundesstaat zu ermitteln.

5.1.4.3 Ergebnis: Maßgeblichkeit von Grundprinzipien für die Anwendbarkeit von Art 44 Abs 3 B-VG

Aus dem Vorangehenden bleibt festzuhalten, dass die Anwendbarkeit des qualifizierten Verfassungsgesetzgebungsverfahrens des Art 44 Abs 3 B-VG davon abhängt, dass ein Grundprinzip der österreichischen Bundesverfassung maßgeblich geändert oder abgeschafft werden soll. Ausgangspunkt für die Ermittlung dieser Grundprinzipien ist nach dem dargelegten Verständnis das B-VG in seiner zum heutigen Zeitpunkt relevanten Stammfassung, durch das die Grundprinzipien konstituiert werden.[770] Die heute relevante Stammfassung ist jene des B-VG

768 Vorausgesetzt, der Bundesstaat wird bei der „Wiedereinführung“ nicht wesentlich anders ausgestaltet. Anzumerken ist dazu auch noch, dass nach der hier vertretenen Ansicht nicht die einzelnen Bestimmungen eines gesamtändernden Verfassungsgesetzes einen höheren Rang genießen, sondern das durch sie konstituierte neue oder abgeänderte Grundprinzip, das wiederum aus einer Gesamtschau des Bundesverfassungsrechts zu ermitteln ist. Insofern stellt sich auch nicht die Frage, ob bei jeder Abänderung einer Einzelbestimmung eines gesamtändernden Verfassungsgesetzes wieder das Gesamtänderungsverfahren einzuhalten ist; so aber *Janko*, Gesamtänderung 102 f.

769 Auch wenn bei einer Elimination sämtlicher bundesstaatlicher Elemente aus der Bundesverfassung wohl auch Art 42 B-VG und damit auch der in Art 44 Abs 3 B-VG enthaltene Verweis auf diese Bestimmung zu streichen wäre.

770 Anderer Ansicht etwa *Janko*, Gesamtänderung 156, der in seiner Darlegung (82 ff) aber von einem gänzlich anderen Derogations- und Stufenbauverständnis ausgeht und auch in weiterer Folge zu gänzlich anderen Ergebnissen kommt, so etwa, dass eine Gesamtänderung iSd Art 44 Abs 3 B-VG

1920: Basierend auf der – die historisch erste Verfassung der heutigen Republik Österreich darstellenden[771] – Unabhängigkeitserklärung vom 27.04.1945[772] wurde mit dem Verfassungs-Überleitungsgesetz[773] das B-VG wieder wirksam, hinsichtlich der Grundprinzipien mangels bis zu diesem Zeitpunkt durchgeführter Gesamtänderung idF aus 1920.[774]

---

dann vorliegt, wenn der Verfassungsgesetzgeber vom „bestehenden gesamtgesellschaftlichen Verfassungskonsens" abgeht (168, 195). Nach der hier vertretenen Ansicht wird von Art 44 Abs 3 B-VG aber kein derartiger gesellschaftlicher Konsens geschützt, sondern normative Entscheidungen der Verfassung; ebenfalls aA *Pernthaler*, Verfassungskern 8, der seine Überlegungen aber auf allgemeine Überlegungen zur Entstehung der österreichischen Bundesverfassung stützt, ohne darzulegen, warum diese für die Auslegung des Art 44 Abs 3 B-VG von Relevanz sein sollen; im Übrigen nimmt *Pernthaler* an anderer Stelle in derselben Abhandlung wiederum einen höheren Rang der Grundprinzipien an (*Pernthaler*, Verfassungskern 28).

771 So die hA, etwa *Öhlinger/Eberhard*, Verfassungsrecht Rz 49; *Berka*, Verfassungsrecht Rz 37; *Mayer/Kucsko-Stadlmayer/Stöger,* Grundriss Rz 67; *Adamovich/Funk/Holzinger/Frank*, Staatsrecht I Rz 01.021; *Haller*, Prüfung 99; *Jabloner*, JRP 2001, 40; *Schnizer*, JRP 2004, 35. AA zB *Wiederin* in Schennach, Föderalismus 194.

772 StGBl 1/1945.

773 Verfassungsgesetz vom 01.05.1945 über das neuerliche Wirksamwerden des Bundes-Verfassungsgesetzes in der Fassung von 1929, StGBl 4/1945. Laut *Wiederin* wurde darüber kein gültiger Beschluss gefasst (*Wiederin* in Schennach, Föderalismus 193) – damit stellt das V-ÜG eine (weitere) Revolution und die eigentlich relevante, historisch erste Verfassung dar (*Wiederin* in Schennach, Föderalismus 194).

774 Wobei diesbezüglich Vieles umstritten ist. Das betrifft zunächst den Zeitpunkt, ab dem das B-VG wieder „wirksam" bzw relevant wurde und die (Rechts-)Grundlage dafür: Diskutiert wird diesbezüglich der 19.12.1945 (Gesetzesbeschluss über ein Verfassungs-Übergangsgesetz des NR, der aber wegen Widerspruchs des Alliierten Rates nicht kundgemacht wurde; *Rill/Schäffer* in Kneihs/Lienbacher, Art 1 B-VG Rz 36 [FN 112]; *Kneihs*, JRP 2017, 75), der 12.04.1946 (Entschließung des NR; dies andenkend *Schnizer*, JRP 2004, 24), der 19.06.1946 (sechs Monate nach Zusammentreten des NR – maßgebliche Frist nach Art 4 Abs 2 Verfassungs-Überleitungsgesetz, StGBl 4/1945; zB *Hellbling*, ÖJZ 1947, 211; eventualiter auch *Kneihs*, JRP 2017, 76) und schließlich auch eine „latente" Wirkung des B-VG schon vor dem 19.12.1945 (so zB *Werner*, ÖJZ 1946, 278; kritisch dazu *Schnizer*, JRP 2004, 22 f). Umstritten ist außerdem, ob in der Zeit zwischen 1920 und 1933 entstandene Erzeugungsfehler durch das neuerliche Wirksamwerden des B-VG idF aus 1929 saniert wurden. Dies bejaht etwa *Kneihs*, JRP 2017, 75 f. Anders zB *Haller*, Prüfung 100, der dies mit der Formulierung und der Zielsetzung des (von ihm als maßgeblich erachteten) Verfassungs-Überleitungsgesetzes, StGBl 4/1945 begründet: Demnach sollen die Verfassungsgesetze (nur) wieder in Wirksamkeit gesetzt, nicht aber saniert werden; außerdem sei eine Veränderung der verfassungsrechtlichen Grundlagen (also: der durch Art 44 Abs 3 B-VG geschützten Grundprinzipien) nicht die Absicht des Verfassungsgesetzgebers gewesen. Tatsächlich sprechen die Indizien eher gegen eine Sanierung etwaiger Erzeugungsfehler: Erachtet man das Verfassungs-Überleitungsgesetz, StGBl 4/1945, als maßgeblich (zB *Wiederin* in Schennach, Föderalismus 194), so ist in dessen Art 1 die Rede davon, dass die Verfassungsgesetze „nach dem Stande der Gesetzgebung vom 5. März 1933" und „im Sinne der Regierungserklärung, St.G.Bl. Nr. 3 von 1945 wieder in Wirksamkeit gesetzt werden". Nun hat aber bis zu diesem angesprochenen „Stand der Gesetzgebung" keine Gesamtänderung iSd Art 44 Abs 3 B-VG stattgefunden, weswegen davon auszugehen ist, dass die Grundprinzipien der Bundesverfassung auch nach diesem Stand so ausgestaltet waren wie in der ursprünglichen Fassung des B-VG 1920. Auch in der verwiesenen Regierungserklärung wird von den „Grundsätzen unserer Verfassung von 1920" gesprochen (StGBl 3/1945, 5). Erachtete man (mit der hL, s oben in FN 771) die Unabhängigkeitserklärung vom 27.04.1945 als historisch erste Verfassung, so wird im Übrigen auch dort in Art I der „Geiste der Verfassung von 1920" als maßgeblich für die Wiederherstellung der Republik Österreich qualifiziert. Auch dies spricht gegen die Annahme, dass etwaige zwischen 1920 und 1933 eingetretene Erzeugungsfehler „saniert" werden sollen und die Fassung des B-VG 1929 in der 2. Republik maßgeblich für die Ermittlung des Gehalts der Grundprinzipien iSd Art 44 Abs 3 B-VG ist.

Nachfolgende Verfassungsänderungen können nur dann eine für den VfGH und den Verfassungsgesetzgeber beachtliche Veränderung der Grundprinzipien bewirken, wenn sie selbst im Gesamtänderungsverfahren beschlossen wurden. Eine Gesamtänderung hat bisher nur einmal, nämlich beim Beitritt Österreichs zur EU durch das EU-Beitritts-BVG stattgefunden. Bei der Ermittlung des Inhalts des bundesstaatlichen Grundprinzips ist daher auch zu berücksichtigen, ob es durch dieses BVG zu relevanten Änderungen gekommen ist.[775]

Nicht als Gesamtänderung beschlossene Verfassungsänderungen sind, wenn sie eine Veränderung des bundesstaatlichen Grundprinzips bewirken sollen, verfassungswidrig und führen nicht zu einer wirksamen Veränderung des bundesstaatlichen Grundprinzips als Maßstab für den Verfassungsgesetzgeber und den VfGH.[776]

Hinzuweisen ist schließlich noch auf die von der Lehre[777] und der Rsp[778] angedachte Möglichkeit einer sog „schleichenden Gesamtänderung“: Dabei wird die Gesamtänderung der Bundesverfassung nicht durch ein einzelnes (verfassungswidriges) Verfassungsgesetz, sondern durch das Zusammenwirken mehrerer einzelner Verfassungsänderungen bewirkt. Wenn man die Möglichkeit einer solchen schleichenden Gesamtänderung anerkennt, stellt sich allerdings die Frage, wie die durch den kumulativen Effekt mehrerer Verfassungsgesetze bewirkte Verfassungswidrigkeit geltend gemacht werden kann – ob zB nur das letzte Verfassungsgesetz anzufechten bzw aufzuheben wäre oder die Gesamtheit der die Gesamtänderung bewirkenden Verfassungsgesetze. Nach der hier vertretenen Ansicht ist der Begriff der schleichenden Gesamtänderung missverständlich und zu verwerfen. Die Gesamtänderung wird nämlich nicht schleichend vorgenommen, sondern durch genau jenen Akt, der die Gesamtänderungsgrenze überschreitet; auch nur dieser Akt ist verfassungswidrig. Die Konstruktion einer schleichenden Gesamtänderung, welche durch die Kumulation mehrerer Verfassungsänderungen bewirkt wird, ist nur dann erforderlich, wenn man (anders als hier) davon ausgeht, dass sich der Inhalt der Grundprinzipien mit jeder Verfassungsänderung ändert bzw ändern könnte – nur dann bestünde die Gefahr, dass eine Mehrheit

775 Eine umfassende Untersuchung dieses Aspekts liegt soweit ersichtlich nicht vor; *Burtscher*, EG-Beitritt, kündigt in der Einleitung (16) zwar Entsprechendes an, setzt sich aber in der Folge nur mit einfachverfassungsrechtlichen Fragen und deren Verhältnis zum EG-Recht auseinander (18 ff). Zum Vorliegen einer Gesamtänderung, aber ohne detaillierte Analyse ihres Inhalts mit Blick auf den Bundesstaat etwa auch *Öhlinger* in Griller ea, EU-Mitgliedschaft 117. Eine Veränderung des bundesstaatlichen Grundprinzips bezweifelnd *Rill* in Korinek/Rill, Wirtschaftsrecht 16 (FN 35).

776 Anderer Ansicht *Gamper*, Grundordnung 140; *Wiederin*, Bundesrecht 232 ff.

777 Ausführlich dazu zB *Gamper* in Bußjäger, Landesverwaltungsgerichte 8 ff mwN; s auch schon *Ermacora*, JBl 1957, 550; *Weber, K.*, Kriterien 118.

778 Zumindest in der älteren Rsp, zB VfSlg 11.829/1988; VfSlg 11.756/1988; in VfSlg 20.213/2017 wird der Begriff der „schleichenden“ Gesamtänderung hingegen pauschal als Bezeichnung für verfassungswidrige Verfassungsänderungen verwendet (die schleichend sind, weil sie nicht den Weg des Art 44 Abs 3 B-VG gehen).

solcher Änderungen nicht in ihrer Gesamtheit am Grundprinzip gemessen werden kann.

Als Beispiel für eine schleichende Gesamtänderung wird die über Jahre hinweg erfolgte Verschiebung von Kompetenzen der Länder an den Bund qualifiziert.[779] Eine rechtliche Beurteilung der Frage, ob hierbei eine Gesamtänderung vorliegt oder nicht, erfordert zunächst die Definition des Mindestausmaßes an Länderkompetenzen, das nach dem System des B-VG nicht unterschritten werden darf. Werden in drei aufeinander folgenden Jahren durch Verfassungsgesetz 1, 2 und 3 den Ländern jeweils Kompetenzen entzogen, so kommt es dadurch zu einer Kumulation von Kompetenzverlusten. Würde die maßgebliche Grenze des Mindestkompetenzbestands schließlich durch Verfassungsgesetz 3 erreicht, so müsste dieses – und nur dieses – als gesamtänderndes Verfassungsgesetz unter Beachtung von Art 44 Abs 3 B-VG beschlossen werden. Zwar könnte der Mindestkompetenzbestand der Länder auch durch Aufhebung der Verfassungsgesetze 1 und 2 erreicht werden; dennoch sind diese nicht verfassungswidrig: Die Frage, ob nach der Beschlussfassung über ein (Verfassungs-)Gesetz auf Grund des Vorliegens einer Gesamtänderung eine Volksabstimmung durchzuführen ist, ist eine Frage des formellen Rechts, die nach der Rechtslage zum Zeitpunkt des Zustandekommens zu beurteilen ist. Verfassungsgesetz 1 und 2 werden nicht im Nachhinein auf Grund des Inhalts von Verfassungsgesetz 3 verfassungswidrig. Verfassungsgesetz 1 und 2 führen aber auch nicht dazu, dass das aus dem bundesstaatlichen Grundprinzip erwachsende Erfordernis eines Mindestkompetenzausmaßes der Länder um die von diesen Verfassungsgesetzen enthaltenen Kompetenzen gemindert wird.

5.1.4.4 Das bundesstaatliche Grundprinzip

5.1.4.4.1 Relevanz für Art 4 Abs 2 EUV

Auf Grund des Inhalts von Art 44 Abs 3 B-VG kommt der normhierarchischen Betrachtung bei der Untersuchung der österreichischen nationalen Identität iSd Art 4 Abs 2 EUV ein hoher Stellenwert zu: Den höchsten Rang im österreichischen Verfassungsrecht nimmt nämlich ein, was „wesentlich" für das österreichische Verfassungsrecht ist und daher ein Grundprinzip der Bundesverfassung mitkonstituiert. Art 44 Abs 3 B-VG stellt also auf Grundstrukturen (auch) der Bundesstaatlichkeit ab und knüpft das Erfordernis einer Gesamtänderung an die Abänderung dieser Grundstrukturen. Art 4 Abs 2 EUV verfolgt einen ganz ähnlichen Ansatz, indem für die Achtungspflicht auf die grundlegenden politischen und verfassungsmäßigen Strukturen abgestellt wird. Da also die durch Art 44

779 Zum Beispiel *Wallnöfer* in FS Korinek 292 mwN; *Weber, K.*, Kriterien 118.

Abs 3 B-VG bewirkte Normenhierarchie genau wie Art 4 Abs 2 EUV auf grundlegende Strukturen abstellt, liegt es nahe, den Inhalt der durch Art 44 Abs 3 B-VG geschützten Grundprinzipien als grundlegende politische und verfassungsmäßige Strukturen iSd Art 4 Abs 2 EUV zu qualifizieren. Die Identifizierung der bundesstaatsrelevanten nationalen Identität Österreichs geht daher Hand in Hand mit der Identifizierung des Inhalts des bundesstaatlichen Grundprinzips.

Eine Untersuchung des bundesstaatlichen Grundprinzips der österreichischen Bundesverfassung hat, wie oben dargelegt wurde,[780] beim bundesstaatsrelevanten Verfassungsrecht der Stammfassung[781] des B-VG anzusetzen. Im Folgenden wird das österreichische Verfassungsrecht anhand des oben erarbeiteten Untersuchungsrahmens dahingehend analysiert, welche seiner bundesstaatsrelevanten Elemente grundlegende politische und verfassungsmäßige Strukturen iSd Art 4 Abs 2 EUV darstellen. Im Rahmen dessen wird auch immer wieder zu fragen sein, ob es sich bei einer Norm um einen Bestandteil des bundesstaatlichen Grundprinzips handelt. Dabei wird im Lichte der oben[782] herausgearbeiteten Kriterien für die systematische Untersuchung der Struktur eines bundesstaatlichen Systems bewusst nicht an Systematisierungen angeknüpft, die es bisher in der Lehre gab; auch die Rsp des VfGH wird bewusst nicht als systematischer Ausgangspunkt der Untersuchung herangezogen.[783] Dennoch soll zu Übersichtszwecken im Folgenden in gebotener Kürze dargestellt werden, was die „herkömmliche" Darstellung des bundesstaatlichen Grundprinzips kennzeichnet, bevor eine zweckmäßigere Darstellung im Rahmen des oben skizzierten Untersuchungsrasters versucht wird.

5.1.4.4.2 Die herkömmliche Darstellung des bundesstaatlichen Grundprinzips

5.1.4.4.2.1 Art der Darstellung

In den meisten systematischen Darstellungen des österreichischen Bundesstaatsrechts wird zwischen einer Erörterung des bundesstaatlichen Grundprinzips und einer Darstellung bundesstaatsrelevanten Verfassungsrechts getrennt.[784] Die Aus-

780 Bei 5.1.4.2.1 (= 162).
781 Siehe dazu 5.1.4.3 (= 173).
782 Bei 3.6.4.4 (= 114).
783 Eine entsprechende Übersicht insb über die Rsp des VfGH bietet zB *Gamper*, Grundordnung 143 ff.
784 Zum Beispiel *Berka*, Verfassungsrecht 48 ff (Grundprinzip), 123 ff (Kompetenzverteilung, Finanzverfassung, kooperativer Bundesstaat); 188 ff (Bundesrat, Landtage); 238 ff (unmittelbare und mittelbare Bundesverwaltung, Landesverwaltung); 387 ff (Kompetenzgerichtsbarkeit); *Öhlinger/Eberhard*, Verfassungsrecht 57 f (Grundprinzip); 114 ff (Bundesstaat); *Mayer/Kucsko-Stadlmayer/Stöger*, Grundriss 87 ff (Grundprinzip), 156 ff (Kompetenzverteilung); 224 ff (Bundesrat); 281 ff (Vollziehung des Bundes); 388 ff (Vollziehung der Länder); das bundesstaatliche Grundprinzip in die Erörterung des bundesstaatsrelevanten Verfassungsrechts teilweise integrierend *Pernthaler*, Bundesstaatsrecht 305 f (Grundprinzip); 283 ff (Bundesstaat).

einandersetzung mit der Literatur zum bundesstaatlichen Grundprinzip wird durch terminologische Unklarheiten erschwert:[785] Manche Abhandlungen zum „Bundesstaatsprinzip“[786] haben gar nicht eine Befassung mit einem aus Art 44 Abs 3 B-VG ableitbaren Grundprinzip zum Gegenstand, sondern beschreiben allgemein den Zustand und die verfassungsrechtliche Ausgestaltung der österreichischen Bundesstaatlichkeit.[787] Häufig wird als „bundesstaatliches Prinzip“ erkennbar auch die Verwirklichung eines (aus der allgemeinen Staatslehre entnommenen) Idealtypus des Bundesstaates verstanden.[788] Andere Untersuchungen streben (möglicherweise) an, sich (auch) mit den durch Art 44 Abs 3 B-VG geschützten Gehalten zu befassen, machen dies aber nicht explizit, sondern sprechen nur von Essentialia des (österreichischen) Bundesstaates oder führen aus, dass der österreichische Bundesstaat ohne dieses oder jenes Merkmal kein Bundesstaat mehr wäre[789] – ob dies eine Gesamtänderungsrelevanz iSd Art 44 Abs 3 B-VG zur Folge haben soll, ist häufig der Beurteilung durch die Leserin bzw den Leser überlassen.[790]

785 Vgl allgemein zu terminologischen Unklarheiten insb in der Bundesstaatsdiskussion durch die Vertreter:innen der „komplexen Bundesstaatstheorie“ *Thienel*, ZÖR 1991, 229 f.

786 Zum Beispiel *Holzinger* in Berka, Verfassungsreform 71.

787 Dahingehend unklar etwa *Pernthaler*, differenzierter Bundesstaat 15 f, der dort von den „wichtigsten verfassungsrechtlichen Prinzipien“ spricht, die dazu dienen sollen, das im Bundesstaat zum Ausdruck kommende „Ausgleichssystem“ zu verwirklichen; als solche Prinzipien nennt er etwa die Bundestreue (bzw als ungeschriebenes Äquivalent: das Berücksichtigungsprinzip) oder die bundesstaatliche Homogenität. Wie sich dies zu Art 44 Abs 3 B-VG verhält, bleibt unklar. Ähnlich unklar ist die Qualifikation des Subsidiaritätsprinzips als „theoretisches Baugesetz der bundesstaatlichen Kompetenzverteilung und ein fundamentales Organisationsprinzip jeder föderalistischen und konföderalistischen Ordnung“ (*Pernthaler*, differenzierter Bundesstaat 18 f). Ebenfalls keine ersichtliche Relevanz für Art 44 Abs 3 B-VG hat die Deklaration eines „föderalistische[n] Prinzip[s] der *Eigenverantwortlichkeit*“ (*Pernthaler* in FS Häfelin 360, Hervorhebung im Original). Eine Auseinandersetzung mit dem in ihrem Beitrag eingangs erwähnten Bundesstaatsprinzip vermisst man auch bei *Stolzlechner/Stoll*, bbl 2016, 77 ff, die lediglich die punktuelle Durchbrechung einzelner bundesstaatsrelevanter Verfassungsnormen durch das Durchgriffs-BVG BGBl I 125/2015 konstatieren. Auch eine Untersuchung über das „Wesen des Bundesstaates“ (*Ermacora*, JBl 1957 521 ff und 549 ff) muss die bundesstaatliche Organisation nicht zwingend mit einem Grundprinzip iSd Art 44 Abs 3 B-VG in Verbindung bringen.

788 Zum Beispiel *Kelsen/Fröhlich/Merkl* 194, wo die Regelungen des B-VG über die Organisation der Landesvollziehung erörtert werden, zu denen dann festgehalten wird, es handle sich dabei „vom Standpunkte des bundesstaatlichen Prinzips um eine gewisse Anomalie“. Vgl weiters die Auseinandersetzung mit dem bundesstaatlichen Prinzip in der Verfassungsrechtswissenschaft der 1. Republik, die bei *Kohl* in Schennach, Föderalismus 128 ff nachgezeichnet wird; eine Bezugnahme auf Art 44 Abs 3 B-VG erfolgt dort nicht. Nicht ganz klar ist der Zusammenhang zwischen Bundesstaatstheorien und allgemeinen Ausführungen zum bundesstaatlichen (Grund?-)Prinzip bei *Bußjäger* in Kahl ea, Art 2 B-VG Rz 1 ff.

789 Zum Beispiel *Pernthaler*, Bundesstaatsrecht 299.

790 Vgl in diesem Stil etwa *Wielinger* in FS Koja 497 („Verfassungsautonomie der Glieder als zentrales Element der Bundesstaatlichkeit“); *Pernthaler* in FS 75 Jahre B-VG 659 („*Selbstständigkeit* der Länder als eine Voraussetzung des Bundesstaates“ [Hervorhebung im Original]); *Holzinger* in FS 60 Jahre Verbindungsstelle 270 („Wesensmerkmal des Bundesstaates ist die Verfassungsautonomie der Teilstaaten“), 275 (Gesetzgebungskompetenzen der Gliedstaaten als „wesentliches Element jedes Bundesstaates“), 276 („[a]us verfassungsrechtlicher Sicht bildet die Mitwirkung der Länder an der Bundesgesetzgebung ein wesentliches Element des Bundesstaates“). In eine ähnliche Richtung geht es auch, wenn Inhalte des Verfassungsrechts als „bundesstaatswidrig“ bezeichnet werden, ohne dass

Sofern es sich bei den Darstellungen um gesamthafte Überblicke und nicht um die Diskussion spezifischer Einzelfragen[791] handelt, wird hinsichtlich des bundesstaatlichen Grundprinzips idR stark auf die Rsp des VfGH Bezug genommen[792] und diese (mit oder ohne Begründung) kritisiert oder befürwortet.[793] Andere Elemente des bundesstaatlichen Grundprinzips als jene, die bereits in der Rsp des VfGH diskutiert wurden, werden nur selten zum Gegenstand gemacht.[794] Die Ausführungen sind – was sicherlich zu einem großen Teil platzmäßigen Beschränkungen geschuldet ist – idR sehr voraussetzungsvoll.[795]

Allerdings gibt es einige Ausnahmen, was die Darstellung des bundesstaatlichen Grundprinzips angeht. *Rill* etwa setzt sich mit diesem vertieft auseinander und legt dabei offen, von welchen theoretischen Prämissen er ausgeht.[796] Seine

---

klar gemacht wird, ob damit eine Diskrepanz zwischen bundesstaatstheoretischen Vorstellungen und dem geltenden Verfassungsrecht oder aber ein Verstoß gegen Art 44 Abs 3 B-VG behauptet wird; vgl etwa *Pernthaler*, differenzierter Bundesstaat 33, der die umfassenden Vorgaben des Bundesverfassungsrechts für die Landes(verwaltungs)organisation als „bundesstaatswidrig" bezeichnet; *Pernthaler*, ZÖR 1998, 7 (Landesautonomie sei im Gegensatz zur derzeitigen verfassungsrechtlichen Ausgestaltung „nach der Grundvorstellung des Bundesstaates richtigerweise als ‚*Selbstständigkeit*' [...] zu konstruieren" [Hervorhebung im Original]). Ebenfalls unklar ist, ob (*Pernthaler*, ZÖR 1998, 13) aus der Nennung verfassungsrechtlicher Schranken für Reformen des Bundesstaates (ua Vorrangstellung des Landeshauptmanns) auf eine Bindung des Verfassungsgesetzgebers iSd Art 44 Abs 3 B-VG geschlossen werden soll. Ähnlich unklar auch *Pernthaler* in Pernthaler/Weber, Bundesaufsicht 37 („Auszugehen ist vom Prinzip der Trennung und Selbständigkeit der Staatsfunktionen von Bund und Ländern im Bundesstaat, das der Bundesverfassung unbestreitbar zugrunde liegt [...] [a]lle Abweichungen von diesem Grundprinzip des österreichischen Bundesstaatsrechts müssen ausdrücklich verfassungsrechtlich angeordnet werden"). Eindeutig im Gegensatz dazu *Pernthaler*, Bundesstaatsrecht 349 („Die Mitwirkung der Länder an der Staatsgewalt, insb an der Gesetzgebung, des Bundes gehört zum *Wesen des Bundesstaates* und ist deshalb Bestandteil des bundesstaatlichen Prinzips" [Hervorhebung im Original]).

791 Wie etwa bei *Adamovich* in FS Koja 213 ff, der sich trotz des umfassend klingenden Titels seines Beitrags („Über das bundesstaatliche Prinzip") nur mit der Frage auseinandersetzt, ob rechtsvergleichende Überlegungen bzw Überlegungen im Rahmen der allgemeinen Staatslehre für die Bestimmung des Inhalts des bundesstaatlichen Grundprinzips Relevanz haben sollen (er bejaht dies, s insb *Adamovich* in FS Koja 215).

792 Zum Beispiel *Willi*, ZÖR 2008, 330 f; *Gamper*, Grundordnung 135 ff.

793 Zum Beispiel *Pernthaler*, Bundesstaatsrecht 305.

794 Insofern anders *Hellbling* in Hellbling, Bundesstaat 35 ff, der alle bisherigen Änderungen des B-VG auf ihre Gesamtänderungsrelevanz überprüft und sich dabei nicht maßgeblich an der Rsp des VfGH orientiert. Allerdings ist nicht ganz klar, wie er zu der Annahme kommt, dass jede Veränderung im Bund-Länder-Verhältnis gesamtänderungsrelevant sei (39; siehe auch die Beispiele in der nächsten FN).

795 Als Beispiel sei hier genannt: *Pernthaler*, Bundesstaatsrecht 349 („Die Mitwirkung der Länder an der Staatsgewalt, insb an der Gesetzgebung, des Bundes gehört zum *Wesen des Bundesstaates* und ist deshalb Bestandteil des bundesstaatlichen Prinzips"; „zum Wesen der bundesstaatlichen Organisationsform gehört und damit unter dem Schutz der Gesamtänderung der Bundesverfassung [...] steht" [Hervorhebung im Original]); *Hellbling* in Hellbling, Bundesstaat zB 42 („ist verfassungsrechtlich bedenklich, da durch eine Kompetenzverschiebung zugunsten des Bundes und zum Nachteil der Länder herbeigeführt wurde und so eine Verletzung des *bundesstaatlichen* wie auch des *föderalistischen* Prinzips eingetreten ist" [Hervorhebungen im Original]), 44 („verkürzt ein Recht eines Bundesorgans, ändert mithin etwas an dem Verhältnis zwischen dem Bund und den Ländern und widerspricht demnach dem *bundesstaatlichen* Prinzip" [Hervorhebung im Original]), 45 („schafft eine zusätzliche Last für ein Landesorgan und widerspricht daher dem bundesstaatlichen und auch dem föderalistischen Prinzip"), jeweils ganz ähnlich auch 47, 55, 58, 62, 66 f, 77, 79, 80 f, 84 ff, 116 f.

796 *Rill* in FS Schäffer 717 ff.

Analyse unterscheidet sich auch dadurch von anderen, dass er nicht die Rsp des VfGH zum Ausgangspunkt nimmt, sondern eigeninitiativ darüber nachdenkt, welche Varianten eines Ausbaus[797] oder Abbaus[798] der Bundesstaatlichkeit eine Gesamtänderung iSd Art 44 Abs 3 B-VG darstellen würden. Allerdings – das ist dem Untersuchungsinteresse seiner Abhandlung geschuldet – nimmt er als Maßstab für mögliche Verfassungsänderungen häufig auf das demokratische Grundprinzip Bezug,[799] das seiner Ansicht nach eine Schranke für Veränderungen der Bundesstaatlichkeit darstellt.[800] Insofern stellt seine Untersuchung eher eine Abhandlung über verschiedene Schranken für Veränderungen des Bundesstaates dar als eine umfassende Analyse des bundesstaatlichen Grundprinzips.

Über das bundesstaatliche Grundprinzip hinausgehend wird das bundesstaatsrelevante Verfassungsrecht bzw der österreichische Bundesstaat an vielen Stellen systematisierend erörtert. Dabei zeigt sich, dass es verschiedene Zugänge zu einer solchen Systematisierung gibt und dass es insb auch verschiedene Zugänge dazu gibt, was (noch) bundesstaatsrelevantes Verfassungsrecht darstellt.[801]

5.1.4.4.2.2 Inhalt der Darstellung

5.1.4.4.2.2.1 Scheinbar unumstrittene Inhalte

Bei den Darstellungen des Inhalts des bundesstaatlichen Grundprinzips lassen sich einige Gemeinsamkeiten und viele Unterschiede ausmachen.

Grundsätzlich unbestritten ist lediglich, dass eine Kompetenzverteilung,[802] eigenständige Gesetzgebungsbefugnisse von Bund und Ländern[803] sowie die Mit-

797 *Rill* in FS Schäffer726 ff.

798 *Rill* in FS Schäffer 731 ff.

799 *Rill* in FS Schäffer 727 (bei der Beurteilung dessen, ob eine Mitwirkung der Länder an der Bundesverfassungsgesetzgebung zulässig wäre); 728 (bei der Beurteilung möglicher Varianten zur Umgestaltung des Bundesrates); 730 (dort werden das demokratische, das rechtsstaatliche und das liberale Prinzip erwähnt, um zu begründen, dass das bundesstaatliche Prinzip es nicht legitimiere, den Anwendungsbereich bestimmter Grundsätze [Legalitätsprinzip, Weisungsbindung, Grundrechtsbindung] nur auf den Bund zu beschränken bzw für Bund und Länder unterschiedliche Ausgestaltungen vorzusehen).

800 *Rill* in FS Schäffer 726, 729.

801 Auf die Problematik hinweisend, dass fast alle Bestimmungen des Bundesverfassungsrechts bundesstaatsrelevant sind und eine erschöpfende Behandlung der damit in Zusammenhang stehenden Fragen daher schwer durchführbar ist, *Pernthaler* in FS 75 Jahre B-VG 659; dies wird im Übrigen auch dadurch illustriert, dass *Pernthalers* Werk mit dem Titel „Österreichisches Bundesstaatsrecht" eine umfassende Aufarbeitung des (abgesehen von wenigen Ausnahmen gesamten) österreichischen Verfassungsrechts darstellt.

802 *Berka*, Verfassungsrecht Rz 164; *Öhlinger/Eberhard*, Verfassungsrecht Rz 70 (in Anlehnung an den VfGH); *Mayer/Kucsko-Stadlmayer/Stöger*, Grundriss Rz 247; ZB *Pernthaler*, Bundesstaatsrecht 305 (in Anlehnung an den VfGH); *Rill* in FS Schäffer 734; *Weber, K.*, in Korinek/Holoubek, Art 2 B-VG Rz 2 (in Anlehnung an den VfGH); *Pürgy* in Pürgy, Recht der Länder Rz 11; VfSlg 2455/1952. Aktuell dazu zB *Gamper*, BRGÖ 2021, 345 f.

803 *Berka*, Verfassungsrecht Rz 165; *Öhlinger/Eberhard*, Verfassungsrecht Rz 70; *Mayer/Kucsko-Stadlmayer/Stöger*, Grundriss Rz 160; VfSlg 2455/1952. Hinsichtlich der Länder gehört dazu nach über-

wirkung der Länder an der Gesetzgebung des Bundes[804] Teile des bundesstaatlichen Grundprinzips ausmachen.

Bei einer näheren Betrachtung zeigt sich aber, dass die diesbezügliche Übereinstimmung nur an der Oberfläche besteht: So finden sich zB keine tiefgehenden Einlassungen dazu, wie denn eine solche Kompetenzverteilung auszusehen hat, um dem bundesstaatlichen Grundprinzip zu entsprechen – würde etwa eine verfassungsrechtliche Bestimmung, welche die Ausgestaltung der Kompetenzverteilung zur Gänze einer Vereinbarung zwischen Bund und Ländern überlässt, dem bundesstaatlichen Grundprinzip in diesem Sinn genügen? Auch dort, wo die Rede davon ist, dass es (Bund und) Ländern möglich sein muss, Gesetzgebungsbefugnisse „autonom“[805] bzw „selbstständig“[806] auszuüben, wird zumeist nicht näher definiert, was dies bedeutet.[807] Es kann nicht ausgeschlossen werden, dass unterschiedliche Bundesstaatstheorien der betreffenden Autorinnen und Autoren hier zu ganz unterschiedlichen Ergebnissen führen könnten – obwohl rein semantisch dieselben Begriffe verwendet werden.

---

wiegender Ansicht auch (relative) Verfassungsautonomie; statt vieler zB *Pürgy* in Pürgy, Recht der Länder Rz 11, 23 ff. Vgl weiters *Öhlinger* in Hummer, Paradigmenwechsel 79 f, der davon ausgeht, dass eine Reduktion der Landesgesetzgebungsbefugnisse auf die landesspezifische Ausführung von Bundesgesetzen (ähnlich dem derzeitigen Modell des Art 12 B-VG) eine Gesamtänderung der Bundesverfassung darstellen würde.

804 Zum Beispiel *Berka*, Verfassungsrecht Rz 164; *Öhlinger/Eberhard*, Verfassungsrecht Rz 70; *Mayer/Kucsko-Stadlmayer/Stöger*, Grundriss Rz 160, 412; *Pernthaler*, Bundesstaatsrecht 305, 349; *Jabloner*, JRP 2001, 43; *Rill* in FS Schäffer 726, 728; *Weber, K.*, in Korinek/Holoubek, Art 2 B-VG Rz 2 (in Anlehnung an den VfGH); *Pürgy* in Pürgy, Recht der Länder Rz 11; *Pernthaler/Rath-Kathrein* in FS Rill 1995, 202, 206; VfSlg 2455/1952.

805 Zum Beispiel *Öhlinger/Eberhard*, Verfassungsrecht Rz 70: „Existenz der Länder als autonome Träger der Staatsgewalt“; „Beseitigung eines substantiellen autonomen Wirkungsbereichs der Länder“. Weiters zB *Pernthaler* in FS 75 Jahre B-VG, der Autonomie definiert als „echte Selbstordnungsfähigkeit, die inhaltlich nicht vorgeprägt, sondern nur durch Bundesverfassungsrecht begrenzt ist“ (*Pernthaler* in FS 75 Jahre B-VG 668, ebenso *Pernthaler*, differenzierter Bundesstaat 13) – damit bleibt allerdings offen, wie weit denn nun die Begrenzung durch das Bundesverfassungsrecht reicht. Etwas anders nuanciert, im Ergebnis aber hinsichtlich der Relevanz für Art 44 Abs 3 B-VG ebenfalls unklar, definiert *Pernthaler*, ZÖR 1969, 375 die Autonomie der Länder als *„ursprüngliche* und nicht als abgeleitete rechtliche Selbstordnungsfähigkeit […], die allerdings durch Bundesverfassungsrecht begrenzt werden kann“ (Hervorhebung im Original).

806 Zum Beispiel *Berka*, Verfassungsrecht Rz 164 (dort wird die Unklarheit des Begriffs „selbstständig“ noch durch den Nachsatz „und in weitgehender Unabhängigkeit voneinander“ verstärkt).

807 Eine umfassende Auseinandersetzung mit der Frage, was die Selbstständigkeit der Länder bedeutet, findet sich bei *Pernthaler* in FS 75 Jahre B-VG 658 ff; etwas kürzer, aber im Wesentlichen gleichlautend, auch bei *Pernthaler*, differenzierter Bundesstaat 11 ff. Allerdings bleiben auch die Ausführungen dort eher abstrakt, wenn etwa dargelegt wird, dass Selbstständigkeit bedeute, dass „die Staatlichkeit der Länder nicht vom Bund bestimmt, koordiniert oder auch nur beaufsichtigt wird, sondern aus dem politischen Prozeß in den Ländern selbst gestaltet und verantwortet werden soll“ (*Pernthaler* in FS 75 Jahre B-VG 667, gleichlautend *Pernthaler*, differenzierter Bundesstaat 12); auch der Hinweis, die Selbstständigkeit der Länder sei „neben der Eigenständigkeit der Bundesgewalt das wichtigste Grundprinzip im Bundesstaat“ (669), determiniert die inhaltliche Bedeutung der Selbstständigkeit nicht näher (und bleibt auch hinsichtlich der Beantwortung der Frage, inwiefern die Selbstständigkeit der Länder für die Gesamtänderungsschwelle des Art 44 Abs 3 B-VG relevant ist, unklar); ebenfalls eher unklar *Pernthaler*, Bundesstaatsrecht 459 f.

5.1.4.4.2.2.2 Strittige Inhalte

Zu den genannten Teilaspekten des bundesstaatlichen Grundprinzips, bei denen es wenigstens noch an der Oberfläche Übereinstimmung zu geben scheint, kommen zahlreiche weitere Aspekte hinzu, bei denen es offensichtliche Meinungsverschiedenheiten innerhalb der Literatur bzw zwischen dieser und dem VfGH gibt. Dies betrifft etwa die Frage, inwiefern die mittelbare Bundesverwaltung einen Bestandteil des bundesstaatlichen Grundprinzips ausmacht. Der VfGH bejaht dies[808] – in einer Entscheidung, die nicht zuletzt auf Grund ihres Argumentationsstils viel Kritik nach sich gezogen hat.[809] In seiner Auseinandersetzung mit dieser Entscheidung kommt *Schäffer* etwa zu dem Ergebnis, dass die mittelbare Bundesverwaltung keinen Bestandteil des von Art 44 Abs 3 B-VG geschützten bundesstaatlichen Grundprinzips ausmache.[810] Zahlreiche andere Autorinnen und Autoren wiederum konstatieren zwar ebenfalls, dass die mittelbare Bundesverwaltung nicht per se durch Art 44 Abs 3 B-VG geschützt wäre, erachten aber die Abschaffung der mittelbaren Bundesverwaltung zu Gunsten einer rein unmittelbaren Bundesverwaltung als Verletzung des bundesstaatlichen Grundprinzips[811] und/oder halten fest, dass die Ersetzung der mittelbaren Bundesverwaltung durch Landesverwaltung (iSd des Art 11 B-VG) keine Gesamtänderung darstellen würde.[812] Tragendes Argument dafür ist im Wesentlichen, dass die mittelbare Bundesverwaltung den Ländern (beschränkten) Einfluss auf die Vollziehung von Bundesgesetzen ermögliche, der nicht verringert werden könne, ohne eine Gesamtänderung der Bundesverfassung zu bewirken.[813]

Strittig ist auch, inwiefern die Regelungen über Änderungen im Bestand der Länder einen Bestandteil des bundesstaatlichen Grundprinzips ausmachen: Art 2 Abs 3 B-VG regelt inzwischen, dass eine Änderung im Bestand der Länder „auch" einer verfassungsgesetzlichen Regelung der Länder bedarf.[814] Mit dem

808 VfSlg 11.403/1987. Nicht ausgesprochen kritisch *Mayer/Kucsko-Stadlmayer/Stöger,* Grundriss Rz 160; aktuell zB *Egger*, ÖJZ 2018, 901.

809 Zum Beispiel *Schäffer*, ZfV 1988, 361 ff; ausführlich auch *Jabloner*, Mitwirkung 39 ff; vgl weiters *Pernthaler*, Bundesstaatsrecht 305 f.

810 *Schäffer*, ZfV 1988, 368 ff. Ähnlich auch *Jabloner*, Mitwirkung 42.

811 Zum Beispiel *Rill* in FS Schäffer 736.

812 *Rill* in FS Schäffer 730; *Pernthaler*, Bundesstaatsrecht 306; *Öhlinger/Eberhard*, Verfassungsrecht Rz 72; *Adamovich/Funk/Holzinger/Frank*, Staatsrecht I Rz 10.008, 13.008; eine Tendenz in diese Richtung andeutend *Berka*, Verfassungsrecht Rz 164; eine „einschneidende Änderung" der mittelbaren Bundesverwaltung als Gesamtänderung qualifizierend *Koja*, Bundesländer 21.

813 *Pernthaler*, Bundesstaatsrecht 306; *Rill* in FS Schäffer 735 f.

814 Siehe dazu *Bußjäger*, ZÖR 2009, 115 ff. Zur Regelung des Art 3 Abs 2 B-VG 1920 s etwa *Vašek*, Revisionsschranken 160 ff; ebenso bedürfen seit BGBl I 2/2008 Einschränkungen der in Art 2 und 3 B-VG normierten Mitwirkungsrechte der Länder nach Art 2 Abs 3 B-VG auch verfassungsgesetzlicher Regelungen der Länder. Der Bundesstaat wurde dadurch „wehrhaft" (*Vašek*, Revisionsschranken 186), weil der gesamtändernde Bundesverfassungsgesetzgeber die dort genannten Mitwirkungsrechte nicht mehr abschaffen kann. Dies steht in Konflikt mit dem demokratischen Prinzip; dazu ausführlich *Vašek*, Revisionsschranken 184 ff.

Begriff des Bestands der Länder ist deren territoriale Zusammensetzung gemeint; Änderungen im Bestand der Länder wären also etwa die Teilung eines Landes oder die Aufnahme eines neuen Landes in den Bund.[815] Vom Begriff der Änderung im Bestand der Länder ist somit auch jede zahlenmäßige Veränderung der Länder erfasst. Auf Grund von Art 2 Abs 3 B-VG ist klar, dass eine solche Änderung im Bestand der Länder einer bundesverfassungsrechtlichen Regelung bedarf, aber noch nichts darüber gesagt, ob es sich dabei um eine Gesamtänderung iSd Art 44 Abs 3 B-VG handelt. Dasselbe gilt im Übrigen für die in Art 3 Abs 2 B-VG 1920 enthaltene Vorgängerregelung, die ebenfalls eine besondere Erzeugungsform für Grenzänderungen vorsah, selbst aber keine Aussage über die Gesamtänderungsrelevanz solcher Änderungen enthielt.[816] Für das Vorliegen einer volksabstimmungspflichtigen Gesamtänderung zumindest bei der Beseitigung eines oder mehrerer Bundesländer wird ins Treffen geführt, dass der österreichische Bundesstaat maßgeblich durch die historische Tradition der Länder bzw Kronländer geprägt sei.[817] Allerdings wird gleichzeitig eingestanden, dass ein Drittel der heute bestehenden Länder (Niederösterreich, Wien, Burgenland) keine entsprechende Tradition vorweisen kann.[818]

Zum Teil[819] wird auch eine „föderalistische Auslegungsmaxime" als Teil eines bundesstaatlichen Grundprinzips qualifiziert,[820] deren Inhalt es sein soll, dass Bestimmungen des Verfassungsrechts – insb solche der Kompetenzverteilung – im Zweifel zu Gunsten der Länder auszulegen sind.[821]

Umstritten ist weiters die Frage, inwiefern eine Landesbürgerschaft einen Bestandteil des bundesstaatlichen Grundprinzips ausmacht – der VfGH verneinte dies,[822] Teile der Lehre kritisieren ihn dafür.[823]

---

815 Vgl dazu RV 312 BlgNR 23. GP, 5 sowie *Weber, K.*, in Korinek/Holoubek, Art 2 B-VG Rz 15/1 ff. Für reine Grenzänderungen zwischen den Bundesländern ist Art 3 Abs 3 B-VG einschlägig.

816 Dazu *Vašek*, Revisionsschranken 160 ff.

817 *Rill* in FS Schäffer 732.

818 *Rill* in FS Schäffer 732.

819 Dies verneinend *Gamper*, Grundordnung 172, der zufolge die föderalistische Auslegungsmaxime nicht Bestandteil, sondern Konsequenz des bundesstaatlichen Grundprinzips ist.

820 Nicht ganz eindeutig *Öhlinger/Eberhard*, Verfassungsrecht Rz 289 („dem Bundesstaat entspricht es [...]", allerdings wird nicht explizit auf Art 44 Abs 3 B-VG Bezug genommen); *Pernthaler*, Bundesstaatsrecht 3228 („theoretisch höchst bedeutsam"); *Mayer/Kucsko-Stadlmayer/Stöger* Grundriss Rz 299 (in Anlehnung an den VfGH); *Werner*, JBl 1960, 163 („steht mit dem föderalistischen Prinzip unserer Bundesverfassung im Zusammenhang"); VfSlg 2977/1956. Dagegen *Wiederin*, ZfV 2015, 240.

821 Kritisch dazu zB *Gamper* in Gamper, Kompetenzverteilung 599 f.

822 VfSlg 2455/1952; dazu ausführlich *Gamper*, Grundordnung 192 ff.

823 Kritisierend insb *Pernthaler/Weber*, Landesbürgerschaft 30 ff, die dabei insb darauf Bezug nehmen, dass die Landesbürgerschaft ein „Ausfluss der Staatlichkeit der Länder" sei. Vgl auch *Pernthaler*, Bundesstaatsrecht 306; weiters *Hellbling* in Hellbling, Bundesstaat 38 (der davon ausgeht, dass die Aufteilung in eine Bundes- und Landesbürgerschaft selbst ein eigenes Grundprinzip darstellt).

Das vom VfGH[824] entwickelte bundesstaatliche Berücksichtigungsprinzip wird schließlich von Teilen der Literatur (zumindest) im Nahebereich des bundesstaatlichen Grundprinzips angesiedelt,[825] während andere Stimmen in der Literatur schon an der einfach-verfassungsrechtlichen Grundlage für die Rsp des VfGH zweifeln.[826]

Vereinzelt wird das 1984 eingeführte Zustimmungsrecht des Bundesrates zu Verfassungsgesetzen, mit denen die Zuständigkeiten der Länder verringert werden (Art 44 Abs 2 B-VG), als Bestandteil des bundesstaatlichen Grundprinzips qualifiziert.[827]

5.1.4.4.2.2.3 (Selbstverständliche und daher?) wenig beachtete Inhalte?

Dann gibt es wiederum Elemente, die, soweit ersichtlich, vollkommen unbestritten sind; und vielleicht, weil sie so selbstverständlich sind, finden sie in manchen überblicksmäßigen Darstellungen des bundesstaatlichen Grundprinzips gar keine Erwähnung. Dazu zählt zB der Bestand von Ländern als Bestandteil des bundesstaatlichen Grundprinzips (und damit in Zusammenhang stehend die Frage, ob der konkrete Bestand der Bundesländer von Art 44 Abs 3 B-VG geschützt wird).[828]

Ein weiterer, bei der Darstellung des bundesstaatlichen Grundprinzips oft vernachlässigter[829] Aspekt betrifft die Frage, inwiefern die bundesstaatliche Relativierung des Gleichheitssatzes einen Bestandteil des bundesstaatlichen Grundprinzips iSd Art 44 Abs 3 B-VG ausmacht.[830]

Schließlich hat der VfGH zahlreiche Kompetenzen mit bundesstaatlicher Relevanz,[831] deren Bedeutung für das bundesstaatliche Grundprinzip auch nur selten

824 Zum Beispiel VfSlg 10.292/1984, 15.552/1999, aktuell zB VfSlg 19.954/2015. Statt vieler dazu zusammenfassend *Pürgy* in Pürgy, Recht der Länder Rz 68 ff; *Lebitsch-Buchsteiner*, Rücksichtnahmepflicht mwN.

825 Zum Beispiel *Novak* in FS Häfelin 337 ff, 349 (zur diesbezüglichen Rsp des VfGH: „das Prinzipielle des bundesstaatlichen Prinzips wird ausgeleuchtet und in greifbare Massstäbe umgesetzt"); nicht ganz eindeutig *Öhlinger/Eberhard*, Verfassungsrecht Rz 169.

826 *Weiser*, Berücksichtigung insb 160 ff.

827 *Bußjäger*, Zustimmungsrechte 73 f.

828 Vgl aber zB *Mayer/Kucsko-Stadlmayer/Stöger*, Grundriss Rz 183: „Weitgehende Veränderungen im Bestand der Länder werden eine Gesamtänderung der Verfassung bedeuten"; sowie *Bußjäger* in Kahl ea, Art 2 B-VG Rz 23 ff.

829 Siehe aber die umfassende Auseinandersetzung bei *Bußjäger*, JBl 2007, 292; vgl weiters zB VfSlg 8247/1978.

830 *Mayer/Kucsko-Stadlmayer/Stöger*, Grundriss Rz 1356 (in Anlehnung an den VfGH). Nicht in unmittelbaren Zusammenhang mit dem bundesstaatlichen Grundprinzip gestellt bei *Öhlinger/Eberhard*, Verfassungsrecht Rz 802.

831 Etwa jene zur Kompetenzfeststellung nach Art 138 Abs 2 B-VG (eingeführt mit BGBl 268/1925); aber auch Gesetzes- und Verordnungsprüfungsverfahren nach Art 139 und 140 B-VG haben eine bundesstaatliche Konnotation, weil derartige Verfahren jeweils wechselseitig vom Bund bzw von den Ländern im Hinblick auf Landes- bzw Bundesrechtsakte eingeleitet werden können. Vgl zu all dem etwa *Gamper* in Gamper, Kompetenzverteilung 575 ff.

diskutiert wird.[832] Auch die Relevanz anderer Konfliktlösungsregeln[833] für auftretende Konflikte zwischen Bundes- und Landesrechtsakten für das bundesstaatliche Grundprinzip wird soweit ersichtlich nicht thematisiert.

5.1.4.4.2.2.4 Nicht mehr vertretene (Extrem-)Ansichten

Schließlich gibt es noch Ansichten, die heute, soweit ersichtlich, nicht mehr ernsthaft vertreten werden. Dazu gehört zB die Überlegung, dass jede Änderung der Kompetenzverteilung eine Änderung des bundesstaatlichen Grundprinzips und damit gesamtänderungspflichtig sei.[834] Ebenfalls nicht mehr vertreten wird ein Verständnis des bundesstaatlichen Grundprinzips, wonach jede Veränderung im Bund-Länder-Verhältnis – und damit im Ergebnis: jede Abänderung von bundesstaatsrelevantem Verfassungsrecht – eine Gesamtänderung iSd Art 44 Abs 3 B-VG begründet.[835] Derartige Ansichten verkennen den Zweck des in Art 44 Abs 3 B-VG normierten Gesamtänderungsverfahrens, das eben nicht auf alle Verfassungsänderungen zur Anwendung kommen soll.

5.1.4.4.2.2.5 Probleme des herkömmlichen Zugangs

Wie in den vorangehenden Ausführungen zu zeigen versucht wurde, bringen die herkömmlichen Zugänge zur Darstellung des österreichischen Bundesstaatsrechts und insb des Inhalts des bundesstaatlichen Grundprinzips iSd Art 44 Abs 3 B-VG einige Probleme mit sich.

So zeigt ein Blick in die gängigen Lehrbücher zum österreichischen Verfassungsrecht, dass Vieles als „bundesstaatsrelevant“ qualifiziert werden kann.[836]

832 Vgl aber zB *Jabloner*, JRP 2001, 43; ohne Bezugnahme auf Art 44 Abs 3 B-VG *Klecatsky* in Hellbling, Föderalismus 167ff („Welch hohe Bedeutung der Bundesverfassungsgesetzgeber von Anbeginn unserer demokratischen Republik an der föderalistischen Struktur der Gerichtsbarkeit des öffentlichen Rechts beigemessen hat […]:“); *Pernthaler/Weber*, Der Staat 1982, 589 (die die mangelnde Behandlung des Themas problematisieren).

833 Vgl dazu *Wiederin*, Bundesrecht 70ff. Zum Berücksichtigungsprinzip s aber schon oben bei 5.1.4.4.2.2.2 (= 182).

834 Dies unter Zugrundelegung der *Kelsen*schen Drei-Kreise-Theorie annehmend *Öhlinger*, Bundesstaat 20f – er tut dies allerdings va, um die „betont föderalistische Tendenz“ (*Öhlinger*, Bundesstaat 11) der Drei-Kreise-Theorie vorzuführen. Ohne theoretische Reflexion, vom Ergebnis her aber ähnlich *Hellbling* in Hellbling, Bundesstaat 39.

835 *Hellbling* in Hellbling, Bundesstaat zB 42 („ist verfassungsrechtlich bedenklich, da durch eine Kompetenzverschiebung zugunsten des Bundes und zum Nachteil der Länder herbeigeführt wurde und so eine Verletzung des *bundesstaatlichen* wie auch des *föderalistischen* Prinzips eingetreten ist“ [Hervorhebungen im Original]), 44 („verkürzt ein Recht eines Bundesorgans, ändert mithin etwas an dem Verhältnis zwischen dem Bund und den Ländern und widerspricht demnach dem *bundesstaatlichen* Prinzip“ [Hervorhebung im Original]), 45 („schafft eine zusätzliche Last für ein Landesorgan und widerspricht daher dem bundesstaatlichen und auch dem föderalistischen Prinzip“).

836 Auf die Problematik hinweisend, dass fast alle Bestimmungen des Bundesverfassungsrechts bundesstaatsrelevant sind und eine erschöpfende Behandlung der damit in Zusammenhang stehenden Fragen daher schwer durchführbar ist, *Pernthaler* in FS 75 Jahre B-VG 659; dies wird im Übrigen

Dabei wird der Bundesstaat aber regelmäßig nicht in all seinen Facetten dargestellt, weil etwa die Zusammenhänge zwischen bundesstaatlicher Organisation und Grundrechten oder auch jene zwischen der bundesstaatlichen Organisation und der Einwirkung des Völkerrechts außenvorgelassen oder zumindest nur sehr knapp behandelt werden.

Die Auswahl jener Aspekte des Bundesstaates, die Relevanz für eine Gesamtänderung iSd Art 44 Abs 3 B-VG haben könnten, orientiert sich im Gegensatz dazu fast ausschließlich an der existierenden Rsp des VfGH und ist insofern sehr limitiert, sowohl was den Umfang der Auseinandersetzung betrifft als auch im Hinblick auf die argumentative Auseinandersetzung mit den konkreten Aspekten. Dies liegt auch daran, dass der VfGH selbst in seiner Rsp zT apodiktisch vorgeht und auf abstrakte Maßstäbe wie das „Wesen des Bundesstaates“[837] Bezug nimmt.

Dort, wo auf das bundesstaatliche Grundprinzip als Gesamtänderungsschwelle iSd Art 44 Abs 3 B-VG eingegangen wird, kommt es (auch beim VfGH[838]) außerdem häufig zu einer Vermischung von Argumenten aus der allgemeinen Staatslehre (in Form eines Abgleichs mit einem Idealtyp eines Bundesstaats) bzw der vergleichenden Föderalismus- und Bundesstaatsforschung.[839] Häufig wird auch die Zuschreibung als „bundesstaatsfreundlich“ mit „länderfreundlich“ gleichgesetzt.[840]

Abgesehen von Hinweisen auf die praktische Relevanz eines Aspekts des Bundesstaatsrechts oder von Hinweisen darauf, dass ein Element des Bundesstaates auch in allen anderen Bundesstaaten vorzufinden sei, fehlt es idR an einem (offengelegten) Maßstab dafür, welche Aspekte des bundesstaatsrelevanten Ver-

---

auch dadurch illustriert, dass *Pernthalers* Werk mit dem Titel „Österreichisches Bundesstaatsrecht“ eine umfassende Aufarbeitung des (abgesehen von wenigen Ausnahmen gesamten) österreichischen Verfassungsrechts darstellt.

837 Zum Beispiel VfSlg 5676/1968; aktuell zB VfSlg 19.964/2015; ähnlich auch: „Wesen der bundesstaatlichen Organisationsform“, VfSlg 2455/1952; „Natur des Bundesstaates“, VfSlg 2674/1954; „Idee des Bundesstaates“ in VfSlg 1030/1928. Weitere Beispiele bei *Gamper*, Grundordnung 143 ff. Vgl aus der Literatur zB den Beitrag von *Ermacora*, JBl 1957, 521 ff, der den Titel „Über das Wesen des österreichischen Bundesstaates in Theorie und Praxis“ trägt (sich aber wiederum nicht mit Art 44 Abs 3 B-VG befasst).

838 Zum Beispiel VfSlg 2455/1952, wo für die Ermittlung des bundesstaatlichen Grundprinzips als relevant erachtet wird, was in anderen bundesstaatlichen Verfassungen normiert ist.

839 *Pernthaler*, Bundesstaatsrecht 349 („Die Mitwirkung der Länder an der Staatsgewalt, insb an der Gesetzgebung, des Bundes gehört zum *Wesen des Bundesstaates* und ist deshalb Bestandteil des bundesstaatlichen Prinzips“ [Hervorhebung im Original]) und 350, wo er ausführt, dass die Mitwirkung des Bundes an der Landesgesetzgebung nicht Teil des bundesstaatlichen Prinzips sei, weil „[d]iese zentrale Kontrolle der Landesgesetzgebung […]weder in den USA noch in anderen typischen Bundesstaaten vorgesehen“ sei und daher eine „Eigenart der österreichischen Bundesverfassung“ darstelle; weiters zB 483, wo festgestellt wird, dass sich in allen Bundesstaaten eine „Bundesaufsicht“ finden lasse und diese daher „zum Inhalt des bundesstaatlichen Baugesetzes“ zähle.

840 Anders *Gamper*, Grundordnung 179, die eine entsprechende Differenzierung vornimmt. Ebenfalls anders offenbar *Hellbling* in Hellbling, Bundesstaat, 37 ff der vom Bestehen eines „bundesstaatlichen“ (= bundesfreundlichen) und eines „föderalistischen“ (= länderfreundlichen) Prinzips der Bundesverfassung auszugehen scheint.

fassungsrechts so grundlegend für die verfassungsrechtliche Konstituierung des Bundesstaates sind, dass ihre Abschaffung oder Abänderung eine Gesamtänderung iSd Art 44 Abs 3 B-VG darstellen würde. Nicht ganz nachvollziehbar ist auch, wenn eine Gesamtänderung nur deswegen verneint wird, weil der Bundesstaat durch eine diskutierte Maßnahme „gestärkt" würde[841] – denn auch eine „Stärkung" des Bundesstaates könnte ja uU eine Gesamtänderung der Bundesverfassung darstellen. Die Qualifizierung als gesamtänderungsrelevant erscheint daher oft willkürlich (bzw judikaturgetrieben). Auffällig ist auch die Häufigkeit, mit der die zentralistische Ausgestaltung des österreichischen Bundesstaates als für diesen charakteristisch qualifiziert wird[842] – diese Feststellung hat aber idR nicht zur Folge, dass die betreffenden Autorinnen und Autoren (auch) zentralistische Aspekte der bundesstaatlichen Organisation als gesamtänderungsrelevant qualifizieren.[843]

5.1.5 Vorgehensweise zur Ermittlung der bundesstaatlichen Identität iSd Art 4 Abs 2 EUV

Die genannten Probleme sind möglicherweise eine Ursache dafür, dass es in Österreich bisher keine umfassende Aufarbeitung des Inhalts des bundesstaatlichen Grundprinzips gibt. Tatsächlich erweist es sich als schwierig, einen Maßstab dafür zu finden, welche Elemente des bundesstaatsrelevanten Verfassungsrechts gesamtänderungsrelevant iSd Art 44 Abs 3 B-VG sind, gerade wenn man – wie in der vorliegenden Untersuchung – keinen materiellen Bundesstaatsbegriff zu Grunde legt und sich nicht nur mit einer Aufarbeitung der bestehenden Rsp des VfGH begnügen möchte.

Gerade hier kann sich nun der oben skizzierte Untersuchungsrahmen bewähren, der an der Kompetenzverteilung ansetzt und die Aspekte eines Bundesstaates danach ordnet, ob sie Voraussetzungen der Kompetenzverteilung, konkrete verfassungsrechtliche Anforderungen an die Ausgestaltung der Kompetenzverteilung oder Konsequenzen der Kompetenzverteilung sind.

---

841 Zum Beispiel *Bußjäger*, Zustimmungsrechte 73; *Hellbling* in Hellbling, Bundesstaat 87.

842 Zum Beispiel *Ermacora*, JBl 1957, 549 f; *Melichar*, ZÖR 1967, 251; *Holzinger* in FS Schäffer 278 f; *Weber, K* in Schambeck, Bundesstaat 41 ff; *Holzinger* in Schambeck, Bundesstaat 235 f; *Pernthaler*, Bundesstaatsrecht 289; *Erk*, Publius 2004, 1 ff; *Adamovich/Funk/Holzinger/Frank*, Staatsrecht I Rz 13.011, 13.020 ff; mit Hinweis auf finanzwissenschaftliche Daten *Bußjäger*, Homogenität 10 ff.

843 Tendenziell etwas anders *Pürgy* in Pürgy, Recht der Länder Rz 11, der die Kompetenzverteilung und die Mitwirkung der Länder an der Bundesgesetzgebung als Aspekte des bundesstaatlichen Grundprinzips qualifiziert, dann aber ausführt, dass sich gerade bezüglich dieser Aspekte zeige, „dass Österreich ein relativ schwach ausgebildeter Bundesstaat ist". Ebenfalls anders *Gamper* in Gamper, Kompetenzverteilung 600, die explizit darauf hinweist, dass die zentralistische Ausgestaltung der österreichischen Kompetenzverteilung dagegen sprechen könnte, eine „föderalistische Auslegungsmaxime" mit dem bundesstaatlichen Grundprinzip zu begründen.

Dass dieser Ansatz gerade auch für den österreichischen Bundesstaat zielführend sein kann, wird dadurch nahegelegt, dass die Existenz einer Kompetenzverteilung zwischen Bund und Ländern in Literatur[844] und Rsp[845] ganz unbestritten als „Wesensmerkmal" eines Bundesstaates und damit als Bestandteil des bundesstaatlichen Grundprinzips qualifiziert wird.

Einen eindeutigen Maßstab dafür, was denn nun als Gesamtänderung des bundesstaatlichen Grundprinzips iSd Art 44 Abs 3 B-VG qualifiziert werden kann und was nicht, bietet der Untersuchungsrahmen zwar nicht – er ist eben genau das: ein Rahmen, der dazu dient, Problemstellungen überhaupt als solche zu identifizieren. Für die Lösung der durch ihn sichtbar werdenden Probleme bietet er keine eindeutige Antwort; Lösungsmöglichkeiten aufzuzeigen, bleibt Auslegungsarbeit.

Für die Beantwortung der hier eigentlich interessierenden Frage nach den bundesstaatsrelevanten grundlegenden politischen und verfassungsmäßigen Strukturen iSd Art 4 Abs 2 EUV können im Übrigen wie oben dargelegt politikwissenschaftliche Charakterisierungen des österreichischen Bundesstaates und andere spezielle verfassungsrechtlich vorgesehene Erzeugungsverfahren Hinweise darauf geben, dass etwas als Bestandteil der nationalen Identität iSd Art 4 Abs 2 EUV zu qualifizieren ist. Insofern ist das – im Einzelnen sehr schwierig abgrenzbare – bundesstaatliche Grundprinzip zwar ein zentraler,[846] aber nicht der einzige Anhaltspunkt für die Bestimmung der bundesstaatlichen Identität Österreichs.

5.2 Strukturelle Voraussetzungen der bundesstaatlichen Kompetenzverteilung

Der österreichische Bundesstaat setzt sich nach Art 2 Abs 2 B-VG aus neun Bundesländern zusammen. Die Existenz des Bundes ergibt sich implizit aus zahlreichen Regelungen des B-VG.[847] Im Folgenden soll zunächst diskutiert werden, ob das österreichische Verfassungsrecht, und dabei insb auch das bundesstaatliche Grundprinzip, die Existenz der Länder dauerhaft sicherstellt, bevor Entsprechendes für den Bund überlegt wird.

Zunächst lässt sich ganz allgemein festhalten, dass ein „Bundesstaat", in dem es keine Länder, sondern nur den Bund gibt, kein Bundesstaat im eigentlichen

---

844 *Berka*, Verfassungsrecht Rz 164; *Öhlinger/Eberhard*, Verfassungsrecht Rz 70 (in Anlehnung an den VfGH); *Mayer/Kucsko-Stadlmayer/Stöger*, Grundriss Rz 247; ZB *Pernthaler*, Bundesstaatsrecht 305 (in Anlehnung an den VfGH); *Rill* in FS Schäffer 734; *Weber, K.*, in Korinek/Holoubek, Art 2 B-VG Rz 2 (in Anlehnung an den VfGH); *Pürgy* in Pürgy, Recht der Länder Rz 11.

845 Grundlegend VfSlg 2455/1952.

846 Vgl *Obwexer* in von der Groeben/Schwarze/Hatje, Art 4 EUV Rz 32.

847 Zum Beispiel Art 2 Abs 1 B-VG, Art 3 bis 5 B-VG, Art 10 ff B-VG (Kompetenzverteilung zwischen Bund und Ländern), Art 24 ff (Gesetzgebung des Bundes), Art 60 ff B-VG (Vollziehung des Bundes).

Sinn wäre. Insofern ist die Existenz von Ländern wesensmäßige Voraussetzung für die Bundesstaatlichkeit. Eine vollkommene, ersatzlose Abschaffung der Länder wäre eine Abschaffung der Bundesstaatlichkeit und damit auf Grund der Abschaffung des bundesstaatlichen Grundprinzips eine nach Art 44 Abs 3 B-VG volksabstimmungspflichtige Gesamtänderung der Bundesverfassung.

Man kann sich aber auch die spezifischere Frage stellen, ob die Anzahl der Länder als Voraussetzung des österreichischen Bundesstaates durch das bundesstaatliche Grundprinzip geschützt wird. Wäre dies der Fall, so würde eine Änderung in der Zahl der Länder eine volksabstimmungspflichtige Gesamtänderung der Bundesverfassung darstellen.[848] Art 2 Abs 3 B-VG regelt inzwischen, dass eine Änderung im Bestand der Länder „auch" einer verfassungsgesetzlichen Regelung der Länder bedarf.[849] Mit dem Begriff des Bestands der Länder ist deren territoriale Zusammensetzung gemeint; Änderungen im Bestand der Länder wären also etwa die Teilung eines Landes, die Zusammenlegung von Ländern, der Ausschluss eines Landes oder die Aufnahme eines neuen Landes in den Bund.[850] Vom Begriff der Änderung im Bestand der Länder ist somit auch jede zahlenmäßige Veränderung der Länder erfasst. Art 2 Abs 3 B-VG legt fest, dass eine solche Änderung im Bestand der Länder einer bundesverfassungsrechtlichen Regelung bedarf, trifft aber keine Aussage dazu, ob auch Art 44 Abs 3 B-VG in diesem Fall zur Anwendung kommen soll. Gleiches gilt für die in Art 3 Abs 2 B-VG 1920 enthaltene Vorgängerregelung, die ebenfalls eine besondere Erzeugungsform für Grenzänderungen vorsah, selbst aber keine Aussage über die Gesamtänderungsrelevanz solcher Änderungen enthielt.[851] Art 114 B-VG 1920 enthielt eine Regelung über die Entstehung des selbstständigen Landes Wien durch paktierte Gesetze Niederösterreichs und des Wiener Gemeinderates, von der 1921 Gebrauch gemacht wurde.[852]

Gegen die Annahme einer Gesamtänderung spricht zunächst, dass eine veränderte Zahl an Ländern nichts am Vorliegen der bundesstaatlichen Grundvoraussetzung ändert, nämlich der Existenz mehrerer föderaler Hoheitsträger. Auch

848 Bejahend *Rill* in FS Schäffer 732, allerdings noch zur Rechtslage vor BGBl 2008/2, mit dem Art 2 Abs 3 B-VG erlassen wurde.

849 Siehe dazu *Bußjäger*, ZÖR 2009, 115 ff. Zur Regelung des Art 3 Abs 2 B-VG 1920 s etwa *Vašek*, Revisionsschranken 160 ff; ebenso bedürfen seit BGBl I 2/2008 Einschränkungen der in Art 2 und 3 B-VG normierten Mitwirkungsrechte der Länder nach Art 2 Abs 3 B-VG auch verfassungsgesetzlicher Regelungen der Länder. Der Bundesstaat wurde dadurch „wehrhaft" (*Vašek*, Revisionsschranken 186), weil der gesamtändernde Bundesverfassungsgesetzgeber die dort genannten Mitwirkungsrechte nicht mehr abschaffen kann. Dies steht in Konflikt mit dem demokratischen Prinzip; dazu ausführlich *Vašek*, Revisionsschranken 184 ff.

850 Vgl dazu RV 312 BlgNR 23. GP, 5 sowie *Weber, K.*, in Korinek/Holoubek, Art 2 B-VG Rz 15/1 ff. Für reine Grenzänderungen zwischen den Bundesländern ist Art 3 Abs 3 B-VG einschlägig.

851 Dazu *Vašek*, Revisionsschranken 160 ff.

852 Durch das Verfassungsgesetz vom 29.12.1921, mit dem ein selbstständiges Land Wien gebildet wird (Trennungsgesetz), übereinstimmend Wr LGBl 153/1921 und NÖ LGBl 346/1921. Dazu *Kelsen/Fröhlich/Merkl* 222 ff.

darüber hinausgehend wird das bundesstaatliche System des B-VG durch den Ausschluss eines Landes oder die Aufnahme eines neuen Landes an sich nicht berührt – die Aufteilung der Kompetenzen und die wechselseitige Mitwirkung an der Gesetzgebung und der Vollziehung kann dem Grunde nach[853] weiter so erfolgen wie bei einem Bestand von neun Ländern. Geändert wird ja im Fall der Aufnahme oder des Ausschlusses eines Landes nur der territoriale Geltungsbereich des B-VG. Auch die Teilung oder Zusammenlegung eines Landes bzw von Ländern sind nicht anders zu beurteilen. Im Fall der Teilung entsteht ein neues Teilgebiet, das früher einem landesrechtlichen Regime unterlag, dem es nunmehr entzogen sein soll. Und auch im Fall der Zusammenlegung wird ein Gebiet, das vorher mehreren Landesrechtsordnungen unterlag, nur mehr von einer dominiert – diese kann eine vollkommen neu geschaffene Landesrechtsordnung oder die eines der zusammengelegten Länder sein. In den beiden letztgenannten Fällen der Teilung oder Zusammenlegung von Ländern ist zwar mit komplexeren Übergangsproblemen zu rechnen – diese ändern aber per se nichts am bundesstaatlichen System des B-VG und geraten damit nicht in Konflikt mit dem bundesstaatlichen Grundprinzip; ob einzelne (hypothetische) Lösungen für derartige (hypothetische) Übergangsprobleme mit dem bundesstaatlichen Grundprinzip vereinbar sind, ist eine hypothetische Frage, die hier nicht abschließend beantwortet werden kann.[854] Ein Indiz, das gegen die Annahme einer Gesamtänderung spricht, liegt auch in dem bereits erwähnten Art 114 B-VG 1920, der ein eigenes Verfahren (paktierte Gesetzgebung) für die Entstehung eines selbstständigen Landes vorsah; die Teilung Niederösterreichs erfolgte dementsprechend gestützt auf Art 114 B-VG 1920 und ohne Gesamtänderungsverfahren – jedoch ist fraglich, ob aus dieser für einen ganz konkreten Fall geschaffenen Sonderregelung allgemeine Schlüsse für das erforderliche Verfahren bei zukünftigen Veränderungen der Zahl der Länder gezogen werden können.

Das Vorliegen einer volksabstimmungspflichtigen Gesamtänderung zumindest bei der Beseitigung eines oder mehrerer Bundesländer wird damit begründet, dass der österreichische Bundesstaat maßgeblich durch die historische Tradition der Länder bzw Kronländer geprägt sei.[855] Allerdings wird gleichzeitig eingestan-

853 Auch wenn etwa die Beschickung des Bundesrates neu zu regeln wäre.

854 Denkbar wäre etwa, dass das neu entstehende Land für einen Übergangszeitraum bestimmte Privilegien erhält (etwa finanzausgleichsrechtlicher Natur), dass das ehemals geltende Landesrecht übergangsmäßig „weiter gilt" oder dass das „neue" Land berechtigt ist, die Organisationsstruktur anderer Länder mitzunutzen. Zu beachten wäre in derartigen Konstellationen insb das Gebot der Gleichbehandlung der Länder (durch den Bund), das allerdings bei entsprechender sachlicher Rechtfertigung Ausnahmen zulässt. Die Lösung der Übergangsprobleme könnte auch mit anderen Grundprinzipien in Konflikt geraten. Insofern sind die Teilung oder Zusammenlegung von Bundesländern Vorgänge, die schon daher „gesamtänderungsnahe" sind und bei denen den Schranken des Art 44 Abs 3 B-VG besondere Aufmerksamkeit zu widmen ist.

855 *Rill* in FS Schäffer 732.

den, dass ein Drittel der heute bestehenden Länder (Niederösterreich, Wien, Burgenland) keine entsprechende Tradition vorweisen kann.[856]

Seit BGBl I 2/2008 sieht Art 2 Abs 3 B-VG vor, dass eine Änderung im Bestand der Länder verfassungsgesetzlicher Regelungen der Länder bedarf.[857] Man könnte nun behaupten, dass diese Anordnung des Verfassungsgesetzgebers die Erforderlichkeit der Annahme eines Schutzes des Bestands der Länder über das Gesamtänderungserfordernis des Art 44 Abs 3 B-VG schmälert.[858] Allerdings ist der Inhalt des bundesstaatlichen Grundprinzips ohne Beachtung dieser rezenten Verfassungsänderung zu bestimmen; das genannte Argument ist daher dafür nicht relevant.[859]

Im Ergebnis spricht die historische Kleinteiligkeit des österreichischen Bundesstaates eher dafür, die Beseitigung eines oder mehrerer Länder sowie die Aufnahme eines neuen Landes oder die Teilung oder Zusammenlegung bestehender Länder als Änderung des bundesstaatlichen Grundprinzips zu qualifizieren, die jeweils die Anwendung von Art 44 Abs 3 B-VG zur Folge hat. Jedenfalls kann der derzeitige Bestand der Länder als grundlegende politische und verfassungsmäßige Struktur iSd Art 4 Abs 2 EUV verstanden werden: Selbst wenn man – anders als hier – nicht davon ausgeht, dass der Bestand der Länder dem Schutz des bundesstaatlichen Grundprinzips unterliegt, so gibt das in Art 2 Abs 3 B-VG geregelte besondere Verfahren einen sehr starken Hinweis darauf, dass der Bestand der Länder innerhalb der österreichischen Verfassungsrechtsordnung einen besonderen Stellenwert hat.

Es bleibt zu fragen, ob und wie das österreichische Verfassungsrecht die Existenz des Bundes absichert. Die vollkommene Abschaffung des Bundes würde eine Abschaffung des Bundesstaates bedeuten und daher nicht im Einklang mit dem bundesstaatlichen Grundprinzip stehen. Gleiches gilt auch für eine Ersetzung des Bundes und der ihn konstituierenden Bundesverfassung durch einen völkerrechtlichen Vertrag, mit dem die Länder eine staatenbundartige Verbindung eingehen: Bei der Abschaffung der Bundesverfassung zu Gunsten eines solchen Vertrags handelt es sich – nicht zuletzt[860] – wegen der damit verbundenen Abschaffung des bundesstaatlichen Grundprinzips um eine volksabstimmungspflichtige Gesamt-

856 *Rill* in FS Schäffer 732.

857 Zutreffend kritisch dazu aus Perspektive des demokratischen Grundprinzips *Vašek*, Revisionsschranken 184 ff; vgl auch *Rill* in FS Schäffer 722, 727. Ebenfalls die (von *Vašek* problematisierte) Bindung des gesamtändernden Verfassungsgesetzgebers annehmend *Bußjäger*, ZÖR 2009, 119 f.

858 Etwa weil es die Länder auf Basis des Art 2 Abs 3 B-VG nunmehr ohnehin „selbst" in der Hand haben, sich gegen ihre drohende Beseitigung zu wehren.

859 Außerdem sieht Art 2 Abs 3 B-VG vor, dass eine Änderung im Bestand der Länder „auch" landesverfassungsgesetzlicher Regelungen bedarf; das Erfordernis der Erlassung von Landesverfassungsgesetzen kann daher kumulativ neben andere bereits bestehende Erfordernisse (wie zB jene aus Art 44 Abs 3 B-VG) treten.

860 Durch einen derartigen Vorgang wären wohl auch das demokratische Prinzip (zB durch die „Verneinung" der Existenz eines einheitlichen Bundesvolkes iSd Art 1 B-VG, durch den vollkommenen Wegfall der Bundesgesetzgebung) oder das rechtsstaatliche Prinzip (zB durch den vollkommenen Wegfall

änderung der Bundesverfassung iSd Art 44 Abs 3 B-VG. Die Existenz des Bundes stellt daher auch eine grundlegende politische und verfassungsmäßige Struktur iSd Art 4 Abs 2 EUV dar.

5.3 Strukturelle Anforderungen an die Ausgestaltung der Kompetenzverteilung

5.3.1 Abänderung der Kompetenzverteilung

Die bundesstaatliche Kompetenzverteilung ist im Verfassungsrecht geregelt; ihre Abänderung hat daher in der Form von Verfassungsrecht (Art 44 Abs 1 B-VG) zu erfolgen. Dabei kommen den Ländern nur über den Bundesrat Einflussmöglichkeiten zu.

Der heute bestehende Art 44 Abs 2 B-VG, wonach Verfassungsgesetze, mit denen die Zuständigkeiten der Länder eingeschränkt werden,[861] nur mit (qualifizierter) Zustimmung des Bundesrates beschlossen werden dürfen, wurde erst mit BGBl 490/1984 eingefügt. Ursprünglich räumte diese Regelung auch ein Zustimmungsrecht des Bundesrats bei verfassungsändernden Staatsverträgen ein, mit denen die Zuständigkeit der Länder eingeschränkt wird,[862] das allerdings mit der Abschaffung verfassungsändernder Staatsverträge durch BGBl I 2/2008 obsolet wurde.

Die Kompetenzen der Länder waren nach dem ursprünglichen Konzept des B-VG 1920 (nur) durch zwei Mechanismen geschützt: Erstens bestand ein solcher Schutz durch die Möglichkeit der Erhebung eines suspensiven Vetos durch den Bundesrat nach Art 42 B-VG, und zweitens wurden die Länderkompetenzen potentiell auch durch das Erfordernis einer Volksabstimmung geschützt: Bei einem Eingriff in das nach dem bundesstaatlichen Grundprinzip geforderte Mindestmaß an Länderkompetenzen[863] lag eine Gesamtänderung der Bundesverfassung vor, die nach Art 44 Abs 2 B-VG 1920 jedenfalls einer Volksabstimmung zu unterziehen war. Außerdem hatte der Bundesrat die Möglichkeit, nach Art 44

---

der derzeit in der Bundesverfassung garantierten Grundrechte und der Verfassungsgerichtsbarkeit) verletzt.

861 Es ist umstritten, ob Art 44 Abs 2 B-VG nur auf Verfassungsgesetze zur Anwendung kommt, mit denen die Gesetzgebung und Vollziehung betreffende Kompetenzverteilung zu Ungunsten der Länder eingeschränkt wird (so die überwiegende Ansicht, zB *Rill/Schäffer†/Rill* in Kneihs/Lienbacher, Art 44 B-VG Rz 28) oder aber auf sämtliche Verfassungsgesetze, die den Handlungsspielraum der Länder in irgendeiner Weise einschränken (so *Bußjäger*, Zustimmungsrechte 24 ff, zusammenfassend 35 f). Meines Erachtens ergibt sich aus dem Wortlaut des Art 44 Abs 2 B-VG, der auf die Einschränkung der „Zuständigkeit der Länder in Gesetzgebung oder Vollziehung“ abstellt (eine Formulierung, die auch bei der Kompetenzverteilung der Art 10 bis 15 B-VG regelmäßig verwendet wird) sowie aus den Aussagen in der RV (RV 446 BlgNR XVI. GP, 6), dass ersterer Ansicht der Vorzug zu geben ist.

862 Art 50 Abs 3 B-VG idF BGBl 490/1984; vgl auch RV 446 BlgNR XVI. GP, 6.

863 Dazu unten ab 5.3.2 (= 194).

Abs 2 B-VG 1920 auch über Teiländerungen der Verfassung, also etwa auch eine Kompetenzverschiebung zu Lasten der Länder, die Durchführung einer Volksabstimmung zu beantragen. Diese beiden Instrumente zum Schutz der Länderkompetenzen sind allerdings insofern als „schwach" zu beurteilen, als das Veto des Bundesrates durch einen Beharrungsbeschluss des Nationalrats (Art 42 Abs 4 B-VG 1920) entkräftet werden konnte und der Bundesrat den Ausgang einer Volksabstimmung nicht selbst beeinflussen kann. Er hatte es daher in beiden Fällen im Ergebnis nicht selbst in der Hand, ob die Kompetenzverschiebung zustande kam oder nicht.

Fraglich ist, ob der Befund, dass den Ländern selbst und auch dem Bundesrat nach dem B-VG 1920 keine Möglichkeit zur Verfügung stand, um eine Kompetenzverschiebung zu Lasten der Länder eigeninitiativ zu verhindern, als wesentlich für den österreichischen Bundesstaat qualifiziert werden konnte. Gerade weil es in allgemeinen Bundesstaatslehren als typisch für Bundesstaaten qualifiziert wird, dass die Gliedstaaten über die ihnen zustehenden Befugnisse mitentscheiden dürfen,[864] ist das Fehlen einer solchen Mitentscheidungsbefugnis der Länder und damit die Abweichung vom „Idealtypus" im österreichischen Bundesstaat bemerkenswert. Es handelte sich dabei um eine Ausprägung des dem österreichischen Bundesstaat immer wieder zugeschriebenen Attributs, besonders zentralistisch zu sein. Ob die durch die Einfügung des heutigen Art 44 Abs 2 B-VG bewirkte Änderung dieser sehr zentralistischen Ausgestaltung des österreichischen Bundesstaates als „Gesamtänderung" iSd Art 44 Abs 3 B-VG zu qualifizieren war, ist fraglich, wird aber weder in der Literatur[865] noch in der Rsp[866] angenommen.

Da die Zustimmung nach Art 44 Abs 2 B-VG erst einmal versagt wurde[867] und die Bestimmung daher nur sehr geringe praktische Relevanz hat, ihr mangels

864 Zum Beispiel *Pernthaler* in FS Holzinger, 625, der dies zum einen aus dem Begriff des Bundesstaates ableiten will und zum anderen auf Grund von insb Art 44 Abs 2 B-VG auch für den österreichischen Bundesstaat als zutreffend erachtet.

865 *Vašek*, Revisionsschranken 178; *Bußjäger* geht erstens davon aus, dass die Einführung von Art 44 Abs 2 B-VG ohne Gesamtänderung möglich war, da durch diese Bestimmung der Bundesstaat „gestärkt" würde, Art 44 Abs 3 B-VG aber nur eine einfachverfassungsrechtliche „Schwächung" der durch ihn geschützten Prinzipien verhindern möchte (*Bußjäger*, Zustimmungsrechte 73 f). Gegen diese Ansicht spricht aber, dass nach der hier vertretenen Ansicht das bundesstaatliche Grundprinzip die spezifische Ausgestaltung des österreichischen Bundesstaates schützt, auch wenn diese besonders zentralistisch ist. Insofern kann nicht von einer „Schwächung" des Bundesstaates gesprochen werden, wenn die Rechte der Länder beschränkt sind bzw werden, sondern höchstens von einer „Veränderung". Als eine solche „Veränderung" ist aber auch die Stärkung der Position der Länder zu werten. Zweitens meint *Bußjäger*, dass eine Abschaffung von Art 44 Abs 2 B-VG heute gesamtänderungspflichtig wäre (*Bußjäger*, Zustimmungsrechte 73 f). Dagegen spricht das nach dem hier vertretenen und oben ausführlich dargelegten Verständnis (oben bei 5.1.4.2.2 [= 164]) ein nicht im Verfahren nach Art 44 Abs 3 B-VG begründeter Bestandteil der Rechtsordnung nicht dem Schutz des Art 44 Abs 3 B-VG unterliegen kann.

866 Soweit aus dem RIS ersichtlich, gibt es keine Rsp des VfGH zu Art 44 Abs 2 B-VG.

867 Vgl dazu Föderalismusdatenbank, Stand 2017, 20 (258 Zustimmungen, keine Ablehnung seit 1985) (abrufbar unter <http://www.foederalismus.at/publikationen_datenbank.php>, abgerufen am

diesbezüglicher Rsp des VfGH in dieser auch keine Bedeutung zugemessen werden kann und Art 44 Abs 2 B-VG nicht vom Gesamtänderungserfordernis des Art 44 Abs 3 B-VG geschützt wird, gibt es keine relevanten Hinweise darauf, dass es sich bei dieser Bestimmung um eine grundlegende politische und verfassungsmäßige Struktur iSd Art 4 Abs 2 EUV handelt.

5.3.2 Einräumung autonomer Kompetenzen

5.3.2.1 Fragestellung

In einem nächsten Schritt wird diskutiert, ob bzw inwieweit die Einräumung autonomer Kompetenzen an die föderalen Einheiten eine grundlegende politische und verfassungsmäßige Struktur iSd Art 4 Abs 2 EUV darstellt. Dies wird durch zweierlei nahegelegt: Erstens ist die Verteilung der Kompetenzen auf mehrere föderale Hoheitsträger Sinn und Zweck der bundesstaatlichen Organisation Österreichs. Zweitens werden die Kompetenzverteilung und die durch sie eingeräumten „autonomen" oder „selbstständigen" Kompetenzen immer wieder als Bestandteil des bundesstaatlichen Grundprinzips iSd Art 44 Abs 3 B-VG qualifiziert.[868] Allerdings bleibt unklar, was die Einräumung „autonomer" Kompetenzen bedeutet. Dies soll im Folgenden geklärt werden, um auf dieser Basis den diesbezüglichen Inhalt des bundesstaatlichen Grundprinzips auf seine Relevanz für Art 4 Abs 2 EUV überprüfen zu können.

5.3.2.2 Komplementarität der Kompetenzverteilung

Die Autonomie von Bund und Ländern im österreichischen Bundesstaat äußert sich zunächst insb darin, dass sowohl der Bund als auch die Länder über Kompetenzbereiche verfügen, in welchen ihnen das Recht zur selbstständigen Gesetzgebung und/oder Vollziehung zusteht.[869] Seit der Einführung der Verwaltungsgerichtsbarkeit[870] verfügen die Länder auch über einen Anteil an der Gerichtsbar-

16.08.2020). Erstmals erfolgte eine Verweigerung der Zustimmung 2019 (StenPrBR S 889 BlgBR 26. GP) zu einer geplanten Novellierung des Ökostromgesetzes (IA 505/A BlgNR 26. GP).

868 *Berka*, Verfassungsrecht Rz 164; *Öhlinger/Eberhard*, Verfassungsrecht Rz 70 (in Anlehnung an den VfGH); *Mayer/Kucsko-Stadlmayer/Stöger*, Grundriss Rz 247; Zum Beispiel *Pernthaler*, Bundesstaatsrecht 305 (in Anlehnung an den VfGH); *Rill* in FS Schäffer 734; *Weber, K.*, in Korinek/Holoubek, Art 2 B-VG Rz 2 (in Anlehnung an den VfGH); *Pürgy* in Pürgy, Recht der Länder Rz 11; VfSlg 2455/1952.

869 Insb nach den Art 10 bis 15 B-VG. Vgl dazu allgemein *Öhlinger/Eberhard*, Verfassungsrecht 235 ff; *Berka*, Verfassungsrecht Rz 394 ff; *Pernthaler*, Bundesstaatsrecht 313 ff; *Mayer/Kucsko-Stadlmayer/Stöger*, Bundesverfassungsrecht Rz 247 ff; *Adamovich/Funk/Holzinger/Frank*, Staatsrecht I Rz 19.001 ff; *Pürgy* in Pürgy, Recht der Länder Rz 31 ff.

870 Mit BGBl I 51/2012. Zur Vorgeschichte der Reform vgl zB *Berka*, Verfassungsrecht Rz 896 ff.

keit – wenn auch nur in erster Instanz.[871] Maßgeblich für die Bestimmung des Ausmaßes der Autonomie bzw Selbstständigkeit von Bund und Ländern ist daher in erster Linie die föderale Kompetenzverteilung.

Hinsichtlich des Bestehens eines autonomen Bereichs von Bund und Ländern ist zunächst festzustellen, dass jede Stärkung der Länder eine Schwächung des Bundes et vice versa bedeutet. Dies ergibt sich daraus, dass nach dem Konzept des österreichischen B-VG alle denkbaren Kompetenzen auf Bund und Länder verteilt sind; soweit etwas nicht andernorts explizit einem der beiden Hoheitsträger zugeordnet ist, fällt es nach Art 15 Abs 1 B-VG in die Subsidiarkompetenz der Länder.[872] Nun ist sicherlich nicht jegliche Verschiebung von Kompetenzen in die eine oder andere Richtung eine Gesamtänderung der Bundesverfassung qua Beeinträchtigung des bundesstaatlichen Grundprinzips.[873] Nach überwiegender Ansicht wäre die Gesamtänderungsschwelle aber jedenfalls dann überschritten, wenn entweder dem Bund oder den Ländern[874] gar keine Kompetenzen mehr zukämen – damit wäre die Bundesstaatlichkeit in Österreich abgeschafft; in einem Fall zu Gunsten eines Einheitsstaates, im anderen Fall in Form der Abschaffung des Bundes und des Zerfalls des Bundesstaates. Spannender als diese beiden Extreme – nicht jede Verschiebung von Kompetenzen ist eine Gesamtänderung; der Entzug der „letzten“ Kompetenz ist jedenfalls eine Gesamtänderung – ist aber die Frage, ab wann eine gehäufte oder aber sehr umfassende Kompetenzverschiebung eine Gesamtänderung der Bundesverfassung bewirken würde. Die Ausführungen in der Literatur dazu sind eher spärlich und notgedrungenerweise nicht sehr konkret. Auch in dieser Untersuchung soll und kann keine Analyse derart erfolgen, dass die Übertragung der Kompetenzen X und Y eine Gesamtänderung bewirken würde, die Übertragung der Kompetenzen A und B aber (noch) nicht.[875] Allerdings lassen sich einige strukturelle Überlegungen anstellen.

5.3.2.3 Autonome Kompetenzen in allen Bereichen der Staatsgewalt?

So ist zunächst zu fragen, ob das Bestehen von autonom wahrzunehmenden Kompetenzen in allen drei Bereichen der Staatsgewalt – Gesetzgebung, Verwal-

---

871 Dazu zB *Öhlinger/Eberhard*, Verfassungsrecht Rz 650; *Berka*, Verfassungsrecht Rz 906; *Mayer/Kucsko-Stadlmayer/Stöger*, Bundesverfassungsrecht Rz 972/12.

872 Zum Beispiel *Berka*, Verfassungsrecht Rz 402.

873 Dies unter Zugrundelegung der *Kelsen*schen Drei-Kreise-Theorie annehmend *Öhlinger*, Bundesstaat 20 f – er tut dies allerdings va, um die „betont föderalistische Tendenz“ (*Öhlinger*, Bundesstaat 11) der Drei-Kreise-Theorie vorzuführen. Ohne theoretische Reflexion, vom Ergebnis her aber ähnlich *Hellbling* in Hellbling, Bundesstaat 39.

874 Vgl *Weber, K.*, Kriterien 118; ausführlich auch *Gamper* in Lienbacher/Pürgy, Gesetzgebungskompetenz 57 ff.

875 Eine Untersuchung aller denkbaren Kombinationen würde erstens keine weiterführenden Einsichten über die Struktur des österreichischen Bundesstaates bringen und überdies auf Grund der sehr großen – und durch die Schaffung neuer Kompetenztatbestände beliebig erweiterbaren – Zahl möglicher Kombinationen ein den angestrebten Rahmen sprengendes Endlosprojekt darstellen.

tung, Gerichtsbarkeit – vom bundesstaatlichen Grundprinzip geschützt wird. Wäre es also – ohne Durchführung eines Gesamtänderungsverfahrens nach Art 44 Abs 3 B-VG – zulässig, dass den Ländern sämtliche Gesetzgebungskompetenzen entzogen werden? In dieser Pauschalität ist dies zu verneinen. Aber wäre eine vollkommene Abschaffung der Gesetzgebungskompetenzen ohne Gesamtänderung der Bundesverfassung möglich, wenn dafür die Verwaltungskompetenzen der Länder gestärkt würden, etwa durch Überführung der Agenden der mittelbaren Bundesverwaltung in die Landesverwaltung?[876] Anders formuliert: Kann der gesamtändernde Charakter des vollkommenen Entzugs der Länderkompetenzen in einem Bereich der Staatsgewalt durch eine Aufwertung anderer Bereiche ausgeschlossen werden?

Nach der hier vertretenen Ansicht ist auch das zu verneinen. Es entspricht nämlich dem ursprünglichen Konzept der Bundesstaatlichkeit im B-VG, dass sowohl die Länder als auch der Bund in Gesetzgebung und Verwaltung zumindest in Teilbereichen eigene Gesetzgebungs- und Verwaltungszuständigkeiten wahrnehmen. Ein vollkommener Ausschluss der Zuständigkeiten der Länder in der Gesetzgebung wäre daher auch trotz Aufwertung der Verwaltungskompetenzen als Gesamtänderung zu qualifizieren, da es mit dieser Änderung zu einem Systemwechsel kommen würde.[877] Gleiches gilt für eine Abschaffung sämtlicher Verwaltungskompetenzen bei gleichzeitigem Zuwachs an Gesetzgebungskompetenzen.[878]

Die Gerichtsbarkeit nimmt bei der Frage der aus dem bundesstaatlichen Grundprinzip erwachsenden Notwendigkeit des Bestehens autonomer Kompetenzen eine Sonderstellung ein: Nach dem ursprünglichen System des B-VG 1920

876 Vgl etwa die Ausführungen *Öhlingers* zur Einführung eines Modells des Vollzugsföderalismus zur Bewältigung des Einflusses des Unionsrechts in *Öhlinger*, in Hummer, Paradigmenwechsel 79 f.

877 Ähnlich *Öhlinger*, in Hummer, Paradigmenwechsel 80, der allerdings nicht eine vollkommene Abschaffung der Landesgesetzgebung zu Gunsten der Landesverwaltung, sondern eine damit verbundene Verstärkung der Ausführungsgesetzgebung der Länder andiskutiert. Am Ergebnis des Vorliegens einer Gesamtänderung würde es nach der hier vertretenen Ansicht auch nichts ändern, wenn das Legalitätsprinzip gelockert und damit der Vollziehung im Verhältnis zur Gesetzgebung größere Bedeutung zukäme; diese Variante und die höhere Wahrscheinlichkeit einer Zustimmung der Länder zum Entzug von Gesetzgebungskompetenzen unter diesen Bedingungen andenkend *Weichselbaum* in FS Öhlinger 656.

878 In beiden Fällen ist außerdem zu bedenken, dass die Abschaffung von Gesetzgebungs- oder Verwaltungskompetenzen auch Auswirkungen auf die Kompetenzen der Länder im Bereich der (Verwaltungs-)Gerichtsbarkeit haben wird; bei der – sehr unwahrscheinlichen – Konstellation, dass sämtliche Verwaltungskompetenzen der Länder abgeschafft, dafür aber die Landesgesetzgebungskompetenzen gestärkt werden, stellt sich die Frage, ob dann die Landesverwaltungsgerichte über die Vollziehung des Landesrechts durch Bundesbehörden entscheiden sollten. In der umgekehrten Konstellation hätten die Länder keine Gesetzgebungsbefugnisse mehr; ihnen würden dafür etwa die Agenden der mittelbaren Bundesverwaltung als eigenständig wahrzunehmende Landesverwaltung übertragen. Eben diese Landesverwaltung könnte dann weiterhin von den Landesverwaltungsgerichten kontrolliert werden. Zur Frage, inwiefern die Kompetenzverteilung im Bereich der Gerichtsbarkeit im Zusammenhang mit Art 44 Abs 3 B-VG und dem bundesstaatlichen Grundprinzip überhaupt Bedeutung hat, s sogleich.

ist die (ordentliche) Gerichtsbarkeit Sache des Bundes; der VwGH und der VfGH sind ebenfalls im B-VG geregelt.[879] Hinsichtlich der zuletzt genannten Gerichtshöfe ist unklar, ob es sich dabei um Organe des Bundes,[880] „gemeinsame Organe“[881] oder aber um „zwischen Bund und Ländern geteilte“ Organe handelt.[882] Dies ist freilich für die hier diskutierte Frage der Gesamtänderung insofern unerheblich, als den Ländern schon nach dem ursprünglichen Konzept des B-VG im Hinblick auf diese Gerichtshöfe nur sehr beschränkte Mitwirkungsmöglichkeiten – nämlich über die Mitwirkung des Bundesrates an Verfassungsänderungen und der Ernennung von Mitgliedern des VfGH – zukamen. Von einer „autonomen Gerichtsbarkeit“ der Länder kann also auch in Bezug auf diese beiden Gerichtshöfe nicht die Rede sein – was wiederum einen zentralistischen Einschlag der österreichischen Bundesstaatlichkeit darstellte.

Seit der Einrichtung der Verwaltungsgerichtsbarkeit kommt aber den Ländern auch ein eigenständig wahrzunehmender Bereich der Gerichtsbarkeit zu, nämlich die Organisation der Landesverwaltungsgerichte und deren Tätigkeit.[883] Die Landesverwaltungsgerichte unterstehen aber weiterhin dem VwGH – dieser ist nach dem Revisionsmodell (Art 133 Abs 4 B-VG) zwar nur für Entscheidungen über Rechtsfragen von grundsätzlicher Bedeutung zuständig; eine solche liegt aber nach der genannten Vorschrift insb auch dann vor, wenn es zu einer Frage noch keine Rsp des VwGH gibt. Dass weiterhin eine Bindung an eine einheitliche Oberinstanz besteht, erhält in beschränktem Ausmaß den zentralistischen Charakter der Organisation der Gerichtsbarkeit und spricht dafür, dass die Einführung der Verwaltungsgerichtsbarkeit aus Perspektive des bundesstaatlichen Grundprinzips keinen eine Gesamtänderung nach sich ziehenden Systemwechsel mit sich gebracht hat.[884,885] Gleichzeitig ist aber zu bedenken, dass auch eine

879 Vgl dazu ausführlich *Schramek*, Gerichtsbarkeit 135 ff, 164 f.

880 Dies andenkend, aber jedenfalls verneinend *Klecatsky* in Hellbling, Föderalismus 167.

881 So zB *Pürgy* in Pürgy, Recht der Länder Rz 117.

882 Ausführlich dazu *Jabloner* in Schambeck, Bundesstaat 136 ff, der die genannten Gerichtshöfe je nach ausgeübter Funktion differenziert einordnet.

883 Dazu zB *Schramek*, Gerichtsbarkeit 150 ff.

884 Daraus, dass es schon vor der Verwaltungsgerichtsbarkeitsnovelle in Verwaltungsangelegenheiten eine von den Ländern nicht unmittelbar beeinflussbare, gerichtliche Oberinstanz (den VwGH) gab, lässt sich auch schließen, dass der durch die Einführung bewirkte Verlust an (zweitinstanzlichen) Verwaltungskompetenzen nicht so schwer wiegt, dass man daraus auf eine Gesamtänderung schließen muss. Schon vor der Verwaltungsgerichtsbarkeitsnovelle war die Verwaltungskompetenz der Länder in mit Bescheid zu erledigenden Angelegenheiten darauf beschränkt, Entscheidungen zu treffen, die in weiterer Folge aufgehoben werden können. Auch die im Vergleich zum VwGH erweiterte meritorische Entscheidungsbefugnis der Verwaltungsgerichte wiegt in dieser Hinsicht mE nicht schwer.

885 Auf die mittelbare Bundesverwaltung als Teil des Zusammenwirkens von Bund und Ländern wird unten eingegangen (5.3.3.3 [= 215]); s dazu zB *Gamper* in Bußjäger, Landesverwaltungsgerichte 13 ff; *Kneihs/Schmidlechner*, JRP 2016, 21. *Gamper* verneint im Übrigen im Ergebnis ebenfalls eine Gesamtänderung aus dem Titel des bundesstaatlichen Grundprinzips, wenn sie auch – entgegen dem hier vertretenen Ansatz – eine „Aufrechnung“ der Verwaltungskompetenzen der Länder mit den neuen Gerichtsbarkeitskompetenzen der Länder für zulässig erachtet; *Gamper* in Bußjäger, Landesverwaltungsgerichte 14. Eine „Aufrechnung“ der genannten Kompetenzen wäre nach der hier vertrete-

Abschaffung der Verwaltungsgerichtsbarkeit in den Ländern keine Gesamtänderung der Bundesverfassung darstellen würde – unabhängig davon, ob dieser Verlust an Länderkompetenzen durch Kompetenzzuwächse in anderen Bereichen kompensiert würde.

Das bundesstaatliche Grundprinzip verlangt also mit Blick auf die verschiedenen Staatsgewalten nach dem Bestehen von Länderkompetenzen im Bereich der Gesetzgebung und Verwaltung; Länderkompetenzen im Bereich der Gerichtsbarkeit werden vom bundesstaatlichen Grundprinzip nicht gefordert; das bundesstaatliche Grundprinzip wurde auch durch die Verwaltungsgerichtsbarkeitsnovelle insofern nicht verändert.[886] Die vollkommene Aushöhlung der Landeskompetenzen in den beiden erstgenannten Bereichen wäre eine Gesamtänderung. Das gilt umgekehrt auch für die Gesetzgebungs- und Vollziehungskompetenzen des Bundes.

5.3.2.4 Autonome Kompetenzen in bestimmten Sachbereichen?

In einem weiteren Schritt kann gefragt werden, ob das bundesstaatliche Grundprinzip nach der Zuordnung bestimmter Sachgebiete an den Bund bzw die Länder verlangt, ob es also etwa ein durch das bundesstaatliche Grundprinzip geschütztes „Hausgut“ der Länder gibt. Dabei ist zunächst zu betonen, dass die Frage, ob das bundesstaatliche Grundprinzip die Zuordnung bestimmter Sachbereiche an Bund oder Länder gebietet, von der Frage zu unterscheiden ist, ob es (einfach) verfassungsrechtlich geboten ist, bestimmte Sachbereiche dem Bund oder den Ländern zuzuordnen.[887]

nen Ansicht aber nur „staatsfunktionsintern“ zulässig und daher dann denkbar, wenn man zumindest Teile der Tätigkeit der Verwaltungsgerichtsbarkeit – insb, wenn diese Sachentscheidungen fällen – als Verwaltung und nicht als Gerichtsbarkeit qualifiziert (dazu *Kneihs/Schmidlechner*, JRP 2016, 10 ff). Den gesamtändernden Charakter der Einführung der Verwaltungsgerichte ebenfalls verneinend *Öhlinger* in Fischer, Verwaltungsgerichtsbarkeit 68.

886 Das bundesstaatliche Grundprinzip wurde nach der hier vertretenen Ansicht auch durch die Verwaltungsgerichtsbarkeitsnovelle insofern nicht verändert; so im Ergebnis auch *Gamper* in Bußjäger, Landesverwaltungsgerichte 12 ff; *Schramek*, Gerichtsbarkeit 222 ff. Darauf hinweisend, dass das bundesstaatliche Grundprinzip aber die Zuordnung von Gerichtsbarkeitskompetenzen an die Länder auch nicht ausschließt, *Rill* in FS Schäffer 734.

887 Eine Regelung des zweitgenannten Typs wäre etwa Art 102 B-VG, der vorsieht, dass bestimmte Angelegenheiten in der mittelbaren Bundesverwaltung zu vollziehen sind. Umgekehrt kann man die Frage stellen, ob es Angelegenheiten gibt, die zwingend in unmittelbarer Bundesverwaltung zu vollziehen sind – obwohl oder gerade weil sie in Art 102 (Abs 2) B-VG gar nicht genannt werden. *Höllbacher* diskutiert das in Anlehnung an *Thienel* etwa für den Bereich des Dienstrechts und Personalvertretungsrecht der Bundesbediensteten, das in Art 10 Abs 1 Z 16 B-VG dem Bund zugeordnet wird und von diesem seit jeher in unmittelbarer Bundesverwaltung vollzogen wird, obwohl diese Angelegenheit nicht in Art 102 Abs 2 B-VG genannt ist und zum unmittelbaren Bundesvollzug auch keine Zustimmung der Länder eingeholt wurde (*Höllbacher*, Bundesverwaltung 133 ff mwN). Neben einem historischen Argument nimmt *Höllbacher* zur Begründung der Rechtmäßigkeit der Vollziehung in unmittelbarer Bundesverwaltung auch darauf Bezug, dass diese Angelegenheit sinnvollerweise nicht in mittelbarer Bundesverwaltung vollzogen werden kann (*Höllbacher*, Bundesverwaltung 134, 137). Das mag stimmen, bedeutet aber nicht, dass eine Vollziehung durch Landesbehörden in diesem Be-

Das Bestehen bestimmter, auf Grund der Art der Angelegenheit Bund oder Ländern zuzuordnender Angelegenheiten wird man bejahen müssen, wenn man die Maßgeblichkeit des Subsidiaritätsprinzips für das österreichische B-VG annimmt.[888] Wenn nämlich das B-VG von dem Grundsatz geleitet ist, dass der Bund nur dann tätig werden soll, wenn und soweit dies zur Erreichung eines öffentlichen Interesses erforderlich ist, dann wäre es unzulässig, Angelegenheiten an den Bund zu übertragen, die ebenso gut oder gar besser von den Ländern besorgt werden können. Allerdings gibt es im B-VG keinen positiv-rechtlichen Anhaltspunkt dafür, dass ein Subsidiaritätsprinzip für die Kompetenzverteilung maßgeblich sein soll. Gerade die unten im Detail zu besprechenden Bedarfskompetenzen bzw Erforderlichkeitsklauseln sprechen vielmehr dafür, dass der Gedanke der Kompetenzausübung nur bei Erforderlichkeit auch nur in den explizit normierten Fällen zum Tragen kommen soll, etwa bei der Gesetzgebung für das Verwaltungsverfahren nach Art 11 Abs 2 B-VG. Auch die im Zusammenhang mit der Selbstverwaltung explizit normierten Garantien eines eigenen Wirkungsbereichs (Art 118 Abs 2, 120a Abs 1 B-VG), die grundsätzlich als Verwirklichung des Subsidiaritätsgedankens qualifiziert werden können,[889] sprechen gegen die Annahme eines ungeschriebenen, für das gesamte B-VG geltenden Subsidiaritätsprinzips. Daraus lässt sich also auch nichts für eine durch das bundesstaatliche Grundprinzip gebotene Zuordnung von Kompetenzbereichen an Bund oder Länder gewinnen.

Als durch das bundesstaatliche Grundprinzip garantierter Kompetenzbereich der Länder könnte allerdings die Landesverfassungsgesetzgebung in Betracht kommen.[890] Den Ländern kommt schon nach dem ursprünglichen Konzept des B-VG eine relative – nämlich nach Art 99 B-VG durch das Bundesverfassungs-

reich gänzlich undenkbar ist. Es mag also durchaus verfassungsrechtlich geboten sein, die genannten Angelegenheiten in unmittelbarer Bundesverwaltung zu vollziehen. Argumente dafür, dass es auch auf Grund des bundesstaatlichen Grundprinzips geboten sei, diese Angelegenheiten vom Bund (und zwar in unmittelbarer Bundesverwaltung) vollziehen zu lassen, sind nicht ersichtlich. Eine entsprechende Änderung der Kompetenzverteilung wäre damit keine Gesamtänderung der Bundesverfassung.

888 So etwa *Adamovich* in FS Koja 217. Ihm ist entgegenzuhalten, dass sich aus der Systementscheidung für den Bundesstaat eben nur ableiten lässt, dass die Kompetenzen zwischen mehreren Hoheitsträgern aufgeteilt werden; die Frage, ob im Zweifel eher eine zentrale oder eine dezentrale Kompetenz anzunehmen ist, kann allein unter Rückgriff auf die Entscheidung für eine bundesstaatliche Organisation nicht beantwortet werden. Im Kontext des B-VG ist außerdem zu veranschlagen, dass der Verfassungsgesetzgeber den österreichischen Bundesstaat von Anfang an zentralistisch ausgestaltet hat, was auch eine Zweifelsregel zu Gunsten des Bundes nahelegen könnte. Ohne rechtsdogmatische Begründung ebenfalls die Relevanz des Subsidiaritätsprinzips im österreichischen Verfassungsrecht annehmend *Pernthaler*, differenzierter Bundesstaat 18 f.

889 *Pernthaler*, Bundesstaatsrecht 217 (explizit nur zu Art 118 Abs 2 B-VG).

890 *Wielinger* in FS Koja 497 spricht bspw von der „Verfassungsautonomie der Glieder als zentrales Element der Bundesstaatlichkeit"; vgl weiters zB *Schramek*, Gerichtsbarkeit 122 ff. Siehe außerdem VfSlg 16.241/2001.

recht beschränkte[891] – Verfassungsautonomie zu. Auch wenn es für einen Bundesstaat im Allgemeinen nicht essentiell sein mag, dass die Gliedstaaten über eine eigene Verfassung verfügen, so ist diese – wenn auch im dargelegten Sinn beschränkte – Verfassungsautonomie der Länder doch ein Wiedererkennungs- und damit Wesensmerkmal des österreichischen Bundesstaates.[892] Eine weitere materielle Beschränkung der Gestaltungsfreiheit oder gar die vollkommene Abschaffung von Landesverfassungen durch den Bundesverfassungsgesetzgeber wäre damit nach der hA eine Gesamtänderung der Bundesverfassung.[893]

Umgekehrt kann man sich aber auch die Frage stellen, ob es bestimmte Kompetenzbereiche gibt, die im österreichischen Bundesstaat jedenfalls dem Bund zukommen müssen. Als solche Bereiche kommen etwa die Bundesverfassungsgesetzgebung, bundesweite Wahlen[894] oder auch die Vertretung nach außen[895] in Frage.[896] Legt man einen dreigliedrigen Bundesstaatsbegriff zu Grunde, so wären dies typischerweise Aufgaben, die vom Gesamtstaat wahrzunehmen sind. An sich ist aber auch ein Bundesstaat denkbar, in dem derart gesamtstaatliche Aufgaben von den Ländern wahrgenommen werden, indem etwa die Bundesverfassung (nur) durch Zusammenwirken der Länder geändert werden kann oder die Länder schwerpunktmäßig die Außenvertretung wahrnehmen.[897] Für das Bestehen eines Bundesstaates an sich ist es also nicht essentiell, dass die genannten Befugnisse gerade vom Bund wahrgenommen werden. Fraglich ist aber, ob es eine strukturelle Veränderung des *österreichischen* Bundesstaates wäre, wenn einer der genannten Kompetenzbereiche vollkommen dem Bund entzogen und ausschließlich den Ländern zur Besorgung übertragen würde. Dabei ist zu veranschlagen, dass Kompetenzen wie jene betreffend die Bundesverfassung nicht ohne damit zusammenhängende Änderungen hinsichtlich des Verfahrens zur Verfassungsgesetzgebung an die Länder übertragen werden könnten. Würde nun aber zB vorgesehen, dass eine Änderung der Bundesverfassung nur dann möglich ist, wenn die Landtage übereinstimmende Gesetzesbeschlüsse fassen, so wäre dies eine wesentliche Änderung des bundesstaatlichen (va aber auch

891 Eine Auslegung, wonach es sich bei Art 99 B-VG „nur“ um eine mit Art 28 GG vergleichbare bundesstaatliche Homogenitätsklausel handelt (so *Pernthaler/Weber*, Der Staat 1982, 583), überzeugt schon auf Grund der inhaltlichen Unterschiede zwischen diesen Bestimmungen nicht: Art 99 B-VG verbietet eine „Berührung“ der (gesamten) Bundesverfassung durch Landesverfassungsrecht; Art 28 GG bindet hingegen die Landesverfassungsgesetzgeber nicht an das gesamte Grundgesetz, sondern nur die explizit genannten Grundsätze bzw Grundrechte. Im Übrigen kann auch das Vorliegen von „Parität“ zwischen Bundes- und Landesverfassungsrecht nicht mit Art 99 B-VG begründet werden (vgl aber *Pernthaler/Weber*, Der Staat 1982, 583), da Art 99 B-VG eine Bedingung für die Rechtmäßigkeit von Landesverfassungsrecht festlegt.

892 Vgl dazu *Pernthaler*, Bundesstaatsrecht 459 ff.

893 Zum Beispiel *Pürgy* in Pürgy, Recht der Länder Rz 11, 23 ff; *Öhlinger* in Hummer, Paradigmenwechsel 79 f; *Rill* in FS Schäffer 737.

894 Vgl zu beidem derzeit Art 10 Abs 1 Z 1 B-VG.

895 Derzeit Art 10 Abs 1 Z 2 B-VG.

896 Zur Frage des Dienstrechts des Bundes s oben bei FN 887.

897 So etwa in Belgien nach Art 167 BV.

des demokratischen) Systems in Österreich und damit eine Gesamtänderung der Bundesverfassung.[898]

Ähnliches gilt etwa auch für die derzeit in Art 10 Abs 1 Z 1 B-VG genannte Verfassungsgerichtsbarkeit. Es wäre an sich schon denkbar, dass die Organisation des VfGH und die relevanten Verfahrensregelungen nur durch die Länder in Form von übereinstimmenden Beschlüssen der Landtage geändert werden können. Dies wäre aber eine grundlegende Änderung des bundesstaatlichen Systems,[899] da dann jedes Land die Möglichkeit hätte, Änderungen der fraglichen Materien „zu blockieren“, was über die bestehenden Mitwirkungsrechte des Bundesrates deutlich hinausginge.[900]

Für Angelegenheiten, die bundesweit einheitlich geregelt werden müssen, damit es überhaupt ein verbindendes Element in der Rechtsordnung gibt und es nicht zum Zerfall des österreichischen Bundesstaates kommt – wie etwa Angelegenheiten der Bundesverfassung, Verfassungsgerichtsbarkeit, bundesweite Wahlen – gebietet daher das bundesstaatliche Grundprinzip nicht unbedingt eine Kompetenzzuschreibung an den Bund. Allerdings wäre eine Kompetenzübertragung an die Länder nur nach Durchführung eines Gesamtänderungsverfahrens rechtmäßig, da im Fall der Notwendigkeit der Einstimmigkeit der Beschlussfassung durch die Länder in diesen Angelegenheiten die Stellung jedes einzelnen Landes im Vergleich zum ursprünglichen Konzept des B-VG erheblich aufgewertet würde. Im Fall des Erfordernisses einer einstimmigen Beschlussfassung durch die Länder sowie im Fall von Mehrheitsentscheidungen müssten überdies neue Formen des Zusammenwirkens der Länder[901] in die Bundesverfassung eingeführt werden.[902]

Näher zu diskutieren ist weiters die Rolle der Außenvertretungsbefugnis. Diese kam bereits nach Art 10 Abs 1 Z 2 B-VG 1920 dem Bund zu. Wie unten im Detail erörtert wird,[903] hat die Ausübung der Außenvertretungskompetenz und insb der darauf basierende Abschluss von Staatsverträgen nach dem Konzept des B-VG 1920 weitreichende Auswirkungen auf die sonstige Kompetenzausübung

898 In der hier angenommenen Konstellation müssen die Länder bzw der Landtag einstimmig vorgehen; umgekehrt betrachtet hat also ein einzelnes Land es in der Hand, eine Änderung der Bundesverfassung zu verhindern. Die Stellung der Länder bei der Bundesverfassung würde also durch eine derartige Änderung ganz neu gewichtet. Unter Umständen wäre das Vorliegen einer Änderung des bundesstaatlichen Grundprinzips zu verneinen, wenn ein System der Mehrheitsentscheidung durch die Länder eingeführt würde.

899 So wie im Übrigen auch die Abschaffung einer zentralen Verfassungsgerichtsbarkeit zu Gunsten von neun Landesverfassungsgerichtsbarkeiten eine wesentliche Änderung (auch) des bundesstaatlichen Grundprinzips wäre.

900 Im Übrigen ist eine solche Form der gemeinsamen Ländergesetzgebung, die dann bundesweit einheitlich und unmittelbar gilt, in dieser Form im B-VG nicht vorgesehen.

901 Zum Beispiel eine gemeinsam ausgeübte Gesetzgebungskompetenz der Landtage für Änderungen der Bundesverfassung.

902 Was nicht zwingend im Lichte des bundesstaatlichen Grundprinzips, wohl aber im Lichte des demokratischen Grundprinzips zu einer Anwendbarkeit des Art 44 Abs 3 B-VG führen könnte.

903 Unten bei 5.3.2.5.2.3 (= 206).

durch die föderalen Hoheitsträger: Die Länder wurden nach Art 16 Abs 1 B-VG 1920 (heute: Art 16 Abs 4 B-VG) dazu verpflichtet, die vom Bund, gestützt auf die Außenvertretungskompetenz, eingegangenen Verpflichtungen einzuhalten und umzusetzen. Dass das B-VG 1920 eine derartige Regelung enthält, macht deutlich, dass es dem Verfassungsgesetzgeber ein Anliegen war, ein einheitliches Auftreten der Republik Österreich nach außen und eine effektive Durchführung eingegangener Verpflichtungen nach innen sicherzustellen. Dies ist insb deswegen bemerkenswert, weil mit der Außenkompetenz grundsätzlich auf alle Materien zugegriffen werden kann, wie ebenfalls unten im Detail erörtert wird.[904] Auf Grund der strukturellen Unterschiede zwischen der Außenvertretungskompetenz und sonstigen „Materienkompetenzen" hätte eine Verschiebung der Außenvertretungskompetenz vom Bund an die Länder Konsequenzen für das gesamte System der Kompetenzverteilung. Es sprechen daher gute Gründe dafür, dass eine entsprechende Verfassungsänderung unter Beachtung des Art 44 Abs 3 B-VG beschlossen werden müsste.[905]

Diskussionswürdig erscheint schließlich auch noch die sog „Lex Starzynski".[906] Nach dieser haben die Länder die Befugnis, ausnahmsweise zivil- und strafrechtliche Bestimmungen zu erlassen, sofern diese zur Regelung einer Angelegenheit erforderlich sind, die in die Gesetzgebungszuständigkeit der Länder fällt. Der Verfassungsgeber geht also davon aus, dass Situationen eintreten können, in denen eine Gesetzgebungskompetenz ohne die Kompetenz zur Erlassung zivil- und strafrechtlicher Regelungen nicht effektiv ausgeübt werden kann. Daraus lässt sich im Umkehrschluss schließen, dass es im System der österreichischen Kompetenzverteilung keinen (ungeschriebenen) Grundsatz gibt, nach dem jedem Kompetenzträger neben den ihm explizit zugewiesenen Kompetenzen auch (ungeschriebene) Kompetenzen zukommen, soweit sie zur Wahrnehmung der erstgenannten Kompetenzen unerlässlich sind. Zudem lässt die genannte Regelung den Schluss zu, dass das Fehlen einer ausnahmsweise vorhandenen Kompetenz zur Erlassung von Sonderzivil- und -strafrecht die jeweiligen Gesetzgebungskompetenzen der Länder, deren Effektuierung die Erlassung von Sonderzivil- oder -strafrecht dienen soll, wirkungslos machen würde. Der Verfassungsgeber geht daher erkenntlich davon aus, dass wirksame Regelungen in manchen Konstellationen nach ergänzenden zivil- und strafrechtlichen Bestimmungen verlangen, so etwa, wenn ein Ge- oder Verbot durch eine strafrechtliche Sanktion flankiert wird.

904 Unten bei 5.3.2.5.2.1 (= 204).

905 Dieses Ergebnis ergibt sich insb auch daraus, dass im B-VG 1920 nicht nur eine entsprechende Kompetenzzuordnung an den Bund erfolgte, sondern es auch daran anknüpfende detaillierte Regeln über die Konsequenzen dieser Kompetenz für die Länder gibt, namentlich Art 16 B-VG 1920.

906 Art 15 Abs 5 B-VG 1920, heute Art 15 Abs 9 B-VG.

Würde man nun den Ländern die Möglichkeit nehmen, solche ergänzenden Vorschriften zu erlassen, so wäre nach der Vorstellung des Verfassungsgebers eine effektive Wahrnehmung ihrer jeweiligen Gesetzgebungskompetenzen nicht mehr gewährleistet. Art 15 Abs 9 B-VG stellt sich damit als spezifische Bedarfskompetenz dar, und zwar deswegen, weil die Zulässigkeit der Ausnützung dieser Gesetzgebungskompetenz davon abhängt, dass ihre Ausübung zur effektiven Ausübung einer anderen Gesetzgebungskompetenz erforderlich ist.[907] Es soll also nicht ein „kompetenzverteilungsfremder“ oder neutraler Bedarf gestillt werden, sondern ein aus der Kompetenzverteilung selbst erwachsender Bedarf, nämlich jener nach effektiver Ausübung der primären Gesetzgebungskompetenzen. Erachtet man die Lex Starzynski aus der Perspektive des Verfassungsgesetzgebers als notwendige Voraussetzung dafür, dass andere Kompetenzen effektiv ausgeübt werden können, so lässt sich durchaus vertreten, dass zumindest der Gedanke hinter dieser bereits im B-VG 1920 vorgesehenen Effektivitätssicherungsklausel vom bundesstaatlichen Grundprinzip geschützt wird. Das heißt nun nicht, dass die derzeitige Kompetenzverteilung im Zivil- und Strafrecht – Kompetenz des Bundes nach Art 10 Abs 1 Z 6 B-VG, ausnahmsweise Kompetenz der Länder nach Art 15 Abs 9 B-VG – nicht ohne Gesamtänderung der Bundesverfassung abgeändert werden könnte. Eine Gesamtänderung läge vielmehr nur dann vor, wenn Bund oder Ländern die Kompetenz entzogen würde, die Effektivität ihrer Gesetzgebung durch ergänzende zivil- und strafrechtliche Bestimmungen sicherzustellen. Keine Gesamtänderung wäre also etwa die Umkehr der bestehenden Kompetenzverteilung in diesem Bereich.[908]

Das heißt also, dass das bundesstaatliche Grundprinzip mit wenigen Ausnahmen – namentlich der Vertretung nach außen zu Gunsten des Bundes und der Landesverfassungsgesetzgebung zu Gunsten der Länder – grundsätzlich nicht nach der Zuordnung bestimmter Sachbereiche an bestimmte Hoheitsträger verlangt. Teilweise wäre aber, wie gerade dargelegt, eine Umkehrung der bestehenden Kompetenzverteilung notwendigerweise mit weiteren Verfassungsänderungen zu verknüpfen, die gesamthaft betrachtet eine wesentliche Veränderung des bundesstaatlichen Grundprinzips herbeiführen würden – so etwa, wenn die Länder für die Gesetzgebung im Bereich der Bundesverfassung zuständig gemacht würden. Mit Ausnahme dieser diskutierten spezifischen Konstellationen wäre es aber denkbar, die bestehende Kompetenzverteilung mittels Verfassungsänderung so umzudrehen, dass die Bundeskompetenzen nach Art 10 B-VG zu Landeskompetenzen werden und die Generalklausel des Art 15 B-VG den Bund als subsidiarkompetenten Hoheitsträger benennt. Eine solche Umkehrung der Kompetenz-

907 Dazu *Lukan* in Kneihs/Lienbacher, Art 11 Abs 2 B-VG Rz 23 ff.

908 Ebenfalls unproblematisch wäre etwa die Einführung einer (konkurrierenden) Bedarfskompetenz des Bundes für den Bereich des Zivil- und Strafrechts, da die Länder hier ja ebenfalls weiterhin erforderliche Regelungen für ihren Bereich erlassen könnten.

verteilung wäre keine Gesamtänderung der Bundesverfassung. Allein deswegen, weil bestimmte Sachgebiete den Ländern oder dem Bund entzogen werden, liegt also idR noch keine Gesamtänderung der Bundesverfassung vor.

5.3.2.5 Autonome Kompetenzen und Determinierung durch Völker- und Unionsrecht

5.3.2.5.1 Allgemeines

Wenn es im Lichte des bundesstaatlichen Grundprinzips grundsätzlich zwar keine „absolut" dem Bund oder den Ländern zuzuordnenden Sachgebiete gibt, so kann dennoch gefragt werden, ob bei der Beurteilung der Frage, ob noch ein ausreichender Autonomiebereich des Bundes bzw der Länder vorliegt, verschiedene Sachgebiete unterschiedlich zu gewichten sind. Diese Frage stellt sich nicht mit Blick auf bestimmten Sachgebieten nach der „Natur der Sache" anhaftende Eigenschaften, sondern im Lichte der Determinierung des Tätigwerdens von Bund bzw Ländern durch das Völkerrecht und insb das Unionsrecht. Ist also die Schwelle zur Gesamtänderung etwa dann überschritten, wenn den Ländern das Gesetzgebungsrecht nur noch in Bereichen zukommt, in denen es bereits unionsrechtliche Rechtsvorschriften – eventuell sogar Verordnungen – gibt?

Im Kern läuft die hier diskutierte Frage darauf hinaus, was denn nun eigentlich mit der vom bundesstaatlichen Grundprinzip geschützten „selbstständigen" bzw „autonomen" Wahrnehmung von Gesetzgebungs- und Verwaltungsbefugnissen gemeint ist: Verlangt das bundesstaatliche Grundprinzip danach, dass es einen Mindestbestand an Kompetenzen gibt, in denen Bund und Länder ohne „äußere" Einmischung entscheiden können, oder schützt das bundesstaatliche Grundprinzip nur vor einer Einmischung durch den gegenbeteiligten föderalen Hoheitsträger? Diese Frage stellt sich hinsichtlich der Determinierung durch das Unionsrecht gleichermaßen wie hinsichtlich der Determinierung durch das Völkerrecht. Im Folgenden soll dies zunächst anhand der Regelungen über völkerrechtliche Verträge und dann anhand des Unionsrechts besprochen werden.

5.3.2.5.2 Staatsverträge

5.3.2.5.2.1 Ausgangslage: Transkompetente Kompetenz des Bundes zum Abschluss von Staatsverträgen

Schon das B-VG 1920 sah in seinem Art 10 Abs 1 Z 2 B-VG vor, dass der Bund zuständig für den Abschluss sämtlicher Staatsverträge ist. Bereits damals waren sich die Verfassungsgeber des Problems bewusst, das dadurch entstehen konnte, dass der Bund eine völkerrechtliche Verpflichtung in einem Bereich eingeht, für den nach der innerstaatlichen Kompetenzverteilung die Länder zuständig sind.[909] Entsprechend wurde bereits in Art 16 B-VG 1920 erstens eine verfassungsrechtliche Pflicht der Länder zur Umsetzung der vom Bund eingegangenen völkerrechtlichen Pflichten normiert und zweitens ein der mittelbaren Bundesverwaltung entsprechendes Überwachungsrecht des Bundes für eben jene Angelegenheiten angeordnet.[910] Nach dem ursprünglichen Konzept des B-VG konnte also der Bund mittels Staatsvertrags – der freilich nur nach Willensübereinstimmung mit anderen Staaten zustande kommen kann – die inhaltliche, materielle Determinierung von Landeskompetenzen bewirken und so die Kompetenzen der Länder beschränken. Die Beschränkung der Länder erfolgt dabei nicht nur materiell dadurch, dass der Staatsvertrag vorgibt, wie bestimmte Angelegenheiten zu regeln sind, sondern auch organisatorisch, da dem Bund die besagten Überwachungsrechte zukommen, er also insb Weisungen an Landesorgane erteilen kann. Die Länder sind also dann, wenn der Bund einen völkerrechtlichen Vertrag über einen Gegenstand abgeschlossen hat, der nach der innerstaatlichen Kompetenzverteilung in ihre Zuständigkeit fällt, bei der Ausübung dieser Zuständigkeit inhaltlich und weisungsmäßig gebunden.[911]

Es gibt keine Regelung im B-VG 1920, die den Bund beim Tätigwerden nach Art 10 Abs 1 Z 2 B-VG, also dem Abschluss von Staatsverträgen, mit Blick auf die Kompetenzen der Länder Beschränkungen unterwirft; es ist etwa nicht vorgesehen, dass bestimmte Kompetenzen der Länder nicht mittels Staatsvertrags determiniert werden dürfen. In der österreichischen Bundesverfassung gibt es auch keine explizit verankerte Pflicht zur wechselseitigen (Bundes-)Treue, die eine solche Rücksichtnahmepflicht begründen könnte; die implizite Annahme einer solchen Treuepflicht ist aber nur dort statthaft, wo es normative Anhaltspunkte dafür gibt. Genau solche Anhaltspunkte fehlen im Zusammenhang mit der Außenkompetenz des Bundes nach Art 10 Abs 1 Z 2 B-VG 1929. Auch das vom VfGH entwickelte Berücksichtigungsprinzip[912] ist hier nicht einschlägig – dort geht es ja darum, dass ein Hoheitsträger seine Kompetenz nur mit Rücksicht auf die bestehenden Kompetenzen des gegenbeteiligten Hoheitsträgers ausüben soll. Im Zusammenhang mit seiner Außenkompetenz und iVm Art 16 B-VG hat es der Bund aber ja gerade in der Hand, den Ländern Kompetenzen zu entziehen bzw die Ausübung der Kompetenzen durch die Länder zu determinieren.[913]

---

909 Vgl dazu *Jakab/Kirchmair* in Kneihs/Lienbacher, Art 10 Abs 1 Z 2 B-VG Rz 1.

910 Beides findet sich in der geltenden Fassung des B-VG, namentlich in Art 16 Abs 4 und 5 B-VG.

911 Die Weisungsbindung besteht freilich nur insofern, als die Länder zur Durchführung eines Staatsvertrags Verwaltungsfunktionen ausüben müssen; dazu *Weber* in Kneihs/Lienbacher, Art 16 B-VG Rz 70. Eine Weisungsbindung der Landtage ist in Art 16 B-VG nicht vorgesehen.

912 Siehe insb VfSlg 15.552/1999; dazu noch unten bei 5.4.2.2 (= 224).

913 Vgl dazu *Weber* in Kneihs/Lienbacher, Art 16 B-VG Rz 65 ff.

5.3.2.5.2.2 Reichweite der Kompetenz – Begriff des Staatsvertrags

Die Kompetenz des Bundes geht aber eben nur so weit wie Art 10 Abs 1 Z 2 B-VG reicht. Eine Beschränkung der Kompetenz des Bundes könnte also eventuell auf Grund einer Versteinerung[914] des Art 10 Abs 1 Z 2 B-VG angenommen werden. Allerdings ist fraglich, inwiefern dieser Kompetenztatbestand einer Versteinerung zugänglich ist:

Art 10 Abs 1 Z 2 B-VG 1920 verleiht dem Bund die Kompetenz für „äußere Angelegenheiten mit Einschluß der politischen und wirtschaftlichen Vertretung gegenüber dem Ausland, insbesondere Abschluß aller Staatsverträge“. Aus der Nennung „aller“ Staatsverträge kann geschlossen werden, dass eine Beschränkung des Bundes auf Staatsverträge, wie sie zum Zeitpunkt der Erlassung der Kompetenzverteilung bestanden haben, gerade nicht beabsichtigt war. Eine Beschränkung auf für damalige Zeit „typische“ Staatsverträge würde keine beschränkende Wirkung haben, da es auch zum damaligen Zeitpunkt bereits viele verschiedene Arten von Staatsverträgen gab.[915] Dafür, dass bspw auch eher „technische“ Staatsverträge und nicht nur etwa Friedensverträge vom Begriff des Staatsvertrags iSd Art 10 Abs 1 Z 2 B-VG 1920 erfasst sein sollen, spricht im Übrigen auch, dass Art 50 Abs 1 B-VG 1920 (anders als Art 10 Abs 1 Z 2 B-VG 1920) dem allgemeinen Begriff des Staatsvertrags jenen des „politischen Staatsvertrags“ zur Seite stellt.

5.3.2.5.2.3 Reichweite der Kompetenz – Unmittelbare Anwendbarkeit von Staatsverträgen

Fraglich ist noch, ob die ursprüngliche Kompetenz des Bundes nach Art 10 Abs 1 Z 2 B-VG 1920 auch die Befugnis umfasst, unmittelbar anwendbare Staatsverträge abzuschließen. Nach Art 49 und 50 B-VG 1920 sind politische Staatsverträge nach Genehmigung durch den Nationalrat und Kundmachung im Bundesgesetzblatt durch den Bundeskanzler in Österreich verbindlich. Die Möglichkeit der Abgabe eines Erfüllungsvorbehalts durch den Nationalrat wurde

---

914 Zur Versteinerungstheorie *Öhlinger/Eberhard*, Verfassungsrecht Rz 275 ff; *Berka*, Verfassungsrecht Rz 429 ff; *Pernthaler*, Bundesstaatsrecht 332 ff; *Mayer/Kucsko-Stadlmayer/Stöger*, Grundriss Rz 296; *Adamovich/Funk/Holzinger/Frank*, Staatsrecht I Rz 19.090 ff; *Pürgy* in Pürgy, Recht der Länder Rz 63 ff; *Gamper*, Verfassungsinterpretation 172 ff. Vgl dazu weiters zB *Thurner*, Kompetenzverteilung 24 ff sowie bei 5.4.2.1 (= 220).

915 Neben Friedensverträgen etwa auch andere, sehr „technische“ Verträge; bspw den Vertrag zur Gründung eines allgemeinen Postvereins (RGBl 1875, XXXI. Stück vom 19.06.1875, 213; in dem Vertrag wird ein einheitliches Postgebiet festgelegt und bspw angeordnet, wie hoch Briefe zu frankieren sind) oder die Donau-Schiffahrts-Acte (RGBl 1858, V. Stück vom 30.01.1958, 83; ein Anhang des Vertrags enthält ein Formular für die Ausgestaltung des Schiffspatents).

erst mit der B-VG Novelle 1964[916] eingeführt. Dem B-VG 1920[917] liegt also ein sog „Adoptionsprinzip" zu Grunde,[918] das sowohl mit dem zur Zeit der Verfassung des B-VG vorherrschenden, von der Wiener Schule geprägten monistischen Konzept des Verhältnisses von Völkerrecht und staatlichem Recht[919] als auch mit einem dualistisch geprägten Verständnis vereinbar ist.[920] Auf Grund des Vorherrschens eines monistischen Verständnisses zu Beginn des 20. Jahrhunderts wurde die Frage der unmittelbaren Anwendbarkeit gar nicht explizit problematisiert.[921] Staatsverträge wurden aber als Gesetzen grundsätzlich gleichgestellte Rechtsform erachtet.[922] Die unmittelbare Berechtigung und Verpflichtung von Rechtsunterworfenen durch staatsvertragliche Bestimmungen wurde bereits zum damaligen Zeitpunkt für möglich gehalten.[923]

Der Bund ist also nach Art 10 Abs 1 Z 2 B-VG 1920 berechtigt, auch Staatsverträge abzuschließen, die unmittelbar anwendbar sind bzw teilweise unmittelbar anwendbare Bestimmungen enthalten.[924] Voraussetzung dafür ist die (textliche) Eignung einer Vorschrift zur unmittelbaren Anwendbarkeit; seit 1964 tritt das Nichtvorliegen eines Erfüllungsvorbehalts als Voraussetzung der unmittelbaren Anwendbarkeit hinzu.

Enthält ein vom Bund in einem in die Gesetzgebungskompetenz der Länder fallenden Bereich abgeschlossener Staatsvertrag eine unmittelbar anwendbare Bestimmung, so wird dadurch das Gesetzgebungsrecht der Länder insoweit ausgeschlossen.[925] Im Lichte dessen, dass der Eintritt dieser Rechtsfolge schon nach dem B-VG 1920[926] vorgesehen war, kann dies nicht gegen das bundesstaatliche Grundprinzip verstoßen.[927] Den Ländern kommen nach dem Konzept des B-VG 1920 also nur insofern „autonome" Kompetenzen zu, als der Bund nicht von sei-

916 BGBl 59/1964.

917 So wie dem B-VG 1920.

918 Dazu *Öhlinger*, Vertrag 127 ff.

919 Dazu *Öhlinger*, Vertrag 100 ff, 116 ff. Vgl weiters zB *Potacs*, ZÖR 2010, 121 ff; *Gragl*, ZÖR 2015, 668 ff; *Jestaedt* in Herzig, Europarecht 13 ff; *Jakab*, Der Staat 2007, 284.

920 *Öhlinger*, Vertrag 127.

921 *Kelsen/Fröhlich/Merkl* 134; *Öhlinger*, Vertrag 137 ff mwN.

922 *Kelsen/Fröhlich/Merkl* 136.

923 *Öhlinger*, Vertrag 100 mwN; vgl auch *Kelsen/Fröhlich/Merkl* 134.

924 Vgl auch *Berchtold*, JBl 1967, 245.

925 *Melichar*, ZÖR 1967, 239 spricht von einer „Verdünnung der Gesetzgebungskompetenzen der Länder".

926 Ebenso wie nach dem B-VG 1920.

927 Da das bundesstaatliche Grundprinzip die Länder vor einem solchen Entzug ihrer Zuständigkeiten nicht schützt, ist auch keine prinzipienkonforme Auslegung (dazu *Gamper*, Verfassungsinterpretation 232 ff) des (nunmehrigen) Art 50 Abs 2 Z 4 B-VG dahingehend geboten, dass der Nationalrat verpflichtet wäre, beim Vorliegen einer zur unmittelbaren Anwendbarkeit geeigneten Bestimmung in einem Staatsvertrag, der in die Gesetzgebungskompetenz der Länder fällt, einen Erfüllungsvorbehalt abzugeben, um das Gesetzgebungsrecht der Länder wenigstens in formeller Hinsicht zu erhalten. Zum Zustimmungsrecht des Bundesrates nach Art 50 Abs 2 Z 2 bzw Abs 4 B-VG gleich unten 5.3.2.5.2.4 (= 208).

ner transkompetenten Kompetenz zum Abschluss von Staatsverträgen Gebrauch gemacht hat.

Aus dem Versuch einer „Versteinerung“ des Art 10 Abs 1 Z 2 B-VG 1920 lässt sich also keine Beschränkung der Kompetenzen des Bundes ableiten. Mit Blick darauf, dass der Bund die neugegründete Republik umfassend und effektiv nach außen vertreten können sollte, ist dies auch konsequent. In weiterer Folge lässt sich eine Beschränkung der Kompetenz des Bundes auch nicht durch Wegfall des Wortes „aller“ mit der BVG-Novelle 1988[928] begründen, da das Ziel dieser textlichen Änderung nur war, die neugeschaffene (parallele) Kompetenz der Länder nach Art 16 B-VG auch im Text des Art 10 Abs 1 Z 2 B-VG sichtbar zu machen. Durch den gesamtändernden EU-Beitritt wurde mit Blick auf die gerade diskutierte Fragestellung nichts geändert.[929]

5.3.2.5.2.4 Beschränkung der Bundeskompetenz durch Zustimmungs- und Stellungnahmerechte

Fraglich ist, ob eine wirksame Beschränkung der Kompetenz des Bundes nach Art 10 Abs 1 Z 2 B-VG 1920 durch spätere Verfassungsrechtsänderungen verfügt wurde: 1974 wurde den Ländern vor dem Abschluss von Staatsverträgen, die den selbstständigen Wirkungsbereich der Länder berühren, ein Stellungnahmerecht eingeräumt.[930] 1988 wurde gleichzeitig mit der Ermächtigung der Länder zum Abschluss von Länderstaatsverträgen auch ein Zustimmungsrecht[931] des Bundesrates hinsichtlich politischer Staatsverträge verankert,[932] welche Angelegenheiten betreffen, die in den selbstständigen Wirkungsbereich der Länder fallen.[933] Art 50 Abs 4 B-VG sieht inzwischen außerdem ein qualifiziertes Zustimmungsrecht des Bundesrates vor, soweit es um Änderungen der vertraglichen Grundlagen der EU geht.[934] 2008 wurde dann, nachdem ähnliche Bestimmungen bereits im Zusammenhang mit der Mitwirkung Österreichs an der Rechtsetzung

928 BGBl 685/1988.

929 Die Außenkompetenz des Bundes wurde zwar im unionsrechtlichen Innenverhältnis zwischen EU und Österreich insofern eingeschränkt, als eine Ausübung der Außenkompetenz in Bereichen, die in die ausschließliche Außenkompetenz der EU fallen, unionsrechtswidrig wäre. Dadurch ändert sich aber erstens nichts an der aus der Souveränität Österreichs erwachsenden umfassenden Außenkompetenz der Republik Österreich und zweitens bleibt auch das Verhältnis zwischen Bund und Länder in Angelegenheiten der Außenkompetenz unverändert.

930 Art 10 Abs 3 B-VG idF BGBl 444/1974.

931 Ein Stellungnahmerecht bestand bereits nach Art 50 Abs 2 iVm Art 42 B-VG 1920. Vgl dazu *Öhlinger*, Vertrag 288 ff.

932 Art 50 Abs 1 B-VG idF BGBl 685/1988; s nunmehr Art 50 Abs 2 Z 2 B-VG sowie Art 50 Abs 4 B-VG hinsichtlich der vertraglichen Grundlagen der EU.

933 Eine Regelung von Angelegenheiten, die in die Zuständigkeit der Länder fallen, liegt auch dann vor, wenn der Staatsvertrag nicht unmittelbar anwendbar ist, sondern Durchführungsmaßnahmen notwendig macht. Zur Ähnlichkeit dieser Bestimmung mit Art 44 Abs 2 B-VG *Bußjäger*, ZÖR 2013, 114.

934 Eingeführt mit BGBl I 2/2008.

der Europäischen Union verankert worden waren,[935] ein qualifiziertes Stellungnahmerecht der Länder hinsichtlich Staatsverträgen normiert: Nach Art 10 Abs 3 B-VG[936] hat der Bund den Ländern vor Abschluss eines Staatsvertrags, der ihre Angelegenheiten betrifft, Gelegenheit zur Stellungnahme zu geben. Geben die Länder eine einheitliche Stellungnahme ab, so ist der Bund an diese gebunden und darf von ihr nur aus zwingenden außenpolitischen Gründen abweichen.[937]

Die gerade erwähnten Stellungnahme- und Zustimmungsrechte beschränken den Bund bei der Ausübung der Außenvertretungskompetenz; sie werden aber dennoch nicht als Gesamtänderung der Bundesverfassung iSd Art 44 Abs 3 B-VG qualifiziert.[938]

5.3.2.5.2.5 Zwischenergebnis: Staatsverträge des Bundes und bundesstaatliches Grundprinzip

Die Kompetenz des Bundes zum Abschluss von Staatsverträgen war nach dem ursprünglichen Konzept des B-VG nicht an die interne Kompetenzverteilung gebunden: Der Bund konnte Staatsverträge auch hinsichtlich Angelegenheiten abschließen, welche in Gesetzgebung und/oder Vollziehung in die Zuständigkeit der Länder fallen. Die Länder sind im Gegenzug verfassungsrechtlich verpflichtet, diese Staatsverträge umzusetzen. Trotz dieser „Schieflage" hatten die Länder nach dem ursprünglichen Konzept keine verfassungsrechtlichen Möglichkeiten, um auf den Bund beim Abschluss von Staatsverträgen betreffend Länderkompetenzen Einfluss zu nehmen.

Wie dargelegt wurde, ist diese Staatsvertragskompetenz des Bundes umfangreich angelegt; der Bund durfte bereits gestützt auf Art 10 Abs 1 Z 2 B-VG 1920 alle denkbaren Arten von Staatsverträgen abschließen. Außerdem war es bereits nach dem B-VG 1920 zulässig, dass vom Bund abgeschlossene Staatsverträge – auch in Bereichen, die nach der innerstaatlichen Kompetenzverteilung Landeskompetenzen darstellen – unmittelbar anwendbar sind. Dem Bund war es also nach dem ursprünglichen Konzept des B-VG möglich, (insb Gesetzgebungs-)Kompetenzen der Länder und die Kompetenzausübung durch die Länder staatsvertraglich zu determinieren. Hervorzuheben ist, dass den Ländern nach dem ursprünglichen Konzept des B-VG bei diesem Vorgang keinerlei Mitwirkungs-, Stellungnahme- oder gar Zustimmungsrechte zukamen. Der Bund war daher weder auf Grund verfahrensrechtlicher Vorgaben noch durch inhaltliche

935 Zum Beispiel Art 10 Abs 5 B-VG idF BGBl 276/1992; s nunmehr Art 23d Abs 2 B-VG.

936 IdF BGBl I 2 /2008.

937 Wobei dieses Erfordernis zu Gunsten der Sicherung der im völkerrechtlichen Verkehr notwendigen Flexibilität nicht restriktiv auszulegen ist; s *Wiederin* in Korinek/Holoubek, Art 10 Abs 3 B-VG Rz 12.

938 Vgl etwa (implizit, da dies nicht andenkend) *Bußjäger*, ZÖR 2013, 123.

Beschränkungen verpflichtet, auf etwaige Länderinteressen, die durch den Abschluss eines Staatsvertrags betroffen sein konnten, Rücksicht zu nehmen.

Wenn aber die Kompetenz des Bundes zum Abschluss von Staatsverträgen schon nach dem B-VG 1920 unbeschränkt war, so schließt das bundesstaatliche Grundprinzip nicht aus, dass die Kompetenzen der Länder durch vom Bund abgeschlossene Staatsverträge weitgehend oder gar vollständig determiniert werden. Wenn also das bundesstaatliche Grundprinzip nach eigenständigen Kompetenzen der Länder verlangt, kann es sich dabei nur um eine durch die Kompetenzausübung des Bundes nach Art 10 Abs 1 Z 2 B-VG bedingte Forderung handeln. Im theoretischen Extremfall bedeutet dies also: Der Abschluss eines Staatsvertrags des Bundes, der die Ausübung der letzten den Ländern noch zustehenden Kompetenzen vollständig determiniert, verstößt nicht gegen das bundesstaatliche Grundprinzip.[939] Ebensowenig verstößt eine verfassungsrechtliche Kompetenzverschiebung, die zur Folge hätte, dass die Länder nur noch staatsvertraglich determinierte Kompetenzen wahrnehmen können, gegen das bundesstaatliche Grundprinzip. Und schließlich verletzt der Bund auch dann nicht das bundesstaatliche Grundprinzip, wenn er – was wiederum eher eine theoretische Überlegung ist – sämtliche Angelegenheiten, die in die Kompetenzen der Länder fallen, mittels unmittelbar anwendbaren Staatsvertrags regelt.

5.3.2.5.3 Übertragung von Hoheitsrechten an zwischenstaatliche Einrichtungen

Es stellt sich weiters die Frage, ob bzw inwieweit das bundesstaatliche Grundprinzip die Determinierung der Kompetenzausübung durch zwischenstaatliche Einrichtungen zulässt, an die hoheitliche Befugnisse übertragen wurden. Im B-VG 1920 gab es dazu keine explizite Regelung. Die Befugnis zur Übertragung von Hoheitsrechten an zwischenstaatliche Einrichtungen wurde 1981 mit Art 9 Abs 2 B-VG in das österreichische Verfassungsrecht aufgenommen.[940] Die Befugnis des Bundes, Hoheitsrechte mittels Gesetzes oder Staatsvertrages zu übertragen, war aber damals noch auf Hoheitsrechte des Bundes beschränkt. Mit der B-VG Novelle 2008 fiel diese Beschränkung weg.[941]

Es wurde allerdings nachgewiesen, dass dem Verfassungsgeber des B-VG 1920 die Übertragung von einzelnen Hoheitsrechten durch Staatsvertrag und Gesetz bereits bekannt war;[942] der Einführung von Art 9 Abs 2 B-VG kam insofern keine konstitutive Bedeutung für die entsprechende Befugnis des Bundes zu.[943] Da-

939 Dieses Ergebnis ist unabhängig davon, ob man Staatsverträge als möglichen Gegenstand einer Volksabstimmung nach Art 44 Abs 3 B-VG qualifiziert oder nicht – da in der genannten Konstellation gar keine Gesamtänderung vorliegt, stellt sich diese Frage nämlich nicht.

940 BGBl 350/1981.

941 BGBl I 2/2008.

942 *Griller*, Hoheitsrechte 132 ff mwN.

943 *Griller*, Hoheitsrechte 134.

raus lässt sich aber in Weiterführung der oben zu Staatsverträgen angestellten Überlegungen schließen, dass der Bund schon nach dem B-VG 1920 dazu befugt war, durch Übertragung von Hoheitsbefugnissen durch Staatsvertrag die Landeskompetenzen bzw die Kompetenzausübung der Länder einzuschränken[944] bzw zu determinieren.[945] Eine „Aushöhlung" der Kompetenzen der Länder durch staatsvertragliche Übertragung von Hoheitsbefugnissen an Organe zwischenstaatlicher Einrichtung verstößt nach diesem Konzept also nicht gegen das bundesstaatliche Grundprinzip der österreichischen Bundesverfassung.

Eine Beschränkung des Bundes mit Rücksicht auf die autonomen Befugnisse der Länder erfolgte erst durch die Einführung von Art 9 Abs 2 B-VG, der in seiner ursprünglichen Fassung[946] eine Übertragung von Hoheitsrechten der Länder nicht zuließ.[947] Da der Bund auch nach dieser Bestimmung Landesrecht mittels Übertragung von Hoheitsrechten durch Staatsvertrag determinieren konnte, ist aber nicht davon auszugehen, dass es durch die inzwischen wieder aufgegebene Beschränkung auf Hoheitsrechte des Bundes[948] zu einer wesensmäßigen Änderung des bundesstaatlichen Grundprinzips – das eben die Kompetenzverteilung idR nur nach „innen", nicht aber nach außen schützt – gekommen ist.

5.3.2.5.4 Unionsrecht

Schließlich ist die Frage der Determinierung der Kompetenzausübung bzw der Einschränkung von Kompetenzen auch noch mit Blick auf das Unionsrecht zu diskutieren. Dabei ist zunächst zwischen dem Primärrecht und dem Sekundärrecht zu differenzieren.

Das Primärrecht der Union basiert auf völkerrechtlichen Verträgen, in der Terminologie des B-VG also auf Staatsverträgen. Es gilt daher für das Primärrecht und dessen Auswirkungen auf die innerstaatliche Kompetenzverteilung das oben zu Staatsverträgen Gesagte: Weder die Determinierung der Landeskompetenzausübung noch der Entzug von Landeskompetenzen durch unmittelbar anwendbare Bestimmungen des Primärrechts konfligieren mit dem bundesstaatlichen Grundprinzip. Beides ist bereits im Konzept des Bundesstaates des B-VG 1920 angelegt. Das bundesstaatliche Grundprinzip schützt insofern nicht vor einem Kompetenzverlust der Länder zu Gunsten der EU.

Hinsichtlich des Sekundärrechts der EU gilt das zur Übertragung von Hoheitsrechten auf zwischenstaatliche Einrichtungen Gesagte: Eine solche Übertragung, die eine Determinierung der Kompetenzausübung der Länder bzw einen Entzug

944 Wenn die ausgeübten Hoheitsbefugnisse in der österreichischen Rechtsordnung unmittelbar wirken.
945 Wenn die ausgeübten Hoheitsbefugnisse ins Landesrecht umzusetzen sind.
946 BGBl 350/1981.
947 Ausführlich dazu *Griller*, Hoheitsrechte 149 ff.
948 Entfallen mit BGBl I 2/2008.

der Landeskompetenzen zur Folge hat, verletzt das bundesstaatliche Grundprinzip nicht. Die oben aufgeworfene Frage, ob die vollständige Determinierung von Landeskompetenzen durch Unionssekundärrecht eine Verletzung des bundesstaatlichen Grundprinzips bedeuten würde, ist also zu verneinen. Dies gilt nicht nur für den Fall, dass die Ausübung der Kompetenzen durch Richtlinienrecht determiniert wird, sondern auch dann, wenn der gesamte Bereich der Landesgesetzgebungskompetenzen durch Verordnungen geregelt und den Ländern somit ihr eigenständiges Gesetzgebungsrecht entzogen wird.

Hinsichtlich des hier diskutierten Aspekts des bundesstaatlichen Grundprinzips der österreichischen Bundesverfassung, namentlich der Notwendigkeit des Bestehens autonomer Kompetenzbereiche von Bund und Ländern, hätte der EU-Beitritt also mangels Beeinträchtigung des bundesstaatlichen Grundprinzips ohne Gesamtänderungsverfahren vollzogen werden können. Dieser Teil des bundesstaatlichen Grundprinzips wurde daher durch den gesamtändernden EU-Beitritt auch nicht verändert.

5.3.2.6 Ergebnis

Eine konkret „bezifferte" Antwort auf die Frage, wie viele Kompetenzen dem Bund oder den Ländern entzogen werden dürfen, damit noch keine Gesamtänderung vorliegt, muss die vorliegende Untersuchung schuldig bleiben – allein schon die Aufzählung der verschiedenen denkbaren Kombinationen von Kompetenzverlusten und -gewinnen würde den Rahmen sprengen. Eine solche Beurteilung kann sinnvollerweise nur im Einzelfall anhand der jeweils beabsichtigten Änderung vorgenommen werden. Aus den vorangehenden Ausführungen können aber folgende strukturelle Maßstäbe für eine Beurteilung des Vorliegens einer Gesamtänderung gewonnen werden:

Erstens sind Gesetzgebungs- und Verwaltungskompetenzen jeweils für sich genommen zu beurteilen und nicht untereinander „ausgleichsfähig"; eigenständige Gerichtsbarkeitsbefugnisse der Länder waren im B-VG 1920 nicht angelegt und sind vom bundesstaatlichen Grundprinzip auch nicht geschützt.

Zweitens gibt es nur wenige Sachgebiete, die auf Grund ihrer Eigenart nach dem bundesstaatlichen Grundprinzip jedenfalls Bund oder Ländern zuzuordnen sind (nämlich die Vertretung nach außen und die Landesverfassungen); idR kommt es für die Frage des Vorliegens einer Beeinträchtigung des bundesstaatlichen Grundprinzips durch eine Kompetenzverschiebung nicht auf das Sachgebiet an, das davon betroffen ist.

Drittens besteht die Autonomie der Länder nach dem Konzept des B-VG nur insoweit, als der Bund nicht von seiner Befugnis Gebrauch gemacht hat, Staatsverträge abzuschließen bzw Hoheitsrechte auf zwischenstaatliche Einrichtungen zu übertragen. Der nach dem bundesstaatlichen Grundprinzip grundsätzlich bestehende Schutz von Länderkompetenzen wirkt also dann und insoweit nicht, als der Bund von den genannten Außenbefugnissen Gebrauch gemacht hat. Werden Länderkompetenzen durch derartige Bundesakte beschränkt oder entzogen, liegt aus der Perspektive des bundesstaatlichen Grundprinzips keine Gesamtänderung vor. Auch eine Aushöhlung von Länderkompetenzen durch Unionsrecht ist daher nach dem bundesstaatlichen Grundprinzip ohne Durchführung eines Gesamtänderungsverfahrens zulässig.

Damit, dass es sich bei den vorgenannten Aspekten um Bestandteile des bundesstaatlichen Grundprinzips handelt, lässt sich begründen, dass es sich dabei auch um grundlegende politische und verfassungsmäßige Strukturen iSd Art 4 Abs 2 EUV handelt. Dabei ist aber bereits an dieser Stelle anzumerken, dass selbst dann, wenn man dies annimmt, der Schutz der Autonomie bzw der autonomen Kompetenzen gerade nicht im Verhältnis zur EU greift. Die weitreichende Befugnis des Bundes, die Kompetenzen der Länder durch Übertragung von Befugnissen an die EU zu determinieren, verhindert grundsätzlich, dass die Autonomie der Länder gegenüber der EU geltend gemacht werden kann.

5.3.3 Zusammenwirken der föderalen Hoheitsträger

5.3.3.1 Fragestellung

Innerhalb des österreichischen Bundesstaates gibt es nicht nur Bereiche, in denen die föderalen Hoheitsträger unabhängig voneinander tätig werden, sondern auch zahlreiche Arten des Zusammenwirkens der Hoheitsträger. Diese finden sich insb in Form von Informations-,[949] Stellungnahme[950]- und Zustimmungsrechten[951] sowie bestimmten Kompetenzverteilungstypen[952] innerhalb des Verfassungsrechts. Nun sind sicherlich nicht alle Formen des Zusammenwirkens grundlegende politische und verfassungsmäßige Strukturen iSd Art 4 Abs 2 EUV. In der Literatur und Rsp des VfGH wird aber dem Bundesrat, der mittelbaren Bundesverwaltung sowie Vereinbarungen nach Art 15a B-VG ein besonderer Stellenwert für das bundesstaatliche Gefüge zugemessen. Diese drei Aspekte werden daher im Folgenden dahingehend analysiert, ob sie auch durch Art 4 Abs 2 EUV geschützt werden.

949 Zum Beispiel Art 23d Abs 1 B-VG, Art23g Abs 3 B-VG, Art 16 Abs 2 B-VG.
950 Zum Beispiel Art 10 Abs 3 B-VG.
951 Zum Beispiel Art 15 Abs 10 B-VG, Art 97 Abs 2 B-VG (jeweils Zustimmungsrechte des Bundes zu Landesgesetzen); Art 14b Abs 4 B-VG; Art 94 Abs 2 B-VG; Art 102 Abs 1 und 4 B-VG; Art 130 Abs 2 B-VG; Art 131 Abs 4 B-VG; Art 135 Abs 1 B-VG (Zustimmungsrechte der Länder zu Bundesgesetzen, ausführlich dazu *Pürgy* in FS Korinek 261 ff); zu Art 44 Abs 2 B-VG siehe schon oben bei 5.3.1 (= 192), ebenso zu Art 2 Abs 3 B-VG bei 5.2 (= 188).
952 Art 11 und 12 B-VG.

5.3.3.2 Bundesrat

Als ein Charakteristikum von Bundesstaaten im Allgemeinen,[953] aber auch des österreichischen Bundesstaates[954] im Besonderen wird die Mitwirkung der Gliedstaaten an der Gesetzgebung des Bundes qualifiziert.[955] In Österreich erfolgt diese Mitwirkung durch den Bundesrat, dessen Zusammensetzung und wesentliche Befugnisse bereits im B-VG 1920 geregelt waren. Der österreichische Bundesrat setzt sich aus Vertreterinnen und Vertretern der Landesbürger:innen zusammen, die von den Landtagen im Verhältnis ihrer Bürger:innenzahl gewählt werden.[956] Gesetzesbeschlüsse des Nationalrates[957] sind dem Bundesrat zuzuleiten, der dagegen Einspruch erheben kann; erhebt der Bundesrat Einspruch gegen einen Gesetzesbeschluss, kann der Nationalrat das Gesetz dennoch mit Beharrungsbeschluss beschließen.[958] Dem Bundesrat kommt also das Recht zur Erhebung eines suspensiven Vetos zu.[959] Die Bestimmungen über das suspensive Veto kommen grundsätzlich auch bei Beschlüssen des Nationalrates zur Anwendung, mit denen der Abschluss eines Staatsvertrags genehmigt wird.[960]

In einigen Fällen hat der Bundesrat qualifizierte Mitwirkungsbefugnisse, so etwa bei der Änderung der Art 34 und 35 B-VG.[961] Mit BGBl 490/1984 wurde

953 Zum Beispiel *Bußjäger* in Kneihs/Lienbacher, Art 42 Abs 1–4 B-VG Rz 1.

954 *Berka*, Verfassungsrecht Rz 164; *Öhlinger/Eberhard*, Verfassungsrecht Rz 70; *Mayer/Kucsko-Stadlmayer/Stöger*, Grundriss Rz 160, 412; *Pernthaler*, Bundesstaatsrecht 305, 349; *Jabloner*, JRP 2001, 43; *Rill* in FS Schäffer 726, 728; *Weber, K.*, in Korinek/Holoubek, Art 2 B-VG Rz 2 (in Anlehnung an den VfGH); *Pürgy* in Pürgy, Recht der Länder Rz 11; *Pernthaler/Rath-Kathrein* in FS Rill 1995, 202, 206; VfSlg 2455/1952.

955 Aus vergleichender Föderalismusperspektive *Watts*, Federal Systems 34; *Esterbauer*, System 74; *Bußjäger* in Bischof/Karlhofer, Federalism 17; *Sturm* in Griffiths, Handbook 49 f.

956 Dazu *Labuda* in Schambeck, Bundesstaat 348 ff; weiters zB *Mayer/Kucsko-Stadlmayer/Stöger*, Grundriss Rz 414 ff; *Berka*, Verfassungsrecht Rz 584 ff; *Öhlinger/Eberhard*, Verfassungsrecht Rz 293 ff; so schon geregelt in den Art 34 und 35 B-VG 1920, die bis heute im Wesentlichen unverändert geblieben sind. Die konkrete Zusammensetzung des Bundesrates und die Stellung der Mitglieder des Bundesrates werden nach der hier vertretenen Ansicht nicht auf dem ursprünglichen Stand „versteinert", sondern können geändert werden; wird etwa eine Bindung an Aufträge der entsendenden Landtage eingeführt, kommt es dadurch noch nicht zu einer Gesamtänderung der Bundesverfassung wegen Veränderung des bundesstaatlichen Grundprinzips; problematisch könnte dies uU mit Blick auf den vom demokratischen Grundprinzip geschützten Grundsatz des freien Mandats sein. Siehe zur Fragestellung *Pernthaler/Rath-Kathrein* in FS Rill 1995, 202 ff.

957 Ausgenommen die in Art 42 Abs 5 B-VG genannten Beschlüsse.

958 Art 42 B-VG 1920, der bis heute im Wesentlichen unverändert geblieben ist. Dazu *Bußjäger* in Kneihs/Lienbacher, Art 42 Abs 1–4 B-VG Rz 22 ff; *Öhlinger/Eberhard*, Verfassungsrecht Rz 431; *Mayer/Kucsko-Stadlmayer/Stöger*, Grundriss Rz 462; *Berka*, Verfassungsrecht Rz 619; weiters zB *Hummer, G.* in Schambeck, Bundesstaat 367 ff.

959 *Bußjäger* in Kneihs/Lienbacher, Art 42 Abs 1–4 B-VG Rz 3; *Öhlinger/Eberhard*, Verfassungsrecht Rz 291; *Mayer/Kucsko-Stadlmayer/Stöger*, Grundriss Rz 462; *Berka*, Verfassungsrecht Rz 619.

960 Art 50 Abs 2 B-VG 1920, heute Art 50 Abs 3 B-VG; zum Sonderfall des Art 50 Abs 2 Z 2 bzw Abs 4 B-VG schon oben bei 5.3.2.5.2.4 (= 208).

961 Nach Art 35 Abs 4 B-VG ist für die Änderung dieser Artikel neben einer Mehrheit im Bundesrat die Zustimmung der Vertreterinnen und Vertreter von mindestens vier Ländern notwendig; nach dem B-VG 1920 bezog sich dieses qualifizierte Beschlussfassungserfordernis nur auf Art 35 (Art 35 Abs 4 B-VG 1920). Im B-VG 1929 fand sich keine vergleichbare Bestimmung.

überdies in Art 44 Abs 2 B-VG festgelegt, dass Verfassungsänderungen, welche die Zuständigkeiten der Länder einschränken, einer qualifizierten Zustimmung des Bundesrates bedürfen; dies galt nach Art 50 Abs 3 B-VG idF BGBl 490/1984 auch für die Genehmigung von verfassungsändernden Staatsverträgen durch den Nationalrat, welche die Zuständigkeiten der Länder einschränken.[962] Der Bundesrat muss außerdem – sowohl nach dem B-VG 1920 als auch nach heutiger Rechtslage – der Auflösung eines Landtags durch den Bundespräsidenten zustimmen.

Eine ersatzlose Abschaffung des Bundesrates wäre jedenfalls[963] eine Gesamtänderung der Bundesverfassung;[964] nicht jedoch die Substituierung des Bundesrates durch andere Formen der Ländermitwirkung an der Bundesgesetzgebung.[965]

Im Lichte all dessen lässt sich die Existenz des Bundesrates als Form der Ländermitwirkung an der Bundesgesetzgebung als grundlegende politische und verfassungsmäßige Struktur iSd Art 4 Abs 2 EUV qualifizieren.

5.3.3.3 Mittelbare Bundesverwaltung

Bund und Länder wirken auch in der Verwaltung zusammen. Als Zusammenwirken können dabei Verflechtungen in der Verwaltungsorganisation qualifiziert werden, die va durch Weisungszusammenhänge, Überwachungsrechte und Devolutionen bewirkt werden. Auch Instanzenzüge von einer Landesbehörde an eine Bundesbehörde könnten als derartiges Zusammenwirken qualifiziert werden; Instanzenzüge finden sich aber im Allgemeinen seit der Verwaltungsgerichtsbarkeitsnovelle 2012 nur noch ausnahmsweise.

Auch die mittelbare Bundesverwaltung ist ein Beispiel für das Zusammenwirken von Bund und Ländern in der Verwaltung: Die Länder vollziehen Bundesgesetze, sind dabei aber an die Weisungen des zuständigen Bundesministers

962 Zur heutigen Rechtslage s oben bei 5.3.2.5.2.4 (= 208).

963 Auch die Art 34 und 35 B-VG deuten nicht in eine andere Richtung: Zwar sieht Art 35 Abs 4 B-VG ein besonderes Zustimmungs- und Beschlussfassungserfordernis für Abänderungen der Art 34 und 35 B-VG vor. Selbst wenn man Art 34 und 35 B-VG gänzlich abschaffen würde (wobei sich dann die Frage stellte, ob das überhaupt als Abänderung iSd Art 35 Abs 4 B-VG zu qualifizieren wäre), wäre der Bundesrat noch an anderen Stellen im B-VG verankert (zB Art 36 ff B-VG). Insofern trifft Art 35 Abs 4 B-VG keine (abschließende) Regelung für den Fall der gänzlichen Abschaffung des Bundesrates. Im Übrigen kann auch aus dem Bestehen eines „Selbstschutzmechanismus“ des Bundesrates (wie Art 35 Abs 4 B-VG einer ist) nicht darauf geschlossen werden, dass Art 44 Abs 3 B-VG den Bundesrat nicht ebenfalls als grundlegende bundesstaatliche Institution schützen möchte. Vgl dazu die äquivalenten Überlegungen zu Art 2 Abs 3 B-VG oben bei 5.2 (= 188).

964 So auch *Berka*, Verfassungsrecht Rz 164; *Öhlinger/Eberhard*, Verfassungsrecht Rz 70; *Mayer/Kucsko-Stadlmayer/Stöger*, Grundriss Rz 160, 412; *Pernthaler*, Bundesstaatsrecht 305, 349; *Jabloner*, JRP 2001, 43; *Rill* in FS Schäffer 726, 728; *Weber, K.*, in Korinek/Holoubek, Art 2 B-VG Rz 2 (in Anlehnung an den VfGH); *Pürgy* in Pürgy, Recht der Länder Rz 11; *Pernthaler/Kath-Kathrein* in FS Rill 1995, 202, 206; VfSlg 2455/1952.

965 So zB auch *Rill* in FS Schäffer 733.

gebunden.[966] Dieser hat seine Weisungen allerdings nach Art 103 Abs 1 B-VG ausschließlich an die Landeshauptleute zu richten, die sie dann ggf an die untergeordneten Behörden weitergeben.[967] Allerdings: Die mittelbare Bundesverwaltung ist nur eine mögliche Form des Zusammenwirkens von Bund und Ländern. Allein daraus, dass sie große praktische Bedeutung hat,[968] muss noch nicht darauf geschlossen werden, dass sie grundlegend für den österreichischen Bundesstaat und daher jedenfalls durch das bundesstaatliche Grundprinzip geschützt ist. Der VfGH bejahte die Relevanz der mittelbaren Bundesverwaltung für das bundesstaatliche Grundprinzip [969] – in einer Entscheidung, die auch auf Grund ihres Argumentationsstils viel Kritik nach sich gezogen hat.[970] *Schäffer* kommt in seiner Befassung mit dieser Entscheidung zu dem Ergebnis, dass die mittelbare Bundesverwaltung keinen Bestandteil des von Art 44 Abs 3 B-VG geschützten bundesstaatlichen Grundprinzips ausmache.[971] Zahlreiche andere Autorinnen und Autoren führen zwar ebenfalls aus, dass die mittelbare Bundesverwaltung nicht per se durch Art 44 Abs 3 B-VG geschützt wäre, erachten aber die Abschaffung der mittelbaren Bundesverwaltung zu Gunsten einer rein unmittelbaren Bundesverwaltung als Verletzung des bundesstaatlichen Grundprinzips[972] bzw halten fest, dass die Ersetzung der mittelbaren Bundesverwaltung durch Landesverwaltung (iSd des Art 11 B-VG) keine Gesamtänderung darstellen würde.[973] Das ausschlaggebende Argument dafür ist, dass die mittelbare Bundesverwaltung den Ländern (beschränkten) Einfluss auf die Vollziehung von Bundesgesetzen ermögliche, der nicht verringert werden könne, ohne eine Gesamtänderung der Bundesverfassung zu bewirken.[974] *Öhlinger/Eberhard* führen aus, dass es dem „Typus" Bundesstaat eher entspräche, wenn die Länder Bundesrecht – so, wie bei Art 11 B-VG – „autonom" vollziehen; die mittelbare Bundesverwaltung sei ein Kennzeichen der zentralistischen Struktur Österreichs.[975] Wenn man wie hier nicht einen allgemeinen Typus des Bundesstaates als maßgeblich für die Bestimmung des Inhalts des bundesstaatlichen Grundprinzips erachtet, sondern dieses

---

966 Dazu zB *Berka*, Verfassungsrecht Rz 723; *Mayer/Kucsko-Stadlmayer/Stöger*, Bundesverfassungsrecht Rz 837 ff-.

967 Zum Beispiel *Berka*, Verfassungsrecht Rz 725; *Mayer/Kucsko-Stadlmayer/Stöger*, Bundesverfassungsrecht Rz 838; *Öhlinger/Eberhard*, Verfassungsrecht Rz 304.

968 *Öhlinger/Eberhard*, Verfassungsrecht Rz 302.

969 VfSlg 11.403/1987. Nicht ausgesprochen kritisch *Mayer/Kucsko-Stadlmayer/Stöger,* Grundriss Rz 160; aktuell zB *Egger*, ÖJZ 2018, 901.

970 Zum Beispiel *Schäffer*, ZfV 1988, 361 ff; ausführlich auch *Jabloner*, Mitwirkung 39 ff; vgl weiters *Pernthaler*, Bundesstaatsrecht 305 f.

971 *Schäffer*, ZfV 1988, 368 ff. Ähnlich auch *Jabloner*, Mitwirkung 42.

972 Zum Beispiel *Rill* in FS Schäffer 736.

973 *Rill* in FS Schäffer 730; *Pernthaler*, Bundesstaatsrecht 306; *Öhlinger/Eberhard*, Verfassungsrecht Rz 72; *Adamovich/Funk/Holzinger/Frank*, Staatsrecht I Rz 10.008, 13.008; eine Tendenz in diese Richtung andeutend *Berka*, Verfassungsrecht Rz 164; eine „einschneidende Änderung" der mittelbaren Bundesverwaltung als Gesamtänderung qualifizierend *Koja*, Bundesländer 21.

974 *Pernthaler*, Bundesstaatsrecht 306; *Rill* in FS Schäffer 735 f.

975 *Öhlinger/Eberhard*, Verfassungsrecht Rz 303.

als Schutz der Spezifika des österreichischen bundesstaatlichen Verfassungsrechts versteht, dann lässt sich aber argumentieren, dass gerade der zentralistische Zug, der in der mittelbaren Bundesverwaltung zum Ausdruck kommt, kennzeichnend für den österreichischen Bundesstaat ist und die mittelbare Bundesverwaltung aus diesem Grund durch das bundesstaatliche Grundprinzip geschützt wird. Im Unterschied zur vorgenannten Ansicht hätte dies zur Konsequenz, dass die mittelbare Bundesverwaltung nicht zu Gunsten autonomer Landesverwaltung abgeschafft werden dürfte.

Wie auch immer: Die mittelbare Bundesverwaltung hat nach der Rsp des VfGH und der rechtswissenschaftlichen Literatur als zentrale Form des Vollzugs von Bundesrecht in Österreich einen hohen Stellenwert für die Verwirklichung der österreichischen Bundesstaatlichkeit und steht in engem Zusammenhang mit dem bundesstaatlichen Grundprinzip. Dies wird auch durch einen Blick in die vergleichende Föderalismusforschung bestätigt.[976] Insofern lässt sich argumentieren, dass die mittelbare Bundesverwaltung zu den grundlegenden politischen und verfassungsmäßigen Strukturen Österreichs iSd Art 4 Abs 2 EUV zählt.[977]

5.3.3.4 Kooperation und Vereinbarungen nach Art 15a B-VG

Eine weitere Form des Zusammenwirkens sind die sog „staatsrechtlichen Vereinbarungen" zwischen Bund und Ländern, die nach der geltenden Rechtslage auf Basis von Art 15a B-VG abgeschlossen werden können. Vereinbarungen nach Art 15a B-VG können zwischen dem Bund und einem oder mehreren Ländern (Abs 1) oder nur zwischen den Ländern (Abs 2) geschlossen werden. Die Vereinbarungen wirken grundsätzlich nicht unmittelbar, verpflichten aber die Vertragsparteien dazu, in ihrem jeweiligen Wirkungsbereich Maßnahmen zur Erfüllung der Vereinbarung zu treffen.[978] Vereinbarungen nach Art 15a B-VG werden daher typischerweise eingesetzt, um Angelegenheiten aufeinander abgestimmt zu regeln, die sowohl in den Kompetenzbereich des Bundes als auch in den Kompetenzbe-

---

976 *Esterbauer*, System 76; *Bußjäger* in Bischof/Karlhofer, Federalism 14; *Sturm* in Griffiths, Handbook 48 f.

977 Dies klingt auch bei *Obwexer* in von der Groeben/Schwarze/Hatje, Art 4 EUV Rz 32 an.

978 *Thienel* in Korinek/Holoubek, Art 15a B-VG Rz 93; *Pürgy* in Pürgy, Recht der Länder Rz 76.

reich eines Landes[979] bzw der Länder[980] fallen. Staatsrechtliche Vereinbarungen nach Art 15a B-VG dienen somit der Sicherstellung der effektiven Wahrnehmung der eigenen Kompetenz durch Koordination der eigenen Kompetenzausübung mit der fremden Kompetenzausübung.[981] Die Verbindlichkeit der Vereinbarungen wird insb durch Art 138a B-VG untermauert, der eine Kompetenz des VfGH zur Feststellung des Bestehens und der Erfüllung[982] einer Vereinbarung vorsieht.[983]

Mit Blick auf das bundesstaatliche Grundprinzip stellt sich nun die Frage, ob die Befugnis zum Abschluss solcher Vereinbarungen ein wesentliches Element des österreichischen Bundesstaates ist.

In Beantwortung dieser Frage können folgende Überlegungen angestellt werden: Der Abschluss von Vereinbarungen nach Art 15a B-VG ist heute für das reibungslose Funktionieren des Bundesstaates von großer Wichtigkeit und praktischer Bedeutung.[984] Das allein vermag Art 15a Abs 1 B-VG jedoch noch nicht zum Schutzgegenstand des bundesstaatlichen Grundprinzips zu erheben. Die für die effektive eigene Kompetenzausübung so wichtige Koordination mit der „fremden" Kompetenzausübung konnte aber auch schon vor der Einführung von Art 15a B-VG stattfinden, und zwar zwischen Bund und Ländern im Rahmen von privatrechtlichen Vereinbarungen sowie durch unverbindliche politische Absprachen;[985] die Länder konnten schon nach Art 107 B-VG 1920 untereinander Vereinbarungen schließen.[986]

Der Mehrwert von Art 15a B-VG ergibt sich also va aus der in Kombination mit Art 138a B-VG entstehenden Verbindlichkeit der Vereinbarungen.[987] Diese Verbindlichkeit ist aber insofern unvollständig, als ein Erkenntnis des VfGH, mit dem festgestellt wird, dass eine der Vertragsparteien ihre Verpflichtungen nicht

979 Insb dann, wenn es um die Förderung von spezifischen Projekten geht, s etwa die Vereinbarung zwischen dem Bund und dem Land Niederösterreich über die Errichtung und den Betrieb des Universitätszentrums für Weiterbildung (Donau-Universität Krems), BGBl 501/1994, oder die Vereinbarung zwischen dem Bund und dem Land Burgenland zur Erhaltung und Weiterentwicklung des Nationalparks Neusiedler See-Seewinkel, BGBl I 75/1999. Die Durchführung eines konkreten Projektes kann auch bei Beteiligung mehrerer Länder und des Bundes mittels Vereinbarung nach Art 15a B-VG koordiniert werden, s etwa Vereinbarung gemäß Art 15a B-VG zwischen dem Bund und den Ländern Niederösterreich, Oberösterreich und Wien über Vorhaben des Hochwasserschutzes im Bereich der österreichischen Donau, BGBl II 67/2007.

980 Siehe etwa die Vereinbarung gemäß Art 15a B-VG über die Abgeltung stationärer medizinischer Versorgungsleistungen von öffentlichen Krankenanstalten für Insassen von Justizanstalten, BGBl I 4/2019 idF BGBl I 88/2017.

981 Vgl RV 182 BlgNR 13. GP, 19.

982 Mit Ausnahme von vermögensrechtlichen Ansprüchen; diese sind nach Art 137 B-VG geltend zu machen.

983 Zum Beispiel *Adamovich/Funk/Holzinger/Frank*, Staatsrecht I Rz 18.016.

984 *Lienbacher/Pürgy* in Pürgy, Recht der Länder Rz 21.

985 Vgl dazu *Thienel* in Korinek/Holoubek, Art 15a B-VG Rz 1 mwN.

986 Dazu *Rill*, Gliedstaatsverträge 59ff. Art 107 B-VG 1920 wurde mit der Einführung von Art 15a B-VG durch Art 15a Abs 2 B-VG ersetzt.

987 RV 182 BlgNR 13. GP, 21.

erfüllt hat, nicht vollstreckt werden kann.[988] Für den Fall der Nichterfüllung sind auch keine anderen Sanktionen oder eine vom jeweiligen Vertragspartner rügbare Verantwortlichkeit nach Art 142 B-VG vorgesehen. Dies hängt – abgesehen davon, dass es sich beim Erkenntnis des VfGH um ein Feststellungserkenntnis handelt, das typischerweise nicht vollstreckungsfähig ist – damit zusammen, dass eine Erfüllung von sich aus Vereinbarungen nach Art 15a B-VG ergebenden Verpflichtungen, soweit sie keine vermögensrechtlichen Verpflichtungen sind, idR durch Erlassung von Gesetzen zu erfolgen hat und unklar ist, wie in derartigen Fällen eine Exekution stattfinden sollte.[989] Abgesehen von vermögensrechtlichen Verpflichtungen hängt die Erfüllung von Vereinbarungen nach Art 15a B-VG somit – trotz bestehender Verbindlichkeit – va vom Vorhandensein des politischen Willens zur Erfüllung ab. Insofern haben Vereinbarungen nach Art 15a B-VG nur einen geringen Mehrwert gegenüber rechtlich unverbindlichen politischen Absprachen, deren Umsetzung ja ebenfalls vom Vorhandensein entsprechenden politischen Willens abhängt.

Daher kann nach der hier vertretenen Ansicht – ohne die große praktische Bedeutung von Vereinbarungen nach Art 15a (Abs 1) B-VG zu verkennen – nicht davon ausgegangen werden, dass es durch die Einführung von Art 15a B-VG zu einer grundlegenden Änderung des österreichischen bundesstaatlichen Systems gekommen ist, denn Koordination der wechselseitigen Kompetenzausübung von Bund und Ländern war nämlich auch ohne Art 15a B-VG möglich. Sie wurde durch Art 15a B-VG nur formalisiert und verrechtlicht.

Gleichzeitig lässt sich aber auch nicht bestreiten, dass die Existenz von Kooperationsmöglichkeiten – egal, wie diese formell rechtlich ausgestaltet sind – grundlegend für den österreichischen Bundesstaat ist;[990] ob dies auch als von Art 44 Abs 3 B-VG geschützter Bestandteil des bundesstaatlichen Grundprinzips ist, ist unklar – zu dieser Frage gibt es auch keine Rsp des VfGH. Es ist daher nicht davon auszugehen, dass es sich dabei um grundlegende politische und verfassungsmäßige Strukturen iSd Art 4 Abs 2 EUV handelt.

5.4 Konsequenzen der Kompetenzverteilung

5.4.1 Fragestellung

Während in den vorangehenden Ausführungen diskutiert wurde, welche Voraussetzungen erfüllt werden müssen, damit es eine föderale Kompetenzverteilung

988 Vgl dazu etwa *Thienel* in Korinek/Holoubek, Art 138a B-VG Rz 30.

989 *Thienel* in Korinek/Holoubek, Art 138a B-VG Rz 30.

990 *Esterbauer*, System 78 f; *Bußjäger* in Bischof/Karlhofer, Federalism 16, 27 ff. Vgl dazu auch AB 991 BlgKNV 4.

geben kann und welche Anforderungen das österreichische bundesstaatliche System an die konkrete Kompetenzverteilung stellt, soll im Folgenden analysiert werden, welche strukturellen Konsequenzen die Existenz einer bundesstaatlichen Kompetenzverteilung hat und was sich daraus für die grundlegenden politischen und verfassungsmäßigen Strukturen Österreichs iSd Art 4 Abs 2 EUV ergibt. Dabei ist wiederum besonderer Stellenwert auf die Frage zu legen, inwieweit das durch Art 44 Abs 3 B-VG geschützte bundesstaatliche Grundprinzip von diesen Fragen betroffen ist.

5.4.2 Kompetenzabgrenzung und Konfliktlösung

5.4.2.1 Abgrenzung und Abgrenzbarkeit von Kompetenzbereichen

Im Folgenden soll diskutiert werden, wie die Abgrenzbarkeit und Abgrenzung von Kompetenzen im österreichischen Bundesstaat funktioniert und welchen Bezug diese Fragen zum bundesstaatlichen Grundprinzip haben. Dazu ist zunächst wieder darauf hinzuweisen, dass das Ziel der folgenden Ausführungen nicht eine Darstellung der konkreten Abgrenzung in verschiedenen Sachbereichen ist, sondern die Erörterung und Analyse struktureller Fragen. Die oben[991] angesprochene Frage der Abgrenzbarkeit der Kompetenzen stellt sich in allen Kompetenzverteilungen gleichermaßen und muss daher für die österreichische Kompetenzverteilung nicht eigens erörtert werden.[992] Es genügt darauf hinzuweisen, dass auch die österreichische Kompetenzverteilung mit den Problemen der sprachlichen Ungenauigkeit und der mangelnden Vorhersehbarkeit zukünftiger Entwicklungen konfrontiert ist.[993]

Was die Abgrenzung der Kompetenzen der Hoheitsträger voneinander angeht, ist zunächst darauf hinzuweisen, dass es im österreichischen Kompetenzverteilungssystem grundsätzlich keine „konkurrierenden" bzw parallelen[994] Kompetenzen gibt; es ist also idR nur ein Hoheitsträger zur Regelung einer Angelegenheit kompetent.[995] Diese Systementscheidung wird insb auf Grund der in Art 15 Abs 1 B-VG verankerten Subsidiarkompetenz der Länder deutlich. Aus dieser

991 Bei 4.4.4.2.1 (= 151).
992 Siehe dazu auch schon *Merkl*, ZÖR 1921, 340 ff, der eine eindeutige Trennung der Kompetenzen durch die Kompetenzverteilung als (möglicherweise) unerreichbares Ziel des Verfassungsgesetzgebers qualifiziert.
993 Diesen Problemen wird durch die Möglichkeit einer Verfassungsänderung sowie durch die Einrichtung des VfGH als Kompetenzgericht begegnet.
994 Zum Begriff oben bei 4.4.4.2.1 (= 151). In der österreichischen Literatur ist idR von „konkurrierenden" Kompetenzen die Rede, wenn es darum geht, dass Bund und Ländern dieselbe Kompetenz zukommt. Ein Ausschluss der Kompetenz des einen Hoheitsträgers, sobald der andere Hoheitsträger seine Kompetenz in Anspruch nimmt, ist damit aber nicht impliziert; insofern entspricht dies dem oben definierten Begriff der parallelen Kompetenzen.
995 So auch *Funk*, JBl 1976, 451 mit Hinweis auf die entsprechende Rsp des VfGH.

ergibt sich nämlich, dass Kompetenzen der Länder zumindest immer dann bestehen, wenn keine entsprechende Kompetenz des Bundes vorgesehen ist. Insofern stehen die Kompetenzen von Bund und Ländern in einem Entweder-Oder-Verhältnis zueinander.[996]

Das schließt allerdings nicht aus, dass es in Einzelfällen dennoch zu Konstellationen kommen kann, in denen Bund und Ländern dieselbe Kompetenz[997] zusteht; es gibt auch in der österreichischen Kompetenzverteilung also vereinzelt konkurrierende Kompetenzen. Dies ist etwa im Zusammenhang mit Art 11 Abs 2 B-VG[998] sowie Art 136 Abs 2 B-VG der Fall. Auch die in Art 15 Abs 9 B-VG verankerte Kompetenz der Länder zur Erlassung der erforderlichen zivil- und strafrechtlichen Bestimmungen tritt neben die entsprechende Zivil- bzw Strafrechtsrechtskompetenz des Bundes nach Art 10 Abs 1 Z 6 B-VG.[999] Diese Fälle der konkurrierenden Kompetenzen sind aber Ausnahmen, die insb dazu dienen, die effektive Wahrnehmung einer anderen Kompetenz sicherzustellen.[1000] Ausnahmecharakter kommt auch den Bestimmungen zu, die das Bestehen einer konkurrierenden Kompetenz dadurch bewirken, dass der Bund zur Setzung von eigentlich in die Zuständigkeit der Länder fallenden Maßnahmen ermächtigt wird, wenn diese ihren völker-, unionsrechtlichen oder grundsatzgesetzlichen Verpflichtungen nicht nachkommen.[1001]

Trotz dieser vereinzelt angeordneten konkurrierenden Kompetenzen ist es zutreffend, mit der herrschenden Lehre[1002] davon zu sprechen, dass die österreichische Kompetenzverteilung dem Grundsatz nach keine konkurrierenden Kompetenzen vorsieht. Insb die gerade genannten Bestimmungen, mit denen es zu konkurrierenden Kompetenzen kommt, waren alle auf sehr enge Bereiche beschränkt und verfolgten eine klare Zielsetzung: Im Fall des Art 15 Abs 9 B-VG 1920 soll die Effektivität der Kompetenzausübung dadurch sichergestellt werden, dass den Ländern auch die Erlassung der zur konkreten Kompetenzausübung

996 Vgl *Merkl*, ZÖR 1921, 338.

997 Vgl dazu *Wiederin*, Bundesrecht 89 ff. Ein Unterschied zwischen Bundes- und Länderkompetenz besteht freilich immer: Der Bund kann eine Kompetenz idR für das gesamte Bundesgebiet ausüben, während die Länder auf ihr jeweiliges Gebiet beschränkt sind.

998 Die Qualifikation als „echte" Zuständigkeitskonkurrenz verneint *Khakzadeh*, ZÖR 2003, 371 mit dem Argument, dass der Bundesgesetzgeber eine einer abweichenden Landesregelung entsprechende Bestimmung nur nach Erlassung dieser Bestimmung in das Verfahrensrecht aufnehmen könnte; für die hier interessierenden Zwecke ist dieser zeitliche Aspekt aber irrelevant; bedeutsam ist lediglich, dass Bund und Länder in bestimmten Konstellationen gleichlautende Regelungen erlassen dürften. Eine Kompetenzkonkurrenz bejahend *Öhlinger/Eberhard*, Verfassungsrecht Rz 257; *Pürgy* in Pürgy, Recht der Länder Rz 46.

999 Ausführlich dazu und zur Frage, ob eine echte Konkurrenz zwischen Art 15 Abs 9 B-VG und Art 10 Abs 1 Z 6 B-VG besteht, *Khakzadeh*, ZÖR 2003, 358 ff mwN; eine Kompetenzkonkurrenz bejahend zB *Öhlinger/Eberhard*, Verfassungsrecht Rz 257; *Pürgy* in Pürgy, Recht der Länder Rz 46.

1000 Siehe dazu schon oben bei 5.3.2.4 (= 198).

1001 Art 16 Abs 4 B-VG, Art 23d Abs 5 B-VG, Art 15 Abs 6 B-VG.

1002 So schon *Merkl*, ZÖR 1921, 338; *Krzizek*, JBl 1952, 125; weiters zB *Öhlinger/Eberhard*, Verfassungsrecht Rz 257; *Pürgy* in Pürgy, Recht der Länder Rz 46.

erforderlichen zivil- und strafrechtlichen Bestimmungen erlaubt wird.[1003] In den Fällen des Art 15 Abs 6 B-VG 1920 und Art 16 Abs 1 B-VG 1920 wird es dem Bund ermöglicht, Handlungen zu setzen, die eigentlich in die Zuständigkeit der Länder fallen, um die Verwirklichung der Vorgaben eines Grundsatzgesetzes bzw eines Staatsvertrags zu erreichen. Die Kompetenz der Länder zur Setzung dieser Handlungen bleibt aber weiterhin aufrecht, da das Ziel der Verwirklichung der jeweils einzuhaltenden Vorgaben ja auch durch ein Tätigwerden des jeweiligen Landes erreicht werden kann. Die Zielsetzungen und der enge Anwendungsbereich der konkurrierenden Kompetenzen bestätigen ihren Ausnahmecharakter im österreichischen bundesstaatlichen System und lassen es daher als zutreffend erscheinen, die wechselseitige Beschränktheit der Kompetenzen der föderalen Hoheitsträger als systemprägenden Grundsatz und damit als Teil des bundesstaatlichen Grundprinzips zu verstehen. Dies bedeutet nun nicht, dass in der österreichischen Kompetenzverteilung keine konkurrierenden Kompetenzbestimmungen geschaffen werden dürfen. Zumindest die vereinzelte Anordnung konkurrierender Kompetenzen steht daher nicht im Widerspruch zum bundesstaatlichen Grundprinzip. Eine wegen der dadurch bewirkten Abänderung des bundesstaatlichen Grundprinzips als Gesamtänderung iSd Art 44 Abs 3 B-VG zu qualifizierende Verfassungsänderung läge aber dann vor, wenn das Kompetenzverteilungssystem gänzlich auf konkurrierende Kompetenzen umgestellt würde. Außerdem ist bei der Auslegung von Kompetenzbestimmungen im Zweifel eher davon auszugehen, dass diese keine konkurrierende Kompetenz einräumen.[1004]

In einem zweiten Schritt ist aber auch zu fragen, ob es nach der österreichischen Kompetenzverteilung zulässig ist, dass mehrere Hoheitsträger ein und denselben Sachverhalt regeln. Das B-VG selbst gibt darauf keine (explizite) Antwort; es ist vielmehr eine Frage der Auslegung der Kompetenzverteilung, ob mehrere Hoheitsträger ein und denselben Lebenssachverhalt – zB die Errichtung einer Tischlerei – jeweils zulässigerweise und kompetenzkonform regeln können sollen – im genannten Beispiel etwa der Bund nach der Gewerbekompetenz (Art 10 Abs 1 Z 8 B-VG) bzw die Länder auf Grund der ihnen nach Art 15 Abs 1 B-VG zustehenden Baurechtskompetenz. Der VfGH geht in seiner Rechtsprechung davon aus, dass derartige Regelungen ein und desselben Lebenssachverhalts unter

1003 Siehe schon oben entsprechend auch zu Art 11 Abs 2 B-VG, Art 136 Abs 2 B-VG, bei 5.3.2.4 (= 198).

1004 Nachdem gerade die Festlegung der Zuständigkeit des Bundes oder der Länder Gegenstand einer Kompetenzbestimmung ist, wird sich aus dieser idR recht klar ergeben, ob der Bund und/oder die Länder zuständig sein sollen; insofern besteht für die oben angeführte Zweifelsregel wenig Anwendungspotential, wenn es um die Auslegung einer einzelnen Kompetenzbestimmung geht. Wenn aber etwa die Reichweite zweier Kompetenztatbestände fraglich ist, bei denen einer eine Landeskompetenz und einer eine Bundeskompetenz vorsieht, dann sind diese Kompetenztatbestände nach der hier vertretenen Ansicht im Zweifel eher abgrenzend und nicht überlappend zu verstehen.

unterschiedlichen Kompetenzgesichtspunkten zulässig sind.[1005] Dem Gerichtshof zufolge ist es also nach der österreichischen Kompetenzverteilung möglich, dass ein und derselbe Lebenssachverhalt kumulativ von mehreren Hoheitsträgern geregelt wird. Auch die österreichische Lehre akzeptiert die vom VfGH etablierte sog „Gesichtspunktetheorie“ weitgehend.[1006]

Eine Begründung dafür, warum die österreichische Kompetenzverteilung es zulassen soll, dass ein und derselbe Lebenssachverhalt unter unterschiedlichen Kompetenzgesichtspunkten – mit anderen Worten also: mit unterschiedlichen Regelungsintentionen – geregelt wird, findet man allerdings in der Judikatur nicht. Der VfGH verstrickte sich selbst im Laufe seiner (früheren)[1007] Judikatur in Widersprüche, wenn er einerseits den Regelungszweck einer zu erlassenden oder erlassenen Regelung für unbeachtlich erklärt,[1008] soweit es um die kompetenzrechtliche Einordnung dieser Regelung geht, aber andererseits mit der Gesichtspunktetheorie im Ergebnis für die Frage nach der kompetenzrechtlichen Zulässigkeit einer Regelung auf das Bestehen unterschiedlicher Regelungszwecke abstellt.[1009] Um eine Verankerung der Gesichtspunktetheorie im positiven Verfassungsrecht bemüht sich bspw *Weiser*, die unter Anwendung der Versteinerungstheorie darauf hinweist, dass sich Regelungen gleicher Sachverhalte bezüglich gewisser Gesichtspunkte auch im Versteinerungsmaterial finden.[1010] Daher geht sie davon aus, dass die Gesichtspunktetheorie ein „allgemeiner Grundsatz des Kompetenzrechts“[1011] sei. Sie selbst gesteht aber ein, dass die Ableitung eines derartigen allgemeinen Grundsatzes aus einzelnen Bestimmungen des Versteinerungsmaterials, die Regelungen bezüglich gewisser Gesichtspunkte beinhalten, nicht zwingend ist.[1012] Naheliegender ist es nach der hier vertretenen Ansicht, die Frage, ob eine Kompetenz die Befugnis zur abschließenden Regelung eines Sachverhalts vermittelt oder aber die Regelung desselben Sachverhalts aus anderen Gesichtspunkten und gestützt auf andere Kompetenzen zulässt, für die jeweils in Frage stehenden Kompetenzen im Einzelfall zu beantworten.[1013]

1005 Zum Beispiel VfSlg 1478/1932, 4348/1963, 19.568/2011; weitere Nachweise bei *Weiser*, Berücksichtigung 142 ff.

1006 Zum Beispiel *Pernthaler*, Bundesstaatsrecht 334 f; *Mayer/Kucsko-Stadlmayer/Stöger*, Bundesverfassungsrecht Rz 297; *Öhlinger/Eberhard*, Verfassungsrecht Rz 280 ff; *Berka*, Verfassungsrecht Rz 434 ff.

1007 Seit VfSlg 10.831/1986 stellt der VfGH bei der kompetenzrechtlichen Einordnung einer Regelung explizit auf deren Zweck ab.

1008 So zB VfSlg 6344/1970; dazu *Funk*, JBl 1976, 452.

1009 Zum Beispiel VfSlg 7516/1975; dazu *Funk*, JBl 1976, 457.

1010 *Weiser*, Berücksichtigung 153 ff.

1011 *Weiser*, Berücksichtigung 157.

1012 *Weiser*, Berücksichtigung 157.

1013 Vgl dazu auch *Wiederin*, ZfV 2015, 240.

Selbst wenn man aber mit der hL[1014] und Rsp[1015] davon ausgeht, dass die österreichische Kompetenzverteilung als allgemeinen Grundsatz Regelungen bezüglich gewisser Gesichtspunkte zulässt, ist damit noch nicht gesagt, dass eine verfassungsrechtliche Abkehr von dieser Gesichtspunktetheorie eine wesentliche Veränderung des bundesstaatlichen Grundprinzips und damit eine Gesamtänderung iSd Art 44 Abs 3 B-VG darstellen würde. Zunächst einmal ist fraglich, wie der Verfassungsgesetzgeber die angesprochene Abkehr von der Gesichtspunktetheorie bewerkstelligen könnte – da die Gesichtspunktetheorie nicht explizit verankert ist, müsste der Verfassungsgesetzgeber entweder einen Großteil der Kompetenzverteilung abändern oder aber eine allgemeine Verfassungsnorm erlassen, welche Mehrfachregelungen bezüglich unterschiedlicher Gesichtspunkte identer Sachverhalte verbietet. In beiden Fällen käme es also zu umfangreichen Änderungen der Kompetenzverteilung. Das alleine reicht aber noch nicht aus, um eine Veränderung der Grundzüge des österreichischen Bundesstaates anzunehmen. Eine gesamtänderungspflichtige Beeinträchtigung des bundesstaatlichen Grundprinzips läge zwar zB dann vor, wenn im Zuge dieser Änderungen das oben angesprochene Mindestmaß an Länderkompetenzen aufgegeben würde.[1016] Das hat allerdings nichts mit der Gesichtspunktetheorie per se und ihrer Bedeutung für den österreichischen Bundesstaat zu tun. Anders formuliert: Es gibt keinen ersichtlichen Grund, warum gerade die Gesichtspunktetheorie von grundlegender Bedeutung für den österreichischen Bundesstaat sein sollte – ihre Abschaffung wäre aber auf Grund der derzeit vorherrschenden Anwendung der Gesichtspunktetheorie mit umfassenden Änderungen der Kompetenzverteilung verbunden; ob diese gesamtänderungspflichtig sind oder nicht, könnte nur unter Berücksichtigung ihrer konkreten Ausgestaltung beurteilt werden. Der Inhalt der Gesichtspunktetheorie kann nach der hier vertretenen Ansicht nicht als Bestandteil des bundesstaatlichen Grundprinzips qualifiziert werden.

5.4.2.2 Konfliktpotential und Konfliktlösung

In einem nächsten Schritt ist zu untersuchen, wie das österreichische Bundesverfassungsrecht mit auftretenden bundesstaatlichen Konflikten umgeht.[1017] Zunächst stellt sich die Frage, ob es im Bundesverfassungsrecht materielle Konfliktlösungsregeln gibt. Zu denken ist dabei zum Beispiel an eine Regel mit dem

1014 Zum Beispiel *Pürgy* in Pürgy, Recht der Länder Rz 66; *Öhlinger/Eberhard*, Verfassungsrecht Rz 275 ff; *Berka*, Verfassungsrecht Rz 429 ff; *Pernthaler*, Bundesstaatsrecht 332 ff; *Mayer/Kucsko-Stadlmayer/Stöger*, Verfassungsrecht Rz 296; *Adamovich/Funk/Holzinger/Frank*, Staatsrecht I Rz 19.090 ff; vgl dazu weiters zB *Thurner*, Kompetenzverteilung 24 ff.

1015 Zum Beispiel VfSlg 13.234/1992; 10.292/1984.

1016 Zum aus dem bundesstaatlichen Grundprinzip erwachsenden Erfordernis eines Mindestmaßes an Kompetenzen der Länder (und des Bundes) siehe schon oben ab 5.3.2 (= 194).

1017 Theoretische Überlegungen dazu wiederum oben bei 4.4.4.2.2 (= 153).

Inhalt „Bundesrecht bricht Landesrecht".[1018] Ein Blick in die Bundesverfassung zeigt, dass eine solche Regel nicht explizit verankert ist. Nach der überwiegenden Ansicht sind eventuell auftretende Konfliktfälle zwischen Bundesrecht und Landesrecht nach dem Grundsatz der lex posterior bzw. der lex specialis zu lösen.[1019]

Allerdings treten eindeutige Konfliktfälle (Konflikte im engeren Sinn)[1020] relativ selten auf. Dies ist darin begründet, dass, wie oben dargelegt, konkurrierende Kompetenzen in der österreichischen Rechtsordnung einen Ausnahmefall darstellen. Zu einer Kompetenzkonkurrenz kann es, wie oben bereits erwähnt, zB in den Fällen des Art 11 Abs 2 B-VG sowie Art 136 Abs 2 B-VG kommen, wenn insbesondere ein Landesgesetzgeber von seiner Kompetenz zur Abweichung von einheitlichen Verfahrensvorschriften Gebrauch macht.

Dass in diesem Fall die abweichende Regelung der einheitlichen Verfahrensvorschriften vorgehen soll, ergibt sich aber bereits aus der Ermächtigung zur Abweichung von einheitlichen Verfahrensvorschriften, die andernfalls sinnlos wäre.[1021] Insofern muss hier der Vorrang einer abweichenden vor der einheitlichen Verfahrensvorschrift gar nicht mit der lex-specialis-Regel begründet werden, sondern ergibt sich aus den genannten verfassungsrechtlichen Normen. Das soeben Gesagte gilt gleichermaßen für die Befugnis der Landesgesetzgeber zur Erlassung der erforderlichen zivil- und strafrechtlichen Bestimmungen nach Art 15 Abs 9 B-VG. Ebenso lässt sich auch der Vorrang der vom Bund nach Art 16 Abs 4, Art 23d Abs 5 und Art 15 Abs 6 B-VG gesetzten Maßnahmen vor entsprechenden (völker-, unionsrechts- bzw grundsatzgesetzwidrigen) Landesmaßnahmen begründen.

Eine Sonderregelung gibt es mit Art 99 B-VG überdies für das Verhältnis zwischen Bundesverfassungsrecht und Landesverfassungsrecht. Nach dieser Bestimmung muss sich nämlich das Landesverfassungsrecht an die Vorgaben des Bundesverfassungsrechts halten, da es andernfalls bundesverfassungswidrig ist und damit vom VfGH aufgehoben werden kann.

Darüber hinaus geht der VfGH von der Existenz einer weiteren materiellen Konfliktlösungsregel aus, nämlich dem sog „Berücksichtigungsprinzip".[1022] Dieses Berücksichtigungsprinzip beinhaltet nach Ansicht des VfGH eine Berück-

---

1018 Der Frage nach dem Bestehen von Regeln zur Lösung von Konflikten zwischen Bundes- und Landesrecht ausführlich nachgehend *Wiederin*, Bundesrecht 70 ff.

1019 Zusammenfassend *Wiederin*, Bundesrecht 268 f, mit zahlreichen weiteren Nachweisen davor.

1020 Zu diesem Begriff oben bei 4.4.4.2.2 (= 153).

1021 Vgl den ähnlichen Gedanken von *Wiederin*, der der Frage nachgeht (und sie bejaht), ob (und wie) die auf Art 11 Abs 2 B-VG gestützten einheitlichen Verfahrensgesetze des Bundes den davor erlassenen Landesrechtsakten vorgehen, *Wiederin*, Bundesrecht 91 f.

1022 ZB VfSlg 10.292/1984, 15.552/1999, aktuell zB VfSlg 19.954/2015. Statt vieler dazu zusammenfassend *Pürgy* in Pürgy, Recht der Länder Rz 68 ff; *Lebitsch-Buchsteiner*, Rücksichtnahmepflicht 10 ff; *Thurner*, Kompetenzverteilung 52 ff; zutreffend kritisch *Weiser*, Berücksichtigung 29 ff.

sichtigungsbefugnis[1023] sowie eine Berücksichtigungspflicht.[1024] Die Berücksichtigungsbefugnis ermöglicht es einem Hoheitsträger, im Rahmen seiner Kompetenzen auch kompetenzfremde Ziele bzw öffentliche Interessen zu verfolgen.[1025] Die Berücksichtigungspflicht verlangt von den föderalen Hoheitsträgern, bei der Ausübung ihrer Kompetenzen auf die Ausübung der Kompetenzen des jeweils gegenbeteiligten Hoheitsträgers ausreichend Rücksicht zu nehmen.[1026] Insbesondere dürfen die Regelungen des jeweils gegenbeteiligten Hoheitsträgers nicht „torpediert" werden.[1027] Regelungen, die gegen dieses Berücksichtigungsprinzip und dabei insbesondere gegen die Berücksichtigungspflicht verstoßen, sind nach Ansicht des VfGH verfassungswidrig.[1028]

Eine stichhaltige dogmatische Begründung für die Existenz eines Berücksichtigungsprinzips im österreichischen Verfassungsrecht findet sich in der Rsp des VfGH nicht, wie erst kürzlich in der Literatur aufgezeigt wurde.[1029] Nach Ansicht des VfGH müsse es der Bundesverfassung unterstellt werden, „die Grundlage einer harmonisierenden Rechtsordnung"[1030] zu sein. Der VfGH geht also vom Bestehen eines Gebots einer widerspruchsfreien Rechtsordnung aus, das durch die Konsequenz der Verfassungswidrigkeit einer einen Konflikt herbeiführenden Norm effektuiert wird. Für die Existenz dieses Gebots findet sich nach der hier vertretenen Ansicht aber kein Anhaltspunkt im Verfassungsrecht.[1031] Das Verfassungsrecht enthält zwar Vorschriften über die Auflösung von Konflikten zwischen Normen mit unterschiedlichem Derogationspotential. Sofern zwei Normen im Stufenbau nach der derogatorischen Kraft nicht in einem Über- bzw Unterordnungsverhältnis zueinander stehen – wie das etwa auf das Verhältnis von Bundes- zu Landesgesetzen zutrifft[1032] oder auf jenes zwischen einer Verordnung eines Bundesministers und einem Landesgesetz –, enthält das Verfassungsrecht aber im Allgemeinen keine Aussage zur Lösung eventuell auftretender Konflikte. Insbesondere ist der VfGH nicht dazu berufen, darüber zu entscheiden, ob etwa

1023 ZB VfSlg 4486/1963.

1024 ZB VfSlg 10.292/1984, 15.552/1999.

1025 Dazu ausführlich *Weiser*, Berücksichtigung 29 ff; weiters zB *Berka*, Verfassungsrecht, Rz 468; *Pernthaler*, Bundesstaatsrecht 344 f; *Öhlinger/Eberhard*, Verfassungsrecht Rz 285 f.

1026 Dazu ausführlich *Weiser*, Berücksichtigung 93 ff; weiters zB *Berka*, Verfassungsrecht, Rz 469; *Pernthaler*, Bundesstaatsrecht 345 f; *Öhlinger/Eberhard*, Verfassungsrecht Rz 287.

1027 ZB VfSlg 18.096/2007.

1028 Vgl zB VfSlg 19.954/2015.

1029 *Weiser*, Berücksichtigung insb 160 ff; ebenfalls den Mangel einer dogmatischen Begründung für das Berücksichtigungsprinzip rügend *Mayer/Kucsko-Stadlmayer/Stöger*, Bundesverfassungsrecht Rz 298.

1030 VfSlg 15.552/1999.

1031 So auch *Weiser*, Berücksichtigung 170 ff, die zutreffend ausführt, dass gerade die Einführung von Art 15a B-VG als freiwilliges Koordinierungsinstrument im Jahr 1975 im Lichte des damaligen Stands der VfGH-Rsp nahelegt, dass der Verfassungsgesetzgeber jedenfalls zu diesem Zeitpunkt nicht vom Bestehen einer Koordinierungs- bzw Berücksichtigungspflicht ausging. Auch in der Stammfassung des B-VG finden sich keine anderen Anhaltspunkte für eine derartige Berücksichtigungspflicht.

1032 Vgl dazu *Wiederin*, Bundesrecht 70 ff mwN.

ein Bundesgesetz in Einklang mit einem Landesgesetz steht – dies wäre aber die Konsequenz der Annahme einer Berücksichtigungspflicht iSd Rsp des VfGH. Kommt es häufig zu einer Ausübung von Kompetenzen, die Normenkonflikte nach sich zieht, so steht es dem Bundesverfassungsgesetzgeber frei, die Kompetenzverteilung zur Verhinderung solcher Konflikte in der Zukunft abzuändern. Mangels Verankerung im Verfassungsrecht erübrigt sich auch die Frage, ob die vom VfGH zu Unrecht angenommene Berücksichtigungspflicht Teil des bundesstaatlichen Grundprinzips ist.[1033]

5.4.3 Beschränktheit der Kompetenzen der föderalen Hoheitsträger

5.4.3.1 Fragestellung

Wie bereits oben erörtert wurde, ist es die zentrale Konsequenz einer föderalen Kompetenzverteilung, dass die Kompetenzen der föderalen Hoheitsträger (in sachlicher, aber auch in territorialer Hinsicht) beschränkt werden.[1034] Im Folgenden wird jeweils untersucht, wie das Bundesverfassungsrecht mit dieser Beschränktheit im Lichte umfassender verfassungs-, unions- und völkerrechtlicher Handlungsverpflichtungen umgeht.

5.4.3.2 Beschränkte Kompetenzen vs verfassungsrechtliche Handlungsverpflichtungen

5.4.3.2.1 Allgemeines und theoretische Grundlegung

Die Beschränktheit der Kompetenzen der föderalen Hoheitsträger könnte insb dort zum Problem werden, wo die Hoheitsträger verfassungsrechtlich zur Setzung bestimmter Handlungen verpflichtet werden. Werden nämlich die Hoheitsträger verfassungsrechtlich zur Setzung von Handlungen verpflichtet, die sie nach der ebenfalls im Verfassungsrang stehenden Kompetenzverteilung nicht setzen dürfen, dann verlangt die Verfassung von den Hoheitsträgern Unmögliches – was dem Verfassungsgesetzgeber aber idR nicht zugesonnen werden kann. Es ist daher im Zusammenhang mit verfassungsrechtlichen Handlungsverpflichtungen jeweils zu überlegen, ob diese nur im Rahmen der verfassungsrechtlichen

1033 Selbst wenn man also das Bestehen eines bundesstaatlichen Berücksichtigungsprinzips im österreichischen Verfassungsrecht bejaht, so wäre nicht ersichtlich, wieso dieses Teil des bundesstaatlichen Grundprinzips sein sollte. Für das Funktionieren des Bundesstaates ist lediglich essentiell, dass das Verfassungsrecht und insb die in ihm enthaltene Kompetenzverteilung eingehalten wird. Verhindert die bestehende Kompetenzverteilung die effektive Wahrnehmung der Kompetenzen eines Hoheitsträgers, so kann sie durch den Verfassungsgesetzgeber abgeändert werden. Der Annahme einer Berücksichtigungspflicht bedarf es nicht.

1034 Oben bei 4.4.4.2.3 (= 154).

Kompetenzverteilung bestehen oder aber die Kompetenzverteilung abändern. Auch Letzteres wäre möglich, da die Kompetenzverteilung ebenfalls („nur") im Verfassungsrang steht;[1035] wenn nun aber eine nicht auf die nach der Kompetenzverteilung bestehenden Kompetenzen beschränkte, sondern eine umfassende Handlungsverpflichtung der Hoheitsträger angeordnet wird, dann kann diese Verpflichtung auch kompetenzbegründend wirken. Es handelt sich dabei dann um eine Änderung der Kompetenzverteilung. Ob durch eine verfassungsrechtliche Handlungsverpflichtung eine Änderung der Kompetenzverteilung oder aber eine Verpflichtung nur im Rahmen der bestehenden Kompetenzverteilung bewirkt werden soll, ist durch Auslegung der jeweiligen Handlungsverpflichtung zu ermitteln. Dies soll im Folgenden für verschiedene Typen von Handlungsverpflichtungen beispielhaft überprüft werden. Zuvor ist aber noch die Frage zu beantworten, was dies nun mit dem bundesstaatlichen Grundprinzip zu tun hat.

Nach der hier vertretenen Ansicht ist die wechselseitige Beschränktheit der Kompetenzen der föderalen Hoheitsträger als zentrale Konsequenz der bundesstaatlichen Kompetenzverteilung auch Teil des bundesstaatlichen Grundprinzips. Das bundesstaatliche Grundprinzip kann auch als Auslegungsmaßstab für (einfaches) Verfassungsrecht dienen, etwa dann, wenn es um die Frage geht, ob durch eine verfassungsrechtliche Handlungsverpflichtung eine Veränderung der Kompetenzverteilung bewirkt werden soll oder nicht. Wenn sich eine verfassungsrechtliche Handlungsverpflichtung an alle föderalen Hoheitsträger richtet, also Bund und Länder gleichermaßen verpflichtet, dann könnte aber, wenn man einen kompetenzändernden Gehalt dieser Verpflichtung annimmt, nicht mehr klar getrennt werden, welcher Hoheitsträger für die Erfüllung der Verpflichtung zuständig ist; es wären also alle genannten Hoheitsträger für die Erfüllung der Verpflichtung zuständig, und es käme zu einer Kompetenzkonkurrenz. Diese entspräche nicht mehr dem Grundsatz der wechselseitigen Beschränktheit der Kompetenzen der Hoheitsträger. Das heißt nun nicht, dass eine solche Kompetenzkonkurrenz im Lichte des bundesstaatlichen Grundprinzips keinesfalls zulässig sein kann – schon im B-VG 1920 waren ja wie oben ausgeführt[1036] in beschränktem Ausmaß Kompetenzkonkurrenzen angeordnet. Im Zweifel spricht aber der Grundsatz der wechselseitigen Beschränktheit der Kompetenzen der Hoheitsträger dafür, eine verfassungsrechtliche Handlungsverpflichtung nicht als Kompetenzbestimmung zu qualifizieren, wenn dies das Bestehen einer konkurrierenden Kompetenz von Bund und Ländern zur Folge hätte. Dies soll im Folgenden mit Bezug auf Staatszielbestimmungen und Grundrechte besprochen werden.

1035 Wenngleich Änderungen zu Lasten der Länder auch der Zustimmung des Bundesrates nach Art 44 Abs 2 B-VG bedürfen; s dazu schon oben bei 5.3.1 (= 192).

1036 Bei 5.4.2.1 (= 220).

Für die hier interessierende Fragestellung, ob solche Handlungsverpflichtungen die Kompetenzverteilung ändern, können Staatszielbestimmungen und grundrechtliche Handlungspflichten zusammen besprochen werden. Der wesentliche Unterschied zwischen diesen beiden verfassungsrechtlichen Handlungspflichten liegt darin, dass Staatszielbestimmungen von den Rechtsunterworfenen nicht unmittelbar durchgesetzt werden können[1037] – dieser Unterschied hat aber für die Frage des Eintritts einer Kompetenzänderung keine Bedeutung. Davon zu trennen sind jene Gehalte der Grundrechte, die nicht das Ob des Tätigwerdens eines Hoheitsträgers determinieren, wohl aber das Wie: Die Erwerbsfreiheit verpflichtet den Bund bspw nicht dazu, Öffnungszeitenbeschränkungen zu erlassen; tut der Bund dies, so gibt die Erwerbsfreiheit aber vor, wie dieser Eingriff verfassungskonform zu erfolgen hat. Dieser Unterschied bei der Verpflichtung – in einem Fall hinsichtlich des Ob des Tätigwerdens, im anderen Fall hinsichtlich des Wie – hat möglicherweise auch für die Frage des Verhältnisses der Handlungsverpflichtung zu den beschränkten Kompetenzen der Hoheitsträger Bedeutung.

5.4.3.2.2 Staatszielbestimmungen (und unbedingte grundrechtliche Handlungspflichten – „Ob“)

Staatszielbestimmungen verpflichten die unterverfassungsrechtlichen Rechtsetzer zur Verfolgung bestimmter Ziele;[1038] sie werden von sonstigen (grundrechtlichen) Handlungsverpflichtungen va dadurch begrifflich abgegrenzt, dass sie mangels Vermittlung subjektiver Rechte von den Rechtsunterworfenen nicht unmittelbar gerichtlich durchgesetzt werden können.[1039]

Staatszielbestimmungen lassen sich – ebenso wie grundrechtliche Handlungspflichten –idR leicht mit der Kompetenzverteilung in Einklang bringen, indem man die unterverfassungsrechtlichen Rechtsetzer im Rahmen der ihnen jeweils zustehenden Handlungsermächtigungen zur Verfolgung des durch die Staatszielbestimmung angestrebten Ziels verpflichtet qualifiziert.[1040] Von einer Abänderung der Kompetenzverteilung und damit einer partiellen Überwindung der Beschränktheit der Kompetenzen der föderalen Hoheitsträger könnte nur dann ausgegangen werden, wenn es dafür in der Formulierung der Staatszielbestim-

1037 Dazu *Bertel* in Breitenlechner ea, Stabilität 144 f; *Öhlinger/Eberhard*, Verfassungsrecht Rz 90; *Berka*, Verfassungsrecht Rz 206; *Mayer/Kucsko-Stadlmayer/Stöger,* Bundesverfassungsrecht Rz 1333; vgl auch *Sommermann*, Staatsziele 326 ff.

1038 Zum Beispiel § 1 bis 6 BVG Umweltschutz; Art 7 Abs 1 3. Satz BVG; Art 7 Abs 2 1. Satz B-VG; Art 8 Abs 2 B-VG; Art 13 Abs 2 und 3 B-VG.

1039 *Bertel* in Breitenlechner ea, Stabilität 144 f; *Öhlinger/Eberhard*, Verfassungsrecht Rz 90; *Berka*, Verfassungsrecht Rz 206; *Mayer/Kucsko-Stadlmayer/Stöger,* Bundesverfassungsrecht Rz 1333; vgl auch *Sommermann*, Staatsziele 326 ff.

1040 Vgl dahingehend auch *Bertel* in Breitenlechner ea, Stabilität 145 f.

mung konkrete Anhaltspunkte gibt.[1041] Solche kompetenzändernden „Staatszielbestimmungen“ gibt es, soweit ersichtlich, nur in Art 16 Abs 4 B-VG und Art 23d Abs 5 B-VG: Das Ziel der genannten Bestimmungen ist die Einhaltung bzw Erfüllung des Unions- bzw Völkerrechts (durch die Länder). Gegen die Qualifikation dieser Ziele als Staatsziele spricht nicht, dass diese Ziele an sich zunächst inhaltsleer sind und die Festlegung materieller Zielsetzungen erst durch das Unions- bzw Völkerrecht erfolgt. Allerdings unterscheiden sich die genannten Bestimmungen dadurch von den klassischen Staatszielbestimmungen des österreichischen Verfassungsrechts. Angestrebtes Ziel dieser Bestimmungen ist die Erfüllung völkerrechtlicher Verträge der Republik (Art 16 Abs 4 B-VG) bzw der unionsrechtlichen Verpflichtungen (Art 23d Abs 5 B-VG). In beiden Fällen werden jeweils nur die Länder zur Erreichung dieses Ziels verpflichtet – insofern kommt es noch zu keiner Kompetenzänderung, da die Länder nur im Rahmen ihrer jeweiligen Kompetenzen verpflichtet werden. Im Fall der Nichterfüllung dieser Verpflichtung geht die Kompetenz des die Zielerreichung verfehlenden Landes auf den Bund über. Dasselbe Konzept kommt nach Art 15 Abs 6 B-VG auch im Zusammenhang mit der Verpflichtung der Länder zur Ausführung von (Bundes-)Grundsatzgesetzen zum Tragen. Die genannten Bestimmungen sind aber jedenfalls insofern keine typischen Staatszielbestimmungen, als durch Art 16 Abs 4 B-VG und Art 23d Abs 5 B-VG bzw Art 15 Abs 6 B-VG jeweils nur die Länder verpflichtet werden; der Bund ist als Adressat der jeweiligen Verpflichtung nicht explizit genannt.[1042] Außerdem kommt es durch die bewirkte Kompetenzänderung nur vorübergehend zu einer Kompetenzkonkurrenz, da der Bund die Kompetenz zur Setzung einer Handlung wieder verliert, wenn das fragliche Land die entsprechende Maßnahme (staatsvertrags-, unionsrechts- bzw grundsatzgesetzkonform) nachholt.

In vielen anderen – gerade auch den „typischen“ – Staatszielbestimmungen finden sich aber keine Hinweise für einen kompetenzändernden Gehalt dieser Normen. Häufig ist sogar das Gegenteil der Fall: Als Verpflichtete werden explizit (ua) der Bund und die Länder genannt, was jeweils darauf schließen lässt, dass diese nur innerhalb der ihnen zustehenden Kompetenzen zur Erreichung des Staatsziels verpflichtet werden sollen.[1043] Lediglich wenn etwa nur die „Republik“, „der Staat“ oder „alle staatlichen Stellen“ als Verpflichtete einer Staatsziel-

---

1041 Vgl spiegelbildlich zur Frage des „Auftragscharakters“ von Kompetenznormen *Stettner*, Kompetenzlehre 60 ff.

1042 Zwar ist der Bund ebenfalls zur Einhaltung der völkervertraglichen und unionsrechtlichen Verpflichtungen verpflichtet, dies ergibt sich aber nicht aus Art 16 Abs 4 B-VG bzw Art 23d Abs 5 B-VG.

1043 Zum Beispiel § 1 bis 6 BVG Umweltschutz; Art 7 Abs 1 3. Satz BVG; Art 7 Abs 2 1. Satz B-VG; Art 8 Abs 2 B-VG; Art 13 Abs 2 und 3 B-VG.

bestimmung genannt werden,[1044] könnte man eine über die Kompetenzgrenzen hinausgehende Verpflichtung annehmen, die also das Entstehen konkurrierender Kompetenzen zur Erfüllung der Verpflichtung bewirkt. Um das Bestehen einer solchen Verpflichtung und damit auch eine Kompetenzänderung bejahen zu können, muss es aber darüber hinausgehende Anhaltspunkte dafür geben, weil die genannte Begriffsverwendung allein nicht zwingend für eine derartige Auslegung spricht und die Systematik der österreichischen Kompetenzverteilung in derartigen Fällen nahelegt, dass keine konkurrierenden Kompetenzen bestehen.[1045] Zumindest bei den hier überblicksmäßig untersuchten Staatszielbestimmungen finden sich keine derartigen Anhaltspunkte.[1046] Die Erfüllung dieser Staatszielbestimmungen hat daher im Rahmen der geltenden Kompetenzverteilung zu erfolgen.

Man könnte allerdings fragen, ob durch die gemeinsame Verpflichtung der föderalen Hoheitsträger zur Erreichung eines einheitlichen Ziels auch eine Verpflichtung zur Zusammenarbeit zur Zielerreichung angeordnet wird. In diese Richtung könnte man es etwa deuten, wenn „die Republik" als Verpflichtete einer Staatszielbestimmung genannt wird und der Begriff der Republik nachfolgend durch die Nennung von Bund und Ländern spezifiziert wird.[1047] Der „Mehrwert" der Verwendung des Begriffs „Republik" könnte in diesen Fällen nämlich darin gesehen werden, dass Bund und Länder nicht nur unabhängig voneinander in ihrem jeweiligen (beschränkten) Kompetenzbereich zur Zielerreichung verpflichtet werden, sondern zu gemeinsamem Zusammenwirken. Ob der Verfassungsgesetzgeber dies in jedem Fall der Verwendung des Begriffs „Republik" beabsichtigt hat, ist fraglich. In Art 13 Abs 2 B-VG hat der Verfassungsgesetzgeber jedenfalls eine andere Formulierung gewählt, um eine Koordinierungspflicht der Hoheitsträger zum Ausdruck zu bringen: Dort ist[1048] explizit angeordnet, dass Bund und Länder ihre Haushaltsführung im Hinblick auf die davor genannten Ziele der Haushaltsführung „zu koordinieren" haben. Allerdings wird in der genannten Bestimmung auch nicht die Republik als Verpflichtete genannt, sondern ausdrücklich nur Bund und Länder. Daraus, dass eine Koordinierungspflicht dort explizit angeordnet wird, kann also mangels Verwendung des Begriffs „Republik" nicht geschlossen werden, dass die Bezeichnung der „Republik" als Staatszielverpflichtete allein keine Koordinierungspflicht ausdrücken soll; vielmehr wäre es auch denkbar, dass der Verfassungsgesetzgeber eine andernorts bereits in der Nennung der „Republik" als Verpflichtete inhärente

1044 Dies ist etwa bei manchen Grundrechten, aus denen Schutzpflichten abgeleitet werden können, der Fall.
1045 Siehe dazu oben bei 5.4.2.1 (= 220).
1046 Siehe oben bei FN 1038 (= 225).
1047 So zB in § 1 bis 6 BVG Umweltschutz; Art 7 Abs 1 3. Satz B-VG; Art 8 Abs 2 B-VG.
1048 Seit BGBl I 1/2008.

Koordinierungspflicht hier explizit bzw auf andere Art zum Ausdruck bringen wollte.

Eine Kompetenzänderung wäre etwa dann anzunehmen, wenn eine Staatszielbestimmung etwas anordnet, das nach der geltenden Kompetenzverteilung nicht möglich ist. So etwa, wenn die Länder verpflichtet werden, eine gemeinsame einheitliche Behörde für einen Bereich einzurichten, der in ihre Vollzugskompetenz fällt. Denn nach der geltenden Kompetenzverteilung kommt den Ländern weder jeweils einzeln noch gemeinsam eine solche Kompetenz zu; insb geht die hM davon aus, dass die Einrichtung gemeinsamer Behörden der Länder durch Vereinbarung nach Art 15a B-VG nicht zulässig ist.[1049] Werden nur die Länder verpflichtet, so stellt sich die Frage der konkurrierenden Kompetenz im Verhältnis zum Bund nicht.[1050] Denkbar wäre etwa auch eine an den Bund adressierte verfassungsrechtliche Verpflichtung zur Errichtung einer alle staatlichen Förderungen umfassenden Transparenzdatenbank, die dann ebenfalls eine neue Kompetenz des Bundes begründen würde. Beiden genannten Beispielen ist aber eben gemeinsam, dass jeweils nur ein Teil der föderalen Hoheitsträger verpflichtet wird und sich daher die Frage der Entstehung konkurrierender Kompetenzen nicht stellt.

5.4.3.2.3 Bedingte grundrechtliche Handlungspflichten („Wie")

Fraglich ist auch, wie sich die Beschränktheit der Kompetenzen zu den bedingten grundrechtlichen Handlungspflichten verhält. Dabei geht es hier weniger um die Frage, ob Grundrechte auch Kompetenzen einräumen – das wird idR zu verneinen sein, da Grundrechte idR das Bestehen einer Kompetenz des Staates zum Tätigwerden voraussetzen, diese aber nicht gewähren.[1051] Freilich gilt auch hier, dass jedes Grundrecht einzeln und im Detail analysiert werden müsste, um einen etwaigen kompetenzrechtlichen Gehalt ausschließen zu können.[1052]

Hier soll aber auf eine andere Fragestellung eingegangen werden, nämlich darauf, ob ein Grundrechtseingriff durch die Beschränktheit der Kompetenzen gerechtfertigt werden kann. Diese Frage stellt sich, weil im Rahmen der Prüfung eines Eingriffs in Grundrechte, die unter Gesetzesvorbehalt stehen, auf seine Rechtmäßigkeit idR eine Verhältnismäßigkeitsprüfung durchgeführt wird. Dabei wird gefragt, ob der Eingriff ein öffentliches Interesse verfolgt, zur Erreichung dieses Ziels geeignet und auch erforderlich – also das gelindeste zum Ziel führen-

1049 Vgl dazu *Thienel* in Korinek/Holoubek, Art 15a B-VG Rz 40 ff mwN.

1050 Allerdings wäre fraglich, wie die Länder die ihnen dann gemeinsam zukommende Kompetenz wahrnehmen könnten.

1051 Wie auch umgekehrt die Kompetenzbestimmungen die grundrechtlichen Vorgaben in aller Regel nicht duplizieren. Vgl dazu *Kneihs*, ZfV 2004, 308.

1052 Vgl zur spiegelbildlichen Diskussion um einen Grundrechtseingriffe legitimierenden Gehalt von Kompetenznormen *Stettner*, Kompetenzlehre 54 ff.

de Mittel – ist.[1053] Wie ist es nun aber zu beurteilen, wenn ein Eingriff zwar das gelindeste zum Ziel führende Mittel ist, das der eingreifende Hoheitsträger kompetenzkonform setzen kann, es aber außerhalb seines Kompetenzbereichs weniger eingriffsintensive Maßnahmen gibt? Anders formuliert: Kommen als gelindere Mittel nur solche in Betracht, die der eingreifende Hoheitsträger kompetenzkonform setzen kann?

Als Beispiel kann dabei folgender Fall dienen: Der Bundesgesetzgeber beabsichtigte, gestützt auf seine Monopolkompetenz nach Art 10 Abs 1 Z 2 B-VG, E-Zigaretten zu monopolisieren.[1054] Neben anderen öffentlichen Interessen, die hier nicht interessieren, sollte dies auch dem Jugendschutz dienen.[1055] Tatsächlich bestanden aber schon zum Zeitpunkt der Monopolisierung durch den Bundesgesetzgeber in einigen Landesjugendschutzgesetzen Verbote dahingehend, E-Zigaretten an Jugendliche zu verkaufen.[1056] Diese Verbote ermöglichten es den betroffenen Händlerinnen und Händlern, unter Beachtung der Altersgrenze dennoch E-Zigaretten zu verkaufen. Die vom Bundesgesetzgeber angestrebte Monopolisierung hingegen verunmöglichte jeden weiteren Verkauf von E-Zigaretten durch nicht lizenzierte Tabaktrafikantinnen und Tabaktrafikanten. Mit Blick auf die einschlägige Erwerbsfreiheit (Art 6 StGG) ist die Verkaufsbeschränkung in den Landesjugendschutzgesetzen daher eindeutig als weniger eingriffsintensives Mittel zur Erreichung des Ziels des Jugendschutzes zu qualifizieren.

Gestützt auf die Monopolkompetenz[1057] kann der Bundesgesetzgeber aber eben nur monopolisieren – das gelindere Mittel der Verkaufsbeschränkung (des Verbots des Verkaufs an Jugendliche) fällt nicht in seine Kompetenz. Führt allein schon die Möglichkeit, dass irgendein österreichischer Hoheitsträger ein gelinderes Mittel einsetzen könnte dazu, dass die Monopolisierung durch den Bund als nicht erforderlich und daher als Verletzung der Erwerbsfreiheit zu qualifizieren ist?

Nach der hier vertretenen Ansicht ist das zu bejahen, und zwar deswegen, weil andernfalls die Grundrechte durch entsprechende Aufteilung der Kompetenzen vollkommen ausgehöhlt werden könnten: Es wären dann im Rahmen der

1053 Statt vieler zB *Öhlinger/Eberhard*, Verfassungsrecht Rz 716.

1054 Vgl dazu *Koppensteiner/Weber*, ÖZW 2016, 32 ff.

1055 RV 360 BlgNR 25. GP, 28. Nach der Ansicht des VfGH ist es dem Bundesgesetzgeber nicht verwehrt, kompetenzfremde Interessen – wie hier etwa den Jugendschutz – mitzuberücksichtigen; VfSlg 20.002/2015.

1056 Hier wird davon ausgegangen, dass diese Verkaufsverbote kompetenzkonform sind; allerdings könnten dagegen insoweit Bedenken bestehen, als diese Verbote Gewerbetreibende betreffen; vgl etwa VfSlg 19.583/2011, VfSlg 10.050/1984.

1057 Ob der Bundesgesetzgeber gestützt auf die Gewerbekompetenz befugt wäre, entsprechende Regelungen zu erlassen, wird hier nicht näher untersucht und hat auch für die grundsätzliche Erörterung der hier diskutierten Frage – kann die Beschränktheit der Kompetenzen eines Hoheitsträgers einen Grundrechtseingriff rechtfertigen – keine Bedeutung. Auf VfSlg 19.583/2011, VfSlg 10.050/1984, wonach dem Bundesgesetzgeber unter dem Kompetenztitel Gewerbe in gewissen Bereichen auch eine beschränkte Jugendschutzkompetenz zukommt, wurde hingewiesen.

Erforderlichkeitsprüfung nur jene gelinderen Mittel zu berücksichtigen, welche in die Kompetenz des eingreifenden Hoheitsträgers fallen. Würde also die Kompetenzverteilung etwa dahingehend abgeändert, dass der Bund für (alle oder auf bestimmte Produkte bezogene) Verkaufsverbote zuständig ist, die Länder aber für alle anderen Verkaufsbeschränkungen, dann könnte ein Verkaufsverbot des Bundes niemals als nicht erforderlich qualifiziert werden, da dem Bund selbst eben keine gelinderen Mittel zur Verfügung stünden. Dass eine solche Unterwanderung der Grundrechte durch den kompetenzverteilenden Verfassungsgesetzgeber möglich sein soll, ist zu bezweifeln, insb dann, wenn es um Grundrechte geht, zu deren Schutz sich die Republik Österreich als Gesamtstaat verpflichtet hat – wie etwa bei den Grundrechten der EMRK. Außerdem stehen, wie eingangs erwähnt, die Grundrechte und die Kompetenzverteilung im selben (Verfassungs-)Rang innerhalb der österreichischen Rechtsordnung; sie beeinflussen einander wechselseitig. Eine Auslegung der Grundrechte bzw eine Anwendung der Verhältnismäßigkeitsprüfung, welche die verteilten Kompetenzen so behandelt, als gäbe es keine anderen Kompetenzen, erscheint ebenso unzulässig wie eine Auslegung der Kompetenzverteilung, die jede Kompetenzausübung als grundrechtskonform versteht. Die Kompetenzverteilung kann also, anders formuliert, nicht den Grundrechtsschutz schmälern.

Daher ist nach der hier vertretenen Ansicht davon auszugehen, dass bei der im Rahmen der Prüfung der Verhältnismäßigkeit eines Eingriffs in ein unter Gesetzesvorbehalt stehendes Grundrecht vorzunehmenden Erforderlichkeitsprüfung sämtliche denkbaren gelinderen Mittel zu berücksichtigen sind, und nicht nur jene, welche in die Kompetenz des eingreifenden Hoheitsträgers fallen. Insofern ist also die Beschränktheit der Kompetenzen der föderalen Hoheitsträger keine Rechtfertigung für einen Grundrechtseingriff.[1058]

5.4.3.3 Beschränkte Kompetenzen vs nicht verfassungsrechtliche Handlungsverpflichtungen

Das Besondere an den gerade diskutierten verfassungsrechtlichen Handlungsverpflichtungen ist, dass jene Stelle, die die Handlungsverpflichtung anordnet, es auch in der Hand hat, die Kompetenzverteilung zu ändern. Wird daher im Verfassungsrecht eine Handlungsverpflichtung angeordnet, die nach der bestehenden Kompetenzverteilung nicht erfüllt werden kann, so gibt es grundsätzlich zwei verfassungskonforme Lösungsvarianten: Entweder wirkt die Handlungsverpflichtung kompetenzbegründend oder die Verpflichtung besteht nur im Rahmen der

1058 Dies führt aber nach der hier vertretenen Ansicht nicht zu einer verfassungsrechtlichen Kooperationspflicht der föderalen Hoheitsträger. Siehe dazu die äquivalente Argumentation zur deutschen Rechtslage bei 6.4.3.3 (= 310).

vorliegenden Kompetenzverteilung. Welche Variante vorzuziehen ist, kann auf Grund der Gleichrangigkeit der verfassungsrechtlichen Handlungsverpflichtung und der ebenfalls im Verfassungsrang stehenden Kompetenzverteilung nur im Einzelfall auf Grund der Auslegung der Handlungsverpflichtung (und der Kompetenzverteilung) beurteilt werden.

Fraglich ist nun aber, wie sich die durch die Kompetenzverteilung bewirkte Beschränktheit der föderalen Hoheitsträger auf die Erfüllung völker- oder unionsrechtlicher Verpflichtungen auswirkt. Diese Konstellation ist insofern eine andere, als der Inhalt der völker- und unionsrechtlichen Verpflichtungen nicht einseitig vom Verfassungsgesetzgeber (unter Berücksichtigung der bestehenden Kompetenzverteilung) festgesetzt werden kann.

Hinsichtlich des Völkerrechts ist auf die obigen Ausführungen zu verweisen, wonach die innerstaatliche Aufteilung der Kompetenzen grundsätzlich keine Auswirkungen auf die umfassende Souveränität und die daraus folgende völkerrechtliche Vertragsschlusskompetenz der Republik Österreich hat.[1059] Die Erfüllung der vom Bund für den Gesamtstaat eingegangenen Verpflichtungen in jenen Bereichen, welche in die Zuständigkeit der Länder fallen, wird durch Art 16 Abs 4 und 5 B-VG sichergestellt. Obwohl also ein völkerrechtlicher Vertrag selbst nicht die Kompetenzverteilung abändern kann, um die Erfüllbarkeit der in ihm enthaltenen Verpflichtung sicherzustellen, bietet das österreichische Verfassungsrecht mit Art 16 Abs 4 und 5 B-VG ein ausreichendes Instrumentarium, um die umfassende Erfüllung völkerrechtlicher Verpflichtungen trotz der bestehenden Beschränktheit der Kompetenzen der föderalen Hoheitsträger sicherzustellen. Ultima ratio dieses Instrumentariums ist die „Entschränkung" der Handlungsfähigkeit des Bundes auch nach innen, der dann, wenn ein Land eine zur Umsetzung eines völkerrechtlichen Vertrags erforderliche Maßnahme nicht setzt, befugt ist, diese Maßnahme ersatzweise selbst zu setzen.

Mit Blick auf das Unionsrecht ist das grundsätzlich ähnlich zu beurteilen: Die Republik Österreich ist als Gesamtstaat Mitglied der EU. Verpflichtungen, die sich aus dem Unionsrecht ergeben, müssen innerstaatlich umgesetzt bzw erfüllt werden. Dass insb das Sekundärrecht auch dazu verpflichten kann – und nach dem österreichischen B-VG auch darf –, die österreichische Verfassung abzuändern, ergibt sich inzwischen implizit aus Art 23e Abs 3 und 4 B-VG, wo für derartige Fälle besondere Mitwirkungsrechte des Nationalrates bzw Bundesrates bei der Willensbildung der österreichischen Vertreterinnen und Vertreter im Rat vorgesehen sind. Auch für unionsrechtliche Verpflichtungen kommt es im Übrigen nach Art 23d Abs 5 B-VG zu einer „Entschränkung" der Kompetenzen des Bundes: Setzt ein Land die zur Umsetzung des Unionsrechts erforderlichen Rechtsakte nicht, so geht die Kompetenz dazu – nach Entscheidung des EuGH –

1059 Dazu oben bei 3.2.2 (= 67).

auf den Bund über. Dies gilt für primärrechtliche Verpflichtungen genau wie für solche, die sich aus Sekundärrechtsakten ergeben.

Fraglich ist nun, inwiefern die genannten „Entschränkungen" der Kompetenzen des Bundes Bestandteil des bundesstaatlichen Grundprinzips sind. Für Art 16 Abs 4 B-VG – der seinem Inhalt nach auch im ursprünglichen Konzept des B-VG vorgesehen war – ist das zu bejahen, weil dadurch der stark zentralistische Zug des B-VG im Zusammenhang mit der Außenpolitik bzw mit völkerrechtlichen Verträgen auch nach innen umgesetzt wird, was für das Verhältnis von Bund und Ländern zueinander von grundlegender Bedeutung ist.[1060]

Hinsichtlich Art 23d Abs 5 B-VG ist das möglicherweise anders zu beurteilen: Würde diese Bestimmung wegfallen, würden die Länder in großen Teilen des EU-Rechts nicht „frei", sondern würden auf Grund von Art 16 B-VG wiederum einer Umsetzungsverpflichtung unterliegen, die über Art 16 Abs 4 B-VG vom Bund durchgesetzt werden kann.[1061] Insofern wurde durch die Einfügung eines Äquivalents zu Art 16 Abs 4 B-VG für das EU-Recht die bundesstaatliche Struktur Österreichs nicht grundlegend verändert.[1062] Es lässt sich aber sagen, dass die in Art 16 (Abs 4) B-VG zum Ausdruck kommende zentralistische Tendenz des B-VG im Zusammenhang mit der Außenpolitik durch Art 23d (Abs 5) B-VG bestätigt wird. Im Übrigen war die Einführung des Art 23d Abs 5 B-VG auch nicht allein deswegen eine Gesamtänderung der Bundesverfassung, weil darin als Voraussetzung des Eintritts des Kompetenzübergangs an den Bund eine Entscheidung des EuGH verlangt wird,[1063] da der für den österreichischen Bundesstaat prägende zentralistische Zug dadurch nicht verloren geht – vielmehr entspricht Art 23d Abs 5 B-VG zusätzlich dem Konzept des Unionsrechts mit dem EuGH als zentraler Auslegungsinstanz und ist daher eine „unionsfreundliche" zentralistische Regelung – ebenso wie Art 16 Abs 4 B-VG als „völkerrechtsfreundliche" zentralistische Regelung qualifiziert werden kann.

1060 Wenngleich die Bestimmung in der Praxis bedeutungslos ist; vgl dazu *Weber* in Kneihs/Lienbacher, Art 16 B-VG Rz 1, 79.

1061 Diese Bestimmung wäre vorrangig für das Primärrecht von Relevanz; die dort enthaltene Loyalitätspflicht des Art 4 Abs 3 EUV könnte aber auch herangezogen werden, um Art 16 B-VG mittelbar für Sekundärrecht relevant zu machen.

1062 Was – mangels Einhaltung des Gesamtänderungsverfahrens des Art 44 Abs 3 B-VG bei Einführung der Bestimmung bzw ihrer Vorgängerbestimmungen – auch verfassungswidrig wäre. Auch weil Art 23d Abs 5 B-VG eine Entscheidung des EuGH verlangt, bevor es zu einem Kompetenzübergang an den Bund kommt, wurde keine Gesamtänderung bewirkt, da damit lediglich der Zeitpunkt des Kompetenzübergangs nach hinten verschoben wird, dem Bund aber nach Vorliegen einer EuGH-Entscheidung immer noch die Möglichkeit bleibt, auf diese zu reagieren und eine unionsrechtskonforme Rechtslage auch gegen den Willen des betroffenen Landes herzustellen.

1063 Dazu ausführlich *Egger* in Kneihs/Lienbacher, Art 23d B-VG Rz 98 ff.

5.4.3.4 Ergebnis

Die Beschränktheit der Kompetenzen der föderalen Hoheitsträger ist eine zentrale Konsequenz des Bestehens einer föderalen Kompetenzverteilung. Als Grundsatz der wechselseitigen Beschränktheit verstanden kann die Beschränktheit als Teil des bundesstaatlichen Grundprinzips qualifiziert werden und insofern als Zweifelsregel dienen: Bestimmungen des Verfassungsrechts sind im Zweifel nicht so auszulegen, dass sie eine konkurrierende Kompetenz von Bund und Ländern begründen.

Die Beschränktheit der Kompetenzen kann aber nicht – und zwar auch nicht als Teil des bundesstaatlichen Grundprinzips – zur innerstaatlichen Rechtfertigung der Nichterfüllung völkerrechtlicher Verträge oder unionsrechtlicher Verpflichtungen dienen, da insb für diese Fälle Ausnahmen von der Beschränktheit vorgesehen sind. Außerdem müssen sich die föderalen Hoheitsträger bei von ihnen zu verantwortenden Grundrechtseingriffen im Rahmen einer Erforderlichkeitsprüfung auch jene gelinderen Mittel „vorwerfen" lassen, die kompetenzkonform nur von einem anderen föderalen Hoheitsträger gesetzt werden können, da andernfalls der Grundrechtsschutz durch die Kompetenzverteilung unterlaufen werden könnte.

Selbst wenn man also die Beschränktheit der Kompetenzen als grundlegende politische und verfassungsmäßige Struktur iSd Art 4 Abs 2 EUV qualifiziert – was durch die hier vertretene Erfassung dieses Grundsatzes durch das bundesstaatliche Grundprinzip bzw Art 44 Abs 3 B-VG nahegelegt wird –, hat dies nicht zur Konsequenz, dass die aus der Kompetenzverteilung resultierende Beschränktheit der Kompetenzen die Nichterfüllung unionsrechtlicher Verpflichtungen rechtfertigen kann.

5.4.4 Notwendigkeit der Ermöglichung von Vielfalt durch Differenzierung

5.4.4.1 Fragestellung

Die österreichische föderale Kompetenzverteilung verteilt Kompetenzen auf Bund und Länder. Fällt eine Kompetenz in den Zuständigkeitsbereich der Länder, dann soll es diesen im österreichischen Bundesstaat möglich sein, jeweils selbstverantwortlich vielfältige Regelungen zu erlassen. Vielfalt in diesem Sinn bedeutet auch, dass es möglich sein muss, dass die Länder sich voneinander unterscheidende Regelungen erlassen,[1064] selbst wenn die tatsächlichen Umstände bzw die von

1064 So auch *Bußjäger*, JBl 2007, 289, 292.

den Regelungen betroffenen Sachverhalte im Wesentlichen gleich sind.[1065] Es ist ja eines der Ziele der vorgesehenen Autonomie der Länder, bei im Wesentlichen gleicher Ausgangslage auch unterschiedliche Ergebnisse erreichen zu können.[1066] Dieses – durch Art 2 B-VG und die Bestimmungen der bundesstaatlichen Kompetenzverteilung implizit in der Verfassung verankerte – Ziel der Vielfalt steht aber in einem möglichen Spannungsverhältnis zu den verfassungsgesetzlich gewährleisteten Ansprüchen auf Gleichbehandlung, allen voran dem Gleichheitssatz nach Art 7 B-VG. Im Folgenden ist daher zu analysieren, wie sich das bundesstaatliche Ziel der Ermöglichung von Vielfalt, das auf Ebene der Kompetenzverteilung durch Zuordnung von Kompetenzen zu den Ländern erreicht werden soll, zu diesen Gleichheitsgarantien verhält. Zu diskutieren sind auch andere verfassungsrechtliche Normen wie etwa Art 4 B-VG, die nach einer Form von Einheit verlangen und damit in einem Spannungsverhältnis zum bundesstaatlichen Ziel der Vielfalt stehen.

Auf Basis dieser Analysen soll die Frage beantwortet werden können, ob die Ermöglichung bundesstaatlicher Vielfalt zu den grundlegenden politischen und verfassungsmäßigen Strukturen iSd Art 4 Abs 2 EUV zu zählen ist.

5.4.4.2 Bundesstaatliche Vielfalt und Gleichheitssatz

Die zentrale Gleichheitsgarantie des österreichischen Verfassungsrechts bildet der in Art 7 Abs 1 B-VG verankerte Gleichheitssatz. Demnach sind alle Staatsbürger vor dem Gesetz gleich. Der Gleichheitssatz bindet den Gesetzgeber, aber auch die Vollziehung. Im Folgenden soll va die Bindung der Gesetzgebung analysiert werden. Auf Grund der zu beantwortenden Frage, wie sich der Gleichheitssatz zu dem bundesstaatlichen Ziel der Ermöglichung von Vielfalt verhält, interessiert dabei wiederum vorrangig, aber nicht ausschließlich die Bindung der Landesgesetzgeber durch den Gleichheitssatz. Konkret stellt sich die Frage, ob es mit dem Gleichheitssatz vereinbar ist, wenn für einen Sachverhalt zB im Land Salzburg eine Rechtsfolge vorgesehen ist, aber im Land Tirol für einen – abgesehen davon, dass er in Tirol verwirklicht wird – identen Sachverhalt eine andere Rechtsfolge. Beispiele für derartige Konstellationen finden sich zahlreich, so etwa, wenn eine Maßnahme wie die Errichtung eines Carports in einem Bundesland baurechtlich bewilligungspflichtig ist, in einem anderen aber bewilligungsfrei oder nur anzei-

1065 Anders ist dies aus Perspektive des Zwecks der bundesstaatlichen Kompetenzverteilung zu beurteilen, wenn etwa der Bund in einem in seine Kompetenz fallenden Bereich länderweise differenzierte Regelungen erlassen möchte: Derart partikuläres Bundesrecht kann nicht „allein" mit dem Zweck der Zuordnung einer Kompetenz zum Bund legitimiert werden.

1066 So zB auch VfSlg 8161/1977 (länderweise unterschiedliche Situationen für den Rechtsunterworfenen liegen im „Wesen der bundesstaatlichen Aufteilung von Gesetzgebungs- und Vollziehungszuständigkeiten"); VfSlg 1462/1932 (dass „in den verschiedenen Ländern verschiedene Steuern eingehoben werden können, ist in der Natur und dem Wesen des Bundesstaates begründet").

gepflichtig. Interessant sind aber auch Konstellationen, in denen Bund und Länder auf Grund der Kompetenzverteilung[1067] zur Regelung ähnlicher Gegenstände berufen sind und sich die Frage stellt, ob diese einander so stark ähneln, dass sie im Lichte des Gleichheitssatzes auch gleich zu behandeln sind. Als Beispiel dafür kann das Glücksspielrecht genannt werden, bei dem bestimmte Bereiche in die Kompetenz des Bundes fallen, andere wiederum („kleines" Glücksspiel) in die Kompetenz der Länder.[1068] Die folgenden Überlegungen nehmen aber den erstgenannten Fall – unterschiedliche Landesregelungen – zum gedanklichen Ausgangspunkt; die Schlussfolgerungen lassen sich im Wesentlichen auf die zweite Konstellation – Bund und Länder regeln „Ähnliches" im Rahmen ihrer Kompetenzen – übertragen.

Würde man in den oben beispielhaft angeführten Fällen landesweise unterschiedlicher Regelungen die Gleichheitswidrigkeit eines der beiden Landesgesetze bejahen, so hätte der Gleichheitssatz enormes vereinheitlichendes Potential. Sich voneinander unterscheidende Regelungen der Länder wären dann nämlich nur verfassungsrechtlich zulässig, wenn sie mit unterschiedlichen tatsächlichen Gegebenheiten in den jeweiligen Landesgebieten gerechtfertigt werden könnten. Das Landesrecht würde sich dann nur noch durch die formell tätig werdende Rechtsetzungsautorität und die daraus folgende Zuordnung zur Landesrechtsordnung von partikulärem Bundesrecht unterscheiden. Außerdem würden die Landesgesetzgeber in ihrer Entscheidungsfreiheit durch die Handlungen der anderen Landesgesetzgeber insoweit beschränkt, als sie ihre Regelungen an die jeweils „günstigste" anzupassen hätten.[1069]

Um die dargestellte Problematik analysieren zu können, ist es sinnvoll, zunächst den Inhalt des Gleichheitssatzes zu umreißen. Insb in der Lehrbuchliteratur wird der durch die Judikatur des VfGH geprägte Schutzgehalt des Gleichheitssatzes oft so umschrieben, dass es dem Gesetzgeber verwehrt ist, Gleiches ohne sachliche Rechtfertigung ungleich zu behandeln bzw umgekehrt Ungleiches ohne sachliche Rechtfertigung gleich zu behandeln.[1070] Der VfGH leitet aus dem Gleichheitssatz außerdem ein an den Gesetzgeber gerichtetes „Sachlichkeitsgebot" ab.[1071] Weiters wird in der Lehre ausgeführt, der Gleichheitssatz

1067 Oder der Auslegung der Kompetenzverteilung; s insb zur Gesichtspunktetheorie schon oben bei 5.4.2.1 (= 220).

1068 Vgl dazu §§ 4 f Glücksspielgesetz, BGBl 6210/1989 idF BGBl I 107/2017.

1069 Zumindest theoretisch; praktisch wäre fraglich, ob bzw wie festgestellt werden kann, welche Regelung idS die „günstigste" ist. Die Frage, welches Regime das Maß der Dinge sein soll, ansprechend *Bußjäger*, JBl 2007, 293.

1070 Vgl zB *Öhlinger/Eberhard*, Verfassungsrecht Rz 761 ff; *Berka/Binder/Kneihs*, Grundrechte 532; *Bezemek* in Heißl, Handbuch Rz 12/20; vgl weiters *Mayer/Kucsko-Stadlmayer/Stöger*, Bundesverfassungsrecht Rz 1357; *Berka*, Verfassungsrecht Rz 1636 ff.

1071 Zum Beispiel VfSlg 20.218/2017; VfSlg 20.036/2015; VfSlg 19.751/2013; VfSlg 14.362/1995. Aus der aktuellen Literatur dazu Holoubek, ZÖR 2019, 873 ff.

habe „keinen Schutzbereich“,[1072] was zur Folge habe, dass jeder Eingriff in den Gleichheitssatz zugleich eine Verletzung des Gleichheitssatzes sei. Dass sich sehr wohl ein Schutzbereich des Gleichheitssatzes ausmachen lässt und dass Eingriffe in diesen Schutzbereich rechtfertigbar sind, hat *Pöschl* nachgewiesen.[1073] Auch wenn man sich an die Formel hält, welche die überwiegende Ansicht aus einer (verkürzten) Betrachtung der Judikatur des VfGH gewinnt, ist aber jedenfalls die Frage der sachlichen Rechtfertigung – welche bei *Pöschl* bei bestimmten Eingriffen die Verletzung des Gleichheitssatzes ausschließen kann[1074] – für die Beurteilung der Gleichheitswidrigkeit eines Gesetzes von Relevanz. Unumstritten ist dabei, dass sich eine solche sachliche Rechtfertigung sowohl aus tatsächlichen als auch aus bestehenden rechtlichen Unterschieden ergeben kann.[1075]

Bei Anwendung der genannten Kurzformel auf das obige Beispiel könnte man prima vista zu dem Schluss kommen, dass ein Landesgesetz, das – ohne sachliche Rechtfertigung – einen Sachverhalt anders behandelt als ein anderes Landesgesetz einen gleichen Sachverhalt, gegen Art 7 B-VG verstößt. Es ist aber einer der grundlegenden Zwecke bundesstaatlicher Organisation, dass Regelungsunterschiede im Bereich der Länderkompetenzen auch dann zulässig sein sollen, wenn sich die tatsächlichen Gegebenheiten in den Ländern nicht maßgeblich voneinander unterscheiden.[1076] Der Sinn der Zuordnung einer Kompetenz zu den Ländern – bzw der Nichtzuordnung zum Bund – ist es ja gerade, den Ländern die eigenverantwortliche und voneinander unabhängige Gestaltung ihrer Rechtsordnungen zu ermöglichen. Genau dieser Zweck der föderalen Kompetenzverteilung würde aber vereitelt werden, wenn Landesrechtsakte allein deswegen für gleichheitswidrig erklärt würden, weil es in einem anderen Land anders ausgestaltete Rechtsakte betreffend dasselbe Problem gibt. Auch die hA und die Rsp des VfGH gehen nicht davon aus, dass die vorliegende Konstellation zu einer Gleichheitswidrigkeit eines der beiden Landesgesetze führt:

Der VfGH geht in ständiger Rsp davon aus, dass der gerade angedachte Vergleich zwischen landesrechtlichen Regelungen bzw auch zwischen Bundes- und Landesrecht nicht zulässig ist. Dies begründet er va in der älteren Judikatur mit „der Natur und dem Wesen des Bundesstaates“;[1077] später stützt er die Unzu-

1072 Zum Beispiel *Berka/Binder/Kneihs*, Grundrechte 518 ff, 529.

1073 Siehe insb zusammenfassend als Schema für die Prüfung, ob eine Verletzung des Gleichheitssatzes vorliegt, *Pöschl*, Gleichheit 890 f. Vgl dazu weiters *Holoubek* in Korinek/Holoubek, Art 7 B-VG Rz 59 ff; *Holoubek*, ZÖR 2019, 879 f.

1074 *Pöschl*, Gleichheit 887 ff.

1075 Statt vieler *Holoubek*, ÖZW 1991, 77, 81; *Bezemek* in Heißl, Handbuch Rz 12/24; *Berka/Binder/Kneihs*, Grundrechte 538 ff; *Pöschl* in Merten/Papier/Kucsko-Stadlmayer, Handbuch Rz 33 f.

1076 So zB auch VfSlg 8161/1977 (länderweise unterschiedliche Situationen für den Rechtsunterworfenen liegen im „Wesen der bundesstaatlichen Aufteilung von Gesetzgebungs- und Vollziehungszuständigkeiten“); VfSlg 1462/1932 (dass „in den verschiedenen Ländern verschiedene Steuern eingehoben werden können, ist in der Natur und dem Wesen des Bundesstaates begründet“).

1077 Vgl VfSlg 1462/1932, wo es der Sache nach aber um die Frage einer Verletzung des Art 4 B-VG ging. Zu diesem s noch unten bei 5.4.4.4 (= 252). Ähnlich auch VfSlg 8161/1977 (länderweise unlässigkeit des Vergleichs auch explizit auf das bundesstaatliche Grundprinzip.[1078] Diese Ansicht des VfGH wird in der Lehre weitgehend geteilt und wenig problematisiert.[1079]

Vom Ergebnis her ist dies überzeugend; fraglich ist aber, wie dieses Ergebnis zu begründen ist. Der VfGH hält sich diesbezüglich eher bedeckt.[1080] In der Literatur wird die Rsp etwa so verstanden, dass der verfassungsrechtlichen Vorgabe der Bundesstaatlichkeit mit Blick auf den Gleichheitssatz dadurch Folge geleistet wird, dass die bundesstaatliche Organisation Österreichs schon die Vergleichbarkeit verschiedener landesrechtlicher Regelungen ausschließe.[1081] Der Gleichheitssatz verpflichte „die Landesgesetzgeber nur dazu, in *ihrem* Hoheits- und Wirkungsbereich Gleiches gleich und Ungleiches ungleich zu behandeln“[1082]. Verschiedene Sachverhalte oder Personengruppen seien also schon deswegen nicht wesentlich gleich, weil sie unter die Hoheit unterschiedlicher Landesrechtsetzer fallen.

Diese Argumentation ist nicht restlos überzeugend. Es ist nämlich kein Spezifikum des Gleichheitssatzes, dass er die föderalen Hoheitsträger nur innerhalb ihres jeweiligen Kompetenzbereichs bindet, sondern gilt für alle verfassungsrechtlichen Anordnungen gleichermaßen: Auch andere Grundrechte oder Staatszielbestimmungen können die föderalen Hoheitsträger nur dazu verpflichten, Handlungen innerhalb ihres Kompetenzbereichs zu setzen (oder zu unterlassen); denn

---

terschiedliche Situationen für den Rechtsunterworfenen liegen im „Wesen der bundesstaatlichen Aufteilung von Gesetzgebungs- und Vollziehungszuständigkeiten“).

1078 VfSlg 8247/1978; VfSlg 9116/1981; aktuell zB VfGH 20.06.2015, E 163/2014.

1079 Zum Beispiel *Mayer/Kucsko-Stadlmayer/Stöger,* Bundesverfassungsrecht Rz 1356; *Öhlinger/Eberhard*, Verfassungsrecht Rz 802 (unterschiedliche Regelungen sind einem föderalen System „immanent“); *Berka* in Kneihs/Lienbacher, Art 7 B-VG Rz 62; *Holoubek* in Korinek/Holoubek, Art 7 B-VG Rz 152; *Berka/Binder/Kneihs*, Grundrechte 543 f sprechen nur davon, dass der VfGH davon ausgeht, dass derartige Regelungen „nicht gleichheitswidrig“ sind.

1080 Zum Beispiel VfSlg 14.846/1997: „Dazu genügt es, auf die ständige Rechtsprechung des Verfassungsgerichtshofes hinzuweisen, der zufolge das bundesstaatliche Prinzip die Anwendung des Gleichheitssatzes auf das Verhältnis der Regelungen verschiedener Gesetzgeber, so hier des Bundesgesetzgebers und eines Landesgesetzgebers, zueinander ausschließt“, unter Hinweis auf VfSlg 8161/1977 (länderweise verschiedene Rechtslagen liegen „im Wesen der bundesstaatlichen Aufteilung von Gesetzgebungs- und Vollziehungszuständigkeiten“) und VfSlg 9116/1981 (bundesstaatliches Prinzip schließe „die Anwendung des Gleichheitssatzes auf das Verhältnis der Regelungen verschiedener Gesetzgeber, so hier des Bundesgesetzgebers und eines Landesgesetzgebers, zueinander“ aus); in letztgenannter Entscheidung wird wiederum auf VfSlg 7038/1973 („die verfassungsgesetzlich verankerte Gesetzgebungshoheit der Bundesländer“ räume diesen „im Rahmen der verfassungsgesetzlichen Bestimmungen volle Gestaltungsfreiheit in materiellrechtlicher und verfahrensrechtlicher Hinsicht ein“; es sei „daher verfassungsgesetzlich nicht ausgeschlossen [...], daß auf einem Sachgebiet [zB wie hier dem Straßenrecht] sowohl im Vergleich zu anderen Bundesländern als auch im Vergleich zum Bund verschiedenartige Regelungen getroffen werden) und VfSlg 8247/1978 (das bundesstaatliche Prinzip schließe „die Anwendung des Gleichheitssatzes auf das Verhältnis der Regelungen verschiedener Gesetzgeber zueinander aus“ – inkl Hinweis auf VfSlg 7038/1973, also die gerade zuvor genannte Entscheidung).

1081 *Pöschl*, Gleichheit 206; weiters zB *Bußjäger*, JBl 2007, 292 f; *Khakzadeh* in Kahl ea, Art 7 B-VG Rz 40.

1082 *Pöschl*, Gleichheit 206 f bzw FN 7 (Hervorhebung im Original). Ähnlich auch *Holoubek* in Korinek/Holoubek, Art 7 B-VG Rz 152; *Pöschl* in Merten/Papier/Kucsko-Stadlmayer, Handbuch Rz 55.

dort, wo den föderalen Hoheitsträgern keine Kompetenz zukommt, können sie auch nicht tätig werden. Es wäre daher sinnlos, sie in diesem Bereich zur Einhaltung bestimmter Vorgaben zu verpflichten. Eine über die bestehende Kompetenzverteilung hinausgehende Bindung kann nur dann erfolgen, wenn gleichzeitig die Kompetenzverteilung abgeändert wird, was aber verfassungsrechtliche Handlungsverpflichtungen idR nicht tun.[1083] Bei der hier zu beantwortenden Frage geht es aber ja auch nicht um die *Reichweite* der Bindung des Gleichheitssatzes, sondern um den Prüfungsmaßstab, also den *Inhalt* des Gleichheitssatzes.

Gewissermaßen spezifisch für den Gleichheitssatz ist, dass bei der Beurteilung des Vorliegens einer Verletzung des Gleichheitssatzes meist ein Vergleich zwischen verschiedenen tatsächlich geltenden oder hypothetischen Normen angestellt wird. Dieser Vergleich stützt sich im Wesentlichen darauf, dass Art 7 B-VG gebietet, dass alle Staatsbürger:innen vor dem Gesetz gleich sind. Allein daraus lässt sich ebenso wenig ableiten, dass ein Vergleich zwischen verschiedenen Landesrechtsordnungen per se unzulässig sein soll, wie sich daraus ergibt, dass die Gleichbehandlung nur im Rahmen *eines* Gesetzes gelten soll, Ungleichbehandlungen, die durch das Zusammenspiel verschiedener Gesetzgebungsakte erfolgen, aber zulässig seien. Viel eher legt die Formulierung in Art 7 B-VG das Gegenteil nahe, schließlich liegt der Norm ein auf das betroffene Rechtssubjekt zentrierter Ansatz zu Grunde.[1084] Eine Ungleichbehandlung liegt also dann vor, wenn ein Rechtssubjekt im Vergleich zu einem anderen Rechtssubjekt durch ein oder mehrere Gesetze ungleich behandelt wird. Das Anstellen eines Vergleiches setzt ja auch nicht zwingend voraus, dass der Gesetzgeber befugt ist, jene Maßnahme zu setzen, mit der seine eigene verglichen wird.

Auch bei der Beurteilung der Erforderlichkeit eines gesetzgeberischen Eingriffs in Grundrechte, die unter Gesetzesvorbehalt stehen, wird ein Vergleich mit anderen geltenden oder hypothetischen Normen angestellt. Besteht ein im Vergleich zum eingreifenden Gesetz gelinderes Mittel zur Erreichung des durch den Eingriff angestrebten Ziels, so ist der Eingriff eine Grundrechtsverletzung. Oben wurde nun diskutiert, ob bei dieser Prüfung nur jene Mittel als gelindere Mittel zu beurteilen sind, die der eingreifende Gesetzgeber selbst kompetenzkonform setzen kann.[1085] Dies wurde im Wesentlichen mit der Begründung verneint, dass andernfalls eine Unterwanderung des Grundrechtsschutzes durch eine entsprechende Ausgestaltung der Kompetenzverteilung möglich wäre.

Gleiches gilt – zumindest auf die Spitze getrieben – nun auch für die Beurteilung des Gleichheitssatzes. Schließt man die Möglichkeit eines Vergleiches zwischen verschiedenen Landesrechtsordnungen oder diesen und der Bundesrechts-

1083 Dazu oben bei 5.4.3.2 (= 227).
1084 Insb *Pöschl*, Gleichheit 881 f.
1085 Bei 5.4.3.2.3 (= 232).

ordnung bei der Gleichheitsprüfung kategorisch aus, so könnte der Verfassungsgesetzgeber die Kompetenzverteilung derart umgestalten, dass offensichtliche Gleichheitswidrigkeiten nicht mehr wegen Verstoßes gegen Art 7 B-VG verfassungswidrig werden. So etwa, indem er anordnet, dass der Bund für die Gesetzgebung zuständig sei, soweit Männer betroffen sind,[1086] während alle Angelegenheiten betreffend Frauen in die Kompetenzen der Länder fallen. Regelungen, die Männer betreffen, könnten dann nicht mehr mit Regelungen verglichen werden, die Frauen betreffen.

Das hier anhand eines Extrembeispiels verdeutlichte Argument trägt allerdings weniger stark, soweit es um die Vergleichbarkeit verschiedener Landesrechtsordnungen miteinander geht. Denn die Abgrenzung der Kompetenzbereiche der Länder voneinander folgt ja nicht sachlichen, sondern territorialen Gesichtspunkten.[1087] Wenn der Verfassungsgesetzgeber eine Kompetenz den Ländern zuordnet, dann ist es ja gerade der Sinn dieser Zuordnung, dass ein und dieselbe Sache in den verschiedenen Landesrechtsordnungen und damit in den jeweiligen Landesgebieten unterschiedlich geregelt werden können soll. Daraus muss man aber nach der hier vertretenen Ansicht nicht notwendigerweise die Konsequenz ziehen, dass ein Vergleich zwischen verschiedenen Landesrechtsordnungen bei der Gleichheitsprüfung von vorneherein unzulässig ist:

Es erscheint systematisch[1088] besser vertretbar, davon auszugehen, dass die Bundesstaatlichkeit – genauer: der Zweck der Kompetenzverteilung – eine sachliche Rechtfertigung für auftretende Ungleichbehandlungen im Verhältnis verschiedener Landesrechtsordnungen zueinander bzw zwischen Bundes- und Landesrechtsordnung darstellt. Diese sachliche Rechtfertigung gründet auf dem Zweck der Bundesstaatlichkeit und der Kompetenzverteilung, der in der Ermöglichung von Vielfalt besteht und damit auch nach der Zulässigkeit von Regelungsunterschieden (auch) bei im Wesentlichen gleicher Sachlage verlangt. Die angedachte sachliche Rechtfertigung ist ein Ausfluss des bundesstaatlichen Grundprinzips und daher im Rahmen einer systematischen Interpretation bei der Anwendung der verfassungsrechtlichen Norm des Art 7 B-VG jedenfalls zu berücksichtigen,

1086 Für die hier angestellte theoretische Überlegung ist es dabei unerheblich, wie eine solche Abgrenzung in der Praxis funktionieren sollte.

1087 Theoretisch wäre es aber auch denkbar, dass der Verfassungsgesetzgeber „asymmetrische" Kompetenzbestimmungen erlässt, die nur einem Land die Kompetenz zur Setzung bestimmter Handlungen verleihen, während die Kompetenz im Übrigen beim Bund verbleibt. So etwa, wenn dem Land Salzburg die Kompetenz zur Regelung aller Angelegenheiten betreffend das Forstwesen im Land Salzburg zugeordnet würde. Bei konsequenter Handhabung der in der hL vertretenen Ansicht zum hier diskutierten Problem dürften dann Regelungen im Bundesforstgesetz nicht mit jenen im Salzburger Forstgesetz verglichen werden.

1088 Insb mit Blick auf die oben angestellten Überlegungen zur „Vorwerfbarkeit" gelinderer Mittel, die nicht in den Kompetenzbereich eines Hoheitsträgers fallen, bei 5.4.3.2.3 (= 232). Vgl aber auch die *Pöschl* in Merten/Papier/Kucsko-Stadlmayer, Handbuch Rz 43, die darauf hinweist, dass sich Ermächtigungen zur Differenzierung auch aus dem Verfassungsrecht ergeben können (dabei nimmt sie insb auf Grundrechte des StGG Bezug).

mit dem Ergebnis, dass Ungleichbehandlungen durch verschiedene Landesrechtsordnungen nicht schon allein auf Grund der Tatsache, dass es sie gibt, gleichheitswidrig sind. Das schließt es freilich nicht aus, die einzelnen landesrechtlichen Normen darüber hinausgehend und ohne Anstellung eines Vergleichs zu anderen Landesrechtsordnungen auf ihre Übereinstimmung mit dem Gleichheitssatz zu prüfen, so etwa im Lichte des oben kurz angesprochenen allgemeinen Sachlichkeitsgebots.[1089]

Außerdem hat die hier angedachte Möglichkeit einer mit dem Zweck der Kompetenzverteilung und dem bundesstaatlichen Grundprinzip begründeten sachlichen Rechtfertigung der angesprochenen Ungleichbehandlungen das Potential, die oben kurz skizzierten Fälle, in denen der Verfassungsgesetzgeber die Kompetenzverteilung zur Aushöhlung des Gleichheitssatzes umgestaltet, adäquat zu behandeln. Wenn nämlich der Verfassungsgesetzgeber die Kompetenzverteilung nicht ändert, um den bundesstaatlichen Grundgedanken der Vielfalt zu verwirklichen, sondern lediglich die Anwendbarkeit des Gleichheitssatzes ausschließen möchte, dann fällt auch die sachliche Rechtfertigung der Ungleichbehandlung für diesen Bereich weg. Alle sich auf einen derartigen Kompetenztatbestand – im obigen Beispiel etwa die Bundeskompetenz für „Männerangelegenheiten" – stützenden Akte wären daher potentiell gleichheitswidrig, sofern die bewirkten Ungleichbehandlungen nicht durch andere als in der Kompetenzverteilung gelegene sachliche Gründe gerechtfertigt werden können. Der Wegfall der aus der bundesstaatlichen Kompetenzverteilung resultierenden sachlichen Rechtfertigung resultiert dabei, das sei nochmals hervorgehoben, nicht etwa aus einer im Vergleich zu den Kompetenzbestimmungen bestehenden „Höherrangigkeit" des Gleichheitssatzes, sondern einfach daraus, dass Kompetenzbestimmungen, die nur das Ziel haben, den Gleichheitssatz auszuhöhlen, nicht dem Schutz des bundesstaatlichen Grundprinzips unterliegen. Im Ergebnis würde dies bedeuten: Sich auf den Gleichheitssatz aushöhlende Kompetenzbestimmungen – im Beispiel: Bundeszuständigkeit für Männer, Landeszuständigkeit für Frauen – stützende Rechtsakte können unmittelbar auf Grund des Vergleichs mit anderen derartigen Rechtsakten (eines anderen Hoheitsträgers) gleichheitswidrig sein, weil sie nicht von der Rechtfertigung durch das bundesstaatliche Grundprinzip profitieren. Die Kompetenzbestimmungen selbst stehen im selben Rang wie der Gleichheitssatz und sind daher nicht gleichheitswidrig.[1090] Dass es im Einzelfall schwierig sein mag nachzuweisen, dass eine Kompetenzbestimmung der Aushöhlung des Gleichheitssatzes dient, vermag die hier vertretene Ansicht nicht zu entkräften. Ein Anhaltspunkt dafür, dass eine Kompetenzbestimmung nicht die Verwirk-

1089 So auch *Holoubek* in Korinek/Holoubek, Art 7 B-VG Rz 152.

1090 In derartigen Fällen wäre es aber naheliegend, dass andere Grundprinzipien – wie zB das rechtsstaatliche Grundprinzip – der Erlassung solcher Kompetenzbestimmungen entgegenstehen.

lichung bundesstaatlicher Ziele, sondern eine Aushöhlung des Gleichheitssatzes zum Ziel hat, kann sein, dass wie im Beispiel bei der Kompetenzabgrenzung an eines der in Art 7 Abs 1 B-VG genannten verpönten Diskriminierungsmerkmale angeknüpft wird.

Abgesehen von der gerade diskutierten Konstellation, in welcher die Kompetenzverteilung gerade den Zweck verfolgt, den Gleichheitssatz auszuhöhlen, trägt die hier vorgeschlagene, durch das bundesstaatliche Grundprinzip vermittelte Rechtfertigung länderweise unterschiedlicher Regelungen aber immer. Es kommt für die Rechtfertigung auch nicht auf den Vergleich mit einer anderen Bezugsgröße – etwa der Regelung eines anderen Landes oder des Bundes – an, sondern eben allein darauf, dass die Regelung eine Verwirklichung der in der bundesstaatlichen Kompetenzverteilung angelegten bundesstaatlichen Vielfalt darstellt.

Es bleibt somit festzuhalten, dass die Ermöglichung von Unterschieden in der Rechtsetzung ein wesentliches Ziel der österreichischen Bundesstaatlichkeit und eine Konsequenz der Kompetenzverteilung und damit auch Bestandteil des bundesstaatlichen Grundprinzips ist. Das bundesstaatliche Grundprinzip ist insofern bei der Auslegung des Art 7 B-VG zu berücksichtigen und bietet eine verfassungsrechtliche Rechtfertigung für Ungleichbehandlungen im Bundesstaat.[1091]

Daraus ergibt sich im Übrigen auch kein Widerspruch zu dem oben zur Unbeachtlichkeit der Kompetenzverteilung bei der Beurteilung der Erforderlichkeit eines Grundrechtseingriffes Gesagten:[1092] Dort (und auch hier für die Annahme der Vergleichbarkeit verschiedener Landesrechtsordnungen) ging es um die Frage, ob die Kompetenzverteilung an sich die im Rahmen der anzustellenden Vergleiche[1093] heranziehbaren hypothetischen oder tatsächlichen Maßnahmen auf jene beschränken kann, die innerhalb der Kompetenzen des betroffenen Hoheitsträgers liegen. Dies wurde in beiden Fällen verneint. Im Zusammenhang unterschiedlicher Regelungen gleicher Sachverhalte durch die Länder geht es aber um die Konsequenz der Kompetenzverteilung, nämlich um die konkrete Kompetenzausübung durch die Länder. Aus der tatsächlichen Kompetenzausübung eines Landes darf nun aber nicht „automatisch" auf die Gleichheitswidrigkeit der tatsächlichen Kompetenzausübung eines anderen Landes geschlossen werden. An der grundsätzlichen Vergleichbarkeit der Regelungen ändert dies aber nach der hier vertretenen Ansicht nichts.

1091 Nicht berührt wird dadurch die Verpflichtung des Bundes- und der Landesgesetzgeber, in sich sachliche Regelungen zu treffen; dazu *Bußjäger*, JBl 2007, 294.

1092 Bei 5.4.3.2.3 (= 232).

1093 Beim Gleichheitssatz bei der Gleichheitsprüfung; bei Grundrechten unter Gesetzesvorbehalt im Rahmen des Vergleichs einer eingreifenden Maßnahme mit gelinderen Mitteln.

5.4.4.3 Bundesstaatliche Vielfalt und andere Gleichheitsgarantien

Es erscheint grundsätzlich unproblematisch, die gerade angestellten Überlegungen auf andere verfassungsrechtliche Gleichheitsgarantien zu übertragen, sofern diese nicht, wie etwa Art 4 B-VG, selbst einen spezifisch auf den Bundesstaat zugeschnittenen Inhalt haben.[1094] Allerdings ist fraglich, inwiefern die durch das bundesstaatliche Grundprinzip bewirkte Rechtfertigung bestimmter Ungleichbehandlungen im Bundesstaat auch bei jenen Gleichheitsgarantien zum Tragen kommt, die ihren Ursprung nicht im österreichischen Verfassungsrecht haben, gleichwohl aber von den österreichischen föderalen Hoheitsträgern zu beachten sind.

Zu denken ist dabei etwa an Art 14 EMRK[1095] und Art 20 GRC.[1096] Hinsichtlich der EMRK stellt sich diese Frage, weil es sich dabei (auch) um einen völkerrechtlichen Vertrag handelt. Während also bei der Auslegung von Art 14 EMRK als Norm des nationalen österreichischen Verfassungsrechts nichts dagegen spricht, das bundesstaatliche Grundprinzip als Basis für die Rechtfertigung bestimmter Ungleichbehandlungen heranzuziehen, stellt sich die Frage, ob auch der EGMR verpflichtet wäre, Art 14 EMRK im Lichte der österreichischen Bundesstaatlichkeit auszulegen – und insoweit zu relativieren. Ob die landesweit unterschiedliche Regelung ähnlicher Sachverhalte eine Diskriminierung iSd Art 14 EMRK darstellen kann, ist fraglich:

Nach Art 14 EMRK ist nicht jede Ungleichbehandlung bei der Ausübung eines Konventionsrechts[1097] konventionswidrig, sondern nur solche, die an ein „verpöntes" Merkmal anknüpfen. Art 14 EMRK selbst nennt einige verpönte Merkmale, allerdings ist die dortige Aufzählung nur demonstrativ.[1098] Dass die Aufzählung der verpönten Merkmale nicht abschließend ist, führt aber nicht dazu, dass sämtliche irgendwie gearteten Ungleichbehandlungen nicht mit Art 14

1094 Zu diesem gleich unten bei 5.4.4.4 (= 252).

1095 Relevant ist grundsätzlich auch das 12. ZP MRK, das ein allgemeines Diskriminierungsverbot enthält; dieses wurde aber von Österreich noch nicht ratifiziert (Stand 27.12.2021).

1096 Dazu aus unionsrechtlicher Perspektive sowie unter Berücksichtigung anderer Gleichheitsgarantien des Unionsrechts ausführlich bei 9.2 (= 393).

1097 Damit die „Ausübung" eines Konventionsrechts durch eine staatliche Maßnahme beeinträchtigt wird, muss die staatliche Maßnahme dieses Konventionsrecht weder verletzen noch in den Schutzbereich des Rechtes eingreifen; es muss lediglich einen Zusammenhang zwischen der Maßnahme und dem fraglichen Konventionsrecht geben; dazu *Grabenwarter/Pabel*, EMRK § 26 Rz 5; *Peters/König* in Dörr/Grote/Marauhn, Art 14 EMRK Rz 31 ff; *Sauer* in Karpenstein/Mayer, Art 14 EMRK Rz 16 ff; *Peukert* in Frowein/Peukert, Art 14 EMRK Rz 3 ff; *Meyer-Ladewig/Lehner* in Meyer-Ladewig/Nettesheim/von Raumer, Art 14 EMRK Rz 5 ff; *Schweizer* in Pabel/Schmahl, Art 14 EMRK Rz 47 ff; EGMR 13.06.1979, Marckx/Belgium, 6833/74.

1098 Was sich aus der Verwendung des Wortes „insbesondere" vor der Aufzählung ergibt; so auch *Grabenwarter/Pabel*, EMRK § 26 Rz 11; *Sauer* in Karpenstein/Mayer, Art 14 EMRK Rz 26; *Peukert* in Frowein/Peukert, Art 14 EMRK Rz 13; *Meyer-Ladewig/Lehner* in Meyer-Ladewig/Nettesheim/von Raumer, Art 14 EMRK Rz 16; *Schweizer* in Pabel/Schmahl, Art 14 EMRK Rz 76; vgl auch *Peters/König* in Dörr/Grote/Marauhn, Art 14 EMRK Rz 194 ff; aA *Sachs*, ZÖR 1984, 333 ff.

EMRK in Einklang stehen. Nach überzeugender Auffassung muss die Vornahme einer Differenzierung bei der Ausübung eines Konventionsrechts, damit sie unter Art 14 EMRK fällt, einen personalen Bezug aufweisen.[1099] Ein personaler Bezug liegt nach *Pöschl* dann vor, wenn die differenzierenden Merkmale solche sind, die vom Betroffenen nicht oder nicht zumutbar beeinflusst werden können und für seine Identität prägend sind.[1100] Als derartiges Merkmal kann zB der Wohnsitz einer Person[1101] oder die Lage ihres Eigentums[1102] qualifiziert werden.[1103] Insofern könnte es etwa eine von Art 14 EMRK erfasste Diskriminierung darstellen, wenn ein Land Stipendien nur an Landesbürger:innen bzw Personen mit Wohnsitz im jeweiligen Bundesland vergibt,[1104] es in anderen Ländern aber keine vergleichbaren Stipendien gibt.[1105] Ebenso könnte es problematisch sein, wenn in einem Land für Grundabtretungen eine wesentlich niedrigere Entschädigung ausgezahlt wird als für vergleichbare Grundabtretungen in einem anderen Land.

Aus Perspektive der EMRK wird in beiden genannten Fällen im Recht einer (einheitlichen) Vertragspartei an den Wohnsitz einer Person bzw an die Lage ihres Eigentums angeknüpft, mit jeweils unterschiedlichen Konsequenzen für die Ausübung eines EMRK-Rechtes.[1106] Anzumerken ist dabei, dass weder die Rechtslage in dem einen noch jene im anderen Land für sich genommen konventionswidrig sein muss,[1107] damit Art 14 EMRK anwendbar ist. Bereits die unterschiedliche – jeweils aber für sich genommen konventionskonforme – Behandlung ähnlicher Fälle kann im Lichte des Art 14 EMRK konventionswidrig sein.[1108]

1099 Wie sich insb aus einem Vergleich mit den explizit genannten Differenzierungsmerkmalen ergibt; vgl dazu *Pöschl*, Gleichheit 629, 647 f mwN.

1100 *Pöschl*, Gleichheit 647.

1101 EGMR 23.10.1990, Darby/Sweden, 11581/85; EGMR 23.07.1968, Case „Relating to certain aspects of the laws in the use of languages in Belgium“/Belgium, 1474/62 et al.

1102 Auch die Lage des Eigentums kann in manchen Fällen – insb, wenn es um Liegenschaften geht – in nicht zumutbarerweise beeinflusst werden.

1103 Ähnlich die Konstellation in VfSlg 19.904/2014, wo es ua um die Frage der Vereinbarkeit des Wiener Leichen- und Bestattungsgesetzes mit Art 14 EMRK ging; in diesem Gesetz wurden für Leichen von in Wien verstorbenen oder tot aufgefundenen Personen besondere „Unterbringungsvorschriften“ angeordnet.

1104 Personen, die ihren Hauptwohnsitz im jeweiligen Land haben, sind verfassungsunmittelbar auf Grund von Art 6 Abs 2 B-VG Landesbürger:innen des jeweiligen Landes; ob auch ein „einfacher“ Wohnsitz im Land die Landesbürgerschaft begründet, ist nach Art 6 Abs 2 B-VG im jeweiligen Landesrecht festzulegen.

1105 Die Anwendbarkeit von Art 14 EMRK auf einen derartigen Fall ist nicht davon abhängig, ob ein Stipendium nach der EMRK (etwa auf Grund von Art 8 EMRK oder Art 1 1.ZP EMRK) verpflichtend zu zahlen ist, sondern bereits dann gegeben, wenn der Staat freiwillig eine Leistung gewährt, die in Zusammenhang mit einem EMRK-Recht steht; so auch *Grabenwarter/Pabel*, EMRK § 26 Rz 6.

1106 In beiden Fällen wäre hier an das Eigentumsrecht aus Art 1 1.ZP EMRK zu denken.

1107 Die EMRK verlangt grundsätzlich nicht danach, dass Stipendien gewährt werden, und Art 1 1. ZP EMRK lässt den Vertragsparteien bei der Festsetzung der Höhe der Entschädigung für Enteignungen einen Ermessensspielraum.

1108 Vgl *Grabenwarter/Pabel*, EMRK § 26 Rz 4 f.

Allerdings können unter Art 14 EMRK fallende Diskriminierungen gerechtfertigt werden;[1109] dabei kommt den Vertragsparteien der EMRK ein weiter Ermessensspielraum zu.[1110] Wie bei der Prüfung der Verhältnismäßigkeit von Eingriffen in die unter (materiellem) Gesetzesvorbehalt stehenden Grundrechte der EMRK verlangt der EGMR zur Rechtfertigung einer Diskriminierung die Verfolgung eines angemessenen Ziels, das durch die diskriminierende Maßnahme auch erreicht werden muss.[1111] Es kommt somit bei der Frage der Vereinbarkeit einer Diskriminierung mit Art 14 EMRK zu einer Verhältnismäßigkeitsprüfung.

Das Spezifische an der hier diskutierten Konstellation ist, dass die Diskriminierung, die durch länderweise unterschiedliche Regelungen bewirkt werden kann, für sich genommen kein Ziel hat; die Diskriminierung wird ja durch zwei unterschiedliche Landesrechtsetzer bewirkt, die idR kein gemeinsames Ziel verfolgen. Wenn also etwa das Land Steiermark Landesbürger:innen ein Stipendium gewährt, das Land Kärnten aber nicht, dann liegt der aus den unterschiedlichen Regelungen entstehenden Unterscheidung kein gemeinsam verfolgtes rechtfertigendes öffentliches Interesse zu Grunde.[1112] Die Diskriminierung ist vielmehr Folge einer innerstaatlichen organisationsrechtlichen Entscheidung, nämlich jener zu Gunsten der Bundesstaatlichkeit und ihrer Realisierung in den Landesrechtsordnungen.

Die Realisierung einer bestimmten innerstaatlichen Organisationsform stellt bei den Grundrechten der EMRK, die unter explizitem materiellem Gesetzesvorbehalt stehen, keine ausreichende Rechtfertigung für einen Eingriff in die entsprechenden Grundrechte dar; die materiellen Gesetzesvorbehalte verlangen nach der Verfolgung explizit genannter materieller öffentlicher Interessen durch eingreifende Maßnahmen. Solche materiellen öffentlichen Interessen sind etwa

---

1109 *Pöschl*, Gleichheit 649 ff; *Sauer* in Karpenstein/Mayer, Art 14 EMRK Rz 32 ff; *Peters/König* in Dörr/Grote/Marauhn, Art 14 EMRK Rz 217 ff; *Schweizer* in Pabel/Schmahl, Art 14 EMRK Rz 38 ff, 64 ff.

1110 Vgl *Pöschl*, Gleichheit 632 mwN; *Walter/Vordermayer* in JBÖR 2015, 150 ff; *Sauer* in Karpenstein/Mayer, Art 14 EMRK Rz 38; *Meyer-Ladewig/Lehner* in Meyer-Ladewig/Nettesheim/von Raumer, Art 14 EMRK Rz 12; allgemein zum Konzept des margin of appreciation *Reid*, Guide Rz 3-004; zur strengeren Prüfung durch den EGMR bei bestimmten Diskriminierungsmerkmalen *Peters/König* in Dörr/Grote/Marauhn, Art 14 EMRK Rz 225 ff.

1111 Zum Beispiel EGMR 23.10.1990, Darby/Sweden, 11581/85; dazu *Grabenwarter/Pabel*, EMRK § 26 Rz 14 ff.

1112 Auch wenn ein rechtfertigendes Ziel in solchen Konstellationen durchaus denkbar wäre: Würde etwa der Bund nur den Ansässigen eines bestimmten Bundeslandes ein Stipendium gewähren, dann könnte er damit das Ziel verfolgen, den dortigen Bildungsstandort zu stärken; dass es nur in Wien eine „U-Bahn-Steuer“ gibt, lässt sich durch die Tatsache rechtfertigen, dass es in den anderen Bundesländern (bzw Gemeinden) keine U-Bahn gibt. Der EGMR erachtet regionale Unterscheidungen für zulässig bzw als denkbare rechtfertigende Interessen, soweit es tatsächliche regionale Unterschiede gibt, die sich mit der vorgenommenen Unterscheidung sachlich verknüpfen lassen, so zB, wenn in einer Region die Mehrheitssprache zur Amtssprache erklärt wird, in einer anderen hingegen eine andere (Mehrheits-)Sprache; vgl EGMR 23.07.1968, Case „Relating to certain aspects of the laws in the use of languages in Belgium“/Belgium, 1474/62 et al.

die nationale Sicherheit, die öffentliche Ruhe und Ordnung, das wirtschaftliche Wohl des Landes etc.

Dass die Realisierung einer bestimmten innerstaatlichen Organisationsform bei den unter expliziten materiellen Gesetzesvorbehalten stehenden Grundrechten der EMRK nicht als rechtfertigendes Ziel herangezogen werden kann, bedeutet aber noch nicht zwingend, dass dies auch bei der Beurteilung der Rechtmäßigkeit einer Diskriminierung im Lichte des Art 14 EMRK zutrifft: Denn für dieses Grundrecht findet sich gerade kein expliziter Gesetzesvorbehalt. Nun könnte man die Systematik der Gesetzesvorbehalte der EMRK ins Treffen führen, die sich aus einer Gesamtschau aller materiellen Gesetzesvorbehalte ergibt, und daraus schließen, dass die Entscheidung für eine innerstaatliche Organisationsform gerade nicht rechtfertigend wirken kann. Ebenso könnte man aber auch vertreten, dass die bei Art 14 EMRK möglichen Rechtfertigungen über das hinausgehen, was in den materiellen Gesetzesvorbehalten verankert ist; insofern könnte dann auch eine aus der bundesstaatlichen Organisationsform resultierende Diskriminierung als gerechtfertigt und daher in Einklang mit Art 14 EMRK stehend anzusehen sein.

Bei der Beurteilung der Frage, ob die Entscheidung für eine bestimmte innerstaatliche Organisationsform – hier: den Bundesstaat – eine Diskriminierung iSd Art 14 EMRK rechtfertigen kann, ist auch zu veranschlagen, dass der EGMR den Vertragsparteien bei der Entscheidung, ob ein unterscheidendes Merkmal eine Diskriminierung rechtfertigen kann, tendenziell einen weiten Ermessensspielraum einräumt.[1113] Dies würde eher dafür sprechen, auch die Bundesstaatlichkeit als Rechtfertigung zu akzeptieren. Gleichzeitig bestünde bei einer derartigen Auslegung von Art 14 EMRK erhebliches Missbrauchspotential. Eine Vertragspartei der EMRK könnte ihre Staatsorganisation so ändern, dass bestimmte sprachliche, ethnische oder religiöse Minderheiten als „Land“ zusammengefasst und dann anders behandelt werden.

Bei einem solchen Missbrauchsversuch läge aber im Ergebnis wieder eine Anknüpfung an eines der explizit genannten verpönten Differenzierungsmerkmale vor. Im Übrigen lässt sich die Behauptung der „missbräuchlichen“ Untergliederung Österreichs in Länder durch die historische Entwicklung des österreichischen Bundesstaates genauso entkräften wie durch die Tatsache, dass die Länder eben nicht anhand ethnischer (bzw „rassischer“) oder anderer, nach Art 14

1113 Vgl *Grabenwarter/Pabel*, EMRK § 26 Rz 16; *Peters/König* in Dörr/Grote/Marauhn, Art 14 EMRK Rz 228 ff; *Pöschl*, Gleichheit 632 mwN; *Sauer* in Karpenstein/Mayer, Art 14 EMRK Rz 38; *Meyer-Ladewig/Lehner* in Meyer-Ladewig/Nettesheim/von Raumer, Art 14 EMRK Rz 12; allgemein zum Konzept des margin of appreciation *Reid*, Guide Rz 3-004.

EMRK explizit verpönter Merkmale abgegrenzt werden, sondern nach im Wesentlichen historisch bedingten territorialen Gesichtspunkten.[1114]

Der EGMR selbst hat sich, soweit ersichtlich, einmal (kurz) zur hier diskutierten Frage geäußert und geht dort davon aus, dass föderal bedingte Ungleichheiten nicht per se gegen Art 14 EMRK verstoßen.[1115] Im Lichte dessen, dass die Bundesstaatlichkeit nach Ansicht vieler auch der Stärkung von Demokratie und Freiheit dient[1116] und es eine grundlegende Entscheidung eines Staates ist, sich bundesstaatlich zu organisieren, spricht viel dafür, dass der EGMR den Vertragsparteien diesbezüglich auch weiterhin Ermessensspielraum zugesteht und Art 14 EMRK nicht als Schranke für bundesstaatliche Vielfalt auslegen wird. Zwingend ist dieses Ergebnis aber auf Basis der EMRK nicht; der Charakter der EMRK als völkerrechtlicher Vertrag würde eher dafür sprechen, Normen des innerstaatlichen Organisationsrechtes nicht als Rechtfertigung für eine Vertrags- bzw Konventionsverletzung gelten zu lassen.[1117] Bei einer derartigen Auslegung hätte Art 14 EMRK potentiell gravierende Auswirkungen auf die Bundesstaatlichkeit.[1118] Hinzuweisen ist auch darauf, dass sich ähnliche Fragen im Zusammenhang mit dem 12. ZP der EMRK stellen, das in Art 1 ein allgemeines Diskriminierungsverbot enthält. Allerdings wurde das 12. ZP von Österreich bisher nicht ratifiziert.

Ein ähnliches Problem gibt es auch bei der GRC. Bei dieser handelt es sich um Unionsrecht im Rang von Primärrecht. Im Gegensatz zu Art 14 EMRK normiert allerdings Art 20 GRC einen allgemeinen Gleichheitssatz, nach dem alle Personen vor dem Gesetz gleich sind. Zwar handelt es sich dabei um Unionsrecht, das nur in den Grenzen des Art 51 Abs 1 GRC und damit (auch) bei der Durchführung des Unionsrechts durch die Mitgliedstaaten zur Anwendung kommt. Allerdings geht der VfGH bekannter Maßen seit VfSlg 19.632/2012 davon aus, dass Grundrechte der GRC, die strukturell und inhaltlich ein Äquivalent zu (nationalen österreichischen) verfassungsgesetzlich gewährleisteten Rechten darstellen, im

1114 Im Übrigen ist eine Gliederung eines Bundesstaates nach solchen Gesichtspunkten durch die EMRK nicht ausnahmslos verboten; vgl schon oben in FN 1112 (= 248).

1115 EGMR 03.06.2008, Siveri et Chinelli/Italy, 13148/04: „la Cour note que la possibilité qu'une région règlemente certaines matière de manière différente par rapport à d'autres régions ou à l'administration centrale est une conséquence inévitable de l'autonomie législative reconnue aux régions. Elle ne saurait, en tant que telle, être constitutive d'une violation de l'article 14 de la Convention."

1116 Statt vieler zB *Pernthaler*, Bundesstaatsrecht 308 f; *Koja*, Staatslehre 347; *Weber, K.*, Kriterien 32 ff.

1117 Siehe dazu oben bei 3.2.2 (= 67).

1118 Die wiederum ua über Art 16 B-VG schlagend werden könnten: So könnte der Bund etwa dann, wenn die unterschiedliche Rechtslage in zwei oder mehreren Ländern gegen Art 14 EMRK verstößt, mittels Art 16 Abs 4 B-VG (temporär) eine einheitliche Rechtslage herbeiführen. Allerdings ist fraglich, ob eine derartige Handhabung des Art 16 Abs 4 B-VG mit dem im bundesstaatlichen Grundprinzip geschützten Grundsatz der Ermöglichung von Vielfalt vereinbar ist, insb, wenn der Bund von dieser Möglichkeit extensiv gebraucht macht. Gegen eine vereinzelte Heranziehung von Art 16 Abs 4 B-VG kann das bundesstaatliche Grundprinzip mE aber (noch) nicht ins Treffen geführt werden.

durch Art 51 Abs 1 GRC abgesteckten Anwendungsbereich des Unionsrechts Prüfungsmaßstab in verfassungsgerichtlichen Verfahren sein können. Art 20 GRC entspricht, abgesehen von seinem persönlichen Anwendungsbereich,[1119] Art 7 Abs 1 1. Satz B-VG und kann daher zumindest insoweit, als sich die persönlichen Anwendungsbereiche decken – wenn es also um Unionsbürger:innen geht[1120] – vom VfGH als Prüfungsmaßstab herangezogen werden.[1121] Würde der VfGH nun aber ein Gesetz am Maßstab des Art 20 GRC prüfen, so hätte er dabei die Rsp des EuGH zu beachten bzw diesen ggf im Rahmen eines Vorabentscheidungsverfahrens anzurufen, wenn Unklarheiten über die Auslegung des Art 20 GRC bestehen. Der VfGH dürfte das bundesstaatliche Grundprinzip bei der Prüfung einer Ungleichbehandlung im Lichte des Art 20 GRC nur dann als Rechtfertigung heranziehen, wenn der EuGH eine derartige Auslegung des Art 20 GRC für zulässig hält.

Nach der hier vertretenen Ansicht wäre der EuGH wiederum verpflichtet, dies zu tun, da er auf Grund der Pflicht zur Achtung der nationalen Identität der Mitgliedstaaten iSd Art 4 Abs 2 EUV bei der Auslegung des Art 20 GRC auch diesen Aspekt des österreichischen bundesstaatlichen Grundprinzips respektieren muss, wie weiter unten im Detail erörtert wird.[1122] Im Ergebnis wird also der VfGH auch bei der Prüfung von Rechtsakten im Lichte des Art 20 GRC das bundesstaatliche Grundprinzip (iVm Art 4 Abs 2 EUV) als sachliche Rechtfertigung für bestimmte, bundesstaatlich indizierte Ungleichbehandlungen heranziehen können.

1119 Art 7 Abs 1 1. Satz B-VG spricht von Staatsbürgerinnen und Staatsbürgern und ist unionrechtskonform auf Grund von Art 18 AEUV auch auf Unionsbürger:innen zu erstrecken; Art 20 GRC erfasst als Grundrechtsträger:innen alle Personen.

1120 Hier wird der persönliche Anwendungsbereich des Art 7 B-VG im Lichte des Art 18 AEUV auf Unionsbürger:innen erstreckt. Allerdings ist grundsätzlich fraglich, wie dies seit VfSlg 19.632/2012 zu beurteilen ist: Maßgeblicher Grund für die Erstreckung verfassungsgesetzlich gewährleisteter Staatsbürgerrechte auf Unionsbürger:innen war ja, dass ansonsten eine nach Art 18 AEUV unzulässige Diskriminierung auf Grund der Staatsbürgerschaft vorläge. Wenn sich Unionsbürger:innen nun aber vor dem VfGH auf den – inhaltlich äquivalenten – Art 20 GRC berufen könnten, dann wäre eine Erstreckung des persönlichen Anwendungsbereichs des Art 7 B-VG nicht mehr erforderlich. Dies setzt allerdings voraus, dass der VfGH das Bestehen der Äquivalenz von Art 20 GRC und Art 7 B-VG nicht allein schon deswegen verneint, weil die beiden Normen unterschiedliche persönliche Anwendungsbereiche haben, denn andernfalls könnten sich Unionsbürger:innen vor dem VfGH ja wiederum nicht auf Art 20 GRC berufen und wären damit auf Grund ihrer Staatsangehörigkeit diskriminiert.

1121 Dazu *Köchle/Pavlidis* in Holoubek/Lienbacher, Art 20 GRC Rz 53.

1122 Dazu ausführlich ab 9.2 (= 393). Würde der EuGH das bundesstaatliche Grundprinzip nicht als Rechtfertigung für bestimmte, bundesstaatlich indizierte Ungleichbehandlungen gelten lassen, so müsste man die Frage stellen, ob dann zwischen Art 20 GRC mit Art 7 Abs 1 1. Satz B-VG überhaupt noch strukturelle Äquivalenz iSd Judikatur des VfGH besteht. Dies wäre wohl zu verneinen, mit dem Ergebnis, dass der VfGH Art 20 GRC nicht als Prüfungsmaßstab heranziehen könnte – innerstaatliche Normen, zB Landesgesetze, die gegen Art 20 GRC verstießen, wären aber unionsrechtswidrig und unangewendet zu lassen.

5.4.4.4 *Bundesstaatliche Vielfalt und einheitliches Wirtschaftsgebiet*

Im vorliegenden Zusammenhang ist außerdem auf jene Bestimmungen des österreichischen Verfassungsrechts einzugehen, die nach wirtschaftlicher Einheitlichkeit im Bundesgebiet verlangen. An erster Stelle ist dazu Art 4 B-VG zu nennen, der in seinem Abs 1 anordnet, dass das Bundesgebiet ein „einheitliches Währungs-, Wirtschafts- und Zollgebiet" bildet. Abs 2 ordnet an, dass innerhalb des Bundesgebiets weder „Zwischenzolllinien" noch „sonstige Verkehrsbeschränkungen" errichtet werden dürfen. Diese Bestimmung war bereits im B-VG 1920 enthalten und wurde seither auch nicht geändert.

In enger Verbindung zu Art 4 B-VG stehen außerdem Art 7 Abs 4 und Art 8 Abs 4 F-VG: Nach Art 8 Abs 4 F-VG ist die Abgabenhoheit der Länder dadurch beschränkt, dass Abgaben, die die Einheit des Währungs-, Wirtschafts- und Zollgebietes verletzen oder in ihrer Wirkung Zwischenzolllinien oder sonstigen Verkehrsbeschränkungen gleichkommen, unzulässig sind. Art 7 Abs 4 F-VG räumt dem Bundesgesetzgeber eine Grundsatzgesetzgebungskompetenz ein, um Erschwerungen des Verkehrs oder der wirtschaftlichen Beziehungen zwischen den Ländern und Landesteilen zu verhindern.

Art 4 B-VG und die genannten Bestimmungen des F-VG können als besondere Ausprägung des Gleichheitsgrundsatzes verstanden werden:[1123] Es sind zwar auch Maßnahmen denkbar, die gegen Art 4 B-VG verstoßen, aber nicht als Gleichheitsproblem verstanden werden müssen, so etwa, wenn alle Länder gleichartige Verkehrsbeschränkungen oder „Abschottungsregelungen" erlassen würden. IdR wird aber eine Beeinträchtigung der Einheit des Wirtschaftsgebietes dadurch bewirkt werden, dass ein Land andere oder strengere Maßnahmen erlässt als die anderen Länder.

Als besondere Ausprägung des Gleichheitssatzes können die Verbote des Art 4 B-VG insofern verstanden werden, als sie im Gegensatz zum Gleichheitssatz die bundesstaatliche Organisation Österreichs explizit berücksichtigen und zum Regelungsgegenstand haben:[1124] Durch die genannten Bestimmungen sollen (auch) bestimmte Ausprägungen der bundesstaatlichen Vielfalt untersagt werden,[1125] nämlich insb solche, die die Einheit des Wirtschaftsgebiet beeinträchtigen würden. Als derartige Maßnahmen können nun va Maßnahmen mit starkem territorialem Bezug qualifiziert werden, wie etwa die Abgrenzung eines Landesgebietes durch Verkehrsbeschränkungen oder Einfuhrverbote.[1126] Da also in Art 4 B-VG

1123 Wenngleich sie, anders als der Gleichheitssatz, keinen vom Einzelnen durchsetzbaren Anspruch beinhalten; vgl dazu *Storr* in Kneihs/Lienbacher, Art 4 B-VG Rz 15.

1124 Auch *Azizi*, ÖJZ 1985 102 qualifiziert Art 4 B-VG als „spezielles Gleichheitsgebot".

1125 Den Gedanken andenkend, dass Art 4 B-VG auch jegliche regional differenzierte Regelung verbieten könnte, aber unter Verweis auf systematische Erwägungen sofort verwerfend *Azizi*, ÖJZ 1985, 100, 102.

1126 Vgl *Storr* in Kneihs/Lienbacher, Art 4 B-VG Rz 26.

explizit auf die bundesstaatliche Struktur Rücksicht genommen wird, kann hier nicht von einer durch das bundesstaatliche Grundprinzip bewirkten Rechtfertigung bundesstaatlicher (territorialer) Ungleichbehandlungen (insb durch die Landesgesetzgeber[1127]) ausgegangen werden. Entfällt aber diese Rechtfertigungsmöglichkeit, bedürfen (ungleiche) Regelungen, die die Einheit des Wirtschaftsgebietes betreffen, einer anderen sachlichen Rechtfertigung. In diese Richtung deutet auch die jüngere Judikatur des VfGH:

Zwar ging der VfGH in seiner älteren Rsp bei der Frage, ob Art 4 B-VG verletzt wird, noch allgemein davon aus, dass allein die Bundesstaatlichkeit bzw das Wesen des Bundesstaates das Bestehen unterschiedlicher landesrechtlicher Regelungen rechtfertige und eine Verletzung des Art 4 B-VG daher ausgeschlossen sei.[1128] In seiner neueren Judikatur prüft der VfGH aber eigens, ob eine landesrechtliche Maßnahme eine in Art 4 B-VG verpönte Maßnahme darstellt; dazu prüft er etwa, ob es durch die Maßnahme zu einer besonderen Behinderung des landesgrenzüberschreitenden Verkehrs komme[1129] oder eine Verkehrsbeschränkung „intendiert" sei.[1130] Ist dies nicht der Fall, so sind nach dem VfGH länderweise unterschiedliche Regelungen zulässig.[1131] Liegt hingegen eine Beschränkung vor, die grundsätzlich dem Verbot des Art 4 B-VG unterliegt,[1132] so kann es für diese nach der Judikatur des VfGH eine sachliche Rechtfertigung geben – diese ergibt sich aber nicht allein aus der vom bundesstaatlichen Grundprinzip grundsätzlich (außerhalb des Anwendungsbereichs des Art 4 B-VG) geforderten Notwendigkeit der Ermöglichung von Vielfalt im Bundesstaat.

Es bleibt damit festzuhalten, dass unter Art 4 B-VG fallende Maßnahmen – also solche, die die Einheit des Wirtschafts-, Währungs- und Zollgebietes beeinträchtigen oder als Zwischenzolllinien bzw Verkehrsbeschränkungen zu qualifizieren sind – nicht durch das bundesstaatliche Grundprinzip und die dadurch geschützte Zulässigkeit unterschiedlicher Regelungen gerechtfertigt werden können. Soweit die Einheit des Wirtschaftsgebietes es verlangt, werden dadurch auch die Bundes- und die Landesrechtsordnungen vereinheitlicht; bundesstaatliche Vielfalt wird ausgeschlossen. Allerdings gehen der VfGH und ein Teil der

1127 Auch der Bund bzw der Bundesgesetzgeber wird durch Art 4 B-VG verpflichtet; allerdings bedürfen territorial beschränkte Maßnahmen des Bundes (partikuläres Bundesrecht) bereits auf Grund von Art 7 B-VG einer besonderen Rechtfertigung; vgl dazu *Storr* in Kneihs/Lienbacher, Art 4 B-VG Rz 15.

1128 VfSlg 1462/1932; VfSlg 6755/1972.

1129 VfSlg 14.644/1996.

1130 VfSlg 11.979/1989.

1131 Zum Beispiel VfSlg 14.644/1996; VfSlg 12.939/1991; VfSlg 11.979/1989.

1132 Siehe dazu etwa VfSlg 17.777/2006, wo der VfGH eine Bestimmung des OÖ L-AWG zu beurteilen hatte, die ein Verbot der Ablagerung von (nicht-gefährlichen) Abfällen, die nicht in OÖ entstanden sind, in OÖ vorsah.

Lehre[1133] von einem sehr engen Anwendungsbereich des Art 4 B-VG aus, was dem Ausnahmecharakter der Bestimmung entspricht.

Fraglich ist noch, ob Art 4 B-VG selbst als Teil des bundesstaatlichen Grundprinzips zu qualifizieren ist. Dafür könnte sprechen, dass Art 4 B-VG für einen wichtigen Bereich eine Ausnahme von dem Grundsatz normiert, dass bundesstaatliche Vielfalt zulässig sein soll. Nachdem dieser Grundsatz, wie oben ausgeführt, selbst Teil des bundesstaatlichen Grundprinzips ist, wäre es sinnvoll, auch die Ausnahme vom Grundsatz als Teil des bundesstaatlichen Grundprinzips zu qualifizieren. Auch inhaltlich lässt es sich gut begründen, dass die Aufgabe der Einheit des Wirtschaftsgebiets, wie sie durch Art 4 B-VG geschützt wird, zu einer wesentlichen Veränderung des österreichischen Bundesstaates führen und daher eine nach Art 44 Abs 3 B-VG volksabstimmungspflichtige Gesamtänderung darstellen würde.[1134]

Fraglich ist aber, ob alle Details des Art 4 B-VG vom bundesstaatlichen Grundprinzip geschützt und daher nur erschwert abänderbar sind. Das könnte man etwa für die Gebote der Einheit des Zoll- und Währungsgebiets (inzwischen) mit Blick auf den gesamtändernden EU-Beitritt verneinen: Zwar wurde durch den EU-Beitritt der Grundsatz der Einheit des österreichischen Zoll- und Währungsgebietes nicht aufgegeben. Allerdings hat die Einheit des österreichischen Zoll- und Währungsgebietes durch die Eingliederung in die Zoll- und Währungsunion an Bedeutung verloren, da der EU in beiden dieser Bereiche ausschließliche Zuständigkeiten zukommt.[1135] Die Abschaffung von Art 4 B-VG in diesem Bereich würde daher in der Sache nicht zu einer Änderung führen – die Einheit des österreichischen Zoll- und Währungsgebietes wäre dennoch gewährleistet. Geht man davon aus, dass der durch Art 4 B-VG bewirkte Schutz der Einheit des Zoll- und Währungsgebietes vor dem EU-Beitritt zum Inhalt des bundesstaatlichen Grundprinzips gehört hat, so wurde dieser Inhalt durch den gesamtändernden Beitritt zur EU überlagert. Art 4 B-VG könnte daher – solange Österreich Mitglied der EU und insb auch der Währungsunion ist – hinsichtlich der Einheit der Zoll- und Währungsunion rechtmäßigerweise ohne Gesamtänderungsverfahren aufgehoben werden.[1136] Dies spricht dagegen, Art 4 B-VG als grundlegende politische und verfassungsmäßige Struktur iSd Art 4 Abs 2 EUV zu qualifizieren.

1133 *Storr* in Kneihs/Lienbacher, Art 4 B-VG Rz 16 ff mwN, 26.

1134 Auch *Storr* geht davon aus, dass Art 4 B-VG für den Verfassungsgesetzgeber „grundlegende Bedeutung“ hatte; *Storr* in Kneihs/Lienbacher, Art 4 B-VG Rz 5; allerdings erschließt sich dies ihm zufolge weniger aus der inhaltlichen Bedeutung der Bestimmung als aus ihrer prominenten Stellung am Anfang des B-VG.

1135 Vgl dazu *Storr* in Kneihs/Lienbacher, Art 4 B-VG Rz 27 f.

1136 Infolge eines EU-Austritts oder der Auflösung der EU wäre aber die Einheit des österreichischen Zoll- und Währungsgebietes verfassungsrechtlich sicherzustellen.

5.4.4.5 Ergebnis

Aus den vorangehenden Überlegungen lässt sich festhalten, dass sich die durch den Bundesstaat und die bundesstaatliche Kompetenzverteilung bedingte Regelungsvielfalt gegenüber verfassungsrechtlichen Gleichheitsgarantien idR durchzusetzen vermag. Dies resultiert nach Ansicht des VfGH aus dem bundesstaatlichen Grundprinzip. Dies spricht dafür, die durch die Bundesstaatlichkeit bewirkte Relativierung von Gleichheitsanforderungen als grundlegende politische und verfassungsmäßige Strukturen Österreichs iSd Art 4 Abs 2 EUV zu qualifizieren.

5.5 Zusammenfassung: Die bundesstaatliche Identität Österreichs

Im vorangehenden Kapitel wurden Aspekte der bundesstaatlichen Identität Österreichs iSd Art 4 Abs 2 EUV identifiziert. Um die grundlegenden politischen und verfassungsmäßigen Strukturen des österreichischen Bundesstaates zu ermitteln, wurde dazu auf die Rsp des VfGH und das durch Art 44 Abs 3 B-VG geschützte bundesstaatliche Grundprinzip sowie auf Charakterisierungen des österreichischen Bundesstaates in der vergleichenden Föderalismusforschung Bezug genommen. Auf diese Art wurden folgende Aspekte der bundesstaatlichen Identität identifiziert:

Der derzeitige Bestand der Länder kann als grundlegende politische und verfassungsmäßige Struktur iSd Art 4 Abs 2 EUV verstanden werden: Selbst wenn man – anders als hier – nicht davon ausgeht, dass der Bestand der Länder dem Schutz des bundesstaatlichen Grundprinzips unterliegt, so gibt das in Art 2 Abs 3 B-VG geregelte besondere Verfahren einen sehr starken Hinweis darauf, dass der Bestand der Länder innerhalb der österreichischen Verfassungsrechtsordnung einen besonderen Stellenwert hat.

Weiters wurden der Bundesrat und die mittelbare Bundesverwaltung als grundlegende verfassungsmäßige Strukturen iSd Art 4 Abs 2 EUV qualifiziert.

Aus den vorangehenden Überlegungen lässt sich festhalten, dass sich die durch den Bundesstaat und die bundesstaatliche Kompetenzverteilung bedingte Regelungsvielfalt gegenüber verfassungsrechtlichen Gleichheitsgarantien idR durchzusetzen vermag. Dies resultiert nach Ansicht des VfGH aus dem bundesstaatlichen Grundprinzip. Dies spricht dafür, die durch die Bundesstaatlichkeit bewirkte Relativierung von Gleichheitsanforderungen als grundlegende politische und verfassungsmäßige Strukturen Österreichs iSd Art 4 Abs 2 EUV zu qualifizieren.

Weiters wurde diskutiert, inwiefern das bundesstaatliche Grundprinzip die Autonomie von Bund und insb Ländern schützt. Das wesentliche Ergebnis dieser Überlegungen ist, dass selbst dann, wenn man die diesbezüglichen Aspekte des bundesstaatlichen Grundprinzips als Bestandteil des Art 4 Abs 2 EUV qualifiziert, der Schutz der Autonomie bzw der autonomen Kompetenzen gerade nicht im Verhältnis zur EU greift. Die weitreichende Befugnis des Bundes, die Kompetenzen der Länder durch Übertragung von Befugnissen an die EU zu determinieren, verhindert grundsätzlich, dass die Autonomie der Länder gegenüber der EU geltend gemacht werden kann.

Schließlich wurde auch festgehalten, dass die durch die Kompetenzverteilung bewirkte Beschränktheit der Kompetenzen der einzelnen föderalen Hoheitsträger auf innerstaatlicher Ebene nicht als Rechtfertigung für die Nichteinhaltung verfassungsrechtlicher Verpflichtungen – etwa der Grundrechte – dienen kann. Insofern kann die Beschränktheit der Kompetenzen auch nicht als grundlegende politische und verfassungsmäßige Struktur herangezogen werden, um auf unionaler Ebene die Nichterfüllung von EU-Recht zu rechtfertigen.

6. Bundesstaatlichkeit als Teil der nationalen Identität Deutschlands

6.1 Einleitendes

6.1.1 Deutschland als Bundesstaat

Föderalismus hat in Deutschland eine lange Tradition.[1137] Mit dem Grundgesetz 1949 wurde Deutschland als Bundesstaat wiedererrichtet, der seit der Wiedervereinigung 1991 sechzehn Länder hat.[1138] Bei der – auch auf starkes Drängen der Besatzungsmächte hin erfolgten – Einrichtung Deutschlands als Bundesstaat nach dem 2. Weltkrieg stand vor allem die gewaltenteilende Funktion der Bundesstaatlichkeit im Vordergrund; die Länder sollten eine Übermacht des Zentralstaates und damit das Entstehen eines neuerlichen totalitären Regimes verhindern.[1139] Deutschland ist ein kulturell und sprachlich vergleichsweise homogener Bundesstaat;[1140] Unterschiede insb auch in wirtschaftlicher Hinsicht lassen sich aber auch heute noch im Verhältnis zwischen Ost und West sowie Nord und Süd ausmachen. [1141]

Die grundsätzliche Proklamation der Bundesstaatlichkeit Deutschlands findet sich in Art 20 Abs 1 GG, der wie folgt lautet: „Die Bundesrepublik Deutschland ist ein demokratischer und sozialer Bundesstaat". Die Bundesstaatlichkeit Deutschlands wird in zahlreichen Verfassungsbestimmungen näher ausgestaltet. So liegt etwa nach Art 30 GG die Residualkompetenz bei den Ländern. Der deutsche Bundesstaat wird zwar ebenfalls als relativ zentralistisch bzw unitarisch[1142] charakterisiert,[1143] im Vergleich zu den österreichischen Ländern verfügen die deutschen Länder aber über umfangreiche Kompetenzen (insb im Bereich der –

1137 Als Bundesstaat wurde bereits der Norddeutsche Bund 1867 qualifiziert, ebenso das Deutsche Reich 1870/71, und auch die Weimarer Reichsverfassung 1919 richtete einen Bundesstaat ein, wenngleich in allen drei Systemen zahlreiche Kompetenzen zentralisiert waren und insb die Weimarer Reichsverfassung als unitarisch qualifiziert werden kann. Dazu im Überblick zB *Hrbek* in Griffiths, Handbook 150 ff; *Elazar*, Federal Systems 102; *Marschall*, System 215 ff; *Heun*, Verfassungsordnung 61; *Hartmann*, System 60 ff; *Robbers* in BK Art 20 GG Rz 960 ff; ausführlich auch *Oeter*, Integration 17 ff.

1138 Siehe dazu insb die Präambel des Grundgesetzes.

1139 Vgl zB *Elazar*, Federal Systems 102 ff; *Hesse/Ellwein*, Regierungssystem 40; *Marschall*, System 32, 216 f; *Dreier* in HB Ius Publicum Europaeum Band I 19 f; *Robbers* in BK Art 20 GG Rz 975 ff. Allgemein zur Entstehung des Grundgesetzes zB *Dreier* in HB Ius Publicum Europaeum Band I 6 ff.

1140 *Benz*, Publius Fall 1999, 55, 61; *Erk*, Federalism 59.

1141 *Watts*, Federal Systems 35; *Benz*, Publius Fall 1999, 56 f; *Hesse/Ellwein*, Regierungssystem 71 ff.

1142 Begriffsbildend *Hesse*, Bundesstaat insb 9 ff (sowie im Titel); weiters zB *Heun*, Verfassungsordnung 88; vgl zB auch *Robbers* in BK Art 20 GG Rz 1037 ff.

1143 Zur diesbezüglichen Entwicklung *Benz*, Publius Fall 1999, 61 ff. Vgl weiters zB *Gramm*, AöR 1999, 215 ff; *Huster/Rux* in Epping/Hillgruber, Art 20 GG Rz 14 ff; *Grzeszick* in Maunz/Dürig, Art 20 GG Rz 187 ff.

etwa auch Bildung und Hochschulen umfassenden – Kulturpolitik).[1144] Auch die Ausgestaltung der Verwaltungsstrukturen in den Ländern und die Organisation der Regierung des Landes wird den Ländern überlassen.[1145] Die Gesetzgebung im Bereich der Länder wird von Landtagen ausgeführt. Hervorgehoben wird auch die Stellung der Länder im deutschen Modell des Exekutivföderalismus:[1146] Bundesrecht wird nach Art 83 GG grundsätzlich von den Ländern vollzogen, die dabei autonom agieren und insb nicht an Weisungen des Bundes gebunden sind.

Auch das deutsche Modell der Mitwirkung der Länder an der Bundesgesetzgebung weist der Länderexekutive eine bedeutende Stellung zu.[1147] Nach Art 51 GG setzt sich der Bundesrat aus Vertreterinnen und Vertretern der Landesregierungen zusammen. Dem Bundesrat kommt nach dem Grundgesetz in vielen Bereichen ein Zustimmungsrecht zu; er kann daher das Zustandekommen von Bundesgesetzen blockieren.[1148] In der Vergangenheit kam es oft dazu, dass die regierenden Parteien auf Bundesebene zwar über eine Mehrheit im Bundestag verfügten, nicht aber im Bundesrat. Bundesgesetzen wurde dann häufig nicht die erforderliche Zustimmung erteilt – eine Situation, die in der politikwissenschaftlichen Literatur die Bezeichnung „Politikverflechtungsfalle"[1149] erhalten hat.[1150]

Weiters wird der kooperative Charakter des deutschen Bundesstaates hervorgehoben, der auf verfassungsrechtlicher Ebene insb durch die Verankerung sog „Gemeinschaftsaufgaben" zum Ausdruck kommt.[1151] Auch in Deutschland gibt es überdies ausgeprägte horizontale Kooperationen zwischen den Ländern, sowohl im Rahmen von Länderkonferenzen als auch durch Abschluss von rechtlich bindenden Verträgen.[1152] In der Rsp des deutschen BVerfG[1153] bildet darüber

1144 *Elazar*, Federal Systems 105; *Hesse/Ellwein*, Regierungssystem 164 f.

1145 *Elazar*, Federal Systems 104 f.

1146 *Hrbek* in Griffiths, Handbook 155; *Watts*, Federal Systems 35, 86; *Benz*, Publius Fall 1999, 55; *Hesse/Ellwein*, Regierungssystem 181; *Heun*, Verfassungsordnung 74 ff.

1147 *Hrbek* in Griffiths, Handbook 155 f; *Watts*, Federal Systems 35, 154; *Elazar*, Federal Systems 103; *Benz*, Publius Fall 1999, 57 f; *Hesse/Ellwein*, Regierungssystem 179, 181; *Marschall*, System 223 f; *Heun*, Verfassungsordnung 82 ff.

1148 *Benz*, Publius Fall 1999, 56; *Marschall*, System 225 ff; *Hartmann*, System 78 ff.

1149 Begriffsbildend *Scharpf*, Politische Vierteljahresschrift 1985, 327 ff; grundlegend insb *Scharpf/Reissert/Schnabel*, Politikverflechtung, 1 ff; vgl weiters zB *Benz*, Politik 56 ff; *Benz*, Politische Vierteljahresschrift 2005, 204; *Benz*, Publius Fall 1999, 56, 64 ff; *Hesse/Ellwein*, Regierungssystem 1182 f; *Marschall*, System 229.

1150 *Watts*, Federal Systems 84; *Heun*, Verfassungsordnung 84; die Verflechtung als „zentrale Eigenschaft des deutschen politischen Systems" bezeichnend *Marschall*, System 213.

1151 Art 91a ff GG; dazu zB *Hesse/Ellwein*, Regierungssystem 167 f; *Heun*, Verfassungsordnung 66 f, 86 ff.

1152 Etwa die Ständige Konferenz der Kultusminister der Länder (https://www.kmk.org/, [abgerufen am 16.08.2020]), dazu *Hesse/Ellwein*, Regierungssystem 180; *Heun*, Verfassungsordnung 87.

1153 Zum Beispiel BVerfGE 6, 309 (Reichskonkordat) 361 („Zu den dem Grundgesetz immanenten Verfassungsnormen, die das Verhältnis von Bund und Ländern regeln, gehört der Verfassungsgrundsatz der Bundestreue"). Die Rolle des BVerfG als föderale Konfliktlösungsinstanz betonend *Hrbek* in Griffiths, Handbook 156; *Heun*, Verfassungsordnung 86.

hinaus der Grundsatz der „Bundestreue“ eine wichtige Ausprägung des kooperativen Föderalismus.[1154]

6.1.2 Deklaration der Bundesstaatlichkeit im GG

6.1.2.1 Positionierung im Grundgesetz

Die Bundesstaatlichkeit Deutschlands kommt bereits in der Präambel des Grundgesetzes[1155] zum Ausdruck;[1156] sie wird außerdem in Art 20 Abs 1 GG deklariert. Für die hier interessierende Forschungsfrage gibt die grundsätzliche Festlegung der Bundesstaatlichkeit an prominenter Stelle des Grundgesetzes – zum einen in der Präambel, zum anderen zu Beginn der staatsorganisatorischen Bestimmungen über das Verhältnis von Bund und Ländern – einen Hinweis darauf, dass bundesstaatliche Aspekte der Rechtsordnung einen Bestandteil der grundlegenden politischen und verfassungsmäßigen Strukturen iSd Art 4 Abs 2 EUV ausmachen können.[1157] Zu erwähnen ist hier schließlich noch, dass die Bundesstaatlichkeit auch Thema der in Art 79 Abs 3 GG verankerten Ewigkeitsklausel ist, wie im Folgenden noch ausführlich analysiert wird.[1158] Welche Elemente der Rechtsordnung genau unter Art 4 Abs 2 EUV zu subsumieren sind, kann allein anhand dieser Bestimmungen aber nicht beantwortet werden.

6.1.2.2 Bundesstaatsprinzip und Art 20 GG

Art 20 GG wird von Teilen der Literatur auch als Grundlage eines „Bundesstaatsprinzips“ qualifiziert.[1159] Manche Autorinnen und Autoren gehen sogar davon aus, dass dieses Bundesstaatsprinzip durch den in Art 79 Abs 3 GG enthalte-

---

1154 Vgl zB *Heun*, Verfassungsordnung 67 f; *Hrbek* in Griffiths, Handbook 156; *Erk*, Federalism 60.

1155 Zur Bedeutung der Präambel in politischer und rechtlicher Hinsicht BVerfGE 5, 85 (KPD Verbot) 127 f.

1156 Dazu *Robbers* in BK Art 20 GG Rz 1000 („Gleichwohl bleibt festzuhalten, dass schon die Präambel des Grundgesetzes als eine Art Gegengewicht zu der Einheit des Volkes die Länder der Bundesrepublik namentlich aufzählt. Auch die Länder stehen am Anfang des Grundgesetzes und der Verfassungsstaatlichkeit der Bundesrepublik Deutschland.“).

1157 Vgl *Robbers* in BK Art 20 GG Rz 986. Die grundlegende Bedeutung der in Art 20 GG verankerten Staatsstrukturprinzipien betonend zB *Hofmann* in Schmidt-Bleibtreu/Hofmann/Henneke, Art 20 GG Rz 3; *Schnapp* in von Münch/Kunig, Art 20 GG Rz 1; *Leisner* in Sodan, Art 20 GG Rz 1.

1158 Insb unten bei 6.3.3.1 (= 278) und 6.3.4 (= 296); zur Bedeutung des Art 79 Abs 3 GG für die Verfassungsidentität unten bei 6.1.3.2 (= 264).

1159 Vgl zB *Sommermann* in von Mangoldt, Art 20 GG Rz 20, der die Existenz eines Bundesstaatsprinzips außerdem auf die Bezeichnung als „Bundesrepublik“ zurückführt; *Bauer* in Dreier, Art 20 GG Rz 22, der allerdings darauf hinweist, dass die Ermittlung des Inhalts dieses Prinzips anhand der anderen Bestimmungen des Grundgesetzes zu erfolgen hat; *Robbers* in BK Art 20 GG Rz 957; *Schnapp* in von Münch/Kunig, Art 20 GG bei Rz 91. Kritisch *Šarčević*, Bundesstaatsprinzip 64 ff, der sich dort auch mit anderen Normen auseinandersetzt, die, wie zB Art 28 GG, als Sitz des Bundesstaatsprinzips ins Treffen geführt werden.

nen Verweis auf Art 20 GG von der Ewigkeitsklausel geschützt wird.[1160] Und auch jene, die das Bundesstaatsprinzip nicht (explizit) Art 79 Abs 3 GG zuordnen, sprechen regelmäßig davon, dass es sich dabei um einen tragenden Grundsatz des Grundgesetzes handle.[1161] Auch das BVerfG bestätigt dies in einigen Entscheidungen: So führte das Gericht schon in der Südweststaat-Entscheidung aus 1951 aus: „[eine weitere] Grundlage der Verfassung ist das bundesstaatliche Prinzip (Art. 20, 28, 30 GG)".[1162] In seiner Lissabon-Entscheidung bezeichnete es die Bundesstaatlichkeit unter Bezugnahme auf Art 20 Abs 1 GG als eines der integrationsfesten Staatsstrukturprinzipien.[1163] In der Entscheidung zum Finanzausgleichsgesetz nannte das BVerfG das bundesstaatliche Prinzip unmittelbar im Anschluss an die Erwähnung von Art 20 Abs 1 und Art 79 Abs 3 GG;[1164] in der Entscheidung zur Besoldungsvereinheitlichung erwähnte das BVerfG nur noch Art 20 Abs 1 GG als Grundlage des bundesstaatlichen Prinzips.[1165]

Dem steht eine Ansicht in der Literatur gegenüber, der zufolge die Verwendung des Wortes „Bundesstaat" in Art 20 Abs 1 GG keine taugliche Grundlage für die Ableitung eines Bundesstaatsprinzips im regelmäßig angenommenen Umfang sein kann.[1166] In Art 20 Abs 1 GG werde vielmehr nur angeordnet, dass Deutschland ein Bundesstaat sei; daraus allein ließen sich aber noch keine Schlüsse auf Rechtsfolgen der Bundesstaatlichkeit – etwa den Grundsatz der Bundestreue – ziehen.[1167] Es sei nämlich methodisch nicht zulässig, aus dem in Art 20 Abs 1 GG normierten Bundesstaatsbegriff deduktiv ein Bundesstaatsprinzip mit konkreten Rechtsfolgen abzuleiten; Rechtsfolgen müssten sich – ganz grundsätzlich, aber eben auch hinsichtlich bundesstaatlicher Rechte und Pflichten – vielmehr aus dem Normenbestand des Grundgesetzes ableiten lassen.[1168]

Es stellt sich daher die Frage, ob das Bundesstaatsprinzip als Bestandteil der grundlegenden politischen und verfassungsmäßigen Strukturen iSd Art 4 Abs 2 EUV qualifiziert werden kann. Dies liegt jedenfalls dann nahe, wenn man eine

1160 Zum Beispiel *Robbers* in BK Art 20 GG Rz 957 f, 992; *Dreier* in Dreier, Art 79 Abs 3 GG Rz 47 f; *Dietlein* in Epping/Hillgruber, Art 79 GG Rz 52 f; *Herdegen* in Maunz/Dürig, Art 79 GG Rz 70, 158 ff; *Haratsch* in Sodan Art 79 GG Rz 34 f; *Hain* in von Mangoldt, Art 79 GG Rz 119, der davon ausgeht, dass der bundesstaatliche Regelungsgehalt von Art 20 Abs 1 GG mit Art 79 Abs 3 1. und 2. Variante GG ident ist.

1161 Zum Beispiel *Sommermann* in von Mangoldt, Art 20 GG Rz 37, der davon ausgeht, dass die (von ihm als wesentliches Element des Bundesstaatsprinzips qualifizierte) Bundestreue „Voraussetzung für eine stabile Bundesstaatlichkeit" ist. Relativierend zB *Franzius*, NVwZ 2008, 497, wonach dem Bundesstaatsprinzip eine „schwache Normativität" zukomme, weil „seine Aussagen zu einem großen Teil in der Kompetenzordnung aufgegangen sind".

1162 BVerfGE 1, 14 (Südweststaat) 34.

1163 BVerfGE 123, 267 (Lissabon) 343.

1164 BVerfGE 1, 117 (Finanzausgleichsgesetz) 131.

1165 BVerfGE 34, 9 (Besoldungsvereinheitlichung) 20.

1166 *Šarčević*, Bundesstaatsprinzip 64 ff, der sich dort auch mit anderen Normen wie zB Art 28 GG auseinandersetzt, die als Sitz des Bundesstaatsprinzips ins Treffen geführt werden.

1167 *Šarčević*, Bundesstaatsprinzip 64 ff.

1168 *Šarčević*, Bundesstaatsprinzip 77.

Verankerung des Bundesstaatsprinzips in der grundlegenden Bestimmung des Art 20 Abs 1 GG bejaht; verstärkt wird die Vermutung für die Identitätsrelevanz des Bundesstaatsprinzips dann, wenn man dieses auch durch die Ewigkeitsklausel des Art 79 Abs 3 GG für geschützt erachtet.

Allerdings ist dabei zu beachten, dass nicht abschließend geklärt ist, welchen Inhalt das Bundesstaatsprinzip hat. Versteht man es lediglich als grundlegende Festlegung dahingehend, dass Deutschland ein Bundesstaat ist, dann spricht sehr viel dafür, dieses Prinzip als identitätsstiftend iSd Art 4 Abs 2 EUV zu qualifizieren;[1169] aus dieser Einordnung lassen sich aber noch keine konkreten Konsequenzen ableiten.

Das Bundesstaatsprinzip wird aber zum größten Teil so verstanden, dass sich aus ihm auch konkrete Rechtsfolgen ableiten lassen,[1170] insb im Hinblick auf Konstellationen, die im Grundgesetz nicht explizit geregelt sind. Eine dieser Folgen des Bundesstaatsprinzips ist zahlreichen Autorinnen und Autoren zufolge etwa der Grundsatz der Bundestreue,[1171] der weiter unten im Detail analysiert wird.[1172] Für die so verstandenen Inhalte des Bundesstaatsprinzips ist aber sinnvollerweise jeweils im Einzelnen zu überlegen, ob sie zur nationalen Identität Deutschlands iSd Art 4 Abs 2 EUV gezählt werden können.

6.1.3 Die Rolle der Verfassungsgerichtsbarkeit im deutschen Verfassungsrecht

6.1.3.1 Kompetenzen des BVerfG

Um den Inhalt der deutschen bundesstaatlichen Identität ermitteln zu können, ist vorab auch auf die Bedeutung von Entscheidungen des BVerfG für die Auslegung des Grundgesetzes einzugehen. Das BVerfG fungiert im deutschen Verfassungsrecht als zentralisiertes Verfassungsgericht:[1173] Es ist in verschiedenen Verfahren zur Auslegung des Grundgesetzes und zur Klärung der Vereinbarkeit staatlicher Akte mit dem Grundgesetz berufen. Hervorzuheben sind dabei die Befugnisse des BVerfG, im Verfahren der abstrakten[1174] und konkreten[1175] Normenkontrolle Gesetze wegen Verstoßes gegen das Grundgesetz für nichtig zu erklären sowie im Organstreitverfahren[1176] eine Auslegung des Grundgesetzes vorzunehmen.

1169 Dies ist wohl auch die Stoßrichtung des BVerfG in BVerfGE 123, 267 (Lissabon) 343.

1170 Etwa *Sachs* in Sachs, Art 20 GG Rz 65 ff, der dazu ua die Staatlichkeit von Bund und Ländern zählt; weiters zB *Haratsch* in Sodan Art 79 GG Rz 34 f.

1171 *Robbers* in BK Art 20 GG Rz 1126; *Sachs* in Sachs, Art 20 GG Rz 68 ff; *Sannwald* in Schmidt-Bleibtreu/Hofmann/Henneke, Art 79 GG Rz 58; *Haratsch* in Sodan Art 79 GG Rz 35; vgl *Dreier* in Dreier, Art 79 Abs 3 GG Rz 48.

1172 Unten bei 6.4.2.2.2 (= 301).

1173 Zur Rolle des BVerfG vgl zB *Schlaich/Korioth*, Bundesverfassungsgericht Rz 26 ff.

1174 Art 93 Abs 1 Z 2 GG.

1175 Art 100 Abs 1 GG.

1176 Art 93 Abs 1 Z 1 GG.

Erörterungsbedürftig sind in diesem Zusammenhang die Rechtswirkungen, die von Entscheidungen des BVerfG in den genannten Verfahren ausgehen. Verfassungsrechtliche Vorgaben[1177] dazu finden sich in Art 94 Abs 2 1. Satz GG und Art 100 Abs 3 GG. Nach Art 94 Abs 2 1. Satz ist in einem Bundesgesetz neben der Organisation des und dem Verfahren vor dem BVerfG auch festzulegen, in welchen Fällen die Entscheidungen des BVerfG „Gesetzeskraft" haben. Dies ist nach § 31 Abs 2 BVerfGG insb bei Entscheidungen über abstrakte und konkrete Normenkontrollanträge der Fall. Darüber, was „Gesetzeskraft" iSd Art 94 Abs 2 1. Satz GG und § 31 Abs 2 BVerfGG bedeutet, gibt es unterschiedliche Ansichten;[1178] jedenfalls sind die Entscheidungen des BVerfG keine formellen Gesetze.[1179] Mit dem Begriff der Gesetzeskraft wollte der Verfassungsgesetzgeber auch offensichtlich keine Bindung des Verfassungsgesetzgebers selbst oder des BVerfG bei späterer Verfassungsauslegung bewirken.[1180] Aus Art 94 Abs 2 1. Satz GG iVm § 31 Abs 2 BVerfGG lässt sich daher keine allgemeingültige Rechtsverbindlichkeit früherer Entscheidungen des BVerfG und der darin vorgenommenen Auslegung des Grundgesetzes durch das BVerfG für die spätere Auslegung des Grundgesetzes[1181] begründen.

Eine weitere verfassungsrechtliche Bestimmung über die Bindungswirkung von Entscheidungen des BVerfG stellt – mittelbar – Art 100 Abs 3 GG dar: Dort ist die sog „Divergenzvorlage" geregelt. Demnach hat ein Landesverfassungsgericht, das in seiner Rsp bei der Auslegung des GG von der Rsp des BVerfG abweichen will, zunächst eine Entscheidung des BVerfG einzuholen. Die vom BVerfG[1182] vorgenommene Auslegung des Grundgesetzes ist also insofern verbindlich, als die Landesverfassungsgerichte nicht selbstständig davon abweichen dürfen. Durch die Pflicht zur Einholung einer Entscheidung des BVerfG soll die einheitliche Auslegung und damit die einheitliche Anwendung des Grundge-

1177 Sollen die Entscheidungen des BVerfG rechtliche Relevanz für die Auslegung der Normen des Grundgesetzes haben, dann kann ihnen diese Wirkung nur im Grundgesetz selbst zugeschrieben werden. Über die im Grundgesetz angeordneten Wirkungen hinausgehende Wirkungsanordnungen in einfachen Gesetzen – etwa § 31 Abs 1 BVerfGG, § 16 BVerfGG – können daher für die hier vorzunehmende Beurteilung außer Acht gelassen werden (sofern das Grundgesetz nicht – wie beim gleich diskutierten Art 94 Abs 2 1. Satz GG – explizit nach einer Ausgestaltung durch „einfaches" Gesetz verlangt). Vgl kritisch zu § 31 Abs 1 BVerfGG und der entsprechenden Rsp des BVerfG *Hensel*, Der Staat 2011, 593 f.

1178 Etwa, dass diese Wendung heute keine Bedeutung mehr habe; vgl etwa *Schlaich/Korioth*, Bundesverfassungsgericht Rz 497. Zur historischen Bedingtheit vgl etwa *Rennert*, Der Staat 1993, 530 ff; *Wieland* in Dreier, Art 94 GG Rz 26 f.

1179 *Bethge* in Maunz, § 31 BVerfGG Rz 156.

1180 Vgl dazu *Wieland* in Dreier, Art 94 GG Rz 27; *Voßkuhle* in von Mangoldt, Art 94 GG Rz 35 f; *Rennert*, Der Staat 1993, 548 ff. Schließlich unterscheidet das Grundgesetz konsequent zwischen „einfachen" Gesetzen und höherrangigem Verfassungsrecht; hätte also der Verfassungsgesetzgeber den Entscheidungen des BVerfG Bindungswirkung zuschreiben wollen, die auch bei der Auslegung des Verfassungsrechts (durch den Gesetzgeber oder andere Verfassungsorgane wie das BVerfG) verbindlich sein soll, so hätte er dies durch eine andere Formulierung zum Ausdruck gebracht.

1181 Insb auch durch den Gesetzgeber; vgl dazu *Ziekow*, NVwZ 1995, 248.

1182 Oder einem anderen Landesverfassungsgericht als dem vorlegenden.

setzes sichergestellt werden.[1183] Das BVerfG selbst wird durch Art 100 Abs 3 GG allerdings nicht zur Beibehaltung einer einmal vorgenommenen Auslegung des Grundgesetzes verpflichtet, sondern kann von dieser abweichen.

Aus den vorangehend skizzierten Vorgaben des Grundgesetzes bleibt festzuhalten: Das BVerfG ist als Verfassungsgericht in einigen Verfahren dazu berufen, eine von der Entscheidung über einen konkreten Fall bzw der Nichtigerklärung einer konkreten Norm relativ unabhängige Auslegung des Grundgesetzes vorzunehmen, die insb für die Landesverfassungsgerichte Rechtsverbindlichkeit aufweist. Das BVerfG selbst kann von seiner Auslegung aber auch wieder abweichen.[1184]

Gerade um solche Rechtsprechungsänderungen zu ermöglichen, ist es Aufgabe der Wissenschaft, die für eine durch das BVerfG vorgenommene Auslegung vorgebrachten Argumente kritisch zu würdigen und zu hinterfragen. Gegenstand der hier vorzunehmenden rechtswissenschaftlichen Analyse der nationalen Identität Deutschlands bleiben aber das positive Verfassungsrecht und die in ihm vorgenommenen Wertentscheidungen, die va auch durch den in weiterer Folge untersuchten Art 79 Abs 3 GG zum Ausdruck kommen. Zwar kann der Verfassungsgesetzgeber eine vom BVerfG vorgenommene „unrichtige" Auslegung gerade dieser Bestimmung nicht mehr korrigieren[1185] – der erwähnten Auslegung des Art 79 Abs 3 GG widersprechende Verfassungsänderungen könnten vom BVerfG ja wiederum als Verstoß gegen Art 79 Abs 3 GG qualifiziert werden.[1186] Allein auf Grund dieser Umstände kann aber nicht davon ausgegangen werden, dass jede Aussage des BVerfG zu Art 79 Abs 3 GG bzw der Verfassungsidentität Deutschlands unangefochten als solche akzeptiert werden muss und gleichsam bindendes und unabänderliches Verfassungsrecht darstellt, da andernfalls jeder wissenschaftlichen Auseinandersetzung mit diesen Fragen der Boden entzogen

1183 *Wieland* in Dreier, Art 100 GG Rz 43; *Sieckman/Kessal-Wulf* in von Mangoldt, Art 100 GG Rz 84; *Schlaich/Korioth*, Bundesverfassungsgericht Rz 181; *Morgenthaler* in Epping/Hillgruber, Art 100 GG Rz 43. BVerfGE 3, 261 (Niedersächsische Verfassungsgerichtsbarkeit) 264 f. Das BVerfG entscheidet dementsprechend im Verfahren nach Art 100 Abs 3 GG gem § 85 Abs 3 BVerfGG „nur" über die maßgebliche Rechtsfrage; in der Sache hat weiterhin das Landesverfassungsgericht selbst zu entscheiden (dazu zB *Sieckman/Kessal-Wulf* in von Mangoldt, Art 100 GG Rz 95). Die angesprochene Kompetenz des BVerfG ist auch für die Frage, auf „wessen" Rsp der EuGH bei der Bestimmung der nationalen Identität Deutschlands zurückgreifen darf von Interesse: Im Lichte der genannten Regelungen ist bei divergierenden Auslegungen des Grundgesetzes durch das BVerfG auf der einen Seite und ein Landesverfassungsgericht auf der anderen Seite der Rsp des BVerfG der Vorzug zu geben.

1184 Vgl dahingehend etwa auch *Schlaich/Korioth*, Bundesverfassungsgericht Rz 482. Bejaht man die Existenz von Verfassungsgewohnheitsrecht in der deutschen Rechtsordnung, kann eine jahrzehntelange Rsp des BVerfG die für die Entstehung von Gewohnheitsrecht notwendige „Übung" (consuetudo) bilden. Vgl außerdem zur (nicht bestehenden) Bindung anderer Verfassungsorgane an (abstrakte) Auslegungen des Grundgesetzes durch das BVerfG *Kischel*, AöR 2006, 229 ff.

1185 So auch *Rademacher*, EuR 2018, 147.

1186 Auch wenn, wie oben bereits betont wurde, nicht davon auszugehen ist, dass das BVerfG an seine eigene Rsp gebunden ist; dazu auch *Kischel*, AöR 2006, 231.

würde. Dennoch können sich aus der Rsp des BVerfG Hinweise auf die nationale Identität Deutschlands iSd Art 4 Abs 2 EUV ergeben.

6.1.3.2 *Verfassungsidentität und nationale Identität in der Rsp des BVerfG*

6.1.3.2.1 *Entwicklung der Identitätskontrolle und Verhältnis zu Art 4 Abs 2 EUV*

Wie oben im Zusammenhang mit den verschiedenen Modellen der Integrationsschranken bereits ausgeführt,[1187] hat sich die deutsche Rechtsordnung nicht vorbehaltlos für das EU-Recht geöffnet. Mit Art 23 GG findet sich im deutschen Verfassungsrecht eine Integrationsschranke. Diese Integrationsschranke ist in erster Linie für zukünftige Änderungen des Primärrechts von Relevanz: Expliziert wird dies durch Art 23 Abs 1 3. Satz GG, der festlegt, dass Art 79 Abs 2 und 3 GG auch für Änderungen der vertraglichen Grundlagen der EU gelten. Eine durch einen solchen Vertrag bewirkte Änderung des Grundgesetzes müsste also nach Art 79 Abs 2 GG mit qualifizierter Mehrheit im Bundestag und Bundesrat beschlossen werden. Nach dem Grundgesetz gar nicht zulässig wäre hingegen eine Änderung der vertraglichen Grundlagen der EU, welche „die Gliederung des Bundes in Länder, die grundsätzliche Mitwirkung der Länder bei der Gesetzgebung oder die in den Artikeln 1 und 20 niedergelegten Grundsätze“ – also die Schutzobjekte der Ewigkeitsklausel des Art 79 Abs 3 GG – berührt. Bei den von Art 79 Abs 3 GG geschützten Grundsätzen der deutschen Verfassung[1188] handelt es sich somit um absolute[1189] Integrationsschranken des deutschen Verfassungsrechts, die – ohne Verfassungsbruch – nicht überwunden werden können.[1190] So führt das BVerfG etwa im Lissabon-Urteil aus, dass das Grundgesetz den Gesetzgeber zu einer Übertragung von Hoheitsrechten auf die EU ermächtige; „[d]ie Ermächtigung steht aber unter der Bedingung, dass dabei die souveräne Verfassungsstaatlichkeit auf der Grundlage eines Integrationsprogramms nach dem Prinzip der begrenzten Einzelermächtigung und unter Achtung der verfassungsrechtlichen Identität als Mitgliedstaaten gewahrt bleibt und zugleich die Mit-

1187 Oben bei 2.3.2.1 (= 48) und 2.3.3.3 (= 55).

1188 Zu diesen im Detail noch unten ab 6.1.4 (= 272).

1189 Die Qualifikation als absolute Integrationsschranke bedeutet lediglich, dass die fragliche Schranke im Rahmen der jeweiligen Verfassungsrechtsordnung unüberwindbar ist. Damit ist nicht automatisch die Qualifikation als grundlegende Bestimmung des innerstaatlichen Rechts iSd Art 46 WVK verbunden. Selbst wenn man die aus Art 23 iVm Art 79 Abs 3 GG erwachsenden Schranken als unter Art 46 WVK fallend qualifiziert (was sich durchaus vertreten lässt), wird ein Verstoß gegen sie regelmäßig nicht offenkundig sein. Die Subsumtion unter Art 46 WVK hat aber jedenfalls nichts mit der hier vorgenommenen Unterscheidung in absolute und relative Integrationsschranken zu tun – auch relative Integrationsschranken könnten als grundlegende Bestimmungen des innerstaatlichen Rechts iSd Art 46 WVK zu qualifizieren sein.

1190 Dazu zB *Schwerdtfeger*, EuR 2015, 301; *Kirchhof* in HB StR § 214 318; *Wischmeyer*, AöR 2015, 438.

gliedstaaten ihre Fähigkeit zu selbstverantwortlicher politischer und sozialer Gestaltung der Lebensverhältnisse nicht verlieren“[1191]. Konkret mit Blick auf Art 23 GG führt das BVerfG in der Lissabon-Entscheidung weiter aus, dass das „Grundgesetz […] nach Art. 23 Abs. 1 Satz 3 GG an die Entwicklung der Europäischen Union angepasst werden [kann]; zugleich wird dieser Möglichkeit durch Art. 79 Abs. 3 GG, auf den die Norm verweist, eine absolute Grenze gesetzt. Der durch Art. 79 Abs. 3 GG geschützte Mindeststandard darf auch durch die Einbindung Deutschlands in überstaatliche Strukturen nicht unterschritten werden“[1192]. Zur Überprüfung der Einhaltung dieser Grenzen ist das BVerfG berufen, wie ebenfalls im Lissabon-Urteil ausgeführt wird: „Der unübertragbaren und insoweit integrationsfesten Identität der Verfassung (Art. 79 Abs. 3 GG) entspricht die europarechtliche Pflicht, die verfassungsgebende Gewalt der Mitgliedstaaten als Herren der Verträge zu achten. Das Bundesverfassungsgericht hat im Rahmen seiner Zuständigkeit gegebenenfalls zu prüfen, ob diese Prinzipien gewahrt sind“[1193].

Auf Basis des Art 23 GG iVm Art 79 Abs 3 GG behält sich das BVerfG aber darüber hinaus auch vor, Sekundärrecht zumindest mittelbar auf seine Vereinbarkeit mit dem deutschen Verfassungsrecht zu beurteilen und das EU-Recht im Fall eines Widerspruchs mit dem Verfassungsrecht für unanwendbar zu erklären: EU-Rechtsakte sind keine Akte deutscher Hoheitsgewalt und können daher vom BVerfG nicht überprüft werden; allerdings kann die Beurteilung der Verfassungsmäßigkeit von Sekundärrechtsakten eine Vorfrage darstellen, deren Beantwortung erforderlich ist, um die Einhaltung der Integrationsverantwortung durch die Vertreter:innen Deutschlands im Rat zu beurteilen, wie das BVerfG etwa im Bankenunion-Urteil ausführte: „Rechtsakte des Sekundär- und Tertiärrechts der Europäischen Union sind danach insoweit tauglicher Gegenstand einer Verfassungsbeschwerde, als mit ihr eine Verletzung der Integrationsverantwortung deutscher Verfassungsorgane beim Zustandekommen und der Umsetzung dieser Rechtsakte beziehungsweise in der Folge durch das Unterlassen eines aktiven Hinwirkens auf die (Wieder-)Einhaltung des Integrationsprogramms geltend gemacht wird.“[1194]

Das BVerfG beansprucht in inhaltlicher Hinsicht eine qualifizierte, ausnahmsweise erfolgende Grundrechtskontrolle sowie die sog „Identitätskontrolle“, die teilweise zusammenhängen.[1195] So hat das BVerfG bekanntlich in seiner Entscheidung *Solange I* befunden, dass es auf Grund des Grundgesetzes zur Kontrolle

1191 BVerfGE 123, 267 (Lissabon) 347.

1192 BVerfGE 123, 267 (Lissabon) 348; vgl schon BVerfGE 89, 155 (Maastricht) 190 f.

1193 BVerfGE 123, 267 (Lissabon) 350.

1194 BVerfG, 30.07.2019, 2 BvR 1685/14 und 2 BvR 2631/15 (Bankenunion) Rz 102; dazu zB *Gentzsch/Brade*, EUR 2019, 602 ff; *Forsthoff*, EuZW 2019, 977 ff.

1195 Prägnant zur Judikatur des BVerfG *Walter*, ZaöRV 2012, 181 ff; *Sommermann* in HB Ius Publicum Europaeum Band II 14 ff; Huber, AöR 2016, 124 ff; zur Verwendung des Identitätsbegriffs durch das BVerfG etwa *Ingold*, AöR 2015, 3 ff.

unionaler Rechtsakte am Maßstab der deutschen Grundrechte berufen ist, solange es in der Unionsrechtsordnung keinen äquivalenten Grundrechtsschutz gibt,[1196] diesen Kontrollanspruch in *Solange II* aber wieder zurückgenommen, solange sichergestellt ist, dass der durch das Unionsrecht gewährleistete Grundrechtsschutz dem deutschen äquivalent ist.[1197] Verdeutlicht wurde diese Rücknahme des Kontrollanspruchs in der Entscheidung zur Bananenmarktordnung, nach der Verfassungsbeschwerden, die eine Verletzung in Grundrechten durch Sekundärrecht behaupten, „von vornherein unzulässig [sind], wenn ihre Begründung nicht darlegt, dass die europäische Rechtsentwicklung einschließlich der Rechtsprechung des Europäischen Gerichtshofes nach Ergehen der Solange II-Entscheidung [...] unter den erforderlichen Grundrechtsstandard abgesunken sei".[1198] Eine Grundrechtsverletzung durch Sekundärrecht kann also nur ausnahmsweise vor dem BVerfG geltend gemacht werden. Liegt sie aber vor, dann besteht gleichzeitig eine Verletzung der nach der Judikatur des BVerfG[1199] durch Art 23 Abs 1 3. Satz iVm Art 79 Abs 3 GG geschützten Verfassungsidentität, die das BVerfG nach seiner Judikatur im Rahmen der Identitätskontrolle wahrzunehmen hat: Dem BVerfG zufolge ermöglicht diese Identitätskontrolle „die Prüfung, ob infolge des Handelns europäischer Organe die in Art. 79 Abs. 3 GG für unantastbar erklärten Grundsätze der Art. 1 und Art. 20 GG verletzt werden"[1200]. Das BVerfG behält sich mit der Identitätskontrolle vor, auf dem Primärrecht basierende Akte wegen qualifizierter Verfassungswidrigkeit für unanwendbar zu erklären: Der Anwendungsvorrang soll nach dem BVerfG „nur kraft und im Rahmen der fortbestehenden verfassungsrechtlichen Ermächtigung"[1201] gelten und wird – so die Formulierung im Haftbefehl-Urteil – „durch die in Art. 23 Abs. 1 Satz 3 in Verbindung mit Art. 79 Abs. 3 GG verfassungsänderungs- und integrationsfest

1196 BVerfGE 37, 271 (Solange I); dazu *Simon*, Grenzen 56 f.

1197 BVerfGE 73, 339 (Solange II).

1198 BVerfGE 102, 147 (Bananenmarktordnung).

1199 Begründet va in seiner Lissabon-Entscheidung, BVerfGE 123, 267 (Lissabon). Dazu zB *Simon*, Grenzen 64 ff; *Polzin*, Verfassungsidentität 48 ff; *Wahl*, Der Staat 2009, 612 ff; *Thym*, Der Staat 2009, 559 ff; *Schönberger*, Der Staat 2009, 535 ff; *Khushal Murkens*, Der Staat 2009, 517 ff; *Jestaedt*, Der Staat 2009, 497 ff; *Grimm*, Der Staat 2009, 475 ff; *Walter*, ZaöRV 2012, 182 ff; *Schwarze*, EuR 2010, 108 ff; *Everling*, EuR 2010, 91 ff; *Lepsius* in JBÖR 2015, 63 ff.

1200 BVerfGE 123, 267 (Lissabon) 354.

1201 BVerfGE 123, 267 (Lissabon) 354; s auch BVerfGE 123, 267 (Lissabon) 397 („Vorrang kraft verfassungsrechtlicher Ermächtigung"); BVerfGE 123, 267 (Lissabon) 398 („Der europarechtliche Anwendungsvorrang lässt entgegenstehendes mitgliedstaatliches Recht in seinem Geltungsanspruch unberührt und drängt es nur in der Anwendung soweit zurück, wie es die Verträge erfordern und nach dem durch das Zustimmungsgesetz erteilten innerstaatlichen Rechtsanwendungsbefehl auch erlauben"); auch BVerfGE 123, 267 (Lissabon) 402 („Der Grund und die Grenze für die Geltung des Rechts der Europäischen Union in der Bundesrepublik Deutschland ist der im Zustimmungsgesetz enthaltene Rechtsanwendungsbefehl, der nur im Rahmen der geltenden Verfassungsordnung erteilt werden kann [...]. [D]er Vorrang des Unionsrechts gilt in Deutschland nur kraft des durch Zustimmungsgesetz zu den Verträgen erteilten Rechtsanwendungsbefehls. Der Anwendungsvorrang reicht für in Deutschland ausgeübte Hoheitsgewalt nur so weit, wie die Bundesrepublik Deutschland dieser Kollisionsregel zugestimmt hat und zustimmen durfte").

ausgestaltete Verfassungsidentität des Grundgesetzes begrenzt"[1202]. Dies ist nach Ansicht des BVerfG auch durch Art 4 Abs 2 EUV – der insofern auch auf Art 79 Abs 3 GG verweist – geboten.[1203]

Die Identitätskontrolle tritt nach dem BVerfG *neben* die ultra-vires-Kontrolle und hat als solche einen eigenen Kontrollmaßstab, nämlich die ausreichende Berücksichtigung der durch Art 79 Abs 3 GG geschützten Verfassungsidentität.[1204] Das BVerfG hat bereits in einigen Fällen eine Verletzung der Verfassungsidentität erwogen, im Ergebnis aber eine Beschränkung des Anwendungsvorrangs wegen Verletzung der Verfassungsidentität noch nie für notwendig erachtet:

In einer Entscheidung betreffend einen Europäischen Haftbefehl befasste sich das BVerfG mit dem strafrechtlichen Schuldprinzip als Teil der Verfassungsidentität, nahm aber im Ergebnis Übereinstimmung zwischen dem durch Art 1 GG geschützten Schuldprinzip im Strafverfahren und unionalen Grundrechten an, welche eine grundrechtskonforme Auslegung des Rahmenbeschlusses über den Europäischen Haftbefehl durch die nationalen Gerichte möglich mache und gebiete.[1205] In seiner OMT-Entscheidung identifizierte das BVerfG die haushaltspolitische Gesamtverantwortung des Bundestags als Teil des Demokratieprinzips und damit der Verfassungsidentität der Bundesrepublik, verneinte aber auch hier im Ergebnis nach Einholung einer Vorabentscheidung[1206] die Verletzung der Verfassungsidentität durch das OMT-Programm der EZB.[1207] In seiner Entscheidung zur Bankenunion stand im Hinblick auf die Identitätskontrolle vor allem zur Diskussion, ob die durch die einschlägigen Sekundärrechtsakte verlangte Einrichtung unabhängiger Behörden auf unionaler und nationaler Ebene, die vom BVerfG als „Vorgabe eines ministerialfreien Raums"[1208] bezeichnet wurde, mit dem „durch Art. 20 Abs. 2 Satz 1 in Verbindung mit Art. 79 Abs. 3 GG geschützten Grundsatz der Volkssouveränität"[1209] vereinbar sei. Das BVerfG bejahte dies gestützt auf die vorgesehenen, weitreichenden Mechanismen – etwa Informations- und Kontrollrechte – zur Kompensation des durch die Unabhängigkeit be-

1202 BVerfGE 140, 317 (Haftbefehl) Rz 41.

1203 BVerfGE 123, 267 (Lissabon) 354; BVerfGE 140, 317 (Haftbefehl) Rz 44. Da Art 4 Abs 2 EUV nach Ansicht des BVerfG auf derartige Fälle anwendbar ist, müsste das BVerfG bei entsprechenden Fragen zunächst dem EuGH vorlegen, bevor es einen Rechtsakt der EU für unanwendbar erklärt; so auch die Praxis des BVerfG, etwa in BVerfGE 134, 366 (OMT-Vorlagebeschluss); BVerfG, 30.07.2019, 2 BvR 1685/14 und 2 BvR 2631/15 (Bankenunion) Rz 314 ff. Vgl zur ultra-vires-Kontrolle auch BVerfGE 126, 286 (Honeywell) 303 f.

1204 BVerfGE 123, 267 (Lissabon) 353 f („Darüber hinaus prüft das Bundesverfassungsgericht").

1205 BVerfGE 140, 317 (Haftbefehl) insb Rz 84 und 107. Umfassend dazu zB *Burchardt*, ZaöRV 2016, 529 ff; *Hwang*, Der Staat 2017, 110 ff; kritisch ebenfalls *Classen*, EuR 2016, 30 ff.

1206 EuGH 16.06.2015, Rs C-62/14 (Gauweiler) ECLI:EU:C:2015:400; zum Vorabentscheidungsersuchen des BVferG zB *Claes/Reestman*, GLJ 2015, 918 ff.

1207 BVerfGE 142, 123 (OMT-Urteil).

1208 BVerfG, 30.07.2019, 2 BvR 1685/14 und 2 BvR 2631/15 (Bankenunion) Rz 222; dazu zB *Gentzsch/Brade*, EUR 2019, 602 ff; *Forsthoff*, EuZW 2019, 977 ff.

1209 BVerfG, 30.07.2019, 2 BvR 1685/14 und 2 BvR 2631/15 (Bankenunion) Rz 222.

wirkten demokratischen Defizits.[1210] In der PSPP-Entscheidung qualifizierte das BVerfG die verfahrensgegenständlichen Beschlüsse der EZB als ultra-vires, weil ein Verstoß gegen das Verhältnismäßigkeitsprinzip vorläge,[1211] erachtete aber die haushaltspolitische Gesamtverantwortung des Bundestages als gewahrt und verneinte daher eine Verletzung der Verfassungsidentität.[1212]

In der Judikatur des BVerfG ist die Abgrenzung der Identitätskontrolle von der ultra-vires-Kontrolle nicht ganz klar[1213] – diese Abgrenzung wird auch vom BVerfG nicht konsequent durchgehalten:[1214] So führte das BVerfG etwa in der Haftbefehl-Entscheidung aus: „Soweit Maßnahmen eines Organs oder einer sonstigen Stelle der Europäischen Union Auswirkungen zeitigen, die die durch Art. 79 Abs. 3 GG in Verbindung mit den in Art. 1 und 20 GG niedergelegten Grundsätzen geschützte Verfassungsidentität berühren, gehen sie über die grundgesetzlichen Grenzen offener Staatlichkeit hinaus. Auf einer primärrechtlichen Ermächtigung kann eine derartige Maßnahme nicht beruhen, weil auch der mit der Mehrheit des Art. 23 Abs. 1 Satz 3 GG in Verbindung mit Art. 79 Abs. 2 GG entscheidende Integrationsgesetzgeber der Europäischen Union keine Hoheitsrechte übertragen kann, mit deren Inanspruchnahme eine Berührung der von Art. 79 Abs. 3 GG geschützten Verfassungsidentität einherginge.“ [1215] Ganz ähnlich argumentierte das BVerfG auch im OMT-Urteil,[1216] wo es aber auch ausführte, dass die „Ultra-vires-Kontrolle einen besonderen, an das Zustimmungsgesetz gemäß Art. 23 Abs. 1 Satz 2 GG anknüpfenden Anwendungsfall des allgemeinen Schutzes der Verfassungsidentität durch das Bundesverfassungsgericht“ darstelle.[1217] In seiner Entscheidung zur Bankenunion führt das BVerfG dann aus, dass die Identitätskontrolle „auch im Rahmen der Ultra-vires-Kontrolle Prüfungsmaßstab“[1218] ist; differenzierte aber auch danach, ob seitens der Beschwerdeführer nur eine ultra-vires-, eine Identitätsrüge oder allgemein eine Verletzung des Anspruchs auf Demokratie gerügt werde – im letzten Fall seien auch ultra-vires- und Identitätskontrolle vorzunehmen.[1219] In der PSPP-Entscheidung prüfte das BVerfG das Vorliegen einer Identitätsverletzung im Anschluss an die allgemeine ultra-vires-Kontrolle.[1220]

1210 BVerfG, 30.07.2019, 2 BvR 1685/14 und 2 BvR 2631/15 (Bankenunion) Rz 224 ff; 285 ff; 310.
1211 BVerfG 05.05.2020, 2 BvR 859/15 ua (PSPP) Rz 154 ff.
1212 BVerfG 05.05.2020, 2 BvR 859/15 ua (PSPP) Rz 222 ff.
1213 Vgl dazu zB *Schwerdtfeger*, EuR 2015, 296.
1214 Vgl dazu auch *Sauer*, EuR 2017, 203 ff; *Kottmann/Wohlfahrt*, ZaöRV 2009, 463 f; *Burchardt*, ZaöRV 2016, 544 ff.
1215 BVerfGE 140, 317 (Haftbefehl) Rz 42.
1216 BVerfGE 142, 123 (OMT-Urteil) Rz 137.
1217 BVerfGE 142, 123 (OMT-Urteil) Rz 153.
1218 BVerfG, 30.07.2019, 2 BvR 1685/14 und 2 BvR 2631/15 (Bankenunion) Rz 203.
1219 BVerfG, 30.07.2019, 2 BvR 1685/14 und 2 BvR 2631/15 (Bankenunion) Rz 204 f.
1220 BVerfG 05.05.2020, 2 BvR 859/15 ua (PSPP) Rz 222 ff.

Konsequenterweise ist die Identitätskontrolle als Unterfall der ultra-vires-Kontrolle zu qualifizieren, wie es das BVerfG in der Bankenunion-Entscheidung[1221] und in der Haftbefehl-Entscheidung[1222] tut: Wenn die Übertragung von Hoheitsrechten an die EU durch Art 23 Abs 1 3. Satz GG an die materielle Voraussetzung der Einhaltung des Art 79 Abs 3 GG geknüpft ist, dann ist jeder Rechtsakt, der sich nicht an diese Beschränkung hält, ein ultra-vires-Akt.[1223]

Aus Perspektive des Art 4 Abs 2 EUV kann die Argumentation des BVerfG allerdings nicht überzeugen: Denn gerade die Einfügung von Art 4 Abs 2 EUV, der die Organe der EU zur Achtung der nationalen Identität der Mitgliedstaaten verpflichtet, entzieht die Aufgabe der Identitätskontrolle hinsichtlich der Sekundärrechtsakte der Allein- und vor allem auch der Letztverantwortung der mitgliedstaatlichen (Verfassungs-)Gerichte:[1224] Nunmehr ist der EuGH befugt zu überprüfen, ob Sekundärrechtsakte die nationalen Identitäten der Mitgliedstaaten achten und damit den Anforderungen des Art 4 Abs 2 EUV entsprechen.[1225] Auf Basis des Primärrechts erlassene Sekundärrechtsakte sind daher nicht unmittelbar am Maßstab von Art 79 Abs 3 GG zu messen.[1226]

Hervorzuheben ist auch, dass selbst ein Verstoß gegen Art 4 Abs 2 EUV aus unionsrechtlicher Perspektive nicht zum Entfall des Anwendungsvorrangs führt, sondern lediglich zur Rechtswidrigkeit des betreffenden Rechtsaktes.[1227] Insoweit das BVerfG also im Rahmen der Identitätskontrolle den Anwendungsvorrang von Sekundärrechtsakten beschränken möchte, ist dies aus unionsrechtlicher Perspektive als problematisch zu beurteilen, da an die Verletzung des Art 4 Abs 2 EUV aus unionsrechtlicher Perspektive keine anderen Konsequenzen geknüpft sind als an die Verletzung sonstigen Unionsrechts.

Art 79 Abs 3 GG und die dazu ergangene Judikatur des BVerfG ist für die Beurteilung der Rechtmäßigkeit von Sekundärrechtsakten aber insofern von Relevanz, als diese Rechtsprechung einen Anhaltspunkt dafür liefert, was die deutsche nationale Identität iSd Art 4 Abs 2 EUV ausmacht.[1228] Im Folgenden wird daher skizziert, was das BVerfG in seiner bisherigen Rsp als Bestandteil der durch Art 79 Abs 3 GG geschützten Verfassungsidentität qualifiziert hat.

1221 BVerfG, 30.07.2019, 2 BvR 1685/14 und 2 BvR 2631/15 (Bankenunion) Rz 203.

1222 BVerfGE 140, 317 (Haftbefehl) Rz 42.

1223 So zB auch *Klein* in Niedobitek/Sommermann, Wertegemeinschaft 73; *Hufeld* in HB StR § 215 421 f.

1224 Dazu zB *Schwerdtfeger*, EuR 2015, 310; *Schwarze*, EuR 2010, 115; *Everling*, EuR 2010, 100 f; vgl auch schon zur Rechtslage vor dem Vertrag von Lissabon *Hammer*, juridikum 2004, 112.

1225 Die Qualifikation eines Rechtsaktes als „identitätsverletzend“ führt insb auch nicht dazu, dass dieser nicht wirksam entsteht, vgl *Sauer*, EUR 2017, 194.

1226 Ausführlich *Polzin*, Verfassungsidentität 178 ff.

1227 Dazu ausführlich oben bei 3.6.7 (= 138).

1228 Dazu im Detail oben bei 3.4 (= 76) und 6 (= 257).

6.1.3.2.2 *Inhalte der Verfassungsidentität nach der Rsp des BVerfG*

Das BVerfG hat bereits einige Aussagen zum konkreten Inhalt der durch Art 23 iVm 79 Abs 3 GG geschützten Verfassungsidentität getroffen. In der Lissabon-Entscheidung etwa führte das BVerfG aus, dass das Grundgesetz „die Übertragung der Kompetenz-Kompetenz“[1229] an die EU untersage. Das Demokratieprinzip des Grundgesetzes fordere überdies die „Wahrung der Souveränität im vom Grundgesetz angeordneten integrationsoffenen und völkerrechtsfreundlichen Sinne“[1230]. Ein nicht mehr hinnehmbares Demokratiedefizit liegt nach Ansicht des BVerfG dann vor, „wenn der Kompetenzumfang, die politische Gestaltungsmacht und der Grad an selbständiger Willensbildung der Unionsorgane ein der Bundesebene im föderalen Staat entsprechendes (staatsanaloges) Niveau erreichte, weil etwa die für die demokratische Selbstbestimmung wesentlichen Gesetzgebungszuständigkeiten überwiegend auf der Unionsebene ausgeübt würden.“[1231] Ebenfalls aus dem Demokratieprinzip leitet das BVerfG schon in seiner Maastricht-Entscheidung ab, dass „die Wahrnehmung staatlicher Aufgaben und die Ausübung staatlicher Befugnisse sich auf das Staatsvolk zurückführen lassen und grundsätzlich ihm gegenüber verantwortet werden“[1232] muss. Auch das Budgetrecht des Bundestages „und seine haushaltspolitische Gesamtverantwortung sind als unverfügbarer Teil des grundgesetzlichen Demokratieprinzips durch Art. 38 Abs. 1 Satz 1, Art. 20 Abs. 1 und Abs. 2, Art. 79 Abs. 3 GG geschützt“[1233], so das BVerfG aktuell in seinen Entscheidungen zur Bankenunion und gleichlautend auch zum PSPP,[1234] aber auch schon zuvor in den Urteilen Lissabon[1235] und OMT.[1236]

Weiters wurde in der Rsp des BVerfG mit dem Schuldprinzip ein sehr konkreter Aspekt der durch Art 79 Abs 3 GG geschützten Verfassungsidentität benannt:[1237] Auf Grund „seiner Grundlage in der Menschenwürdegarantie des Art. 1 Abs. 1 GG gehört der Schuldgrundsatz zu der wegen Art. 79 Abs. 3 GG unverfügbaren Verfassungsidentität, die auch vor Eingriffen durch die supranational ausgeübte öffentliche Gewalt geschützt ist“[1238], so das BVerfG im Haftbefehl-Urteil.

1229 BVerfGE 123, 267 (Lissabon) 349.
1230 BVerfGE 123, 267 (Lissabon) 357.
1231 BVerfGE 123, 267 (Lissabon) 364 f.
1232 BVerfGE 89, 155 (Maastricht) 182.
1233 BVerfG, 30.07.2019, 2 BvR 1685/14 und 2 BvR 2631/15 (Bankenunion) Rz 123.
1234 BVerfG 05.05.2020, 2 BvR 859/15 ua (PSPP) Rz 104, 115. Die mangelnde Vorlage durch das BVerfG an den EuGH bedauernd *Calliess*, NVWZ 2020, 901.
1235 BVerfGE 123, 267 (Lissabon) 361 f.
1236 BVerfGE 142, 123 (OMT-Urteil) Rz 138.
1237 Siehe schon BVerfGE 123, 267 (Lissabon) 413.
1238 BVerfGE 140, 317 (Haftbefehl) Rz 53.

Außerdem gibt es nach dem BVerfG einige besonders „identitätssensible" Bereiche: „Als besonders sensibel für die demokratische Selbstgestaltungsfähigkeit eines Verfassungsstaates gelten seit jeher Entscheidungen über das materielle und formelle Strafrecht (1), die Verfügung über das Gewaltmonopol polizeilich nach innen und militärisch nach außen (2), die fiskalischen Grundentscheidungen über Einnahmen und – gerade auch sozialpolitisch motivierte – Ausgaben der öffentlichen Hand (3), die sozialstaatliche Gestaltung von Lebensverhältnissen (4) sowie kulturell besonders bedeutsame Entscheidungen etwa im Familienrecht, Schul- und Bildungssystem oder über den Umgang mit religiösen Gemeinschaften (5)."[1239] Zum zuletzt angesprochenen Bereich der kulturell besonders bedeutsamen Entscheidungen führte das BVerfG aus, dass „[d]emokratische Selbstbestimmung [hier] erfordert [...], dass die jeweilige durch solche Traditionen und Überzeugungen verbundene politische Gemeinschaft das Subjekt demokratischer Legitimation bleibt."[1240] Diese Aussage kann nicht nur auf das Verhältnis der EU zu ihren Mitgliedstaaten, sondern auch mit Blick auf die deutschen Länder von Relevanz sein: Das BVerfG qualifiziert nämlich bestimmte Kompetenzbereiche als nach Art 79 Abs 3 GG zwingend den Ländern zustehend.[1241] Es ist naheliegend, dass diese Bereiche auch nicht – jedenfalls nicht zur Gänze – an die EU übertragen werden dürfen und insofern durch die Verfassungsidentität iSd Art 79 Abs 3 iVm Art 23 GG geschützt werden. Darüber hinaus finden sich in der bisherigen Rsp des BVerfG zur Verfassungsidentität keine konkreten, expliziten Aussagen zum Ausmaß des Schutzes der Bundesstaatlichkeit durch die Verfassungsidentität, was aber im Lichte dessen, dass die Bundesstaatlichkeit durch Art 79 Abs 3 GG geschützt wird und dies auch im Verhältnis zur damaligen EG bereits Thema war,[1242] eher auf die bisher an das BVerfG herangetragenen Fallkonstellationen zurückzuführen ist – die keine bundesstaatlichen Themen betrafen – als darauf, dass die Bundesstaatlichkeit keinen Verfassungsidentitätscharakter hätte.

6.1.3.2.3 Relevanz der Verfassungsidentitäts-Rechtsprechung für die nationale Identität nach Art 4 Abs 2 EUV

Die Rsp des BVerfG ist unabhängig davon, ob sich das Gericht der Verfassungsidentitäts-Begrifflichkeit bedient, relevant für die Ermittlung der nationalen Iden-

1239 BVerfGE 123, 267 (Lissabon) 359.

1240 BVerfGE 123, 267 (Lissabon) 363.

1241 Zum Beispiel BVerfGE 34, 9 (Besoldungsvereinheitlichung) 20, dazu ausführlich und mwN unten bei 6.3.3.4 (= 282).

1242 Zum Beispiel BVerfGE 92, 203 (EG-Fernsehrichtlinie) 237 („wo das Gemeinschaftsrecht eine Mehrheitsentscheidung zwar an sich zuläßt, einer solchen jedoch das Verfassungsprinzip der Bundesstaatlichkeit [Art. 79 Abs. 3 GG] entgegensteht – das aus der Gemeinschaftstreue folgende Gebot wechselseitiger Rücksichtnahme zur Geltung zu bringen haben").

tität Deutschlands iSd Art 4 Abs 2 EUV. Dies ergibt sich schon aus den oben[1243] erörterten Befugnissen des BVerfG, das Grundgesetz und dabei insb auch Art 79 Abs 3 GG auszulegen. Auch wenn in einer rechtswissenschaftlichen Abhandlung Platz für Kritik an höchstgerichtlichen Entscheidungen sein muss, bleibt festzuhalten, dass die Rsp des BVerfG insb in jenen Fällen, in denen das Gericht explizit die Begrifflichkeit der integrationsfesten Verfassungsidentität bemüht, vom EuGH bei der Beurteilung der nationalen Identität Deutschlands iSd Art 4 Abs 2 EUV nicht einfach ignoriert werden kann, wenn der Dialog zwischen den Höchstgerichten konstruktiv ablaufen soll. Die Dialogoffenheit des BVerfG zeigt sich in der Bereitschaft, Fragen im Zusammenhang mit der Verfassungsidentität an den EuGH vorzulegen[1244] bzw solche Vorlagen anzudenken.[1245]

6.1.4 Die Ewigkeitsklausel des Art 79 Abs 3 GG im Überblick

Bei der Analyse des deutschen Verfassungsrechts auf bundesstaatsrelevante Inhalte der nationalen Identität iSd Art 4 Abs 2 EUV kommt entsprechend den obigen Ausführungen[1246] auch der nationalen Normenhierarchie eine Indizfunktion dahingehend zu, dass bestimmte Inhalte in einer Rechtsordnung einen besonderen Stellenwert einnehmen und daher zu den grundlegenden politischen und verfassungsmäßigen Strukturen iSd Art 4 Abs 2 EUV gezählt werden können. Es ist also zu fragen, ob es auch im deutschen Verfassungsrecht Verfassungsinhalte gibt, die auf Grund ihrer derogatorischen Kraft oder des für sie geltenden Erzeugungsverfahrens im Vergleich zum sonstigen Verfassungsrecht einen höheren Rang im Stufenbau der Rechtsordnung einnehmen. Dies ist in Anbetracht der in Art 79 Abs 3 GG enthaltenen Ewigkeitsklausel zu bejahen. Während die anderen Verfassungsbestimmungen nämlich im Verfahren nach Art 79 Abs 2 GG abgeändert werden können, gilt dies nicht für Änderungen der von Art 79 Abs 3 GG erfassten Inhalte. Eine Änderung dieser Inhalte ist im Rahmen des Grundgesetzes unzulässig.[1247]

Dies bedeutet zwar noch nicht, dass eine Abschaffung oder Veränderung von Art 79 Abs 3 GG vollkommen unmöglich ist. Jedenfalls denkbar wäre die Abschaffung oder Veränderung der Inhalte durch Verfassungsbruch.[1248] Teilweise wird in der Literatur auch vertreten, dass die Möglichkeit besteht, Art 79 Abs 3

1243 Bei 6.1.3.1 (= 261).

1244 BVerfGE 134, 366 (OMT-Vorlagebeschluss).

1245 BVerfG, 30.07.2019, 2 BvR 1685/14 und 2 BvR 2631/15 (Bankenunion) Rz 314 ff.

1246 Oben bei 3.6.4.4.5 (= 121).

1247 Zur historischen Bedingtheit dieser materiellen Verfassungsänderungsschranken s zB *Hain* in von Mangoldt, Art 79 GG Rz 28 ff.

1248 Vgl dazu *Evers* in BK Art 79 Abs 3 GG Rz 73; *Hain* in von Mangoldt, Art 79 GG Rz 33 f; *Dietlein* in Epping/Hillgruber, Art 79 GG Rz 20.2; *Sachs* in Sachs, Art 79 GG Rz 5 f; *Sannwald* in Schmidt-Bleibtreu/Hofmann/Henneke, Art 79 GG Rz 3.

GG ohne Verfassungsbruch abzuändern und dann auch auf die ursprünglich geschützten Inhalte zuzugreifen.[1249] Diese Diskussion muss aber hier nicht vertieft werden, denn es steht so oder so fest, dass die in Art 79 Abs 3 GG genannten Inhalte im deutschen Verfassungssystem zu den grundlegendsten verfassungsmäßigen Strukturen der deutschen Rechtsordnung zählen[1250] – dies ist ja der Grund, warum ihnen der stärkste im Grundgesetz verfügbare Bestandsschutz und damit auch der höchste Rang in der Normenhierarchie der deutschen Rechtsordnung[1251] zuteil werden soll.

Die in Art 79 Abs 3 GG geschützten Inhalte zählen also zu den grundlegenden politischen und verfassungsmäßigen Strukturen Deutschlands[1252] und machen damit einen Teil der nationalen Identität Deutschlands iSd Art 4 Abs 2 EUV aus.[1253] Auch in der Literatur wird der Begriff der Identität im Zusammenhang mit Art 79 Abs 3 GG verwendet: So spricht etwa *Hain*[1254] davon, dass es bei Art 79 Abs 3 GG „um den Schutz des ‚Grundsätzlichen' als das die Verfassungsordnung in ihrer Identität prägenden Wesentlichen" gehe. Zur nationalen Identität Deutschlands gehören somit jedenfalls die in Art 79 Abs 3 GG explizit genannte Gliederung des Bundes in Länder und die Mitwirkung der Länder bei der Bundesgesetzgebung.[1255]

Die in Art 79 Abs 3 GG zum Ausdruck kommende Entscheidung des Verfassungsgesetzgebers schließt aber nicht aus, dass es auch andere Elemente des bundesstaatsrelevanten Verfassungsrechts gibt, die zwar nicht änderungsfest sind, aber dennoch anhand der anderen oben genannten Indizien – Präambeln und Zielbestimmungen, Rsp der Höchstgerichte, politikwissenschaftliche Charakterisierungen – als grundlegende politische und verfassungsmäßige Strukturen iSd Art 4 Abs 2 EUV identifiziert werden können.

Gleichzeitig lässt sich aber nicht bestreiten, dass der Verfassungsgeber mit Art 79 Abs 3 GG eine Grundsatzentscheidung dahingehend getroffen hat, was er als besonders schützenswert und damit wesentlich für den deutschen Bundesstaat erachtet. Im Lichte dessen müssen gewichtige Argumente dafür ins Treffen geführt werden können, wenn ein Norminhalt, der nicht in Art 79 Abs 3 GG genannt ist, dennoch als identitätsstiftend iSd Art 4 Abs 2 EUV qualifiziert werden

1249 Vgl die Diskussion bei *Hain* in von Mangoldt, Art 79 GG Rz 41 f, der allerdings selbst (nur) davon ausgeht, dass der Verfassungsgeber (pouvoir constituant) Art 79 Abs 3 GG ändern könnte, nicht aber der verfassungsändernde Gesetzgeber (pouvoir constitué).

1250 Vgl zB *Evers* in BK Art 79 Abs 3 GG Rz 90.

1251 Vgl *Hain* in von Mangoldt, Art 79 GG Rz 109.

1252 So etwa auch BVerfG 123, 267 (Lissabon) 348.

1253 So statt vieler etwa auch *Dreier* in HB Ius Publicum Europaeum Band I 83. Auch in der Literatur wird der Begriff der Identität in Zusammenhang mit Art 79 Abs 3 GG verwendet: So spricht etwa *Hain* in von Mangoldt, Art 79 GG Rz 43 davon, dass es bei Art 79 Abs 3 GG „um den Schutz des ‚Grundsätzlichen' als das die Verfassungsordnung in ihrer Identität prägenden Wesentlichen" gehe.

1254 So etwa *Hain* in von Mangoldt, Art 79 GG Rz 43.

1255 Zu beidem noch unten bei 6.4.1 (= 299).

soll. Im Zweifel ist daher nicht vom Vorliegen eines Bestandteils der nationalen bundesstaatlichen Identität auszugehen.

6.2 Strukturelle Voraussetzungen der Kompetenzverteilung

6.2.1 Fragestellung

Als Voraussetzung der Kompetenzverteilung wird hier die Existenz föderaler Hoheitsträger, also von Bund und Ländern, verstanden. Den ersten Punkt der Untersuchung der bundesstaatlichen Identität stellt also die Frage dar, wie das deutsche (Verfassungs-)Recht die Existenz der föderalen Hoheitsträger sichert.

6.2.2 Bestand der Länder und des Bundes

Art 79 Abs 3 1. Variante GG verbietet eine Änderung des Grundgesetzes, mit der die Gliederung des Bundes in Länder „berührt“ wird. Damit wird eine der grundlegenden Voraussetzungen der Bundesstaatlichkeit, nämlich das Bestehen mehrerer föderaler Hoheitsträger, vorausgesetzt und geschützt.[1256] Nach unbestrittener Ansicht des BVerfG[1257] schützt Art 79 Abs 3 1. Variante GG allerdings nicht den Bestand der Länder in seiner konkreten Ausgestaltung, weder was die Zahl noch was die territoriale Erstreckung der Länder betrifft.[1258] Dies ergibt sich, wie das BVerfG betont, insb aus der im GG selbst vorgesehenen Möglichkeit zur Neugliederung des Bundesgebiets (Art 29 GG, vgl auch Art 118a GG).[1259] Umstritten ist, ob sich aus dem Erfordernis des Bestands von Ländern auch eine obligatorische Mindestanzahl an Ländern ableiten lässt; vertreten wird in diesem Zusammenhang zuweilen die Notwendigkeit des Bestehens von mindestens drei Ländern;[1260] an anderer Stelle wird das Bestehen von nur zwei Ländern als ausreichend erachtet.[1261] Schließlich wird auch verneint, dass sich aus dem Erfordernis der Gliederung des Bundes in Länder eine allgemeingültige,

1256 Zum Beispiel *Sannwald* in Schmidt-Bleibtreu/Hofmann/Henneke, Art 79 GG Rz 42.

1257 BVerfGE 1, 14 (Südweststaat) 47 f; BVerfGE 5, 34 (Baden-Abstimmung) 38.

1258 Wie hier *Evers* in BK Art 79 Abs 3 GG Rz 212; *Herdegen* in Maunz/Dürig, Art 79 GG Rz 97; *Sachs* in Sachs, Art 79 GG Rz 42; *Sachs* in Sachs, Art 20 GG Rz 67; *Sannwald* in Schmidt-Bleibtreu/Hofmann/Henneke, Art 79 GG Rz 42; *Hofmann* in Schmidt-Bleibtreu/Hofmann/Henneke, Art 20 GG Rz 11; *Haratsch* in Sodan, Art 79 GG Rz 21; *Bryde* in von Münch/Kunig, Art 79 GG Rz 40; *Dreier* in HB Ius Publicum Europaeum Band I 58 Rz 98; *Robbers* in BK Art 20 GG Rz 997; *Isensee* in HB StR § 126 Rz 23, 295.

1259 BVerfGE 1, 14 (Südweststaat) 47 ff; BVerfGE 5, 34 (Baden-Abstimmung) 39 ff. Vgl weiters zB *Dreier* in Dreier, Art 79 Abs 3 GG Rz 21; vgl auch *Robbers* in BK Art 20 GG Rz 1123 f; *Isensee* in HB StR § 126 Rz 24 ff.

1260 *Dreier* in Dreier, Art 79 Abs 3 GG Rz 21; *Haratsch* in Sodan, Art 79 GG Rz 21.

1261 *Dietlein* in Epping/Hillgruber, Art 79 GG Rz 24; dies offenlassend *Sachs* in Sachs, Art 79 GG Rz 42.

konkret zu beziffernde Mindestanzahl an Ländern ableiten lässt, vielmehr sei diese situationsabhängig unter Beachtung des Grundsatzes der vertikalen Gewaltenteilung zu bestimmen.[1262] Eine solche, situationsabhängige Beurteilung entspricht am ehesten dem Zweck[1263] des Art 79 Abs 3 1. Var GG, das Bestehen eines funktionierenden, gewaltenteiligen Bundesstaates sicherzustellen.[1264]

Die im Grundgesetz vorgesehene Zusammensetzung der Länder ist prägend für den deutschen Bundesstaat – dies wird insb durch die Aufzählung der einzelnen Länder in der Präambel des Grundgesetzes nahegelegt. Die besondere Bedeutung der derzeitigen Zusammensetzung und Abgrenzung der Länder wird auch dadurch hervorgehoben, dass für Gebietsänderungen besondere Verfahrensregelungen vorgesehen sind (insb Art 29 GG, Art 118a GG). Im Lichte dessen lässt sich die vom Grundgesetz vorgesehene Struktur des deutschen Bundesstaates mit derzeit sechzehn Ländern und deren gebietsmäßige Zusammensetzung als grundlegende politische und verfassungsmäßige Struktur iSd Art 4 Abs 2 EUV qualifizieren. Käme es zu Änderungen im Bestand der Länder, so wäre auch eine neue Zusammensetzung der Länder identitätsstiftend.

In Art 79 Abs 3 GG wird überdies vorausgesetzt, dass es neben den Ländern einen Bund gibt, wie sich aus der Formulierung „die Gliederung des Bundes in Länder" ergibt. Dies bestätigt auch die Rsp des BVerfG, der zufolge die „Wahrung der Souveränität im vom Grundgesetz angeordneten integrationsoffenen und völkerrechtsfreundlichen Sinne"[1265] einen Bestandteil der durch Art 79 Abs 3 GG geschützten Verfassungsidentität ausmacht. Insofern lässt sich auch annehmen, dass das Bestehen des Bundes durch Art 79 Abs 3 GG grundsätzlich geschützt wird[1266] und in weiterer Folge auch eine grundlegende politische und verfassungsmäßige Struktur iSd Art 4 Abs 2 EUV darstellt.

1262 *Evers* in BK Art 79 Abs 3 GG Rz 212; *Hain* in von Mangoldt, Art 79 GG Rz 132; ähnlich *Herdegen* in Maunz/Dürig, Art 79 GG Rz 97; *Sannwald* in Schmidt-Bleibtreu/Hofmann/Henneke, Art 79 GG Rz 42.

1263 Vgl zB *Elazar*, Federal Systems 102 ff; *Hesse/Ellwein*, Regierungssystem 40; *Marschall*, System 32, 216 f.

1264 Zur Gewaltenteilung als Zweck der Bundesstaatlichkeit zB BVerfGE 12, 205 (1. Rundfunkentscheidung) 229 („Diese Grundentscheidung der Verfassung, die nicht zuletzt eine Entscheidung zugunsten des föderalistischen Staatsaufbaus im Interesse einer wirksamen Teilung der Gewalten ist").

1265 BVerfGE 123, 267 (Lissabon) 357.

1266 Vgl etwa *Hain* in von Mangoldt, Art 79 GG Rz 136; *Sachs* in Sachs, Art 79 GG Rz 60, 62; *Sannwald* in Schmidt-Bleibtreu/Hofmann/Henneke, Art 79 GG Rz 57; weiters *Dreier* in Dreier, Art 79 Abs 3 GG Rz 55 ff sowie Sommermann, DÖV 2013, 710 f.

6.3 Strukturelle Anforderungen an die Ausgestaltung der Kompetenzverteilung

6.3.1 Fragestellung

Im Folgenden wird die Frage gestellt, ob sich aus dem Grundgesetz strukturelle Anforderungen an die Ausgestaltung der Kompetenzverteilung ergeben, die als grundlegende politische und verfassungsmäßige Strukturen Deutschlands iSd Art 4 Abs 2 EUV qualifiziert werden können. Dazu ist erstens zu erörtern, wie eine Abänderung der bundesstaatlichen Kompetenzverteilung nach dem Grundgesetz erfolgen kann und ob die Regelungen darüber identitätsstiftend sind. Weiters ist es auf Grund des besonderen Stellenwertes des Art 79 Abs 3 GG in der deutschen Rechtsordnung geboten, sich näher mit den ersten beiden Varianten des Art 79 Abs 3 GG auseinanderzusetzen. Dort werden mit dem Bestand der Länder und der Mitwirkung der Länder an der Bundesgesetzgebung zwei bundesstaatsrelevante Aspekte des deutschen Verfassungsrechts geschützt.

6.3.2 Abänderung der Kompetenzverteilung

Die Kompetenzverteilung im deutschen Bundesstaat ist im Grundgesetz geregelt. Änderungen der Kompetenzverteilung erfolgen also durch Änderung des Grundgesetzes. In Art 79 Abs 1 und 2 werden Regelungen über Grundgesetzänderungen getroffen. Art 79 Abs 1 GG legt diesbezüglich ein Kodifikationsgebot fest; Änderungen des Grundgesetzes müssen im Text des Grundgesetzes vorgenommen werden bzw diesen ergänzen.[1267] In verfahrensmäßiger Hinsicht wird in Art 79 Abs 2 GG festgelegt, dass für Änderungen des Grundgesetzes eine Zwei-Drittel-Mehrheit in Bundestag und Bundesrat erforderlich ist.[1268] Dies ist damit auch das relevante Beschlussfassungserfordernis für Änderungen der bundesstaatlichen Kompetenzverteilung.

Ein starkes Indiz dafür, diese Regelungen über die Abänderung der Kompetenzverteilung – und damit über die Abänderung des Grundgesetzes – zu den grundlegenden politischen und verfassungsmäßigen Strukturen Deutschlands iSd Art 4 Abs 2 EUV zu zählen, würde vorliegen, wenn die genannten Regelungen durch Art 79 Abs 3 GG geschützt wären. Dafür ist auf Art 79 Abs 3 2. Var GG einzugehen.

1267 Dazu zB *Sachs* in Sachs, Art 79 GG Rz 12 ff; *Sannwald* in Schmidt-Bleibtreu/Hofmann/Henneke, Art 79 GG Rz 17; *Haratsch* in Sodan, Art 79 GG Rz 6; *Hain* in von Mangoldt, Art 79 GG Rz 6 ff; *Dreier* in Dreier, Art 79 Abs 1 GG Rz 21 ff; *Bryde* in von Münch/Kunig, Art 79 GG Rz 6 f.

1268 Dazu zB *Sachs* in Sachs, Art 79 GG Rz 21 ff; *Sannwald* in Schmidt-Bleibtreu/Hofmann/Henneke, Art 79 GG Rz 31 ff; *Haratsch* in Sodan, Art 79 GG Rz 16 f; *Hain* in von Mangoldt, Art 79 GG Rz 26; *Dreier* in Dreier, Art 79 Abs 2 GG Rz 19 ff.

Art 79 Abs 3 2. Var GG stellt die Mitwirkung der Länder an der Gesetzgebung unter Schutz. Zutreffenderweise ergibt sich aus der Systematik des Grundgesetzes, dass durch Art 79 Abs 3 2. Var GG zunächst und vorrangig die Mitwirkung der Länder an der Gesetzgebung des Bundes unter Schutz gestellt wird.[1269]

Auch Änderungen des Grundgesetzes sind nach dem Konzept des Grundgesetzes zunächst Akte der Bundesgesetzgebung, die allerdings in einem nach Art 79 Abs 2 GG qualifizierten Verfahren zustande kommen.[1270] Die Mitwirkung der Länder an der Gesetzgebung hat aber nach Art 79 Abs 3 GG nur „grundsätzlich" zu erfolgen; ein (genereller) Ausschluss der Mitwirkung der Länder an Verfassungsänderungen steht daher mit Art 79 Abs 3 GG in Einklang, solange insb betreffend die „einfache" Bundesgesetzgebung weiterhin Mitwirkungsrechte der Länder bestehen. Allerdings ließe sich auch argumentieren, dass die Mitwirkung gerade an Änderungen des Grundgesetzes eine „grundsätzliche" Bedeutung für das Ausmaß der Einflussnahmemöglichkeiten und Kompetenzen der Länder hat; schließlich erfolgt insb die Kompetenzverteilung im Grundgesetz. Insofern ließe sich vertreten, dass die Mitwirkung der Länder an Grundgesetzänderungen jedenfalls zum von Art 79 Abs 3 GG geschützten „grundsätzlichen"[1271] Mindestmaß an Mitwirkungsmöglichkeiten zu zählen ist. Dieses Argument kann aber dadurch entkräftet werden, dass der Schutz der Einflussnahmemöglichkeiten der Länder sowie eines Mindestbestands an Länderkompetenzen[1272] nach dem Konzept des Art 79 Abs 3 GG gerade nicht den Ländern selbst überantwortet wird, sondern durch die Ewigkeitsklausel sichergestellt ist. Es kann also Art 79 Abs 3 GG nicht unterstellt werden, dass der Zweck des Schutzes der Mitwirkungsmöglichkeit der Länder an der Gesetzgebung des Bundes jener ist, den Ländern ein Mitspracherecht (insb) hinsichtlich der Kompetenzverteilung zu gewähren. Vielmehr soll die Mitwirkung der Länder an der Bundesgesetzgebung um ihrer selbst willen geschützt werden. Im Lichte dessen wäre es mit Art 79 Abs 3 GG vereinbar, wenn den Ländern im Zusammenhang mit Grundgesetzänderungen keine Mitwirkungsmöglichkeiten mehr zukämen,[1273] sofern bei der „einfachen" Bundesgesetzgebung weiterhin Mitwirkungsmöglichkeiten bestehen.[1274]

1269 *Dreier* in Dreier, Art 79 Abs 3 GG Rz 23; *Sachs* in Sachs, Art 79 GG Rz 44; *Sannwald* in Schmidt-Bleibtreu/Hofmann/Henneke, Art 79 GG Rz 46; *Haratsch* in Sodan, Art 79 GG Rz 23.

1270 So zB *Sachs* in Sachs, Art 79 GG Rz 10; *Dreier* in Dreier, Art 79 Abs 2 GG Rz 15; *Hain* in von Mangoldt, Art 79 GG Rz 1.

1271 „Grundsätzlich" würde hier also nicht in quantitativer Hinsicht verstanden, wonach Mitwirkung nach Art 79 Abs 3 GG in den meisten Fällen geboten wäre, sondern in qualitativer Hinsicht, wonach Mitwirkung nach Art 79 Abs 3 GG insb bei „wichtigen" Angelegenheiten geboten ist.

1272 Dazu unten bei 6.3.3 (= 278).

1273 Insb ist auch die konkrete Ausgestaltung der derzeit in Art 79 Abs 2 GG angeordneten Mitwirkung (qualifizierte Zustimmung durch den Bundesrat) nicht von Art 79 Abs 3 GG geschützt, wie sogleich unten erörtert wird.

1274 Vgl dazu auch *Hain* in von Mangoldt, Art 79 GG Rz 134, der zwar nicht die hier diskutierte Frage anspricht, insgesamt aber auf die Gesamtbalance zwischen Bund und Ländern abstellt.

Art 79 Abs 3 GG kann also nicht als Indiz dafür herangezogen werden, dass die Regelungen über die Änderungen des Grundgesetzes (aus bundesstaatlicher Perspektive) identitätsstiftend iSd Art 4 Abs 2 EUV sind. Die Präambel und die programmatische Bestimmung des Art 20 Abs 1 GG enthalten keinen Anhaltspunkt dahingehend, dass gerade die Bestimmungen über die Änderung des Grundgesetzes (auch) aus bundesstaatlicher Perspektive von grundlegender Bedeutung sind; weiters ergeben sich solche Anhaltspunkte, soweit ersichtlich, weder aus der Rsp des BVerfG noch aus der eingangs zitierten politikwissenschaftlichen Literatur.

6.3.3 Mindestausmaß an autonomen Länderkompetenzen

6.3.3.1 Art 79 Abs 3 1. Var GG als Ausgangspunkt

Art 79 Abs 3 1. Var GG verbietet eine Änderung des Grundgesetzes, durch die „die Gliederung des Bundes in Länder" berührt wird. Ob sich daraus ein Bestandsschutz zu Gunsten der bestehenden Länder ergibt, wurde oben diskutiert und verneint.[1275] Es stellt sich nun aber die Frage, ob Art 79 Abs 3 1. Var GG mehr schützt als nur den formellen Bestand einer Mindestanzahl an Ländern. Die soweit ersichtlich einhellige Ansicht bejaht dies:[1276] Art 79 Abs 3 1. Var GG schützt demnach nicht nur das Bestehen von Ländern an sich, sondern verlangt auch danach, dass die Länder als autonome, also eigenständige Einheiten bestehen. Art 79 Abs 3 1. Var GG würde also nicht genüge getan, wenn die Länder nur formell bestehen, materiell aber keine eigenständigen Hoheitsträger mit entsprechenden Befugnissen sind.

Das BVerfG etwa geht bereits in seiner Südweststaat-Entscheidung davon aus, dass die Länder „als Glieder des Bundes Staaten mit eigener – wenn auch gegenständlich beschränkter – nicht vom Bund abgeleiteter, sondern von ihm anerkannter staatlicher Hoheitsmacht"[1277] sind.[1278] Diese Staatlichkeit der Länder hat zur Folge, dass den Ländern ein Mindestmaß an autonomen Kompetenzen zukommen muss: Die Länder sind dem BVerfGE zufolge „nur dann Staaten, wenn ihnen ein Kern eigener Aufgaben als ‚Hausgut' unentziehbar verbleibt.

1275 Oben bei 6.2.2 (= 274).

1276 Zum Beispiel *Evers* in BK Art 79 Abs 3 GG Rz 213; *Sachs* in Sachs, Art 79 GG Rz 43; *Sachs* in Sachs, Art 20 GG Rz 65f; *Sannwald* in Schmidt-Bleibtreu/Hofmann/Henneke, Art 79 GG Rz 43; *Haratsch* in Sodan Art 79 GG Rz 22; *Leisner* in Sodan, Art 20 GG Rz 16.

1277 BVerfGE 1, 14 (Südweststaat) 34.

1278 Vgl weiters BVerfGE 6, 309 (Reichskonkordat) 347 („Eigenstaatlichkeit der Länder"); BVerfGE 14, 221 (Fremdrenten) 234 („auch die Länder sind Staaten"); BVerfGE 34, 9 (Besoldungsvereinheitlichung) 19f; BVerfGE 36, 342 (Niedersächsisches Landesbesoldungsgesetz) 360f; BVerfGE 60, 175 (Startbahn West) 207; BVerfGE 72, 330 (Finanzausgleich I) 385; BVerfGE 81, 310 (Kalkar II) 334; BVerfGE 101, 158 (Finanzausgleich III) 221; BVerfGE 104, 249 (Biblis A) 279; BVerfGE 116, 327 (Berliner Haushalt) 380; BVerfGE 129, 108 (Legislativstreit Schuldenbremse) 122.

Was immer im einzelnen dazu gehören mag, jedenfalls muß dem Land die freie Bestimmung über seine Organisation einschließlich der in der Landesverfassung enthaltenen organisatorischen Grundentscheidungen sowie die Garantie der verfassungskräftigen Zuweisung eines angemessenen Anteils am Gesamtsteueraufkommen im Bundesstaat verbleiben."[1279]

In der Literatur wird der vom BVerfG als Hausgut umschriebene Kompetenzbestand auch als Notwendigkeit der Einräumung eines Mindestmaßes an materieller Eigenständigkeit umschrieben.[1280] Teilweise wird die Notwendigkeit des Bestehens bestimmter Länderkompetenzen bzw eines bestimmten Mindestausmaßes an Länderkompetenzen auch allein aus der „Staatlichkeit" der Länder abgeleitet;[1281] diese wird wiederum zum Teil als Begriffsmerkmal der deutschen Bundesstaatlichkeit angesehen,[1282] von manchen aber auch als dem Art 79 Abs 3 Var 1. GG inhärent qualifiziert.[1283] Dabei soll es sich um einen verfassungsrechtlichen Begriff der Staatlichkeit handeln, der sich von der Staatlichkeit im völkerrechtlichen Sinn unterscheidet.[1284]

Unabhängig von der Herleitung des Erfordernisses eines Mindestbestands an Länderkompetenzen[1285] besteht allerdings Einigkeit darüber, dass dieses von Art 79 Abs 3 GG erfasst wird. Weiters besteht Einigkeit darüber, dass das Mindestausmaß an Kompetenzen nicht abstrakt quantifiziert werden kann[1286] und dass Kompetenzverluste der Länder durch Kompetenzgewinne in anderen Bereichen ausgeglichen werden können.[1287] Die Notwendigkeit des Bestehens eines Mindestausmaßes von Länderkompetenzen führt also nicht zu einer Versteinerung der grundgesetzlichen föderalen Kompetenzverteilung in dem Sinn, dass

1279 Vgl zB auch BVerfGE 99, 1 (Bayerische Kommunalwahlen) 11; BVerfGE 87, 181 (7. Rundfunkentscheidung) 196; BVerfGE 137, 108 (Art 91e GG) 144.

1280 *Dreier* in Dreier, Art 79 Abs 3 GG Rz 22.

1281 *Robbers* in BK Art 20 GG Rz 1079; *Hain* in von Mangoldt, Art 79 GG Rz 126 ff; *Dietlein* in Epping/Hillgruber, Art 79 GG Rz 23; ähnlich *Grzeszick* in Maunz/Dürig, Art 20 GG Rz 95; *Sommermann* in von Mangoldt, Art 20 GG Rz 26 f; *Dreier* in HB Ius Publicum Europaeum Band I 58 Rz 98; *Isensee* in HB StR § 126 Rz 65 ff.

1282 *Robbers* in BK Art 20 GG Rz 1080; *Huster/Rux* in Epping/Hillgruber, Art 20 GG Rz 7; *Grzeszick* in Maunz/Dürig, Art 20 GG Rz 35; vgl auch *Leisner* in Sodan, Art 20 GG Rz 14; *Kirchhof* in HB StR § 181 Rz 297.

1283 *Dietlein* in Epping/Hillgruber, Art 79 GG Rz 23.

1284 Zum Beispiel *Sachs* in Sachs, Art 79 GG Rz 43: „Staatsqualität im bundesstaatli. Sinn"; *Sommermann* in von Mangoldt, Art 20 GG Rz 26: „Staatsqualität, allerdings nur im staatsrechtlichen Sinne". Vgl aber auch *Evers* in BK Art 79 Abs 3 GG Rz 216 (umstrittene staatstheoretische Frage, aber ohne Bedeutung für Art 79 Abs 3 GG).

1285 Grundsätzlich ist es zutreffend, dass der Verfassungsgeber nicht beabsichtigt hat, die Länder als bloße bürokratische Einheiten zu errichten, sondern ihnen eine Stellung einräumen wollte, die es ihnen ermöglicht, im Bundesstaat ein Gegengewicht zur Zentralgewalt darzustellen; vgl *Sommermann* in von Mangoldt, Art 20 GG Rz 33; die Annahme der Notwendigkeit des Bestehens eines Mindestausmaßes an Länderkompetenzen ist daher grundsätzlich zutreffend.

1286 BVerfGE 34, 9 (Besoldungsvereinheitlichung) 20.

1287 Zum Beispiel *Dreier* in Dreier, Art 79 Abs 3 GG Rz 22; vgl auch *Hain* in von Mangoldt, Art 79 GG Rz 129 f; *Evers* in BK Art 79 Abs 3 GG Rz 214.

den Ländern von ihrem „Urkompetenzbestand" nur ein bestimmtes Ausmaß an Kompetenzen abgezogen werden dürfte.[1288]

6.3.3.2 *Komplementarität der Kompetenzverteilung?*

Als Komplementarität der Kompetenzverteilung kann man den Umstand bezeichnen, dass jede Kompetenz, die nicht den Ländern zukommt, beim Bund liegt und umgekehrt. Da es aber im Grundgesetz auch konkurrierende Kompetenzen als Regelfall gibt (Art 72 GG), bedeutet die Zuordnung einer Kompetenz zum Bund noch nicht zwingend, dass diese nicht auch den Ländern zukommt (und umgekehrt). Nach dem Grundgesetz kommt den Ländern eine Subsidiarkompetenz für alle nicht anders zugeordneten Bereiche zu.[1289]

6.3.3.3 *Autonome Kompetenzen in allen Bereichen der Staatsgewalt?*

Hinsichtlich der durch Art 79 Abs 3 1. Var GG geforderten Eigenständigkeit bzw Autonomie der Länder ist weiters zu diskutieren, ob das aus Art 79 Abs 3 1. Var GG abgeleitete Gebot der Eigenständigkeit der Länder verlangt, dass diesen jeweils autonome Kompetenzen in den Bereichen der Gesetzgebung, Verwaltung und Rechtsprechung zukommen.[1290] Denkbar wäre nämlich auch, dass das Bestehen ausreichender eigenständiger Kompetenzen in einem Bereich – etwa der Verwaltung – die Notwendigkeit des Bestehens eigenständiger Kompetenzen in einem anderen Bereich – etwa der Gesetzgebung – ausschließt.[1291] Dem steht schon die Aussage des BVerfG, wonach „den Ländern im Bereich aller drei Staatsfunktionen – Legislative, Exekutive und Judikative – Aufgaben von substantiellem Gewicht als ‚Hausgut' unentziehbar verbleiben"[1292] entgegen.

Die Länder sollen im Konzept des Grundgesetzes außerdem nicht nur um ihrer Eigenständigkeit willen eigenständig sein, sondern vor allem auch ein Gegenge-

---

1288 Vgl *Dreier* in Dreier, Art 79 Abs 3 GG Rz 22.

1289 Art 30 GG; vgl auch Art 70 GG (Gesetzgebung), Art 83 GG (Ausführung der Bundesgesetze), Art 92 GG (Gerichtsbarkeit).

1290 So etwa *Dreier* in Dreier, Art 79 Abs 3 GG Rz 48, der dies aus dem Erfordernis der „Eigenstaatlichkeit" der Länder ableitet, wobei nicht ganz klar ist, ob er dieses in Art 20 Abs 1 GG oder Art 79 Abs 3 1. Var GG verankert sieht; auch *Dietlein* in Epping/Hillgruber, Art 79 GG Rz 23, leitet aus dem seiner Ansicht nach in Art 79 Abs 3 1. Var GG verankerten Konzept der Staatlichkeit der Länder die Notwendigkeit des Bestehens von Kompetenzen in allen drei Bereichen der Staatsgewalt ab; weiters *Hain* in von Mangoldt, Art 79 GG Rz 127f, 130; *Bauer* in Dreier, Art 20 GG Rz 42; *Sommermann* in von Mangoldt, Art 20 GG Rz 33f; *Sannwald* in Schmidt-Bleibtreu/Hofmann/Henneke, Art 79 GG Rz 43.

1291 In diese Richtung *Huster/Rux* in Epping/Hillgruber, Art 20 GG Rz 18, wenn sie davon ausgehen, dass dem Bundesstaatsprinzip dadurch entsprochen wird, dass das Fehlen substantieller Gesetzgebungskompetenzen der Länder durch deren Zuständigkeit zur Ausführung der Bundesgesetze nach Art 83 GG ausgeglichen wird.

1292 BVerfGE 137, 108 (Art 91e GG) 144.

wicht zum „Machtzentrum" des Bundes bilden,[1293] wie dies auch das BVerfG immer wieder betont.[1294] Um ein solches wirksames Gegengewicht zum Bund darstellen zu können, ist es aber erforderlich, dass die Länder über eigenständige Gesetzgebungsbefugnisse verfügen, die nicht durch (umfassende) Verwaltungsbefugnisse ersetzt werden können.[1295] Dies klingt auch an, wenn gefordert wird, dass die Länder im deutschen Bundesstaat „Zentren demokratisch legitimer politischer Entscheidung"[1296] sein sollen, denn diese Funktion kann am ehesten durch demokratisch legitimierte Gesetzgebung auf Landesebene erfüllt werden.

Auch eine vollkommene Ersetzung der Landesgesetzgebungskompetenzen durch Mitwirkungsrechte bei der Gesetzgebung des Bundes wäre nicht mit dem Konzept des Art 79 Abs 3 1. Var GG vereinbar,[1297] da dadurch – zumindest nach dem derzeitigen Bundesratsmodell – die Länder nicht *jeweils* als „demokratische Entscheidungszentren" fungierten, sondern nur durch *Zusammenwirken* bzw Mehrheitsbildung Einfluss auf die Bundesgesetzgebung nehmen könnten. Das Erfordernis des Bestehens eigenständiger Landesgesetzgebungskompetenzen wird durch das Erfordernis des (grundsätzlich) eigenständigen Vollzugs der solcherart erlassenen Gesetze durch Verwaltungsbehörden der Länder effektuiert. In den von ihren Gesetzgebungskompetenzen erfassten Bereichen müssen also die Länder zumindest dem Grundsatz nach auch die Entscheidungshoheit über die Verwirklichung der erlassenen Gesetze haben.[1298] Dies entspricht auch dem ursprünglichen Konzept des Grundgesetzes, in welchem den Ländern in allen drei Bereichen der Staatsgewalt eigenständige Kompetenzen zukamen.[1299]

Auch die Verwaltungsbefugnisse der Länder können aber der Rsp des BVerfG zufolge nicht einfach ersatzlos gestrichen werden, da gerade der Exekutivföderalismus zur vertikalen Gewaltenteilung beiträgt.[1300]

Hinsichtlich der Gerichtsbarkeit ist die schon in der Stammfassung des Grundgesetzes vorgesehene Unterordnung der Landesgerichtsbarkeit insb unter die Rechtsprechung des BVerfG, das zur letztverbindlichen Auslegung des GG berufen ist, hervorzuheben. Dabei ist als Mittel zur Sicherung der Einheitlichkeit der (verfassungsgerichtlichen) Rechtsprechung insb die Divergenzvorlage nach Art 100 Abs 3 GG zu nennen.

1293 Vgl zB *Hain* in von Mangoldt, Art 79 GG Rz 121 ff; *Kirchhof* in HB StR § 181 Rz 299.

1294 BVerfGE 12, 205 (1. Rundfunkentscheidung) 229 („Diese Grundentscheidung der Verfassung, die nicht zuletzt eine Entscheidung zugunsten des föderalistischen Staatsaufbaus im Interesse einer wirksamen Teilung der Gewalten ist"); BVerfGE 55, 274 (Berufsausbildungsabgabe) 318 f; BVerfGE 104, 249 (Biblis A) 279.

1295 Wie hier zB *Sommermann* in von Mangoldt, Art 20 GG Rz 33.

1296 *Hesse*, AöR 1973, 14.

1297 Dazu *Hesse*, AöR 1973, 21 ff; *Kirchhof* in HB StR § 181 Rz 308; aA *Herdegen* in Maunz/Dürig, Art 79 GG Rz 95.

1298 Vgl dazu *Kirchhof* in HB StR § 181 Rz 303.

1299 Vgl *Hain* in von Mangoldt, Art 79 GG Rz 127; zum Abstellen auf den ursprünglichen Stand der Kompetenzen als Ausgangspunkt *Kirchhof* in HB StR § 181 Rz 302.

1300 BVerfGE 55, 274 (Berufsausbildungsabgabe) 318 f; BVerfGE 104, 249 (Biblis A) 279.

6.3.3.4 *Autonome Kompetenzen in bestimmten Sachbereichen?*

In der Judikatur des BVerfG wird überdies bejaht, dass bestimmte Sachbereiche – insb die Entscheidung über die landesinterne Organisation sowie die Landesverfassungsgesetzgebung – nach Art 79 Abs 3 1. Var GG jedenfalls in die Kompetenzsphäre der Länder fallen müssen.[1301] In der Literatur wurde überdies in Erwägung gezogen, die Kulturhoheit der Länder als durch Art 79 Abs 3 1. Var GG geschützt zu qualifizieren,[1302] die vom BVerfG in einer Entscheidung als „wesentliches Element des bundesstaatlichen Aufbaus der Bundesrepublik Deutschland"[1303] qualifiziert wurde. Denkbar wäre es, auch die Befugnis zur (grundlegenden) Entscheidung über die Landesfinanzen als notwendig zur Wahrung der materiellen Eigenständigkeit iSd Art 79 Abs 3 1. Var GG einzuordnen, wie es auch in der Rsp des BVerfG anklingt.[1304]

Hinsichtlich der Notwendigkeit der Zuordnung der Kompetenz zur Landesverfassungsgesetzgebung an die Länder ist dem BVerfG zuzustimmen:[1305] Es entspricht der dem Grundgesetz schon in seiner Ursprungsfassung zu Grunde liegenden Konzeption der Eigenständigkeit der Länder, dass diese jeweils selbst über ihre Verfassung – und damit auch über ihre innere Organisation – entscheiden können.[1306] Nicht vereinbar mit Art 79 Abs 3 1. Var GG wäre daher eine verfassungsmäßige Übertragung dieser Befugnisse auf den Bund bzw den Bundesgesetzgeber. Allerdings ist die diesbezügliche Entscheidungsfreiheit der Länder auch nach dem Grundgesetz beschränkt, namentlich durch die Homogenitätsklausel des Art 28 GG, die anordnet, dass die Verfassungsordnungen der Länder den Grundsätzen eines republikanischen, demokratischen und sozialen Rechtsstaates zu entsprechen haben.[1307] Die Homogenitätsklausel war bereits in der Stammfassung des Grundgesetzes vorgesehen;[1308] die Verfassungsautonomie der Länder war also von Anfang an dadurch beschränkt und ist daher auch nur in diesen Grenzen durch Art 79 Abs 3 1. Var GG geschützt. Unzulässig wäre es im Lichte der letztgenannten Vorschrift allerdings, noch spezifischere Vorgaben für die

1301 BVerfGE 1, 14 (Südweststaat) 34; BVerfGE 34, 9 (Besoldungsvereinheitlichung) 20; BVerfGE 36, 342 (Niedersächsisches Landesbesoldungsgesetz) 360f; BVerfGE 60, 175 (Startbahn West) 207; BVerfGE 96, 345 (Landesverfassungsgerichte) 368f; BVerfGE 99, 1 (Bayerische Kommunalwahlen) 11; BVerfGE 102, 224 (Funktionszulagen) 264; BVerfGE vgl zB *Hofmann* in Schmidt-Bleibtreu/Hofmann/Henneke, Art 20 GG Rz 12; *Isensee* in HB StR § 126 Rz 80ff.

1302 Vgl dazu die Nachweise bei *Hain* in von Mangoldt, Art 79 GG Rz 128; weiters zB *Isensee* in HB StR § 126 Rz 223.

1303 BVerfGE 6, 309 (Reichskonkordat) 354.

1304 BVerfGE 34, 9 (Besoldungsvereinheitlichung) 20.

1305 Wie hier zB *Hesse*, AöR 1973, 17f. Vgl weiters *Grzeszick* in Maunz/Dürig, Art 20 GG Rz 96; *Huster/Rux* in Epping/Hillgruber, Art 20 GG Rz 7ff.

1306 Vgl *Isensee* in HB StR § 126 Rz 80.

1307 Vgl dazu *Schwarz* in von Mangoldt, Art 28 GG Rz 5, 11, 17ff; *Dreier* in Dreier, Art 28 GG Rz 41ff.

1308 Zur Entstehung zB *Dreier* in Dreier, Art 28 GG Rz 16.

Landesverfassungsordnungen aufzunehmen und ihre Autonomie dadurch noch weiter zu beschränken. Unproblematisch erscheint aus Perspektive des Art 79 Abs 3 1. Var GG im Gegensatz dazu eine Abschaffung der Homogenitätsklausel.

Dass auch die Kulturhoheit der Länder von der Garantie materieller Eigenständigkeit in Art 79 Abs 3 1. Var GG umfasst wird, ist im Gegensatz dazu eher zweifelhaft.[1309] Als Kulturhoheit wird die Kompetenz der Länder bezeichnet, die Angelegenheiten der Bildung, des Schul- und Hochschulwesens, des Rundfunks und der Kunst wahrzunehmen.[1310] Auch das BVerfG bezeichnet die Kulturhoheit der Länder zwar als „wesentliches Element des bundesstaatlichen Aufbaus der Bundesrepublik Deutschland",[1311] stellt aber in der fraglichen Entscheidung keinen Konnex zur Ewigkeitsklausel des Art 79 Abs 3 GG her. In der Lissabon-Entscheidung werden zu den besonders integrationssensiblen Bereichen auch „kulturell besonders bedeutsame Entscheidungen etwa im Familienrecht, Schul- und Bildungssystem oder über den Umgang mit religiösen Gemeinschaften"[1312] gezählt. Ob daraus und aus der anschließenden Ausführung des BVerfG, wonach in derartigen Bereichen „[d]emokratische Selbstbestimmung [hier] erfordert [...], dass die jeweilige durch solche Traditionen und Überzeugungen verbundene politische Gemeinschaft das Subjekt demokratischer Legitimation bleibt",[1313] geschlossen werden kann, dass die Übertragung von Zuständigkeiten im Bereich der Kulturhoheit nicht nur an die EU, sondern auch an den Bund gegen Art 79 Abs 3 GG verstößt, ist unklar. Die entsprechende Zuständigkeit kam den Ländern schon nach der Ursprungsfassung des GG zu und stellt heute einen der wichtigsten (verbleibenden) Bereiche dar, in welchem die Länder ausschließliche Kompetenzen ausüben. Gleichwohl ist kein Grund ersichtlich, warum die materielle Eigenständigkeit der Länder von der Ausübung autonomer Kompetenzen im Kulturbereich abhängig sein sollte. Gerade auch die viele Bereiche der Kulturhoheit betreffende Harmonisierung durch Länderstaatsverträge spricht dagegen, dass es sich dabei um Angelegenheiten handelt, die jedenfalls von Land zu Land unterschiedlich geregelt werden müssen, um der Eigenart der Länder Genüge zu tun. Es handelt sich also bei der Kulturhoheit der Länder um einen Kompetenzbereich, der den Ländern nach der, wie oben angeführt, zulässigen bilanzierenden Betrachtung unter der Voraussetzung entzogen werden könnte, dass dafür andere Kompetenzen in ausreichendem Umfang an sie übertragen werden.[1314] Gleichwohl stellt die Kulturhoheit der Länder im Hinblick auf die Übertragung von Kompetenzen an die EU nach der Rsp des BVerfG[1315] einen besonders inte-

1309 So auch *Huster/Rux* in Epping/Hillgruber, Art 20 GG Rz 48.
1310 Dazu umfassend *Häberle*, AöR 1999, 560 ff.
1311 BVerfGE 6, 309 (Reichskonkordat) 354.
1312 BVerfGE 123, 267 (Lissabon) 359.
1313 BVerfGE 123, 267 (Lissabon) 363.
1314 So auch *Hain* in von Mangoldt, Art 79 GG Rz 128.
1315 BVerfGE 123, 267 (Lissabon) 359.

grationssensiblen Bereich dar, dem bei der Übertragung von Befugnissen an die EU besondere Aufmerksamkeit zu widmen ist. Dennoch handelt es sich bei der Kulturhoheit der Länder im Gesamten nicht um eine grundlegende politische und verfassungsmäßige Struktur iSd Art 4 Abs 2 EUV, die jegliche Tätigkeit der EU in diesem Bereich rechtswidrig machen würde.

6.3.3.5 Autonome Kompetenzen und Determinierung durch Völker- und Unionsrecht

6.3.3.5.1 Allgemeines

Schließlich stellt sich auch die Frage, ob die von Art 79 Abs 3 1. Var GG verlangte materielle Eigenständigkeit als (freie) Entscheidungsbefugnis über die den Ländern zustehenden Kompetenzen zu verstehen ist, die frei von jeglichen Einflüssen des Völker- oder Unionsrechts sein muss, oder ob bzw inwieweit die Eigenständigkeit durch die Eingliederung der Bundesrepublik Deutschlands und damit auch der Länder in die internationale Staatengemeinschaft und die EU bedingt ist. Dies wird im Folgenden zunächst für die Frage nach der Determinierung durch völkerrechtliche Verträge und die Übertragung von Hoheitsrechten an zwischenstaatliche Einrichtungen diskutiert, bevor auf die Frage der Integration in die EU eingegangen wird.

6.3.3.5.2 Relativierung der Eigenständigkeit durch völkerrechtliche Verträge?

6.3.3.5.2.1 Grundlegung: Abschluss- und Umsetzungskompetenz bei völkerrechtlichen Verträgen

Nach Art 32 Abs 1 GG ist die Pflege der Beziehungen zu auswärtigen Staaten Sache des Bundes. Zur Pflege der auswärtigen Beziehungen zählt auch der Abschluss völkerrechtlicher Verträge mit anderen Völkerrechtssubjekten.[1316] Allerdings ordnet Art 32 Abs 3 GG an, dass die Länder völkerrechtliche Verträge über Angelegenheiten abschließen können, die ihre Gesetzgebungszuständigkeiten betreffen. Im Lichte dieser Bestimmung ist bis heute umstritten,[1317] ob sich die Kompetenz des Bundes zum Abschluss völkerrechtlicher Verträge nach Art 32 Abs 1 GG auch auf Verträge erstreckt, die inhaltlich die ausschließlichen Kompetenzen der Länder betreffen.[1318] Dabei wird sowohl das Bestehen einer Abschluss-

1316 Zum Beispiel *Kempen* in von Mangoldt, Art 32 GG Rz 33, 66; *Wollenschläger* in Dreier, Art 32 GG Rz 22; *Nettesheim* in Maunz/Dürig, Art 32 GG Rz 11; *Fassbender* in BK Art 32 GG Rz 78 f.

1317 Vgl auch BVerfGE 92, 203 (EG-Fernsehrichtlinie) 231.

1318 Dazu zB *Kempen* in von Mangoldt, Art 32 GG Rz 48 ff; *Wollenschläger* in Dreier, Art 32 GG Rz 34 ff; *Nettesheim* in Maunz/Dürig, Art 32 GG Rz 60 ff; *Fassbender* in BK Art 32 GG Rz 99 ff.

als auch einer Transformationskompetenz des Bundes diskutiert. Im Wesentlichen lassen sich dazu drei unterschiedliche Meinungen ausmachen:[1319]

Nach der in der Literatur als „föderalistische süddeutsche Lösung" bezeichneten Ansicht[1320] kommt dem Bund keine Kompetenz zum Abschluss völkerrechtlicher Verträge über Angelegenheiten zu, die in die ausschließliche Kompetenz der Länder fallen. Da nach dieser Ansicht nicht einmal eine entsprechende Abschlussbefugnis des Bundes besteht, erübrigt sich auch die Frage nach einer speziellen Verortung der Umsetzungskompetenz.

Im Gegensatz dazu steht die sog „zentralistische Berliner Lösung".[1321] Nach dieser Variante hat der Bund auf Grund von Art 32 Abs 1 GG nicht nur die Kompetenz, völkerrechtliche Verträge betreffend Angelegenheiten zu schließen, die in die ausschließliche Zuständigkeit der Länder fallen. Dem Bund kommt in diesem Modell darüber hinaus die Umsetzungskompetenz für solche Verträge zu; schließt der Bund also einen Vertrag über eine Angelegenheit ab, die grundsätzlich in die ausschließliche Landeskompetenz fällt, so wird diese dadurch kraft Umsetzungskompetenz des Bundes zu einer Bundeskompetenz.[1322]

Eine vermittelnde Position zwischen den beiden vorgenannten Lösungen nimmt die sog „norddeutsche Lösung" ein.[1323] Dieser zufolge besteht auch hinsichtlich der in die ausschließliche Zuständigkeit der Länder fallenden Angelegenheiten eine (konkurrierende) Zuständigkeit des Bundes zum Abschluss völkerrechtlicher Verträge. Der Abschluss eines solchen Vertrags durch den Bund zieht nach dieser Ansicht auf innerstaatlicher Ebene aber keine Umsetzungskompetenz nach sich; vielmehr bleiben die Länder im fraglichen Bereich für die Umsetzung des Vertrags zuständig.

Die Frage, ob die in Art 79 Abs 3 1. Var GG geschützte Eigenständigkeit der Länder durch eine dem Bund zustehende Kompetenz zum Abschluss völkerrechtlicher Verträge über Angelegenheiten, die innerstaatlich in die ausschließliche Zuständigkeit der Länder fallen, bedingt ist, stellt sich demnach vor allem dann, wenn man sich der letztgenannten norddeutschen Lösung anschließt. Hat nämlich der Bund im Sinne der ersten Ansicht gar keine entsprechende Außenkompetenz oder zieht im Sinne der zweitgenannten Ansicht die Außenkompetenz

1319 Siehe schon *Grewe*, VVDStRL 12, 165 f.

1320 Zum Beispiel *Bernhardt*, Abschluß 140 ff; *Blumenwitz*, Schutz 93 ff; *Busch*, Vereinbarung 47 ff; *Fassbender* in BK Art 32 GG Rz 97 f; vgl weiters *Wollenschläger* in Dreier, Art 32 GG Rz 35; *Nettesheim* in Maunz/Dürig, Art 32 GG Rz 62; *Kempen* in von Mangoldt, Art 32 GG Rz 48 jeweils mwN.

1321 Zum Beispiel *Dreher*, Kompetenzverteilung 27 ff; *Grewe*, VVDStRL 12, 167 ff, 177; vgl weiters *Wollenschläger* in Dreier, Art 32 GG Rz 35; *Nettesheim* in Maunz/Dürig, Art 32 GG Rz 63; *Kempen* in von Mangoldt, Art 32 GG Rz 48 jeweils mwN.

1322 *Grewe*, VVDStRL 12, 177; vgl auch *Kempen* in von Mangoldt, Art 32 GG Rz 52 ff.

1323 Zum Beispiel *Fastenrath*, Kompetenzverteilung 120 ff; *Bleckmann*, Grundgesetz 201 ff; vgl weiters *Wollenschläger* in Dreier, Art 32 GG Rz 35; *Nettesheim* in Maunz/Dürig, Art 32 GG Rz 64; *Kempen* in von Mangoldt, Art 32 GG Rz 48 jeweils mwN.

des Bundes auch eine innerstaatliche Umsetzungskompetenz nach sich, so ist eine Konstellation, in welcher die Länder bei der Ausübung ihrer ausschließlichen Kompetenzen durch einen vom Bund abgeschlossenen Vertrag rechtmäßigerweise in ihrer Kompetenzausübung beschränkt werden, nicht denkbar. Auch bei der zentralistischen Berliner Lösung stellt sich allerdings die Frage, ob der Bund bei der Ausübung seiner umfassenden Außenkompetenz samt daran anknüpfender Umsetzungskompetenz durch Art 79 Abs 3 1. Var GG gebunden ist. Dass alle drei Auslegungsvarianten dem Grundgesetz plausibel zu Grunde gelegt werden können, zeigt schon die Tatsache, dass der Meinungsstreit bis heute nicht beigelegt werden konnte.[1324]

In der Staatspraxis der Bundesrepublik Deutschland wurde mit dem sog „Lindauer Abkommen"[1325] eine Lösung gefunden, die am ehesten der norddeutschen Lösung entspricht: Demzufolge darf der Bund auch Verträge abschließen, die innerstaatlich in den Bereich der ausschließlichen Kompetenzen der Länder fallen, hat aber in derartigen Fällen vorab die Zustimmung der Länder einzuholen. Eine aus der Vertragsschlusskompetenz folgende Umsetzungskompetenz wird im Gegensatz dazu nicht angenommen; zuständig für die Umsetzung solcher Verträge sind demnach die Länder, die dazu nach der überwiegenden Ansicht auf Grund des Grundsatzes der Bundestreue[1326] verpflichtet sind, soweit sie dem Vertrag im Rahmen des im Lindauer Abkommen vorgesehenen Verfahrens zugestimmt haben.[1327] Da im Lindauer Abkommen – das selbst nicht rechtsverbindlich ist,[1328] sondern eine Art gentlemen's agreement darstellt[1329] – selbst darauf hingewiesen wird, dass über die Frage des Bestehens einer Außenkompetenz des Bundes im Bereich der ausschließlichen Zuständigkeit der Länder kein Konsens besteht, kann daraus allerdings kein Verfassungsgewohnheitsrecht abgeleitet werden.[1330]

Die besseren Argumente sprechen dafür, von der Relevanz der norddeutschen Lösung für die Verteilung der Außenkompetenzen und daran anschließende Umsetzungskompetenzen im deutschen Bundesstaat auszugehen:[1331] Aus systematischer Perspektive ist darauf hinzuweisen, dass der Bund nach Art 24 GG per

1324 Vertiefend dazu *Nettesheim* in Maunz/Dürig, Art 32 GG Rz 65 ff.

1325 Dazu schon oben in FN 276; vgl dazu zB *Nettesheim* in Maunz/Dürig, Art 32 GG Rz 72; *Wollenschläger* in Dreier, Art 32 GG Rz 38 ff; *Kempen* in von Mangoldt, Art 32 GG Rz 58 ff.

1326 Dazu unten bei 6.4.2.2.2 (= 301).

1327 Vgl *Grzeszick* in Maunz/Dürig, Art 20 GG Rz 129; *Sommermann* in von Mangoldt, Art 20 GG Rz 40; *Huster/Rux* in Epping/Hillgruber, Art 20 GG Rz 37; weiters zB *Bauer* in Dreier, Art 20 GG Rz 51 (Verbot widersprüchlichen Verhaltens).

1328 Vgl BVerfGE 92, 203 (EG-Fernsehrichtlinie) 232.

1329 Zum gescheiterten Versuch, das Abkommen verbindlich zu machen, *Schmalenbach*, Europaartikel 172 ff.

1330 Wie hier zB *Wollenschläger* in Dreier, Art 32 GG Rz 43; vgl auch *Kempen* in von Mangoldt, Art 32 GG Rz 60, 62.

1331 Wie hier *Wollenschläger* in Dreier, Art 32 GG Rz 37; *Nettesheim* in Maunz/Dürig, Art 32 GG Rz 71.

Gesetz Hoheitsrechte an zwischenstaatliche Einrichtungen übertragen darf.[1332] Wenn der Bund aber schon bei der Übertragung von Hoheitsrechten nicht auf seine eigenen Kompetenzen beschränkt ist,[1333] so ist nicht ersichtlich, warum dies beim Abschluss völkerrechtlicher Verträge der Fall sein sollte. In teleologischer Hinsicht spricht vor allem die Sicherstellung einer inhaltlich unbeschränkten völkerrechtlichen Handlungsfähigkeit der Bundesrepublik Deutschland für die Annahme einer umfassenden Vertragsschlusskompetenz des Bundes.[1334] Dabei geht es nicht darum, dass irgendeine Gebietskörperschaft Verträge über die fraglichen Landesangelegenheiten abschließen kann, da ansonsten auf die Vertragsschlusskompetenz der Länder nach Art 32 Abs 3 GG hingewiesen werden könnte. Vielmehr stellt es bereits eine beträchtliche Einschränkung der Verhandlungsfähigkeit der Bundesrepublik dar, wenn bestimmte Inhalte nicht zum Gegenstand einer Paketlösung gemacht werden können.[1335]

Aus dem Bestehen einer kompetenzübergreifenden Außenkompetenz des Bundes kann noch nicht auf eine entsprechende Umsetzungskompetenz des Bundes geschlossen werden. Gegen die Annahme einer solchen Kompetenz spricht zunächst, dass die Kompetenzverteilung des Grundgesetzes damit zur freien Verfügung des Bundes stünde, der dann jegliche Angelegenheit durch Abschluss eines völkerrechtlichen Vertrags an sich ziehen könnte; damit würde aber das Erfordernis einer Abänderung der verfassungsrechtlich festgelegten Kompetenzverteilung durch Vornahme einer Verfassungsänderung weitgehend bedeutungslos.[1336]

Für die Heranziehung der norddeutschen Lösung als Grundlage für die weitere Untersuchung spricht auch, dass die Staatspraxis dieser am ehesten entspricht; dies ist freilich kein rechtsdogmatisches Argument – im Lichte der relativen Gleichwertigkeit der verschiedenen Auslegungsvarianten aber dennoch berücksichtigungswürdig.

6.3.3.5.2.2 Determinierung der Kompetenzausübung der Länder durch völkerrechtlichen Vertrag?

Voraussetzung dafür, dass ein Vertragsabschluss durch den Bund das Potential hat, die durch Art 79 Abs 3 1. Var GG garantierte Eigenständigkeit der Länder einzuschränken, ist nun zum einen, dass den Ländern beim Vertragsabschluss

1332 So zB auch *Wollenschläger* in Dreier, Art 32 GG Rz 37.

1333 Dazu gleich unten bei 6.3.3.5.3 (= 291).

1334 Wie hier zB auch *Wollenschläger* in Dreier, Art 32 GG Rz 37; *Nettesheim* in Maunz/Dürig, Art 32 GG Rz 69. Vgl auch BVerfGE 55, 349 (Hess-Entscheidung) 368 („Angesichts dieser Sachlage ist es für die Wahrung der Interessen der Bundesrepublik Deutschland von erheblicher Bedeutung, daß sie auf internationaler Ebene mit einer einheitlichen Stimme auftritt, wahrgenommen von den zuständigen Organen der auswärtigen Gewalt"); BVerfGE 2, 347 (Kehler Hafen) 379.

1335 Wie hier zB auch *Wollenschläger* in Dreier, Art 32 GG Rz 37.

1336 Wie hier zB *Kempen* in von Mangoldt, Art 32 GG Rz 54.

kein ihre Eigenständigkeit wahrendes Mitwirkungsrecht zukommt. Zum anderen müssten die so zustande gekommenen Verträge die Länder auch tatsächlich zur Umsetzung verpflichten. Maßgeblich für die Analyse dieser Fragen ist das Grundgesetz; das Lindauer Abkommen[1337] kann dabei insofern außer Betracht bleiben, als es als nicht rechtsverbindliche Absprache keine Auswirkungen für die Bedeutung des Begriffs der Eigenständigkeit iSd Art 79 Abs 3 1. Var GG haben kann.

Das Grundgesetz sieht grundsätzlich keine Mitwirkungsrechte der Länder[1338] beim Abschluss völkerrechtlicher Verträge durch den Bund vor, und zwar auch dann nicht, wenn der abzuschließende Vertrag eine ausschließliche Zuständigkeit der Länder betrifft. Anderes gilt nach Art 32 Abs 2 GG für den Fall, dass ein Vertrag die „besonderen Verhältnisse eines Landes berührt"; in diesem Fall ist das entsprechende Land vor dem Vertragsabschluss „zu hören". Art 32 Abs 2 GG stellt aber keine generelle Mitwirkungsgarantie zu Gunsten der Länder für den Fall des Abschlusses eines Vertrags dar, der ihre ausschließlichen Zuständigkeiten betrifft: Denn die Anwendbarkeit des Art 32 Abs 2 GG setzt voraus, dass ein Land oder mehrere Länder im Vergleich zu den übrigen Ländern durch den Vertragsabschluss besonders betroffen sind.[1339] Dies ist etwa dann der Fall, wenn die Grenzen eines Landes durch völkerrechtlichen Vertrag geändert werden sollen. Betrifft ein Vertrag aber die ausschließlichen Kompetenzen der Länder, so sind diese alle gleichermaßen davon betroffen und es kommt nicht zu einer besonderen Betroffenheit einzelner Länder. Art 32 Abs 2 GG ist daher nicht bereits im Fall der Betroffenheit ausschließlicher Landeskompetenzen anwendbar. Zudem räumt Art 32 Abs 2 GG selbst im Fall der besonderen Betroffenheit eines oder mehrerer Länder nur ein Anhörungsrecht ein, verpflichtet den Bund aber nicht dazu, einer abgegebenen Stellungnahme entsprechend zu handeln.[1340]

Den Ländern kommt hinsichtlich eines Vertragsabschlusses durch den Bund also auch dann kein Mitwirkungsrecht zu, wenn ihre ausschließlichen Kompetenzen durch den Vertrag berührt werden. Es stellt sich aber daran anschließend die Frage, ob schon allein der Vertragsabschluss durch den Bund bewirkt, dass der Vertrag Teil der deutschen Rechtsordnung wird und die Länder zur Einhaltung und Umsetzung des Vertrags verpflichtet werden. Denn wenn dafür, dass

1337 Siehe dazu schon oben sowie *Nettesheim* in Maunz/Dürig, Art 32 GG Rz 72 ff.

1338 Zwar besteht in vielen Fällen ein Mitwirkungsrecht des Bundesrates bei der Erlassung eines Zustimmungsgesetzes nach Art 59 Abs 2 GG; dies ist aber auf Grund der Notwendigkeit einer Mehrheitsbildung im Bundesrat nicht mit einer unmittelbaren Mitwirkung der Länder vergleichbar; vgl dazu *Nettesheim* in Maunz/Dürig, Art 32 GG Rz 85. Gerade dann, wenn es um die ausschließlichen Gesetzgebungskompetenzen der Länder geht, ist der Bundesrat nicht das passende Organ für eine Mitwirkung; vgl zu den Rechten des Bundesrats *Nettesheim* in Maunz/Dürig, Art 59 GG Rz 148.

1339 *Wollenschläger* in Dreier, Art 32 GG Rz 46; *Nettesheim* in Maunz/Dürig, Art 32 GG Rz 88; *Kempen* in von Mangoldt, Art 32 GG Rz 75.

1340 *Wollenschläger* in Dreier, Art 32 GG Rz 47; *Nettesheim* in Maunz/Dürig, Art 32 GG Rz 91; *Kempen* in von Mangoldt, Art 32 GG Rz 76 ff.

der Vertrag (auch) für die Länder verbindlich wird, ein Tätigwerden der Länder selbst erforderlich ist, kann von vornherein nicht von einer Einschränkung der Eigenständigkeit der Länder die Rede sein.

Um dies zu beurteilen, ist zunächst auf Art 59 GG einzugehen. Nach dieser Bestimmung ist der Bundespräsident dafür zuständig, die Bundesrepublik Deutschland nach außen zu vertreten und im Namen des Bundes völkerrechtliche Verträge zu schließen. Art 59 Abs 2 GG ordnet für bestimmte Verträge einen Gesetzesvorbehalt an.[1341] Demnach bedarf der Abschluss politischer Verträge[1342] oder von Verträgen, die sich „auf Gegenstände der Bundesgesetzgebung" beziehen, der Zustimmung in Form eines Bundesgesetzes.[1343] Ein solches Zustimmungsgesetz nach Art 59 Abs 2 GG hat mehrere Funktionen:[1344] Erstens ermächtigt das Zustimmungsgesetz den Bundespräsidenten zur Ratifikation des Vertrags. Zweitens stellt das Zustimmungsgesetz iSd Vollzugstheorie[1345] einen innerstaatlichen Anwendungsbefehl[1346] für den völkerrechtlichen Vertrag dar und verleiht ihm den Rang von (einfachem) Bundesrecht.[1347]

Nun kann ein politischer Vertrag iSd Art 59 Abs 2 1. Var GG (auch) ausschließliche Zuständigkeiten der Länder betreffen. In diesem Fall wird der Vertrag durch den im (Bundes-)Zustimmungsgesetz enthaltenen Anwendungsbefehl auch für die Länder verbindlich, die insoweit in ihrer Eigenständigkeit beschränkt werden, da sie weder beim Vertragsabschluss Mitwirkungsrechte haben noch über die Verbindlichkeit des Vertrags in der innerstaatlichen Rechtsordnung (mit-)entscheiden dürfen. Allerdings sind auch bei derartigen Verträgen die Grenzen des Art 79 Abs 3 GG zu beachten, da ein gegen diese Bestimmung verstoßendes Zustimmungsgesetz verfassungswidrig und damit nichtig wäre.[1348] Die in Art 79 Abs 3 1. Var GG garantierte Eigenständigkeit der Länder darf also nach dem Konzept des Grundgesetzes auch nicht durch politische Verträge iSd Art 59 Abs 2 GG unterlaufen werden.

1341 Vgl dazu zB *Pieper* in Epping/Hillgruber, Art 59 GG Rz 27 ff; *Kempen* in von Mangoldt, Art 59 GG Rz 46 ff; *Heun* in Dreier, Art 59 GG Rz 27 ff.

1342 Zum Begriff der politischen Verträge BVerfGE 1, 372 (Deutsch-Französisches Wirtschaftsabkommen) 380 ff.

1343 Vgl dazu *Grewe*, AöR 1987, 531.

1344 Dazu ausführlich *Nettesheim* in Maunz/Dürig, Art 59 GG Rz 93 ff; *Kempen* in von Mangoldt, Art 59 GG Rz 81 ff; *Heun* in Dreier, Art 59 GG Rz 46 ff.

1345 Dazu prägnant *Kempen* in von Mangoldt, Art 59 GG Rz 89 f; *Streinz* in Sachs, Art 59 GG Rz 61 ff.

1346 Zur Bedeutung dieses Begriffs im Rahmen der Vollzugstheorie *Nettesheim* in Maunz/Dürig, Art 59 GG Rz 176; *Kempen* in von Mangoldt, Art 59 GG Rz 89.

1347 Vgl *Grewe*, AöR 1987, 532; *Kempen* in von Mangoldt, Art 59 GG Rz 92; *Nettesheim* in Maunz/Dürig, Art 59 GG Rz 97; *Pieper* in Epping/Hillgruber, Art 59 GG Rz 41 ff; *Jarass* in Jarass/Pieroth, Art 59 GG Rz 17; auch bei Zugrundelegung der Transformationstheorie bedarf es eines innerstaatlichen Rechtsaktes, damit der völkerrechtliche Vertrag in der staatlichen Rechtsordnung verbindlich ist; vgl zB *Nettesheim* in Maunz/Dürig, Art 59 GG Rz 174.

1348 Vgl dazu zB *Polzin*, Verfassungsidentität 69. Zu Zustimmungsgesetzen als Gegenstand verfassungsgerichtlicher Kontrolle *Kempen* in von Mangoldt, Art 59 GG Rz 98 ff; *Heun* in Dreier, Art 59 GG Rz 51 ff.

Nach der zweiten Variante des Art 59 Abs 2 GG bedürfen auch Verträge, die sich „auf Gegenstände der Bundesgesetzgebung" beziehen, eines Zustimmungsgesetzes. Dies wird vom BVerfG so verstanden, dass auch Verträge, die Gegenstände der Landesgesetzgebung betreffen, dem in Art 59 Abs 2 GG normierten Gesetzesvorbehalt unterliegen und daher eines Zustimmungsgesetzes bedürfen, für dessen Erlassung der Bundesgesetzgeber zuständig sei.[1349] Die Außerachtlassung des insoweit expliziten Wortlautes, nach dem eben nur Verträge, die die *Bundes*gesetzgebung betreffen, zustimmungspflichtig nach Art 59 Abs 2 GG sind, wird dabei damit begründet, dass mit der Nennung der „Bundesgesetzgebung" im Lichte der historischen Entwicklung nur eine Abgrenzung der Gesetzgebung von der Verwaltung beabsichtigt war; der Zusatz „Bundes-" sei daher wegzudenken.[1350] Bejaht man die Zulässigkeit einer solchen erweiternden Auslegung des Art 59 Abs 2 GG, so unterliegen auch Staatsverträge des Bundes, die Gesetzgebungskompetenzen der Länder betreffen, einem vom Bundesgesetzgeber wahrzunehmenden Gesetzesvorbehalt. Auch in diesem Fall würde also der fragliche Vertrag durch Erlassung des Zustimmungsgesetzes durch den Bundesgesetzgeber für die Länder verbindlich.[1351] Allerdings darf es dann auch in diesen Fällen nicht zu einer „Unterwanderung" der in Art 79 Abs 3 1. Var GG garantierten Eigenständigkeit der Länder kommen, da das fragliche Zustimmungsgesetz andernfalls verfassungswidrig und damit nichtig wäre.

Verneint man aber die gerade dargelegte Auslegung des Begriffs „Bundesgesetzgebung" in Art 59 Abs 2 GG, so stellt sich die Frage, ob völkerrechtliche Verträge des Bundes, die ausschließliche Gesetzgebungszuständigkeiten der Länder betreffen, ohne Dazwischentreten eines innerstaatlichen Vollzugsbefehls für die Länder verbindlich sein sollen. Dieselbe Frage stellt sich auch mit Blick auf Verträge des Bundes, die ausschließliche Landeskompetenzen betreffen, bei denen es sich nicht um Gesetzgebung handelt.

Im Lichte der nach der überwiegenden Ansicht und dem BVerfG für das Grundgesetz maßgeblichen Vollzugslehre ist das zu verneinen;[1352] völkerrechtliche Verträge bedürfen jedenfalls eines innerstaatlichen Anwendungsbefehls, um (auch) in der deutschen Rechtsordnung verbindlich zu sein. Der völkerrechtliche Abschlussakt, der vom Bundespräsidenten gesetzt wird, reicht dafür nicht aus. Wenn aber Art 59 Abs 2 GG nicht anwendbar ist und der Vollzugsbefehl sich

1349 BVerfGE 1, 372 (Deutsch-Französisches Wirtschaftsabkommen) 388 ff; vgl weiters zB *Nettesheim* in Maunz/Dürig, Art 59 GG Rz 106; *Pieper* in Epping/Hillgruber, Art 59 GG Rz 32; *Heun* in Dreier, Art 59 GG Rz 31; *Kempen* in von Mangoldt, Art 59 GG Rz 76; *Rauschning* in BK Art 59 GG Rz 71 ff.

1350 BVerfGE 1, 372 (Deutsch-Französisches Wirtschaftsabkommen) 390; vgl zB *Heun* in Dreier, Art 59 GG Rz 31.

1351 So zB auch *Nettesheim* in Maunz/Dürig, Art 59 GG Rz 185.

1352 BVerfGE 6, 309 (Reichskonkordat) 362 f; vgl dazu *Nettesheim* in Maunz/Dürig, Art 59 GG Rz 176 ff; *Kempen* in von Mangoldt, Art 59 GG Rz 89 f; *Streinz* in Sachs, Art 59 GG Rz 61 ff.

daher nicht aus einem Bundeszustimmungsgesetz ergeben muss, so scheint es naheliegend, einen entsprechenden Vollzugsbefehl auf Landesebene anzusiedeln. Es bedarf daher eines von Landesorganen zu setzenden Rechtsaktes, um die Verbindlichkeit eines völkerrechtlichen Vertrags des Bundes für die Länder herbeizuführen, der ausschließliche Landeskompetenzen betrifft, aber nicht unter Art 59 Abs 2 1. Satz GG fällt.[1353] Damit liegt aber in solchen Fällen jedenfalls keine Einschränkung der Eigenständigkeit der Länder vor, da diese ja selbst entscheiden, ob der Vertrag des Bundes für sie verbindlich sein soll oder nicht. Anzumerken ist dazu auch, dass sich eine Verpflichtung der Länder zur Erlassung eines Vollzugsbefehls nicht aus der Bundestreue ableiten lässt, sofern die Länder bzw ein einzelnes Land nicht vorangehende Handlungen gesetzt haben, die ein berechtigtes Vertrauen des Bundes dahingehend begründen würden, dass die Länder den Vertrag umsetzen wollen.[1354] In der Praxis wird nach dem Lindauer Abkommen vor Abschluss eines entsprechenden Vertrags die Zustimmung der Länder eingeholt, die dann in den genannten Fällen auch als Vollzugsbefehl qualifiziert werden kann.[1355]

Im Ergebnis wird also die Eigenständigkeit der Länder iSd Art 79 Abs 3 1. Var GG durch die Befugnisse des Bundes, auch über solche Gegenstände völkerrechtliche Verträge abzuschließen, die in die ausschließliche Zuständigkeit der Länder fallen, nicht relativiert: Den Ländern kommen zwar nach dem Grundgesetz keine Mitwirkungsrechte beim Abschluss solcher Verträge zu. Der innerstaatliche Vollzugsbefehl für diese Verträge muss aber, soweit er vom Bundesgesetzgeber gesetzt wird, die Grenzen des Art 79 Abs 3 1. Var GG achten. Ist es den Ländern selbst überlassen, einen Vollzugsbefehl zu erlassen, so wird ihre Eigenständigkeit dadurch nicht geschmälert.

6.3.3.5.3 Relativierung der Eigenständigkeit durch Übertragung von Hoheitsbefugnissen?

Hinsichtlich der durch Art 79 Abs 3 1. Var GG geschützten Eigenständigkeit der Länder kann auch gefragt werden, ob diese durch die in Art 24 Abs 1 GG vorgesehene Übertragung von Hoheitsbefugnissen durch den Bund an zwischenstaatliche Einrichtungen relativiert wird. Nach der genannten Bestimmung kann der Bund „durch Gesetz Hoheitsrechte auf zwischenstaatliche Einrichtungen übertragen“. Art 24 Abs 1 GG ist in vielerlei Hinsicht auslegungsbedürftig. Für die hier interessierende Fragestellung ist zunächst vor allem relevant, ob der

1353 Vgl für die Abkommen nach Art 59 Abs 2 2. Satz GG *Nettesheim* in Maunz/Dürig, Art 59 GG Rz 190f, der die Notwendigkeit eines eigenen Rechtsanwendungsbefehls für Verwaltungsabkommen verneint.

1354 Vgl zB *Kempen* in von Mangoldt, Art 32 GG Rz 56.

1355 Vgl dazu *Wollenschläger* in Dreier, Art 32 GG Rz 43.

Bund nach dieser Bestimmung auch befugt ist, Hoheitsrechte zu übertragen, die nach der Kompetenzverteilung des Grundgesetzes in den Kompetenzbereich der Länder fallen.

Zutreffenderweise ist dies zu bejahen;[1356] als Begründung dafür kann der Wortlaut des Art 24 Abs 1 GG herangezogen werden, der nicht explizit zwischen Hoheitsrechten des Bundes und solchen der Länder differenziert. Darüber hinaus lassen sich historische Argumente für diese Auslegung anführen.[1357] Schließlich spricht auch der Zweck des Art 24 Abs 1 GG für eine Erfassung von Hoheitsrechten der Länder: Art 24 Abs 1 GG soll es dem Bund ermöglichen, die „Völkerrechtsfreundlichkeit" des Grundgesetzes dadurch zu verwirklichen, dass die Eingliederung in die internationale Ordnung in diesem Teilbereich auch ohne Verfassungsänderung erfolgen kann. Eine Übertragung von Hoheitsrechten ist nach Art 24 Abs 1 GG nämlich bereits auf Grund eines entsprechenden Gesetzes zulässig, obwohl die Übertragung von Hoheitsrechten an sich insb im Lichte der demokratischen und rechtsstaatlichen Vorgaben des Grundgesetzes eine Verfassungsänderung darstellt.[1358] Diese Kompetenz des Bundes wird auch als Integrationsgewalt bezeichnet. Wenn aber der Bund bei der Übertragung von Hoheitsrechten nach Art 24 Abs 1 GG auch von der Einhaltung anderer verfassungsgesetzlicher Vorgaben befreit ist,[1359] ist nicht einsichtig, wieso gerade die föderale Kompetenzverteilung die in Art 24 Abs 1 GG vorgesehene Befugnis beschränken sollte.

Dem Bund steht daher nach Art 24 Abs 1 GG auch die Befugnis zur Übertragung von Hoheitsrechten der Länder zu; diese Befugnis bestand bereits nach dem ursprünglichen Konzept des Grundgesetzes; Art 24 Abs 1 GG wurde seit seinem Inkrafttreten nicht verändert.

Im Lichte dessen, dass der Bund nach Art 24 Abs 1 GG durch Bundesgesetz auch Hoheitsrechte der Länder übertragen kann, stellt sich die Frage, ob er dabei

---

1356 Zum Beispiel *Fastenrath*, Kompetenzverteilung, 149 f; *Wollenschläger* in Dreier, Art 24 GG Rz 23; *Calliess* in Maunz/Dürig, Art 24 GG Rz 27; *Randelzhofer* in Maunz/Dürig, Art 24 GG Rz 14.

1357 Vgl etwa *Wollenschläger* in Dreier, Art 24 GG Rz 5, der darauf hinweist, dass der Vorschlag für den Fall der Betroffenheit von Hoheitsrechten der Länder ein Zustimmungsrecht des Bundesrates vorzusehen, sich nicht durchgesetzt hat, was darauf schließen lässt, dass von Anfang an beabsichtigt wurde, auch Hoheitsrechte der Länder einer Übertragung als Gegenstand des Art 24 Abs 1 GG zu qualifizieren.

1358 Vgl *Grewe*, AöR 1987, 539; *Dietlein* in Epping/Hillgruber, Art 79 GG Rz 6 f; *Randelzhofer* in Maunz/Dürig, Art 24 GG Rz 8 ff, differenzierend ab 37 ff.

1359 Im Lichte der jüngeren Rsp des BVerfG kann freilich bezweifelt werden, dass diese Freiheit in jeder Hinsicht besteht; in einer Entscheidung aus dem Juli 2018 geht das BVerfG nämlich davon aus, dass die Vertreter:innen Deutschlands bei der Übertragung von Hoheitsrechten an zwischenstaatliche Einrichtungen nach Art 24 GG sicherzustellen haben, dass auch durch die Akte der zwischenstaatlichen Einrichtung die Grundrechte des GG nicht beeinträchtigt werden; BVerfG 24.07.2018, 2 BvR 1961/09 (Europäische Schulen). Eine Einhaltung der Kompetenzverteilung wird aber auch dort nicht verlangt.

die Grenze des Art 79 Abs 3 1. Var GG zu achten hat[1360] oder ob die dort geschützte Eigenständigkeit der Länder, wie eingangs angedeutet, nur insoweit bestehen soll, als der Bund nicht von seiner Ermächtigung nach Art 24 Abs 1 GG Gebrauch macht.

Der Begriff der Eigenständigkeit oder Autonomie der Länder wird in Art 79 Abs 3 1. Var GG nicht explizit verwendet oder gar definiert. Die Annahme des Schutzes dieser Eigenständigkeit der Länder durch Art 79 Abs 3 1. Var GG ergibt sich aus einer Auslegung der genannten Bestimmung. Bei der Auslegung dieser Bestimmung und dem ihr entnommenen Konzept der Eigenständigkeit der Länder sind aber in systematischer Perspektive auch die anderen Bestimmungen des Grundgesetzes in Betracht zu ziehen, die für den Begriff der Eigenständigkeit der Länder Bedeutung haben können. An der Zulässigkeit dieser Herangehensweise ändert auch der oben bereits diskutierte, höhere Rang bzw die höhere Bestandskraft von Art 79 Abs 3 GG nichts, da dieser nur bei einer nachfolgend erfolgten Änderung einer Bestimmung des Grundgesetzes für eine Auslegung im Lichte des Art 79 Abs 3 GG sprechen könnte: Nur dann könnte ja der Fall eintreten, dass die auszulegende Bestimmung gegen Art 79 Abs 3 GG verstößt und damit verfassungswidriges Verfassungsrecht darstellt. Es kann daher schon deswegen mit Blick auf den gleichzeitig mit Art 79 Abs 3 GG beschlossenen Art 24 Abs 1 GG nicht von einer für die Auslegung von Art 24 Abs 1 GG maßgeblichen „Vorrangwirkung" des Art 79 Abs 3 GG ausgegangen werden. Nach der hier vertretenen Ansicht kann aus Art 79 Abs 3 1. Var GG auch kein für die Auslegung von Art 24 Abs 1 GG (und dem restlichen Grundgesetz) relevanter Grundsatz abgeleitet werden, nach dem im Zweifel jene Auslegungsvariante zu wählen wäre, welche den Ländern mehr Eigenständigkeit einräumt.[1361] Dies wird insb dadurch ausgeschlossen, dass der durch Art 79 Abs 3 GG bewirkte starke Schutz der von ihm erfassten Inhalte schon nach dem Wortlaut der Bestimmung nur auf ausgewählte bundesstaatliche Elemente zur Anwendung kommen, nicht aber die gesamte Handhabung des Grundgesetzes iSe „länderfreundlichen" Auslegung determinieren soll.

Allerdings würde die Annahme, dass der Bund bei der Ausübung seiner nach Art 24 Abs 1 GG bestehenden Ermächtigung zur Übertragung von Hoheitsrechten der Länder die durch Art 79 Abs 3 1. Var GG geschützte Eigenständigkeit der Länder nicht berücksichtigen muss, dieser Garantie jegliche Bedeutung nehmen. Dem Bund wäre es dann nämlich theoretisch möglich, sämtliche Kompetenzen der Länder an zwischenstaatliche Einrichtungen zu übertragen. Damit würde aber Art 79 Abs 3 1. Var GG insgesamt auf eine rein formelle Bestandsgarantie

1360 Bejahend (im Rahmen eines Analogieschlusses) zB *Sachs* in Sachs, Art 79 GG Rz 29; *Evers* in BK Art 79 Abs 3 GG Rz 121.

1361 Vgl dahingehend auch *Herbst*, Gesetzgebungskompetenzen 74 f.

der Länder reduziert, was dieser Norm nicht unterstellt werden kann.[1362] Auch wenn nach der hier vertretenen Ansicht Art 79 Abs 3 1. Var GG also nicht die Verpflichtung zur Vornahme einer „länderfreundlichen" Auslegung entnommen werden kann, erscheint es gleichzeitig unzulässig, einer Norm des Grundgesetzes einen Sinngehalt zu unterstellen, der Teilaspekte des Art 79 Abs 3 GG bedeutungslos erscheinen lässt.

Im Ergebnis hat der Bund daher auch bei der Übertragung von Hoheitsrechten der Länder nach Art 24 Abs 1 GG die durch Art 79 Abs 3 1. Var GG gezogenen qualitativen und quantitativen Grenzen der Eigenständigkeit der Länder zu achten.[1363]

6.3.3.5.4 Relativierung der Eigenständigkeit durch die europäische Integration?

Der Schutz der in Art 79 Abs 3 1. Var GG garantierten Eigenständigkeit der Länder wird schließlich auch durch die europäische Integration nicht relativiert.[1364] Vor Inkrafttreten des heute geltenden „Europa-Artikels" (Art 23 GG) stützten sich die Rechtsakte zur Eingliederung Deutschlands in die europäische Union bzw ihre Vorgängerorganisationen auf die Kompetenz zum Abschluss von Staatsverträgen und jene zur Übertragung von Hoheitsrechten an zwischenstaatliche Einrichtungen.[1365] Wie gerade dargelegt wurde, ist Art 79 Abs 3 GG aber auch bei derartigen Vorgängen zu beachten und durfte daher durch die europäische Integration nicht unterwandert werden.

Seit 1992 wird die Maßgeblichkeit von Art 79 Abs 3 GG als Integrationsschranke in Art 23 Abs 1 GG explizit angeordnet. Integrationsschritte, welche die Eigenständigkeit der Länder in Frage stellen, sind daher unzulässig.[1366] Diese

---

1362 Siehe dazu die Diskussion oben bei 6.3.3.1 (= 278). Vgl aber auch Sauer in BK, Art 24 GG Rz 185, der aus Art 79 Abs 3 GG, der eine Kompensation von verlorenen Länderzuständigkeiten durch Mitwirkungsbefugnisse anspricht.

1363 Vgl auch *Sommermann*, DÖV 2013, 709; *Classen* in von Mangoldt, Art 24 GG Rz 28, 32; *Sachs* in Sachs, Art 20 GG Rz 65; *Randelzhofer* in Maunz/Dürig, Art 24 GG Rz 39, dem zufolge die Frage nach der Zulässigkeit der Übertragung von Hoheitsrechten der Länder nicht generell, sondern nur unter Beachtung der Grenzen der Ermächtigung des Art 24 Abs 1 GG beantworten kann; eine solche Grenze stellt aber nun Art 79 Abs 3 GG dar; dazu wiederum *Randelzhofer* in Maunz/Dürig, Art 24 GG Rz 69 ff, 100. Wie hier auch *Heintschel von Heinegg/Frau* in Epping/Hillgruber, Art 24 GG Rz 5, 21.

1364 Allgemein zur Fragestellung *Kirchhof* in HB StR § 181 Rz 312 ff.

1365 Vgl dazu zB *Sommermann* in HB Ius Publicum Europaeum Band II 9 ff.

1366 Eine Kompensation des Verlustes der Eigenständigkeit durch Einräumung von Mitwirkungsrechten an der EU-Rechtsetzung – wie sie etwa *Herdegen* in Maunz/Dürig, Art 79 GG Rz 96 andenkt – ist nach der hier vertretenen Ansicht nicht möglich: Ländermitwirkungsrechte an der Mitwirkung des Bundes an der EU-Rechtsetzung sind qualitativ nicht mit eigenständigen Rechtsetzungsbefugnissen der Länder zu vergleichen, allein schon deswegen, weil der Bund im Rahmen der EU-Rechtsetzung nur eine einzige Position vertreten kann, nicht aber 16 möglicherweise unterschiedliche Länderpositionen. Die von *Herdegen* angedachte Kompensationsmöglichkeit scheint aber auch im Lichte dessen, dass es die fraglichen Mitwirkungsrechte zur Zeit der Entstehung des Art 79 Abs 3 GG noch nicht gab, unzulässig: Die „Eigenständigkeit", die dem historischen Verfassungsgeber vorschwebte,

Integrationsgrenzen sind auch als Teil der nationalen Identität iSd Art 4 Abs 2 EUV zu berücksichtigen.[1367]

6.3.3.6 *Eigenständigkeit und föderale Kooperation*

Die Eigenständigkeit der Länder iSd Art 79 Abs 3 1. Var GG schließt nicht aus, dass die Länder miteinander kooperieren, wie sie es etwa durch informelle Absprachen oder den Abschluss von Länderstaatsverträgen tun. Eine Ausprägung der eigenständigen Kompetenzwahrnehmung kann es ja sein, sich freiwillig mit anderen Kompetenzträgern abzusprechen und zu koordiniertem Vorgehen zu verpflichten. Ebenso wenig wie die Kooperation der Länder untereinander schließt Art 79 Abs 3 1. Var GG eine Kooperation der Länder bzw einzelner Länder mit dem Bund aus. Selbst eine alle Bereiche der Landeskompetenzen betreffende Kooperation wäre dabei unproblematisch, sofern sie auf Freiwilligkeit beruht und von jedem einzelnen Land jederzeit rückgängig gemacht werden kann.[1368]

Problematisch könnten im Licht von Art 79 Abs 3 1. Var GG aber Kooperationspflichten sein, wie sie zB in Art 91a und 91e GG normiert sind. Soweit derartige Kooperationspflichten auf vereinzelte Bereiche beschränkt werden, kann darin nach dem BVerfG[1369] allerdings noch keine unzulässige Beeinträchtigung der Eigenständigkeit der Länder gesehen werden – so wie es ja auch zulässig ist, Kompetenzen der Länder an den Bund zu übertragen, soweit die verbleibenden Landeskompetenzen nicht das geforderte Mindestmaß unterschreiten. Zur Frage, inwiefern ungeschriebene Kooperationspflichten bestehen und als Teil der bundesstaatlichen Identität qualifiziert werden können, siehe unten.[1370]

6.3.3.7 *Ergebnis*

Aus dem Vorangehenden lässt sich insb Folgendes festhalten: Art 79 Abs 3 1. Var GG verlangt danach, dass die Länder materiell eigenständig tätig werden können. Erforderlich sind dabei insb eigenständige Landesgesetzgebungsbefugnisse sowie entsprechende Befugnisse betreffend die eigene (Landes-)Organisation und Landesverfassung. Im System des deutschen Grundgesetzes wird die Eigenstän-

war sicherlich nicht eine, die sich in der Ausübung von Mitwirkungsrechten an supranationaler Rechtsetzung erschöpft; vgl auch *Grzeszick* in Maunz/Dürig, Art 20 GG Rz 170; *Sommermann* in von Mangoldt, Art 20 GG Rz 58; *Classen* in von Mangoldt, Art 23 GG Rz 39; die Mitwirkungsrechte „aufrechnend“ berücksichtigend *Wollenschläger* in Dreier, Art 23 GG Rz 101.

1367 Zum Beispiel durch eine restriktive Auslegung von Primärrechtsbestimmungen. Dazu noch unten bei 9.1 (= 379).

1368 Vgl zur Frage des Erfordernisses der Kündbarkeit von Länderstaatsverträgen *Gundel*, DÖV 2017, 22.

1369 BVerfGE 137, 108 (Art 91e GG) 143.

1370 Bei 6.4.3.2 (= 309).

digkeit der Länder weder durch Handeln des Bundes auf völkerrechtlicher Ebene noch durch die Eingliederung in die Europäische Union relativiert; der durch Art 79 Abs 3 1. Var GG vermittelte Schutz der Eigenständigkeit der Länder wirkt auch in diesen Bereichen.

Mit Blick auf Art 4 Abs 2 EUV spricht dies dafür, dass die durch Art 79 Abs 3 1. Var GG geschützte Eigenständigkeit der Länder zu den grundlegenden politischen und verfassungsmäßigen Strukturen Deutschlands und damit zu dessen nationaler Identität zu zählen ist. Mit dem Topos der „Staatlichkeit" der Länder wird der Stellenwert der Eigenständigkeit der Länder im Übrigen auch durch das BVerfG betont,[1371] was ebenfalls die Qualifikation als Identitätsbestandteil nahelegt.

6.3.4 Grundsätzliche Mitwirkung der Länder bei der Gesetzgebung

Art 79 Abs 3 2. Var GG stellt außerdem die Mitwirkung der Länder an der Gesetzgebung unter Schutz. Nach der zutreffenden hM ergibt sich aus der Systematik des Grundgesetzes, dass durch Art 79 Abs 3 2. Var GG lediglich die Mitwirkung der Länder an der Gesetzgebung des Bundes unter Schutz gestellt wird.[1372]

Nicht erfasst von der zitierten Variante ist demnach die Notwendigkeit eigener Gesetzgebungsbefugnisse der Länder.[1373] Zudem statuiert Art 79 Abs 3 2. Var GG auch kein Recht zur Mitwirkung an der EU-Rechtsetzung: Es ist zwar zutreffend, dass das Mitwirkungsrecht der Länder insofern an Bedeutung verliert, als Gesetzgebungskompetenzen des Bundes an die EU übertragen werden. Allerdings können die Länder inzwischen nach Art 23 GG über den Bundesrat bei der Beschlussfassung über das Zustimmungsgesetz[1374] zur Übertragung von Kompetenzen an die EU mitwirken. Die in Art 23 Abs 4 bis 6 GG normierten Mitwirkungsrechte der Länder bei der Willensbildung des Bundes im Zusammenhang mit EU-Rechtsetzungsverfahren sind insofern weder durch Art 79 Abs 3 2. Var GG geboten noch geschützt, stehen aber auch nicht in Konflikt damit.

1371 Zum Beispiel BVerfGE 34, 9 (Besoldungsvereinheitlichung) 19. Siehe dazu schon oben bei 6.3.3.1 (= 278).

1372 *Evers* in BK Art 79 Abs 3 GG Rz 217f; *Dreier* in Dreier, Art 79 Abs 3 GG Rz 23; *Sachs* in Sachs, Art 79 GG Rz 44; *Hain* in von Mangoldt, Art 79 GG 133f; vgl auch *Haratsch* in Sodan Art 79 GG Rz 23; aA offenbar *Bryde* in von Münch/Kunig, Art 79 GG Rz 44.

1373 Siehe dazu aber Art 79 Abs 3 1. Var GG, dazu wiederum gerade oben. Wie hier zB *Dietlein* in Epping/Hillgruber, Art 79 GG Rz 25; auf eigene Gesetzgebungsbefugnisse der Länder Bezug nehmend *Sannwald* in Schmidt-Bleibtreu/Hofmann/Henneke, Art 79 GG Rz 45 (der aber im Ergebnis keinen weitergehenden Schutz annimmt als nach Art 79 Abs 3 1. Var GG).

1374 Inzwischen nach Art 23 GG, davor nach Art 24 GG. Vgl *Classen* in von Mangoldt, Art 23 GG Rz 11ff.

Dietlein[1375] geht davon aus, dass die genannten Mitwirkungsrechte von der Ewigkeitsklausel geschützt werden, begründet dies aber mit dem Bundesstaatsprinzip, dessen normative Verankerung in der deutschen Verfassungsrechtsordnung in der vorliegenden Untersuchung in Frage gestellt,[1376] da dort nicht begründet wird. Im Übrigen ist zu bezweifeln, dass Mitwirkungsrechte, die zum Zeitpunkt der Entstehung des Art 79 Abs 3 GG noch nicht bestanden, von dieser Bestimmung – die seither nicht geändert wurde – geschützt werden können sollen. *Dietlein* verweist zur Begründung außerdem auf *Herdegen*[1377]; dieser stellt allerdings die etwas andere Frage, ob die Eigenständigkeit der Länder nach Art 79 Abs 3 1. Var GG nach einer Kompensation von an die EU „verlorenen" Kompetenzen verlangt, was von ihm für den Fall bejaht wird, dass die Länder andernfalls „auf die Stufe von bloßen Verwaltungseinheiten herabzusinken drohen"[1378]; in diesem Fall werden von *Herdegen* auch Mitwirkungsrechte der Länder bei der EU-Rechtsetzung als zulässiger Ausgleich angesehen. Der Vorschlag einer Kompensation autonomer Landeskompetenzen insb im Bereich der Gesetzgebung durch Einräumung von Mitwirkungsrechten an der Mitwirkung des Bundes an der EU-Rechtsetzung entspricht nicht dem von Art 79 Abs 3 1. Var GG geforderten Mindestmaß an Eigenständigkeit der Länder, das sich nach dem BVerfG auf alle Bereiche der Staatsgewalt erstreckt.[1379] Auch die Mitwirkung an der Bundesgesetzgebung kann nicht durch die Mitwirkung an der EU-Rechtsetzung substituiert werden, da die Rolle der Länder bei letzterer strukturell bedingt schwächer ist; auch im Lichte dessen, dass bei der Entstehung des Art 79 Abs 3 GG entsprechende Mitwirkungsmöglichkeiten noch nicht existierten, scheidet eine solche Kompensation aus.[1380]

Während also Art 79 Abs 3 1. Var GG das Bestehen autonomer Kompetenzen der Länder schützt, wird durch die zweite Variante eine Form des Zusammenwirkens von Bund und Ländern unter den Schutz der Ewigkeitsklausel gestellt. Dabei wird die Mitwirkung der Länder an der Gesetzgebung des Bundes nur im Grundsatz geschützt, nicht aber die konkrete Ausgestaltung der Mitwirkung in ihrer ursprünglichen oder aktuellen Form.[1381] Weder wird also durch Art 79 Abs 3 Var 2 GG eine Neugestaltung noch eine vollkommene Abschaffung des Bundesrats verunmöglicht, soweit auch nach entsprechenden Änderungen ausreichende (an die Stelle des Bundesrates tretende) Mitwirkungsmöglichkeiten der

1375 *Dietlein* in Epping/Hillgruber, Art 79 GG Rz 52.1.
1376 Dazu oben bei 6.1.2.2 (= 259).
1377 *Herdegen* in Maunz/Dürig, Art 79 GG Rz 96.
1378 *Herdegen* in Maunz/Dürig, Art 79 GG Rz 96.
1379 BVerfGE 137, 108 (Art 91e GG) 144.
1380 Wie hier *Sachs* in Sachs, Art 79 GG Rz 44; *Grzeszick* in Maunz/Dürig, Art 20 GG Rz 170; aA *Herdegen* in Maunz/Dürig, Art 79 GG Rz 98, 108.
1381 So zB auch *Dreier* in Dreier, Art 79 Abs 3 GG Rz 24; *Hain* in von Mangoldt, Art 79 GG Rz 133; *Sannwald* in Schmidt-Bleibtreu/Hofmann/Henneke, Art 79 GG Rz 46; *Sachs* in Sachs, Art 79 GG Rz 45; *Bryde* in von Münch/Kunig, Art 79 GG Rz 44.

Länder bestehen.[1382] Dass nur die „grundsätzliche" Mitwirkung der Länder an der Gesetzgebung des Bundes geschützt wird, impliziert außerdem, dass es Bereiche der Bundesgesetzgebung geben darf, hinsichtlich derer den Ländern keine Mitwirkungsrechte zukommen.

Man könnte nun argumentieren, dass sich die Ausgestaltung der Mitwirkungsmöglichkeiten der Länder bzw der Ausnahmen von der Mitwirkung an materiellen Gesichtspunkten orientieren muss. Eine Mitwirkung der Länder wäre dann jedenfalls immer dort erforderlich, wo die Länder von der Rechtsetzung direkt betroffen sind, etwa weil ihre Kompetenzen verändert werden. Ein ausnahmsweise vorliegender Entfall der Mitwirkungsmöglichkeit dürfe hingegen nur dann vorgesehen werden, wenn die Länder durch eine Angelegenheit nur peripher oder gar nicht betroffen sind. Auch innerhalb des von der Mitwirkung erfassten Bereichs ließe sich eine Abstufung der Mitwirkungsmöglichkeiten nach der Betroffenheit der Länder durchführen: Bei besonders starker Betroffenheit etwa Mitwirkung in Form von Zustimmungspflichten, in anderen Fällen nur durch schwächere Mitwirkungsformen.[1383] Eine solche Orientierung des Ob bzw Wie der Ländermitwirkung an der Betroffenheit der Länder mag durchaus sinnvoll sein; dafür, dass sie auch durch Art 79 Abs 3 GG geboten ist, gibt es allerdings keinerlei Anhaltspunkte im Text der Vorschrift.[1384]

Denkbar wäre weiters, dass die zweite Variante des Art 79 Abs 3 GG neben der Mitwirkung der Länder an der Gesetzgebung des Bundes auch andere Formen des Zusammenwirkens von Bund und Ländern erfasst und damit dem Schutz der Ewigkeitsklausel unterstellt, zB den Grundsatz des Vollzugs des Bundesrechts durch die Länder, Art 83 GG. Gegen eine Erfassung des Zusammenwirkens im Rahmen der Verwaltung spricht allerdings schon der Wortlaut des Art 79 Abs 3 2. Var GG, der explizit nur die Gesetzgebung nennt. Im Übrigen war in Entwürfen des Grundgesetzes angedacht, auch die Mitwirkung der Länder bei der Verwaltung des Bundes unter besonderen Schutz zu stellen; dies wurde aber schließlich nicht in das Grundgesetz aufgenommen.[1385] Für einen aus Art 79 Abs 3 2. Var GG erwachsenden Schutz des Zusammenwirkens der Länder gibt es keinen normativen Anhaltspunkt.

Mit Blick auf Art 4 Abs 2 EUV legt Art 79 Abs 3 2. Var GG nahe, dass die Mitwirkung der Länder an der Bundesgesetzgebung – die derzeit durch den

1382 Wie hier zB *Dietlein* in Epping/Hillgruber, Art 79 GG Rz 25.

1383 An ähnlichen Gesichtspunkten orientieren sich auch die derzeit im Grundgesetz bestehenden Zustimmungsrechte des Bundesrates; vgl Art 79 Abs 2 GG (Zustimmungspflicht bei Änderung des Grundgesetzes), Art 84 GG (Zustimmungspflicht insb dann, wenn der Bund vom Grundsatz abweichen möchte, dem zufolge die Länder bei der Ausführung von Bundesgesetzen Organisation und Verfahren selbst regeln), Art 104a Abs 4 GG (Zustimmungspflicht bei näher bestimmten finanziellen Belastungen der Länder durch Bundesgesetz), Art 105 Abs 3 GG (Zustimmungspflicht bei Bundesgesetzen, die Abgaben regeln, die den Ländern bzw Gemeinden zufließen).

1384 Vgl auch *Hain* in von Mangoldt, Art 79 GG Rz 134.

1385 Vgl dazu *Dreier* in Dreier, Art 79 Abs 3 GG Rz 7, 25.

Bundesrat erfolgt – eine grundlegende politische und verfassungsmäßige Struktur Deutschlands darstellt und damit auch einen Teil der deutschen nationalen Identität ausmacht. Im Übrigen wird das Bundesratsmodell auch in der politikwissenschaftlichen Literatur als kennzeichnend für den deutschen Bundesstaat hervorgehoben.[1386] Auch dies spricht dafür, die Mitwirkung der Länder an der Bundesgesetzgebung – derzeit eben in der Form des Bundesrates – als Bestandteil der deutschen nationalen Identität iSd Art 4 Abs 2 EUV zu qualifizieren.

6.4 Konsequenzen der Kompetenzverteilung

6.4.1 Fragestellung

Als letzter Punkt für die Betrachtung der bundesstaatlichen Identität Deutschlands bleibt der Bereich der Konsequenzen der Kompetenzverteilung zu analysieren. Es gilt hier also zu untersuchen, welche Auswirkungen das Bestehen mehrerer föderaler Hoheitsträger mit teils eigenständigen Kompetenzen für die übrige Verfassungsrechtsordnung hat. Art 79 Abs 3 GG schweigt zu diesen Fragen.

Im Folgenden wird daher zu analysieren sein, wie Fragen, die sich aus föderalen Konflikten, der Beschränktheit der Kompetenzen der föderalen Hoheitsträger und schließlich der Notwendigkeit der Ermöglichung föderaler Vielfalt ergeben, in der deutschen Verfassungsrechtsordnung beantwortet werden. Weiters ist jeweils zu klären, ob die Antworten auf diese Fragen als grundlegende politische und verfassungsmäßige Strukturen iSd Art 4 Abs 2 EUV zu zählen sind und damit einen Teil der deutschen bundesstaatlichen Identität ausmachen.

6.4.2 Kompetenzabgrenzung und Konfliktlösung

6.4.2.1 Kompetenzabgrenzung

Bevor die Fragen diskutiert werden, die sich aus möglichen bundesstaatlichen Konflikten ergeben, ist zu fragen, in welchen Konstellationen es zu derartigen Konflikten kommen kann. Grundlegend für die Beantwortung dieser Frage ist eine Untersuchung der Systematik der Abgrenzung der Kompetenzen im deutschen Bundesstaat.[1387]

1386 *Hrbek* in Griffiths, Handbook 155 f; *Watts*, Federal Systems 35, 154; *Elazar*, Federal Systems 103; *Benz*, Publius Fall 1999, 57 f; *Hesse/Ellwein*, Regierungssystem 179, 181; *Marschall*, System 223 f; *Heun*, Verfassungsordnung 82 ff.

1387 Auch hier geht es also nicht um die Abgrenzung der Kompetenzen in spezifischen Konstellationen, sondern um Strukturfragen. Die Frage nach der theoretischen Abgrenzbarkeit von Kompetenzen wurde bereits oben diskutiert, s 4.4.4.2.1 (= 151). Zu verschiedenen – auch kompetenzrechtlichen – Konfliktvermeidungsstrategien im Grundgesetz s umfassend *Edenharter*, Grundrechtsschutz 271 ff.

Das Grundgesetz sieht im Bereich der Gesetzgebung ausschließliche[1388] und konkurrierende[1389] Kompetenzen von Bund und Ländern vor. Nach Art 72 GG sind die Länder für die Bereiche der konkurrierenden Zuständigkeit zuständig, solange bzw soweit der Bundesgesetzgeber nicht tätig wird. Mit der Ausübung der Kompetenz durch den Bund verlieren also die Länder ihre Zuständigkeit für die Zukunft. Eine Ausnahme davon besteht nur hinsichtlich der in Art 72 Abs 3 GG genannten Materien, bei denen den Ländern auch nach Erlassung eines Bundesgesetzes die Kompetenz zur Erlassung von vom Bundesgesetz abweichenden Landesgesetzen zusteht. Abgesehen von dieser Abweichungskompetenz konkurrieren die Zuständigkeiten nach Art 72 GG va in zeitlicher Hinsicht – die Länder dürfen eine Angelegenheit dann nicht mehr regeln, wenn sie vom Bundesgesetzgeber aufgegriffen wurde.

6.4.2.2 *Konfliktlösung*

6.4.2.2.1 *Allgemeines, Bundesrecht bricht Landesrecht, BVerfG*

Die Existenz konkurrierender Kompetenzen mag auf den ersten Blick nahelegen, dass es zu zahlreichen Konflikten zwischen Bundes- und Landesrecht kommt. Auch die Tatsache, dass es mit Art 31 GG[1390] eine eigene Regelung über die Konfliktlösung gibt, deutet in diese Richtung.

Allerdings kann aus dem System der konkurrierenden Kompetenzen ohne Weiteres geschlossen werden, dass Bundesgesetze früheren – auf dieselbe (konkurrierende) Kompetenz gestützten – Landesgesetzen vorgehen. Ob man dazu Art 31 GG bemüht, sich auf den Grundsatz der lex posterior beruft oder auf eine dem Art 72 GG immanente Konfliktlösungsregel Bezug nimmt, ist für das Ergebnis irrelevant. Für den Sonderfall der Abweichungskompetenz der Länder in Art 72 Abs 3 GG trifft diese Bestimmung in ihrem letzten Satz selbst eine Vorkehrung, wonach die jeweils spätere Regelung vorgehen soll.

Abseits vom Bereich der konkurrierenden Kompetenzen kommt es nur in Ausnahmefällen zur Überschneidung von Regelungsbereichen des Bundes und der Länder, durch die Normenkonflikte (im engeren oder weiteren Sinn) entstehen können.[1391] Das Grundgesetz möchte entsprechende Konflikte nach Art 31 GG zu Gunsten des Bundesrechts gelöst wissen. In Anbetracht des verschwindenden Anwendungsbereichs dieser Bestimmung und der Fokussierung der Vorschrift auf das interne Verhältnis zwischen Bundes- und Landesrecht ist nicht davon

1388 Insb Art 71 GG, Art 70 GG (Subsidiargesetzgebungskompetenz der Länder).

1389 Insb Art 72 GG iVm Art 74 GG.

1390 Nach Art 31 GG bricht Bundesrecht Landesrecht. Zu dieser Bestimmung zB *Edenharter*, Grundrechtsschutz 287 ff.

1391 Vgl zum engen Anwendungsbereich des Art 31 GG *Dreier* in Dreier, Art 31 GG Rz 20.

auszugehen, dass es sich bei dem in Art 31 GG statuierten Grundsatz um einen grundlegenden Bestandteil der verfassungsmäßigen Strukturen Deutschlands und damit um einen Teil der nationalen Identität Deutschlands iSd Art 4 Abs 2 EUV handelt,[1392] auch wenn Art 31 GG vom BVerfG gelegentlich als „grundlegende Vorschrift des Bundesstaatsprinzips“[1393] bezeichnet wird.

Hinzuweisen ist an dieser Stelle auch auf die Funktion des BVerfG als konfliktlösende Instanz im föderalen Gefüge.[1394] Zahlreiche der in Art 93 Abs 1 GG genannten Kompetenzen des BVerfG haben zumindest auch eine bundesstaatliche Konnotation.[1395] Jedenfalls insofern, als das BVerfG in diesen Verfahren als bundesstaatlicher Streitschlichter auftritt, wird man die entsprechenden Bestimmungen des Grundgesetzes als grundlegend für das Funktionieren des deutschen Bundesstaates und damit als Teil der nationalen Identität Deutschlands iSd Art 4 Abs 2 EUV qualifizieren können.[1396]

6.4.2.2.2 *Bundestreue*

6.4.2.2.2.1 Allgemeines

Als weitere Konfliktlösungs- und -präventionsstrategie setzt das BVerfG die sog „Bundestreue“[1397] ein. Diese wird in der Lehre teilweise als eine der wichtigsten Ausprägungen des Bundesstaatsprinzips qualifiziert.[1398] Die Bundestreue wurde vom BVerfG bereits recht früh[1399] in seiner Rsp eingeführt[1400] und spielt bis heute eine wichtige Rolle darin. Allgemein gesprochen verlangt der Grundsatz der Bundestreue danach, dass sich Bund und Länder sowie die Länder untereinander wechselseitig die Treue halten und sich so verhalten, dass die Interessen

---

1392 Es wird hier auch nicht übersehen, dass Konflikte zwischen Unionsrecht und Art 31 GG eher unwahrscheinlich sind – wie allerdings oben ausgeführt wurde, ist die Frage des Konfliktpotentials für die Qualifikation als Bestandteil der nationalen Identität irrelevant; s oben bei 3.6.4.6 (= 131). Anders als hier wird Art 31 GG etwa bei *Dreier* in Dreier, Art 31 GG Rz 18 als „Grundsatznorm des föderalen Systems“ qualifiziert (allerdings ohne Verknüpfung mit Art 4 Abs 2 EUV).

1393 BVerfGE 96, 345 (Landesverfassungsgerichte) 364; ähnlich auch BVerfGE 36, 342 (Niedersächsisches Landesbesoldungsgesetz) 365.

1394 Ausführlich dazu *Edenharter*, Grundrechtsschutz 308 ff.

1395 Insb Z 2, Z 2a, Z 3 und Z 4.

1396 Ähnlich *Polzin*, Verfassungsidentität 195 f.

1397 Teilweise auch „bundesfreundliches Verhalten“ (zB BVerfGE 8, 122 [Volksbefragung Hessen] 140; BVerfGE 133, 241 [Luftsicherheitsgesetz] 271) oder „länderfreundliches Verhalten“ (zB BVerfGE 110, 33 [Zollkriminalamt] 52); mit der terminologischen Differenzierung sind aber keine inhaltlichen Unterschiede verbunden; dazu *Wittreck* in Härtel, Handbuch 509.

1398 Zum Beispiel *Robbers* in BK Art 20 GG Rz 1126 ff; *Sachs* in Sachs, Art 20 GG Rz 68 ff; *Sommermann* in von Mangoldt, Art 20 GG Rz 37; vgl auch *Dreier* in HB Ius Publicum Europaeum Band I 60 Rz 103.

1399 Zu den historischen Grundlagen siehe zB *Egli*, Bundestreue 22 ff.

1400 BVerfGE 1, 117 (Finanzausgleichsgesetz) 131; BVerfGE 1, 299 (Wohnungsbauförderung) 301 f; mit zahlreichen weiteren Nachweisen zur Entwicklung der Rsp *Egli*, Bundestreue 75 ff; *Oeter*, Integration 213 ff.

der verschiedenen Gebietskörperschaften sowie des gesamten Gemeinwesens gefördert werden.[1401] Diese Pflicht zur wechselseitigen Treue äußert sich insb in Rücksichtsnahme-, Mitwirkungs- und Beistandspflichten, die in verschiedenen Konstellationen schlagend werden können.[1402] So kann der Grundsatz der Bundestreue dem BVerfG zufolge etwa danach verlangen, dass ein Land bei der Ausübung seiner Gesetzgebungskompetenzen Rücksicht auf die berechtigten Interessen der anderen Länder und des Bundes nimmt.[1403] Angesichts der in Lehre und Judikatur erfolgenden, weitgehenden Zuschreibung grundlegender Bedeutung an die Bundestreue[1404] scheint es naheliegend, diesen Grundsatz als Teil der grundlegenden verfassungsmäßigen Strukturen Deutschlands und damit als Teil der deutschen nationalen Identität zu qualifizieren.

6.4.2.2.2.2 Rechtsgrundlage der Bundestreue

Die Bedeutung, die dem Grundsatz der Bundestreue von Lehre und Judikatur zugesprochen wird, steht allerdings in krassem Gegensatz zum Begründungsaufwand, den das BVerfG zur Herleitung des Grundsatzes der Bundestreue aus dem positiven Verfassungsrecht betrieben hat:[1405] In der Entscheidung zum Finanzausgleichsgesetz leitet das BVerfG die Bundestreue mit den Worten „[d]as bundesstaatliche Prinzip begründet seinem Wesen nach nicht nur Rechte, sondern auch Pflichten“[1406] aus dem bundesstaatlichen Prinzip ab. In seiner Entscheidung zur Wohnungsbauförderung knüpft das BVerfG zur Begründung des Grundsatzes an eine rechtswissenschaftliche Studie von *Smend*[1407] an, die aber vor dem Hintergrund einer anderen Verfassungsrechtslage erstellt wurde, und stützt den Grundsatz weiters auf vage Positionen wie das „Wesen dieses Bündnisses“[1408] im Bundesstaat bzw einen „verfassungsrechtlichen Grundsatz des Föderalismus“.[1409] In späteren Entscheidungen leitet das BVerfG den Grundsatz der Bundestreue auch

1401 Zum Beispiel *Robbers* in BK Art 20 GG Rz 1127.

1402 Siehe dazu *Egli*, Bundestreue 97 ff, 131 ff; *Bauer*, Bundestreue 342 ff; *Robbers* in BK Art 20 GG Rz 1163 ff.

1403 Zum Beispiel BVerfGE 4, 115 (Besoldungsgesetz NRW) 140 f; BVerfGE 106, 1 (Oberfinanzdirektionen) 27.

1404 Siehe dazu die Nachweise oben und unten.

1405 Vgl die Ausführungen bei *Egli*, Bundestreue 95 ff; dem BVerfG folgend zB *Bayer*, Bundestreue 45; kritisch schon *Hesse*, Der unitarische Bundesstaat 7 ff; *Dörfer*, Bundesverfassungsgericht 81 ff; *Wittreck* in Härtel, Handbuch 520 ff; die Möglichkeit einer Ableitung aus dem „Wesen“ des Bundesstaates bejahend etwa *Schmidt*, Bundestreue 121 f.

1406 BVerfGE 1, 117 (Finanzausgleichsgesetz) 131.

1407 *Smend* in FS Mayer, 247 ff, 261, zitiert in BVerfGE 1, 299 (Wohnungsbauförderung) 315; weiters auch in BVerfGE 12, 205 (1. Rundfunkentscheidung) 254.

1408 BVerfGE 1, 299 (Wohnungsbauförderung) 315.

1409 BVerfGE 1, 299 (Wohnungsbauförderung) 315.

aus dem „Wesen des Bundesstaates“[1410] bzw aus „dem in Art. 20 Abs. 1 GG verankerten Grundsatz der Bundesstaatlichkeit“[1411] ab.

Bis heute ist auch in der Lehre unklar, was denn eigentlich die verfassungsrechtliche Grundlage für den Grundsatz der Bundestreue ist:[1412] *Bauer*[1413] leitet den Grundsatz der Bundestreue aus dem Grundsatz von Treu und Glauben ab, allerdings ohne vorher nachzuweisen, dass dieser Teil der deutschen Verfassungsrechtsordnung ist; *Kowalsky*[1414] kommt zu dem Ergebnis, dass der Grundsatz der Bundestreue sich aus dem Rechtsstaatsprinzip ergäbe; *Egli*[1415] möchte die Bundestreue aus dem „Insgesamt des Grundgesetzes“ abgeleitet wissen; viele Autorinnen und Autoren leiten die Bundestreue wie das BVerfG aus dem Bundesstaatsprinzip ab.[1416]

Für diese Unklarheit gibt es – abgesehen davon, dass das BVerfG nicht dazu gezwungen werden kann, stichhaltige Begründungen zu liefern – zwei denkbare Ursachen:

Erstens sind bereits die Existenz bzw die Rechtsgrundlagen eines allgemeinen Bundesstaatsprinzips im deutschen Verfassungsrecht umstritten;[1417] gerade dieses wird aber häufig als Grundlage der Bundestreue qualifiziert (bzw wird umgekehrt die Bundestreue als eine der wichtigsten Ausprägungen eines Bundesstaatsprinzips angeführt).[1418] Zweitens sind auch Inhalt und Umfang des Grundsatzes der Bundestreue nicht ganz klar: Zwar kann, wie schon eingangs angeführt, eine „Stoßrichtung“ des Grundsatzes ausgemacht werden, wonach die verschiedenen föderalen Einheiten im Bundesstaat wechselseitig Rücksicht auf die Interessen der jeweils anderen zu nehmen haben. Welche konkreten Rechtsfolgen aus dieser Grundtendenz folgen, ist aber von Fall zu Fall unterschiedlich und hängt vom konkreten Rechtsverhältnis ab, innerhalb dessen die Bundestreue ins Spiel gebracht wird:[1419]

Hervorzuheben sind dabei die nach der Rsp des BVerfG aus dem Grundsatz der Bundestreue erwachsenden Pflichten des Bundes und der Länder im Zusammenhang mit auswärtigen Angelegenheiten[1420] – so können die Länder nach

1410 BVerfGE 8, 122 (Volksbefragung Hessen) 138.
1411 BVerfGE 103, 81 (Pofalla I) 88.
1412 Siehe auch die Nachweise dazu oben und unten.
1413 *Bauer*, Bundestreue 245 ff.
1414 *Kowalsky*, Rechtsgrundlagen 245.
1415 *Egli*, Bundestreue 158 f.
1416 Zum Beispiel *Huster/Rux* in Epping/Hillgruber, Art 20 GG Rz 36; *Sachs* in Sachs, Art 20 GG Rz 68; *Isensee* in HB StR § 126 Rz 162; *Grzeszick* in Maunz/Dürig, Art 20 GG Rz 121; *Robbers* in Graßhof/Dolzer/Waldhoff, Art 20 GG Rz 1126 ff.
1417 Siehe dazu oben bei 6.1.2.2 (= 259).
1418 Zum Beispiel *Huster/Rux* in Epping/Hillgruber, Art 20 GG Rz 36; *Sachs* in Sachs, Art 20 GG Rz 68; *Isensee* in HB StR § 126 Rz 162; *Grzeszick* in Maunz/Dürig, Art 20 GG Rz 121; *Robbers* in Graßhof/Dolzer/Waldhoff, Art 20 GG Rz 1126 ff.
1419 Siehe zur Rsp ausführlich *Dörfer*, Bundesverfassungsgericht 76 ff; *Egli*, Bundestreue 75 ff.
1420 Grundlegend BVerfGE 6, 309 (Reichskonkordat) 361 f.

Ansicht des BVerfG unter gewissen Umständen auf Grund des Grundsatzes der Bundestreue zur Umsetzung völkerrechtlicher Verträge des Bundes verpflichtet sein,[1421] etwa wenn sie dem Vertragsabschluss vorab zugestimmt haben –, was auf Grund der Absprachen im Lindauer Abkommen den Regelfall darstellt, wenn der Bund im Bereich der ausschließlichen Zuständigkeiten der Länder einen völkerrechtlichen Vertrag abschließen möchte.[1422] Darüber hinaus wird in der Literatur auch eine aus der Bundestreue erwachsende Informationspflicht des Bundes gegenüber den Ländern angenommen.[1423]

Eine Spezialform der aus der Bundestreue erwachsenden Verpflichtungen im Zusammenhang mit auswärtigen Angelegenheiten stellt nach der Ansicht des BVerfG die Verpflichtung des Bundes dar, bei Verhandlungen im Rahmen der EU die Interessen der Länder zu wahren.[1424] Die Interessenswahrung hat nach der Rsp des BVerfG allerdings nicht durch die Einhaltung eines materiellen Gebots der Achtung der Länderkompetenzen etwa bei Verhandlungen im Rat zu erfolgen, sondern durch die Einhaltung eines kooperativen Verfahrens zur Abstimmung von Bund und Ländern.[1425] Im Rahmen dieses Verfahrens ist den Ländern die Möglichkeit zu geben, einen gemeinsamen Standpunkt zu bilden und zu vertreten, der in weiterer Folge vom Bund zu berücksichtigen ist.[1426] Inzwischen ist dieses Verfahren in Art 23 Abs 4 bis 6 GG und den dazu ergangenen Ausführungsgesetzen geregelt; Art 23 Abs 6 GG sieht in bestimmten Fällen sogar die Entsendung eines Ländervertreters in den Rat vor. Zu betonen ist aber nochmals, dass die Bundestreue nicht danach verlangt, dass die Vertreter:innen Deutschlands im Rat auch ohne entsprechende Länderstellungnahme stets versucht, Beeinträchtigungen von Landeskompetenzen hintanzustellen oder möglichst gering zu halten.[1427] Es muss nicht mit dem Grundsatz der Bundestreue begründet werden, dass die deutsche Vertreterin bzw der deutsche Vertreter im Rat darauf zu achten haben, dass die absoluten Kompetenzgrenzen des Art 79 Abs 3 GG durch Rechtsetzungsakte der Union eingehalten werden. Dies ergibt sich für die deutsche Vertreterin bzw den deutschen Vertreter schon unmittelbar aus Art 23 Abs 1 GG. Im Übrigen ist der Rat als EU-Rechtsetzungsorgan „im

1421 Noch nicht eindeutig BVerfGE 6, 309 (Reichskonkordat) 361 f; eine solche Pflicht dann unter Berufung auf vorgenanntes Urteil annehmend BVerfGE 12, 205 (1. Rundfunkentscheidung) 254 f.

1422 Siehe dazu oben bei 6.3.3.5.2.1 (= 284).

1423 Zum Beispiel *Bauer*, Bundestreue 347. Allerdings wird das Bestehen einer solchen Pflicht wiederum mit dem Lindauer Abkommen begründet, das dann gleichsam als Ausfluss der Bundestreue qualifiziert wird.

1424 BVerfGE 92, 203 (EG-Fernsehrichtlinie) 230 ff.

1425 BVerfGE 92, 203 (EG-Fernsehrichtlinie) 235 ff.

1426 BVerfGE 92, 203 (EG-Fernsehrichtlinie) 235 ff.

1427 Vgl aber die in diese Richtung gehenden Ausführungen der Bayrischen Staatsregierung, wiedergegeben bei BVerfGE 92, 203 (EG-Fernsehrichtlinie) 219; allerdings geht daraus nicht ganz deutlich hervor, ob eine solche Pflicht ganz generell bestehen soll oder sich nur auf Fälle bezieht, in denen die EU ihre Kompetenzen (zu Ungunsten der Länder) überschreitet.

Ganzen“ auf Grund von Art 4 Abs 2 EUV zur Beachtung dieser Grenze verpflichtet.[1428]

Große Relevanz hat die Bundestreue in der Rsp des BVerfG außerdem im Zusammenhang mit dem Finanzausgleichsrecht insofern, als daraus beim horizontalen Finanzausgleich zwischen den Ländern eine Verpflichtung der finanzstärkeren Länder abgeleitet wird, die finanzschwächeren Länder zu unterstützen.[1429] Unklar ist, ob die Bundestreue auch als Grundlage für die Annahme von Beistandspflichten des Bundes gegenüber finanzschwachen Ländern herangezogen werden kann.[1430]

Darüber hinaus werden aus der Bundestreue zahlreiche weitere Verhaltenspflichten von Bund und Ländern abgeleitet, insb im Zusammenhang mit Verhandlungen und Verträgen zwischen den Hoheitsträgern.[1431]

Das BVerfG selbst gesteht ein, dass die Rechtsfolgen der Anwendung des Grundsatzes der Bundestreue von einer Einzelfallbeurteilung abhängen.[1432] Damit wird aber der mögliche normative Inhalt der Bundestreue auf eine sehr abstrakte Pflicht zur Rücksichtnahme auf gegenbeteiligte föderale Interessen reduziert, deren Grenzen nicht allgemeingültig festgelegt werden können. Die Unklarheiten betreffend den Inhalt der Bundestreue machen es schwieriger, eine definitive Rechtsgrundlage für diesen Grundsatz zu finden.[1433] Findet sich aber für die Bundestreue keine Rechtsgrundlage, dann kann diese auch nicht als Teil der grundlegenden verfassungsmäßigen Strukturen Deutschlands iSd Art 4 Abs 2 EUV qualifiziert werden. Daher soll im Folgenden überlegt werden, ob es für den Grundsatz der Bundestreue, verstanden als abstraktes Gebot zur Rücksichtnahme auf gegenbeteiligte föderale Interessen, eine Rechtsgrundlage im Grundgesetz gibt.

Von einem großen Teil des Schrifttums[1434] sowie dem BVerfG[1435] wird als Grundlage für Bundestreue Art 20 GG angeführt, teilweise iVm dem „Wesen“

1428 Dazu oben bei 3.6.6.1 (= 135).

1429 Schon BVerfGE 1, 117 (Finanzausgleichsgesetz) 131; *Siekmann* in Sachs, Art 107 GG Rz 43; *Egli*, Bundestreue 131 f mwN.

1430 Nicht eindeutig BVerfGE 116, 327 (Berliner Haushalt) 392 ff, wo die Schaffung eines Beistandsregimes zur Bewältigung von Haushaltskrisen im Wesentlichen als Sache des Gesetzgebers qualifiziert und im Übrigen das Vorliegen eines Haushaltsnotstandes in Berlin verneint wird.

1431 Vgl *Egli*, Bundestreue 132, 134 ff mwN.

1432 Zum Beispiel BVerfGE 81, 310 (Kalkar II) 337; BVerfGE 104, 249 (Biblis A) 270; zur „Entwicklungsoffenheit“ der Bundestreue auch *Bauer*, Bundestreue 313 ff, demzufolge „völlige Gewißheit [sic] über die inhaltliche Ausgestaltung dieses Rechtsgrundsatzes nicht erreichbar ist“ (*Bauer*, Bundestreue 325).

1433 Bzw erschweren zumindest den Diskurs darüber, weil uU verschiedene Autorinnen und Autoren unterschiedliche Vorstellungen vom Inhalt der Bundestreue haben und dementsprechend auch unterschiedliche Rechtsgrundlagen für denkbar erachten.

1434 Zum Beispiel *Robbers* in BK Art 20 GG Rz 1126; *Sachs* in Sachs, Art 20 GG Rz 68 ff; *Sannwald* in Schmidt-Bleibtreu/Hofmann/Henneke, Art 79 GG Rz 58; *Haratsch* in Sodan Art 79 GG Rz 35; *Dreier* in Dreier, Art 79 Abs 3 GG Rz 48; *Hofmann* in Schmidt-Bleibtreu/Hofmann/Henneke, Art 20 GG Rz 13; *Isensee* in HB StR § 126 Rz 162.

1435 Zum Beispiel BVerfGE 34, 9 (Besoldungsvereinheitlichung) 20; 103, 81 (Pofalla I) 88.

des Bundesstaates. Allein aus der Nennung des Begriffs „Bundesstaat“ in Art 20 GG lassen sich aber keine normativen Folgen ableiten;[1436] insb fehlt es an einem Anhaltspunkt dafür, dass Art 20 GG eine über die übrigen Normen des Grundgesetzes hinausgehende Pflicht zur föderalen Interessensberücksichtigung verankert. Art 20 GG scheidet daher – ebenso wie das Wesen des Bundesstaates – als verfassungsrechtliche Grundlage für den Grundsatz der Bundestreue aus.

Ähnlich wie beim Bundesstaatsprinzip wird weiters auch hinsichtlich der Bundestreue vertreten, dass diese aus einer Zusammenschau der Bestimmungen des Grundgesetzes abgeleitet werden könne.[1437] Allerdings lässt eine solche Betrachtung außer Acht, dass das Grundgesetz spezifische Instrumente kennt, mit denen eine wechselseitige Berücksichtigung der unterschiedlichen föderalen Interessen bewirkt wird, etwa, wenn Art 32 Abs 2 GG einem von einem völkerrechtlichen Vertrag besonders betroffenen Land ein Anhörungsrecht einräumt. Derartige Bestimmungen wären obsolet, wenn der Bund ohnehin verpflichtet wäre, etwaige Länderinteressen gebührend zu berücksichtigen. Zudem wird bei einer Ableitung des Grundsatzes der Bundestreue aus der Gesamtheit der grundgesetzlichen Bestimmungen vernachlässigt, dass das Grundgesetz spezifische Instrumente zur Konfliktlösung bereithält[1438] und damit impliziert, dass es zu Konflikten (auch) zwischen den föderalen Hoheitsträgern kommen kann. Derartige Konflikte sind im Rahmen der vorgesehenen Konfliktlösungsmechanismen und unter Maßgabe der im Grundgesetz angeordneten Rechte und Pflichten zu lösen; für die Annahme einer darüber hinausgehenden Interessensberücksichtigungspflicht gibt es keine Anhaltspunkte.

Ein weiterer Ansatz leitet den Grundsatz der Bundestreue aus dem allgemeinen Rechtsgrundsatz von Treu und Glauben ab, bleibt aber den Nachweis dafür schuldig, dass der genannte allgemeine Rechtsgrundsatz einen Teil der deutschen Verfassungsrechtsordnung ausmacht.[1439]

Als Zwischenergebnis kann hier also festgehalten werden, dass die verschiedenen Begründungsansätze für die Verankerung des Grundsatzes der Bundestreue in der deutschen Verfassungsrechtsordnung nicht überzeugen. Im Lichte dessen, dass der Grundsatz der Bundestreue aber seit dem Beginn der Rechtsprechungstätigkeit des BVerfG eine bedeutende Rolle spielt, lässt sich noch fragen, ob es

1436 Dazu insb *Šarčević*, Bundesstaatsprinzip 64 ff.

1437 Ähnlich auch der Ansatz, wonach die Bundestreue mangels expliziter Regelung im GG aus dem Erfordernis der Erhaltung der „Funktionsfähigkeit der bundesstaatlichen Ordnung“ gefolgert werden könne; so *Grzeszick* in Maunz/Dürig, Art 20 GG Rz 121. Gegen diesen Begründungsansatz kann nämlich eingewandt werden, dass es dem Verfassungsgesetzgeber unbenommen ist, einzuschreiten und Kooperations- oder Rücksichtnahmepflichten anzuordnen, wenn die „Funktionsfähigkeit“ des Bundesstaates „gefährdet“ ist. Das „Schweigen“ des GG kann also ebenso gut als Argument gegen die Existenz einer Pflicht zur Bundestreue gewertet werden.

1438 Etwa die in Art 93 Abs 1 Z 1 und 3 GG vorgesehenen Verfahren vor dem BVerfG oder der Bundeszwang nach Art 37 GG.

1439 *Bauer*, Bundestreue 245 ff; kritisch dazu *Wittreck* in Härtel, Handbuch Rz 39 ff.

sich bei diesem um Verfassungsgewohnheitsrecht handelt. Unabhängig davon, dass sich die Frage stellt, ob diese Rechtsquelle in der deutschen Rechtsordnung Bedeutung hat, würden die Voraussetzungen für die Entstehung von Gewohnheitsrecht im Allgemeinen – langjährige Übung und opinio iuris – hier nicht im relevanten Ausmaß vorliegen: Der Grundsatz der Bundestreue wird zwar bereits jahrzehntelang vom BVerfG judiziert, das dabei wohl auch davon überzeugt ist, rechtmäßig zu handeln. Tatsächlich hat dieser Grundsatz in der Rsp aber wie dargelegt weder einen genau abgegrenzten Anwendungsbereich noch eine einheitliche Rechtsfolge. Gegenstand der langjährigen Übung und damit auch potentiell Verfassungsgewohnheitsrecht könnte daher lediglich der unbestimmte Gedanke der Bundestreue im Allgemeinen sein, aus dem sich aber keine klaren Rechtsfolgen für den Einzelfall ergeben.[1440] Hinsichtlich der einzelnen „Unterfälle" der Bundestreue besteht (zumindest teilweise) nicht einmal eine andauernde, langjährige Übung in der Rsp des BVerfG. Fraglich wäre im Übrigen auch, ob alleine die „Übung" durch das BVerfG für die Entstehung von Verfassungsgewohnheitsrecht ausreichend wäre, oder ob auch die „Übung" anderer verfassungsrechtlicher Akteure zu beachten wäre – bejaht man Letzteres, wäre aber wiederum fraglich, ob Bund und Länder bei ihren Handlungen tatsächlich stets dem Gedanken der Bundestreue entsprechend handeln. Im Ergebnis ist nach der hier vertretenen Ansicht somit nicht davon auszugehen, dass es sich bei der Bundestreue um Verfassungsgewohnheitsrecht handelt.

6.4.2.2.2.3 (Rsp zur) Bundestreue nicht Teil der nationalen Identität

Es bleibt damit lediglich die Tatsache, dass das BVerfG sich in ständiger Rsp auf die Bundestreue beruft – freilich in unterschiedlichen Ausprägungen bzw Unterformen.[1441] So, wie die Unterschiedlichkeit der vom BVerfG aus der Bundestreue abgeleiteten Rechtsfolgen eine (von vielen) Hürde(n) für die Qualifikation des Grundsatzes als Verfassungsgewohnheitsrecht darstellt, so verhindert sie auch, die Rsp des BVerfG zweifelsfrei als Teil der nationalen Identität iSd Art 4 Abs 2 EUV zu qualifizieren: Da ein eindeutiger, von den einzelnen Entscheidungen abstrahierbarer und trotzdem noch konkrete Rechtsfolgen nach sich ziehender Inhalt des Grundsatzes der Bundestreue nicht ermittelt werden kann, lässt sich ein solcher auch nicht als grundlegende politische und verfassungsmäßige Struktur iSd Art 4 Abs 2 EUV einordnen.

Dass das BVerfG zukünftig die Bundestreue bzw einzelne Aspekte der Bundestreue dennoch mit der durch Art 79 Abs 3 GG geschützten Verfassungsidenti-

1440 Vgl *Wittreck* in Härtel, Handbuch 519 mwN; ähnlich *Bauer*, Bundestreue 237 ff; aA zB *Bayer*, Bundestreue 33; *Schmidt*, Bundestreue 120 f (im Wesentlichen ohne Begründung).

1441 Dazu schon oben bei FN 1419 (= 303).

tät und/oder der nationalen Identität iSd Art 4 Abs 2 EUV in Beziehung setzt, kann nicht ausgeschlossen werden und liegt durch die Bedeutung nahe, die der Bundestreue für das Funktionieren des Bundesstaats beigemessen wird[1442]. Eine entsprechende Praxis des BVerfG böte dem EuGH einen Anhaltspunkt dafür, die Bundestreue als grundlegende politische und verfassungsmäßige Struktur iSd Art 4 Abs 2 EUV zu qualifizieren. Es ist auf Grund der Funktion des Art 4 Abs 2 EUV, der nationalen Wertungen Geltung auf unionaler Ebene verschaffen will, zwar nicht ausgeschlossen, aber jedenfalls unwahrscheinlich, dass der EuGH eine entsprechende Einordnung durch das BVerfG unter Hinweis auf das Fehlen einer eindeutigen Rechtsgrundlage im Grundgesetz ablehnt. Allerdings sind Konstellationen, in denen es zu einem Konflikt zwischen Unionsrecht und der Bundestreue kommt, wohl eher selten.

6.4.3 Beschränktheit der Kompetenzen der föderalen Hoheitsträger

6.4.3.1 Beschränktheit als Problem …

Auch im deutschen Bundesstaat hat die Kompetenzverteilung zur Folge, dass die Handlungsmacht der Hoheitsträger beschränkt wird, nämlich auf die ihnen zugeordneten Kompetenzen; auch im deutschen Bundesstaat wird die Beschränktheit der föderalen Hoheitsträger nach der Rsp des BVerfG aber zT durch „ungeschriebene" Kompetenzen kraft „Natur der Sache"[1443] und kraft „Sachzusammenhangs"[1444] relativiert.[1445] Allerdings führen weder die Grundrechte des Grundgesetzes noch unions- oder völkerrechtliche Verpflichtungen zu Entschränkungen im Sinn dieser Kompetenzen.[1446]

Die kompetentielle Beschränktheit der Hoheitsträger kann zu unbefriedigenden Konstellationen führen, und zwar sowohl aus Perspektive der Hoheitsträger, die ein bestimmtes Ziel erreichen wollen, als auch aus Perspektive der Rechtsunterworfenen:

Die sachliche Beschränktheit der Hoheitsträger auf bestimmte Sachbereiche kann etwa dann zu unbefriedigenden Ergebnissen führen, wenn diese ein Ziel erreichen wollen, das ihre Kompetenzgrenzen überschreitet: So etwa, wenn ein Landesrechtsetzer ganz allgemein der Glücksspielsucht vorbeugende Maßnahmen setzen möchte, aber nur für bestimmte Bereiche – zB Sportwetten – zuständig ist, weil die anderen Kompetenzen beim Bund liegen. Die territoriale

1442 Zum Beispiel BVerfGE 1, 299 (Wohnungsbauförderung) 315.

1443 Vgl zB BVerfGE 3, 407 (Baugutachten) 421 f; BVerfGE 11, 89 (Bremisches Urlaubsgesetz) 96 ff.

1444 Zum Beispiel BVerfGE 3, 407 (Baugutachten) 420; BVerfGE 98, 365 (Bayerisches Schwangerenhilfegesetz) 299.

1445 Vgl dazu *Herbst*, Gesetzgebungskompetenzen 175 ff; *Wittreck* in Dreier, Vorb zu Art 70 bis 74 GG Rz 45 ff; *Rozek* in von Mangoldt, Art 70 GG 40 ff.

1446 Vgl insb zu Grundrechten *Herbst*, Gesetzgebungskompetenzen 65 ff.

Beschränktheit der Länder auf im Wesentlichen ihr jeweiliges Landesgebiet kann ebenfalls als problematisch wahrgenommen werden. Beispielhaft dafür seien die unterschiedlichen Regelungen der deutschen Länder über die Hochschulzulassung genannt, die mangels Koordination erhebliche Erschwerungen für eine Bewerbung auf einen Studienplatz bedeuten können.[1447]

6.4.3.2 ... bundesstaatliche Kooperationspflichten als Lösung?

In beiden genannten Konstellationen könnte eine Kooperation zwischen Bund und Ländern bzw der Länder untereinander „Abhilfe" schaffen. Unbestritten ist, soweit ersichtlich, dass eine solche Kooperation auf freiwilliger Basis möglich ist.[1448] Fraglich ist aber, ob das Grundgesetz für derartige Konstellationen sogar eine Kooperationspflicht vorsieht. In der deutschen Lehre und Judikatur[1449] ist immer wieder die Rede von derartigen bundesstaatlichen Kooperationspflichten zwischen Bund und Ländern bzw zwischen den Ländern untereinander.[1450] Diese sollen zum Inhalt haben, dass sich Bund und Länder bzw die Länder untereinander bei der Ausübung ihrer Kompetenzen miteinander abstimmen und insofern „kooperieren"[1451] müssen. Die genannten Kooperationspflichten werden teilweise aus dem Bundesstaatsprinzip bzw aus dem Grundsatz der Bundestreue als Teil des Bundesstaatsprinzips abgeleitet.[1452] An anderer Stelle werden Kooperationspflichten (zusätzlich) aus den Grundrechten des Grundgesetzes abgeleitet.[1453]

Im Folgenden soll untersucht werden, ob die Annahme derartiger Kooperationspflichten sich mit dem geltenden Verfassungsrecht begründen lässt, wobei die einzelnen Begründungsstränge für die Annahme derartiger Kooperationspflichten – insb Bundesstaatsprinzip, Bundestreue, Grundrechte – jeweils gesondert analysiert werden.

Den folgenden Überlegungen ist voranzustellen, dass systematische Überlegungen allgemein eher gegen die Annahme impliziter Kooperationspflichten sprechen: So finden sich erstens im Grundgesetz – wenn auch vorrangig an die Verwaltung adressierte – explizite Kooperationspflichten, zB in Art 35 und 91 GG. Zweitens werden „Gemeinschaftsaufgaben", als von Bund und Ländern

1447 Zahlreiche Beispiele bei *Boysen*, Gleichheit 6 ff.

1448 Zum Beispiel *Grzeszick* in Maunz/Dürig, Art 20 GG Rz 164.

1449 Zum Beispiel BVerfGE 33, 303 (numerus clausus I) 357; BVerfGE 73, 118 (4. Rundfunkentscheidung) 197.

1450 Vgl *Bauer* in Dreier, Art 20 GG Rz 51.

1451 Man könnte hier auch von einer „Koordination" der den Hoheitsträgern jeweils zustehenden Regelungsbefugnissen und insofern von Koordinations- bzw Koordinierungspflichten sprechen.

1452 Zum Beispiel BVerfGE 73, 118 (4. Rundfunkentscheidung) 197; vgl *Bauer* in Dreier, Art 20 GG Rz 51.

1453 BVerfGE 33, 303 (numerus clausus I) 357 f; vgl *Fastenrath*, JZ 1987, 174.

gemeinsam zu erreichende Ziele (mit und ohne Kooperationspflicht), ebenfalls explizit geregelt.[1454]

6.4.3.3 Mögliche Rechtsgrundlagen bundesstaatlicher Kooperationspflichten

6.4.3.3.1 Ableitung aus dem Bundesstaatsprinzip

Die angesprochene Kooperationspflicht wird teilweise unmittelbar aus dem Bundesstaatsprinzip abgeleitet.[1455] Dieses ist aber zu unbestimmt, um allein daraus konkrete Rechtsfolgen abzuleiten.[1456] Konsequenterweise ist daher auch hier nicht davon auszugehen, dass das Bundesstaatsprinzip eine tragfähige normative Grundlage für die Begründung einer Kooperationspflicht sein kann.

6.4.3.3.2 Ableitung aus der Bundestreue

Eine Kooperationspflicht von Bund und Ländern bzw der Länder untereinander wird von manchen Autorinnen und Autoren[1457] sowie teilweise auch vom BVerfG[1458] aus dem Grundsatz der Bundestreue abgeleitet.[1459] So wie Bund und Länder bei der Ausübung ihrer Kompetenzen auf Grund der Bundestreue dazu verpflichtet seien, auf die Interessen der Gemeinschaft und auch der jeweils anderen Hoheitsträger Rücksicht zu nehmen, so seien sie auch dazu verpflichtet, zur Erreichung bestimmter Ziele kooperativ zusammenzuwirken. Als Ziel, dessen Erreichung kooperatives Zusammenwirken verlangt, kann demnach etwa die Einhaltung bzw Verwirklichung der Grundrechte qualifiziert werden.

Die Bundestreue selbst kann eine derartige Kooperationspflicht aber nicht begründen. Wenn man die Existenz der Bundestreue in der deutschen Rechtsordnung bejaht,[1460] so ist diese ja kein Selbstzweck, sondern dient als Mittel zur Verwirklichung anderer Ziele.[1461] Die Bundestreue kann also nur dann nach einer Kooperationspflicht verlangen, wenn das durch die Kooperation zu erreichende Ziel selbst nach einer kooperativen Zielerreichung verlangt. Anders formuliert: Wenn zB die Grundrechte selbst nicht danach verlangen, dass sie auch unter Außerachtlassung der Kompetenzgrenzen verwirklicht werden, dann kann auch

1454 Art 91a ff GG.
1455 Vgl *Bauer* in Dreier, Art 20 GG Rz 51.
1456 Dazu schon oben bei 6.1.2.2 (= 259).
1457 In diese Richtung zB *Fastenrath*, JZ 1987, 174; vgl weiters *Haack*, Regelungskonzeptionen 198 ff, der sich damit auseinandersetzt, ob die Bundestreue ein Gebot der Widerspruchsfreiheit der Regelungen im Bundesstaat beinhaltet (und dies im Ergebnis bejaht).
1458 BVerfGE 73, 118 (4. Rundfunkentscheidung) 196 f.
1459 Vgl auch die weiteren Nachweise bei *Grzeszick* in Maunz/Dürig, Art 20 GG Rz 132 f.
1460 Siehe dazu bei 6.4.2.2.2 (= 301).
1461 Zum Beispiel BVerfGE 13, 54 (Neugliederung Hessen) 75; weiters zB *Grzeszick* in Maunz/Dürig, Art 20 GG Rz 126.

die Bundestreue keine darauf gerichtete, Kompetenzgrenzen überschreitende Kooperationspflicht begründen. Die eigentlich zu stellende Frage lautet also, ob bestimmte materielle verfassungsrechtliche „Zielsetzungen" – wie zB die Grundrechte – nach ihrer Erfüllung über die Kompetenzgrenzen hinweg verlangen und damit Kooperationspflichten begründen.

6.4.3.3.3 Ableitung aus den Grundrechten

Um die Frage beantworten zu können, ob sich aus den Grundrechten – in ihrer Gesamtheit oder aus Einzelgewährleistungen – Kooperationspflichten für Bund und Länder bzw der Länder untereinander ergeben, ist das Verhältnis der Grundrechte des Grundgesetzes zur bundesstaatlichen Kompetenzverteilung des Grundgesetzes in Erinnerung zu rufen.

Sowohl die Grundrechte als auch die bundesstaatliche Kompetenzverteilung stehen im Rang von einfachem Verfassungsrecht.[1462] Es handelt sich damit um gleichrangige Bestandteile des Verfassungsrechts. Daher ist es ebenso wenig zulässig, die grundrechtlichen Gewährleistungen durch die Kompetenzverteilung zu unterlaufen,[1463] wie es zulässig ist, die Grenzen der Kompetenzverteilung durch Berufung auf die Grundrechte zu überwinden. Vielmehr sind – sofern konfliktträchtige Situationen auftreten – Lösungen zu suchen, die sowohl den Grundrechten als auch der Kompetenzverteilung entsprechen. Zu beachten ist dabei, dass Kompetenzbestimmungen einer Abwägung nicht zugänglich sind.[1464]

Eine Konstellation, in der es zu einem Konflikt zwischen Grundrechten und der Kompetenzverteilung kommen könnte, ist die, dass ein Hoheitsträger versucht, einen Grundrechtseingriff (ua) damit zu rechtfertigen, dass ihm gelindere Mittel im Rahmen der Kompetenzverteilung nicht zur Verfügung stünden.[1465] Gerade diese Rechtfertigung lässt das BVerfG allerdings nicht zu; vielmehr seien nach der Ansicht des Gerichts Bund und Länder bei Grundrechtseingriffen als eine Einheit zu beurteilen.[1466] Der eine Hoheitsträger könne sich dem BVerfG zufolge zur Rechtfertigung seiner Maßnahme also nicht darauf berufen, dass die Untätigkeit des anderen Hoheitsträgers, der für eine weniger eingriffsintensive Maßnahme zuständig wäre, ihn zur Setzung eingriffsintensiverer Maßnahmen zwinge.[1467] Es ist geboten, die föderalen Hoheitsträger – wie es das BVerfG tut[1468]

1462 Einen höheren Rang als jenen einfachen Verfassungsrechts könnte man lediglich für Art 1 GG annehmen; vgl Art 79 Abs 3 GG.

1463 Vgl aber zur Diskussion um einen Grundrechtseingriffe legitimierenden Gehalt von Kompetenznormen *Stettner*, Kompetenzlehre 54 ff.

1464 *Herbst*, Gesetzgebungskompetenzen 60 f.

1465 Vgl zB die Ausführungen in BVerfGE 7, 377 (Apothekenurteil) 443; weiters schon oben die entsprechenden Ausführungen zur österreichischen Bundesstaatlichkeit bei 5.4.3.2.3 (= 232).

1466 BVerfGE 7, 377 (Apothekenurteil) 443; BVerfGE 33, 303 (numerus clausus I) 358.

1467 BVerfGE 7, 377 (Apothekenurteil) 443; BVerfGE 33, 303 (numerus clausus I) 357 f.

1468 BVerfGE 7, 377 (Apothekenurteil) 443; BVerfGE 33, 303 (numerus clausus I) 358.

– bei der Beurteilung (insb) der Erforderlichkeit eines Grundrechtseingriffs als Einheit zu behandeln, da andernfalls die Grundrechte durch die Ausgestaltung der Kompetenzverteilung unterwandert werden könnten.[1469] Dies bedeutet aber nicht, dass Bund und Länder zur Wahrung der Grundrechte die Kompetenzgrenzen überschreiten dürfen;[1470] sie können diese Grenzen lediglich nicht erfolgreich zur Rechtfertigung eines Grundrechtseingriffs einwenden. Damit würde nämlich die Bindung an die Grundrechte durch die Bindung an die Kompetenzverteilung relativiert.

Bund und Länder müssen sich also bei Grundrechtseingriffen als Einheit behandeln lassen und dürfen Grundrechtseingriffe nicht mit dem Fehlen der eigenen Kompetenz rechtfertigen.[1471] Gleichzeitig dürfen sie zur Wahrung der Grundrechte besagte Kompetenzgrenzen auch nicht überschreiten. Es stellt sich dann die Frage, ob zur Wahrung der Grundrechte eine Kooperationspflicht von Bund und Ländern besteht. Dies wird in der Literatur häufig aus der vom BVerfG angenommenen Einheit von Bund und Ländern im Zusammenhang mit dem Grundrechtsschutz geschlossen.[1472] Dabei wird aber zu wenig berücksichtigt, dass nicht nur die Grundrechte in Verfassungsrang stehen, sondern auch die Kompetenzverteilung. Ebenso wenig wie die Grundrechte durch die Kompetenzverteilung unterwandert werden dürfen, darf es zu einer Unterwanderung der Kompetenzverteilung durch die Grundrechte kommen. Würde man aber das Bestehen einer Kooperationspflicht annehmen, die den Inhalt hat, dass Bund und Länder bzw die Länder untereinander verpflichtet sind, ihre Handlungen vorab mit- bzw untereinander abzustimmen, dann würde dies nach der hier vertretenen Ansicht zu einer unzulässigen Unterwanderung der Kompetenzverteilung führen, die den Hoheitsträgern das Recht einräumt, in den ihnen zugeordneten Bereichen jeweils eigenständig Recht zu setzen.[1473]

1469 Siehe schon oben 5.4.3.2.3 (= 232), dort mit dem Beispiel, dass dem Bund die Zuständigkeit für „Verkaufsverbote“, den Ländern die Zuständigkeit für „Verkaufsbeschränkungen“ zugeteilt würde; vom Bund erlassene Verkaufsverbote könnten dann – wenn man nur jene gelindere Mittel zu berücksichtigen hätte, die in die Kompetenz des Bundes fallen – niemals deswegen als unverhältnismäßig eingestuft werden, weil auch eine Verkaufsbeschränkung das verfolgte Ziel erreichen würde. Ähnlich ist die Konstellation in BVerfGE 98, 83 (Landesabfallabgaben): Während der Bund für bestimmte Sonderabfälle, gestützt auf seine Abfallkompetenz, eine auf individuelle Umstände abzielende Vermeidungspflicht vorsah, führten einige Länder, gestützt auf ihre Steuerkompetenzen, Abgabepflichten ein, die durch die Verhängung einer Abgabe im Fall der Nichtvermeidung von Sonderabfall eine kompromisslose Abfallvermeidung bewirken sollten.

1470 BVerfGE 81, 310 (Kalkar II) 334: „In der bundesstaatlichen Ordnung des Grundgesetzes, in der die Wahrnehmung der staatlichen Aufgaben und Befugnisse zwischen Bund und Ländern kompetentiell aufgeteilt ist, binden die Grundrechte bei der Wahrnehmung bestehender Kompetenzen, begründen jedoch nicht selbst Kompetenzen“; s auch BVerfGE 12, 205 (1. Rundfunkentscheidung) 249.

1471 BVerfGE 7, 377 (Apothekenurteil) 443; BVerfGE 33, 303 (numerus clausus I) 358.

1472 Zum Beispiel *Bethge*, AöR 1985, 218.

1473 Vgl dazu *Herbst*, Gesetzgebungskompetenzen 63 ff, der allerdings von einem unzulässigen Überschreiten der Grenzen der Kompetenzverteilung offenbar nur dann ausgeht, wenn die Kooperationspflicht den Bund oder die Länder für sich genommen oder zusammen zu einem Handeln außerhalb der Kompetenzverteilung ermächtigt.

Dies ändert allerdings nichts am vorher erhobenen Befund, dass Bund und Länder sich bei der Beurteilung eines Grundrechtseingriffs als Einheit behandeln lassen müssen. Die Folgen dessen als „Kooperationspflicht" zu bezeichnen, ist aber missverständlich. Eine derartige Pflicht mit eigenständigem Gehalt und eigenständiger Durchsetzbarkeit würde nach der hier vertretenen Ansicht nur dann bestehen, wenn die Unterlassung der Kooperation per se die Rechtswidrigkeit der fraglichen Handlungen (oder Unterlassungen) der Hoheitsträger zur Folge hätte. Dem ist aber nicht so: Die Grundrechtswidrigkeit des fraglichen Eingriffs ist nicht Folge einer mangelnden Beachtung einer irgendwie gearteten Kooperationspflicht, sondern der mangelnden Beachtung des Grundrechts.

Bund und Länder dürfen daher auch in Bereichen, in denen eine Abstimmung den Grundrechtsschutz verbessern könnte, ohne sich wechselseitig abzustimmen Rechtsakte erlassen, die in Grundrechte eingreifen; maßgeblich ist nur das Ergebnis ihrer Rechtsetzung. Ob also durch das Zusammenspiel von Bundes- und Landesrecht „zufällig" eine grundrechtskonforme Rechtslage hergestellt wird oder ob dies durch bewusste Kooperation geschieht, ist für die Beurteilung der Grundrechtskonformität irrelevant. Es besteht demnach keine grundrechtlich begründete Kooperationspflicht der föderalen Hoheitsträger.

6.4.3.3.4 Weitere Ansätze für bundesstaatliche Kooperationspflichten

Eine bundesstaatliche Kooperationspflicht wird in der Literatur aus dem Gebot der „Widerspruchsfreiheit"[1474] bzw „Konsistenz"[1475] der Rechtsordnung abgeleitet, welches auch das BVerfG in einigen Entscheidungen aus dem Rechtsstaatsprinzip hergeleitet hat.[1476] Wie von einigen Autorinnen und Autoren bereits dargelegt, sprechen aber zahlreiche Argumente gegen die Annahme der Existenz eines Gebots der Widerspruchsfreiheit in der deutschen Rechtsordnung.[1477] Dies gilt insb dann, wenn es um das Verhältnis von Bundes- und Landesrechtsordnungen zueinander bzw verschiedener Landesrechtsordnungen untereinander geht. Schließlich werden Bund und Länder durch das Grundgesetz als jeweils eigenständige Hoheitsträger eingerichtet. Die Existenz eines „Einheitlichkeitsgebotes"

1474 *Bumke*, Der Staat 2010, 88; *Robbers* in BK Art 20 GG Rz 1244 ff (der dieses Gebot aus einer Kombination des Rechtsstaatsprinzips und der Bundestreue ableitet).

1475 *Bumke*, Der Staat 2010, 91; vgl auch *Bauer*, Bundestreue 358 f, der aus der Bundestreue eine „Pflicht zu konsistentem Verhalten" ableiten möchte.

1476 Zum Beispiel BVerfGE 98, 106 (Verpackungssteuer) 118 f; BVerfGE 98, 83 (Landesabfallabgaben) 97; teilweise wird ein Gebot der Einheitlichkeit der Rechtsordnung vom BVerfG auch aus dem Gleichheitssatz abgeleitet; vgl BVerfGE 60, 16 (Härteausgleichsleistungen) 40 und die Nachweise bei *Hanebeck*, Der Staat 2002, 432 f; *Haack*, Regelungskonzeptionen 135 ff; *Kirchhof* in HB StR § 181 716 f; kritisch schon hinsichtlich des – an ein und denselben Rechtsetzer gerichteten – Gebots der „Folgerichtigkeit" *Krieger* in Schmidt-Bleibtreu/Hofmann/Henneke, Art 3 GG Rz 52; *Heun* in Dreier, Art 3 GG Rz 37; *Wollenschläger* in von Mangoldt, Art 3 GG Rz 199 f.

1477 Insb *Hanebeck*, Der Staat 2002, 439 ff; *Herbst*, Gesetzgebungskompetenzen 290 ff.

oder eines Gebotes der „Widerspruchsfreiheit" würde aber die Handlungen des (späteren?)[1478] Rechtsetzers von den Handlungen eines jeweils anderen Rechtsetzers abhängig machen.

Bezogen auf die bundesstaatliche Komponente eines solchen Gebotes ist insb darauf hinzuweisen, dass Art 31 GG eine Konfliktlösungsregel für Konfliktfälle zwischen Bundes- und Landesrecht bereithält, was nahelegt, dass Konflikte – also Widersprüche – in der deutschen Rechtsordnung nicht um jeden Preis vermieden werden sollen, sondern nach ihrem Entstehen aufgelöst werden können.[1479] Weiters müssen gerade auch die Wertungen,[1480] die Bundes- und Landesrechtsetzer vornehmen, nicht zwingend miteinander in Einklang stehen – andernfalls wäre ihre jeweilige demokratische Funktion wechselseitig drastisch beschränkt. Eine solche weitgehende Beschränkung der verschiedenen Rechtsetzer im deutschen Bundesstaat kann im Lichte dessen, dass diese gleichsam als Mindeststandard ohnehin an die – gemeinsamen – Grundrechte des Grundgesetzes gebunden sind, dem Grundgesetz nicht unterstellt werden.

Mangels eines entsprechenden Erfordernisses nach Einheitlichkeit, Widerspruchsfreiheit, Kohärenz oder Konsistenz in der deutschen Rechtsordnung kann es auch keine diesbezügliche Kooperationspflicht von Bund und Ländern bzw der Länder untereinander geben.

1478 Mit dem Klammerausdruck soll angedeutet werden, dass hier nicht einmal klar wäre, welcher Rechtsetzer denn den Maßstab für Einheitlichkeit, Konsistenz oder Systembildung vorgeben soll. Dies könnte zB der „frühere" Rechtsetzer und damit durchaus auch ein Landesrechtsetzer sein. Dann stellte sich aber im Anschluss die Frage, ob die „frühere" Landesrechtsetzung nur den Bund bei der Regelung ähnlicher Gegenstände oder auch die anderen Länder bei der Regelung der gleichen Angelegenheit in ihrem Gebiet „binden" soll. Statt des „früheren" Rechtsetzers könnte man auch eine „Vorwirkung" des Art 31 GG annehmen und den Bund als den den Ton angebenden Rechtsetzer qualifizieren. Einen anderen Ansatz verfolgt *Haack*, Regelungskonzeptionen 162 (zumindest betreffend die Auflösung von Verstößen gegen das „Rechtsklarheitsgebot"), der davon ausgeht, dass jene Norm weichen muss, an die höhere Anforderungen hinsichtlich der Rechtsklarheit zu stellen sind. Das soll insb jene Norm sein, die „stärker" in ein Grundrecht eingreift. Offensichtlich ist dieser Ansatz von dem Problem geprägt zu bestimmen, wie die Intensität von Grundrechtseingriffen miteinander verglichen werden soll (insb, wenn in unterschiedliche Grundrechte eingegriffen wird). Für widersprüchliche Regelungen, die gegen den Grundsatz des Vertrauensschutzes verstoßen, vertritt er hingegen nachvollziehbar, dass die später hinzutretende Norm weichen muss (*Haack*, Regelungskonzeptionen 186), begründet aber davor nicht, dass das Konzept des Vertrauensschutzes auch im Verhältnis von Bundesrecht und Landesrecht bzw verschiedener Landesrechtsordnungen zueinander gelten soll. Bei Annahme einer Pflicht zur Widerspruchsfreiheit als Bestandteil der Bundestreue vertritt *Haack* im Ergebnis, dass die spätere Norm verfassungswidrig ist (*Haack*, Regelungskonzeptionen 213 ff).

1479 Vgl *Hanebeck*, Der Staat 2002, 443, der zwar Art 31 GG nicht nennt, dem zufolge aber Normenkonflikte mittels der „anerkannten Kollisionsregeln" zu lösen sind.

1480 Zur Unterscheidung zwischen Normkollisionen und Wertungswidersprüchen und den jeweils unterschiedlichen Konsequenzen wiederum *Hanebeck*, Der Staat 2002, 444.

6.4.3.4 Ergebnis: Keine bundesstaatlichen Kooperationspflichten

Im Ergebnis eignen sich weder das Bundesstaatsprinzip noch ein Gebot der Widerspruchsfreiheit oder die Konsistenz der Rechtsordnung zur Ableitung von bundesstaatlichen Kooperationspflichten. Auch die Bundestreue bildet keine taugliche Grundlage für die Ableitung von Kooperationspflichten zwischen Bund und Ländern bzw der Länder untereinander. Die Grundrechte schließlich können zwar in manchen Konstellationen zur Folge haben, dass das Ergebnis mangelnder Kooperation einen Eingriff unverhältnismäßig und damit grundrechtswidrig macht. Eine Pflicht zur kompetenzgrenzenüberschreitenden Kooperation lässt sich aber auch dadurch nicht begründen.[1481] Im Ergebnis bestehen also – abseits etwaiger vereinzelt explizit angeordneter Kooperationspflichten – keine bundesstaatlichen Kooperationspflichten zwischen Bund und Ländern bzw zwischen den Ländern untereinander im deutschen Bundesstaat. Damit erübrigt sich auch die Frage, ob derartige Kooperationspflichten identitätsstiftend iSd Art 4 Abs 2 EUV sind.

6.4.4 Notwendigkeit der Ermöglichung von Vielfalt durch Differenzierung

6.4.4.1 Möglichkeit der Differenzierung als Wesensmerkmal des Bundesstaates

Die verschiedenen Ziele eines Bundesstaates sollen dadurch erreicht werden, dass die Kompetenzen zur Regelung bestimmter Bereiche zwischen Bund und Ländern verteilt werden.[1482] Dabei werden – um den vom BVerfG anerkannten bundesstaatlichen Zweck der Ermöglichung von Vielfalt[1483] zu verwirklichen – dem Bund typischerweise jene Angelegenheiten zugeteilt, die bundesweit einheitlich wahrgenommen werden sollen. In jenen Bereichen, in denen die Länder zuständig sind, besteht im Gegensatz dazu das Potential zu differenzierter, also unterschiedlicher Kompetenzausübung.[1484] Genau dieses Potential der differenzierten

1481 Ebenso wenig gibt es im Übrigen eine Pflicht des verfassungsändernden Gesetzgebers, die Kompetenzverteilung in derartigen Fällen zu ändern.

1482 Vgl dazu *Weber*, DÖV 2016, 763 ff.

1483 Zum Beispiel BVerfGE 106, 62 (Altenpflege) 150 („Sinn der föderalen Verfassungssystematik ist es, den Ländern eigenständige Kompetenzräume für partikulardifferenzierte Regelungen zu eröffnen"); gleichlautend BVerfGE 125, 141 (Gewerbesteuer Mindesthebesatz) Rz 53; BVerfGE 111, 226 (Juniorprofessur) 253 f („Unterschiedliche Rechtslagen für die Bürger sind notwendige Folge des bundesstaatlichen Aufbaus"); BVerfGE 134, 1 (Studiengebühren Bremen) 20 („Die Ermöglichung von Vielfalt ist ein wesentliches Element des Bundesstaatsprinzips"); BVerfGE 138, 261 (Thüringer Ladenöffnungsgesetz) Rz 61 („Vielmehr sind unterschiedliche Regelungen in verschiedenen Ländern verfassungsrechtlich nicht nur möglich, sondern sogar gewollt, denn die Ermöglichung von Vielfalt ist ein wesentliches Element des Bundesstaats"). Dazu zB *Boysen*, Gleichheit 102; *Sachs* in Sachs, Art 20 GG Rz 56; *Kirchhof* in HB StR § 181 722; *Robbers* in BK Art 20 GG Rz 1023, 1031.

1484 Vgl *Kirchhof* in HB StR § 181 728.

Kompetenzausübung in bestimmten Teilbereichen möchte sich der Bundesstaat regelmäßig zu Nutze machen.

Voraussetzung dafür, dass es zu differenzierter Kompetenzausübung durch die Länder kommen kann, ist nun aber neben der Einräumung von Kompetenzen an die Länder, dass eine solche differenzierte Kompetenzausübung verfassungsrechtlich zulässig ist. Verfassungsrechtliche Gleichheitsgarantien stehen daher potentiell in einem Spannungsverhältnis zur bundesstaatlichen Organisationsform.[1485] Im Folgenden wird analysiert, inwieweit die im Grundgesetz enthaltenen Gleichheitsgewährleistungen[1486] auf Grund der Bundesstaatlichkeit Deutschlands zu relativieren sind. Dabei ist vor allem der in Art 3 GG normierte Gleichheitssatz in den Blick zu nehmen, aber auch andere Grundrechte beinhalten gleichheitsrechtliche Garantien.[1487]

6.4.4.2 Gleichheitssatz

Art 3 Abs 1 GG ordnet an, dass alle Menschen vor dem Gesetz gleich sind. In Art 3 Abs 2 GG werden die Gleichberechtigung von Männern und Frauen und die Beseitigung von entsprechenden Ungleichbehandlungen durch Fördermaßnahmen zu Gunsten von Frauen festgelegt. Art 3 Abs 3 GG zählt schließlich verpönte Diskriminierungsmerkmale wie Geschlecht oder Religion auf. Relevant für die hier gestellte Frage ist va Art 3 Abs 1 GG.

Art 3 Abs 1 GG wird grundsätzlich so verstanden, dass sachlich nicht gerechtfertigte Ungleichbehandlungen verfassungswidrig sind.[1488] Würde man es nun als sachlich nicht gerechtfertigte Ungleichbehandlung qualifizieren, wenn zwei Länder die gleiche Angelegenheit[1489] innerhalb ihres jeweiligen Wirkungsbereichs bei im Wesentlichen gleichen tatsächlichen Umständen unterschiedlich regeln, dann würde damit das Ziel der Bundesstaatlichkeit – nämlich die Ermöglichung von Regelungsvielfalt – vereitelt.[1490] Gleiches gilt im Fall, dass der Bund

---

1485 Vgl dazu auch *Achterberg*, Der Staat 1969, 173, der dies als „Antinomie zwischen Bundesstaat und Rechtsstaat" bezeichnet.

1486 Eine Auseinandersetzung mit der EMRK kann unterbleiben, da diese in Deutschland nur einfachen Gesetzesrang hat; dazu *Nußberger* in HB StR § 209 139 f.

1487 Zu unterscheiden ist dieser Themenkomplex von der Frage der „föderativen Gleichheit", also der Gleichbehandlung der Länder (insb durch den Bund). Auch dabei handelt es sich um eine spezifisch bundesstaatliche Ausprägung des Gleichheitssatzes.

1488 Vgl dazu zB *Kingreen* in BK Art 3 GG Rz 244 ff; *Heun* in Dreier, Art 3 GG Rz 19 ff; *Wollenschläger* in von Mangoldt, Art 3 GG 40 ff; *Krieger* in Schmidt-Bleibtreu/Hofmann/Henneke, Art 3 GG Rz 21 ff; *Kirchhof* in HB StR § 181 715 ff; *Kirchhof* in Maunz/Dürig, Art 3 Abs 1 GG Rz 72 ff; *Kischel* in Epping/Hillgruber, Art 3 GG Rz 14 ff.

1489 „Dieselbe" Angelegenheit können zwei verschiedenen Länder nicht regeln, da beide ihren Regelungen jeweils unterschiedliche territoriale Anknüpfungspunkte zu Grunde legen werden (müssen). Wenn im Folgenden von „gleichen" Angelegenheiten die Rede ist, dann ist damit zB die Ausübung der gleichen Tätigkeit gemeint, die jeweils in verschiedenen Bundesländern stattfinden kann.

1490 Dazu zB *Boysen*, Gleichheit 102; *Boysen* in von Münch/Kunig, Art 3 GG Rz 71; *Krieger* in Schmidt-Bleibtreu/Hofmann/Henneke, Art 3 GG Rz 27.

und die Länder auf Grund der Kompetenzverteilung zur Regelung ähnlicher Sachbereiche zuständig sind, diese aber jeweils unterschiedlich ausgestalten. Im Folgenden wird wieder der Fall divergierender Landesregelungen als gedanklicher Ausgangspunkt herangezogen, die Ergebnisse lassen sich aber auch auf das Bund-Länder-Verhältnis übertragen.

Die überwiegende Ansicht in der Lehre[1491] sowie das BVerfG[1492] gehen davon aus, dass der Gleichheitssatz einen föderalen Hoheitsträger nur im Rahmen des ihm zustehenden Kompetenzbereichs binden kann. Das aus dieser Annahme folgende Ergebnis ist, dass aus unterschiedlichen Landesregelungen resultierende „Ungleichbehandlungen" keine rechtlich relevanten Ungleichbehandlungen iSd Art 3 Abs 1 GG darstellen und daher auch nicht verfassungswidrig sind.

Die Begründung dafür überzeugt aber nicht: Denn sämtliche Grundrechte binden die föderalen Hoheitsträger nur innerhalb der den Hoheitsträgern jeweils zustehenden Kompetenzen. Eine Bindung außerhalb des dem Kompetenzträger zustehenden Kompetenzbereichs macht auch wenig Sinn, denn insoweit einem Hoheitsträger keine Kompetenz zukommt, darf dieser schon mangels entsprechender Kompetenz keine Regelung erlassen bzw keinen Rechtsakt setzen. Mit der Beschränkung der Bindung an den Gleichheitssatz auf den jeweiligen Hoheitsbereich eines Hoheitsträgers lässt sich daher eine Relativierung des Gleichheitssatzes im föderalen Gefüge nicht begründen. Denn die Frage, ob ungleiche Regelungen in den Ländern dem Gleichheitssatz entsprechen, also verfassungsrechtlich zulässig sein sollen, ist keine Frage des Anwendungsbereichs des Gleichheitssatzes. Vielmehr geht es dabei darum, welche Regelungen bei der Prüfung einer Regelung als Vergleichsmaßstab herangezogen werden dürfen. Die personenbezogene Ausgestaltung des Gleichheitssatzes in Art 3 GG spricht dafür, bei der Suche nach potentiellen Vergleichsmaßstäben – und damit auch potentiellen

---

1491 *Kingreen* in BK Art 3 GG Rz 291, 710; *Fastenrath*, JZ 1987, 173; *Boysen*, Gleichheit 102; *Boysen* in von Münch/Kunig, Art 3 GG Rz 67, 70 ff; *Kirchhof* in HB StR § 181 722; *Kirchhof* in Maunz/ Dürig, Art 3 Abs 1 GG Rz 158 f; *Isensee* in HB StR § 126 Rz 267; *Pietzcker* in Merten/Papier Handbuch V Rz 93; weiters auch *Wollenschläger* in von Mangoldt, Art 3 GG Rz 68; *Heun* in Dreier, Art 3 GG Rz 49; *Wollenschläger* in von Mangoldt, Art 3 GG Rz 68; *Sachs* in Sachs, Art 20 GG Rz 60; *Krieger* in Schmidt-Bleibtreu/Hofmann/Henneke, Art 3 GG Rz 27; im Ergebnis auch *Achterberg*, Der Staat 1969, 178 f. Eine Mindermeinung entwickelt *Lücke*, Der Staat 1978, 356 ff: Er geht davon aus, dass bundesstaatlich bedingte unterschiedliche Regelungen nur soweit gehen dürfen, wie es dem Einzelnen zumutbar ist, wobei er die „Zumutbarkeit" als Grenze aus „den Grundrechten, dem sozialen Rechtsstaat und dem Gerechtigkeitsgedanken" (358) ableitet. Im Rahmen einer Interessensabwägung seien das Interesse eines Landes an der eigenständigen Regelung und die Belastung des Individuums gegeneinander abzuwägen (357) um die verfassungsrechtliche Zulässigkeit einer länderweise unterschiedlichen Regelung zu beurteilen. Fraglich bleibt – neben der positivrechtlichen Verankerung der von ihm als maßgeblich erachteten Gerechtigkeitsidee – va, wie das Interesse eines Landes an der Vornahme einer eigenständigen Regelung bewertet werden soll; in seinen Beispielen behauptet er lediglich, dass die Interessen der Länder nicht wesentlich seien, ohne das weiter zu begründen (insb 359 zur einheitlichen Ausbildungsordnung für Juristinnen und Juristen).

1492 Zum Beispiel BVerfGE 32, 346 (Strafbestimmungen in Gemeindesatzungen) 360; BVerfGE 42, 20 (Öffentliches Wegeeigentum) 27; BVerfGE 76, 1 (Familiennachzug) 73.

Ungleichheiten – nicht an den Landesgrenzen Halt zu machen.[1493] Auch die Einheit der Rechtsordnung gebietet, die Augen nicht vor in anderen Ländern bestehenden Regelungen zu verschließen, wenn eine Landesregelung am Maßstab des – einheitlichen – Gleichheitssatzes des Grundgesetzes geprüft wird.

Auch dies führt aber nicht dazu, dass eine Landesregelung allein deswegen, weil es in einem anderen Land zB eine günstigere Regelung gibt, als gleichheitswidrig zu qualifizieren ist – schließlich würde dadurch ein ganz wesentlicher Aspekt der Bundesstaatlichkeit ausgehebelt. Charakteristikum einer bundesstaatlichen Ordnung ist es ja gerade auch, dass im Rahmen der Länderkompetenzen nicht nur bei unterschiedlichen tatsächlichen Gegebenheiten länderweise unterschiedliche Regelungen erlassen werden können; so hielt etwa das BVerfG fest, dass es „Sinn der föderalen Verfassungssystematik ist [...], den Ländern eigenständige Kompetenzräume für partikulardifferenzierte Regelungen zu eröffnen"[1494] und dass unterschiedliche Landesregelungen im Bundesstaat nicht nur möglich, „sondern sogar gewollt [sind], denn die Ermöglichung von Vielfalt ist ein wesentliches Element des Bundesstaats".[1495]

Dies kann aber nun auch ohne die Behauptung einer Beschränkung der Bindungswirkung bzw des Anwendungsbereichs des Gleichheitssatzes erreicht werden. Genauso wie etwa Art 3 Abs 2 GG eine sachliche Rechtfertigung für bestimmte Ungleichbehandlungen auf verfassungsrechtlicher Ebene festlegt, stellt auch die Bundesstaatlichkeit Deutschlands eine verfassungsrechtlich vorgesehene, sachliche Rechtfertigung für unterschiedliche Länderregelungen dar.[1496] Unterschiedliche Länderregelungen über ähnliche Sachverhalte sind daher miteinander vergleichbar und können eine „Ungleichheit" bewirken. Diese Ungleichheit ist aber durch den bundesstaatlichen Aufbau Deutschlands gerechtfertigt. Gleiches gilt auch für den unterschiedlichen Vollzug von Bundesrecht durch Landesbehörden, soweit die Landesbehörden eigenverantwortlich vollziehen und das

---

1493 Auch *Bleckmann*, NJW 1985, 2857f diskutiert und bejaht im Ergebnis eine länderübergreifende Anwendung des Gleichheitssatzes, allerdings begründet er dies (mE unzutreffend, weil nicht im positiven Recht verankert) unter Rückgriff auf die in der Bevölkerung vorherrschenden (und sich ändernden) Gerechtigkeitsvorstellungen.

1494 BVerfGE 106, 62 (Altenpflege) 150; gleichlautend BVerfGE 125, 141 (Gewerbesteuer Mindesthebesatz) Rz 53.

1495 BVerfGE 138, 261 (Thüringer Ladenöffnungsgesetz) Rz 61; weiters zB BVerfGE 134, 1 (Studiengebühren Bremen) 20 („Die Ermöglichung von Vielfalt ist ein wesentliches Element des Bundesstaatsprinzips"). Dazu zB *Boysen*, Gleichheit 102; *Sachs* in Sachs, Art 20 GG Rz 56; *Kirchhof* in HB StR § 181 722; *Robbers* in BK Art 20 GG Rz 1023, 1031.

1496 Wie hier auch *Kischel* in Epping/Hillgruber, Art 3 GG Rz 103. Dem kann auch nicht erfolgreich entgegengehalten werden, dass sich aus der Systematik des Art 3 GG ergäbe, dass nur explizit genannte Rechtfertigungsgründe – wie eben die in Art 3 Abs 2 GG verankerte Beseitigung bestehender Nachteile eines Geschlechts – Ungleichbehandlungen rechtfertigen könnten; denn schließlich ist auch die Sachlichkeitsprüfung in Art 3 GG nicht explizit verankert. Dass die Bundesstaatlichkeit im Zusammenhang mit dem Gleichheitssatz in irgendeiner Form berücksichtigt werden muss, folgt aber ausreichend deutlich aus dem Grundgesetz, da eben andernfalls viele bundesstaatsrelevante Bestimmungen ihrer Bedeutung beraubt würden; vgl in diese Richtung auch *Bethge*, AöR 1985, 199f.

Bundesrecht Spielräume lässt.[1497] Die hier vertretene Qualifikation der Bundesstaatlichkeit als verfassungsrechtlich vorgesehene Rechtfertigung für Ungleichbehandlungen entspricht eher dem auf den Rechtsunterworfenen und nicht auf unterschiedliche Teilrechtsordnungen zentrierten Art 3 Abs 1 GG.

6.4.4.3 Exkurs: Landeskinderklauseln und Freizügigkeit im deutschen Bundesstaat

Mit der voranstehend diskutierten Frage nach der Zulässigkeit landesweise unterschiedlicher Regelungen für vergleichbare Sachverhalte dürfen nicht die Fragen der Zulässigkeit von Landeskinderklauseln und der Ermöglichung von Freizügigkeit verwechselt oder vermengt werden.

Bei der Frage nach der Zulässigkeit von Landeskinderklauseln geht es im Wesentlichen darum, ob es einem Land möglich sein soll, eigene Landesangehörige bzw Personen mit einem starken Bezug zum eigenen Land[1498] im Vergleich zu anderen deutschen Staatsangehörigen anders – idR besser – zu behandeln.[1499] Bei dieser Thematik geht es allerdings, anders als oben, nicht darum, bundesstaatliche Vielfalt und Gleichheit in Einklang zu bringen; auch ein Vergleich zwischen verschiedenen Landesrechtsordnungen ist nicht notwendig. Vielmehr ist in einem ersten Schritt lediglich zu fragen, ob die deutsche Rechtsordnung derartige Differenzierungen zulässt, in einem zweiten Schritt dann eine „Binnen"-Gleichheitsprüfung[1500] des fraglichen Landesrechts vorzunehmen. Die Unzulässigkeit von Landeskinderklauseln wird allgemein idR mit Art 33 Abs 1 GG[1501] und anderen einschlägigen Grundrechten[1502] begründet und ergibt sich für den Zugang zu öffentlichen Ämtern aus Art 33 Abs 2 GG.

Neben den Landeskinderklauseln werden auch bestimmte freizügigkeitsbeschränkende Regelungen aus der Perspektive bestimmter Grundrechte kritisch beurteilt, aber teilweise als dem bundesstaatlichen Aufbau Deutschlands geschuldet (und dadurch „gerechtfertigt") qualifiziert.[1503] Beispielhaft dafür seien nur Regelungen der Länder im Bereich des Schulrechts genannt; durch unterschiedliche Ausgestaltung der Schulformen könnte etwa der Wechsel von einem Land in ein anderes unattraktiver gemacht und so die Ausübung der im Grundgesetz garantierten Freizügigkeitsrechte[1504] zumindest erschwert werden. Bei derartigen

1497 Vgl *Bethge*, AöR 1985, 208.

1498 Zum Beispiel Personen, die ihre ganze bisherige Bildungslaufbahn im fraglichen Land absolviert haben.

1499 Dazu eingehend *Engels*, Chancengleichheit 164 ff.

1500 Also eine Gleichheitsprüfung ohne Vergleich mit einer anderen Landesrechtsordnung.

1501 Zum Beispiel *Bethge*, AöR 1985, 211; *Engels*, Chancengleichheit 174 mwN.

1502 Zum Beispiel Art 3 (Abs 3) GG (vgl zB *Bethge*, AöR 1985, 208 f), Art 11 und 12 GG (*Lücke*, Der Staat 1978, 348 f).

1503 Ausführlich und mit zahlreichen Nachweisen dazu *Boysen*, Gleichheit 178 ff.

1504 Insb Art 11 und 12 GG.

Konstellationen geht es nach der hier vertretenen Ansicht aber nicht darum, dass eine Regelung eines Landes auf Grund des Vergleiches mit einer anderen Landesrechtsordnung potentiell gleichheitswidrig wäre. Vielmehr verlangt das in Art 11 GG verankerte Freizügigkeitsrecht danach, dass jedes Land seine Rechtsordnung – zB im Bereich des Schulrechts – so ausgestaltet, dass der Wechsel von einem anderen Land ohne unverhältnismäßig hohe Hürden möglich ist.[1505] Die Frage, ob eine Bestimmung des Landesrechts diese Anforderung erfüllt, kann aber wiederum beantwortet werden, ohne die fragliche Bestimmung mit der entsprechenden Bestimmung einer anderen Landesrechtsordnung zu vergleichen. Es handelt sich damit auch hier um eine „Landes-Binnen"-Problematik.[1506]

6.4.4.4 Identitätsstiftender Charakter?

Bejaht man wie hier, dass die Bundesstaatlichkeit Deutschlands eine verfassungsrechtliche Rechtfertigung für Ungleichbehandlungen durch verschiedene Landesrechtsordnungen bildet, dann stellt sich im Anschluss daran die Frage, ob diese Art der Rechtfertigung auch einen Teil der grundlegenden politischen und verfassungsmäßigen Strukturen und damit der deutschen nationalen Identität iSd Art 4 Abs 2 EUV darstellt. Dies könnte man bejahen, wenn man davon ausgeht, dass die Ermöglichung unterschiedlicher Regelungen notwendige Voraussetzung für das Bestehen von Ländern mit einem bestimmten Mindestmaß an eigenständigen Kompetenzen darstellt. Unter dieser Annahme könnte man die Zulässigkeit der genannten Ungleichbehandlungen nämlich auf Grund von Art 79 Abs 3 1. Var GG als Teil der Ewigkeitsklausel qualifizieren, die jedenfalls zu den grundlegenden verfassungsmäßigen Strukturen zählt, die identitätsstiftend iSd Art 4 Abs 2 EUV sind.

Man könnte eine Erfassung der bundesstaatlichen Relativierung des Gleichheitssatzes von Art 79 Abs 3 1. Var GG mit der folgenden Argumentation aber auch verneinen: Die ersten beiden Varianten des Art 79 Abs 3 GG schützen bundesstaatliche Aspekte; die letzte Variante im Gegensatz dazu insb die grundrechtlichen Garantien des Grundgesetzes. Nun handelt es sich beim Gleichheitssatz ja nicht um eine verfassungsrechtliche Schranke, die spezifisch darauf ausgerichtet ist, die Kompetenzen der Länder im Verhältnis zu jenen des Bundes zu beschränken. Der Gleichheitssatz stellt vielmehr eine Vorgabe dar, die von Bund und Ländern gleichermaßen einzuhalten ist. Da es sich also nicht um eine bundesstaatliche Regelung handelt, wird sie auch nicht von Art 79 Abs 3 1. Var

1505 Vgl *Engels*, Chancengleichheit 86.

1506 Freilich besteht hier insofern ein Bezug zu einer anderen Landesrechtsordnung, als die dortigen Schulformen untersucht werden müssen, um zB festzustellen, in welche Schulstufe ein die Schule wechselndes Kind eingestuft werden kann. Dabei handelt es sich aber nicht um einen Vergleich mit einer anderen Rechtsordnung wie bei der oben besprochenen Gleichheitssatzproblematik.

GG geschützt. Dem kann freilich entgegengehalten werden, dass die hier diskutierte Relativierung des Gleichheitssatzes gerade schon spezifisch bundesstaatlich ist. Diese Relativierung dient zwar nicht der Sicherstellung des Gleichgewichts zwischen Bund und Ländern, wohl aber der Unabhängigkeit der Länder[1507] voneinander: Wäre der aus dem Vergleich zwischen verschiedenen Landesrechtsordnungen gezogene Schluss auf die Gleichheitswidrigkeit einer landesrechtlichen Regelung zulässig und hätte er potentiell die Gleichheitswidrigkeit einer Regelung zur Folge, dann wären die verschiedenen Landesrechtsetzer nämlich durch die Handlungen der jeweils anderen Landesrechtsetzer in ihrer Eigenständigkeit beschränkt. Die Verhinderung solcher Konstellationen ist aber ebenfalls eine bundesstaatliche Thematik.

Zu bedenken ist allerdings, dass Art 79 Abs 3 1. Var GG nur nach einem Mindestmaß an eigenständigen Länderkompetenzen verlangt. Auch der durch Art 79 Abs 3. 1. Var GG bewirkte Schutz der Relativierung des Gleichheitssatzes zum Zweck der Gewährleistung eigenständiger Länderkompetenzen besteht daher nur in diesem engen Bereich des Mindestmaßes an Kompetenzen. Anders formuliert: Die Ewigkeitsklausel verlangt nur danach, dass in einem exakt schwer zu bestimmenden Mindestbereich an Kompetenzen eine unterschiedliche Kompetenzausübung durch die Länder ermöglicht wird. Aus Perspektive der Ewigkeitsklausel wäre es aber unproblematisch, die Länder durch verfassungsrechtliche Anordnung in weiten Teilen ihrer Kompetenzen zur Erreichung einheitlicher Standards zu verpflichten und somit eine Ungleichbehandlung in den verschiedenen Landesrechtsordnungen auszuschließen.

Würde man die bundesstaatliche Relativierung des Gleichheitssatzes also ausschließlich als Ausfluss der Notwendigkeit des Bestehens autonomer Länderkompetenzen iSd Art 79 Abs 3 1. Var GG deuten, dann hätte dies folgende Konsequenz: Immer dann, wenn sich unterschiedliche Landesregelungen über ähnliche Gegenstände finden, wäre Art 3 Abs 1 GG grundsätzlich einschlägig. Eine verfassungsrechtliche Rechtfertigung für die bestehende Ungleichbehandlung würde aber nur dann bestehen, wenn die Ungleichbehandlung in einem Bereich erfolgt, der nach Art 79 Abs 3 1. Var GG als Mindestkompetenzbestand geschützt ist. Ist dies nicht der Fall, so wäre die Ungleichbehandlung nicht durch Art 79 Abs 3 1. Var GG rechtfertigbar.

Für den deutschen Bundesstaat ist es nun aber – wie auch die ständige Rsp des BVerfG[1508] zeigt – charakteristisch, dass es Regelungsvielfalt nicht nur im von

1507 Sowie des Bundes im Verhältnis zu den Ländern und umgekehrt.

1508 Zum Beispiel BVerfGE 134, 1 (Studiengebühren Bremen) 20 („Die Ermöglichung von Vielfalt ist ein wesentliches Element des Bundesstaatsprinzips"); BVerfGE 138, 261 (Thüringer Ladenöffnungsgesetz) Rz 61 („Vielmehr sind unterschiedliche Regelungen in verschiedenen Ländern verfassungsrechtlich nicht nur möglich, sondern sogar gewollt, denn die Ermöglichung von Vielfalt ist ein wesentliches Element des Bundesstaats").

Art 79 Abs 3 1. Var GG geschützten Mindestausmaß geben soll, sondern dass „Ungleichheiten" immer dann in Kauf genommen werden, wenn den Ländern eine Kompetenz zukommt. Die angenommene Relativierung des Gleichheitssatzes – die hier mit einer verfassungsrechtlich vorgesehenen Rechtfertigung begründet wird – geht also weiter als der Schutzbereich des Art 79 Abs 3 1. Var GG. Gleichwohl kann die Relativierung des Gleichheitssatzes auch in den nicht von Art 79 Abs 3 1. Var GG erfassten Fällen nach der hier vertretenen Ansicht als Teil der nationalen Identität Deutschlands iSd Art 4 Abs 2 EUV qualifiziert werden: Dass die Einräumung einer Kompetenz an die Länder diese zur eigenverantwortlichen Erlassung auch jeweils unterschiedlicher Regelungen ermächtigen soll, wird in der Literatur und va der Rsp des BVerfG als Wesensmerkmal des deutschen Bundesstaates bezeichnet.[1509] Es ist einleuchtend, dass der deutsche Bundesstaat grundlegend anders wäre, wenn die Vielfalt der Landesregelungen durch den Gleichheitssatz eingeschränkt würde. Es kann damit festgehalten werden, dass es als Teil der bundesstaatlichen Identität Deutschlands zu qualifizieren ist, dass die Länder im Bereich ihrer Kompetenzen zur Erlassung sich voneinander unterscheidender Regelungen befugt sind. Regelungsvielfalt in den Ländern darf nicht verpönt sein. Allein die Tatsache, dass es in einem anderen Land eine andere Regelung desselben Gegenstands gibt, führt daher nicht zur Gleichheitswidrigkeit einer der beiden Regelungen, da die bewirkte Ungleichbehandlung durch die Bundesstaatlichkeit Deutschlands verfassungsrechtlich gerechtfertigt ist. Dasselbe gilt für Unterschiede, die sich aus der Kompetenzverteilung zwischen dem Bund und den Ländern ergeben.

6.5 Zusammenfassung: Die bundesstaatliche Identität Deutschlands

Im vorangehenden Kapitel wurden Aspekte der bundesstaatlichen Identität Deutschlands iSd Art 4 Abs 2 EUV identifiziert. Um die grundlegenden politischen und verfassungsmäßigen Strukturen mit Bundesstaatsrelevanz zu ermitteln, wurde dazu vor allem auf die durch die Ewigkeitsklausel des Art 79 Abs 3 GG geschützten, bundesstaatsrelevanten Inhalte eingegangen, aber auch die grundlegende Bestimmung des Art 20 GG sowie die Rsp des BVerfG und Charakterisierungen des deutschen Bundesstaates in der vergleichenden Föderalismusforschung berücksichtigt. Auf diese Art wurden folgende Aspekte der bundesstaatlichen Identität identifiziert:

Die derzeitige Struktur des deutschen Bundesstaates mit sechzehn Ländern und deren gebietsmäßige Zusammensetzung stellt – auch wenn sie nicht durch

1509 Vgl *Bethge*, AöR 1985, 199 f; weiters auch das BVerfG in den oben gerade genannten Entscheidungen.

Art 79 Abs 3 1. Var GG geschützt wird – eine grundlegende politische und verfassungsmäßige Struktur Deutschlands iSd Art 4 Abs 2 EUV dar.

Zu Art 79 Abs 3 1. Var GG wurde festgestellt, dass diese Bestimmung danach verlangt, dass die Länder materiell eigenständig tätig werden können. Erforderlich sind dabei insb eigenständige Landesgesetzgebungsbefugnisse sowie entsprechende Befugnisse betreffend die eigene Landesorganisation und Landesverfassung. Im System des deutschen Grundgesetzes wird die Eigenständigkeit der Länder weder durch Handeln des Bundes auf völkerrechtlicher Ebene noch durch die Eingliederung in die Europäische Union relativiert; der durch Art 79 Abs 3 1. Var GG vermittelte Schutz der Eigenständigkeit der Länder wirkt auch in diesen Bereichen. Mit Blick auf Art 4 Abs 2 EUV spricht der durch Art 79 Abs 3 GG gewährte Schutz sowie die Rsp des BVerfG dafür, dass die so ausgestaltete Eigenständigkeit der Länder zu den grundlegenden politischen und verfassungsmäßigen Strukturen Deutschlands und damit zu dessen nationaler Identität zu zählen ist.

Art 79 Abs 3 2. Var GG legt darüber hinaus nahe, dass die Mitwirkung der Länder an der Bundesgesetzgebung – die derzeit durch den Bundesrat erfolgt – eine grundlegende politische und verfassungsmäßige Struktur Deutschlands darstellt und damit auch einen Teil der deutschen nationalen Identität ausmacht. Im Übrigen wird das Bundesratsmodell auch in der politikwissenschaftlichen Literatur als kennzeichnend für den deutschen Bundesstaat hervorgehoben. Auch dies spricht dafür, die Mitwirkung der Länder an der Bundesgesetzgebung – derzeit eben in der Form des Bundesrates – als Bestandteil der deutschen nationalen Identität iSd Art 4 Abs 2 EUV zu qualifizieren.

Die bundesstaatliche Identität Deutschlands wurde aber auch über Art 79 Abs 3 GG hinaus analysiert, insb was die strukturellen Konsequenzen der Existenz einer Kompetenzverteilung betrifft. Dabei wurde die Identitätsrelevanz von bundesstaatlichen Kooperationspflichten verneint. Dass das BVerfG zukünftig die Bundestreue bzw einzelne Aspekte der Bundestreue mit der durch Art 79 Abs 3 GG geschützten Verfassungsidentität und/oder der nationalen Identität iSd Art 4 Abs 2 EUV in Beziehung setzt, liegt durch die Bedeutung nahe, die der Bundestreue für das Funktionieren des Bundesstaats beigemessen wird[1510]. Eine entsprechende Praxis des BVerfG böte dem EuGH einen Anhaltspunkt dafür, die Bundestreue als grundlegende politische und verfassungsmäßige Struktur iSd Art 4 Abs 2 EUV zu qualifizieren. Es ist auf Grund der Funktion des Art 4 Abs 2 EUV, der nationalen Wertungen Geltung auf unionaler Ebene verschaffen will, zwar nicht ausgeschlossen, aber jedenfalls unwahrscheinlich, dass der EuGH eine entsprechende Einordnung durch das BVerfG unter Hinweis auf das Fehlen einer eindeutigen Rechtsgrundlage im Grundgesetz ablehnt.

1510 Zum Beispiel BVerfGE 1, 299 (Wohnungsbauförderung) 315.

Als grundlegende politische und verfassungsmäßige Struktur Deutschlands iSd Art 4 Abs 2 EUV wurde hingegen die erörterte bundesstaatliche Relativierung des Gleichheitssatzes qualifiziert: Im deutschen Bundesstaat sind die Länder und der Bund befugt, im Rahmen ihrer jeweiligen Kompetenzen unterschiedlich ausgestaltete Rechtsakte zu erlassen, ohne dass dies verfassungswidrig wäre. Diese Relativierung des Gleichheitssatzes wird zwar nicht durch Art 79 Abs 3 GG geschützt, ihre Bedeutung für die Verwirklichung der Bundesstaatlichkeit wird aber in der oben angeführten Literatur und va auch in der Rsp des BVerfG betont.

7. Bundesstaatlichkeit als Teil der nationalen Identität Belgiens

7.1 Einleitendes

7.1.1 Belgien als Bundesstaat

Belgien wurde durch die Verfassung aus dem Jahr 1831 als eigenständiger Staat konstituiert.[1511] Diese Verfassung richtete Belgien als parlamentarische Monarchie und dezentralisierten Einheitsstaat ein.[1512] Sechs Staatsreformen und damit einhergehende Verfassungsänderungen bewirkten eine fortschreitende Föderalisierung der Staatsorganisation.[1513] Inzwischen ist Belgien als Bundesstaat eingerichtet, was in Art 1 BV seit 1993 explizit zum Ausdruck gebracht wird.[1514] Der belgische Bundesstaat besteht neben dem Bund aus sechs föderalen Hoheitsträgern; in der Literatur wird aber immer wieder darauf hingewiesen, dass es sich beim belgischen Föderalismus de facto um einen dualen Föderalismus handle, in dem Flamen und die französischsprachige Gemeinschaft einander gegenüberstehen.[1515] Dies entspricht auch dem Zweck der fortschreitenden Föderalisierung Belgiens, der in einem Ausgleich der Spannungen zwischen den verschiedenen Sprachgruppen und kulturellen Gemeinschaften besteht, die im belgischen Staat vereint sind.[1516]

Die geltende Verfassungsrechtslage konstituiert Belgien also als einen Bundesstaat. In Art 1 BV wird angeordnet, dass Belgien ein Bundesstaat ist, der sich aus den Gemeinschaften und den Regionen zusammensetzt.[1517] Die Verfassung sieht drei Gemeinschaften und drei Regionen vor, deren Gebiete sich nicht vollständig wechselseitig überlappen:

Nach Art 2 BV bestehen eine Flämische, eine Französische und eine Deutschsprachige Gemeinschaft. Die Grenzen der Gemeinschaften folgen den (nur im komplizierten Verfahren nach Art 4 Abs 3 BV abänderbaren) Grenzen der

---

1511 Zur Entstehungsgeschichte *Lejeune*, Droit constitutionnel Rz 73 ff; *Vande Lanotte*, Belgisch Publiekrecht Rz 8 ff.

1512 *Lecours* in Griffiths, Handbook 60 ; *Lejeune*, Droit constitutionnel Rz 77.

1513 Vgl dazu sowie zu den Gründen der fortschreitenden Föderalisierung Belgiens *Lecours* in Griffiths, Handbook 61 ff; *Vande Lanotte*, Belgisch Publiekrecht Rz 75 ff; *de Visscher/Laborderie*, Politique étrangère 2013/2014, 25 ff; *Erk*, Federalism 31 ff.

1514 Vgl dazu *Behrendt/Vrancken*, Principes 15 ff.

1515 *Lecours* in Griffiths, Handbook 59 ff; dazu sowie zu den Hintergründen der Einrichtung des komplexen belgischen Systems zB *Popelier* in Gamper, Kompetenzverteilung 151 ff; *Alen*, Föderalstaat 13 ff; *Vande Lanotte*, Belgisch Publiekrecht Rz 1576; *Reuchamps*, RDUL 2009, 531; *Popelier/Sinardet* in Popelier, Zesde staatshervorming 6 ff.

1516 *Popelier/Lemmens*, Constitution 71 ff; *Popelier*, Federalism 83.

1517 Anders als in Österreich und Deutschland gibt es also mehrere Kategorien dezentraler Hoheitsträger, was einen wesentlichen Teil der Komplexität des belgischen bundesstaatlichen Systems ausmacht; vgl dazu *Behrendt/Vrancken*, Principes 31 ff.

Sprachgebiete, die in Art 4 BV genannt werden.[1518] Neben dem niederländischen, dem französischen und dem deutschen Sprachgebiet wird dort das zweisprachige Gebiet Brüssel-Hauptstadt genannt; dieses unterliegt der Hoheit sowohl der Flämischen als auch der Französischen Gemeinschaft.

Neben den Gemeinschaften bestehen nach Art 3 BV als weitere dezentrale Hoheitsträger die Regionen. Nach Art 3 BV gibt es eine Wallonische und eine Flämische Region sowie die Region Brüssel-Hauptstadt. Die Grenzen der Regionen sind in Art 5 BV geregelt. Abgesehen von den „allgemeinen" Bestimmungen über Gemeinschaften und Regionen finden sich in den Art 135 ff BV zahlreiche Sonderbestimmungen betreffend das zweisprachige Gebiet Brüssel-Hauptstadt bzw die Region Brüssel-Hauptstadt.

Eine Besonderheit des belgischen bundesstaatlichen Systems ist also, dass es zwei unterschiedliche Kategorien dezentraler Hoheitsträger (nämlich Gemeinschaften und Regionen) gibt, deren Gebiete nicht ident sind.[1519] So ist die zweisprachige Region Brüssel-Hauptstadt Teil sowohl der Französischen als auch der Flämischen Gemeinschaft, während das Gebiet der Deutschsprachigen Gemeinschaft zur Wallonischen Region gehört.[1520] Dies wird als Asymmetrie des belgischen Bundesstaates bezeichnet.[1521]

Neben dem Senat als zweite Kammer des Bundesparlaments[1522] ist die Kompetenzverteilung zentral für das Verständnis des belgischen Bundesstaates. Die Kompetenzverteilung zwischen dem Bund und den dezentralen Einheiten ist in der BV nicht umfassend geregelt und wird in weiten Teilen Gesetzen überlassen, die ein qualifiziertes Rechtsetzungsverfahren durchlaufen müssen, das in Art 4 Abs 3 BV geregelt ist (sog „Sondergesetze"):[1523] Neben dem König werden im Rahmen des Bundesgesetzgebungsverfahrens die Abgeordnetenkammer und der Senat tätig. Die Mitglieder dieser beiden Kammern sind jeweils ihren Sprachgruppen zugeordnet. Damit ein Bundesgesetz Art 4 Abs 3 BV entspricht, muss es in jeder Kammer mit Zwei-Drittel-Mehrheit der abgegebenen Stimmen angenommen werden. Zusätzlich müssen in jeder Kammer jeweils die Mehrheit der

1518 Vgl dazu *Behrendt/Vrancken*, Principes 49 ff. Zur territorialen Beschränktheit der föderalen Hoheitsträger s noch unten 7.4.2 (= 349).

1519 *Lecours* in Griffiths, Handbook 61 f.

1520 *Kohler/Petersohn* in Gamper, Kompetenzverteilung 184 f (mit instruktiver Tabelle).

1521 Zum Beispiel *Behrendt/Vrancken*, Principes 15 ff; *Kohler/Petersohn* in Gamper, Kompetenzverteilung 184; *Popelier/Sinardet* in Popelier, Zesde staatshervorming 7. Dazu kommt, dass auch die Institutionen und Befugnisse der Gemeinschaften bzw Regionen unterschiedlich ausgestaltet sind; vgl dazu *Vande Lanotte*, Belgisch Publiekrecht Rz 1632 ff.

1522 *Lecours* in Griffiths, Handbook 63.

1523 Art 4 Abs 3 BV regelt selbst die Änderung der Grenzen der Sprachgebiete; auf die darin enthaltenen Mehrheitserfordernisse wird aber in der BV immer wieder verwiesen, so etwa in Art 39 letzter Satz für die Festlegung der Regionalbefugnisse und in Art 127 und 128 BV jeweils Abs 1 letzter Satz für die Festlegung der Gemeinschaftsbefugnisse der Flämischen und der Französischen Gemeinschaft. Eine Besonderheit der Deutschsprachigen Gemeinschaft ist, dass ihre Befugnisse nach Art 130 Abs 1 letzter Satz BV durch „einfaches" Bundesgesetz festgelegt werden.

beiden Sprachgruppen anwesend sein und davon wiederum die Mehrheit jeder Sprachgruppe je Kammer zustimmen. Das Bundesgesetz (Sondergesetz) bedarf also der mehrheitsmäßigen Zustimmung jeder Sprachgruppe und einer sprachgruppenübergreifenden Zwei-Drittel-Mehrheit in beiden Kammern.[1524]

Schon bei der Bestimmung der Residualkompetenz kommt dem besonderen Rechtsetzungsverfahren des Art 4 Abs 3 BV Bedeutung zu: Art 35 BV sieht vor, dass dem Bund nur jene Kompetenzen zukommen, die ihm in der Verfassung ausdrücklich zugeordnet werden. Die übrigen Kompetenzen sollen zwischen Gemeinschaften und Regionen aufgeteilt werden – diese Aufteilung hat jedoch in einem Sondergesetz zu erfolgen, das den Anforderungen des Art 4 Abs 3 BV genügt.[1525] Bevor ein derartiges Gesetz erlassen wird, kann Art 35 BV nicht in Kraft treten. Tatsächlich konnten die notwendigen Mehrheiten für ein derartiges Gesetz bisher nicht gefunden werden, weshalb die Residualkompetenz weiterhin beim Bund liegt.[1526]

Auch für die nähere Bestimmung der Kompetenzen der Gemeinschaften ist das in Art 4 Abs 3 BV normierte Rechtsetzungsverfahren von Bedeutung. Die in den Art 127 ff BV genannten Kompetenztatbestände verleihen den Gemeinschaften nämlich idR[1527] nicht unmittelbar Kompetenzen, sondern bilden den Rahmen, innerhalb dessen der Bundessondergesetzgeber befugt ist, den Gemeinschaften Kompetenzen zuzuordnen:[1528] Die Zuordnung der Kompetenzen ist von einem weiteren Bundesgesetz abhängig, das die Inhalte der Kompetenzen näher zu bezeichnen und das Rechtsetzungsverfahren des Art 4 Abs 3 BV einzuhalten hat.[1529]

Auch die Kompetenzen der Regionen müssen nach Art 39 BV in einem Bundesgesetz festgelegt werden, das mit den in Art 4 Abs 3 BV vorgesehenen Mehrheiten beschlossen wird. In inhaltlicher Hinsicht regelt die belgische Verfassung in Art 39 lediglich, dass den Regionen keine Kompetenzen übertragen werden dürfen, die nach den Art 127 bis 129 BV den Gemeinschaften übertragen werden können; außerdem wird eine Übertragung der Kompetenzen über die in Art 30 BV festgelegte Sprachenfreiheit an die Regionen ausgeschlossen.[1530]

Als Besonderheit des belgischen Systems wird schließlich hervorgehoben, dass den dezentralen Hoheitsträgern durch Art 167 BV weitreichende Außenkompe-

---

1524 Diese Mehrheit wird auf Französisch als „majorité spéciale“, „majorité surqualifiée“ oder „majorité communautaire“ bezeichnet; *Lejeune*, Droit constitutionnel Rz 94; auf Niederländisch heißen die entsprechenden Gesetze „bijzondere meerderheidswetten“, „communautaire wetten“ oder „bijzondere wetten“, *Vande Lanotte*, Belgisch Publiekrecht Rz 213.

1525 Vgl dazu auch Art 39 BV (Regionalbefugnisse) sowie Art 127 und 128 BV (Gemeinschaftsbefugnisse der Französischen und Flämischen Gemeinschaft).

1526 *Vande Lanotte*, Belgisch Publiekrecht Rz 1591.

1527 Eine Ausnahme bildet zB das Unterrichtswesen nach Art 127 Abs 1 Z 2 BV.

1528 Vgl zu den Kompetenzen der Gemeinschaften *Vande Lanotte*, Belgisch Publiekrecht Rz 1667 ff.

1529 Dieses Verfahren muss bei der Festlegung der Kompetenzen der deutschen Gemeinschaft nach Art 130 BV nicht eingehalten werden.

1530 Vgl zu den Kompetenzen der Regionen *Vande Lanotte*, Belgisch Publiekrecht Rz 1694 ff.

tenzen – inkl Befugnis zum Abschluss völkerrechtlicher Verträge – eingeräumt werden.[1531]

7.1.2 Die Rolle der Verfassungsgerichtsbarkeit

Auch in Belgien gibt es seit einigen Jahren eine zentralisierte Verfassungsgerichtsbarkeit, die vom belgischen Verfassungsgerichtshof (Grondwettelijk Hof, Cour Constitutionnelle, im Folgenden GH) wahrgenommen wird.[1532] Im Verfassungsrecht selbst werden die Zuständigkeiten des GH in Art 142 BV nur in Ansätzen geregelt; die nähere Determinierung wird wiederum einem Sondergesetz nach Art 4 Abs 3 BV überlassen. Ein solches wurde mit dem inzwischen mehrfach novellierten Sondergesetz vom 06.01.1989 über den Verfassungsgerichtshof (SGGH) erlassen.[1533]

Die zentralen Zuständigkeiten des GH sind jene zur Entscheidung in Nichtigkeitsklageverfahren (Art 1 ff SGGH) und über Vorabentscheidungsersuche (Art 26 ff SGGH). Mit einer Nichtigkeitsklage können die in Art 2 SGGH bezeichneten Personen und Stellen geltend machen, dass bestimmte legislative Rechtsakte[1534] gegen die in Art 1 SGGH bezeichneten Bestimmungen verstoßen. Art 1 SGGH nennt als Kontrollmaßstab die Kompetenzverteilung,[1535] die Grundrechte[1536] und seit Kurzem auch den in Art 143 BV verankerten Grundsatz der föderalen Loyalität.[1537]

Das Vorabentscheidungsverfahren nach den Art 26 ff SGGH verpflichtet[1538] darüber hinaus[1539] die belgischen Gerichte, dem GH bestimmte Fragen im Zu-

1531 *Lecours* in Griffiths, Handbook 65.

1532 Die Verfassungsgerichtsbarkeit in Belgien wurde in den 1980er Jahren mit zunächst noch stark beschränkten Zuständigkeiten eingeführt, um dem aus der fortschreitenden Föderalisierung folgenden Potential von Kompetenzkonflikten und -konkurrenzen zu begegnen. Die Zuständigkeiten des Gerichtshofs wurden in den Jahren danach sukzessive erweitert, um insb auch den Schutz der Grundrechte zu gewährleisten; die weitergehenden Zuständigkeiten spiegeln sich seit 2008 auch in der offiziellen Bezeichnung als Verfassungsgerichtshof wider. Zur Entwicklung der Verfassungsgerichtsbarkeit zB *Verdussen*, Justice 62 ff; *Martens*, RBDC 2003, 4 ff. Die „ordentlichen" Gerichte, an deren Spitze der Kassationshof steht, sind in bestimmten Konstellationen weiterhin dafür zuständig, Rechtsakte inzident am Maßstab insb des Völker- und Unionsrechts zu überprüfen; vgl dazu zB *Martens*, JT 2007, 653 ff. Dazu kommt der Staatsrat, der (neben seinen Aufgaben im Bereich der präventiven Normenkontrolle) insb generelle Administrativakte auf ihre Rechtmäßigkeit überprüft; zu all dem *Lejeune*, Droit constitutionnel Rz 190 ff.

1533 Sondergesetz über den belgischen Verfassungsgerichtshof vom 06.01.1989, kundgemacht im Belgischen Staatsblatt am 07.01.1989, in der Fassung vom 10.01.2017.

1534 Gesetze, Dekrete und regionale Rechtsakte; Art 1 SGGH.

1535 Und zwar sowohl jene Bestandteile der Kompetenzverteilung, die explizit verfassungsrechtlich geregelt sind, als auch jene, die auf Grund verfassungsrechtlicher Ermächtigung unterverfassungsrechtlich geregelt werden (insb in Sondergesetzen nach Art 4 Abs 3 BV); Art 1 Z 1 SGGH.

1536 Art 1 Z 2 SGGH.

1537 Art 1 Z 3 SGGH.

1538 Art 26 Abs 3 bis 4 SGGH normieren Ausnahmen von der Vorlageverpflichtung.

1539 Die Gerichte selbst zählen nicht zu den gemäß Art 2 SGGH zur Erhebung einer Nichtigkeitsklage legitimierten Stellen; insofern ergänzt das Vorabentscheidungsersuchen den Rechtsschutz in dieser sammenhang mit generellen Normen zur Entscheidung vorzulegen: Prüfungsmaßstab sind dabei wiederum insb die Kompetenzverteilung,[1540] die Grundrechte[1541] sowie die in Art 143 BV normierte föderale Loyalität[1542]. Außerdem ist der GH nach Art 26 Abs 1 Z 2 SGGH dafür zuständig, über Konflikte zwischen verschiedenen Gesetzgebungsakten zu entscheiden.

Eine Entscheidung des GH im Vorabentscheidungsverfahren bindet alle mit der Ausgangssache befassten Gerichte.[1543] Außerdem beginnt die Sechs-Monats-Frist zur Erhebung einer Nichtigkeitsklage hinsichtlich eines generellen Rechtsaktes neu zu laufen, wenn der GH diesen im Rahmen einer Vorabentscheidung für in Widerspruch zu einer in Art 1 SGGH genannten Norm qualifiziert hat.[1544]

Erklärt der GH eine generelle Norm im Nichtigkeitsklageverfahren für nichtig, dann hat die Nichtigerklärung ex tunc Wirkung und kann die Aufhebung[1545] verschiedener gerichtlicher Entscheidungen zur Folge haben, in denen die fragliche Norm entscheidungserheblich war.[1546] Bemerkenswert ist, dass nach Art 9 Abs 2 SGGH auch ab- und zurückweisende Entscheidungen in Nichtigkeitsklageverfahren Rechtsfolgen nach sich ziehen; nach der genannten Bestimmung ist nämlich die in der Entscheidung vorgenommene Beurteilung von Rechtsfragen für alle Gerichte bindend.[1547]

Außerdem kann der GH nach Art 118 SGGH eine „Auslegung" einer von ihm erlassenen Entscheidung vornehmen, wenn dies ein am Nichtigkeitsverfahren Beteiligter bzw im Fall eines Vorabentscheidungsersuchens das vorlegende Gericht verlangt.

Gegen die Entscheidungen des belgischen Verfassungsgerichts bestehen keine Rechtsmittel; der GH ist somit dazu befugt, das (teilweise auch „nur" materielle) Verfassungsrecht letztverbindlich auszulegen. Wie bei den anderen beiden analysierten Verfassungsgerichten muss auch hinsichtlich des belgischen Verfassungsgerichtshofs angenommen werden, dass mit der Befugnis zur letztverbindlichen Entscheidung von verfassungsrechtlichen Streitigkeiten eine Rechtsfortbildungsbefugnis einhergeht. Entscheidungen des GH sind daher – unabhängig von ihrer materiellen Begründetheit im Verfassungsrecht – verbindlich, sofern sie im

Hinsicht. Anzumerken ist aber, dass der GH im Vorabentscheidungsverfahren nicht befugt ist, Normen für nichtig zu erklären; dafür bedarf es eines Nichtigkeitsverfahrens, das auch im Anschluss an eine Vorabentscheidung eingeleitet werden kann (die Frist für ein solches Verfahren beginnt erneut zu laufen, wenn der GH im Rahmen eines Vorabentscheidungsverfahrens die Verfassungswidrigkeit einer Norm festgestellt hat, Art 4 SGGH).

1540 Art 26 Abs 1 Z 1 SGGH.

1541 Art 26 Abs 1 Z 3 SGGH.

1542 Art 26 Abs 1 Z 4 SGGH.

1543 Art 28 SGGH.

1544 Art 4 SGGH.

1545 Das SGGH spricht von der „Zurückziehung" der Entscheidung (Französisch: rétractation; Niederländisch: intrekking).

1546 Vgl Art 10 ff SGGH.

1547 Dazu im Detail zB *Beckers*, L'autorité 44 ff.

Rahmen der dem Gerichtshof zustehenden Kompetenzen getroffen wurden.[1548] Allerdings verleiht auch das belgische Verfassungsrecht dem Verfassungsgerichtshof nicht die Befugnis, den Inhalt der Verfassung durch seine Rechtsprechung mit *erga-omnes*-Wirkung abzuändern.[1549] Insofern gilt auch mit Blick auf die Rechtsprechung des belgischen Verfassungsgerichts, dass diese wertvolle Argumente für die Auseinandersetzung mit dem belgischen Verfassungsrecht beinhalten kann; die angesprochene „Letztverbindlichkeit" der verfassungsgerichtlichen Entscheidungen schließt aber keineswegs aus, dass die Ergebnisse einer rechtswissenschaftlichen Auseinandersetzung nicht mit den Auslegungsergebnissen des GH ident sind.[1550]

7.1.3 Mehrsprachigkeit und Auslegung

Die belgische Verfassung ist inzwischen sowohl auf Französisch als auch auf Niederländisch und Deutsch authentisch.[1551] Die Bundesgesetze – auch die Sondergesetze nach Art 4 Abs 3 BV – sind sowohl auf Französisch als auch auf Niederländisch verbindlich; die deutsche Fassung ist lediglich eine (unverbindliche) Übersetzung.[1552] Bei Divergenzen zwischen der französischen und der niederländischen Sprachfassung ist jene Auslegungsvariante maßgeblich, die am ehesten dem Willen des Gesetzgebers entspricht.[1553] Für das Verfassungsrecht findet sich allerdings keine vergleichbare Regelung über die Auflösung von sprachlichen Divergenzen. Auch hier ist aber auf Grund der Tatsache, dass alle drei Sprachfassungen authentisch sind, nicht davon auszugehen, dass einer Sprachfassung im Zweifel der Vorrang einzuräumen ist. Eventuelle Divergenzen sind daher

1548 Darüber, wo genau die Grenze dieser Kompetenzen liegt, lässt sich freilich trefflich streiten; beispielhaft dazu *Behrendt*, Le juge 148 ff; weitere Nachweise bei *Feyen*, Federal Dogmatics 23.

1549 Das kann nach der hier vertretenen Ansicht insb mit zwei Umkehrschlüssen begründet werden: Erstens enthält das Verfassungsrecht selbst ein äußerst schwieriges Verfassungsabänderungsverfahren, was nahelegt, dass Änderungen des Verfassungsinhalts nur auf diesem Weg bewirkt werden können. Zweitens enthält das SGGH (auf welches Art 142 BV verweist) in Art 9 Abs 2 eine Bestimmung, nach der bestimmte Entscheidungen des Verfassungsgerichtshofes, in denen dieser keine Nichtigerklärung einer Norm vornimmt, Wirkungen für andere Stellen als die am Ausgangsverfahren beteiligten haben sollen. Dies kann wiederum als Hinweis dafür dienen, dass Entscheidungen ohne explizite (verfassungsrechtliche oder sondergesetzliche) Anordnung keine solche Wirkung haben.

1550 Auch eine eventuelle Bindung gerichtlicher Instanzen an die entscheidungserheblichen Begründungen des GH (vgl dazu *Beckers*, L'autorité 51 ff) ist bei der Auslegung des Verfassungsrechts im Rahmen einer rechtswissenschaftlichen Auseinandersetzung grundsätzlich unerheblich, zumindest sofern – wie hier – nicht gerade nach dem Ausmaß oder dem Inhalt dieser Bindung gefragt wird.

1551 Art 189 BV, dazu *Lejeune*, Droit constitutionnel Rz 79.

1552 Siehe dazu Art 1 Loi relative à l'emploi des langues en matière législative, à la présentation, à la publication et à l'entrée en vigueur des textes légaux et réglementaires vom 31.05.1961, kundgemacht im Belgischen Staatsblatt am 21.06.1961, in der Fassung vom 21.07.2013.

1553 Art 7 Loi relative à l'emploi des langues en matière législative, à la présentation, à la publication et à l'entrée en vigueur des textes légaux et réglementaires vom 31.05.1961, kundgemacht im Belgischen Staatsblatt am 21.06.1961, in der Fassung vom 21.07.2013.

unter Berücksichtigung aller Sprachfassungen und unter Heranziehung aller Auslegungsmethoden aufzulösen.

Anderes gilt für die Rechtsakte der dezentralen Hoheitsträger: Diese sind grundsätzlich in jener Sprache verbindlich, welche im fraglichen Sprachgebiet vorherrscht; Übersetzungen in andere Sprachen sind nicht verbindlich.[1554]

7.1.4 Maßgebliche Herangehensweise für die Bestimmung der nationalen Identität

Im Lichte des oben dargelegten Analyserasters[1555] ist zu überlegen, ob sich in der belgischen Rechtsordnung eine „Normenhierarchie" ausmachen lässt, die bei der Ermittlung der nationalen Identität als Indiz für das Vorliegen grundlegender politischer und verfassungsmäßiger Strukturen iSd Art 4 Abs 2 EUV herangezogen werden kann. Dazu ist zunächst festzuhalten, dass sich im belgischen Verfassungsrecht – anders als in Österreich oder Deutschland – keine Bestimmung findet, welche die Änderung bestimmter Verfassungsinhalte einem im Vergleich zum regulären Verfassungsänderungsverfahren erschwerten Verfahren unterwirft. Aus dieser Perspektive stehen damit alle Normen des belgischen (formellen) Verfassungsrechts auf ein und derselben Stufe. Für eine Änderung der Verfassung – und damit auch der in der Verfassung enthaltenen bundesstaatlichen Inhalte – ist das Verfahren des Art 195 BV einzuhalten.[1556]

Abgesehen vom Fehlen einer allgemeinen Klausel über die erschwerte Abänderbarkeit bestimmter Verfassungsinhalte wird vereinzelt die Unabänderlichkeit einzelner Verfassungsbestimmungen diskutiert, im Ergebnis aber verneint.[1557] Hinsichtlich des bundesstaatlichen Aufbaus Belgiens scheint erwähnenswert, dass im Zusammenhang mit der Erlassung des jetzigen Art 1 BV, welcher die Bundesstaatlichkeit Belgiens proklamiert, vorgeschlagen wurde, diese Bestimmung als

1554 Vgl Art 55 SGRI.

1555 Bei 3.6.4.4 (= 114).

1556 Demnach sind die beiden Kammern der Bundesgesetzgebung aufzulösen und können erst nach ihrer neuen Einberufung über die Verfassungsänderung entscheiden. Die Verfassungsänderung wird angenommen, wenn in beiden Kammern ein Anwesenheits- und Zustimmungsquorum von zwei Dritteln erfüllt wird. Zum Verfahren *Lejeune*, Droit constitutionnel Rz 81 ff; *Vande Lanotte*, Belgisch Publiekrecht Rz 154 ff. Siehe weiters *Behrendt/Vrancken*, Principes 367 ff. Fraglich ist, ob das in Art 195 BV angeordnete Verfassungsänderungsverfahren auf die beiden konstitutionellen Dekrete aus 1831 angewandt werden kann, da diese Dekrete nicht formell Teil des Verfassungstextes sind; dazu mwN *Behrendt/Bouhon*, Introduction 176 ff; beide Dekrete betreffen (wie bereits der zeitliche Zusammenhang nahelegt) keine genuin bundesstaatlichen Fragen, weswegen die Frage der Abänderlichkeit hier nicht weiter vertieft werden muss. Selbst wenn von der Unabänderlichkeit der genannten Dekrete ausgegangen wird, spricht im Übrigen nichts dagegen, eine über diese Dekrete hinausgehende Analyse des belgischen Verfassungsrechts auf Identitätsaspekte vorzunehmen.

1557 Siehe zu den (grundrechtlichen) Art 17, 18 und 25 BV *Behrendt* in Contiades, Constitutional Amendment 42 mwN.

unabänderliches Verfassungsrecht zu erlassen[1558] – der Verfassungsgesetzgeber folgte diesem Vorschlag aber nicht.[1559]

Fraglich ist noch, ob durch die weiter oben bereits erwähnte Entscheidung des GH idS 62/2016 eine neue normhierarchische Abstufung in das belgische Verfassungsrecht eingeführt wurde.[1560] Wie oben bereits dargelegt[1561] entschied der GH, dass der Gesetzgeber bei der Ratifizierung von völkerrechtlichen Verträgen (etwa betreffend die europäische Integration) sowie, dass etwaige durch solche Verträge errichtete Hoheitsträger bei ihrer Rechtsetzung die nationale Identität Belgiens, die ua in den grundlegenden verfassungsmäßigen Strukturen zum Ausdruck kommt, nicht auf diskriminierende Weise missachten dürfen. Bei allen Unklarheiten, die mit dieser Entscheidung verbunden sind, ist dennoch relativ klar, dass der GH über keinerlei Befugnis verfügt, Recht zu setzen, das den Verfassungsgesetzgeber bindet[1562] und somit „über" der Verfassung steht oder gar unabänderlich ist.[1563] Dementsprechend ist die vom GH genannte Achtungspflicht auch nur an den Gesetzgeber bzw an die durch einen Vertrag errichteten Hoheitsträger gerichtet. Im Übrigen verfügt der GH auch nicht über die Befugnis, formelles Verfassungsrecht – an welchem Maßstab auch immer – zu kontrollieren.[1564] Aus normhierarchischer Perspektive kann aus der genannten Entscheidung daher nichts für eine Abstufung innerhalb des Verfassungsrechts gewonnen werden.

Festzuhalten bleibt also zunächst, dass sich innerhalb des formellen Verfassungsrechts keine normhierarchische Abstufung vornehmen lässt.[1565] Zu ergänzen ist, dass selbst bei einer Heranziehung des gesamten formellen Verfassungsrechts als Teil der nationalen Identität uU gar nicht alle Normen erfasst wären, die für das Funktionieren des belgischen Bundesstaates von grundlegender Bedeutung sind: So erfolgt, ja wie oben dargelegt, die föderale Kompetenzverteilung in weiten Teilen im Rahmen von Sondergesetzen nach Art 4 Abs 3 BV, die zwar ebenfalls nur schwer abänderbar,[1566] aber eben kein formelles Verfassungsrecht sind. Auch die Kompetenzen des GH sind – um nur ein weiteres Beispiel zu nennen – zu einem großen Teil in einem entsprechenden Sondergesetz

1558 Vgl dazu mwN *Rigaux*, APT 1994, 243 ff.

1559 Dazu *Behrendt/Vrancken*, Principes 15, 371.

1560 In diese Richtung argumentieren *Gérard/Verrijdt*, ECLR 2017, 193 ff.

1561 Oben bei 2.3.2.2 (= 50).

1562 Vgl dazu *Tulkens* in Delpérée, Regards 32 ff.

1563 Vgl dazu *De Groot/Spreutels/Peremans/Goedertier*, Rapport 32 mwN.

1564 So auch der GH selbst, zB GH 09.02.1994, 16/94; 28.05.2015, 81/2015, B.12. Vgl weiters *De Groot/Spreutels/Peremans/Goedertier*, Rapport 41.

1565 Ähnlich zur Frage der Relevanz der innerverfassungsrechtlichen Normenhierarchie für die Ermittlung der nationalen Identität Belgiens *Gérard/Verrijdt*, ECLR 2017, 201.

1566 Tatsächlich ist die Abänderung eines Sondergesetzes nach Art 4 Abs 3 BV in politischer Hinsicht manchmal schwieriger durchzusetzen als eine Verfassungsänderung, weil eine Mehrheit in beiden Sprachgruppen erforderlich ist; vgl dazu zB *Uyttendaele*, Institutions 20 f, der darauf hinweist, dass die in Art 4 Abs 3 BV geforderten Mehrheiten insb die französischsprachige Minderheit schützen.

nach Art 4 Abs 3 BV geregelt. Derartige Sondergesetze beinhalten daher vielfach Verfassungsrecht im materiellen Sinn; sie bei einer Ermittlung der grundlegenden verfassungsmäßigen Strukturen Belgiens gänzlich außer Acht zu lassen, erschiene verfehlt.

Im Lichte der gerade gemachten Ausführungen ist also für die Ermittlung der belgischen nationalen – und insb bundesstaatlichen – Identität die Normenhierarchie kein relevantes Kriterium. Vielmehr ist auf die grundlegende Proklamation der Bundesstaatlichkeit in Art 1 BV sowie auf die relevante Rsp des GH Rücksicht zu nehmen. Schließlich können sich auch aus vergleichenden Charakterisierungen in der Föderalismusforschung relevante Anhaltspunkte für die nationale bundesstaatliche Identität Belgiens iSd Art 4 Abs 2 EUV ergeben.

7.1.5 Nationale Identität in der Rsp des GH

Aus Gründen der Klarheit scheint es an dieser Stelle weiters sinnvoll darauf einzugehen, wie sich die folgenden Ausführungen zur vom GH in der Entscheidung 62/2016 postulierten nationalen Identität verhalten. Ziel der vorliegenden Untersuchung ist es, den Gehalt der in Art 4 Abs 2 EUV verankerten Pflicht zur Achtung der nationalen Identität mit Blick auf die verschiedenen bundesstaatlichen Mitgliedstaaten der EU auszuloten. Die in den einzelnen mitgliedstaatlichen Rechtsordnungen uU existierenden Integrationsschranken stehen nicht im Fokus der Untersuchung; allerdings gibt es in allen untersuchten Rechtsordnungen deutliche inhaltliche Zusammenhänge zwischen der nationalen Identität iSd Art 4 Abs 2 EUV und den verfassungsrechtlich verankerten Integrationsschranken.[1567]

Teilt man – entgegen der hier vertretenen Auffassung[1568] – die Ansicht des GH zum Inhalt von Art 34 BV, so gibt es auch im belgischen Verfassungsrecht (relative) Integrationsschranken, die in einem deutlichen Zusammenhang mit Art 4 Abs 2 EUV stehen. Der GH hat nämlich bei der Formulierung der ihm zufolge in Art 34 BV verankerten Schranke sehr deutliche Anleihen bei der Formulierung von Art 4 Abs 2 EUV genommen.[1569]

Ein wesentlicher Unterschied zwischen der Formulierung des Art 4 Abs 2 EUV und jener, die der GH verwendet, ist die Bezugnahme auf den „diskriminierenden" Charakter der Identitätsmissachtung. Dem GH zufolge ist es nämlich den ratifizierenden staatlichen Stellen sowie den internationalen Stellen, die Sekundärrecht setzen, lediglich verboten, die nationale Identität „auf diskriminierende Weise" zu verletzen. Es stellt sich nun erstens die Frage, welche Bedeutung dieser

1567 Vgl oben bei 2.3 (= 47).
1568 Siehe oben bei 2.3.2.2 (= 50).
1569 So auch *Gérard/Verrijdt*, ECLR 2017, 187 f.

Einschub allgemein gesprochen hat, und zweitens die speziellere Frage, ob diese Beschränkung auf diskriminierende Missachtungen der nationalen Identität auch für Art 4 Abs 2 EUV von Relevanz ist.

Hinsichtlich der ersten Frage ist darauf hinzuweisen, dass dem Begriff der Diskriminierung in der Rsp des GH eine weitreichende Rolle zukommt, was mit der Entwicklung der Zuständigkeiten des GH zusammenhängt: Ursprünglich wurde der GH – genauer gesagt: seine Vorläuferin, die Cour d'Arbitrage – eingerichtet, um über föderale Konflikte zu entscheiden. Auf den Schutz von Grundrechten gerichtete Kompetenzen wurden erst später eingeführt, wobei sich die diesbezüglichen Kompetenzen des GH zunächst auf die Wahrnehmung von Verletzungen der Art 10 und 11 BV beschränkten; bei den genannten Bestimmungen handelt es sich um Gleichheitsgarantien bzw Diskriminierungsverbote. In weiterer Folge erweiterte der GH seine Kompetenzen durch seine Rechtsprechungspraxis, der zufolge jede Verletzung eines (anderen) Grundrechts zugleich auch eine Verletzung der genannten Gleichheitsrechte darstellte.[1570] Bis zum Jahr 2003 konnte eine Verletzung eines Grundrechts daher stets nur in Verbindung mit einer Verletzung des Diskriminierungsverbots geltend gemacht werden. Auch die Missachtung völker- oder unionsrechtlicher Vorgaben konnte auf diese Weise gerügt werden.[1571] Aus den genannten Umständen ergibt sich die große Relevanz des Diskriminierungsbegriffs in der bzw für die Rechtsprechungspraxis des GH, die trotz der formellen Erweiterung seiner Kompetenzen durch den Sondergesetzgeber weiterhin besteht.[1572] Die Erwähnung der Notwendigkeit einer diskriminierenden Missachtung der nationalen Identität kann im Lichte dessen als Fortsetzung oder sogar als Erweiterung der spezifisch belgischen GH-Praxis qualifiziert werden:

Der GH geht in seiner Entscheidung davon aus, dass die genannten Identitätsvorgaben durch Art 34 BV geschützt werden. Art 34 BV wird aber weder durch die Verfassung selbst noch durch das SGGH zum Prüfungsmaßstab des GH erklärt. Die Nichtigerklärung von gegen Art 34 BV verstoßende Normen fällt damit per se nicht in die Zuständigkeit des GH. Durch den Hinweis auf einen etwaigen diskriminierenden Charakter der Identitätsmissachtung lässt sich der GH die Möglichkeit offen, die identitätsmissachtenden Normen wegen Verletzung von Art 10 und 11 BV für nichtig zu erklären.

Selbst wenn man also – entgegen der hier vertretenen Auffassung – die Entscheidung des GH für im belgischen Verfassungsrecht begründet erachtet, so ist der Einschub der diskriminierenden Identitätsmissachtung lediglich ein Mittel

1570 Prägnant zB *Vandamme*, ECLR 2008, 135; mwN *Lejeune*, Droit constitutionnel Rz 175 ff.
1571 Vgl *Vandamme*, ECLR 2008, 135 ff; *Lejeune*, Droit constitutionnel Rz 175 ff jeweils mwN.
1572 Vgl dazu *Popelier/Lemmens*, Constitution 198.

zur Sicherstellung der Zuständigkeit des GH und hat keine Auswirkungen auf den Inhalt der nationalen Identität Belgiens iSd Art 4 Abs 2 EUV.[1573]

7.2 Voraussetzungen der Kompetenzverteilung: Bestand der zentralen und dezentralen Einheiten

Die grundlegendste Voraussetzung für die Existenz eines Bundesstaates und einer föderalen Kompetenzverteilung ist, dass es innerhalb der jeweiligen Rechtsordnung zentrale und dezentrale Hoheitsträger gibt. Dies ist in Belgien der Fall; neben dem Bund existieren zwei Kategorien dezentraler Hoheitsträger, die Gemeinschaften und die Regionen. Dazu kommen die besonderen Institutionen, die sich auf die Region Brüssel-Hauptstadt beziehen.[1574] Während es unbestreitbar ist, dass die Existenz irgendwie gearteter dezentraler Hoheitsträger definitionsgemäße Voraussetzung für die Existenz eines Bundesstaates ist, stellt sich die Frage, ob die derzeit bestehenden Kategorien von dezentralen Hoheitsträgern und/oder ihre derzeitige Anzahl grundlegend für die belgische bundesstaatliche Identität sind.

Art 1 BV zufolge setzt sich der belgische Bundesstaat aus den Regionen und den Gemeinschaften zusammen. Nach Art 2 und 3 BV gibt es drei Gemeinschaften (die Deutschsprachige, die Französische und die Flämische Gemeinschaft) und drei Regionen (die Wallonische Region, die Flämische Region und die Region Brüssel-Hauptstadt). Neben diesen expliziten verfassungsrechtlichen Festlegungen lassen sich aber auch andere Kategorisierungen vornehmen, die zu einer abweichenden Anzahl von Hoheitsträgern führen: So üben etwa nach Art 1 Abs 1 SGRI das Parlament und die Regierung der Flämischen Gemeinschaft die Kompetenzen der Flämischen Region aus; die Flämische Region – nach Art 3 BV einer der föderalen Hoheitsträger – verfügt damit über kein eigenes Gesetzgebungs- oder Exekutivorgan. Sie existiert aber weiterhin als eigene Rechtsperson.[1575] Auf Grund der Zweisprachigkeit der Region Brüssel-Hauptstadt gibt es, um ein weiteres Beispiel zu nennen, insgesamt vier dezentrale Hoheitsträger, die in materieller Hinsicht Gesetzgebungsbefugnisse über dieses Gebiet ausüben können: Das Parlament der Region Brüssel-Hauptstadt, die Gemeinsame

1573 Vgl *Gérard/Verrijdt*, ECLR 2017, 204.

1574 Vgl dazu Loi spéciale relative aux Institutions bruxelloises vom 12.01.1989, kundgemacht im Belgischen Staatsblatt am 14.01.1989 in der Fassung vom 27.04.2018. Einen prägnanten Überblick darüber bietet *Vandamme*, ECLR 2008, 130.

1575 Art 3 BV; s auch Art 3 SGRI. Vgl dazu *Pas*, TBP 2011, 490.

Gemeinschaftskommission, die Französische Gemeinschaftskommission und die Flämische Gemeinschaftskommission.[1576]

In der Literatur wird außerdem vielfach darauf hingewiesen, dass sich der belgische Bundesstaat trotz der (noch) bestehenden formell verfassungsrechtlichen Festlegungen und der überbordenden institutionellen Vielfalt hin zu einem vierteiligen Bundesstaat entwickelt, dessen Glieder die Wallonische Region, die Flämische Gemeinschaft, die Region Brüssel-Hauptstadt und schließlich die Deutschsprachige Gemeinschaft und somit im Ergebnis die durch die Grenzen der Sprachgebiete nach Art 4 BV determinierten Einheiten sind.[1577]

Dies bedeutet nach der hier vertretenen Ansicht jedoch nicht, dass die derzeitige Ausgestaltung der dezentralen Hoheitsträger nicht Teil der nationalen Identität ist. Gerade die grundlegende Entscheidung darüber, welche und wie viele dezentrale Hoheitsträger es im belgischen Bundesstaat geben soll, zählt zu den „grundlegenden"[1578] Systementscheidungen, die von den Organen der Union als Teil der nationalen Identität Belgiens nach Art 4 Abs 2 EUV zu achten sind. Dies ist unabhängig vom Bestehen eines besonderen Bestandschutzes zu Gunsten dieser Hoheitsträger im belgischen Verfassungsrecht. Zwar wird ein solcher in der bundesstaatstheoretischen Literatur teilweise als notwendige Voraussetzung dafür erachtet, dass überhaupt ein Bundesstaat vorliegt. Bei der Frage nach dem diesbezüglichen Inhalt der nationalen Identität ausschließlich auf das Bestehen eines besonderen Bestandsschutzes der dezentralen Einheiten abzustellen, würde wiederum zur (ausschließlichen) Anwendung eines formell-normhierarchischen Ansatzes führen, der aber im Lichte des belgischen Verfassungsrechts hier als nicht zielführend erachtet wurde. Der Schutz des Art 4 Abs 2 EUV kommt also der derzeitigen Zusammensetzung des belgischen Bundesstaates zugute und würde auch eine Neugliederung des Bundesstaates (etwa nach einer siebenten Staatsreform) erfassen.[1579]

1576 Siehe dazu und zu weiteren Möglichkeiten, unterschiedliche Kategorisierungen mit daraus folgender, jeweils unterschiedlicher Anzahl von dezentralen Hoheitsträgern vorzunehmen *Uyttendaele*, Institutions 77f; *Uyttendaele*, Droit constitutionnel 725.

1577 Vgl dazu zB *Pas*, TBP 2011, 486ff mwN.

1578 Angesichts der Komplexität und Ausdifferenziertheit der Ausgestaltung des belgischen Systems scheinen an dieser Stelle Anführungszeichen angebracht.

1579 Es stellt sich weiters die Frage – die allerdings nicht zum Gegenstand der vorliegenden Untersuchung zählt –, ob auch die in Art 4 BV verankerte Aufteilung in Sprachgebiete dem Grunde nach sowie in ihrer Ausführung im Detail als Teil der nationalen Identität iSd Art 4 Abs 2 EUV zu qualifizieren ist. Dabei wäre es verfehlt zu behaupten, die Aufteilung in Sprachgebiete sei Teil der nationalen Identität, weil sie eine Grundlage für das Funktionieren des belgischen Bundesstaates ist; vielmehr ist die Existenz der unterschiedlichen Sprachgruppen der Grund dafür, dass Belgien als Bundesstaat konstituiert ist; vgl dazu zB *van Impe*, TBP 1991, 438. Im Lichte der Bedeutung der Sprachgruppen für die Entwicklung des belgischen Staates und Verfassungsrechts sind die Aufteilung in Sprachgebiete und die damit verbundenen Sprachenregelungen per se als identitätsstiftend iSd Art 4 Abs 2 EUV zu qualifizieren; vgl dazu *Cloots*, TBP 2017, 314; ausführlich, aber nicht auf Belgien beschränkt, *Cloots*, Identity 299ff.

7.3 Strukturelle Anforderungen an die Ausgestaltung der Kompetenzverteilung

7.3.1 Fragestellung

Wenn im Folgenden die Anforderungen an die Kompetenzverteilung diskutiert werden sollen, die möglicherweise identitätsstiftend iSd Art 4 Abs 2 EUV sind, dann ist hier vorab wieder daran zu erinnern, dass es bei der nationalen Identität nach dem hier zu Grunde gelegten Verständnis um einen unionsrechtlichen Begriff geht, der Konsequenzen auf unionsrechtlicher Ebene hat. Die nationale Identität Belgiens idS hat keine beschränkende Wirkung für den Verfassungsgesetzgeber. Es erübrigen sich daher Ausführungen dazu, ob bzw wie im nationalen Verfassungsrecht ein Gleichgewicht zwischen zentralen und dezentralen föderalen Hoheitsträgern bzw zwischen Autonomie und Kooperation hergestellt werden muss und welche Änderungen des Verfassungsrechts im Lichte dessen noch oder nicht mehr zulässig wären. Ebenso erübrigen sich Ausführungen dazu, ob es Kompetenzen gibt, die auf Grund der bundesstaatlichen Besonderheiten Belgiens im Rahmen einer Vertragsänderung nicht an die EU übertragen werden dürften: Denn zum einen ist Art 4 Abs 2 EUV für Vertragsänderungen nicht relevant, und zum anderen gibt es nach der hier vertretenen Ansicht[1580] im belgischen Verfassungsrecht keine überverfassungsrechtlichen Schranken für die Integration Belgiens in die EU.

Es geht im Folgenden daher primär um die Frage, ob sich aus dem belgischen Verfassungsrecht grundlegende Anforderungen an die interne föderale Kompetenzverteilung ergeben, die als Inhalt von Art 4 Abs 2 EUV qualifiziert werden und in weiterer Folge bei der Auslegung des Unions(primär)rechts von Relevanz sein könnten. Davor wird kurz auf das Verfahren zur Abänderung der Kompetenzverteilung eingegangen.

7.3.2 Abänderung der Kompetenzverteilung

Kurz ist an dieser Stelle noch auf die Frage einzugehen, ob die Mitwirkung der dezentralen Einheiten an der Änderung der Kompetenzverteilung den Schutz des Art 4 Abs 2 EUV genießt. Dazu ist zunächst das Modell der Mitwirkung zu skizzieren: An Änderungen des formellen Verfassungsrechts wirken die dezentralen Einheiten über die zweite Kammer des föderalen Parlaments, den Senat, mit.[1581]

1580 Im Lichte der Entscheidung 62/2016 des GH würde dieser das uU anders beurteilen; allerdings würde es einem Ratespiel nahekommen, wenn hier versucht würde vorherzusagen, welche Kompetenzen der GH als „übertragungsfest" qualifizieren würde.

1581 Der Senat setzt sich nach Art 67 BV aus 60 Mitgliedern zusammen, die teilweise von den Parlamenten der dezentralen Einheiten, jeweils aus ihrer Mitte entsandt, und teilweise von den so

Eine Verfassungsänderung bedarf nach Art 189 BV (auch) einer qualifizierten Zustimmung des Senats. Die konkrete Aufteilung der Kompetenzen erfolgt, wie oben dargelegt, idR in Form von Sondergesetzen nach Art 4 Abs 3 BV. Bei diesen Sondergesetzen bedarf es nicht nur einer qualifizierten Mehrheit im Senat, sondern auch der Stimmenmehrheit innerhalb der Sprachgruppen[1582] im Senat. Insofern kommt den Sprachgruppen – und damit in Verbindung stehend auch den entsprechenden dezentralen Hoheitsträgern[1583] – bei Änderungen der Kompetenzverteilung eine besonders starke Stellung zu.[1584] Theoretisch wird man durchaus davon ausgehen können, dass die Einrichtung eines Senats als zweite Kammer der föderalen Gesetzgebung sowie der Bundesverfassungsgesetzgebung grundlegend für das Funktionieren des belgischen Bundesstaates und damit identitätsstiftend iSd Art 4 Abs 2 EUV ist.[1585] Weiters ist darauf hinzuweisen, dass der Mitbestimmung der beiden großen Sprachgruppen beim Erlass von – insb die Kompetenzverteilung ändernden – Gesetzen nach Art 4 BV ebenso grundlegende Bedeutung für das Funktionieren des Bundesstaates zukommt, weil erst dieser Mechanismus das Finden von Kompromissen zwischen den beiden Hauptakteuren des belgischen Bundesstaates notwendig macht und damit auch ermöglicht.[1586]

7.3.3 Autonome Kompetenzen

7.3.3.1 Mindestmaß an Kompetenzen der föderalen Hoheitsträger grundlegend für den Bundesstaat?

An erster Stelle ist hier zu fragen, ob dem belgischen (materiellen) Verfassungsrecht entnommen werden kann, dass es für das Funktionieren des Bundesstaates erforderlich ist, dass den dezentralen Hoheitsträgern und/oder dem zentralen Hoheitsträger ein Mindestmaß an autonom wahrzunehmenden Kompetenzen

---

entsandten Senatoren bestimmt werden. Bemerkenswert ist nicht nur, dass die Deutschsprachige Gemeinschaft nur durch einen Senator vertreten ist (und somit über keine Veto-Rechte im Verfassungsänderungsverfahren verfügt), sondern auch, dass Art 69 Abs 1 Z 1 BV (implizit) anerkannt, dass die Flämische Gemeinschaft und die Flämische Region „nur" über ein gemeinsames Flämisches Parlament verfügen (wie es im SGRI vorgesehen ist).

1582 Der französischen und der niederländischen Sprachgruppe; der von der Deutschsprachigen Gemeinschaft entsandte Senator wird hier nicht mitgezählt.

1583 Hinzuweisen ist hier wieder auf die Bipolarität zwischen Flämischer Gemeinschaft bzw Flämischer Region einerseits und Wallonischer Region bzw Französischsprachiger Gemeinschaft andererseits.

1584 Dies gilt allerdings nicht für die Deutschsprachige Gemeinschaft, deren Kompetenzen nach Art 130 BV durch (einfaches) Bundesgesetz ausgestaltet werden können.

1585 Vgl dazu *Lecours* in Griffiths, Handbook 63; praktisch ist allerdings keine Konstellation vorstellbar, in welcher die EU durch ihre Handlungen gerade diese Einrichtung ausschaltet. Siehe dazu unten bei 8.2 (= 369).

1586 Allerdings ist auch diesbezüglich nur schwer vorstellbar, dass es durch eine Handlung der EU zu einer Aushöhlung oder Missachtung dieser besonderen Mehrheitserfordernisse auf nationaler Ebene kommt, da es sich auch hierbei um eine Kernfrage der Staatsorganisation handelt. Siehe auch dazu unten bei 8.2 (= 369).

zukommt. Diese Frage ist nach der hier vertretenen Ansicht zu verneinen: Anders als in den beiden anderen untersuchten Bundesstaaten gibt es keinen positivrechtlichen Anhaltspunkt für einen besonderen Schutz eines Mindestmaßes an Kompetenzen der dezentralen und/oder zentralen Hoheitsträger. Auch das Argument, dass ein Mindestmaß an autonom wahrnehmbaren Kompetenzen eine notwendige Voraussetzung für das effektive Bestehen und Agieren der dezentralen Einheiten ist, trägt mit Blick auf das belgische Verfassungsrecht nicht: So ist etwa die Flämische Region ein Beispiel für einen dezentralen Hoheitsträger, der über keine eigenen Organe (mehr) verfügt und daher auch keine Kompetenzen autonom wahrnehmen kann.[1587] Die Kompetenzen der Flämischen Region werden vielmehr von den Organen der Flämischen Gemeinschaft wahrgenommen.[1588] Trotzdem existiert die Flämische Region de iure weiterhin und verfügt über eine eigenständige Rechtspersönlichkeit. Dezentrale Hoheitsträger, die nur noch formell existieren, aber über keine eigenen Organe und damit auch materiell über keine eigenständig wahrnehmbaren Kompetenzen mehr verfügen, sind dem belgischen Verfassungsrecht also nicht fremd. Im Lichte der geringen Anzahl an dezentralen Hoheitsträgern und der Bedeutung der Flämischen Region und Gemeinschaft innerhalb des belgischen Bundesstaates ist aber fraglich, ob sich die gerade genannte Konstruktion als bedeutungslose Ausnahme von einem (ungeschriebenen) Grundsatz der Notwendigkeit eines Mindestmaßes an materieller Eigenständigkeit qualifizieren lässt oder ob nicht doch eher davon auszugehen ist, dass es einen solchen Grundsatz im belgischen Bundesstaatsverfassungsrecht nicht gibt. Insofern ließen sich auch keine diesbezüglichen Schranken für die Organe der EU aus Art 4 Abs 2 EUV ableiten.

Allerdings ist auch eine differenziertere Betrachtungsweise denkbar: Denn im Gegensatz zu den Kompetenzen der Gemeinschaften sind die Kompetenzen der Regionen in der Verfassung nicht näher determiniert. Für die Gemeinschaften finden sich hingegen in den Art 127 bis 130 BV explizit genannte Angelegenheiten, die dem Kompetenzbereich der Gemeinschaften von Verfassung wegen zuzuordnen sind. Daraus könnte man schließen, dass gerade diese Kompetenzen einen materiellen Mindestkompetenzbestand der Gemeinschaften ausmachen. Die Reduktion auf die rein formelle Existenz wäre dann nur für die Regionen möglich, nicht aber für die Gemeinschaften. Gegen diese Ansicht spricht

1587 Man kann hier einwenden, dass aus faktischer – oder auch aus politikwissenschaftlicher – Perspektive sehr wohl eine Form von autonomer Kompetenzwahrnehmung vorliegt, da die Interessen der beiden Hoheitsträger sich auf Grund der personellen und teilweise auch territorialen Überschneidung ihres Hoheitsgebiets idR überschneiden werden. Aus rechtlicher Perspektive handelt es sich aber trotzdem um zwei unterschiedliche Hoheitsträger, von denen nur einer über eigene Organe verfügt.

1588 Art 1 Abs 1 SGRI. Allerdings entscheidet das Parlament der Flämischen Gemeinschaft dann, wenn es in Regionalangelegenheiten tätig wird, in einer leicht veränderten Zusammensetzung (die von den Angehörigen der Flämischen Gemeinschaft in Brüssel gewählten Abgeordneten nehmen an den Abstimmungen nicht teil). Siehe dazu Art 5 Reglement van het Vlaams Parlement vom 07.02.2018.

aber, dass die Art 127 bis 130 BV nicht unmittelbar Kompetenzen an die Gemeinschaften einräumen, sondern nur einen Rahmen für den Sondergesetzgeber festlegen, also gleichsam die äußersten Grenzen der Kompetenzen der Gemeinschaften. Die Wirksamkeit der Art 127 bis 130 BV hängt damit vom Sondergesetzgeber ab – ähnlich wie etwa die Wirksamkeit des Art 35 BV. Aus dieser verfassungsrechtlichen Bindung des Sondergesetzgebers Verpflichtungen der EU-Organe zur Achtung bestimmter Mindestkompetenzen abzuleiten, scheint problematisch.

Es ließe sich noch argumentieren,[1589] dass im Verhältnis der EU zum Königreich Belgien das Verbleiben eines Mindestmaßes an Kompetenzen beim belgischen (Gesamt-)Staat notwendige Voraussetzung für die Staatlichkeit Belgiens ist. Insofern bestünde eine Schranke für die Übertragung von Kompetenzen Belgiens an die EU, die im Zusammenhang mit Art 4 Abs 2 EUV von Relevanz sein könnte.[1590] Dabei handelt es sich aber nicht um eine spezifisch bundesstaatlich geprägte Schranke, weswegen hier auch nicht näher auf diesbezügliche Fragen einzugehen ist.

7.3.3.2 *Spezifische Verortung einzelner Kompetenzen bei zentralen oder dezentralen Hoheitsträgern grundlegend für den Bundesstaat?*

In einem nächsten Schritt kann gefragt werden, ob es bestimmte Kompetenzbereiche gibt, deren Zuordnung zu einem dezentralen oder zum zentralen Hoheitsträger nach dem Konzept des belgischen Verfassungsrechts grundlegend für das Funktionieren des belgischen Bundesstaates ist.[1591] Im Lichte dessen, dass es in der vorliegenden Untersuchung um die spezifisch bundesstaatlich geprägten Aspekte der nationalen Identität geht, ist diese Frage von jener zu unterscheiden, ob es Kompetenzbereiche gibt, die – unabhängig von ihrer internen Zuordnung an zentrale oder dezentrale Hoheitsträger – im Verhältnis der EU zu ihren Mitgliedstaaten bei den Nationalstaaten verbleiben müssen.[1592] Als Kompetenzbereiche,

---

1589 So würde das wohl auch der GH im Lichte seiner Entscheidung idS 62/2016 tun.

1590 Insb im Sinne einer restriktiven Auslegung bestehender Kompetenzbestimmungen. Vgl dazu unten bei 9.1.2 (= 379).

1591 *Cloots*, TBP 2017, 314, geht ganz allgemein davon aus, dass die in der Kompetenzverteilung getroffenen Entscheidungen einen Teil der nationalen Identität ausmachen; allerdings ist nicht ersichtlich, wieso jedes Detail der Kompetenzverteilung als grundlegende verfassungsmäßige Struktur iSd Art 4 Abs 2 EUV qualifiziert werden sollte.

1592 Etwa weil es sich dabei um „essential functions of the state" handelt; Überlegungen in diese Richtung finden sich etwa bezüglich des Strafrechts bei *González Pascual* in Saiz Arnaiz, Constitutional Identity 159 ff. Auch hier stellt sich aber die Frage, was denn eigentlich die normative Grundlage für einen solchen Vorbehalt bestimmter Staatsfunktionen ist; Art 4 Abs 2 EUV selbst ist ja kein Maßstab für eine Änderung der Verträge. Wenn es nun in einer staatlichen Rechtsordnung keine (positivierten) Integrationsschranken gibt, dann können solche Vorbehalte nur unter Berufung auf vorpositive Konzepte wie „Staatlichkeit" oder „Souveränität" gestützt werden. Setzt man aber den Staat mit der Rechtsordnung gleich, dann lassen sich solche Vorbehalte nicht begründen, da grundsätzlich nichts dagegen spricht, ein System von Rechtsnormen als Rechtsordnung zu qualifizieren, deren Verortung bei Bund oder dezentralen Einheiten von grundlegender Bedeutung ist, kommen insb die Verfassungsgesetzgebung, die institutionelle Ausgestaltung der dezentralen Einheiten, die Vertretung Belgiens nach außen sowie die Sprachengesetzgebung im belgischen Bundesstaat in Frage;[1593] auf diese Kompetenzbereiche wird im Folgenden eingegangen.

Die (formelle) Verfassungsgesetzgebung wird, wie oben bereits erörtert, von Bundesorganen ausgeübt. Die dezentralen Einheiten wirken über den Senat an der Verfassungsgesetzgebung mit. Wie ebenfalls bereits oben ausgeführt ist es aber typisch für den belgischen Bundesstaat, dass grundlegende Regelungen insb des Bundesstaatsrechts nicht in der Verfassung selbst, sondern in Sondergesetzen nach Art 4 Abs 3 BV erfolgen. Bei der Erlassung dieser Sondergesetze kommt den beiden großen Sprachgruppen – und damit den wesentlichen politischen Akteuren des belgischen Föderalismus – eine tragende Rolle zu. Im Ergebnis werden also grundlegende (materiell) verfassungsrechtliche Entscheidungen auf Grund von Kompromissen zwischen den wichtigsten dezentralen Hoheitsträgern getroffen. Eine „Monopolrolle" des Bundes in verfassungsrechtlichen Angelegenheiten kann daher nur bei einer sehr formalistischen Betrachtung des Verfassungsrechts behauptet werden.[1594] Das Fällen von grundsätzlichen verfassungsrechtlichen Entscheidungen ist daher nach der hier vertretenen Ansicht im belgischen Verfassungsrecht nicht ausschließlich dem Bund als zentralem Hoheitsträger vorbehalten.[1595]

Gleichzeitig gibt es im belgischen Verfassungsrecht – anders als in den anderen untersuchten Bundesstaaten – keinen ausgeprägten Schutz der „institutionellen Autonomie" oder gar einer „Verfassungsautonomie" der dezentralen Einheiten. Die Organisation der Regionen und Gemeinschaften ist weitgehend in einem Sondergesetz nach Art 4 Abs 3 BV geregelt. In den entsprechenden Bestimmungen ist zwar jeweils vorgesehen, dass die dezentralen Stellen abweichende

---

selbst wenn die einzige Anordnung im System jene ist, die festlegt, dass die Rechtsordnung (im Weiteren) durch die EU geregelt wird.

1593 Bis auf die letzte Kategorie (Sprachengesetzgebung) wurden die Kompetenzbereiche hier deswegen als potentiell grundlegend qualifiziert, weil sie auch in den anderen beiden Bundesstaaten eine zentrale Funktion einnehmen. Mangels anderer Anhaltspunkte im belgischen Verfassungsrecht erscheint der vergleichende Blick zulässig und ausreichend, um potentiell relevante Kompetenzbereiche zu identifizieren. Die Sprachengesetzgebung hat auf Grund der Geschichte Belgiens eine besondere Bedeutung (auch) im Rahmen der Kompetenzverteilung. Zur Sprachengesetzgebung s zB *Alen/Muylle*, Handboek 304 ff.

1594 Vgl dazu auch *Pieret*, RBDC 2007, 14, der davon ausgeht, dass die Kompetenz-Kompetenz nicht beim Bund liegt.

1595 Gegen eine (vollständige) Übertragung der entsprechenden Kompetenzen an die EU spricht aber, dass damit die Staatlichkeit Belgiens in Frage gestellt würde. Allerdings darf auch nicht übersehen werden, dass die Organe der EU – insb der EuGH im Bereich der Grundrechtsrechtsprechung – bereits weitreichenden Einfluss auf grundsätzliche verfassungsrechtliche Angelegenheiten haben. Über welche Verfassungsangelegenheiten ein Staat selbst entscheiden können muss, um noch als eigenständiger Staat qualifiziert werden zu können, ist eine komplexe Frage, auf die an dieser Stelle nicht eingegangen werden muss.

Regelungen vorsehen dürfen.[1596] Über Verfassungen verfügen die dezentralen Einheiten aber nicht. Die grundlegenden Entscheidungen über die Organisation der dezentralen Einheiten werden also weitgehend auf Bundesebene getroffen, allerdings wiederum unter Mitwirkung der beiden großen Sprachgruppen und damit unter Einbeziehung der wichtigsten Akteure des belgischen Föderalismusmodells.[1597]

Die Kompetenzverteilung im Bereich der Außenvertretung folgt in Belgien nach Art 167 Abs 1 BV der internen Kompetenzverteilung. Die dezentralen Hoheitsträger verfügen damit über umfassende Außenkompetenzen in all jenen Bereichen, deren Wahrnehmung ihnen durch die Verfassung bzw die entsprechenden Sondergesetze übertragen wird. Dies ist im Vergleich zu den anderen beiden hier untersuchten Bundesstaaten außergewöhnlich und belegt die starke Position, die die dezentralen Einheiten im belgischen Föderalismusmodell einnehmen. Insofern kann diese Aufteilung der Außenvertretungskompetenz auch als grundlegend für den belgischen Bundesstaat und damit als Teil der nationalen bundesstaatlichen Identität qualifiziert werden.[1598]

Schließlich ist noch auf die Bedeutung der Sprachengesetzgebung einzugehen. Nach Art 129 BV sind die Französische und die Flämische Gemeinschaft befugt, den Gebrauch der Sprachen für Verwaltungsangelegenheiten, öffentliche Schulen und bestimmte Bereiche des Arbeitslebens zu regeln.[1599] Das Bestehen unterschiedlicher Sprachgebiete ist einer der Gründe für die Entstehung des belgischen Bundesstaates; die Verankerung der entsprechenden Kompetenzen bei den dezentralen Einheiten kann also durchaus als grundlegende politische und verfassungsmäßige Struktur des belgischen Bundesstaats und damit auch als Teil der nationalen (bundesstaatlichen) Identität qualifiziert werden.[1600]

1596 Dazu ausführlich *Elst/Van Nieuwenhove* in Seutin/van Haegendoren, Bevoegdheden Rz 90 ff.

1597 Unabhängig von der Zuordnung zu Bund oder dezentralen Einheiten spricht viel dafür, dass die Entscheidung über die Ausgestaltung der Organe (Parlament und Regierung) der dezentralen Einheiten zu den grundlegenden Entscheidungen zählt, die ein Bundesstaat zu treffen hat. Insofern kann die Befugnis, darüber zu entscheiden, zur belgischen nationalen bundesstaatlichen Identität gezählt werden. Eine Kompetenzbestimmung des Unionsprimärrechts ist also nicht so auszulegen, dass sie den Organen der EU eine Einflussnahme auf diesen Bereich ermöglicht.

1598 Allerdings ist nicht ersichtlich, wie sich diese Besonderheit auf die Auslegung des Unionsprimärrechts auswirken sollte; s dazu noch unten bei 8.3 (= 370).

1599 Für die Deutschsprachige Gemeinschaft s Art 130 Abs 1 Z 5 BV.

1600 Allein aus der Tatsache, dass diese Kompetenzen innerhalb Belgiens auf dezentraler Ebene angesiedelt sind, ergeben sich aber keine ersichtlichen Konsequenzen für die Auslegung des Unionsprimärrechts; s dazu noch unten bei 8.3 (= 370). Eine andere Frage ist allerdings, wie diese Kompetenzen auf dezentraler Ebene ausgeübt werden. Dass es bei entsprechenden Sprachregelungen insb in Arbeitsverhältnissen zu Konflikten mit dem Unionsrecht kommen kann, illustriert der Fall *Las*; EuGH 16.04.2013, Rs C-202/11 (Las) ECLI:EU:C:2013:239. In diesem Fall ging es um die Frage, ob eine Bestimmung, die anordnet, dass (auch grenzüberschreitende) Arbeitsverträge bei sonstiger Nichtigkeit auf Niederländisch abgefasst werden müssen, mit der Arbeitnehmerfreizügigkeit in Einklang steht; der EuGH erachtete die fragliche Regelung als nicht erforderlich zum Schutz der Amts- bzw Landessprache, EuGH 16.04.2013, Rs C-202/11 (*Las*) Rz 33; ausführlich zur Entscheidung *Cloots*, CMLR 2014, 623 ff. Diese Entscheidung mag man kritisieren; es handelt sich aber jedenfalls nicht

Anderes gilt für die anderen Kompetenzbereiche (insb) der dezentralen Einheiten. Die Zuordnung der Kompetenzen zu Bund, Regionen oder Gemeinschaften ist ein politisch heikles Thema und wird in den entsprechenden Sondergesetzen sehr detailliert geregelt. Es gibt aber keine Anhaltspunkte dafür, dass bestimmten Kompetenzbereichen in diesem Zusammenhang eine besondere Bedeutung zukommt.

7.3.4 Senat als zweite Kammer

Auch im belgischen Bundesstaat gibt es verschiedene Formen des Zusammenwirkens der föderalen Hoheitsträger, insb im Bereich der Gesetzgebung.[1601] Dabei ist zuerst der Senat als zweite Kammer des föderalen Parlaments zu nennen, der seit 2014 großteils von den dezentralen Hoheitsträgern beschickt wird.[1602] Darüber hinaus gibt es verschiedene weitere Gremien, deren Aufgabe darin besteht, durch Abstimmung zwischen den föderalen Hoheitsträgern Interessenkonflikten vorzubeugen, welche durch die Ausübung deren jeweiliger Kompetenzen bewirkt werden könnten.[1603]

Weiters gibt es auch im belgischen Verfassungsrecht interföderale Verträge, also Vereinbarungen zwischen verschiedenen dezentralen Hoheitsträgern oder aber zwischen dem zentralen und einem oder mehreren dezentralen Hoheitsträgern.[1604] Der Abschluss solcher Vereinbarungen ist teilweise sogar Voraussetzung für die rechtmäßige Ausübung einer Kompetenz.[1605] Anzumerken ist auch, dass der GH in seiner Rsp davon ausgeht, dass das Unionsrecht die föderalen Hoheitsträger in manchen Konstellationen zur Zusammenarbeit verpflichtet – etwa dann, wenn das Sekundärrecht nach der Einrichtung einer einzigen mitgliedstaat-

---

um eine spezifisch bundesstaatlich konnotierte Frage, da der Fall gleich zu beurteilen gewesen wäre, wenn die entsprechende Regelung von einer zentralen Stelle bzw innerhalb eines Einheitsstaates erlassen würde (auch wenn nicht abgestritten werden kann, dass die politische Situation, die zur Entstehung des belgischen Bundesstaates führte, wesentlich für die Beurteilung des Stellenwertes der fraglichen Regelung in der nationalen Rechtsordnung ist; vgl dazu *Cloots*, CMLR 2014, 624 ff).

1601 Die im Folgenden genannten Formen des Zusammenwirkens dienen zum größten Teil der Abstimmung der Ausübung der jeweiligen Kompetenzen. Auf Grund des Grundsatzes der „Vertikalität" der Kompetenzverteilung, dem zufolge eine Materie grundsätzlich in allen ihren Aspekten (Gesetzgebung, Verwaltung, Gerichtsbarkeit, Außenvertretung) einem Hoheitsträger zugeordnet wird, finden sich keine Regelungen zur mittelbaren Verwaltung oder ähnlichen Formen institutionalisierten Zusammenwirkens zur Wahrnehmung einer Kompetenz.

1602 Zur Zusammensetzung des Senats s Art 67 BV. Zur Rolle des Senats im belgischen System *Popelier*, Perspectives on Federalism 2018, E-224 ff; insb zum Subsidiaritätskontrollverfahren und der (Ir-)Relevanz des Senats in diesem Zusammenhang: *Vandenbruwaene/Popelier* in Cornell/Goldoni, Mechanism 181 ff.

1603 Zum Beispiel das Comité de concertation, eingerichtet durch Art 31 des GRI. Dazu überblicksmäßig zB *Lejeune*, Droit constitutionnel Rz 659 ff; vgl weiters *Popelier/Sinardet* in Popelier, Zesde staatshervorming 13.

1604 Art 92bis SGRI. Dazu umfassend *Peeters*, Samenwerkingsakkorden; weiters *Dermine*, RBDC 2014, 187 ff.

1605 Siehe zB Art 92bis Abs 2 ff SGRI; vgl dazu umfassend *Peeters*, Samenwerkingsakkorden 77 ff.

lichen Behörde verlangt, die entsprechenden Befugnisse aber auf nationaler Ebene auf mehrere Hoheitsträger verteilt sind.[1606] Und schließlich finden sich auch Fälle der paktierten Gesetzgebung, etwa im Zusammenhang mit der Übertragung bestimmter Befugnisse von einer dezentralen Einheit an eine andere.[1607]

Es ist bei all diesen Formen des Zusammenwirkens fraglich, ob sie grundlegend für den belgischen Bundesstaat sind. Sicherlich belegen die verschiedenen Formen des Zusammenwirkens der föderalen Hoheitsträger, dass der belgische Bundesstaat manchmal auch kooperative Züge trägt. Es gibt aber – abgesehen von der Einrichtung des Senats als zweite Kammer der Bundesgesetzgebung[1608] – kein ersichtliches Argument dafür, gerade die bestehenden Formen des Zusammenwirkens als grundlegend bzw identitätsstiftend iSd Art 4 Abs 2 EUV zu qualifizieren.[1609]

7.4 Konsequenzen der Kompetenzverteilung

7.4.1 Kompetenzabgrenzung und Konfliktlösung

7.4.1.1 Kompetenzabgrenzung

Die Kompetenzverteilung und -abgrenzung im belgischen Recht wird von zwei Grundsätzen getragen.[1610] Dazu zählt erstens der Grundsatz der „Exklusivität",[1611] dem zufolge es grundsätzlich keine konkurrierenden Kompetenzen gibt[1612] – was allerdings nicht ausschließt, dass Lebenssachverhalte mehreren

1606 Zum Beispiel GH 14.07.2004, 132/2004, B.5.2 ff; GH 13.07.2005, 128/2005, B.6.3; GH 02.03.2011, 33/2011, B.10.2 f. Dazu *Popelier/Sinardet* in Popelier, Zesde staatshervorming 20 f; *Rasson*, CDPK 2012, 69 ff.

1607 Zu Kompetenzübertragungen s insb Art 138 und 139 BV; weitere Regelungen betreffend paktierte Gesetzgebung finden sich zB in Art 92bis/1 SGRI.

1608 Siehe dazu schon oben bei 7.3.2 (= 337).

1609 Im Übrigen wären – selbst wenn man die hier genannten Formen des Zusammenwirkens als identitätsstiftend iSd Art 4 Abs 2 EUV erachten würde – keine Konstellationen ersichtlich, in denen die aus Art 4 Abs 2 EUV erwachsende Achtungspflicht konkrete Auswirkungen auf die Tätigkeit von EU-Organen haben könnte. Die Regelungen über das Zusammenwirken der föderalen Hoheitsträger haben, soweit ersichtlich und auch ihrem Regelungsgegenstand entsprechend, nur Konsequenzen im „internen" Bundesstaatsverhältnis. Vgl dazu auch die Überlegungen bei 8.3 (= 370).

1610 Auch hier geht es nicht um die Abgrenzung der Kompetenzen in spezifischen Konstellationen, sondern um Strukturfragen. Die Frage nach der theoretischen Abgrenzbarkeit von Kompetenzen wurde bereits oben diskutiert, s 4.4.4.2.1 (= 151).

1611 Dazu zB *Vanpraet* in Seutin/van Haegendoren, Bevoegdheden Rz 37 f; *Feyen*, Federal Dogmatics 103 ff.

1612 Vgl dazu mwN *Vanpraet* in Popelier, Zesde staatshervorming 212 f; *Martens*, RBDC 2003, 5; ergänzt wird der Grundsatz der Exklusivität durch die „Schwerpunktlehre" („zwaartepuntleer"), der zufolge bei einer Norm, die mehreren Kompetenzen zugeordnet werden könnte, nach dem inhaltlichen Schwerpunkt zu fragen ist; dazu ebenfalls *Vanpraet* in Seutin/van Haegendoren, Bevoegdheden Rz 39 sowie *Vanpraet*, Staatshervorming 124 mwN und Kritik.

Rechtsnormen unterschiedlicher föderaler Hoheitsträger unterworfen sind.[1613] Dazu tritt zweitens der Grundsatz der „Vertikalität", dem zufolge die Zuordnung einer Kompetenz zu einem Hoheitsträger diesen zur Gesetzgebung und Vollziehung sowie auch zum Abschluss völkerrechtlicher Verträge und zur Finanzierung in diesem Bereich ermächtigt.[1614] Der fragliche Kompetenzbereich wird also zur „Gänze" in den Verantwortungsbereich des fraglichen Hoheitsträgers gelegt. Beide Grundsätze sollen dazu beitragen, dass die einem Hoheitsträger zugeordneten Kompetenzen von diesem zur Gänze und autonom ausgeübt werden können.

Die genannten Grundsätze werden durch die sehr ausdifferenzierte Zuordnung von Kompetenzen im SGRI sowie durch die Rsp des GH aber relativiert:[1615] So ist bspw der Bund auf Grund von Art 6 Abs 1 VI Z 12 SGRI für Angelegenheiten der sozialen Sicherheit zuständig, während die Gemeinschaften nach Art 5 Abs 1 II SGRI für „Sozialhilfe"[1616] zuständig sind. Diese beiden Kompetenzbereiche stehen offensichtlich in einem Naheverhältnis zueinander; um ein (wirtschaftlich) möglichst effizientes Netz an sozialer Unterstützung zu schaffen, wäre es sinnvoll, dass die zuständigen Hoheitsträger sich diesbezüglich abstimmen. Kompetenzabgrenzungen wie die gerade genannte ermöglichen also zwar aus rechtlicher Perspektive eine autonome Kompetenzwahrnehmung; es bestehen aber faktische Hürden für eine (effektive) Wahrnehmung der fraglichen Kompetenz ohne Abstimmung mit den anderen zuständigen Hoheitsträgern.

Dazu kommt, dass der GH in seiner jüngeren Judikatur Aussagen macht, die in der Lehre im Sinne einer „Dubbelaspect-Leer"[1617] gedeutet werden.[1618] Im Zusammenhang mit der gerade genannten Kompetenzabgrenzung zwischen sozialer Sicherheit und „Sozialhilfe" kam der GH bei der Prüfung eines Flämischen Dekrets, mit dem eine Pflegeversicherung eingeführt wurde, im Wesentlichen zu dem Ergebnis, dass eine Sozialleistung für den Fall der Pflegebedürftigkeit sowohl von der (Flämischen) Gemeinschaft, gestützt auf den Titel der „Sozialhilfe", als auch vom Bund, gestützt auf den Titel der sozialen Sicherheit, eingeführt

1613 Die Exklusivität bezieht sich also iSd der oben (4.4.4.2.1 [= 151]) gemachten Unterscheidung nur auf den (abstrakten) Bereich der Kompetenzverteilung, nicht auf jenen der realen Lebenssachverhalte; *Vanpraet* in Popelier, Zesde staatshervorming 215.

1614 *Vanpraet* in Seutin/van Haegendoren, Bevoegdheden Rz 64 ff; *Vanpraet*, Staatshervorming 50 f.

1615 So statt vieler auch *Vanpraet* in Popelier, Zesde staatshervorming 209 f; *Vanpraet*, Staatshervorming 56 ff.

1616 Art 5 Abs 1 II SGRI führt detailliert aus, was darunter zu verstehen ist.

1617 Vergleichbar mit der Gesichtspunktetheorie, die der österreichische VfGH anwendet; explizit darauf hinweisend *Vanpraet* in Popelier, Zesde staatshervorming 217, 222; *Vanpraet* in Seutin/van Haegendoren, Bevoegdheden Rz 40 ff; *Vanpraet* hat dieser – nicht unumstrittenen – „Dubbelaspect-Leer" auch ihren Namen gegeben und ihre Anwendung auf die belgische Kompetenzverteilung in der Rsp des GH und des Staatsrates nachgewiesen;vgl *Vanpraet*, Staatshervorming 127 ff.

1618 Dazu *Vanpraet* in Popelier, Zesde staatshervorming 216 ff, 227 ff.

werden kann.[1619] Ob man dies nun als eine Art der konkurrierenden Kompetenz oder aber als mehrfache Regelung eines Sachverhalts erachtet, ist zunächst irrelevant. Festgehalten werden kann aber, dass die grundsätzlich strikte Trennung der Kompetenzbereiche eben nur dem Grundsatz nach besteht.[1620]

Im Lichte des vorangehend Gesagten ist es wenig überraschend, dass es trotz der Grundsätze der Exklusivität und der Vertikalität der Kompetenzverteilung zu Konflikten im Zusammenhang mit der Kompetenzausübung durch die föderalen Hoheitsträger kommen kann. Es stellt sich daher die Frage, welche Konfliktlösungsmechanismen das belgische Recht vorsieht.

7.4.1.2 *Konfliktlösung*

7.4.1.2.1 *Allgemeines*

In der belgischen Rechtsordnung gibt es keine Anordnung, nach der die Regelungen eines Hoheitsträgers jenen eines anderen vorgehen („Bundesrecht bricht Landesrecht" oder Ähnliches). Wohl aber gibt es Art 143 BV zufolge im belgischen Verfassungsrecht den Grundsatz der „föderalen Loyalität", auf den weiter unten eingegangen wird.[1621]

Neben dieser materiellen Konfliktlösungsregel gibt es, wie auch in den anderen Bundesstaaten, formelle Konfliktlösungsregeln. So befindet zum einen der GH insb über die Kompetenzkonformität von Gesetzesakten.[1622] Zum anderen ist die Legislativabteilung des Staatsrates[1623] dafür zuständig, bereits vor Erlassung eines Legislativaktes auf Antrag einer gesetzgebenden Körperschaft gutachterlich über die Kompetenzkonformität des angestrebten Aktes zu entscheiden.[1624] Das skizzierte System der Normenkontrolle[1625] ist ein zentraler Faktor bei der Sicherstellung der Einhaltung der verfassungsrechtlichen Vorgaben durch die Rechtsetzung der föderalen Hoheitsträger und kann somit aus bundesstaatlicher (und

1619 Zum Beispiel GH 22.01.2003, 8/2003, B.6; dazu *Vanpraet* in Cantillon, Social Federalism 163 f. Weitere Beispiele aus der Rsp bei *Vanpraet* in Popelier, Zesde staatshervorming 217 ff.

1620 Es ist fraglich, ob die genannten Grundsätze der Kompetenzverteilung ebenso wie ihre Relativierung iSd Art 4 Abs 2 EUV grundlegend für den belgischen Bundesstaat sind. Dies ist eher zu verneinen, da, soweit ersichtlich, nicht einmal Einigkeit über den genauen Inhalt der genannten Grundsätze besteht. Zu ergänzen ist auch, dass keine Konstellation ersichtlich ist, in welcher die Organe der EU durch ihre Handlungen gerade diese Grundsätze missachten könnten.

1621 Gleich unten bei 7.4.1.2.2 (= 347).

1622 Art 1 Abs 1 SGRI; die Kontrolle der Rechtmäßigkeit sonstiger Rechtsakte obliegt den ordentlichen Gerichten bzw dem Staatsrat (administrative Sektion); vgl dazu zB *Lejeune*, Droit constitutionnel Rz 190 ff.

1623 Conseil d'État/Raad van Staade.

1624 Vgl dazu Art 160 Abs 2 iVm Art 141 BV und Lois coordonnées sur le Conseil d'État vom 12.01.1973, kundgemacht im Belgischen Staatsblatt am 21.03.1973, in der Fassung vom 14.09.2016; dazu zB *Lejeune*, Droit constitutionnel Rz 207 ff mwN.

1625 Siehe dazu schon oben bei 7.1.2 (= 328).

wohl auch aus rechtstaatlicher) Perspektive als iSd Art 4 Abs 2 EUV grundlegend für die belgische Verfassungsrechtsordnung qualifiziert werden.[1626]

7.4.1.2.2 Föderale Loyalität und Verhältnismäßigkeitsgrundsatz

Wie gerade erwähnt findet sich in Art 143 BV der Grundsatz der „föderalen Loyalität".[1627] Dieser Grundsatz der föderalen Loyalität dient ausweislich der entsprechenden Abschnittsüberschrift in der Belgischen Verfassung der Vorbeugung und Beilegung von Interessenkonflikten. Zur Vermeidung eben solcher Konflikte haben sich die föderalen Hoheitsträger bei der Ausübung ihrer Kompetenzen nach Art 143 Abs 1 BV dem Grundsatz der föderalen Loyalität entsprechend zu verhalten.

Eine zentrale Fragestellung im Zusammenhang mit Art 143 BV ist nun, was unter dem Begriff der Interessenkonflikte zu verstehen ist. Dazu ist anzumerken, dass der Verfassungsgesetzgeber bei der Einführung des Loyalitätsgrundsatzes im Jahr 1993 durch die gewählte Formulierung[1628] ausweislich der Materialien[1629] verhindern wollte, dass der Loyalitätsgrundsatz als Kompetenzverteilungsnorm qualifiziert und damit als Prüfungsmaßstab des GH und/oder anderer Gerichte erachtet werden konnte.[1630] Dies ist insofern paradox, als – ebenfalls ausweislich der Materialien[1631] – als Vorbild des Grundsatzes der föderalen Loyalität der Grundsatz der Bundestreue herangezogen wurde, wie er aus dem deutschen Verfassungsrecht bekannt ist.[1632] Die Verwendung des Begriffs „Interessenkonflikt" lässt sich also mit der Absicht erklären, dass der Grundsatz der föderalen Loya-

---

1626 Allerdings ist nicht ersichtlich, wie die Organe der EU durch ihre Handlungen dieses System missachten sollten; insb ist darauf hinzuweisen, dass der Anwendungsvorrang des EU-Rechts die Kontrolle nationaler Rechtsakte am nationalen Verfassungsrecht nicht grundsätzlich ausschließt. Insb die föderale Kompetenzkontrolle wird durch den Anwendungsvorrang nicht in Frage gestellt. Siehe dazu noch unten bei 8.4 (= 371).

1627 Der Grundsatz der föderalen Loyalität wurde 1993 als Art 107ter-bis BV eingefügt. Zur Entstehungsgeschichte s umfassend und mwN *Rasson*, CDPK 2012, 47 ff.

1628 Konkret durch die Verwendung des Begriffs „Interessenskonflikt" (conflits d'intérêts/belangenconflicten) anstelle des Begriffs „Kompetenzkonflikt" (conflits de compétence/bevoegdheidsconflicten).

1629 Zum Beispiel Parlamentarische Dokumente des Senats, SE 1991-1992, 100-27/7°, 3 (abrufbar unter https://www.senate.be/lexdocs/S0528/S05282091.pdf [abgerufen am 16.08.2020]).

1630 Nach der früheren Rechtslage vor der sechsten Staatsreform war der GH nach Art 1 Abs 1 SGRI zuständig, um über die Einhaltung der Kompetenzverteilung zu entscheiden; Abs 3 dieser Bestimmung, die auch Art 143 zum Prüfungsmaßstab des GH erhebt, wurde erst 2014 (mit der sechsten Staatsreform) eingefügt.

1631 Zum Beispiel Parlamentarische Dokumente des Senats, SE 1991-1992, 100-27/7°, 3 (abrufbar unter https://www.senate.be/lexdocs/S0528/S05282091.pdf [abgerufen am 16.08.2020]). Vgl dazu auch *Lejeune*, APT 1994, 236 f.

1632 Dabei handelt es sich aber um einen Grundsatz, der erstens – im Gegensatz zu Art 143 BV – nicht positiv rechtlich verankert und zweitens – nach der ihn etablierenden Rsp des BVerfG – sehr wohl justitiabel ist und zur Nichtigerklärung von Gesetzgebungsakten führen kann. Vgl zur Bundestreue oben bei 6.4.2.2.2 (= 301); zu den Unterschieden und Gemeinsamkeiten zwischen dem belgischen und dem deutschen Konzept zB *Peeters*, APT 1994, 240 ff; *Alen* in FS Cerexhe 22; *Dermine*, APT 2015, 214.

lität in den Augen des Verfassungsgesetzgebers auch nach seiner Verankerung im Verfassungsrecht „zahnlos" bleiben sollte; ihm wurde nicht nur die Justitiabilität, sondern teilweise sogar der Rechtscharakter abgesprochen.[1633] Der Begriff „Interessenkonflikt" wurde im Lichte dessen als Gegensatz zum Begriff „Kompetenzkonflikt" verstanden. Während Kompetenzkonflikte als rechtlich relevante und letztlich (mit Blick auf Legislativakte) vom GH aufzulösende Konflikte verstanden wurden, wurden Interessenkonflikte va als politische – außerrechtliche – Konflikte qualifiziert, für deren Lösung der Grundsatz der föderalen Loyalität relevant sei. Diese Unterscheidung und insb auch die Qualifikation des Grundsatzes der föderalen Loyalität als rechtsunverbindlich wurden in der Literatur stets kritisiert;[1634] beides ist inzwischen hinfällig:[1635]

Mit der sechsten Staatsreform wurde der Grundsatz der föderalen Loyalität im Jahr 2014 in die Auflistung jener Bestimmungen aufgenommen, deren Einhaltung im Hinblick auf Legislativakte vom GH kontrolliert werden kann.[1636] Nunmehr ist eindeutig, dass der Grundsatz der föderalen Loyalität im belgischen Verfassungsrecht Rechtscharakter hat und justitiabel ist.[1637]

Weniger eindeutig bleibt aber der Inhalt des Grundsatzes der föderalen Loyalität. Der GH hat den Grundsatz der föderalen Loyalität insb als spezifische Ausprägung des Verhältnismäßigkeitsgrundsatzes interpretiert, wonach es einem föderalen Hoheitsträger verboten ist, seine eigene Kompetenz so auszuüben, dass dadurch die Wahrnehmung einer Kompetenz durch einen anderen Hoheitsträger unmöglich gemacht oder deutlich erschwert wird.[1638] In jüngeren Entscheidungen betonte der GH, dass der Grundsatz der föderalen Loyalität den „Geist" der Kompetenzausübung determiniere und verbiete, das Gleichgewicht der föderalen Ordnung zu stören.[1639] Damit bleibt offen, wann eine solche Störung des föderalen Gleichgewichts vorliegt – naheliegenderweise wird der GH hier wohl wiederum auf Verhältnismäßigkeitsüberlegungen zurückgreifen. Dies führt dazu, dass jede Kompetenzausübung, die potentiell in ein Spannungsverhältnis zu Kompetenzen eines anderen föderalen Hoheitsträgers treten kann, verhältnis-

1633 Vgl *Rasson*, CDPK 2012, 49.

1634 Prägnant *Dermine*, APT 2015, 214.

1635 Zumindest für die hier vorliegende, rechtswissenschaftliche Untersuchung. Bedeutung kommt dem Begriff der Interessenkonflikte noch im Zusammenhang mit den Konfliktlösungsverfahren zu, die in Art 143 Abs 2 und 3 BV vorgesehen sind: Dort werden zur Sicherstellung der Einhaltung des Loyalitätsgrundsatzes besondere Verfahren für die Beilegung von Interessenkonflikten im Zusammenhang mit Gesetzgebungsakten (Abs 2) bzw sonstigen Rechtsakten der föderalen Hoheitsträger (Abs 3) vorgesehen, die durch Art 32 GRI ausgestaltet werden.

1636 Art 1 Z 3 SGRI bzw Art 26 Abs 1 Z 4 SGRI.

1637 Schon vor der sechsten Staatsreform berief sich der GH in einigen Entscheidungen auf den Grundsatz der föderalen Loyalität und zog diesen als Prüfungsmaßstab heran; zB GH 30.06.2004, 119/2004, B.3.3.; 29.07.2010, 95/2010, B.42.1; 28.10.2010, 124/2010, B.39.1; zur Rsp des GH *Dermine*, APT 2015, 214 ff; *Rasson*, CDPK 2012, 44 ff.

1638 Zum Beispiel GH 30.06.2004, 119/2004, B.3.3.

1639 Zum Beispiel GH 29.07.2010, 95/2010, B.42.1.

mäßig sein muss.[1640] Die föderalen Hoheitsträger sind damit (jedenfalls) bei ihrer legislativen Tätigkeit dazu angehalten, die Auswirkungen, die ihre Vorhaben auf andere Hoheitsträger haben können, einzubeziehen. Der Grundsatz der föderalen Loyalität eröffnet damit gleichzeitig – zumindest in der Theorie – einen weiten Beurteilungs- und Argumentationsspielraum des GH hinsichtlich der Rechtmäßigkeit von Gesetzgebungsakten.

Bei allen bestehenden Unklarheiten im Zusammenhang mit der föderalen Loyalität iSd Art 143 BV stellt sich die Frage, ob dieser Grundsatz als grundlegend für den belgischen Bundesstaat und damit als identitätsstiftend iSd Art 4 Abs 2 EUV qualifiziert werden kann. Für die Qualifikation als grundlegend spricht, dass der Grundsatz der föderalen Loyalität einen umfassenden Anwendungsbereich und somit – zumindest potentiell – Einfluss auf die gesamte Rechtsetzung im belgischen Bundesstaat hat. Bisher ist dieser Einfluss zwar vorwiegend theoretischer Natur und findet kaum Niederschlag in der Praxis der föderalen Hoheitsträger bzw des GH. Dies ändert aber nichts an der normativen Relevanz der föderalen Loyalität bei der Ausübung von Kompetenzen im belgischen Bundesstaat. Es spricht daher viel dafür, diesen Grundsatz als grundlegend iSd Art 4 Abs 2 EUV und damit als identitätsstiftend zu qualifizieren.[1641]

7.4.2 Beschränktheit der Kompetenzen der föderalen Hoheitsträger

7.4.2.1 Allgemeine Grundsätze

Auch im belgischen Bundesstaat sind die Kompetenzen der föderalen Hoheitsträger in verschiedenen Hinsichten beschränkt. In materieller Hinsicht sind die föderalen Hoheitsträger zunächst darauf beschränkt, jene Kompetenzen wahrzunehmen, die ihnen durch die Kompetenzverteilung zugeordnet werden.

Dazu kommt hinsichtlich der dezentralen Hoheitsträger eine territoriale Beschränktheit, die dem sog „Territorialitätsprinzip" folgt.[1642] Die Grenzen der Regionen und damit im Grunde auch ihrer Befugnisse werden in Art 5 BV festgelegt.[1643] Weniger deutlich erfolgt die Festlegung der territorialen Grenzen der Befugnisse der Gemeinschaften. Wie oben bereits erörtert gibt es drei Gemeinschaften, die Französischsprachige, die Flämische und die Deutschsprachige Gemeinschaft. Art 4 BV legt nun fest, dass es in Belgien vier Sprachgebiete gibt: Ein französisches, ein niederländisches und ein deutsches Sprachgebiet so-

1640 *Vanpraet* in Seutin/van Haegendoren, Bevoegdheden Rz 77.

1641 Eine andere Frage ist allerdings, in welchen Konstellationen die Achtung des belgischen Grundsatzes der föderalen Loyalität Relevanz für die Organe der EU haben kann; s dazu unten bei 8.4 (= 371).

1642 Dazu *Vanpraet* in Seutin/van Haegendoren, Bevoegdheden Rz 11 ff.

1643 Im Detail dazu *Vanpraet* in Seutin/van Haegendoren, Bevoegdheden Rz 12.

wie das zweisprachige Gebiet Brüssel-Hauptstadt. Die deutschsprachige Gemeinschaft übt ihre Befugnisse im deutschsprachigen Sprachgebiet aus.[1644] Die flämische und die französischsprachige Gemeinschaft üben ihre Befugnisse über ihr jeweiliges Sprachgebiet aus[1645] und haben außerdem speziell geregelte Befugnisse hinsichtlich der zweisprachigen Region Brüssel-Hauptstadt. Da es in Belgien kein mit einer „Landesbürgerschaft" vergleichbares Rechtsinstitut gibt,[1646] ist es nicht möglich, die Einwohner:innen der Region Brüssel-Hauptstadt in jene, die unter die Hoheit der Flämischen Gemeinschaft fallen, und jene, die zur französischsprachigen Gemeinschaft zählen, zu unterteilen.[1647] Die beiden Gemeinschaften können daher ihre Kompetenzen über das Gebiet Brüssel-Hauptstadt nur dahingehend ausüben, dass durch ihre Rechtsakte Personen nicht unmittelbar berechtigt oder verpflichtet werden; die entsprechenden Rechtsakte richten sich stattdessen zB an Institutionen, die je nach ihrer Tätigkeit dem einen oder dem anderen Regime zugeordnet werden.[1648]

Unabhängig davon, dass die Gemeinschaften nach Art 128 Abs 1 BV ua für „personenbezogene" Angelegenheiten zuständig sind, wird die Reichweite ihrer Kompetenzen nach territorialen Gesichtspunkten bestimmt. Welche territorialen Bezugspunkte für die Ausübung einer konkreten Kompetenz rechtmäßigerweise herangezogen werden dürfen, ist nach der Rsp des GH eine Frage der Auslegung der fraglichen Kompetenzbestimmungen.[1649] Der Grundsatz der Exklusivität gilt auch im Hinblick auf die territorialen Beschränkungen der Kompetenzen.[1650]

7.4.2.2 *Beschränktheit und Entschränkung durch implizite Kompetenzen nach Art 10 SGRI*

Für eine Analyse potentieller Konfliktkonstellationen zwischen dem Unionsrecht auf der einen Seite und der Beschränktheit der föderalen Hoheitsträger auf der

1644 Vgl Art 130 Abs 2 BV.

1645 Vgl insb Art 128 Abs 2 BV. Die Grenzen des Sprachgebiets sind entsprechend Art 4 BV territorial und nicht personell definiert. Die Hoheit über ein Sprachgebiet inkludiert damit entsprechend dem sog „Territorialitätsprinzip" die Hoheit über die sich in diesem Gebiet befindlichen Personen; dieser Begriff wird in der belgischen rechtswissenschaftlichen Literatur in unterschiedlichen Zusammenhängen verwendet (die jedoch alle hohe politische Relevanz haben); dazu *Velaers* in Popelier, Zesde staatshervorming 61 ff, spezifisch zur Kompetenzverteilung 70 ff. Die Kompetenzabgrenzung ist (insb im Hinblick auf die Gemeinschaften) damit unabhängig von deren Selbstzuordnung zu einer Sprachgruppe bzw deren Sprachkenntnissen; ein Abstellen auf das personelle Sprachgruppenzugehörigkeitsverständis entspräche dem „Personalitätsprinzip", dem aber in der Rsp weitgehend Absagen erteilt wurden; vgl zusammenfassend *Velaers* in Popelier, Zesde staatshervorming 106 f; *Alen/Ergec*, RW 1998/1999, 422 ff.

1646 Vgl dazu *Velaers* in Cantillon, Social Federalism 150.

1647 Ausführlich dazu *Dumont/van Drooghenbroeck*, APT 2011, 201 ff.

1648 Vgl dazu Art 128 Abs 2 BV.

1649 Zum Beispiel GH 19.04.2006, 51/2006, B.9.2 f; weiters *Vanpraet* in Seutin/van Haegendoren, Bevoegdheden Rz 15 mwN.

1650 Dazu *Velaers* in Popelier, Zesde staatshervorming 71 ff mwN insb zur Rsp sowie *Vanpraet* in Seutin/van Haegendoren, Bevoegdheden Rz 13 ff ebenfalls mwN.

anderen Seite ist ein weiteres Spezifikum der belgischen Kompetenzverteilung von besonderer Bedeutung. Art 10 SGRI enthält eine Bestimmung, der zufolge die Parlamente der dezentralen Hoheitsträger auch dann Rechtsakte erlassen dürfen, wenn diese nach der Kompetenzverteilung nicht in ihren Kompetenzbereich fallen, aber für die Ausübung einer ihnen zustehenden Kompetenz erforderlich sind.[1651] Art 10 SGRI positiviert in weitreichender Form den Grundsatz der „implied powers" oder impliziten Kompetenzen.[1652] Die materielle und territoriale Beschränktheit der föderalen Hoheitsträger[1653] tritt damit immer dann zur Seite, wenn dies für die Ausübung einer Kompetenz erforderlich ist. Neben der Erforderlichkeit ist es nach der Rsp des GH Voraussetzung für die Rechtmäßigkeit einer auf Art 10 SGRI gestützten Vorschrift, dass sich die fragliche Angelegenheit dazu eignet, von dezentralen Hoheitsträgern (differenziert) geregelt zu werden und dass der Eingriff in die Kompetenzen der anderen Hoheitsträger nur geringfügig ist.[1654]

Nach der Rsp des GH kann sich eine Erforderlichkeit iSd Art 10 SGRI auch aus unionsrechtlichen Verpflichtungen ergeben.[1655] Wie unten noch näher erörtert wird, erachtete der GH etwa in einer Entscheidung zur Flämischen Pflegeversicherung eine Erweiterung der Kompetenzen der Flämischen Gemeinschaft in territorialer Hinsicht[1656] als erforderlich und damit rechtmäßig, weil die einschlägigen EU-Sekundärrechtsakte nur eine Anknüpfung an den Arbeitsplatz, nicht aber an das Kriterium des Wohnsitzes zuließen.[1657]

1651 Dazu *Velaers* in Cantillon, Social Federalism 155; *Vanpraet* in Seutin/van Haegendoren, Bevoegdheden Rz 42 ff.

1652 Der vor der Einführung von Art 10 SGRI in der Rsp bei der Beurteilung der Kompetenzen der Gemeinschaften und Regionen zur Anwendung gebracht wurde, vgl dazu *Vanpraet* in Seutin/van Haegendoren, Bevoegdheden Rz 43, 46.

1653 Der Grundsatz der implied powers kommt auch auf den Bund zur Anwendung, der dann seine (primären) Kompetenzen überschreitende Regelungen erlassen darf, wenn dies zur Ausübung einer (primären) Kompetenz erforderlich ist und der Eingriff in die Kompetenzen der gegenbeteiligten Hoheitsträger nur geringfügig ist, vgl dazu *Vanpraet* in Seutin/van Haegendoren, Bevoegdheden Rz 46.

1654 ZB GH 12.03.2015, 29/2015, B.11; 12.07.2012, 89/2012, B.6.1 f. Dazu auch *Vanpraet* in Vandenbossche/Van Drooghenbroeck, Europese voorschriften 385; *Vanpraet* in Seutin/van Haegendoren, Bevoegdheden Rz 45 mwN.

1655 Nämlich dann, wenn eine Kompetenz nur dann unionsrechtskonform ausgeübt werden kann, wenn sie in materieller oder territorialer Hinsicht erweitert wird, s dazu gleich unten im Zusammenhang mit der Flämischen Pflegeversicherung. Hingegen kann aus Art 10 SGRI nicht abgeleitet werden, dass alle Hoheitsträger (nach Belieben) für die Umsetzung unionsrechtlicher Verpflichtungen zuständig sind; allein das Bestehen einer Umsetzungsverpflichtung führt also nicht ohne weiters zum Bestehen einer „impliziten" Kompetenz (irgendeines, des ersten oder aller) Hoheitsträger. Besteht eine unionale (oder auch: völkerrechtliche) Umsetzungsverpflichtung, so ist zunächst zu fragen, welche/r Hoheitsträger nach der primären Kompetenzverteilung für die Umsetzung zuständig sind. Vgl dazu auch *Van Drooghenbroeck* in Vandenbossche/Van Drooghenbroeck, Europese voorschriften 338, der aufzeigt, dass ein extensives Verständnis des Art 10 SGRI im Zusammenhang mit unions- und völkerrechtlichen Verpflichtungen zu einer Unterwanderung des Art 169 BV führen würde.

1656 Nämlich auf bestimmte Personen, die zwar nicht im Gebiet der Flämischen Gemeinschaft wohnen, aber dort arbeiten.

1657 GH 19.04.2006, 51/2006, B.9.6.

Die vom GH vorgenommene Auslegung von Art 10 SGRI, die im Ergebnis dazu führt, dass das Unionsrecht sich zumindest teilweise über die (sonstige bzw primäre) Kompetenzverteilung hinwegsetzen kann, mag auf den ersten Blick verwundern, ist aber bei Berücksichtigung der Stellung des Unionsrechts und des Art 10 SGRI in der belgischen Rechtsordnung legitim.[1658] Im Wesentlichen handelt es sich dabei um eine „normale" unionsrechtskonforme Auslegung nationalen Rechts.[1659] Ihre Grenzen findet die Durchsetzung des Unionsrechts über diesen Weg dann, wenn die allgemeinen Voraussetzungen für die Annahme des Vorliegens von impliziten Kompetenzen nicht mehr vorliegen, insb also dann, wenn die Kompetenzerweiterung nicht mehr nur „geringfügig" ist. Ob dieses Kriterium erfüllt ist, ist jeweils im Einzelfall zu beurteilen.

Es bleibt damit an dieser Stelle festzuhalten, dass die (materielle, aber auch territoriale) Beschränktheit der föderalen Hoheitsträger im belgischen Kompetenzverteilungssystem durch den in Art 10 SGRI positivierten Grundsatz der implied powers – auch zu Gunsten des Unionsrechts – relativiert wird. Durch die Geringfügigkeitsgrenze wird sichergestellt, dass der (verfassungsrechtlich angeordnete) föderale Staatsaufbau Belgiens durch diese „Entschränkung" nicht gänzlich unterlaufen wird.

7.4.2.3 Spezifische (territoriale) Beschränktheit als Teil der nationalen Identität?

7.4.2.3.1 Ausgangslage

Die gerade diskutierten Zusammenhänge haben nach Ansicht zahlreicher Autorinnen und Autoren einen starken Bezug zur nationalen, insb bundesstaatlichen, Identität Belgiens iSd Art 4 Abs 2 EUV.[1660] Die besondere Aufmerksamkeit, die diesem Thema in der belgischen Rechtswissenschaft zuteil wird, ist insb auf ein Dekret der Flämischen Gemeinschaft aus dem Jahr 1999 zurückzuführen, mit dem eine sog „Flämische Pflegeversicherung" eingeführt werden sollte. Die Frage, inwiefern die Flämische Gemeinschaft dafür zuständig ist und in weiterer Folge auch die Frage, wie sich diese Zuständigkeit zum Unionsrecht verhält, beschäftigten die nationalen und europäischen Höchstgerichte mehrere Jahre lang. Im Folgenden wird die Problematik rund um diese Flämische Pflegeversicherung kurz dargestellt,[1661] um sich auf fundierter Basis mit den insb in der Literatur vorgebrachten Argumenten zur spezifischen Beschränktheit der Kompetenzen der

1658 Insb zur Normenhierarchie s schon oben bei 7.1.4 (= 331).

1659 Art 10 SGRI wird bspw auch zur Anwendung gebracht, um den (in den EMRK enthaltenen, aber auch den verfassungs- und unionsrechtlichen) Grundrechten zum „Durchbruch" zu verhelfen; vgl dazu *Vanpraet* in Vandenbossche/Van Drooghenbroeck, Europese voorschriften 385 ff mwN.

1660 Statt vieler zB *Cloots*, Identity 236 ff; *Van Elsuwege/Adam*, ECLR 2009, 327 ff; s auch die Nachweise in den folgenden Fußnoten.

1661 Eine prägnante Darstellung findet sich etwa auch bei *Van Elsuwege/Adam*, ECLR 2009, 328 ff.

Flämischen Gemeinschaft als Teil der bundesstaatlichen Identität Belgiens iSd Art 4 Abs 2 EUV auseinandersetzen zu können.

7.4.2.3.2 Rechtsprechung zur „Flämischen Pflegeversicherung"

Ausgangspunkt der langjährigen Auseinandersetzung zwischen verschiedenen föderalen Hoheitsträgern in Belgien war ein Dekret der Flämischen Gemeinschaft vom 30.03.1999[1662] (im Folgenden Dekret 1999). Mit diesem führte die Flämische Gemeinschaft eine Pflegeversicherung ein, die näher bestimmte Leistungen im Fall von anhaltender Beeinträchtigung durch Alter, Krankheit oder Behinderung abdecken sollte und für deren Finanzierung Beiträge von einem näher bestimmten Personenkreis eingehoben werden sollten.

Nach der belgischen föderalen Kompetenzverteilung war (und ist) der Bund auf Grund von Art 6 Abs 1 VI Z 12 SGRI zuständig für Angelegenheiten der sozialen Sicherheit, während die Gemeinschaften nach Art 128 Abs 1 BV iVm Art 5 SGRI für bestimmte personenbezogene Angelegenheiten zuständig sind, die etwa auch Aspekte der Gesundheitspolitik oder „Sozialhilfe" erfassen.[1663] Auf Grund des Versicherungscharakters der durch das Dekret 1999 eingeführten Pflegeversicherung und des Kreises der Versicherten – die teilweise auch Versicherungsleistungen nach Bundesrecht erhielten – zweifelte die Französische Gemeinschaft an der Kompetenzkonformität der Maßnahme der Flämischen Gemeinschaft. In zwei Entscheidungen bestätigte der GH jedoch die (grundsätzliche) Kompetenzkonformität der mit dem Dekret 1999 eingeführten Pflegeversicherung.[1664]

In der weiteren Folge rückte die Frage des von der Versicherung erfassten Personenkreises in das Zentrum der (auch gerichtlichen) Aufmerksamkeit. Ursprünglich sah das Dekret 1999 vor, dass sich die Versicherung auf alle Personen erstrecken würde, die im Flämischen Sprachgebiet wohnhaft sind. Zudem sollte den Einwohnerinnen und Einwohnern des zweisprachigen Gebiets Brüssel-

1662 Dekret vom 30.03.1999 zur Organisation der Pflegeversicherung, kundgemacht im Belgischen Staatsblatt am 25.05.1999.

1663 Zur Kompetenzverteilung in diesem Bereich detailliert *Velaers* in Cantillon, Social Federalism 140 ff.

1664 GH 13.03.2001, 33/2001, B.3.3 ff; allerdings wurde die Kompetenzverteilung durch im Dekret 1999 enthaltene Rechtsschutzregelungen missachtet und das Dekret insoweit für nichtig erklärt (GH 13.03.2001, 33/2001, B.5.5.4). Die dadurch notwendigen Änderungen wurden mit Dekret der Flämischen Gemeinschaft vom 18.05.2001 zur Abänderung des Dekrets vom 30.03.1999, kundgemacht im Belgischen Staatsblatt am 28.07.2001, vorgenommen. Dieses wurde wiederum von der Französischen Gemeinschaft bekämpft, in GH 22.01.2003, 8/2003, B.6 jedoch ebenfalls für kompetenz- und verfassungskonform befunden (allein der Einsatz eines „Versicherungsmodells" macht die Angelegenheit nach Ansicht des GH noch nicht zu einer solchen der „Sozialversicherung" [welche in die Zuständigkeit des Bundes fällt]; dazu *Vanpraet* in Cantillon, Social Federalism 163).

Hauptstadt ein freiwilliger Beitritt zur Versicherung ermöglicht werden.[1665] Dieses Wohnsitzerfordernis wurde aber in einem Mahnschreiben der Europäischen Kommission als nicht mit den Grundfreiheiten der EU und der VO (EWG) 1408/71[1666] im Einklang stehend erachtet; aus Perspektive des Unionsrechts sei es erforderlich, dass in einem Mitgliedstaat tätige Personen unabhängig von ihrem Wohnsitz in den Genuss der Pflegeversicherungsleistungen kommen können.[1667] Das Dekret 1999 wurde als Reaktion darauf abgeändert, um den Bedenken der Europäischen Kommission Rechnung zu tragen:

Mit Dekret vom 30.04.2004[1668] wurde der Kreis der von der Pflegeversicherung erfassten Personen um jene Personen erweitert, die im Flämischen Sprachgebiet oder im zweisprachigen Gebiet Brüssel-Hauptstadt tätig sind, ihren Wohnsitz aber außerhalb Belgiens haben.[1669] Nach diesen Änderungen erfasst die Pflegeversicherung daher neben den Einwohnerinnen und Einwohnern des Flämischen Sprachgebiets und (potentiell) den Einwohnerinnen und Einwohnern des zweisprachigen Gebiets Brüssel-Hauptstadt auch alle Personen, die in den genannten Gebieten (wirtschaftlich) tätig sind, mit Ausnahme jener Personen, die im genannten Gebiet arbeiten, aber im Gebiet der Französischsprachigen oder der Deutschsprachigen Gemeinschaft wohnhaft sind.

Dieser letztgenannte Umstand wurde von der Französischen Gemeinschaft und der Wallonischen Region wiederum herangezogen, um das Dekret 1999 zu bekämpfen. Dabei wurden im Wesentlichen zwei Kritikpunkte vorgebracht: Erstens habe die Flämische Gemeinschaft auf Grund des Territorialitätsprinzips keine Kompetenz, Regelungen betreffend Personen zu erlassen, die ihren Wohnsitz nicht im Flämischen Sprachgebiet haben.[1670] Zweitens verletze das Flämische

1665 Mangels unmittelbarer Zuordnung einzelner Personen in diesem Gebiet zur Hoheit der Flämischen oder Französischsprachigen Gemeinschaft kann nicht auf eine solche abgestellt werden; wie oben angesprochen ist es den Gemeinschaften in diesem Gebiet nach Art 128 Abs 2 BV auch verwehrt, unmittelbar an Personen adressierte Rechtsakte zu erlassen. Das Dekret 1999 wurde dahingehend vom GH so gedeutet, dass dadurch lediglich Regelungen für die Versicherungsunternehmen etabliert werden, denen sich die Einwohnerinnen und Einwohner Brüssels freiwillig unterwerfen können; insofern sind sie also nicht unmittelbare Adressatinnen und Adressaten der Regelungen.

1666 VO (EWG) 1408/71 des Rates vom 14.06.1971 zur Anwendung der Systeme der sozialen Sicherheit auf Arbeitnehmer:innen und deren Familien, die innerhalb der Gemeinschaft zu- und abwandern, ABl L 149/1971, 2; diese wurde inzwischen in weiten Teilen durch die VO (EG) 883/2004 des Europäischen Parlaments und des Rates vom 29.04.2004 zur Koordinierung der Systeme der sozialen Sicherheit, ABl L 166/2004, 1, ersetzt.

1667 Siehe die Nachweise bei *Van Elsuwege/Adam*, ECLR 2009, 329 f.

1668 Dekrets der Flämischen Gemeinschaft vom 30.04.2004 zur Abänderung des Dekrets vom 30.03.1999 zur Organisation der Pflegeversicherung, kundgemacht im Belgischen Staatsblatt am 09.06.2004.

1669 Art 4 Abs 2ter Dekret 1999 in der durch das Dekret 2004 abgeänderten Fassung; hinsichtlich der in Brüssel-Hauptstadt Tätigen wurde keine Versicherungspflicht, sondern ebenfalls die Möglichkeit der freiwilligen Unterstellung unter das Versicherungssystem eingeführt.

1670 Vgl GH 19.04.2006, 51/2006, B.7.

Dekret 1999 unionale und belgische Freizügigkeits- und Gleichbehandlungsbestimmungen.[1671]

Der GH setzte sich zuerst mit der Frage der Vereinbarkeit der fraglichen Regelung mit der Kompetenzverteilung auseinander. Dem GH zufolge – der sich insofern auf seine Vorjudikatur beruft – verfügen die Gemeinschaften auf Grund der Art 128 Abs 2 und 130 Abs 2 BV über abgegrenzte und jeweils ausschließliche örtliche Kompetenzbereiche.[1672] Die Frage, welcher Anknüpfungspunkt zum „eigenen" Gebiet bei der Ausübung einer Kompetenz relevant sein darf, ist eine Frage der Auslegung des jeweiligen Kompetenztatbestands und hat unter Berücksichtigung der Besonderheiten der betroffenen Sachmaterie zu erfolgen.[1673] Der GH setzt sich aber in weiterer Folge nicht mit diesen Besonderheiten auseinander, sondern erörtert vielmehr umfangreich, dass die angefochtene Erweiterung des Personenkreises der Erfüllung unionsrechtlicher Anforderungen diene.[1674] Daraus schließt der GH dann, dass die von der Flämischen Gemeinschaft herangezogenen Kriterien für die territoriale Anknüpfung zur Festlegung bzw Erweiterung des von der Pflegeversicherung erfassten Personenkreises in Einklang mit Art 128 Abs 2 und 130 Abs 2 BV stehen.[1675]

Im Ergebnis scheint der GH also davon auszugehen, dass die Kompetenzverteilung – insb in territorialer Hinsicht – insoweit Kompetenzen einräumt, als es das Unionsrecht erforderlich macht. Auf diesen Punkt wird noch zurückzukommen sein; zunächst soll aber der weitere Verlauf in Sachen Flämische Pflegeversicherung geschildert werden.

Hinsichtlich der Frage der Vereinbarkeit mit (auch) unionalen Freizügigkeitsbestimmungen bzw Grundfreiheiten erachtete der GH eine Vorlage an den EuGH für erforderlich. In der daraufhin ergangenen Vorabentscheidung kam der EuGH (ua) zu dem Ergebnis, dass das Dekret 1999 die Arbeitnehmerfreizügigkeit und die Niederlassungsfreiheit dadurch verletze, dass freizügigkeitsberechtigte Personen[1676] mit Wohnsitz innerhalb Belgiens, aber außerhalb des Flämischen Sprachgebiets bzw des zweisprachigen Gebiets Brüssel-Hauptstadt, die in den gerade genannten Gebieten wirtschaftlich tätig sind, auf Grund ihres Wohnsitzortes von der Pflegeversicherung ausgeschlossen sind.[1677]

Im darauffolgenden Verfahren beurteilte der GH, inwiefern es der Flämischen Gemeinschaft möglich wäre, die Pflegeversicherung auch auf die vom EuGH als

1671 Vgl GH 19.04.2006, 51/2006, B.10.1; s zum Verhältnis belgischer und unionaler Freizügigkeitsbestimmungen zueinander zB *Feyen* in Cloots, Federalism 395 ff.

1672 GH 19.04.2006, 51/2006, B.9.1.

1673 GH 19.04.2006, 51/2006, B.9.2 f; vgl dazu auch *Velaers* in Cantillon, Social Federalism 148 ff.

1674 GH 19.04.2006, 51/2006, B.9.6.

1675 GH 19.04.2006, 51/2006, B.9.8.

1676 Das sind zum einen Staatsbürger:innen anderer EU-Mitgliedstaaten, die in Belgien tätig sind, und zum anderen Belgier:innen, die bereits von ihren Freizügigkeitsrechten Gebrauch gemacht haben. Näher dazu zB *Verschueren* in Cantillon, Social Federalism 213 ff.

1677 EuGH 01.04.2008, Rs C-212/06 (Flämische Pflegeversicherung) ECLI:EU:C:2008:178 Rz 59.

in ihren Grundfreiheiten beeinträchtigt qualifizierten Personen zu erstrecken.[1678] Die Kompetenz der Flämischen Gemeinschaft dazu war fraglich, da die genannten Personen ihren Wohnsitz zwar im belgischen Staatsgebiet, aber außerhalb des Flämischen oder zweisprachigen Sprachgebiets haben und somit – prima facie – in den Kompetenzbereich einer der anderen Gemeinschaften fallen. Allerdings wiederholte der GH auch hier seine „unionsrechtsfreundliche" Interpretation der föderalen Kompetenzverteilung. Der GH führte nämlich aus, dass die Flämische Gemeinschaft zwar grundsätzlich keine Kompetenzen über die genannten Personen ausüben könne,[1679] dass aber dennoch die Ausweitung durch das Unionsrecht geboten sei und auch nur ein kleiner Personenkreis betroffen sei, sodass die Zuständigkeiten der anderen Gemeinschaften dadurch nicht unverhältnismäßig beeinträchtigt würden.[1680] Die Relevanz der unionsrechtlichen Notwendigkeit für die vom GH vorgenommene erweiterte Auslegung der Kompetenz der Flämischen Gemeinschaft wird besonders deutlich, wenn der GH an einer späteren Stelle der Entscheidung, in der es um rein innerstaatlich determinierte Sachverhalte geht,[1681] ein auch Personen mit Wohnsitz außerhalb der Flämischen Gemeinschaft erfassendes Kompetenzverständnis für nicht angemessen erachtet.[1682] Mit Blick auf rein innerstaatlich determinierte Sachverhalte verneinte der GH weiters – mit einer fragwürdigen Begründung, wenn auch im Ergebnis zutreffend – das Vorliegen einer verfassungsrechtlich relevanten Diskriminierung.[1683]

1678 Also auf Unionsbürger:innen oder bereits von ihrem Freizügigkeitsrecht Gebrauch gemacht habende Belgier:innen, die im Flämischen Sprachgebiet bzw im zweisprachigen Gebiet Brüssel-Hauptstadt wirtschaftlich tätig sind, aber in einem anderen Gebiet Belgiens (französischsprachiges oder deutschsprachiges Gebiet) wohnen.

1679 GH 21.01.2009, 11/2009, B.10.2, B.12.3.

1680 GH 21.01.2009, 11/2009, B.10.2., B.13.1.; dazu *Velaers* in Cantillon, Social Federalism 154 ff, der darauf hinweist, dass die Argumentation des GH jener im Zusammenhang mit „implicit competences" (Art 10 SGRI) ähnelt.

1681 An denen also nur Belgier:innen beteiligt sind, die ihre Freizügigkeitsrechte noch nicht in Anspruch genommen haben.

1682 GH 21.01.2009, 11/2009, B.14.

1683 GH 21.01.2009, 11/2009, B.16 – fragwürdig ist die Begründung, weil der GH davon ausgeht, dass eine etwaige Ungleichbehandlung der fraglichen Personengruppen nicht auf das Dekret 1999 der Flämischen Gemeinschaft, sondern auf die Untätigkeit der anderen beiden Gemeinschaften (die keine vergleichbare Pflegeversicherung eingeführt haben) zurückzuführen wäre. Wenn aber die Flämische Gemeinschaft ihre Kompetenzgrenzen überschreiten würde, wenn sie die fragliche Personengruppe in die Pflegeversicherung einbeziehen würde, dann wäre die „Ungleichbehandlung" – wie vergleichbare Ungleichbehandlungen in einem Bundesstaat – ganz einfach durch den bundesstaatlichen Aufbau rechtfertigbar. Zur bundesstaatlich bedingten Relativierung des Gleichheitssatzes in der Rsp des GH s gleich unten bei 7.4.3.3 (= 364); ebenfalls auf die diesbezügliche Rsp des GH hinweisend *Van Elsuwege/Adam*, ECLR 2009, 337.

7.4.2.3.3 Rezeption in der Literatur und Bewertung

Die genannten Entscheidungen sind Gegenstand einer umfangreichen Diskussion in der Literatur.[1684] Kritisiert wird dabei insb der EuGH, der nach Ansicht einiger Autorinnen und Autoren den bundesstaatlichen Aufbau Belgiens und dabei insb das Territorialitätsprinzip nicht ausreichend in seine Überlegungen einbezogen habe.[1685] In der – noch vor dem Inkrafttreten des Vertrags von Lissabon gefällten – Entscheidung weist der EuGH den Einwand, dass die im Dekret 1999 mit Blick auf den Personenkreis enthaltenen Differenzierungen durch die (territorialen) Grenzen der Kompetenzen der Flämischen Gemeinschaft bedingt und gerechtfertigt seien, unter Hinweis auf seine ständige Rsp ab, wonach Umstände in der internen Rechtsordnung nicht als Rechtfertigung für eine Unionsrechtsverletzung ins Treffen geführt werden können.[1686]

Im Folgenden soll nun nicht näher diskutiert werden, ob die Entscheidung des EuGH im Lichte der Rechtslage zum Entscheidungszeitpunkt zutreffend erscheint.[1687] Vielmehr wird hier gefragt, ob die Entscheidung unter Berücksichtigung der aktuellen Rechtslage – also unter Berücksichtigung von Art 4 Abs 2 EUV – und dem Grundsatz der Beschränktheit der föderalen Hoheitsträger vertretbarerweise ebenso ausfallen könnte.[1688] Dazu ist zu fragen, ob die territoriale Beschränktheit der dezentralen föderalen Hoheitsträger im Allgemeinen oder die territoriale Beschränktheit spezifisch im streitigen Bereich der Pflegeversicherung einen Teil der nationalen Identität Belgiens ausmacht.

Die erste, abstraktere Frage kann grundsätzlich bejaht werden: Es kann durchaus als grundlegend für den belgischen Bundesstaat qualifiziert werden, dass die dezentralen Hoheitsträger über territorial und materiell abgegrenzte, grundsätzlich ausschließliche Kompetenzbereiche verfügen. Die (territoriale oder materielle) Beschränktheit kann zur Folge haben, dass es innerhalb Belgiens unterschiedliche Regelungen für vergleichbare Sachverhalte gibt – dies wird weiter unten noch näher analysiert.[1689] Hier interessiert aber nicht die Unterschiedlichkeit verschiedener dezentraler Rechtsakte, sondern (allein) die territoriale

1684 Zum Beispiel *Verschueren* in Cloots, Federalism 265 ff; *Feyen* in Cloots, Federalism 400 ff; *Vandamme*, ECLR 2008, 142 ff; *Feyen*, Federal Dogmatics 235 ff; *Cloots*, Identity 248 ff.

1685 Zum Beispiel *Verschueren* in Cloots, Federalism 277 f.

1686 EuGH 01.04.2008, Rs C-212/06 (Flämische Pflegeversicherung) ECLI:EU:C:2008:178 Rz 58. Siehe dazu schon oben bei 3.3.2 (= 70).

1687 Dies erscheint für die vorliegende Untersuchung wenig relevant, da die hier zentrale Bestimmung des Art 4 Abs 2 EUV zum Entscheidungszeitpunkt keinen Handlungsmaßstab des EuGH bildete.

1688 Zur Beurteilung der Entscheidung mit Blick auf die Relativierung des Gleichheitssatzes siehe unten bei 7.4.3.5 (= 366) sowie 9.2.2.8 (= 405).

1689 Unten bei 7.4.3.3 (= 364). Nach der hier vertretenen Ansicht ist Dreh- und Angelpunkt des Falles „Flämische Pflegeversicherung“ die Reichweite der Kompetenzen der Flämischen Gemeinschaft; die – erst nach Feststellung der Reichweite der Kompetenzen – anschließende Frage der Zulässigkeit differenzierter Kompetenzausübung durch dezentrale föderale Einheiten musste sich der EuGH in dieser Konstellation nicht stellen. Anderer Ansicht offenbar *Vandamme*, ECLR 2008, 144.

Beschränktheit der einzelnen dezentralen Rechtsakte. Dieser Umstand – nämlich dass es auf Grund des belgischen föderalen Systems Rechtsakte gibt, die zwingend über einen beschränkten territorialen Anwendungsbereich verfügen – ist nach der hier vertretenen Ansicht Teil der nationalen bundesstaatlichen Identität Belgiens iSd Art 4 Abs 2 EUV. Ein Verständnis des Unionsrechts und dabei insb der Grundfreiheiten, das diese Beschränkung dem Grunde nach oder in weiten Teilen aushebeln würde, wäre nicht mit der bundesstaatlichen Identität Belgiens iSd Art 4 Abs 2 EUV vereinbar.[1690]

Es bleibt aber damit noch fraglich, ob in einem Fall wie jenem, den der EuGH zu entscheiden hatte, durch eine Auslegung der Grundfreiheiten, wie sie der EuGH in seiner Entscheidung vornimmt, eine solche „Aushebelung" des Grundsatzes der territorialen Beschränktheit bewirkt würde. Im Lichte der Rsp des GH muss das bezweifelt werden: Denn nach der Rsp des GH stellt zwar das Territorialitätsprinzip eine Beschränkung der Gemeinschaftskompetenzen dar, die im Fall der Pflegeversicherung zur Folge hat, dass die Flämische Pflegeversicherung grundsätzlich[1691] nur Personen erfassen darf, die im Flämischen Sprachgebiet wohnen. Der GH selbst war aber wie oben dargelegt bereit, auch andere territoriale Anknüpfungen (insb den Arbeitsplatz) als verfassungskonform zu erachten, insoweit dies durch das Unions(sekundär)recht gefordert wurde. Nimmt man diese Judikatur ernst, so gehen die Kompetenzen der Gemeinschaften in territorialer Hinsicht so weit, wie es das Unionsrecht verlangt (sofern nicht die oben[1692] angesprochene Geringfügigkeitsgrenze überschritten wird). Wird aber die territoriale Beschränktheit der Kompetenzen durch die Erfordernisse des Unionsrechts relativiert, kann diese selbst schwerlich eine zu beachtende Schranke für das Unionsrecht darstellen.

Nun ist die Rsp des GH nicht notwendigerweise mit dem Inhalt des Verfassungsrechts gleichzusetzen; man kann also die vom Gerichtshof vorgenommenen Erweiterungen der Gemeinschaftskompetenzen in Fällen, in denen das Unionsrecht danach verlangt, durchaus kritisieren.[1693] Ein Kritikpunkt könnte dabei

1690 So auch *Velaers* in Cantillon, Social Federalism 157. Ein derartiges Verständnis bestünde etwa darin, die Grundfreiheiten auf rein „interne" Sachverhalte anzuwenden, sodass jede territorial beschränkte Regelung (eines dezentralen Hoheitsträgers) automatisch zu einer rechtfertigungsbedürftigen Beschränkung der Grundfreiheiten würde; so vertreten etwa bei *Van Elsuwege/Adam*, ECLR 2009, 338 in Anlehnung an GA *Sharpston*, 28.06.2007, Rs C-212/6 (Flämische Pflegeversicherung) Rz 141 ff. Wie hier kritisch dazu *Verschueren* in Cloots, Federalism 283 f.

1691 Die Situation in Brüssel wird im Folgenden aus Gründen der besseren Veranschaulichung der angestellten Überlegungen nicht näher erörtert.

1692 Bei 7.4.2.2 (= 350).

1693 Lehnt man diese Rsp-Linie ab, so wäre im Detail zu prüfen, ob die fraglichen Kompetenzbestimmungen unabhängig von unionsrechtlichen Zwängen in territorialer Hinsicht auch ein Anknüpfen an den Arbeitsplatz der Versicherten zulassen. Nur wenn das nicht der Fall wäre, wäre in einem weiteren Schritt zu überlegen, ob das Wohnsitzkriterium gerade im Bereich der sozialen Sicherheit grundlegend für die nationale Identität Belgiens ist (zur Bedeutung des Wohnsitzkriteriums für das System der sozialen Sicherheit zB *Mussche* in Cantillon, Social Federalism 171 ff; weiters *Velaers* in Cantillon, Social Federalism 149 f; das Wohnsitzkriterium macht ihm zu Folge insb in sozialrechtlisein, dass nach dem Ansatz des GH das Unionsrecht maßgeblichen Einfluss auf die verfassungsrechtlichen und sondergesetzlich geregelten Kompetenzverteilungsbestimmungen hat. Allerdings ist dies bei näherer Betrachtung wenig problematisch: Nach der oben skizzierten Normenhierarchie ist es nicht zu beanstanden, wenn der GH das Unionsrecht für die Auslegung der (materiell) verfassungsrechtlichen Kompetenzverteilung heranzieht. Dies gilt insb auch für die Bestimmung des Art 10 SGRI, die sich eben auch zu Gunsten des Unionsrechts einsetzen lässt. Dies hat dann – wie in der Rsp des GH angedeutet – zur Folge, dass die Kompetenzen der föderalen Hoheitsträger (auch) in territorialer Hinsicht so weit gehen, wie es das Unionsrecht erfordert. Die Grenzen eines derart unionsrechtsfreundlich verstandenen Art 10 SGRI sind dort anzusetzen, wo die Kompetenzerweiterung nicht mehr nur geringfügig wäre. Damit ist auch klar, dass Art 10 SGRI nicht generell als Hebel zur Überwindung der Beschränktheit zu Gunsten der Grundfreiheiten oder Grundrechte der EU eingesetzt werden kann; denn derart weitreichende Erweiterungen der Kompetenzen der föderalen Hoheitsträger könnten nicht mehr als „geringfügig" qualifiziert werden. Eine auf Art 10 SGRI gestützte und unionsrechtlich bedingte Erweiterung von Kompetenzen muss daher der Ausnahmefall bleiben.

Die (territoriale und materielle) Beschränktheit der föderalen Hoheitsträger ist daher nur dem Grundsatz nach durch die nationale Identität Belgiens iSd Art 4 Abs 2 EUV geschützt. Art 4 Abs 2 EUV kann aber nicht ins Treffen geführt werden, um mit dem Unionsrecht konfligierende territoriale oder materielle Beschränkungskonstellationen in spezifischen Sachbereichen pauschal zu rechtfertigen. Dies ist vielmehr nur dann möglich, wenn die territoriale oder materielle Beschränkung im konkreten Einzelfall identitätsstiftend iSd Art 4 Abs 2 EUV ist, was nur unter Heranziehung der im Einzelfall jeweils anwendbaren Kompetenzbestimmungen beurteilt werden kann. Im Lichte der Rsp des GH zur Flämischen Pflegeversicherung bleibt für eine solche Argumentation in diesem Fall kein Raum.[1694]

---

chen Angelegenheiten Sinn, wenn die Beiträge zur Finanzierung der Sozialleistung ebenfalls von den Einwohnerinnen und Einwohnern erhoben werden und es somit zu einer Kohärenz von Risiko- und Solidargemeinschaft [bzw potentiell Anspruchsberechtigten und Beitragsleistenden] kommt). Wäre dies zu bejahen, so könnte eine Auflösung des Konflikts zwischen dem Arbeitsplatzkriterium im EU-Sozialrechts-Koordinierungs-Recht durch eine auf die bundesstaatliche Ausgestaltung Belgiens Rücksicht nehmende Auslegung der entsprechenden Sekundärrechtsbestimmungen erfolgen, und zwar indem die Normen, auf die iSd Sozialrechts-Koordinierung verwiesen wird, eben auch die Kompetenzverteilungsbestimmungen und die aus ihnen folgenden territorialen Beschränkungen qualifiziert werden; so *Verschueren* in Cloots, Federalism 277f. Mit Blick auf (insb) die Grundfreiheiten wäre über die Kompetenzverteilung und -beschränkung als Rechtfertigungsgrund nachzudenken.

1694 Im Ergebnis ist die hier angestellte Überlegung strukturell äquivalent zu dem, was weiter oben im Zusammenhang mit den sich aus der Kompetenzverteilung in Österreich und Deutschland ergebenden materiellen Beschränkungen der föderalen Hoheitsträger untersucht wurde. Auch dort wurde ja befunden, dass die Existenz einer Kompetenzverteilung an sich identitätsstiftend ist, deswegen aber noch nicht jede einzelne Kompetenzzuordnung dem Schutz des Art 4 Abs 2 EUV unterliegt. Es

7.4.2.4 Überwindung von Beschränktheit durch Kooperation?

7.4.2.4.1 Problemstellung

Auch mit Blick auf die belgische Rechtsordnung stellt sich die Frage, wie sich die Beschränktheit der Kompetenzen der föderalen Hoheitsträger zu bestehenden Handlungsverpflichtungen verhält, die sich nicht an den Grenzen der Kompetenzverteilung orientieren. Einschlägige Verpflichtungen können sich insb aus verfassungsrechtlich und/oder unions- und völkerrechtlich verankerten Grundrechten ergeben.[1695] Wie oben bereits im Zusammenhang mit der österreichischen und der deutschen Rechtslage dargelegt, könnte bspw die Kompetenzverteilung theoretisch der Wahl eines mit Blick auf die Grundrechte gelinderen Mittels durch einen Hoheitsträger entgegenstehen, wenn dieses gelindere Mittel nach der Kompetenzverteilung außerhalb dessen Kompetenzen liegt.[1696] Außerdem kann es Konstellationen geben, in denen Grundrechte besser gewährleistet werden können, wenn die verschiedenen föderalen Hoheitsträger miteinander kooperieren.[1697]

Dazu ist zunächst darauf hinzuweisen, dass sowohl die Grundrechte als auch die bundesstaatliche Organisation verfassungsrechtlich verankert sind. Grundsätzlich ist daher bei potentiellen Konfliktlagen darauf zu achten, dass weder die bundesstaatliche Organisation noch die Grundrechtsgarantien an Bedeutung verlieren.

Eine Besonderheit des belgischen Verfassungsrechts ist es nun aber, dass sich innerhalb des Verfassungsrechts jedenfalls zwei Mechanismen finden, die potentielle Konfliktlagen zu Gunsten der Grundrechte auflösen: Erstens ist auf den schon oben erwähnten Art 10 SGRI hinzuweisen. Dieser lässt geringfügige Kompetenzerweiterungen (auch) zu dem Zweck der Erfüllung grundrechtlicher Forderungen zu. Insofern wird die Beschränktheit der föderalen Hoheitsträger – wenn auch nur in geringfügigem – Ausmaß relativiert, wenn die Grundrechte nach einer Kompetenzerweiterung verlangen.

---

muss vielmehr besondere Gründe dafür geben, warum eine spezifische materielle Zuordnung bzw Beschränkung identitätsstiftend ist.

1695 Zu erwähnen ist hier weiters Art 6 Abs 1 VI UAbs 3 SGRI, der – wie unten erörtert wird (bei 7.4.3.4 [= 365]) – vom GH als Grundlage der Belgischen (innerstaatlichen) Wirtschafts- und Währungsunion verstanden wird. Versteht man diese Bestimmung – entgegen ihrem eindeutigen Wortlaut – als alle Hoheitsträger bindenden Grundsatz, so können sich auch diesbezüglich Konflikte mit der Beschränktheit der Kompetenzen der Hoheitsträger als Konsequenz der föderalen Kompetenzverteilung ergeben. Da ein derart weitreichendes Verständnis der genannten Bestimmung aber nach der hier vertretenen Ansicht auf Grund der eindeutigen Adressierung an die Regionen nicht angezeigt ist, wird hier im Folgenden nicht darauf eingegangen. Im Grunde können die nachfolgenden Überlegungen aber auch auf diese Konstellationen angewandt werden.

1696 Vgl dazu oben bei 5.4.3.2.3 (= 232) und 6.4.3.1 (= 308).

1697 So etwa, wenn durch die Ausübung eines Grundrechts die Territorien mehrerer dezentraler Hoheitsträger betroffen sind. Vgl die strukturell ähnlichen Überlegungen oben bei 6.4.3.1 (= 308).

Zweitens gilt nach Art 143 Abs 1 BV der Grundsatz der föderalen Loyalität für die Kompetenzausübung durch die föderalen Hoheitsträger, dessen Zweck es ist, Interessenkonflikte im Bundesstaat zu vermeiden.[1698] In dem Fall, dass eine grundrechtskonforme Rechtslage nur durch abgestimmtes Tätigwerden mehrerer Hoheitsträger hergestellt werden kann, würde ein Alleingang eines Hoheitsträgers diesem Grundsatz der föderalen Loyalität widersprechen. Insofern besteht auf Grund des Loyalitätsgebots des Art 143 BV eine Kooperationspflicht zur Einhaltung der (verfassungsrechtlichen) Grundrechte; es kommt somit in diesen Fällen zu einer Einschränkung der Autonomie der föderalen Hoheitsträger.

Besteht also (potentiell) ein Spannungsverhältnis zwischen der bundesstaatlichen Kompetenzverteilung und in der Verfassung garantierten Grundrechten, so wird dieses auf Grund von Art 10 SGRI und Art 143 Abs 1 BV zu Gunsten der Grundrechte aufgelöst. Bevor analysiert wird, wie sich dies zur nationalen Identität Belgiens iSd Art 4 Abs 2 EUV verhält, ist zu fragen, ob das Verfassungsrecht solche Kooperationspflichten auch zur Erfüllung des Unionsrechts vorsieht.

7.4.2.4.2 Kooperationspflichten und Unionsrecht

Zur Frage, ob verfassungsrechtliche Kooperationspflichten auch mit Blick auf die Durchführung von Unionsrecht bestehen, ist zunächst auf die oben kurz angesprochene Rsp des GH hinzuweisen, in der dieser davon ausging, dass die föderalen Hoheitsträger dazu verpflichtet sind, zur Umsetzung von Sekundärrechtsakten im Bereich des Telekommunikationsbereichs zu kooperieren (in Form von intraföderalen Verträgen).[1699] Der GH stützte sich dabei – mangels Justitiabilität der föderalen Loyalität zum Entscheidungszeitpunkt – auf das Verhältnismäßigkeitsprinzip, welches er für die Rechtmäßigkeit der Kompetenzausübung als maßgeblich erachtete, und beurteilte einen „Alleingang“ des Bundes für unverhältnismäßig. Im Lichte der inzwischen geänderten Rechtslage kann als Grundlage für die vom GH angenommenen Kooperationspflichten im Folgenden Art 143 Abs 1 BV angenommen werden.[1700]

Der GH argumentiert im Wesentlichen damit, dass auf Grund der komplizierten Kompetenzrechtslage, technologischer Veränderungen und schließlich der Vorgaben des EU-Rechts die – unabgestimmte – Ausübung der Kompetenz durch einen Hoheitsträger die Ausübung der jeweils anderen Kompetenzen der anderen

---

1698 Zur föderalen Loyalität s schon oben bei 7.4.1.2.2 (= 347).

1699 Zum Beispiel GH 14.07.2004, 132/2004, B.5.2 ff; GH 13.07.2005, 128/2005, B.6.3; GH 02.03.2011, 33/2011, B.10.2 f. Dazu *Popelier/Sinardet* in Popelier, Zesde staatshervorming 20 f; *Rasson*, CDPK 2012, 69 ff.

1700 Siehe zur Entstehung von Art 143 Abs 1 BV oben bei 7.4.1.2.2 (= 347). Dies ist deswegen von Relevanz, weil Art 143 BV (inzwischen definitiv) zum Kontrollmaßstab des GH zählt, an dem dieser auch die Bestimmungen des SGRI, in welchem die Ausgestaltung der Kompetenzverteilung enthalten ist, überprüfen kann.

Hoheitsträger praktisch unmöglich machen würde. Abgesehen davon, dass aus diesen Umständen nicht notwendigerweise auf das Bestehen einer verfassungsrechtlichen Kooperationspflicht geschlossen werden muss,[1701] ist fraglich, ob sich die Argumentation des GH etwa auch auf Verpflichtungen erstrecken lässt, die sich aus dem Primärrecht ergeben. Dies ist aus folgenden Gründen zu bezweifeln: Der GH betont in den zitierten Entscheidungen, dass die vorliegende Kompetenzrechtslage eine „Verflechtung" der Kompetenzen der föderalen Hoheitsträger bewirkt, die dadurch problematisch wird, dass es in den jeweiligen Sekundärrechtsakten die Verpflichtung zur Errichtung einer einzigen Behörde gibt. In den vom GH entschiedenen Fällen standen also vereinzelte, auf einen sehr spezifischen Bereich beschränkte und konkrete unionsrechtliche Verpflichtungen einer komplexen Kompetenzrechtslage gegenüber.[1702] Dies lässt sich für das Primärrecht – zu denken ist dabei insb an die Grundfreiheiten und die EU-Grundrechte – so nicht behaupten; aus diesen ergeben sich zahlreiche Verpflichtungen mit einem potentiell sehr weiten Anwendungsbereich. Eine Erstreckung der Argumentation des GH auf alle Fälle, in denen die Konsequenzen der Kompetenzverteilung in Konflikt mit dem Unionsrecht treten könnten,[1703] würde die Bundesstaatlichkeit im Bereich der Durchführung des Unionsrechts hinfällig machen.

Dazu kommt, dass eine Kooperationspflicht ohnehin nur dann bestehen könnte, wenn es eine unionsrechtliche Verpflichtung zur Herstellung einer bestimmten Rechtslage gibt. Wie gleich unten ausgeführt, kommt es aber auch im belgischen Verfassungsrecht zu einer bundesstaatlich bedingten Relativierung von Gleichheitsgarantien.[1704] Genau dies kann jedoch als Teil der bundesstaatlichen Identität Belgiens in vielen Fällen schon gegen das Bestehen einer (aus den EU-Grundfreiheiten oder Grundrechten begründeten) Verpflichtung zur Herstellung einer bundesweit einheitlichen Zustands ins Treffen geführt werden; insofern besteht keine Verpflichtung zur Herstellung einer einheitlichen Rechtslage und auch keine Notwendigkeit zur Annahme einer Kooperationspflicht.

Es kann daher nicht davon ausgegangen werden, dass sich die aus Art 143 BV bei Bestehen konkreter sekundärrechtlicher Verpflichtungen ergebende Koopera-

1701 Stimmt man dem GH zu, dass eine solche Konstellation durch das belgische Verfassungsrecht – konkret durch Art 143 Abs 1 BV – verboten ist, dann würde sich nämlich konsequenterweise die Frage stellen, ob die Kompetenzverteilung im SGRI (und nicht: die auf dieser basierende Kompetenzausübung) verfassungskonform ist; dabei kann für die Zwecke der vorliegenden Untersuchung außer Acht gelassen werden, ob der GH diese Verfassungswidrigkeit in den fraglichen Verfahren von Amts wegen wahrnehmen könnte.

1702 In der Literatur wird dementsprechend auch darauf hingewiesen, dass der GH mit seiner Entscheidung va ein Signal in Richtung des Sondergesetzgebers zu einer Reform des SGRI senden wollte; vgl dazu *Pas*, TBP 2005, 154.

1703 Man denke hier insb an die unten diskutierte Digibet-Konstellation, in der fraglich war, ob eine Maßnahme eines deutschen Bundeslandes deswegen als inkohärente und damit rechtswidrige Beschränkung einer Grundfreiheit zu qualifizieren ist, weil es in anderen deutschen Bundesländern liberalere Regelungen gab; dazu unten bei 9.2.3.2.3.3 (= 414).

1704 Unten ab 7.4.3 (= 363).

tionspflicht auf alle Fälle erstreckt, in denen die Beschränktheit der föderalen Hoheitsträger in Konflikt mit dem Unionsrecht geraten kann. Die genannten vereinzelten Kooperationspflichten ändern damit nichts daran, dass der Grundsatz der Beschränktheit der föderalen Hoheitsträger zur nationalen bundesstaatlichen Identität Belgiens zählt; die Kooperationspflichten selbst sind auf Grund ihres Ausnahmecharakters nicht als Teil der nationalen Identität iSd Art 4 Abs 2 EUV zu qualifizieren.

7.4.3 Notwendigkeit der Ermöglichung von Vielfalt durch Differenzierung

7.4.3.1 Gleichheitsgarantien im belgischen Verfassungsrecht

Auch in der belgischen Verfassung findet sich eine verfassungsrechtlich gewährleistete Gleichheitsgarantie.[1705] Art 10 ordnet an, dass die Belgier:innen[1706] vor dem Gesetz gleich sind; außerdem wird eine Unterscheidung nach Ständen bzw nach dem Geschlecht ausgeschlossen sowie der Zugang zu öffentlichen Ämtern geregelt. Art 11 BV legt außerdem fest, dass sichergestellt werden soll, dass der Genuss der den Belgierinnen und Belgiern zuerkannten Rechten und Freiheiten ohne Diskriminierung erfolgen kann.[1707] Art 11bis BV enthält spezifische Regelungen hinsichtlich der Gleichstellung von Mann und Frau. Weitere Gleichheitsgarantien finden sich in Art 172 BV (Grundsatz der Nichtdiskriminierung im Steuerrecht) und Art 191 BV (Gleichbehandlung von Ausländern).

7.4.3.2 Bedeutung der Gleichheitsgarantien in der Rsp des GH

Den Gleichheitsgarantien der Art 10 und 11 BV kommt in der Rsp des GH besondere Bedeutung zu, was auf die Entstehungsgeschichte des GH zurückgeführt werden kann.[1708] Wie bereits oben ausgeführt[1709] war die Kompetenz des GH in Grundrechtsangelegenheiten zunächst darauf beschränkt, die Einhaltung der Gleichheitsgarantien der Art 10 und 11 BV im Hinblick auf Legislativakte zu überprüfen.

Diese beschränkte Überprüfungsbefugnis wurde in der Praxis des Gerichtshofes dadurch erweitert, dass dieser sich für zuständig erachtete, Gesetzgebungsak-

1705 Zu den Gleichheitsgarantien im belgischen Verfassungsrecht s insb *Renauld/van Drooghenbroeck* in Verdussen/Bonbled, Droits constitutionnels 553 ff. Zur – hier nicht näher erörterten – Frage, inwiefern der Gleichheitsgrundsatz auch zwischen den föderalen Hoheitsträgern gilt *Delpérée/Verdussen*, RBDC 2004, 289 ff.

1706 Der Gleichheitssatz gilt unter den Bedingungen des Art 191 BV auch für Ausländer; dazu *Lejeune*, Droit constitutionnel Rz 291; *Lemmens/van Leuven* in Verdussen/Bonbled, Droits constitutionnels 115 ff; insb *Renauld/van Drooghenbroeck* in Verdussen/Bonbled, Droits constitutionnels 566 ff.

1707 Diese Bestimmung erinnert als akzessorisches Diskriminierungsverbot an Art 14 EMRK.

1708 Siehe dazu auch schon oben 7.1.5 (= 333).

1709 Bei 7.1.2 (= 328).

te auf die Verletzung von völkerrechtlichen Verträgen, aber auch der anderen Grundrechte der BV in Verbindung mit Art 10 und 11 BV zu überprüfen.[1710] Grundrechts- oder Völkerrechtsverletzungen konnten nach der Rsp nämlich als verfassungswidrige Diskriminierung qualifiziert werden, wenn es keine sachliche Rechtfertigung dafür gab, dass die Grundrechte einer bestimmten Gruppe von Personen verletzt wurden, jene einer vergleichbaren Gruppe aber nicht.[1711]

2003 wurde diese Erweiterung der Kompetenzen im positiven Recht nachvollzogen, indem dem GH die Befugnis verliehen wurde, Gesetzgebungsakte auf ihre Vereinbarkeit mit den Grundrechten des Titels II der BV sowie den Art 170, 172 BV (Nichtdiskriminierung im Steuerrecht) und Art 191 BV (Nichtdiskriminierung von Ausländern) zu überprüfen.[1712] Ungeachtet der Erweiterung der Kompetenzen des GH auf die Überprüfung der Vereinbarkeit mit anderen Grundrechten der BV spielen die Gleichheitsgarantien der Art 10 und 11 BV in seiner Rsp weiterhin eine herausragende Rolle.[1713]

7.4.3.3 Inhalt des Gleichheitssatzes und bundesstaatliche Relativierung

Auch in der belgischen Rechtsordnung sind nicht sämtliche Ungleichbehandlungen verfassungsrechtlich verpönt. Eine Ungleichbehandlung ist nach der Rsp des GH dann verfassungskonform, wenn sie auf objektiven Unterscheidungsmerkmalen beruht und sachlich gerechtfertigt ist.[1714] Grundsätzlich könnte der belgische Gleichheitssatz Ungleichbehandlungen erfassen, die durch die unterschiedliche Behandlung gleicher Sachverhalte durch verschiedene föderale Hoheitsträger bewirkt werden.

Allerdings hat der GH bereits mehrfach entschieden, dass derartige, bundesstaatlich bedingte Ungleichbehandlungen keine Verletzung des Art 10 BV darstellen.[1715] Dies gilt nicht nur für Unterschiede, die sich aus den beschränkten territorialen Zuständigkeiten ergeben – also etwa im Verhältnis der Flämischen zur Wallonischen Region[1716] – sondern auch für unterschiedliche Behandlungen,

---

1710 Dazu prägnant zB *Vandamme*, ECLR 2008, 135; mwN *Lejeune*, Droit constitutionnel Rz 175 ff.

1711 Zum Beispiel GH 15.07.1993, 62/93, B.3.2.

1712 Dies erfolgte durch Abänderung des SGGH, s heute insb Art 1 Z 2 SGGH.

1713 *Popelier/Lemmens*, Constitution 198 zu Folge werden die Gleichheitsgarantien in 90 Prozent der Fälle vor dem GH vorgebracht.

1714 Zum Beispiel GH 15.07.1993, 62/93, B.2.2; mit zahlreichen Judikaturnachweisen *Renauld/van Drooghenbroeck* in Verdussen/Bonbled, Droits constitutionnels 588 ff.

1715 Zum Beispiel GH 14.11.1991, 33/91, B.4.4.1; 18.06.1992, 50/92, B.4; 21.03.2000, 28/2000, B.10; GH 29.10.2015, 154/2015, B.6.2.1 f; 15.06.2017, 75/2017, B.7; dazu *Renauld/van Drooghenbroeck* in Verdussen/Bonbled, Droits constitutionnels 576 ff, die auch auf die Frage der Vereinbarkeit dieser Rsp mit internationalen und unionalen Gleichheitsvorgaben eingehen (und sie bejahen); weiters *Flohimont*, RBDC 2008, 224 f; *Martens*, RBDC 2003, 5; *Lejeune*, Droit constitutionnel Rz 171.

1716 Zum Beispiel GH 15.06.2017, 75/2017, B.7.

die sich aus den unterschiedlichen sachlichen Zuständigkeiten ergeben, die zwei Hoheitsträger über dasselbe Gebiet ausüben können.[1717]

Der GH expliziert dabei nicht eindeutig, ob die bundesstaatlich bedingte Relativierung des Gleichheitssatzes daraus resultiert, dass der Gleichheitssatz auf entsprechende Konstellationen gar nicht zur Anwendung gebracht werden kann[1718] oder aber daraus, dass die Bundesstaatlichkeit eine sachliche Rechtfertigung daraus entstehender Ungleichbehandlungen darstellt.[1719] In der Literatur dazu wird darauf hingewiesen, dass der GH die nationalen Grundrechte – und damit auch die Gleichheitsgarantien – regelmäßig im Lichte der entsprechenden Grundrechte insb der EMRK interpretiert.[1720] Als Parallelgrundrecht zu den Art 10 und 11 BV bietet sich dabei Art 14 EMRK an. Diese Bestimmung nimmt aber föderal bedingte Ungleichbehandlungen nicht a priori von ihrem Anwendungsbereich aus; der bundesstaatliche Aufbau ist in dieser Hinsicht irrelevant, kann aber bei der sachlichen Rechtfertigung einer Ungleichbehandlung eine Rolle spielen.[1721] Insofern wäre es im Lichte des parallelen Grundrechts in der EMRK zu bevorzugen, die bundesstaatliche Vielfalt (nur) als sachliche Rechtfertigung einer föderal bedingten Ungleichbehandlung zu qualifizieren.

7.4.3.4 Belgische Wirtschafts- und Währungsunion und bundesstaatliche Vielfalt

Schließlich findet sich mit Art 6 Abs 1 VI UAbs 3 SGRI auch eine Bestimmung über die von den föderalen Hoheitsträgern innerhalb des belgischen Bundesstaates zu achtende Wirtschafts- und Währungseinheit. Der genannten Bestimmung zufolge haben die Regionen bei der Ausübung ihrer Kompetenzen im Wirtschaftsbereich die Grundsätze des freien Personen-, Waren-, Dienstleistungs- und Kapitalverkehrs zu achten sowie im Einklang mit den Grundsätzen der Wirtschafts- und Währungsunion zu handeln.[1722] Zur Sicherstellung der belgischen Wirtschafts- und Währungsunion werden im Anschluss an die genannte Bestimmung einige zentrale Kompetenzen (etwa Währungspolitik oder Verbrau-

1717 So zu Unterschieden, die sich aus der Zuständigkeitsverteilung zwischen der Flämischen Gemeinschaft und der Flämischen Region ergeben, GH 29.10.2015, 154/2015, B.6.2.1 f. Anzumerken ist dazu freilich, dass erstens das Gebiet, über das die Flämische Gemeinschaft und die Flämische Region ihre Kompetenzen ausüben, nur teilweise ident ist (die Flämische Gemeinschaft kann auch Befugnisse über die Region Brüssel-Hauptstadt ausüben) und dass zweitens das Parlament in einer leicht geänderten Zusammensetzung entscheidet, wenn Gemeinschaftsangelegenheiten betroffen sind (in diesem Fall sind zusätzlich sechs Abgeordnete stimmberechtigt, die vereinfacht ausgedrückt die Interessen der Niederländischsprachigen in der Region Brüssel-Hauptstadt vertreten).

1718 In diese Richtung *Flohimont*, RBDC 2008, 224, die grundsätzlich davon ausgeht, dass in derartigen Konstellationen schon keine Vergleichbarkeit gegeben ist; so auch *Vanpraet* in Vandenbossche/Van Drooghenbroeck, Europese voorschriften 362.

1719 Siehe dazu *Somers*, TBP 2015, 450 ff.

1720 *Somers*, TBP 2015, 456 f.

1721 *Somers*, TBP 2015, 456; vgl EGMR 03.06.2008, Siveri et Chinelli/Italy, 13148/04.

1722 Zu Unterschieden zwischen dem belgischen und dem unionalen Konzept zB *Vanpraet*, Staatshervorming 196 ff mwN.

cherschutz) dem Bund zugeordnet, um ihre einheitliche Handhabung zu gewährleisten.

Die Bestimmung in Art 6 SGRI stellt eine an die Regionen (und teilweise den Bund) gerichtete Kompetenzverteilungsbestimmung dar. Sie wird aber in der Rsp des GH als an alle föderalen Hoheitsträger gerichtete Verpflichtung zur Achtung der (insb) belgischen Wirtschafts- und Währungsunion verstanden.[1723] Dabei betont der GH in seiner Rsp jedoch, dass die durch die Kompetenzverteilung bedingte unterschiedliche Wahrnehmung von (ähnlichen) Kompetenzen durch die föderalen Hoheitsträger an sich noch keine Missachtung dieser Pflicht darstellt.[1724] Im Fall der Flämischen Pflegeversicherung etwa ging der GH davon aus, dass die Erstreckung des Anwendungsbereichs der Pflegeversicherung zwar durch die unionalen Grundfreiheiten im Anwendungsbereich des Unionsrechts geboten sei; die äquivalenten Freizügigkeitsbestimmungen im belgischen Recht verbieten nach Ansicht des GH bei rein innerstaatlichen Sachverhalten aber eine Unterscheidung zwischen innerhalb und außerhalb Flanderns wohnenden Personen nicht.[1725] Auch die Belgische Wirtschafts- und Währungsunion wird insofern durch die Notwendigkeit der Ermöglichung bundesstaatlicher Vielfalt relativiert. Dies ist insofern nachvollziehbar, als die Bestimmung über die Belgische Wirtschafts- und Währungsunion „nur“ in einem Sondergesetz enthalten ist; es sprechen daher gute Gründe dafür, diese Bestimmung nicht so zu verstehen, dass damit die (formell verfassungsrechtlich angeordnete) Einrichtung Belgiens als Bundesstaat unterwandert wird.

7.4.3.5 Identitätsstiftender Charakter der Relativierung des Gleichheitssatzes?

Fraglich bleibt noch, ob diese Relativierung des Gleichheitssatzes sowie der Wirtschafts- und Währungsunion als Teil der belgischen nationalen Identität qualifiziert werden kann. Dafür spricht nach der hier vertretenen Ansicht einiges: Denn erstens wäre Belgien ein vollkommen anderer Staat, wenn es nicht bundesstaatlich organisiert wäre. Insofern kann davon ausgegangen werden, dass – allgemein gesprochen – die Bundesstaatlichkeit einen Teil der nationalen Identität Belgiens ausmacht. Zweitens ist aber die bundesstaatlich bedingte Relativierung des Gleichheitssatzes erforderlich, damit sich die Bundesstaatlichkeit Belgiens verwirklichen kann. Würde der Gleichheitssatz nämlich stets nach einer

1723 Zum Beispiel GH 22.06.2005, 107/2005, B.8.1. Dazu zB *Vanpraet*, Staatshervorming 188.

1724 GH 22.06.2005, 107/2005, B.9.2. Vgl zur früheren Rsp *Martens*, RBDC 2003, 8.

1725 GH 21.01.2009, 11/2009, B.13.2 f; weiters dem Grunde nach GH 08.07.2010, 83/2010, B.8 f, wo der GH allein aus der Unterschiedlichkeit der Regelungen keine Verletzung der Regeln über die Wirtschafts- und Währungsunion folgert, auf Grund der Ausgestaltung der Flämischen Regelung dann aber in Anlehnung an die entsprechende Rsp des EuGH dennoch eine Verletzung annimmt; zu beidem *Feyen* in Cloots, Federalism 401 ff.

gleichen[1726] bzw abgestimmten[1727] Tätigkeit aller föderalen Hoheitsträger verlangen, dann wäre deren Eigenständigkeit nicht mehr gegeben und die Verteilung der Kompetenzen auf unterschiedliche Hoheitsträger hinfällig.

Abschließend sei hier noch darauf hingewiesen, dass auch die Problematik im Zusammenhang mit der Flämischen Pflegeversicherung[1728] (nach der heutigen Rechtslage) im Lichte der bundesstaatlich bedingten Relativierung des Gleichheitssatzes aufzulösen wäre: Die unterschiedliche Behandlung von Freizügigkeitsberechtigten mit Wohnsitz innerhalb Flanderns auf der einen und außerhalb Flanderns auf der anderen Seite war Konsequenz der unterschiedlichen Ausübung von Kompetenzen durch die zuständigen dezentralen Hoheitsträger; die Ungleichbehandlung wäre daher heute im Lichte von Art 4 Abs 2 EUV rechtfertigbar und nicht unionsrechtswidrig.

7.5 Zusammenfassung: Die bundesstaatliche Identität Belgiens

Zur bundesstaatlichen Identität Belgiens iSd Art 4 Abs 2 EUV bleibt zusammenfassend festzuhalten: Die belgische Verfassungsrechtsordnung ist grundsätzlich sehr europarechtsfreundlich, woran auch die Entscheidung des GH idS 62/2016 nichts ändert. Dementsprechend werden auch Konfliktlagen zwischen der bundesstaatlichen Kompetenzverteilung und dem Unionsrecht häufig zu Gunsten des Unionsrechts gelöst.[1729] Dennoch lassen sich einige Grundmerkmale des belgischen Bundesstaates ausmachen, die als identitätsstiftend iSd Art 4 Abs 2 EUV qualifiziert werden können und damit – aus unionsrechtlicher Perspektive – im Konfliktfall gegen entgegenstehendes Unionsrecht ins Treffen geführt werden können.[1730]

So zählt etwa die Entscheidung darüber, welche und wie viele dezentrale Hoheitsträger es im belgischen Bundesstaat geben soll, zu den grundlegenden Systementscheidungen, die von den Organen der Union als Teil der nationalen Identität Belgiens nach Art 4 Abs 2 EUV zu achten sind.[1731] Der Schutz des Art 4 Abs 2 EUV kommt also der derzeitigen Zusammensetzung des belgischen Bundesstaates zugute und würde auch eine Neugliederung des Bundesstaates (etwa nach einer siebenten Staatsreform) erfassen.

1726 Soweit es um Unterschiede geht, die sich aus den unterschiedlichen Hoheitsgebieten der föderalen Hoheitsträger ergeben könnten.

1727 Soweit es um Unterschiede geht, die sich aus den unterschiedlichen sachlichen Kompetenzbereichen der föderalen Hoheitsträger ergeben könnten.

1728 Dazu oben bei 7.4.2.3.2 (= 353).

1729 Dies ist insofern auch nicht verwunderlich, als Belgien ja schon Mitglied der EU (bzw damals der EWG) war, bevor der Staat in einen Bundesstaat umgewandelt wurde.

1730 Vgl dazu mit Hinweis auf die Relevanz der Sprachengesetzgebung *Cloots*, TBP 2017, 314.

1731 Vgl *Cloots*, TBP 2017, 314.

Auch die Einrichtung eines Senats als zweite Kammer der föderalen Gesetzgebung sowie der Bundesverfassungsgesetzgebung ist grundlegend für das Funktionieren des belgischen Bundesstaates und damit identitätsstiftend iSd Art 4 Abs 2 EUV, wenngleich nicht verkannt werden darf, dass sowohl im Senat als auch in der Abgeordnetenkammer der Föderalisierung Belgiens va durch die Aufteilung in Sprachgruppen entsprochen wird. Der Mitbestimmung der beiden großen Sprachgruppen bei der Erlassung von – insb die Kompetenzverteilung ändernden – Gesetzen nach Art 4 BV kommt ebenso grundlegende Bedeutung für das Funktionieren des Bundesstaates zu.

Die Aufteilung der Außenvertretungskompetenz zwischen dem Bund als zentralem Hoheitsträger und den dezentralen Hoheitsträgern kann ebenfalls als grundlegend für den belgischen Bundesstaat und damit als Teil der nationalen bundesstaatlichen Identität qualifiziert werden.

Das System der Normenkontrolle (insb durch den GH) ist ein zentraler Faktor bei der Sicherstellung der Einhaltung der verfassungsrechtlichen Vorgaben durch die Rechtsetzung der föderalen Hoheitsträger und kann somit aus bundesstaatlicher Perspektive als iSd Art 4 Abs 2 EUV grundlegend für die belgische Verfassungsrechtsordnung qualifiziert werden.

Weiters spricht viel dafür, den in Art 143 Abs 1 BV normierten Grundsatz der föderalen Loyalität, der alle föderalen Hoheitsträger bei jeglicher Kompetenzausübung bindet, als Teil der nationalen Identität zu qualifizieren.

Auch der Umstand, dass es auf Grund des belgischen föderalen Systems Rechtsakte gibt, die zwingend über einen beschränkten territorialen Anwendungsbereich verfügen, ist nach der hier vertretenen Ansicht Teil der nationalen bundesstaatlichen Identität Belgiens iSd Art 4 Abs 2 EUV.[1732] Die erwähnten vereinzelten Kooperationspflichten ändern nichts daran, dass dieser Grundsatz der Beschränktheit der föderalen Hoheitsträger zur nationalen bundesstaatlichen Identität Belgiens zählt.

Und schließlich ist auch die Relativierung des Gleichheitssatzes und vergleichbarer Gleichheitsgarantien als Teil der nationalen bundesstaatlichen Identität Belgiens zu qualifizieren.

1732 So auch *Cloots*, TBP 2017, 314.

8. Vergleichende Betrachtung und Gang der weiteren Untersuchung

8.1 Ziel einer zusammenfassend-vergleichenden Betrachtung

Im Folgenden werden Gemeinsamkeiten und Unterschiede aufgezeigt, die sich aus einer vergleichenden Betrachtung der vorangehend analysierten Rechtsordnungen und der in ihnen enthaltenen bundesstaatlichen Elemente der „nationalen Identität" iSd Art 4 Abs 2 EUV ergeben. Ziel der nachfolgenden Ausführungen ist es nicht, aus dem Vergleich der verschiedenen bundesstaatlichen Identitäten eine Art „konzentrierte" bundesstaatliche Identität zu gewinnen; auch soll nicht jede einzelne Erkenntnis wiederholt werden, die hinsichtlich der einzelnen bundesstaatlichen Identitäten gewonnen werden konnte. Die nachfolgenden Ausführungen dienen vielmehr der vergleichenden Veranschaulichung des vorangehend Untersuchten und sollen zudem einen Ausgangspunkt für die weitere Untersuchung bilden, in der analysiert wird, wo die bundesstaatlichen Identitäten iSd Art 4 Abs 2 EUV von praktischer Relevanz sein könnten. Um eine strukturierte Untersuchung dieser Frage vornehmen zu können, erscheint es sinnvoll, Probleme, die sich im Zusammenhang mit ähnlichen bundesstaatlichen Strukturen in den unterschiedlichen Mitgliedstaaten ergeben können, gemeinsam zu analysieren. Anstatt also hinsichtlich jedes einzelnen Elements der bundesstaatlichen Identität Österreichs, Deutschlands und/oder Belgiens zu fragen, ob und wie dieses durch das Unionsrecht beeinträchtigt werden könnte, wird das Augenmerk auf einige Aspekte der bundesstaatlichen Identitäten gelegt, bei denen eine Beeinträchtigung praxisrelevant und naheliegend erscheint und/oder die in mehreren der untersuchten Rechtsordnungen vorkommen. Diese Aspekte werden im Folgenden identifiziert und ausgewählt.

8.2 Voraussetzungen der Kompetenzverteilung

Einen in allen untersuchten bundesstaatlichen Rechtsordnungen einen Teil der bundesstaatlichen Identität ausmachenden Aspekt stellt die Existenz von mehreren (insb dezentralen) Hoheitsträgern dar. Es ist aber wenig wahrscheinlich, dass die EU gerade einen Rechtsakt setzt, mit dem zB einige der dezentralen Hoheitsträger aus dem Gefüge eines Bundesstaates ausgeschieden werden. Ein solcher Rechtsakt wäre im Lichte der derzeitigen Rechtslage als ultra-vires-Akt zu qualifizieren.[1733]

1733 Vgl dazu das bei *Wiederin* in Griller ea, EU-Mitgliedschaft 195 (FN 76) genannte Beispiel, in dem der EuGH einen ultra-vires-Akt setzt, indem er die Gültigkeit einer delegierten Verordnung der

8.3 Anforderungen an die Kompetenzverteilung

Wenige Gemeinsamkeiten finden sich bei einer vergleichenden Analyse der an die Kompetenzverteilung gestellten strukturellen Anforderungen und der entsprechenden identitätsstiftenden Gehalte in den nationalen Rechtsordnungen.[1734] Dies betrifft etwa die Frage, ob und wie die dezentralen Hoheitsträger an der Abänderung der bundesstaatlichen Kompetenzverteilung mitwirken: In allen drei untersuchten Bundesstaaten erfolgt die Mitwirkung über die zweite Kammer des Parlaments; in Belgien ist für die Erlassung der Kompetenzverteilung überdies eine besondere Rechtsform vorgesehen, bei der die beiden Sprachgruppen Vetorechte haben („Sondergesetz“).[1735] Als identitätsstiftend wurden aber nur die entsprechenden Mitwirkungsrechte des belgischen Senats und insb der beiden Sprachgruppen bei der Erlassung von Sondergesetzen nach Art 4 Abs 3 BV qualifiziert,[1736] was unterstreicht, dass der belgische Bundesstaat und damit auch die ihn konstituierende Kompetenzverteilung zum heutigen Zeitpunkt wesentlich konfliktträchtiger angelegt ist als der österreichische oder der deutsche Bundesstaat.

Auch die Frage, inwieweit den dezentralen Hoheitsträgern Autonomie eingeräumt werden muss, wird unterschiedlich beantwortet. Die wohl stärkste Position nehmen dabei die deutschen Länder ein, denen ein – wenn auch abstrakt schwer bestimmbares – Mindestmaß an materiell-autonom wahrnehmbaren Kompetenzen zukommen muss. Die entsprechende Garantie zu Gunsten der österreichischen Länder steht im Gegensatz dazu, insb unter dem Vorbehalt der Determinierung durch Unions- und Völkerrecht, die dem Bund im Wesentlichen schrankenlos möglich ist. In der belgischen Rechtsordnung kann wiederum nicht einmal von einem geschützten Kompetenzausmaß gesprochen werden; dort ist lediglich der (rein formelle) Bestand der dezentralen Hoheitsträger Teil der bundesstaatlichen Identität. Ähnlich vielfältig stellen sich – soweit sie untersucht wurden – auch die weiteren Anforderungen an die Kompetenzverteilung in den bundesstaatlichen Rechtsordnungen dar. Besondere Bedeutung haben dabei va die Kompetenzen zur Verfassungsgesetzgebung und inneren Organisation sowie jene, die im Zusammenhang mit dem völkerrechtlichen Auftreten der föderalen Hoheitsträger bzw Staaten stehen.

Kommission bestätigt, mit welcher diese die (österreichischen) Länder Tirol und Vorarlberg dem Freistaat Bayern „zuschlägt“.

1734 Siehe dazu jeweils oben bei 5.3 (Österreich [= 192]), 6.3 (Deutschland [= 276]) und 7.3 (Belgien [= 337]).

1735 In Österreich: Bundesrat, dazu oben bei 5.3.1 (= 192); in Deutschland: Bundesrat, dazu oben bei 6.3.2 (= 276); in Belgien: Senat und Sondergesetz nach Art 4 Abs 3 BV, dazu oben bei 7.3.2 (= 337).

1736 Oben bei 7.3.2 (= 337).

8.4 Konsequenzen der Kompetenzverteilung

Mehr Gemeinsamkeiten lassen sich im Zusammenhang mit den Fragestellungen ausmachen, die hier unter dem Titel „Konsequenzen der Kompetenzverteilung" analysiert wurden.

In allen drei untersuchten Rechtsordnungen hat die Kompetenzverteilung die Beschränktheit der föderalen Hoheitsträger, insb in materieller und territorialer Hinsicht, zur Folge. Diese grundsätzliche Beschränktheit kann auch jeweils als Teil der bundesstaatlichen Identität qualifiziert werden.

Im Zusammenhang mit der Lösung föderaler Konflikte ist hervorzuheben, dass es in allen untersuchten Rechtsordnungen (verfassungs-)gerichtliche Verfahren zur Auflösung von potentiellen und/oder aktuellen Kompetenzkonflikten gibt, die von grundlegender Bedeutung für das Funktionieren des jeweiligen bundesstaatlichen Systems sind.

Als weitere Gemeinsamkeit lässt sich ausmachen, dass in allen drei Rechtsordnungen über die Existenz einer Solidaritäts- oder Treuepflicht zwischen den verschiedenen föderalen Hoheitsträgern diskutiert wird. In Österreich geht der VfGH von der Existenz einer „Berücksichtigungspflicht" von Bund und Ländern bei der Wahrnehmung ihrer Kompetenzen aus; in Deutschland nimmt das BVerfG an, dass die Beziehung zwischen den föderalen Hoheitsträgern durch die „Bundestreue" geprägt ist, und in Belgien verankert Art 143 Abs 1 BV den Grundsatz der föderalen Loyalität. Damit ist die belgische Rechtsordnung allerdings die einzige, in der sich ein positivrechtlicher Anknüpfungspunkt für entsprechende Solidaritäts- und Treuepflichten findet und nach der hier vertretenen Ansicht damit auch die einzige, in der es eine solche Treuepflicht gibt.

Eine weitere Gemeinsamkeit besteht darin, dass in allen Rechtsordnungen bestehende Gleichheitsgarantien durch die bundesstaatliche Organisation relativiert werden. Ungleichbehandlungen ähnlicher Sachverhalte, die aus der Kompetenzverteilung resultieren, sind im Ergebnis verfassungsrechtlich nicht verpönt. Dies gilt in allen drei Rechtsordnungen insb, aber nicht nur im Hinblick auf den allgemeinen Gleichheitssatz. Interessant ist, dass diese Relativierung in allen drei Rechtsordnungen nicht explizit im positiven Verfassungsrecht verankert ist, sondern durch die Rsp der jeweiligen Höchstgerichte festgestellt wurde, die dabei im Wesentlichen gleichargumentieren.

8.5 Fokus der weiteren Untersuchung

8.5.1 „Bundesstaatliche Vielfalt“ als Überbegriff

Die weitere Untersuchung hat zum Ziel, Konstellationen aufzuzeigen, in denen die bundesstaatliche Identität der Mitgliedstaaten von Relevanz für die Handlungen von EU-Organen sein kann. Dabei erscheint es von vornherein unrealistisch davon auszugehen, dass sämtliche denkbare Konfliktkonstellationen analysiert werden könnten, da die zukünftige Rechtsentwicklung insb im Bereich der EU-Rechtsetzung, aber auch mit Blick auf nationale Rechtsakte, nicht antizipiert werden kann. Es ist daher sinnvoll, die Untersuchung auf jene Bereiche zu konzentrieren, in denen es strukturell – und nicht nur im Einzelfall – zu Divergenzen zwischen der Bundesstaatlichkeit Österreichs, Deutschlands und Belgiens auf der einen Seite und den Anforderungen des Unionsrechts auf der anderen Seite kommen kann. Außerdem soll die Untersuchung die sich aus Art 4 Abs 2 EUV ergebenden bundesstaatsrelevanten Schranken für das Handeln der EU-Organe aufzeigen. Eine Auseinandersetzung mit möglichen (hypothetischen) Primärrechtsänderungen[1737] kann daher unterbleiben, da Art 4 Abs 2 EUV keinen Maßstab für derartige Änderungen bildet.

Strukturelle Divergenzen zwischen dem Handeln der EU-Organe und den jeweiligen bundesstaatlichen Identitäten sind vor allem in zwei Bereichen denkbar: Erstens kann es Konstellationen geben, in denen durch Unionsrechtsakte der Bestand der föderalen Hoheitsträger als solcher gefährdet wird. Zweitens ist denkbar, dass das Unionsrecht in ein Spannungsverhältnis zur divergierenden Kompetenzausübung verschiedener föderaler Hoheitsträger innerhalb eines Bundesstaates tritt. In beiden Konstellationen – die im Folgenden noch näher erörtert und abgegrenzt werden – geht es um Fragen „bundesstaatlicher Vielfalt“: Im ersten Fall ist es die Existenz einer Mehrzahl (oder eben auch Vielfalt) an föderalen Hoheitsträgern, die in Frage gestellt wird. Dies soll im Folgenden als „konstitutive“ Vielfalt bezeichnet werden, da die Existenz einer Mehrzahl bzw Vielfalt von föderalen Hoheitsträgern in allen untersuchten Bundesstaaten als von Art 4 Abs 2 EUV geschützte Voraussetzung für die Existenz der Bundesstaatlichkeit (und der Kompetenzverteilung) qualifiziert wurde[1738] und insofern den Bundesstaat „konstituiert“. „Konstitutive“ Vielfalt bedeutet also, dass es in einem Bundesstaat mehrere föderale Hoheitsträger gibt bzw geben muss.[1739] Im Zusammenhang mit

1737 So könnte man bspw fragen, ob dem Identitätsbestandteil des Bestehens einer zweiten Kammer in den untersuchten Bundesstaaten weiterhin Genüge getan würde, wenn jedem Mitgliedstaat im Rahmen des Subsidiaritätsrügeverfahrens nur noch eine Stimme (statt bisher zwei Stimmen) zukommen würde.

1738 Siehe dazu für Österreich oben bei 5.2 (= 188), für Deutschland bei 6.2.2 (= 274) und für Belgien bei 7.2 (= 335).

1739 Um den jeweiligen verfassungsrechtlichen Vorgaben für die Bundesstaatlichkeit Genüge zu tun.

dieser konstitutiven Vielfalt lassen sich auch Fragen im Zusammenhang mit den (insb nach dem deutschen GG erforderlichen) Mindestkompetenzen der Länder diskutieren. In der zweiten angesprochenen Konstellation ist es im Gegensatz dazu die durch diese föderalen Hoheitsträger herstellbare Rechtsetzungsvielfalt, die in Konflikt mit dem Unionsrecht treten kann. Diese Rechtsetzungsvielfalt und die mit ihr einhergehende Relativierung von Gleichheitsanforderungen wurden in den untersuchten Bundesstaaten als identitätsstiftende Konsequenz der Kompetenzverteilung qualifiziert.[1740]

8.5.2 (Bundesstaatliche) konstitutive Vielfalt

Grundlegende Voraussetzung und Charakteristikum des Bestehens von Bundesstaatlichkeit ist das Nebeneinander mehrerer Hoheitsträger innerhalb eines Bundesstaates. Der formelle Bestand der (insb) dezentralen Hoheitsträger wurde in den drei analysierten Bundesstaaten als Teil der bundesstaatlichen Identität qualifiziert.[1741] Rechtsakte der EU, durch welche die Gliederung dieser Mitgliedstaaten in die jeweiligen föderalen Hoheitsträger in Frage gestellt wird, stehen in einem Spannungsverhältnis zu diesem Identitätsbestandteil.

In Österreich und Deutschland müssen die dezentralen Hoheitsträger – anders als nach der belgischen Rechtsordnung – auch über ein verfassungsrechtlich abgesichertes Mindestmaß an eigenständigen Hoheitsbefugnissen verfügen.[1742] Auch dies wird hier als konstitutive Vielfalt bezeichnet. Die bundesstaatlichen Verfassungen Österreichs und Deutschlands schützen diese konstitutive Vielfalt – dabei insb die Existenz der Länder und das ihnen notwendigerweise zukommende Mindestmaß an Kompetenzen – in unterschiedlicher Qualität:

In Österreich wird zwar das Bestehen eines quantitativen Mindestmaßes an Länderkompetenzen durch das bundesstaatliche Grundprinzip geschützt; in qualitativer Hinsicht besteht aber kein derartiger Schutz. Wie oben dargelegt wurde, dürfen die Länderkompetenzen in der österreichischen Bundesverfassung grundsätzlich gänzlich durch Unionsrecht determiniert werden, ohne dass dies einen Eingriff in das bundesstaatliche Grundprinzip bewirken würde.[1743] Anders ist die Rechtslage in Deutschland: Art 79 Abs 3 1. Var GG verlangt nicht nur in quantitativ-formeller Hinsicht nach dem Bestehen eines Mindestmaßes an Länderkompetenzen, sondern im Lichte des Aufbaus des Grundgesetzes auch danach, dass zumindest diese Kompetenzen von den Ländern ohne Beeinflussung bzw Deter-

---

1740 Siehe dazu oben bei 5.4.4 (Österreich [= 237]), 6.4.4 (Deutschland [= 315]) bzw 7.4.3 (Belgien [= 363]).

1741 Siehe dazu für Österreich oben bei 5.2 (= 188), für Deutschland bei 6.2.2 (= 274) und für Belgien bei 7.2 (= 335).

1742 Siehe dazu für Österreich oben bei 5.3.2.6 (= 212), für Deutschland bei 6.3.3.7 (= 295); für Belgien 7.3.3.1 (= 338).

1743 Dazu oben bei 5.3.2.6 (= 212).

minierung durch Völker- oder Unionsrecht ausgeübt werden können.[1744] In der deutschen Rechtsordnung besteht also auf Grund von Art 79 Abs 3 1. Var GG auch ein qualitativ-materieller Schutz des Mindestmaßes an Länderkompetenzen. Der durch Art 79 Abs 3 1. Var GG bewirkte Schutz ist, wie oben dargelegt wurde, identitätsstiftend iSd Art 4 Abs 2 EUV und damit auch von der EU zu achten. Einen Teil der folgenden Ausführungen wird die Auseinandersetzung mit der Frage bilden, inwieweit die EU verpflichtet ist, die konstitutive Vielfalt Österreichs und Deutschlands zu achten.

Dabei ist zu beachten, dass die hier unter dem Stichwort „konstitutive Vielfalt" zusammengefassten bundesstaatlichen Identitätsbestandteile grundsätzlich sowohl bei der Übertragung von Kompetenzen an die EU (durch völkerrechtlichen Vertrag) als auch bei der Ausübung von Kompetenzen durch die Organe der EU Bedeutung haben können. Im Weiteren interessiert aber – wie oben bereits ausgeführt – nur der Aspekt der Kompetenzausübung durch EU-Organe, da nur dieser Bereich auch durch Art 4 Abs 2 EUV determiniert wird. Dabei ist aber zu beachten, dass die EU bei der Ausübung geteilter Kompetenzen gewissermaßen „kompetenzaneignend" tätig wird, indem das mit dem Primärrecht übertragene Kompetenzpotential ausgeschöpft wird. Es stellen sich daher auch in diesem Bereich zumindest mit Blick auf die deutsche bundesstaatliche Identität Fragen dahingehend, wann bzw wie das nach dem Verfassungsrecht erforderliche Mindestausmaß an Länderkompetenzen noch gewährleistet wird.[1745]

Außerdem wird zu fragen sein, inwiefern die konstitutive Vielfalt die EU bei der Ausgestaltung von Sekundärrechtsakten bindet. So wird dann, wenn auf Ebene der Mitgliedstaaten nach Einheit verlangt wird, genau diese Vielfalt der föderalen Hoheitsträger negiert. Es wird daher zu diskutieren sein, inwiefern die Organe der EU bei der Erlassung von Einheitsvorgaben auf Grund von Art 4 Abs 2 EUV dazu verpflichtet sind, die bundesstaatliche konstitutive Vielfalt zu berücksichtigen.[1746]

8.5.3 (Bundesstaatliche) Rechtsetzungsvielfalt

Der zweite Teil der nachfolgenden Ausführungen befasst sich mit Rechtsetzungsvielfalt. Eine Folge der konstitutiven Vielfalt ist in Bundesstaaten die Notwendigkeit der Ermöglichung von Rechtsetzungsvielfalt. Als Rechtsetzungsvielfalt wird hier die Befugnis der föderalen Hoheitsträger bezeichnet, unabhängig voneinander in ihrem jeweiligen Kompetenzbereich Recht zu setzen,[1747] das sich von den

1744 Dazu oben bei 6.3.3.5 (= 284).
1745 Dazu unten bei 9.1.2 (= 379).
1746 Dazu unten bei 9.1.3 (= 388).
1747 Insb, aber nicht nur generell-abstrakte Regelungen, wenngleich im Folgenden primär Gesetze als Beispiele herangezogen werden.

Regelungen unterscheiden darf, die ein anderer Hoheitsträger für denselben oder einen ähnlichen Sachbereich erlässt. Die Notwendigkeit der Ermöglichung von Rechtsetzungsvielfalt bezieht sich dabei nicht nur auf das gerade oben angesprochene Mindestmaß an Kompetenzen, das den Ländern im österreichischen oder deutschen Bundesstaat zur Erfüllung der verfassungsrechtlichen Anforderungen mindestens verbleiben muss. Rechtsetzungsvielfalt muss vielmehr dem Grundsatz nach hinsichtlich aller den föderalen Hoheitsträgern zustehenden Kompetenzen ermöglicht werden. Anders formuliert: Dem Verfassungsgesetzgeber sind in Österreich und Deutschland durch das Verfassungsrecht Grenzen gesetzt, wenn er den Ländern Kompetenzen entzieht. Unabhängig von diesen Grenzen müssen (insb) die Länder auf Grund der jeweiligen Verfassungsrechtsordnung grundsätzlich die Möglichkeit haben, in jedem der ihnen zur eigenständigen Wahrnehmung zugeordneten Kompetenzbereiche Rechtsakte zu erlassen, die sich voneinander unterscheiden dürfen.[1748] Diese letzte Aussage trifft sinngemäß auch auf die belgische Rechtsordnung zu: Soweit dort den dezentralen Hoheitsträgern (Regionen und Gemeinschaften) Kompetenzen eingeräumt werden, muss es diesen von Verfassung wegen möglich sein, eigenständig – daher grundsätzlich auch unabhängig voneinander und vielfältig – Recht zu setzen.[1749]

Die Ermöglichung der Rechtsetzungsvielfalt in den untersuchten Bundesstaaten erfolgt insb dadurch, dass der Gleichheitssatz mit Bezug auf von unterschiedlichen föderalen Hoheitsträgern stammende Rechtsakte relativiert wird, die ähnliche Sachverhalte unterschiedlich regeln. Dass auch diese „Relativierung“ des Gleichheitssatzes jeweils ein Teil der nationalen Identität Österreichs, Deutschlands und Belgiens iSd Art 4 Abs 2 EUV ist, wurde oben gezeigt.[1750]

Anders als die konstitutive Vielfalt darf die Rechtsetzungsvielfalt sowohl in Österreich[1751] als auch in Deutschland vom Verfassungsgesetzgeber eingeschränkt werden, etwa durch die verfassungsrechtliche Anordnung von Kooperationspflichten.[1752] Die Anordnung solcher vereinzelter Kooperationspflichten ist auch nach dem belgischen Verfassungsrecht möglich; sie ergeben sich teilweise auch aus dem in Art 143 Abs 1 BV normierten Grundsatz der föderalen Loyalität.[1753]

In welchen Sachbereichen Rechtsetzungsvielfalt ermöglicht wird, ist abhängig von der Kompetenzverteilung und kann sich durch eine Änderung der Kompe-

1748 Siehe dazu oben bei 5.4.4 (Österreich [= 237]) bzw 6.4.4 (Deutschland [= 315]).

1749 Siehe dazu oben bei 7.4.3 (= 363).

1750 Dazu bei 5.4.4 (Österreich [= 237]), 6.4.4 (Deutschland [= 315]), 7.4.3.3 (Belgien [= 364]).

1751 In Österreich: Im Gegensatz zur konstitutiven Vielfalt ohne Beachtung eines besonders qualifizierten Verfahrens.

1752 Die Grenzen der Einschränkung der Rechtsetzungsvielfalt werden berührt, wenn die konstitutive Vielfalt eingeschränkt wird. Außerdem darf die Rechtsetzungsvielfalt in Deutschland in jenen Bereichen nicht eingeschränkt werden, die als „Hausgut“ der Länder qualifiziert werden und daher jedenfalls in die eigenständig zu regelnden Kompetenzen der Länder fallen müssen (Landesverfassungsgesetzgebung). Dazu oben bei 6.3.1 (= 276).

1753 Vgl oben bei 7.4.2.4 (= 360).

tenzverteilung ändern. Die Reichweite bzw Erstreckung der Rechtsetzungsvielfalt ist somit akzessorisch zur Kompetenzverteilung. Das Bestehen eines verfassungsrechtlichen Anspruchs nach (der Ermöglichung von) Rechtsetzungsvielfalt setzt also voraus, dass mehrere föderale Hoheitsträger zur Rechtsetzung befugt sind. Dies ist aber dann nicht mehr der Fall, wenn eine Kompetenz an die EU übertragen wurde,[1754] da dann das Recht zur Rechtsetzung insoweit eben bei der EU liegt.

Das hat nun aber zur Folge, dass nicht jegliche „Harmonisierung" durch EU-Rechtsetzung in Konflikt mit der Rechtsetzungsvielfalt steht: Denn dann, wenn eine Kompetenz an die EU übertragen wurde und von dieser rechtmäßigerweise ausgeübt wird, entfällt schon aus Perspektive der drei analysierten Verfassungsrechtsordnungen die verfassungsrechtliche Forderung nach der hier diskutierten Rechtsetzungsvielfalt.

Der Topos der Rechtsetzungsvielfalt ist damit nur dort von Relevanz, wo seitens der EU keine Sekundärrechtsakte erlassen wurden oder aber diese Rechtsakte den Mitgliedstaaten Umsetzungsspielräume lassen, die eine „bundesstaatlich vielfältige" Umsetzung grundsätzlich zulassen. Rechtsetzungsvielfalt wird daher im Weiteren nicht als ein bei der Sekundärrechtsetzung zu beachtender Identitätsbestandteil iSd Art 4 Abs 2 EUV behandelt. Ziel der nachfolgenden Ausführungen ist es stattdessen, die Bedeutung der bundesstaatlichen Rechtsetzungsvielfalt als Teil der nationalen Identität iSd Art 4 Abs 2 EUV für jenen Bereich auszuloten, in dem die Vereinbarkeit mitgliedstaatlicher Rechtsakte mit den primärrechtlichen Vorgaben des Unionsrechts (vom EuGH) zu beurteilen ist.[1755]

8.5.4 Offenbleibende Fragen

Nicht näher diskutiert werden im Folgenden insb innerstaatlich vorgesehene, bundesstaatlich konnotierte Mitwirkungsrechte und Zusammenarbeitsverfahren und -formen wie etwa die bundesstaatlichen zweiten Kammern (Bundesrat in Österreich und Deutschland, Senat in Belgien).[1756] Es kann zwar nicht gänzlich ausgeschlossen werden, dass es Konstellationen geben kann, in denen das Unionsrecht auf solche Instrumente (möglicherweise „identitätsgefährdend") Einfluss nimmt,[1757] dies erscheint im Lichte des derzeitigen Stands der Unionsrechtsordnung aber eher unwahrscheinlich. Dazu kommt, dass die einzelnen

1754 Und im Fall der geteilten Kompetenzen auch von dieser ausgeübt wurde.

1755 Dazu unten bei 9.2 (= 393).

1756 Zu diesen für Österreich oben bei 5.3.3 (= 213), für Deutschland bei 6.3.4 (= 296) und für Belgien bei 7.3.4 (= 343).

1757 So könnte man bspw fragen, ob dem Identitätsbestandteil des Bestehens einer zweiten Kammer in den untersuchten Bundesstaaten weiterhin Genüge getan würde, wenn jedem Mitgliedstaat im Rahmen des Subsidiaritätsrügeverfahrens nur noch eine Stimme (statt bisher zwei Stimmen) zukommen würde.

Instrumente in den unterschiedlichen mitgliedstaatlichen Rechtsordnungen sehr unterschiedlich ausgestaltet und in unterschiedlichem Ausmaß von Art 4 Abs 2 EUV geschützt sind. Es lassen sich daher (fast) keine Aussagen treffen, die strukturell auf alle drei Rechtsordnungen zutreffen.

Ebenfalls nicht näher untersucht werden mögliche Konfliktkonstellationen, die sich aus dem Verhältnis des Unionsrechts zu bundesstaatlichen Treuepflichten ergeben könnten.[1758] Abgesehen davon, dass es auch diesbezüglich schwerfällt, konkrete Beispiele für derartige Konstellationen zu nennen,[1759] ist dies insofern konsequent, als nach der in dieser Untersuchung vertretenen Ansicht ohnehin nur in der belgischen Rechtsordnung (Art 143 BV) eine solche Treuepflicht besteht. In der belgischen Rechtsordnung wird aber der Grundsatz der föderalen Loyalität (gerade auch) eingesetzt, um die Durchführung des Unionsrechts sicherzustellen. Insofern ist es schwer vorstellbar, dass es hier zu Konfliktkonstellationen mit dem Unionsrecht kommt.

Die nachfolgenden Ausführungen befassen sich also mit den Auswirkungen der vorher skizzierten Aspekte der bundesstaatlichen Vielfalt auf die Handlungen von EU-Organen. Durch die Auswahl wird versucht, Fragen von struktureller Bedeutung zu erfassen. Allerdings kann und soll dadurch nicht ausgeschlossen werden, dass auch außerhalb des diskutierten Feldes spannende und bedeutsame rechtswissenschaftliche Fragen gestellt werden können, die einen Zusammenhang zur „bundesstaatlichen Identität“ aufweisen, aber dennoch nicht zum Gegenstand der vorliegenden Abhandlung gemacht werden.

1758 Zu diesen jeweils oben bei 5.4.2.2 (Österreich [= 224]), 6.4.2.2.2 (Deutschland [= 301]) und 7.4.1.2.2 (Belgien [= 347]).

1759 Vollkommen ausgeschlossen sind solche Konstellationen allerdings auch nicht; man denke etwa daran, dass eine finanzielle Beistandspflicht im Bundesstaat mit unionalen Haushaltsvorgaben in Konflikt geraten könnte.

9. Verpflichtung zur Achtung der bundesstaatlichen Vielfalt

9.1 Konstitutive Vielfalt

9.1.1 Formelles Bestehen mehrerer föderaler Hoheitsträger

Als konstitutive Vielfalt wurde oben[1760] die Notwendigkeit des Bestehens mehrerer Hoheitsträger innerhalb eines Bundesstaates verstanden. Relevanz hat eine so verstandene konstitutive Vielfalt in jeder der untersuchten Rechtsordnungen; in Österreich und Belgien wird dabei die konkrete Anzahl und der Bestand der föderalen Hoheitsträger geschützt, in Deutschland nur der Grundsatz der Gliederung des Bundes in Länder (unabhängig von ihrer konkreten Anzahl).

Die EU darf also keine Handlungen setzen, mit denen diese Vielfalt und dabei insb die dezentralen Hoheitsträger formal abgeschafft werden sollen. Dabei handelt es sich allerdings lediglich um eine theoretische Feststellung, da nicht ersichtlich ist, auf welche Kompetenz gestützt und durch welche Handlungen die EU die Länder bzw Regionen und Gemeinschaften formell abschaffen können sollte.

9.1.2 Materielle Eigenständigkeit als Kompetenzausübungsschranke

9.1.2.1 Grundsätzliches, ausschließliche und geteilte Kompetenzen der EU

Mit Blick auf die deutsche Bundesstaatlichkeit kommt aber der Achtung der konstitutiven Vielfalt noch eine weitergehende Bedeutung zu: Anders als nach der österreichischen oder der belgischen Verfassungsrechtslage verlangt Art 79 Abs 3 1. Var GG danach, dass den deutschen Ländern ein Mindestmaß an Hoheitsbefugnissen zukommt, die diese ohne äußeren Einfluss und damit auch ohne Einfluss des Unionsrechts wahrnehmen können. Wird dieses Mindestmaß an eigenständigen Befugnissen unterschritten, so bestehen die deutschen Länder zwar formal weiter, allerdings fehlt es ihnen dann an der von Art 79 Abs 3 1. Var GG geforderten Eigenständigkeit.

Den Ländern können dadurch Kompetenzen entzogen werden, dass den Organen der EU ausschließliche Kompetenzen übertragen werden. Anders als bei den geteilten Kompetenzen[1761] verlieren die Mitgliedstaaten hier bereits mit dem (völkerrechtlichen) Akt der Kompetenzübertragung ihre Kompetenz. Die Kompetenzübertragung an die EU erfolgt durch Abschluss eines völkerrechtlichen

1760 Bei 8.5.2 (= 373).
1761 Dazu gleich unten.

Vertrags. Beim Abschluss dieses Vertrags haben die Vertreterinnen und Vertreter Deutschlands auf Grund von Art 23 Abs 1 GG auf die Einhaltung des Art 79 Abs 3 GG zu achten, damit auch auf die Einhaltung des Erfordernisses eines Mindestbestands an Länderkompetenzen. Wird dieses Erfordernis nicht ausreichend beachtet, so kann das Zustimmungsgesetz zu diesem Vertrag auf Grund von Art 23 Abs 1 GG am Maßstab des Art 79 Abs 3 1. Var GG gemessen werden. Hier liegt also die Verantwortung der Wahrung des Mindestbestands an Länderkompetenzen bei deutschen Organen. Jede spätere Verfassungsänderung, die den Ländern Kompetenzen entzieht und das Ausmaß der Länderkompetenzen unter die Mindestgrenze fallen lässt, ist ebenfalls verfassungswidrig. In den angedachten Konstellationen wird also die Grenze des Art 79 Abs 3 GG jeweils durch den Akt des Kompetenzentzugs – durch Übertragung an die EU mittels völkerrechtlichen Vertrags oder durch Übertragung an den Bund durch Verfassungsänderung – überschritten. Die rechtmäßig an die EU übertragenen Kompetenzen können von dieser aber ausgeübt werden, ohne dass diese die Grenze des Art 79 Abs 3 GG (iVm Art 4 Abs 2 EUV) zu berücksichtigen hätte.[1762]

Im Bereich der geteilten Kompetenzen kann EU-Rechtsetzung sowohl durch die Erlassung von Richtlinien als auch mittels Erlassung von Verordnungen dazu führen, dass die den deutschen Ländern zustehenden eigenständigen Kompetenzen verringert werden: Im Bereich der geteilten Kompetenzen bleiben die Kompetenzen der Mitgliedstaaten weiterhin bestehen; erst wenn und nur soweit die EU die geteilten Kompetenzen ausübt, verlieren die Mitgliedstaaten ihre Kompetenz. Auch Landeskompetenzen werden daher zunächst nicht berührt, wenn der EU lediglich eine geteilte Kompetenz übertragen wird. Insofern ist es denkbar, dass die Übertragung einer geteilten Kompetenz an die EU per se noch nicht gegen Art 79 Abs 3 1. Var GG verstößt, aber die konkrete Ausübung dieser Kompetenz durch die EU Art 79 Abs 3 1. Var GG iVm Art 4 Abs 2 EUV missachtet.

Art 4 Abs 2 EUV fungiert insofern iVm Art 79 Abs 3 1. Var GG im Bereich der geteilten Kompetenzen als Kompetenzausübungsschranke für die Organe der EU, die neben die Grundsätze der Verhältnismäßigkeit und Subsidiarität tritt. Selbst innerhalb der ihr in den Verträgen übertragenen Kompetenzen haben die Organe der EU bei der Ausübung geteilter Kompetenzen darauf zu achten, dass das von Art 79 Abs 3 1. Var GG geforderte Mindestmaß an eigenständigen Länderkompetenzen nicht unterschritten wird.

1762 Freilich ist fraglich, ob dann, wenn von Anfang an „zu viele“ Kompetenzen an die EU übertragen wurden, die Annahme einer Kompetenzausübungssperre zu Lasten der EU im Gegensatz zu der Konstellation, dass der deutsche Zustimmungsakt zur Vertragsänderung rechtswidrig ist, zu bevorzugen wäre. Daraus lässt sich mE aber nur schwer ein rechtlich relevantes Argument formulieren. Im Übrigen wäre es Deutschland unbenommen, die Rechtslage dadurch zu „sanieren“, dass den Ländern nach Vertragsabschluss Kompetenzen (des Bundes) übertragen werden und so wieder ein Mindestbestand an Länderkompetenzen gesichert ist.

Die folgenden Ausführungen beziehen sich auf den Bereich der geteilten Kompetenzen. Dort kommt es nach der hier vertretenen Ansicht bei der Beurteilung der Unterschreitung des Mindestbestands an Länderkompetenzen auf die Erlassung eines konkreten EU-Rechtsaktes an und nicht bereits auf die Kompetenzübertragung an die EU, wie bei den ausschließlichen Kompetenzen.[1763] Dem Grunde nach können die Überlegungen auch auf den Bereich der ergänzenden bzw unterstützenden Kompetenzen übertragen werden, die im Folgenden nicht gesondert untersucht werden.

9.1.2.2 *Bilanzierende Betrachtung: EU und nationale Kompetenzverteilung*

Die Beurteilung, ob das von Art 79 Abs 3 1. Var GG geforderte und damit auch nach Art 4 Abs 2 EUV von den Organen der EU zu achtende Mindestmaß an Länderkompetenzen durch einen Rechtsakt der EU unterschritten wird, ist allerdings aus mehreren Gründen nicht ganz einfach:

Zunächst ist es, wie oben dargelegt wurde,[1764] bereits bei einer rein nationalen Betrachtung kaum möglich, das notwendige Mindestmaß an Länderkompetenzen abstrakt zu quantifizieren. Erschwert wird die Betrachtung bei Hinzunahme der unionalen Ebene. Denn im Bereich der geteilten Kompetenzen ist die Beeinträchtigung der Landeskompetenzen unterschiedlich stark – je nachdem, ob die EU sich des Rechtsaktes der Verordnung oder der Richtlinie bedient. Bei der Richtlinienumsetzung verbleibt den Ländern weiterhin ein – wenn auch meist geringer – Spielraum; insofern wäre das Ausmaß des Kompetenzverlustes geringer anzusetzen, wenn die EU lediglich eine Richtlinie erlässt, die Landeskompetenzen betrifft. Durch die zwischen Verordnungen und Richtlinien differenzierende Betrachtung wird also eine Quantifizierung des notwendigen Mindestmaßes an Länderkompetenzen bzw das Feststellen jenes Rechtsaktes schwieriger, mit bzw ab dem diese Mindestgrenze nicht mehr eingehalten wird.

9.1.2.3 *Änderungen der nationalen Kompetenzverteilung vor Erlassung eines EU-Rechtsaktes*

Zu erwägen ist weiters, ob durch den verfassungsändernden Gesetzgeber nach Inkrafttreten des Vertrags von Lissabon – und damit Art 4 Abs 2 EUV – vorgenommene Änderungen der Kompetenzverteilung Einfluss darauf haben, inwie-

1763 Freilich ist festzuhalten, dass auch außerhalb des Bereichs der geteilten Kompetenzen die Kompetenzbestimmungen zT so undeterminiert sind, dass zum Zeitpunkt der Kompetenzübertragung schwer beurteilt werden kann, ob die Grenze der materiellen Eigenständigkeit gewahrt bleibt; s dazu instruktiv *Klamert* in Herzig ea, Europarecht 143 ff. In den dort genannten Fällen ist die durch Art 4 Abs 2 EUV geschützte Grenze der materiellen Eigenständigkeit der deutschen Länder im Rahmen einer systematischen Auslegung der Kompetenzvorschriften zu berücksichtigen.

1764 Siehe dazu bei 6.3.3.1 (= 278).

weit Rechtsakte der Union Länderkompetenzen beeinträchtigen. Diesbezüglich sind – ausgehend von einem nicht „versteinernden" Verständnis des Mindestausmaßes der Länderkompetenzen nach dem GG[1765] – zwei Varianten denkbar:

Einerseits könnte man davon ausgehen, dass die Organe der EU bei der Beurteilung des Spielraums, der für Beeinträchtigungen von Länderkompetenzen besteht, auf den Stand der Länderkompetenzen zum Zeitpunkt des Inkrafttretens des Vertrags von Lissabon abstellen dürften. Nachträgliche innerstaatliche Kompetenzverschiebungen zu Lasten der Länder (und damit innerstaatlich zu Gunsten des Bundes) wären dann irrelevant und würden den Spielraum der EU nicht verringern. Andererseits könnte man eine Relevanz dieser nachträglichen Kompetenzverschiebungen behaupten, mit dem Ergebnis, dass sich der Spielraum der EU-Rechtsetzung verringern würde, wenn innerstaatlich Kompetenzänderungen zu Lasten der Länder stattfinden.

Die besseren Gründe sprechen für die zweite Variante: So wird auch der Inhalt der nationalen Identität iSd Art 4 Abs 2 EUV grundsätzlich nicht „versteinernd" ermittelt; vielmehr wird dafür auf die jeweils aktuelle Rechtslage abgestellt.[1766] Nun wird zwar durch eine Änderung der innerstaatlichen deutschen föderalen Kompetenzverteilung nicht Art 79 Abs 3 1. Var GG geändert, wohl aber – wenn diese Änderung (nur) zu Lasten der Länder geht – der verbleibende Spielraum des Verfassungsgesetzgebers verkleinert. Auch der Zweck des Art 79 Abs 3 1. Var GG spricht dafür, nachträgliche Kompetenzverschiebungen zu Lasten der Länder mitzuberücksichtigen. Andernfalls könnte zunächst der Bund das nach Art 79 Abs 3 1. Var GG gerade noch zulässige Maximalpotential an Kompetenzverschiebungen ausreizen, und im Anschluss daran könnten die Landeskompetenzen darüber hinaus durch EU-Rechtsetzung beeinträchtigt werden. Dies hätte wiederum zum Ergebnis, dass das von Art 79 Abs 3 1. Var GG geforderte Mindestmaß an Länderkompetenzen unterschritten würde.

Die Ermittlung jener Grenze, bis zu der Rechtsetzung durch die EU noch zulässig ist, ohne das Erfordernis des Mindestausmaßes an Länderkompetenzen iSd Art 79 Abs 3 1. Var GG iVm Art 4 Abs 2 EUV zu missachten, wird also auch dadurch erschwert, dass Veränderungen der innerstaatlichen föderalen Kompetenzverteilung Deutschlands seit dem Vertrag von Lissabon zu berücksichtigen sind. Die zu achtende Grenze ist insofern in Abhängigkeit von der Tätigkeit des deutschen Verfassungsrechtsetzers beweglich.[1767]

1765 Dazu oben bei 6.3.3.4 (= 282).

1766 Dazu oben bei 3.6.4 (= 110).

1767 Und zwar in beide Richtungen: Sowohl Kompetenzänderungen zu Lasten der Länder als auch solche, mit denen den Ländern auf innerstaatlicher Ebene mehr Kompetenzen eingeräumt werden, sind in Rechnung zu stellen.

9.1.2.4 Änderungen der nationalen Kompetenzverteilung nach Erlassung eines EU-Rechtsaktes

In den vorangehenden Ausführungen ging es darum, ob Änderungen der deutschen föderalen Kompetenzverteilung nach dem Vertrag von Lissabon, aber vor der Erlassung eines EU-Rechtsaktes zu berücksichtigen sind; dies wurde bejaht. Interessant ist in diesem Zusammenhang aber auch, bis zu welchem Zeitpunkt Änderungen der innerstaatlichen Kompetenzverteilung für die Vereinbarkeit eines EU-Rechtsaktes mit dem Gebot der Achtung eines Mindestbestands an Länderkompetenzen nach Art 79 Abs 3 1. Var GG iVm Art 4 Abs 2 EUV Relevanz haben. Es geht dabei darum, ob nach Erlassung[1768] eines EU-Rechtsaktes erfolgende Änderungen der innerstaatlichen Kompetenzverteilung zu einer In- oder Konvalidation dieses Rechtsaktes führen können. Anders formuliert: Kann eine nach Erlassung eines EU-Rechtsaktes erfolgte Änderung der Kompetenzverteilung zu Lasten der Länder und zu Gunsten des Bundes bewirken, dass dieser EU-Rechtsakt wegen Missachtung von Art 79 Abs 3 1. Var GG iVm Art 4 Abs 2 EUV primärrechtswidrig wird? Kann, umgekehrt, eine innerstaatliche Kompetenzverschiebung zu Gunsten der Länder einen bei seiner Erlassung wegen Missachtung von Art 79 Abs 3 1. Var GG iVm Art 4 Abs 2 EUV primärrechtswidrigen Rechtsakt primärrechtskonform machen?

Zunächst soll auf die Frage einer Invalidation eines EU-Rechtsaktes auf Grund nachfolgender innerstaatlicher Kompetenzverschiebung zu Lasten der Länder eingegangen werden. Gegen die Annahme einer Invalidation sprechen folgende Gründe: Das Ziel des Art 79 Abs 3 1. Var GG, einen Mindestbestand an Länderkompetenzen zu sichern, verlangt nicht nach einer Invalidation des EU-Rechtsaktes. Denn bereits die Änderung der Kompetenzverteilung auf innerstaatlicher Ebene ist wegen Verstoßes gegen Art 79 Abs 3 1. Var GG verfassungswidrig und damit nichtig. Der Schutz der Länderkompetenzen verlangt damit nicht nach der Invalidation eines weiteren Rechtsaktes (hier: des EU-Rechtsaktes). Würde man davon ausgehen, dass die nachträgliche Änderung der innerstaatlichen Kompetenzverteilung zu Lasten der Länder eine Invalidation des EU-Rechtsaktes bewirken würde, so stellte sich außerdem die Frage, warum gerade dieser EU-Rechtsakt invalidieren soll. Das Ausmaß der Länderkompetenzen wird

1768 Als Datum der Erlassung ist hier der Abschluss des Gesetzgebungsverfahrens zu verstehen. Die Mitgliedstaaten (Deutschland) sind (ist) am Gesetzgebungsverfahren durch den Rat beteiligt und daher in der Lage, bereits vor Kundmachung im Amtsblatt bzw vor Inkrafttreten der EU-Rechtsakte abzuschätzen, in welchen Bereichen es zu Beeinträchtigungen der Länderkompetenzen kommen wird. Würde in Deutschland zwischen diesem Zeitpunkt und der Kundmachung im Amtsblatt bzw dem Inkrafttreten des EU-Rechtsaktes die Kompetenzverteilung zu Lasten der Länder geändert und dann behauptet, die EU verstoße durch den fraglichen EU-Rechtsakt gegen Art 79 Abs 3 1. Var GG iVm Art 4 Abs 2 EUV, dann würde damit gegen das in Art 4 Abs 3 EUV verankerte Loyalitätsgebot verstoßen. Dies gilt sowohl für Verordnungen als auch für Richtlinien. Vgl zu den Vorwirkungen von Richtlinien zB *Nettesheim* in Grabitz/Hilf/Nettesheim, Art 288 AEUV Rz 118.

ebenso durch andere EU-Rechtsakte beeinträchtigt; auch die Invalidation dieser Rechtsakte könnte das Ausmaß der Länderkompetenzen wieder auf das von Art 79 Abs 3 1. Var GG geforderte Mindestmaß erweitern. Die Begründung mit Verweis darauf, dass der fragliche EU-Rechtsakt der letzte sei, der die Landeskompetenzen beeinträchtigt habe, ist insofern unschlüssig, als es in der angedachten Konstellation einen späteren Rechtsakt gab, der die Landeskompetenzen schmälert – nämlich die innerstaatliche Verfassungsänderung. Auch wenn es sich dabei um einen innerstaatlichen Akt der Verfassungsänderung handelt, erscheint es naheliegender, nur diesen wegen Verstoßes gegen Art 79 Abs 3 1. Var GG als nichtig zu qualifizieren. Es scheint daher eher vertretbar davon auszugehen, dass ein EU-Rechtsakt, der Länderkompetenzen beeinträchtigt, nicht invalidiert, wenn wegen nachfolgender Änderungen der nationalen Kompetenzverteilung zu Lasten der Länder die Grenze des Art 79 Abs 3 1. Var GG unterschritten wird.

Damit bleibt zu untersuchen, ob eine Änderung der innerstaatlichen Kompetenzverteilung zu Gunsten der Länder einen ursprünglich Art 79 Abs 3 1. Var GG iVm Art 4 Abs 2 EUV missachtenden EU-Rechtsakt „heilen" kann. Hier sprechen die besseren Gründe dafür, von der Möglichkeit einer solchen Konvalidation auszugehen. Denn durch die Änderung der nationalen Kompetenzverteilung wird der Verstoß gegen Art 79 Abs 3 1. Var GG iVm Art 4 Abs 2 EUV beseitigt. Es wäre sogar ein denkbares Motiv der Änderung der Kompetenzverteilung zu Gunsten der Länder, den Ländern in einem Bereich (wieder) mehr Kompetenzen zukommen zu lassen, um es der EU zu ermöglichen, in einem anderen Bereich tätig zu werden (bzw hier: zu bleiben).

Auf die Frage der kumulativen Wirkung mehrere Verfassungsänderungen zu Gunsten und/oder zu Lasten der Länder (jeweils in einem der geschilderten zeitlichen Zusammenhänge mit einem EU-Rechtsakt) braucht nicht gesondert eingegangen zu werden; erfolgen diese gleichzeitig, so ist bilanzierend zu beurteilen, ob die Änderungen insgesamt zu Gunsten oder zu Lasten der Länder erfolgen. Erfolgen die Änderungen mit zeitlichem Abstand, so ist jeweils auf die letzte Änderung abzustellen.

9.1.2.5 Verhältnis zum Subsidiaritätsprinzip und dem Subsidiaritätskontrollverfahren

Auf den ersten Blick mag die hier vorgestellte Kompetenzausübungsschranke, die sich aus Art 79 Abs 3 1. Var GG iVm Art 4 Abs 2 EUV ergibt, eine ähnliche Ausrichtung haben wie das in Art 5 Abs 3 EUV verankerte Subsidiaritätsprinzip. Tatsächlich geht es sowohl bei der hier diskutierten Kompetenzausübungsschranke als auch beim Subsidiaritätsprinzip darum, (auch) die Kompetenzen dezentraler Gebietskörperschaften zu schützen. Damit enden aber auch schon die Ähnlichkeiten zwischen dem Subsidiaritätsprinzip und der hier diskutierten Kompetenzausübungsschranke.

So ist etwa das Subsidiaritätsprinzip final ausgestaltet; der Schutz der Kompetenzen der Mitgliedstaaten bzw ihrer dezentralen Einheiten soll also nicht um ihrer selbst willen erfolgen, sondern zur Erreichung eines bestimmten Ziels. Nach dem Subsidiaritätsgrundsatz darf die EU eine geteilte Kompetenz nur dann ausüben, wenn und insoweit ein Ziel auf mitgliedstaatlicher Ebene nicht ausreichend und auf Unionsebene besser verwirklicht werden kann.

Art 79 Abs 3 1. Var GG stellt im Gegensatz dazu nicht darauf ab, ob ein Ziel durch die Länder besser verwirklicht werden kann bzw ein Sachbereich eher dazu geeignet erscheint, von den Ländern geregelt zu werden. Die „Untergrenze" eines Mindestmaßes an Länderkompetenzen gilt absolut. Selbst für den Fall, dass ein Ziel auf Ebene der deutschen Länder nicht und von der Union besser verwirklicht werden könnte, stünde die Kompetenzausübungsschranke aus Art 79 Abs 3 1. Var GG iVm Art 4 Abs 2 EUV einem Tätigwerden der Union entgegen.[1769]

Es bleibt zu fragen, ob eine Missachtung von Art 79 Abs 3 1. Var GG iVm Art 4 Abs 2 EUV durch einen EU-Rechtsakt im Verfahren zur Subsidiaritätskontrolle gerügt werden kann. Dies ist schon deswegen nicht naheliegend, weil im Subsidiaritätsprotokoll explizit auf das Subsidiaritätsprinzip iSd EUV Bezug genommen wird, nicht aber auf etwaige aus Art 4 Abs 2 EUV erwachsende Kompetenzausübungsschranken.[1770] Dazu kommt, dass auch inhaltlich ein deutlicher Unterschied zwischen der aus Art 79 Abs 3 1. Var GG iVm Art 4 Abs 2 EUV erwachsenden Kompetenzausübungsschranke und dem in Art 5 Abs 3 EUV verankerten Subsidiaritätsprinzip besteht. Die Mechanismen der Subsidiaritätskontrolle kommen daher auf die genannte Kompetenzausübungsschranke nicht zur Anwendung.[1771]

9.1.2.6 *Aufklärungs- und Warnpflichten?*

Gerade im Licht der mangelnden Determiniertheit der aus Art 79 Abs 3 1. Var GG iVm Art 4 Abs 2 EUV folgenden Kompetenzausübungsschranke stellt sich die Frage, ob die am EU-Rechtsetzungsprozess mitwirkenden Vertreterinnen und Vertreter Deutschlands besondere Aufklärungs- oder Warnpflichten treffen.[1772]

1769 Vgl *Sommermann* in von Mangoldt, Art 20 GG Rz 58. Es gibt keinen überzeugenden Anhaltspunkt dafür, dass Art 79 Abs 3 GG ein im Verhältnis zur EU relevantes „Subsidiaritätsprinzip" verankert.

1770 Vgl dazu *Guastaferro*, Maastricht Journal of European and Comparative Law 2014, 320 ff.

1771 Es ist nicht ausgeschlossen, dass ein in Aussicht genommener Rechtsakt aus sehr ähnlichen Gründen sowohl Art 4 Abs 2 EUV iVm Art 79 Abs 3 1.Var GG als auch das Subsidiaritätsprinzip verletzt; auf Grund der Vorgaben des Primärrechts kann aber dennoch im Subsidiaritätskontrollverfahren nur eine Verletzung des unionsrechtlichen Subsidiaritätsprinzips geltend gemacht werden.

1772 Siehe dazu allgemein schon oben bei 3.6.6.2 (= 136).

Solche Pflichten könnten etwa darin bestehen, dass die Vertreterin bzw der Vertreter Deutschlands im Rat darauf hinzuweisen hat, dass ein EU-Rechtsakt die Grenze des Art 79 Abs 3 1. Var GG überschreitet. Solche Pflichten könnten sich aus Art 4 Abs 3 EUV ergeben, wenn sie erforderlich sind, damit die Organe der EU die Vertragsziele erreichen bzw die in den Verträgen enthaltenen Verpflichtungen erfüllen können.

Es ist daher zu fragen, ob es eine Pflicht der Mitgliedstaaten gibt, im Rahmen des Rechtsetzungsverfahrens mit den Organen der EU in Form von Aufklärung und Warnung zusammenzuwirken, um es den Organen der EU zu ermöglichen, primärrechtskonformes, mit Art 4 Abs 2 EUV in Einklang stehendes Recht zu setzen. Dazu ist zunächst darauf hinzuweisen, dass die Kommission – anders als beim Subsidiaritätsprinzip – nicht explizit verpflichtet ist, in ihren Rechtsetzungsvorschlägen zu überprüfen, ob die Vereinbarkeit mit der nationalen Identität der Mitgliedstaaten gegeben ist. Außerdem haben die von einer Missachtung des hier diskutierten Identitätsbestandteils hauptsächlich Betroffenen – die deutschen Länder, insb die Landtage – im EU-Rechtsetzungsverfahren keine Möglichkeit zur Abgabe einer Erklärung.[1773] Damit könnten auf die Überschreitung der „Grenze“ des Mindestbestands an Länderkompetenzen gerichtete Aufklärungs- und Warnpflichten der deutschen Vertreterin bzw des deutschen Vertreters im Rat in diesem spezifischen Fall erforderlich erscheinen, um es den Organen der EU zu ermöglichen, primärrechtskonformes Recht zu setzen, nicht zuletzt in Anbetracht dessen, dass auch in der deutschen rechtswissenschaftlichen Literatur festgestellt wird, dass es schwierig ist, abstrakt festzulegen, wo die Grenze liegt, ab der ein „Unterschreiten“ von Landeskompetenzen zu einem Verstoß gegen Art 79 Abs 3 GG führt.[1774] Die diskutierte Verpflichtung der deutschen Vertreterin bzw des deutschen Vertreters im Rat würde der Zusammenarbeit mit den Organen der EU zur Erfüllung von Art 4 Abs 2 EUV dienen[1775] und könnte daher als Bestandteil des in Art 4 Abs 3 EUV verankerten Loyalitätsprinzips qualifiziert werden.

Fraglich ist allerdings, ob es sich bei der nach Art 4 Abs 3 EUV notwendigen Aufklärung bzw Warnung durch die deutsche Vertreterin bzw den deutschen Vertreter im Rat um eine „Pflicht“ im rechtstechnischen Sinn handelt. Eine solche liegt nur dann vor, wenn die Missachtung des mit der Pflicht auferlegten Handlungsgebots sanktioniert werden kann. Eine Missachtung des Loyalitätsgebots durch einen Mitgliedstaat kann grundsätzlich im Rahmen eines Vertragsverlet-

1773 Die Interessen der deutschen Länder werden freilich dadurch besonders berücksichtigt, dass nach Art 23 Abs 6 GG eine Ländervertreterin bzw ein Ländervertreter in den Rat zu entsenden ist, wenn bestimmte Landeskompetenzen betroffen sind.

1774 Zum Beispiel *Dreier* in Dreier, Art 79 Abs 3 GG Rz 22; vgl auch *Hain* in von Mangoldt, Art 79 GG Rz 129 f; *Evers* in BK Art 79 Abs 3 GG Rz 21 – dazu schon oben bei 6.3.3.1 (= 278).

1775 In Verbindung mit anderen Vertragszielen, je nachdem, um welches Ziel der konkrete Rechtsakt verwirklichen soll.

zungsverfahrens sanktioniert werden. Würde man annehmen, dass auch die Verletzung einer auf die potentielle Missachtung von Art 79 Abs 3 1. Var GG iVm Art 4 Abs 2 EUV gerichteten Aufklärungs- bzw Warnpflicht eines Vertreters bzw einer Vertreterin Deutschlands im Rat eine Vertragsverletzung darstellt, so führte dies zu folgendem Ergebnis: Wenn die Organe der EU einen Rechtsakt erlassen, der Art 79 Abs 3 1. Var GG iVm Art 4 Abs 2 EUV missachtet, ohne dass die deutsche Vertreterin bzw der deutsche Vertreter im Rat davor warnt, dann könnte zum einen der fragliche Rechtsakt im Rahmen einer Nichtigkeitsklage wegen Verletzung der nationalen Identität für nichtig erklärt werden. Zum anderen würde Deutschland ein Vertragsverletzungsverfahren wegen mangelnder Beachtung der aus dem Loyalitätsgebot abgeleiteten Aufklärungs- und Warnpflichten drohen.

Dieses Ergebnis könnte man nun als nicht mit Art 4 Abs 2 EUV vereinbar erachten: Schließlich sind es nach dieser Bestimmung die Organe der EU, die dazu verpflichtet sind, die nationale Identität der Mitgliedstaaten zu achten, nicht die Mitgliedstaaten, die darauf zu achten haben, dass die Organe der EU ihre nationale Identität achten. Dieses Argument verkennt aber, dass die angedachte Rügepflicht des Mitgliedstaates nicht an die Stelle, sondern neben die Verpflichtung der EU zur Achtung der nationalen Identität ihrer Mitgliedstaaten treten würde. Im Übrigen änderte die angedachte Aufklärungs- bzw Warnpflicht der deutschen Vertreterin bzw des deutschen Vertreters im Rat auch nichts an der Durchsetzbarkeit von Art 4 Abs 2 EUV: Wenn ein EU-Rechtsakt trotz (zutreffender) Warnung der deutschen Vertreterin bzw des deutschen Vertreters im Rat zustande kommt, kann der Rechtsakt immer noch wegen Missachtung von Art 4 Abs 2 EUV für nichtig erklärt werden. Auch wenn es keine Warnung der deutschen Vertreterin bzw des deutschen Vertreters gibt (obwohl eine solche angebracht wäre), muss die EU sich die Missachtung der nationalen Identität Deutschlands insofern „vorwerfen“ lassen, als der fragliche Rechtsakt wie oben erörtert[1776] für nichtig erklärt werden kann. Das Fehlverhalten der deutschen Vertreterin bzw des deutschen Vertreters im Rat mit Blick auf Art 4 Abs 3 EUV ändert nichts an der Rechtswidrigkeit des fraglichen Aktes im Lichte des Art 4 Abs 2 EUV.[1777] Der Fall, dass die deutsche Vertreterin bzw der deutsche Vertreter im Rat während des Rechtsetzungsverfahrens nicht über eine potentielle Identitätsmissachtung aufklären kann, weil eine solche während des Rechtsetzungsverfahrens noch

1776 Bei 3.6.7 (= 138).

1777 Vgl dazu schon oben bei 3.6.6.2 (= 136). Vgl auch zum fehlenden Erfordernis der „Offensichtlichkeit“ einer Missachtung grundlegender Strukturen in Art 4 Abs 2 EUV im Vergleich zu Art 46 WVK oben bei 3.5.3 (= 85).

nicht besteht, sich aber später durch Änderung des nationalen Verfassungsrechts ergibt, kann beim hier diskutierten Identitätsmerkmal nicht eintreten.[1778]

Im Ergebnis kann daher beim hier diskutierten, aus Art 79 Abs 3 1. Var GG iVm Art 4 Abs 2 EUV abgeleiteten Identitätsmerkmal eines Mindestbestands an Länderkompetenzen der deutschen Länder auf Grund von Art 4 Abs 3 EUV eine Aufklärungs- und Warnpflicht der deutschen Vertreterin bzw des deutschen Vertreters im Rat angenommen werden. Diese verpflichtet die deutsche Vertreterin bzw den deutschen Vertreter im Rat, auf die drohende Missachtung des genannten Aspekts der deutschen nationalen Identität hinzuweisen; die Unterlassung einer gebotenen Aufklärung stellt eine Verletzung der Loyalitätspflicht und damit eine Vertragsverletzung dar. Zu betonen ist, dass sich diese Verpflichtung nicht aus einer Bindung der Vertreterin bzw des Vertreters Deutschlands an die Pflicht zur Achtung der nationalen deutschen Identität iSd Art 4 Abs 2 EUV ergibt,[1779] sondern aus der in Art 4 Abs 3 EUV verankerten Loyalitätsverpflichtung.[1780]

9.1.3 Konstitutive Vielfalt und Einheitsvorgaben

9.1.3.1 Die Begriffe „Einheit" und „Einheitsvorgaben"

Der Begriff „Einheit" wird hier im Sinn von Alleinheit oder Ausschließlichkeit verstanden. Einheitsvorgaben sind damit Anforderungen des Unionsrechts, die das Tätigwerden mehrerer Rechtsetzer oder Behörden ausschließen. Einheit kann dabei schon unionsweit durch Harmonisierung auf Ebene der EU erreicht werden. Ebenso ist aber denkbar, dass in einem EU-Rechtsakt verlangt wird, dass dessen legislative Umsetzung in einem einzigen einheitlichen mitgliedstaatlichen Rechtsakt zu erfolgen hat oder dass lediglich eine einzige einheitliche Behörde für die Vollziehung zuständig sein bzw gemacht werden soll. Einheit in diesem Sinn bzw Einheitsvorgaben in diesem Sinn scheinen daher in einem direkten Widerspruch zur konstitutiven Vielfalt zu stehen, die ja gerade nach einer Mehrheit von Rechtsetzern und/oder vollziehenden Stellen verlangt.

9.1.3.2 Unionsweite Einheit

Die folgenden Ausführungen beziehen sich auf unionsweite Einheit und analysieren, ob derartige Einheitsgebote im Einklang mit der konstitutiven Vielfalt

1778 Siehe zur Frage, inwiefern nachträgliche Änderungen der innerstaatlichen deutschen Kompetenzverteilung zur Invalidation eines ursprünglich Art 4 Abs 2 EUV entsprechenden EU-Rechtsaktes führen können, schon oben bei 9.1.2.4 (= 383).

1779 An diese sind nur die Organe der EU gebunden; dazu oben bei 3.6.6.2 (= 136).

1780 Vgl auch zum fehlenden Erfordernis der „Offensichtlichkeit" einer Missachtung grundlegender Strukturen in Art 4 Abs 2 EUV im Vergleich zu Art 46 WVK oben bei 3.5.3 (= 85).

stehen. Auf Einheitsgebote, die sich an die Ebene der Mitgliedstaaten richten, wird weiter unten eingegangen.[1781]

Unionsweite Einheit wird zB hergestellt, wenn eine Verordnung erlassen wird, die eine Materie unionsweit einheitlich regelt. Auch Richtlinien stellen hinsichtlich ihres Ziels, das innerhalb der EU einheitlich gilt, unionsweite Einheit her – die Umsetzungsmaßnahmen dürfen aber von Mitgliedstaat zu Mitgliedstaat variieren; insofern wird dahingehend Einheit also weder bewirkt noch angestrebt.[1782] Unionsweite Einheit kann auch hinsichtlich des Vollzugs hergestellt werden, wenn eine unionale Stelle wie etwa die Kommission oder eine Agentur mit dem Vollzug betraut wird. Schließlich sind auch die Vorgaben des Primärrechts – etwa die Grundfreiheiten und Grundrechte – Ausdruck unionsweiter Einheit, da sie auf einer einheitlichen Rechtsquelle beruhen und unionsweit denselben Inhalt haben.[1783]

Man kann sich nun die Frage stellen, ob eine derartige unionsweite Einheit im Einklang mit der durch Art 4 Abs 2 EUV geschützten bundesstaatlichen konstitutiven Vielfalt steht. Dabei ist aber zu berücksichtigen, dass hinter dem Primärrecht und dabei im Besonderen hinter der Kompetenzverteilung zwischen der EU und den Mitgliedstaaten ganz offensichtlich das Ziel steht, der EU auch einheitliche Rechtsetzung und Vollziehung zu ermöglichen. Dies gilt in besonderem Ausmaß für die Bereiche der ausschließlichen Kompetenzen, kann aber auch im Bereich der geteilten Zuständigkeiten insb mit Blick auf Art 5 Abs 3 EUV begründet werden: Das in Art 5 Abs 3 EUV verankerte Subsidiaritätsprinzip sieht im Wesentlichen vor, dass die EU im Bereich der geteilten Kompetenzen dann tätig werden darf, wenn die Ziele einer in Betracht gezogenen Maßnahme auf Grund ihres Umfangs oder ihrer Wirkungen auf Unionsebene besser verwirklicht werden können als auf mitgliedstaatlicher nationaler oder regionaler Ebene. Dürfte die EU allerdings kein unionsweit einheitlich geltendes Recht setzen, dann wäre diese Voraussetzung nie erfüllt; der potentielle „Mehrwert“ der EU-Rechtsetzung gegenüber der mitgliedstaatlichen Rechtsetzung ergibt sich ja gerade daraus, dass diese für das gesamte Unionsgebiet verbindliches – und insofern auch einheitliches – Recht setzen darf. Abgesehen von Art 5 Abs 3 EUV wird bei den einzelnen Politikbereichen teilweise sogar explizit auf die Herbeiführung

1781 Bei 9.1.3.3 (= 390).

1782 Vgl Art 288 AEUV.

1783 Dies steht nicht im Widerspruch zu den Ausführungen unten (bei 9.2 [= 393]), wonach die durch Art 4 Abs 2 EUV geschützte bundesstaatliche Rechtsetzungsvielfalt die Gleichheitsanforderungen des Primärrechts relativiert, denn die Gleichheitsanforderungen haben ja unionsweit denselben Inhalt – der eben, soweit es um die Beurteilung mitgliedstaatlicher Maßnahmen geht, die Ausdruck bundesstaatlicher Rechtsetzungsvielfalt sind, eine Relativierung einschließt.

einheitlicher Bedingungen bzw eines einheitlichen Rechtsrahmens durch die EU abgestellt.[1784]

Würde man nun den Identitätsbestandteil konstitutive Vielfalt so verstehen, dass jegliche unionsweit einheitliche Unionsrechtsetzung ausgeschlossen wäre, so würde damit das Funktionieren der EU als Ganzes in Frage gestellt. Ein solches Verständnis kann Art 4 Abs 2 EUV nicht zu Grunde gelegt werden und ist auch aus innerstaatlich-verfassungsrechtlicher Perspektive[1785] nicht zum Schutz der konstitutiven Vielfalt erforderlich: Die konstitutive Vielfalt wird jedenfalls in Österreich und Deutschland auf nationaler Ebene durch entsprechende Integrationsschranken geschützt,[1786] die bei der Übertragung von Kompetenzen an die EU zu beachten sind. Außerdem muss die (deutsche) konstitutive Vielfalt auch bei der („kompetenzaneignenden") Ausübung von geteilten Kompetenzen durch die EU wie oben dargelegt berücksichtigt werden.[1787] Ein allgemeines Verbot, unionsrechtsweit einheitliches Recht zu setzen, ergibt sich aus der konstitutiven Vielfalt allerdings nicht.[1788]

9.1.3.3 Unionsrechtliche Forderung nach Einheit innerhalb eines Mitgliedstaates

9.1.3.3.1 Problemstellung

Vorangehend wurde diskutiert, ob die konstitutive Vielfalt die EU grundsätzlich an der Erlassung unionsweit einheitlich geltender und anwendbarer Rechtsakte hindern kann. Dies wurde verneint.[1789] Eine andere Frage ist aber, ob in EU-Rechtsakten vorgesehen werden darf, dass innerhalb eines Mitgliedstaates vom jeweiligen mitgliedstaatlichen Rechtsetzer Einheit herzustellen ist, dass also ein unionsrechtlich vorgegebener Inhalt auf Ebene eines Mitgliedstaates nur von einem einzigen Rechtsetzer verwirklicht werden darf. Der wesentliche Unterschied zur vorangehend diskutierten Konstellation der unionsweiten Einheit besteht hier darin, dass in dem Bereich, in dem von einem Mitgliedstaat verlangt wird, intern Einheit herzustellen, gerade keine unionsweite Einheit erreicht werden soll.

1784 Vgl zB Art 78 Abs 2 lit a, b und d AEUV; Art 118 Abs 1 AEUV (s dort auch die Erwähnung von „zentralisierten Zulassungs-, Koordinierungs- und Kontrollregelungen auf Unionsebene"); Art 133 AEUV; Art 207 Abs 1 AEUV; Art 291 Abs 2 AEUV.

1785 Insb deutscher, da dort die konstitutive Vielfalt den umfassendsten Schutz genießt.

1786 Dazu sowie zur Rechtslage in Belgien oben bei 2.3.2 (= 48).

1787 Oben bei 9.1.2 (= 379).

1788 Ein solches Verbot ließe sich (wenn überhaupt) nur dann begründen, wenn die konstitutive Vielfalt bereits ausschließen würde, dass Hoheitsrechte zB der Länder an eine internationale Einrichtung übertragen werden. Dies kann aber für keine der hier untersuchten Rechtsordnungen bejaht werden.

1789 Bejaht werden kann dies nur dann, wenn es um die „letzte" Kompetenz der (deutschen) Länder geht, die zur Sicherung ihrer materiellen Eigenständigkeit iSd Art 79 Abs 3 1. Var GG in ihrer Kompetenzsphäre verbleiben muss; dazu oben bei 9.1.2 (= 379).

Eine solche Konstellation läge zB vor, wenn eine Richtlinie verlangt, dass die Umsetzung in einem einzigen nationalen Rechtsakt erfolgen muss. Diese Konstellation ist bisher, soweit ersichtlich, Theorie geblieben[1790] und wird im Folgenden nicht näher erörtert. Eine andere Konstellation, in der ein EU-Rechtsakt nach einheitlicher Rechtsetzung auf Ebene eines Mitgliedstaates verlangt, wäre, dass in einer EU-Verordnung angeordnet wird, dass die Vollziehung auf mitgliedstaatlicher Ebene durch eine einzige Behörde in einem einheitlichen Verfahren zu erfolgen hat. Auch eine EU-Richtlinie könnte anordnen, dass für die Setzung bestimmter Handlungen auf mitgliedstaatlicher Ebene lediglich eine einzige Stelle vorgesehen werden darf. Für derartige Konstellationen gibt es zahlreiche Beispiele, insb dann, wenn mitgliedstaatliche Stellen als Ansprechpartner im Rahmen der unionsweiten Verwaltungszusammenarbeit fungieren sollen.[1791] Die folgenden Überlegungen orientieren sich an diesem Fall als Beispiel.

9.1.3.3.2 Vereinbarkeit mit konstitutiver Vielfalt

Es stellt sich also die Frage, ob es im Einklang mit Art 4 Abs 2 EUV steht, wenn der unionale Rechtsetzer den/die mitgliedstaatlichen Rechtsetzer dazu verpflichtet, die gleichzeitige (Vollziehungs-)Zuständigkeit mehrerer föderaler Hoheitsträger in einem Teilbereich auszuschließen. Zunächst kann überlegt werden, welchen Zweck der Unionsrechtsetzer zB mit einem Rechtsakt verfolgt, der die Mitgliedstaaten verpflichtet, auf nationaler Ebene lediglich eine einzige Behörde mit der Wahrnehmung einer Aufgabe zu betrauen. Auch hier geht es bei näherer Betrachtung idR um die Herstellung einheitlicher Verhältnisse nicht nur innerhalb eines Mitgliedstaates, sondern auch innerhalb der EU. Der Unionsrechtset-

---

1790 Dies liegt wohl nicht zuletzt daran, dass es keinen ersichtlichen Grund dafür gibt, warum die EU zwar nicht nach unionsweit einheitlichen, aber mitgliedstaatlich-einheitlichen Standards verlangen sollte. Denn wenn es schon keine unionsweite Einheit gibt, dann kann es aus Perspektive des Unionsrechts keinen (großen) Unterschied machen, ob es EU-weit 28 unterschiedliche Regelungen gibt oder mehr. Eine Richtlinie etwa, die nach der Herstellung einer einheitlichen Rechtslage innerhalb jedes Mitgliedstaates verlangen würde, sähe sich hinsichtlich dieser Anforderung mit dem Vorwurf der Unverhältnismäßigkeit konfrontiert; gerade auch im Lichte der hier diskutierten bundesstaatlichen Aspekte von Art 4 Abs 2 EUV wären an die Erforderlichkeit einer solchen Einheitsvorgabe strenge Anforderungen zu stellen.

1791 Siehe zB Art 39 RL 2009/73/EG über gemeinsame Vorschriften für den Erdgasbinnenmarkt ABl L 211/94; Art 35 RL 2009/72/EG über gemeinsame Vorschriften für den Elektrizitätsbinnenmarkt ABl L 211/55. Beide Bestimmungen verlangen von den Mitgliedstaaten die Benennung einer einzigen nationalen Regulierungsbehörde; sie lassen aber jeweils explizit zu, dass es auch (mehrere) regionale Regulierungsbehörden geben darf, solange sichergestellt ist, dass es für die EU und die entsprechenden unionalen Regulierungsstellen nur einen einheitlichen Ansprechpartner gibt. Siehe weiters ohne derartige „salvatorische Klauseln" zB Art 5 Abs 1 VO (EG) 1920/2006 über die Europäische Beobachtungsstelle für Drogen und Drogensucht, ABl L 376/1 sowie die zahlreichen Beispiele bei *Merli* in Griller ea, EU-Mitgliedschaft 487; von den dortigen Beispielen lässt einzig Art 4 (Abs 1) VO (EG) 2006/2004 über die Zusammenarbeit zwischen den für die Durchsetzung der Verbraucherschutzgesetze zuständigen nationalen Behörden ABl L 364/1 auch die Benennung „anderer" zuständiger Behörden neben der „zentralen Verbindungsstelle" zu.

zer möchte oder kann zwar keine EU-Behörde mit der Wahrnehmung der Aufgabe für den ganzen Bereich der Union betrauen; gleichzeitig soll aber sichergestellt werden, dass es in jedem Mitgliedstaat nur eine einzige Behörde gibt, welche die fragliche Aufgabe wahrnimmt. Insofern sollen also die Verhältnisse in den Mitgliedstaaten einheitlich ausgestaltet werden.

Diese unionsrechtliche Forderung nach einer einheitlichen Ausgestaltung bspw der Behördenstruktur in den Mitgliedstaaten kann verschiedene Zielsetzungen verfolgen, etwa die Vereinfachung der Kommunikation der mitgliedstaatlichen Behörden untereinander oder mit der Kommission,[1792] aber auch die Erleichterung der Ausübung von Grundfreiheiten oder anderer unionsrechtlich gewährleisteter Rechte.

Dabei handelt es sich jeweils um legitime Ziele, deren Verfolgung den EU-Rechtsetzungsorganen nicht prinzipiell verwehrt werden kann. Auch die konstitutive Vielfalt kann diesem Anliegen nicht pauschal erfolgreich entgegengehalten werden: Denn sie verlangt ja nicht danach, dass stets „alle“ oder „mehrere“ föderale Hoheitsträger für eine Angelegenheit zuständig sind, sondern schützt deren grundsätzlichen Bestand in formeller (und teilweise auch materieller[1793]) Hinsicht. In keiner der untersuchten bundesstaatlichen Rechtsordnungen verlangt aber das Verfassungsrecht nach einer möglichst weitreichenden Zuordnung von Kompetenzen an die dezentralen Einheiten; geschützt wird nur ihr grundsätzlicher Bestand. Dies muss so auch im Verhältnis zu Rechtsakten der EU gelten, da Art 4 Abs 2 EUV gerade auf das nationale Verfassungsrecht abstellt. Die konstitutive Vielfalt und damit Art 4 Abs 2 EUV selbst steht EU-Rechtsakten, die eine einheitliche Behördenstruktur in einem Mitgliedstaat verlangen, nur in Extremfällen – beim Entzug der „letzten“ (Vollziehungs-)Kompetenz – entgegen. Allerdings kann die Tatsache, dass es in einem Mitgliedstaat mehrere dezentrale Hoheitsträger mit Vollzugskompetenzen gibt – auch außerhalb des von Art 4 Abs 2 EUV geschützten Bereichs der konstitutiven Vielfalt – dennoch berücksichtigt werden, nämlich im Rahmen der ohnehin durchzuführenden Verhältnismäßigkeits- und Subsidiaritätsprüfung.[1794] Dabei ist zu fragen, ob die Vorgabe einer einheitlichen Behördenstruktur zur Erreichung des jeweils angestrebten Ziels wirklich erforderlich ist. Bei der Subsidiaritätsprüfung ist zu fragen, ob die Erreichung des angestrebten Ziels – zB der einfacheren Kommunikation zwischen mitgliedstaatlichen Behörden – nicht auch bei Bestehen mehrerer Behörden je Mitgliedstaat ausreichend erfolgen kann. Dabei ist insb auch darauf zu achten, wie weit die Einheitsvorgabe reicht: Die Anordnung der Nennung einer einheitlichen Stelle zur Erreichung einer effizienten unionsweiten Koopera-

1792 Vgl dahingehend *Merli* in Griller ea, EU-Mitgliedschaft 487.
1793 Dazu schon oben bei 9.1.2 (= 379).
1794 Letztere ist nach Art 5 Abs 3 EUV nur im Bereich der geteilten Zuständigkeiten durchzuführen.

tion wird idR verhältnismäßig sein und dem Subsidiaritätsprinzip entsprechen. Schwieriger wird eine Rechtfertigung, wenn sich die Einheitsvorgabe auch auf die rein innerstaatliche bzw interne Behördenstruktur bezieht. Klauseln wie die in Art 39 Abs 2 Erdgasbinnenmarkt-RL 2009/73/EG und Art 35 Abs 2 Elektrizitätsbinnenmarkt-RL 2009/72/EG, die eine auf mitgliedstaatlicher Ebene wirksame regionale Ausdifferenzierung der Behördenstruktur zulassen, können hier aber einen im Lichte der vorgenannten Kompetenzausübungsgrundsätze ausreichenden Ausgleich schaffen.

9.2 Rechtsetzungsvielfalt

9.2.1 Grundsätzliches zu Rechtsetzungsvielfalt vs Gleichheit

Als Rechtsetzungsvielfalt wurde oben[1795] die Befugnis der föderalen Hoheitsträger qualifiziert, in den ihnen von der Kompetenzverteilung zur eigenständigen Kompetenzwahrnehmung zugeordneten Bereichen jeweils unabhängig voneinander Recht zu setzen. Hinsichtlich der Länder bzw dezentralen Hoheitsträger, denen idR dieselben Sachkompetenzen zukommen,[1796] beinhaltet dies die Befugnis, auch gleiche Sachverhalte unterschiedlich zu regeln. Um den dezentralen Hoheitsträgern zu ermöglichen, gleiche Sachverhalte in ihrem Gebiet jeweils unterschiedlich zu regeln, bedarf es insb einer Relativierung des Gleichheitssatzes. Dasselbe gilt mit Blick auf die Regelung ähnlicher Sachverhalte durch den zentralen und einen oder mehrere dezentrale Hoheitsträger; auch hier ist zur Verwirklichung der Bundesstaatlichkeit eine Relativierung des Gleichheitssatzes erforderlich.

Damit zeigt sich, dass die im Bundesstaat angestrebte Regelungsvielfalt in einem Spannungsverhältnis zur Anforderung der Gleichheit steht. Die Anforderung der Gleichheit wird an die nationalen Rechtsetzer aber nicht nur durch die nationalen Gleichheitssätze gestellt, sondern auch durch den unionalen Gleichheitssatz. Neben dieser offenkundigen Gleichheitsgarantie finden sich im Unionsrecht außerdem auch einige „versteckte“ Gleichheitsanforderungen. Die nachfolgenden Ausführungen analysieren also, inwiefern die an die Mitgliedstaaten gerichteten unionalen Gleichheitsanforderungen mit dem Erfordernis der Rechtsetzungsvielfalt im Bundesstaat in Einklang gebracht werden können.

1795 Bei 8.5.3 (= 374).

1796 Dies gilt mit Blick auf die belgischen dezentralen Hoheitsträger nur innerhalb der unterschiedlichen Kategorien (Regionen bzw Gemeinschaften).

9.2.2 Gleichheitssatz und Rechtsetzungsvielfalt

9.2.2.1 Problemstellung

Genauso wie unterschiedliche Regelungen ähnlicher Sachverhalte durch verschiedene föderale Hoheitsträger[1797] mit Blick auf die nationalen Gleichheitssätze problematisch sein könnten, stellt sich auch die Frage der Vereinbarkeit solcher Regelungen mit dem unionalen Gleichheitssatz. Wenn etwa Salzburg das Automatenglücksspiel absolut verbietet, dieses aber in Tirol erlaubt ist, so lässt sich nach der Vereinbarkeit dieser Regelung (auch)[1798] mit dem unionalen Gleichheitssatz fragen. Dasselbe gilt für den Fall, dass ähnliche Sachverhalte im Rahmen ihrer jeweiligen Kompetenzen von Bundes- und Landesrechtsetzern bzw zentralen und dezentralen Rechtsetzern unterschiedlich geregelt werden.

Um die aufgeworfene Frage beantworten zu können, werden im Folgenden die Rechtsquellen des unionalen Gleichheitssatzes und ihre Anwendungsvoraussetzungen dargestellt. Im Anschluss daran wird auf den „Anwendungsbereich" des Gleichheitssatzes eingegangen und gefragt, ob unterschiedliche Regelungen, die eine Konsequenz der föderalen Kompetenzverteilung sind, eine unionsrechtlich relevante Gleichheitswidrigkeit darstellen.

9.2.2.2 Rechtsquellen und Anwendungsbereich der GRC

Der Gleichheitssatz ist im Unionsrecht mehrfach verankert. So stellt er einen allgemeinen Rechtsgrundsatz des Unionsrechts dar, den der EuGH lange vor Inkrafttreten der GRC aus den mitgliedstaatlichen Verfassungstraditionen abgeleitet hat.[1799] Mit Inkrafttreten der GRC hat der Gleichheitssatz auch eine positivrechtliche Grundlage im Unionsrecht gefunden; er ist in der GRC insb in Art 20, 21 und 23 verankert.

Die in der GRC verankerten Rechte binden die Mitgliedstaaten nach Art 51 Abs 1 GRC allerdings nur dann, wenn diese Unionsrecht durchführen. Diese Beschränkung der Bindungswirkung der Chartagrundrechte darf auch nicht dadurch umgangen werden, dass außerhalb des Bereichs der Durchführung des Unionsrechts iSd Art 51 Abs 1 GRC von der Anwendbarkeit der (inhaltsgleichen)

1797 Mit Blick auf Österreich und Deutschland könnte man hier insb von „länderweise" unterschiedlichen Regelungen sprechen.

1798 Zur Frage der Vereinbarkeit mit den Grundfreiheiten siehe gleich unten bei 9.2.3.2 (= 407).

1799 Zum Beispiel EuGH 19.10.1977, verb Rs C-117/76 und C-16/77 (Ruckdeschel) ECLI:EU:C:1977:160 Rz 7; vgl dazu weiters *Bell* in Peers, Art 20 CFR Rz 20.14 f mwN; weiters zB *Lemke* in von der Groeben/Schwarze/Hatje, Art 20 GRC Rz 2; *Streinz* in Streinz, Art 20 GRC Rz 1 ff; *Rossi* in Calliess/Ruffert, Art 20 GRC Rz 2 f; *Hölscheidt* in Meyer, Art 20 GRC Rz 3 f; *Jarass* in Jarass, Art 20 GRC Rz 1; *Sachs* in Stern/Sachs, Art 20 GRC Rz 4 ff.

allgemeinen Rechtsgrundsätze ausgegangen wird.[1800] Um zu überlegen, ob die genannten Gleichheitsgarantien für die länderweise unterschiedliche Behandlung gleicher Sachverhalte von Relevanz sein können, ist daher zunächst zu überlegen, ob es sich bei derartigen Konstellationen um die Durchführung von Unionsrecht handeln kann.

Eine Durchführung von Unionsrecht iSd Art 51 Abs 1 GRC liegt zunächst dann vor, wenn die Mitgliedstaaten Verordnungen oder Richtlinien durchführen.[1801] Ist etwa in einer Richtlinie vorgesehen, dass für bestimmte Vergehen „abschreckende Sanktionen" anzuordnen sind, und fällt die Regelung derartiger Sanktionen in den Kompetenzbereich der Länder, so besteht bei der landesweise unterschiedlichen Ausgestaltung von Sanktionen eine Bindung des fraglichen Mitgliedstaates an die Grundrechtecharta. Dies ist unabhängig davon, ob die von den Ländern gewählten Umsetzungsvarianten für sich genommen der Richtlinie entsprechen. Dasselbe gilt für alle anderen Fälle, in denen die Vorgaben einer Richtlinie von den Ländern auf unterschiedliche Arten umgesetzt werden, so wie im Zusammenhang mit der Durchführung von Verordnungen.[1802] In diesen Konstellationen ist es auch offensichtlich, dass es sich bei allen einschlägigen Landesrechtsakten um die Durchführung von Unionsrecht iSd Art 51 Abs 1 GRC handelt.[1803]

Eine Durchführung von Unionsrecht liegt aber nach der ständigen Rechtsprechung des EuGH auch dann vor, wenn die Mitgliedstaaten die Grundfreiheiten beschränken.[1804] Ausreichend dafür, dass der Anwendungsbereich der GRC eröffnet ist, ist dabei das Vorliegen einer aus Perspektive der fraglichen Grundfreiheit rechtmäßigen Beschränkung. Wenn nun zB ein Land ein Verbot bestimmter Formen des Glücksspiels erlässt, dann ist damit kraft Beschränkung der Niederlassungs- und Dienstleistungsfreiheit der Anwendungsbereich der Grundrechtecharta eröffnet, unabhängig davon, ob auch das Glücksspielverbot selbst die genannten Grundfreiheiten verletzt.

1800 Andernfalls würden die Beschränkungen der Anwendbarkeit der GRC und Art 51 Abs 1 GRC ihrer Bedeutung entleert.

1801 EuGH 13.07.1989, Rs C-5/88 (Wachauf) ECLI:EU:C:1989:321 Rz 19. Dazu ausführlich zB *Streinz/Michl* in Streinz, Art 51 GRC Rz 9 ff.

1802 Dort insb für die unterschiedliche Ausgestaltung der notwendigen „Begleitbestimmungen" einer Verordnung (zB über Behördenzuständigkeit oder Verfahren), aber auch für den länderweise unterschiedlich ausgestalteten Vollzug von Verordnungsbestimmungen.

1803 Zur diesbezüglichen Problematik bei der Durchführung des Unionsrechts kraft Beschränkung von Grundfreiheiten siehe gleich unten.

1804 EuGH 18.06.1991, Rs C-260/89 (ERT) ECLI:EU:C:1991:254 Rz 43 f; EuGH 26.02.2013, Rs C-617/10 (Åkerberg Fransson) ECLI:EU:C:2013:105 Rz 19; dazu *Jarass* in Jarass, Art 51 GRC Rz 32; *Streinz/Michl* in Streinz, Art 51 GRC Rz 15 ff; *Herdegen* in HB StR § 211 211 f, 214 f; *Ladenburger/Vondnung* in Stern/Sachs, Art 51 GRC Rz 35, 47; *Ward* in Peers, Art 51 CFR Rz 51.39 ff; *Terhechte* in von der Groeben/Schwarze/Hatje, Art 51 GRC Rz 9 ff; *Schwerdtfeger* in Meyer/Hölscheidt, Art 51 GRC Rz 36 ff; ablehnend zB *Kingreen* in Calliess/Ruffert, Art 51 GRC Rz 19 f.

Im Detail stellt sich hier die Frage, inwieweit eine Durchführung von Unionsrecht iSd Art 51 Abs 1 GRC vorliegt. Denkt man etwa an das Beispiel, in dem nur ein Land Glücksspiel verbietet, die anderen jedoch keinerlei diesbezüglichen Beschränkungen vorsehen, so ließe sich argumentieren, es handle sich nur bei dem einen landesrechtlichen Verbot um eine Durchführung von Unionsrecht, nicht aber bei der Rechtslage in den anderen Ländern, welche die fragliche Grundfreiheit ja gar nicht beschränken. Man könnte daher versucht sein zu sagen, dass in derartigen Konstellationen die Vornahme einer Prüfung der Gleichheitskonformität des Verbotes im Lichte der Rechtslage in den anderen Ländern nicht möglich ist, da es sich bei der Rechtslage in den anderen Ländern ja nicht um die Durchführung von Unionsrecht handle. Tatsächlich ist die Frage, ob es sich bei den anderen Landesrechtsakten auch um Durchführung von Unionsrecht handelt, aber nicht relevant; zur Diskussion steht ja lediglich die Gleichheitskonformität der verbietenden Regel, bei der es sich jedenfalls um eine Durchführung von Unionsrecht iSd Art 51 Abs 1 GRC handelt.

Unterschiedliche Regelungen ähnlicher Sachverhalte, die die Konsequenz der föderalen Kompetenzverteilung sind, können daher in verschiedenen Konstellationen als Durchführung von Unionsrecht qualifiziert werden und damit in den Anwendungsbereich der GRC fallen. Im nächsten Schritt ist daher zu prüfen, ob länderweise unterschiedliche Regelungen gleicher Sachverhalte in den Anwendungsbereich des unionalen Gleichheitssatzes fallen bzw durch diesen verpönt sind.

9.2.2.3 Unionale Gleichheitssätze

Im Folgenden wird also untersucht, ob länderweise unterschiedliche Regelungen gleicher Sachverhalte in den Anwendungsbereich des unionalen Gleichheitssatzes fallen. Dazu ist zunächst zu sagen, dass richtiger von den Anwendungsbereichen der unionalen Gleichheitssätze der GRC zu sprechen ist. Denn in der GRC finden sich, wie oben bereits ausgeführt wurde, mehrere Gleichheitsgarantien, nämlich insb Art 20, 21 und 23 GRC. Diese stehen zueinander grundsätzlich in einem Spezialitätsverhältnis, wobei Art 21 und 23 GRC die im Verhältnis zu Art 20 GRC spezielleren Garantien sind, da sie auf spezielle Diskriminierungsmerkmale abstellen bzw diese verpönen.[1805]

Für die hier zu beurteilende Frage ist aber lediglich die allgemeine Gleichheitsgarantie des Art 20 GRC von Bedeutung: Wenn nämlich ein Land mit einer Regelung an eines der verpönten Diskriminierungsmerkmale anknüpft, dann ist

1805 Für das Verhältnis von Art 20 zu Art 21 GRC *Bell* in Peers, Art 20 CFR Rz 20.06 ff; mit Blick auf Art 23 GRC *Schiek* in Peers, Art 23 CFR Rz 23.05 ff; vgl weiters *Lemke* in von der Groeben/Schwarze/Hatje, Art 20 GRC Rz 6; Rossi in Calliess/Ruffert, Art 20 GRC Rz 17; *Hölscheidt* in Meyer/Hölscheidt, Art 20 GRC Rz 11; *Jarass* in Jarass, Art 20 GRC Rz 6.

es für die Beurteilung der Gleichheitskonformität der fraglichen Regel irrelevant, ob andere Länder ebensolche Regelungen erlassen haben. Anders formuliert: Die Unterscheidung nach einem verpönten Diskriminierungsmerkmal bleibt eine problematische Unterscheidung, auch wenn alle Länder eines Bundesstaates eine solche Unterscheidung vornehmen. Anders ist dies zu beurteilen, wenn die relevante Unterscheidung sich erst aus dem Zusammenspiel mehrerer Landesrechtsordnungen ergibt, weil etwa eine bestimmte Form des Glücksspiels in einem Land verboten und in einem anderen Land erlaubt ist. Die Frage der Gleichheitskonformität würde sich hier mit Blick auf die mitgliedstaatliche Rechtsordnung[1806] nicht stellen, wenn die fragliche Form des Glücksspiels in allen Ländern verboten oder erlaubt wäre. Maßgeblich gerade für Fragen im Zusammenhang mit der gleichheitsrechtlichen Beurteilung länderweise unterschiedlicher Regelungen sind idR (nicht per se verpönte) Unterscheidungsmerkmale mit territorialem Bezug, da sich die Unterscheidung daraus ergibt, dass die Länder über unterschiedliche territoriale Hoheitsbereiche verfügen. Solche Unterscheidungsmerkmale sind etwa Wohnsitz, Niederlassung oder Ausübung einer Tätigkeit im jeweiligen Landesgebiet.

9.2.2.4 Struktur und Einschränkbarkeit des allgemeinen Gleichheitssatzes

Es ist also zu fragen, ob länderweise unterschiedliche Regelungen wie im Beispiel des Glücksspielverbots nur in einem Land vom Anwendungsbereich des Art 20 GRC erfasst sind. Art 20 GRC lautet: „Alle Personen sind vor dem Gesetz gleich". Bevor näher auf die Beurteilung länderweise unterschiedlicher Regelungen gleicher Sachverhalte[1807] eingegangen wird, sind einige Bemerkungen zu Struktur und Einschränkbarkeit des in Art 20 GRC verankerten allgemeinen unionalen Gleichheitssatzes erforderlich.

Der allgemeine unionale Gleichheitssatz wird in der Rsp[1808] und auch in der Literatur[1809] ganz überwiegend so verstanden, dass gleiche[1810] Sachverhalte nicht

1806 Zur Relevanz des Gleichheitssatzes im Hinblick auf Unterschiede zwischen verschiedenen Mitgliedstaaten s gleich unten bei 9.2.2.5 (= 398).

1807 Bzw: Unterschiede zwischen Bundes- und Landesregelungen hinsichtlich ähnlicher Sachverhalte.

1808 EuGH 19.10.1977, verb Rs C-117/76 und C-16/77 (Ruckdeschel) ECLI:EU:C:1977:160 Rz 7; EuGH 19.12.2012, Rs C-364/11 (El Karem El Kott) ECLI:EU:C:2012:826 Rz 78 f.

1809 Zum Beispiel *Lemke* in von der Groeben/Schwarze/Hatje, Art 20 GRC Rz 14 ff; *Streinz* in Streinz, Art 20 GRC Rz 8 ff; Rossi in Calliess/Ruffert, Art 20 GRC Rz 18 ff; *Hölscheidt* in Meyer/Hölscheidt, Art 20 GRC Rz 16 ff; *Sachs* in Stern/Sachs, Art 20 GRC Rz 19 ff; *Köchle/Pavlidis* in Holoubek/Lienbacher, Art 20 GRC Rz 22.

1810 Der EuGH spricht in diesem Zusammenhang meist von „vergleichbaren" Sachverhalten (comparable situations, situations comparables), die nicht unterschiedlich behandelt werden dürfen; so zB EuGH 03.05.2007, Rs C-303/05 (Advocaten voor de Wereld VZW) ECLI:EU:C:2007:261 Rz 56; EuGH 13.12.1984, Rs 106/83 (Sermide SpA) ECLI:EU:C:1984:394 Rz 28. Dies ist terminologisch insofern unklar, als grundsätzlich alle Situationen miteinander verglichen werden können und daher im Verhältnis zueinander „vergleichbar" sind. Relevant ist aber nicht, ob die Situationen überhaupt miteinander verglichen werden können, sondern ob wesentliche Gemeinsamkeiten vorliegen, die Siungleich behandelt werden dürfen, wenn es keine sachliche Rechtfertigung für die Ungleichbehandlung gibt. Außerdem wird aus dem Gleichheitssatz auch das Gebot der Ungleichbehandlung von Ungleichem abgeleitet, sofern keine sachlichen Gründe für eine Gleichbehandlung sprechen. Insoweit steht das Verständnis des unionalen Gleichheitssatzes zumindest bei einer überblicksmäßigen Betrachtung im Einklang mit den nationalen Verständnissen der jeweiligen Gleichheitssätze in Österreich, Deutschland und Belgien.

Nun gilt aber für den Gleichheitssatz sowie für die anderen Grundrechte der GRC die Schrankenregelung des Art 52 Abs 1 GRC. Eingriffe in die Grundrechte der GRC müssen daher im Wesentlichen gesetzlich vorgesehen und verhältnismäßig sein. Damit ist auch die Struktur der Gleichheitsprüfung durch die Regelungen der GRC ausreichend deutlich determiniert: In einem ersten Schritt ist zu fragen, ob gleiche Sachverhalte vorliegen. Als zweites ist festzustellen, ob diese ungleich behandelt werden, und in einem dritten Schritt ist zu überprüfen, ob die Ungleichbehandlung verhältnismäßig ist, insb also ein legitimes Ziel mit geeigneten und erforderlichen Mitteln verfolgt.[1811] Auch die Judikatur des EuGH deutet – wenn auch nicht ganz einheitlich – in Richtung einer derartigen Prüfung.[1812]

9.2.2.5 *Prüfung im Lichte des allgemeinen Gleichheitssatzes*

Als Anschauungsbeispiel für länderweise unterschiedliche Regelungen soll der Fall dienen, dass eine spezifische Form des Glücksspiels in einem Land verboten ist, in den anderen aber erlaubt. Im Folgenden ist erstens zu fragen, ob es sich bei der Abhaltung von Glücksspiel in zwei unterschiedlichen Ländern desselben Mitgliedstaates um vergleichbare Sachverhalte handelt, zweitens, ob diese Sachverhalte ungleich behandelt werden, und drittens schließlich, ob es dafür eine sachliche Rechtfertigung gibt. All dies erfolgt zunächst noch ohne Berücksichtigung von Art 4 Abs 2 EUV.

Die Abhaltung einer spezifischen Form von Glücksspiel zB in Salzburg hat aus Perspektive des Unionsrechts im Vergleich zur Abhaltung derselben Glücksspielform in Oberösterreich keine Wesensmerkmale, die zu einem Ausschluss

---

tuationen oder Sachverhalte also mit Blick auf die vorzunehmende Gleichheitsprüfung „gleich" sind. Bereits auf dieser Stufe der Gleichheitsprüfung ist die Vornahme subjektiver Wertungen unumgänglich; vgl *Bell* in Peers, Art 20 CFR Rz 20.23 ff.

1811 So auch *Bell* in Peers, Art 20 CFR Rz 20.28; Art 20 GRC unterscheidet sich also insofern von Art 3 GG und Art 7 B-VG, als auf den GRC-Gleichheitssatz eine Schrankenregelung zur Anwendung kommt, die explizit eine Verhältnismäßigkeitsprüfung anordnet. Dies verkennt zB *Rossi* in Calliess/Ruffert, Art 20 GRC Rz 26 f, der im Übrigen auch ohne jegliche Begründung (etwa über Art 52 Abs 4 GRC) von einer Maßgeblichkeit der Judikatur des BVerfG zu Art 3 GG für die Auslegung von Art 20 GRC ausgeht. Unklar sind auch die Ausführungen von *Hölscheidt*, der zwar von einer Relevanz der Verhältnismäßigkeitsprüfung im Rahmen der Beurteilung der sachlichen Rechtfertigung einer Ungleichbehandlung ausgeht, zusätzlich aber die Einschränkbarkeit des Gleichheitssatzes auf Grund von Art 52 Abs 1 GRC betont; s *Hölscheidt* in Meyer/Hölscheidt, Art 20 GRC Rz 25 f.

1812 Zum Beispiel EuGH 12.07.2018, Rs C-540/16 (Spika) ECLI:EU:C:2018:565 Rz 35 ff.

der Gleichheit der beiden Sachverhalte führen. Schließlich soll in beiden Fällen dieselbe Tätigkeit ausgeübt werden. Der einzige Unterschied zwischen den beiden Sachverhalten ist der Ort der Tätigkeit. Für die anzustellende Überlegung darf vom „Extremfall“ ausgegangen werden, dass gerade zwischen diesen beiden Orten keine wesentlichen Unterschiede zB in der Bevölkerungs- oder Wirtschaftsstruktur bestehen. Es ist ja gerade die Eigentümlichkeit landesweise unterschiedlicher Regelungen im Bundesstaat, dass sie auch dann aus innerstaatlich verfassungsrechtlicher Perspektive zulässig sein sollen, wenn die tatsächlichen Gegebenheiten sich in zwei Ländern nicht voneinander unterscheiden. Aus Perspektive des Unionsrechts soll also in der hier angedachten Konstellation dieselbe Tätigkeit innerhalb eines Mitgliedstaates an zwei Orten ausgeübt werden, die sich nicht wesentlich voneinander unterscheiden.[1813] Dabei handelt es sich um gleiche bzw nicht wesentlich ungleiche Sachverhalte.

Diese gleichen Sachverhalte werden im Beispiel zumindest prima facie auch ungleich behandelt: In einem Fall ist die Ausübung der Tätigkeit – die Abhaltung eines Glücksspiels – erlaubt, im anderen Fall verboten. Wie bereits auf nationaler Ebene stellt sich aber auch hier bei näherer Betrachtung die Frage, ob es für das Vorliegen einer Ungleichbehandlung maßgeblich ist, dass die Ungleichbehandlung auf das Handeln eines einzigen Rechtsetzers zurückzuführen ist. Dies bejaht die überwiegende Ansicht in der Literatur[1814] unter Berufung auf die Entscheidung des EuGH in der Rs *Lawrence*[1815] auch für den unionalen Gleichheitssatz.

1813 Dass eine sachliche Rechtfertigung der Ungleichbehandlung (wenn man vom Vorliegen einer solchen ausgeht) möglich wäre, wenn es zwischen den beiden Ländern wesentliche Unterschiede im Tatsächlichen gibt, braucht hier nicht weiter erörtert werden, da es sich dabei um eine „normale“ Rechtfertigungsprüfung handelt. Eine solche ist aber – wenn die bundesstaatliche Rechtsetzungsvielfalt als Teil von Art 4 Abs 2 EUV qualifiziert wird – gar nicht erforderlich; der Schutz der bundesstaatlichen Rechtsetzungsvielfalt soll vielmehr auch genau dann greifen, wenn es keine rechtfertigenden Umstände im Tatsächlichen gibt.

1814 Zum Beispiel *Hölscheidt* in Meyer/Hölscheidt, Art 20 GRC Rz 23; *Jarass* in Jarass, Art 20 GRC Rz 12; *Rossi* in Calliess/Ruffert, Art 20 GRC Rz 14; *Köchle/Pavlidis* in Holoubek/Lienbacher, Art 20 GRC Rz 48.

1815 EuGH 17.09.2002, Rs C-320/00 (Lawrence) ECLI:EU:C:2002:498. Zwar ging es in dieser Entscheidung um eine sehr spezifische Konstellation, dennoch war das Problem im Kern dasselbe wie das hier angesprochene: Frauen, die ursprünglich bei einer staatlichen Stelle als Reinigungs- und Verpflegungskräfte in Schulen angestellt waren, in Folge aber von einem externen Unternehmen zur Ausführung derselben Tätigkeit in denselben Schulen angestellt wurden, erhielten bei dem externen Unternehmen geringeres Entgelt als zuvor bei der staatlichen Stelle. Das höhere Entgelt bei der staatlichen Stelle war aber darauf zurückzuführen, dass die Frauen vorangehend mit Erfolg auf entgeltmäßige Gleichstellung mit bei der staatlichen Stelle in vergleichbaren Tätigkeiten tätigen Männern geklagt hatten. Bei dem externen Unternehmen, bei dem die Frauen nunmehr beschäftigt waren, gab es aber keine vergleichbare (besser bezahlte) Gruppe an Männern. Die Frauen verlangten nun, dass die bei der staatlichen Stelle angestellte männliche Vergleichsgruppe herangezogen werde, was das Ergebnis gehabt hätte, dass die Frauen einen Anspruch auf dasselbe Entgelt wie diese Vergleichsgruppe gehabt hätten. Der EuGH verneinte aber die Zulässigkeit dieses übergreifenden Vergleichs; das Recht auf gleiches Entgelt setze zwar nicht voraus, dass Frauen und Männer bei demselben Arbeitgeber tätig sind, kann aber nur dann erfolgreich geltend gemacht werden, wenn sich das ungleiche Entgelt auf eine einheitliche Quelle zurückführen lässt, zB weil ein einheitlicher Kollektivvertrag besteht.

Der EuGH kam in dieser Entscheidung zu dem Ergebnis, dass die im Ausgangsverfahren geltend gemachten Entgeltunterschiede zwischen Männern und Frauen „nicht auf ein und dieselbe Quelle zurückführen [sind], [und] so fehlt [daher] eine Einheit, die für die Ungleichbehandlung verantwortlich ist und die die Gleichbehandlung wiederherstellen könnte“[1816]. In der Literatur wird daraus ganz allgemein geschlossen, dass es unzulässig sei, im Rahmen einer Gleichheitsprüfung auf Vergleichspaare aus unterschiedlichen Mitgliedstaaten abzustellen, also die Rechtslagen in den Mitgliedstaaten miteinander zu vergleichen.[1817] Dazu hat sich der EuGH, soweit ersichtlich, noch nicht explizit geäußert; allerdings geht er in ständiger Rsp zB davon aus, dass weniger strenge Regelungen in einem Mitgliedstaat nicht automatisch dazu führen, dass grundfreiheitsbeschränkende Maßnahmen eines anderen Mitgliedstaates unverhältnismäßig werden.[1818] Zumindest bei der Frage der Verhältnismäßigkeit einer Grundfreiheitsbeschränkung führt der EuGH also keinen Vergleich zwischen den Rechtsordnungen verschiedener Mitgliedstaaten durch. Bei der Prüfung der Verhältnismäßigkeit von Grundfreiheitsbeschränkungen, aber insb auch bei der Gleichheitsprüfung wird dieser Ausschluss der Vergleichbarkeit unterschiedlicher mitgliedstaatlicher Rechtsordnungen miteinander in der Literatur als notwendig qualifiziert, um die Kompetenzen der Mitgliedstaaten zu wahren.[1819]

Vom Ergebnis her wäre es freilich auch denkbar, mitgliedstaatliche Rechtsordnungen als miteinander vergleichbar zu erachten, für bestehende Unterschiede aber die ihnen jeweils freistehende Kompetenzausübung als Rechtfertigung heranzuziehen. Dies erscheint insofern als elegantere Lösung, als damit nicht behauptet wird, dass bestimmte Rechtsnormen nicht miteinander vergleichbar wären; denn grundsätzlich lässt sich bekanntlich alles miteinander vergleichen – die Frage ist lediglich, ob der Vergleich Sinn ergibt.

Jedenfalls gibt es also in der Rsp des EuGH starke Indizien dafür, dass Unterschiede zwischen Rechtsnormen verschiedener mitgliedstaatlicher Rechtsordnungen nicht zu einer Gleichheitswidrigkeit einer der Rechtsnormen führen. Fraglich

1816 EuGH 17.09.2002, Rs C-320/00 (Lawrence) ECLI:EU:C:2002:498 Rz 18; bestätigt in EuGH 13.01.2004, Rs C-256/01 (Allonby) ECLI:EU:C:2004:18 Rz 46.

1817 So zB *Jarass* in Jarass, Art 20 GRC Rz 12; *Köchle/Pavlidis* in Holoubek/Lienbacher, Art 20 GRC Rz 48; *Rossi* in Calliess/Ruffert, Art 20 GRC Rz 14, wobei er seine Ausführungen bei FN 20 mit einem direkten Zitat des BVerfG belegt (und zwar: „eignen sich [deshalb] nur Vergleichspaare aus eben diesem Mitgliedstaat“), für das er erstens nicht nachweist, warum eine Aussage des deutschen BVerfG zur deutschen Bundesstaatlichkeit bzw Art 3 GG für die Auslegung des Art 20 GRC von Relevanz sein soll und das zweitens falsch ist (in BVerfGE 16, 6 [Verkündungszeitpunkt] 24 ist nicht die Rede von „aus eben diesem Mitgliedstaat“, sondern „aus dem Land Rheinland-Pfalz“); vgl auch *Sachs* in Stern/Sachs, Art 20 GRC Rz 13 („Verpflichtung gilt nur für den jeweils eigenen Zuständigkeitsbereich“).

1818 Zum Beispiel EuGH 21.09.1999, Rs C-124/97 (Läärä) ECLI:EU:C:1999:435 Rz 36; EuGH 21.10.1999, Rs C-67/98 (Zenatti) ECLI:EU:C:1999:514 Rz 34; EuGH 11.09.2003, Rs C-6/01 (Anomar) ECLI:EU:C:2003:446 Rz 76 ff.

1819 *Rossi* in Calliess/Ruffert, Art 20 GRC Rz 14.

ist nun, ob dies auch für Unterschiede zwischen Rechtsnormen innerhalb eines Mitgliedstaates gilt, wenn diese von unterschiedlichen Hoheitsträgern erlassen werden, im Bundesstaat also von den dezentralen und zentralen Hoheitsträgern.

Für die Übertragung des Gedankens spricht, dass der EuGH auch im oben zitierten Fall über Unterschiede zu entscheiden hatte, die sich innerhalb eines Mitgliedstaates auswirkten: Relevant waren die Entgeltgestaltung durch ein privates Unternehmen einerseits und jene durch eine lokale staatliche Stelle (North Yorkshire County Council) andererseits, die ihre Arbeitnehmerinnen beide im selben Mitgliedstaat beschäftigten. Allerdings stützte sich der Ausgangsfall auf das spezifische Diskriminierungsverbot des (heutigen) Art 157 AEUV; außerdem handelten beide betroffenen Stellen im Rahmen ihrer privatrechtlichen Kapazitäten; insb war im Ausgangsverfahren kein Gesetzgebungsakt im Spiel.

Man könnte nun aber durchaus annehmen, dass die Beurteilung des Vorliegens einer „einheitlichen Quelle" der Ungleichbehandlung durch den EuGH anders ausfallen würde, wenn es sich zB um Akte der Landesgesetzgebung und damit um Akte der mitgliedstaatlichen Gesetzgebung handelt, durch die eine Ungleichbehandlung hervorgerufen wird. Dafür spricht insb, dass der EuGH die bundesstaatlich organisierten Mitgliedstaaten ja auch sonst, etwa wenn es um die Beurteilung einer Vertragsverletzung geht, als Einheit wahrnimmt und für die Begründung der Verantwortlichkeit der Mitgliedstaaten nicht auf die innerstaatliche Kompetenzverteilung bzw die einschlägigen innerstaatlichen Rechtsakte abstellt.[1820] Außerdem würde es den Mitgliedstaaten andernfalls ermöglicht, die Anwendung des unionalen Gleichheitssatzes durch entsprechende Untergliederung ihrer Rechtsetzungsbefugnisse auszuschließen. Im Ergebnis sprechen mE zunächst[1821] die besseren Argumente dafür, die mitgliedstaatliche Rechtsordnung als maßgebliche Einheit für eine Ungleichbehandlung anzusehen; durch unterschiedliche Landesrechtsnormen bzw Normen verschiedener föderaler Hoheitsträger bewirkte Ungleichbehandlungen sind daher von Art 20 GRC grundsätzlich erfasst.

Geht man aber wie hier davon aus, dass sich eine Ungleichbehandlung iSd Art 20 GRC auch durch das Zusammenspiel der Rechtsakte verschiedener föderaler Hoheitsträger innerhalb eines Mitgliedstaates ergeben kann, dann stellt sich noch die Frage, ob diese Ungleichbehandlung gerechtfertigt ist. Dazu ist wieder darauf hinzuweisen, dass es gerade ein Charakteristikum des Bundesstaates darstellt, dass die föderalen Hoheitsträger innerhalb ihrer Kompetenzen gleiche Sachverhalte selbst dann voneinander abweichend regeln dürfen, wenn es dafür keine Rechtfertigung in den tatsächlichen Gegebenheiten gibt. Insofern wird in

1820 Siehe aber zur neueren Entwicklung in der Rs *Digibet*, EuGH 12.06.2014, Rs C-156/13 (Digibet) ECLI:EU:C:2014:1756 unten bei 9.2.3.2.3.3 (= 414).

1821 Inwiefern Art 4 Abs 2 EUV diese Beurteilung ändert, soll gleich unten diskutiert werden.

der „typischen“ Konstellation der bundesstaatlichen Rechtsetzungsvielfalt – im Beispiel: Verbot des Glücksspiels nur in einem einzigen Land – auch keine sachliche Rechtfertigung möglich sein, die den Anforderungen des Verhältnismäßigkeitsprinzips genügt.

Ohne auf die in seiner Rsp begründete Argumentationslinie Bezug zu nehmen, nach der Regelungen unterschiedlicher Rechtsetzer nicht miteinander verglichen werden können, ging der EuGH in der Rs *Horvath* davon aus, dass dann, wenn die „dezentralisierten Verwaltungen eines Mitgliedstaats dafür zuständig [sind], die Mindestanforderungen für den guten landwirtschaftlichen und ökologischen Zustand im Sinne von Art. 5 und Anhang IV der Verordnung Nr. 1782/2003 festzulegen, […] etwaige Unterschiede zwischen den von den verschiedenen Behörden vorgesehenen Maßnahmen als solche noch keine Diskriminierung darstellen“[1822] können. Dies begründete der Gerichtshof mit einer pauschalen Bezugnahme auf die Befugnis der Mitgliedstaaten, die Zuständigkeiten für die Durchführung des Unionsrechts auf nationaler Ebene festzulegen,[1823] im Wesentlichen also mit der Organisations- und Verfahrensautonomie der Mitgliedstaaten. Anders als nach der hier vertretenen Ansicht qualifiziert der EuGH föderal bedingte Ungleichheiten nicht als Ungleichbehandlungen bzw Diskriminierungen iSd Gleichheitssatzes und erachtet sie schon deswegen als für mit dem Gleichheitssatz vereinbar.

9.2.2.6 *Relevanz von Art 4 Abs 2 EUV*

Oben wurde darauf hingewiesen, dass die vorstehenden Ausführungen unter Außerachtlassung etwaiger aus Art 4 Abs 2 EUV erwachsender Konsequenzen erfolgten. Diese sollen im Folgenden verdeutlicht werden.

Art 4 Abs 2 EUV schützt mit Blick auf die bundesstaatlichen Mitgliedstaaten Österreich, Deutschland und Belgien auch jeweils den Aspekt der Rechtsetzungsvielfalt. Wie oben ausgeführt wurde bedeutet dies, dass die föderalen Hoheitsträger in jenen Bereichen, in denen sie nach der Kompetenzverteilung eigenständig Recht setzen dürfen, dies unabhängig voneinander und daher auch mit sich voneinander unterscheidendem Inhalt tun dürfen. Sowohl in Österreich als auch in Deutschland und Belgien wird die Rechtsetzungsvielfalt va dadurch sichergestellt, dass der Gleichheitssatz hinsichtlich der Ausübung der Kompetenzen insb der dezentralen Hoheitsträger relativiert wird. Im oben verwendeten Beispiel – ein Land verbietet Glücksspiel, während alle anderen es erlauben – wäre das Verbot des einen Landes jedenfalls nicht deswegen als gleichheitswidrig zu be-

1822 EuGH 16.07.2009, Rs C-428/07 (Horvath) ECLI:EU:C:2009:458 Rz 57.
1823 EuGH 16.07.2009, Rs C-428/07 (Horvath) ECLI:EU:C:2009:458 Rz 50.

urteilen, weil sich in den anderen Landesrechtsordnungen keine vergleichbaren Verbote finden.

Dieser Aspekt der bundesstaatlichen Identität Österreichs, Deutschlands und Belgiens würde nun aber weitgehend – nämlich im Bereich der Durchführung des Unionsrechts – an Bedeutung verlieren, wenn der unionale allgemeine Gleichheitssatz Konstellationen wie die gerade genannte verbieten würde. Entsprechende Entscheidungen des EuGH wären insofern nicht mit dem in Art 4 Abs 2 EUV verankerten Gebot der Achtung der nationalen Identität der Mitgliedstaaten vereinbar. Der EuGH hat nun mehrere Möglichkeiten, wie er der ihn treffenden Achtungspflicht nachkommen kann:

Eine Variante wäre, die in der Rs *Lawrence* angewandte Argumentationsfigur der mangelnden Einheit der Quelle, aus der eine Ungleichbehandlung folgt, auch auf die Konstellation der bundesstaatlich bedingten unterschiedlichen Regelungen zu übertragen. Die andere Variante würde darin bestehen, dass der EuGH die durch die bundesstaatlichen Identitäten geschützte Befugnis der föderalen Hoheitsträger, unterschiedliches Recht zu setzen, als in Art 4 Abs 2 EUV verankerte, primärrechtliche sachliche Rechtfertigung einer Ungleichbehandlung qualifiziert.

Der EuGH war, soweit ersichtlich, noch nie mit der Frage konfrontiert, ob eine der hier diskutierten Konstellation ähnelnde Situation mit dem Gleichheitssatz der GRC vereinbar ist.[1824] Wie oben dargelegt gibt es aber durchaus Konstellationen, in denen die GRC anwendbar ist und die Gleichheitswidrigkeit einer Norm eines föderalen Hoheitsträgers wegen abweichender Regelungen im selben Mitgliedstaat zumindest ergänzend vorgebracht werden könnte. Ob der EuGH in einem solchen Fall auch mit Art 4 Abs 2 EUV operieren wird, hängt wohl nicht zuletzt vom Vorbringen der beteiligten Stellen ab.

9.2.2.7 *Gleiches Ergebnis bei Berufung auf Art 52 GRC?*

Gefragt werden kann schließlich noch, ob das Ergebnis der Relativierung (auch) des unionsrechtlichen Gleichheitssatzes bei bundesstaatlich bedingten unterschiedlichen Regelungen nicht auch unter Berufung auf Art 52 Abs 4 GRC erreicht werden könnte. Dort ist angeordnet, dass Grundrechte der GRC, die ihren

1824 Siehe aber oben zu EuGH 16.07.2009, Rs C-428/07 (Horvath) ECLI:EU:C:2009:458, wo sich der EuGH allerdings noch nicht mit der GRC befasste. Vgl dazu *Cloots*, Identity 246 f. Siehe weiters GA *Mengozzi* 09.09.2015, Rs C-115/14 (RegioPost) ECLI:EU:C:2015:566 Rz 75 ff, wo gerügt wurde, dass die Mindestlohnanforderungen, die nach der Rechtslage im deutschen Bundesland Rheinland-Pfalz bei der Vergabe öffentlicher Aufträge zu berücksichtigen waren, nicht (auch) auf private Auftraggeber anwendbar waren; der GA rechtfertigte diese potentielle Gleichheitswidrigkeit aber mit der beschränkten Zuständigkeit des Bundeslandes unter Berufung auf Art 4 Abs 2 EUV. Im Urteil des EuGH finden sich dazu keine Ausführungen, da dieser die unterschiedliche Behandlung von öffentlichen und privaten Aufträgen für bereits im einschlägigen Art 26 Vergabe-RL 2004/18/EG angelegt erachtete; vgl EuGH 17.11.2015, Rs C-115/14 (RegioPost) ECLI:EU:C:2015:760 Rz 64.

Ursprung in den gemeinsamen Verfassungsüberlieferungen der Mitgliedstaaten haben, im Einklang mit diesen Überlieferungen auszulegen sind.

In Österreich, Deutschland und Belgien kann es als Teil der „Verfassungsüberlieferung" verstanden werden, dass der Gleichheitssatz hinsichtlich der beschriebenen Unterschiede zwischen Rechtsakten verschiedener föderaler Hoheitsträger relativiert wird. Die Frage ist nun, ob die insoweit übereinstimmende Verfassungsüberlieferung Österreichs, Deutschlands und Belgiens ausreicht, um die Anwendbarkeit des Art 52 Abs 4 GRC zu begründen.

Grundsätzlich bedarf es keiner übereinstimmenden Rechtslage in allen Mitgliedstaaten, damit von einer gemeinsamen Verfassungsüberlieferung gesprochen werden kann. Der EuGH befindet über das Vorliegen einer gemeinsamen Verfassungsüberlieferung von Fall zu Fall und verlangt auch nicht, dass die Mehrheit der Mitgliedstaaten oder eine fixierte Anzahl an Mitgliedstaaten zB ein Grundrecht in ihren Verfassungsordnungen anerkennen, damit eine gemeinsame Verfassungsüberlieferung vorliegt.[1825] Eine ex-ante-Beurteilung, wie der EuGH eine konkrete Frage beurteilen wird, fällt daher schwer.

Es sprechen aber gute Gründe dafür, die bundesstaatlich bedingte Relativierung des Gleichheitssatzes als Teil der gemeinsamen Verfassungsüberlieferungen zu qualifizieren. Denn es handelt sich zwar mit Österreich, Deutschland und Belgien nur um eine geringe Anzahl an Mitgliedstaaten, welche diese Relativierung in ihren Verfassungsrechtsordnungen kennen. Für die zu beurteilende Frage kommt aber gerade diesen drei Rechtsordnungen besondere Bedeutung zu, da es sich bei diesen Mitgliedstaaten um jene Staaten handelt, die bundesstaatlich organisiert sind. In anderen Mitgliedstaaten stellt sich die Frage der bundesstaatlich bedingten Relativierung des Gleichheitssatzes nicht.[1826] Da also in allen mitgliedstaatlichen Verfassungsrechtsordnungen, die sich mit dem Problem der bundesstaatlich bedingten Ungleichheit konfrontiert sehen, als Lösung von einer bundesstaatlich bedingten Relativierung des Gleichheitssatzes ausgegangen wird, kann diese Relativierung als Teil der gemeinsamen Verfassungsüberlieferungen der Mitgliedstaaten qualifiziert werden. Der EuGH ist daher auf Grund von Art 52 Abs 4 GRC gehindert, Unterschiede zwischen verschiedenen Landesrechtsordnungen bzw zwischen den Rechtsordnungen verschiedener föderaler Hoheitsträger innerhalb eines Mitgliedstaates als gleichheitswidrig zu qualifizie-

---

1825 Vgl dazu mwN *Schwerdtfeger* in Meyer/Hölscheidt, Art 52 GRC Rz 68; *Krämer* in Stern/Sachs, Art 52 GRC Rz 82 ff; *Peers/Prechal* in Peers, Art 52 CFR Rz 52.151 ff; *Terhechte* in von der Groeben/Schwarze/Hatje, Art 52 GRC Rz 18; *Kingreen* in Calliess/Ruffert, Art 52 GRC Rz 39; *Jarass* in Jarass, Art 52 GRC Rz 67. Darauf hinweisend, dass die Vorschrift bisher noch nie explizit angewandt wurde, *Streinz/Michl* in Streinz, Art 52 GRC Rz 33.

1826 Allerdings ist einzugestehen, dass sich strukturell ganz ähnliche Probleme auch in anderen nichtbundesstaatlich, aber föderal organisierten Mitgliedstaaten wie Spanien, Portugal oder Italien ergeben können.

ren. Insofern hat die aus Art 4 Abs 2 EUV ableitbare Achtungspflicht mit Blick auf den unionsrechtlichen Gleichheitssatz des Art 20 GRC keinen Mehrwert.

Nicht einschlägig ist dahingegen Art 52 Abs 6 GRC, dem zufolge den „einzelstaatlichen Rechtsvorschriften und Gepflogenheiten, wie es in dieser Charta bestimmt ist", Rechnung zu tragen ist. Die angesprochenen einzelstaatlichen Gepflogenheiten sind nämlich nur dann von Relevanz, wenn ein Charta-Grundrecht ihre Relevanz explizit anordnet, wie das etwa bei Art 16 und 27 GRC der Fall ist.

9.2.2.8 Weitere Gleichheitsanforderungen im Primärrecht

Art 4 Abs 2 EUV hat aber nicht nur für die Auslegung von Art 20 GRC Relevanz. Die durch Art 4 Abs 2 EUV als Teil der nationalen Identität ins Unionsrecht „übernommene" bundesstaatlich bedingte Relativierung von Gleichheitsanforderungen kommt vielmehr auch bei allen anderen primärrechtlichen Gleichheitsanforderungen zum Tragen. Dabei ist neben dem schon erwähnten Art 21 GRC insb auf Art 18 AEUV und die als Diskriminierungsverbote verstandenen Grundfreiheiten und Freizügigkeitsbestimmungen hinzuweisen.

Der oben diskutierte Fall zur Flämischen Pflegeversicherung wäre daher im Lichte von Art 4 Abs 2 EUV anders zu beurteilen als dies der EuGH getan hat:[1827] Dort ging es im Wesentlichen um die Frage, ob freizügigkeitsberechtigte Personen, die ihren Wohnsitz im französisch- oder deutschsprachigen Gebiet Belgiens haben, aber in Flandern arbeiten, durch den flämischen Rechtsetzer bei der Ausübung ihres Freizügigkeitsrechts diskriminiert wurden, da dieser Personen mit Wohnsitz in den genannten Gebieten nicht in ein Versicherungsregime aufnahm.[1828] Personen mit Wohnsitz im französischsprachigen Gebiet und Arbeitsplatz in Flandern wurden daher im Vergleich zu Personen mit Wohnsitz in Flandern oder außerhalb Belgiens und Arbeitsplatz in Flandern anders behandelt. Diese unterschiedliche Behandlung war aber Konsequenz der Kompetenzverteilung zwischen der Flämischen Gemeinschaft und der Französischsprachigen Gemeinschaft und wäre daher im Lichte der heutigen Rechtslage als durch Art 4 Abs 2 EUV gerechtfertigt zu qualifizieren.[1829]

Ebenso kann der hier diskutierte Aspekt des Art 4 Abs 2 EUV mit Blick auf den unionsrechtlichen Äquivalenzgrundsatz Relevanz haben. Der – nunmehr ua in Art 47 GRC verankerte – Grundsatz der Äquivalenz besagt, dass die

1827 EuGH 01.04.2008, Rs C-212/06 (Flämische Pflegeversicherung) ECLI:EU:C:2008:178.

1828 Vgl dazu umfangreich oben bei 7.4.2.3.2 (= 353).

1829 In weiterer Folge wäre es daher mangels Unionsrechtswidrigkeit auf nationaler Ebene auch nicht erforderlich, die Kompetenzen der Flämischen Gemeinschaft auf freizügigkeitsberechtigte Personen mit Arbeitsplatz in Flandern, aber Wohnsitz in einem anderen Gebiet Belgiens, zu erstrecken; vgl zur diesbezüglichen Rsp des GH oben bei 7.4.2.3.2 (= 353).

Durchsetzung unionsrechtlicher Ansprüche in einer mitgliedstaatlichen Rechtsordnung nicht schwieriger gestaltet werden darf als die Durchsetzung vergleichbarer, rein innerstaatlicher Ansprüche.[1830] Auch hier ist auf Grund der bundesstaatlich bedingten Relativierung des Gleichheitssatzes darauf zu achten, dass die Beurteilung der Äquivalenz einer mitgliedstaatlichen (verfahrensrechtlichen) Regelung nicht allein deswegen negativ ausfallen darf, weil es innerhalb dieses Mitgliedstaates irgendeine andere Regelung für einen ähnlichen, rein innerstaatlichen Sachverhalt gibt. Setzt also bspw der Salzburger Landesgesetzgeber eine Richtlinie um, dann darf eine entsprechende verfahrensrechtliche Regelung nicht allein deswegen als unionsrechtswidrig qualifiziert werden, weil es in Wien oder auf Bundesebene für einen vergleichbaren, rein innerstaatlichen Sachverhalt eine „günstigere" verfahrensrechtliche Regelung gibt. Entsprechende Unterschiede sind durch die durch Art 4 Abs 2 EUV geschützte Bundesstaatlichkeit gerechtfertigt.

9.2.3 Verdeckte Gleichheitsanforderungen und Rechtsetzungsvielfalt

9.2.3.1 Problemstellung

Im folgenden Kapitel sollen unter dem Titel „verdeckte Gleichheitsanforderungen" unterschiedliche Bestimmungen des Primärrechts diskutiert werden, die vorrangig möglicherweise nicht als Gleichheitsgarantien auftreten, die aber im Lichte der Rsp des EuGH nach einer Angleichung der Rechtsakte der verschiedenen Hoheitsträger im bundesstaatlichen Mitgliedstaat verlangen und damit zumindest potentiell in Konflikt mit der bundesstaatlich bedingten Rechtsetzungsvielfalt treten können. Es stellen sich dort daher ähnliche Fragen wie jene, die gerade im Zusammenhang mit dem unionsrechtlichen Gleichheitssatz diskutiert wurden.

Als solche „verdeckten" Gleichheitsanforderungen können die Grundfreiheiten[1831] und das vom EuGH entwickelte Kriterium der „kohärenten" Beschränkung einer Grundfreiheit als Rechtmäßigkeitsvoraussetzung qualifiziert werden. Zudem finden sich im Beihilfenrecht Gleichheitsanforderungen mit territorialem Bezug, was anhand der Rsp zur sog „regionalen Selektivität" erörtert werden soll.

1830 Vgl dazu statt vieler *Öhlinger/Potacs*, EU-Recht 144 f.

1831 In ihrer Dimension als Beschränkungsverbote; zu Grundfreiheiten als Diskriminierungsverboten s schon oben bei 9.2.2.8 (= 405).

9.2.3.2 *Grundfreiheiten und Rechtsetzungsvielfalt*

9.2.3.2.1 *Rechtsetzungsvielfalt als Beschränkung*

Hinsichtlich der Grundfreiheiten[1832] ist zunächst zu fragen, inwiefern bundesstaatlich bedingt unterschiedliche Regelungen für diese überhaupt von Relevanz sein können. In Frage steht dabei nicht, ob auch Rechtsakte der Länder bzw der dezentralen Hoheitsträger das Potential haben, Grundfreiheiten zu beschränken. Dies ist zweifellos der Fall. Dass etwa ein landesrechtliches Verbot, bestimmte Formen des Glücksspiels abzuhalten, die Dienstleistungsfreiheit beschränkt, bedarf keiner weiteren Erörterung.

An dieser Stelle interessiert viel mehr, inwiefern gerade die Verwirklichung der bundesstaatlichen Rechtsetzungsvielfalt in Konflikt mit den Grundfreiheiten treten kann. Dazu kann zunächst gefragt werden, ob allein die Tatsache, dass es in einem Mitgliedstaat mehrere unterschiedliche Regelungen für die Aufnahme einer Tätigkeit gibt, eine Beschränkung der Grundfreiheiten darstellt. Wird also zB eine Deutsche, die in Österreich als Skilehrerin tätig werden möchte, dadurch in ihrer Dienstleistungsfreiheit beschränkt, dass sie für die Aufnahme der Tätigkeit je nach fraglichem Landesrecht unterschiedliche Voraussetzungen einzuhalten hat?

Grundsätzlich stellt jeder Rechtsakt, der eine Voraussetzung für die Aufnahme der Tätigkeit als Skilehrerin beinhaltet, für sich genommen eine Beschränkung der Dienstleistungsfreiheit dar und kann auf seine Rechtmäßigkeit überprüft werden.[1833] Anderes könnte nur dann behauptet werden, wenn etwa einige Länder gar keine Voraussetzungen für die Aufnahme einer Tätigkeit vorsehen und einige andere schon. Dort, wo im Landesrecht gar keine Voraussetzungen für die Aufnahme einer Tätigkeit statuiert werden, liegt jedenfalls keine Beschränkung einer Grundfreiheit vor. Nun könnte aber behauptet werden, dass ohnehin nicht die einzelnen Maßnahmen – also die fraglichen Landesgesetze – die maßgebliche Beschränkung der Grundfreiheit bewirken, sondern erst ihr Zusammenwirken. Das Vorliegen unterschiedlicher Regelungsregime mit unterschiedlichem Inhalt

1832 Für die Zwecke der vorliegenden Untersuchung reicht es aus, die Grundfreiheiten gemeinsam zu betrachten, da bei der Prüfung der einzelnen Grundfreiheiten grundsätzlich dasselbe Schema zur Anwendung kommt. Va geht der EuGH bei allen Grundfreiheiten inzwischen davon aus, dass diese nicht nur Diskriminierungsverbote, sondern zumindest teilweise auch Beschränkungsverbote enthalten (zB *Klamert*, EU-Recht Rz 638 ff; *Jaeger*, Europarecht 19 f; *Haratsch* in HB StR 210 179 f jeweils mwN). Die Abgrenzung, wie weit die Beschränkungsverbote jeweils reichen, erfolgt in der Judikatur aber nicht klar und ist stark einzelfallbezogen, was aber für die hier gemachten grundsätzlichen Überlegungen ohne weitere Bedeutung ist.

1833 Vorausgesetzt, es handelt sich um einen grenzüberschreitenden Sachverhalt. Wenn es sich um einen reinen Inlandssachverhalt handelt, sind die Grundfreiheiten nicht anwendbar; eventuelle „Nachteile“ aus der Rechtsetzungsvielfalt könnte also bspw ein Österreicher nur im Rahmen des nationalen Rechts geltend machen, wo ihm aber – wie oben bei 5.4.4.2 (= 238) dargelegt – eine erfolgreiche Berufung auf den Gleichheitssatz verwehrt ist.

verlangt von einem potentiellen Dienstleistungserbringer, sich mit diesen Unterschieden vertraut zu machen und stellt ihn so vor größere Hürden als die Rechtslage in einem Mitgliedstaat, in dem es nur einen (formellen) Gesetzgeber gibt. Insofern könnte man behaupten, die Beschränkung der Dienstleistungsfreiheit ergebe sich erst durch die Gesamtheit der Landesrechtsakte und die daraus entstehende Komplexität.

Nun ist zunächst fraglich, ob sich eine Beschränkung einer Grundfreiheit überhaupt aus dem Zusammenspiel mehrerer staatlicher Maßnahmen ergeben kann, wenn diese Maßnahmen für die Ausübung einer Tätigkeit an einem konkreten Ort innerhalb des Mitgliedstaates nicht kumulativ zur Anwendung kommen, sondern vielmehr alternativ, je nach Ort der Ausübung der Tätigkeit. Wenn eine Person eine Tätigkeit tatsächlich an mehreren Orten innerhalb eines Mitgliedstaates ausüben möchte, so scheint das zwar nicht ausgeschlossen. Allerdings richtet sich die vorgetragene Argumentation im Kern gegen die bundesstaatliche Organisation eines Mitgliedstaates als solche, aus der das Potential zur Rechtsetzungsvielfalt folgt. Um den Sitz einer potentiellen Beschränkung richtig zu verorten, müsste daher behauptet werden, dass nicht die Landesrechtsakte allein die Dienstleistungsfreiheit (oder eine andere Grundfreiheit) beschränken, sondern in Verbindung mit den Bestimmungen, die einen Mitgliedstaat als Bundesstaat einrichten. Dass aber allgemeine Regelungen der staatlichen Organisation vom Beschränkungsverbot der verschiedenen Grundfreiheiten erfasst sind, ist stark zu bezweifeln; wie der EuGH dies beurteilen würde, kann im Lichte der äußerst kasuistischen Rsp zu den Beschränkungsverboten nicht mit Sicherheit beurteilt werden. Allerdings ist auch der EuGH an Art 4 Abs 2 EUV gebunden. In der vorliegenden Konstellation gebietet die Achtung der bundesstaatlichen Identität Österreichs, Deutschlands und Belgiens, die bundesstaatliche Struktur und die bundesstaatliche Rechtsetzungsvielfalt zu achten und daher nicht allein schon deswegen, weil es innerhalb eines Mitgliedstaats mehrere unterschiedliche Regelungen gibt, vom Vorliegen einer Beschränkung einer Grundfreiheit auszugehen. Ebenso könnte man aber auch argumentieren, dass sich bei Annahme einer Beschränkung allein auf Grund der bundesstaatlich bedingten Regelungsvielfalt diese rechtfertigen ließe, und zwar gestützt auf Art 4 Abs 2 EUV.

9.2.3.2.2 *Rechtsetzungsvielfalt als Argument für die Rechtswidrigkeit einer Beschränkung*

Eine andere Frage ist, ob die Verwirklichung der Rechtsetzungsvielfalt innerhalb eines Bundesstaates dazu führen kann, dass eine Grundfreiheitsbeschränkung rechtswidrig wird, weil sie im bundesstaatlichen Mitgliedstaat nicht einheitlich erfolgt bzw weil ihre Zielsetzung von anderen Maßnahmen im Bundesstaat nicht geteilt wird.

Hier wird also die Rechtsetzungsvielfalt nicht selbst als Beschränkung verstanden, aber im Rahmen der Rechtfertigungsprüfung einer konkreten beschränkenden Maßnahme problematisiert. Verbietet es etwa die Dienstleistungsfreiheit, dass die Erbringung einer Dienstleistung in einem Mitgliedstaat je nach fraglichem Land zugleich erlaubt und verboten ist? Bejaht man diese Frage, so verlangen die Grundfreiheiten im Wesentlichen nach einer einheitlichen, gleichförmigen Vornahme von Beschränkungen im gesamten Gebiet eines Mitgliedstaates und können insofern als verdeckte Gleichheitsanforderungen qualifiziert werden. Nahegelegt wird ein derartiges Verständnis der Grundfreiheiten durch die Rsp des EuGH zum Erfordernis der „kohärenten" Beschränkung von Grundfreiheiten. Auf dieses Erfordernis soll im Folgenden eingegangen werden.

9.2.3.2.3 Kohärenzprinzip – Erfordernis der „kohärenten" Beschränkung von Grundfreiheiten

9.2.3.2.3.1 Entwicklung und Verankerung im Rahmen der Verhältnismäßigkeitsprüfung

Beim Kohärenzprinzip handelt es sich um eine vom EuGH entwickelte Argumentationsfigur,[1834] die der Gerichtshof bei der Beurteilung der Rechtmäßigkeit mitgliedstaatlicher Grundfreiheitsbeschränkungen[1835] anwendet.[1836] Das Kohärenzprinzip hat eine ähnliche Stoßrichtung wie das oben bereits kurz angesprochene Prinzip der „Konsistenz", Einheit oder „Systemgerechtigkeit" der Rechtsordnung, welches das BVerfG in einigen Entscheidungen proklamiert hat:[1837] Beschränkungen von Grundfreiheiten können durch die Verfolgung öffentlicher Interessen gerechtfertigt werden. Damit eine Rechtfertigung möglich ist, muss die Verwirklichung des öffentlichen Interesses aber dem EuGH zufolge „kohärent und systematisch"[1838] angestrebt werden. So können etwa besonders strenge Regelungen für das Anbieten von Glücksspiel nicht durch das öffentliche Interesse am Schutz der Sozialordnung vor den Gefahren des Glücksspiels gerechtfertigt werden, wenn seitens des Mitgliedstaates gleichzeitig offensiv Werbung für

---

1834 Zur Entwicklung in der Rsp zB *Philipp*, Systemgerechtigkeit 120 ff; *Dieterich*, Systemgerechtigkeit 741 ff.

1835 Der EuGH befasste sich in seiner Rsp va mit der Dienstleistungsfreiheit; das Kriterium der Kohärenz wird aber bei allen Grundfreiheiten inkl des allgemeinen Freizügigkeitsrechts angewandt; so auch *Philipp*, Systemgerechtigkeit 164 ff; *Dieterich*, Systemgerechtigkeit 761 sowie die unten zitierte Rsp.

1836 Der Begriff der Kohärenz hat außerdem Bedeutung als Rechtfertigung für bestimmte steuerliche Maßnahmen der Mitgliedstaaten, die Grundfreiheiten beschränken, aber mit der „Kohärenz des Steuersystems" gerechtfertigt werden können; dazu im Überblick *Schuster*, Kohärenzprinzip 105 ff.

1837 Siehe dazu oben 6.4.3.3.4 (= 313); zu den Ähnlichkeiten zwischen beiden Prinzipien zB *Philipp*, Systemgerechtigkeit 27 ff; *Dieterich*, Systemgerechtigkeit 28 ff; *Schuster*, Kohärenzprinzip 84 f.

1838 EuGH 06.11.2003, Rs C-243/01 (Gambelli) ECLI:EU:C:2003:597 Rz 67.

Glücksspiel betrieben wird, etwa um fiskalische Interessen zu bedienen,[1839] wie das der EuGH zB in einem Verfahren betreffend Italien betonte.[1840] Mangelnde Konsequenz bei der Zielverfolgung führt also zu mangelnder Kohärenz einer Maßnahme und damit zum Wegfall der auf das fragliche Ziel gestützten Rechtfertigungsmöglichkeit.[1841] Der EuGH wendet die Kohärenzprüfung in derartigen Fällen als Teil der Verhältnismäßigkeitsprüfung und dort wiederum zumeist bei der Beurteilung der Eignung an.[1842]

Zumindest nach herkömmlichem Verständnis wird bei der Eignung einer Grundfreiheitsbeschränkung wie auch bei der Eignung eines Grundrechtseingriffs lediglich danach gefragt, ob die zur Prüfung stehende – grundfreiheitsbeschränkende oder grundrechtseingreifende – Maßnahme geeignet ist, ein bestimmtes Ziel zu erreichen. Zu fragen wäre also etwa, ob strenge Zulassungsvoraussetzungen für das Anbieten von Glücksspiel der Vermeidung der negativen Auswirkungen von Glücksspiel dienen können. Im Rahmen der Kohärenzprüfung fragt der EuGH aber darüber hinausgehend, ob eine Gesamtbetrachtung der mitgliedstaatlichen Rechtsordnung ergibt, dass die von einem Mitgliedstaat gesetzten Maßnahmen insgesamt geeignet sind, das fragliche Ziel zu erreichen. Wenngleich der EuGH sich dabei am Vorbringen der jeweiligen Verfahrensparteien orientiert, gibt ihm diese Gesamtbetrachtung doch die Möglichkeit, potentiell alle mitgliedstaatlichen Maßnahmen nach Belieben in seine Kohärenzprüfung einzubeziehen und zu gewichten. Insofern handelt es sich bei der Kohärenzprüfung in der gerade diskutierten Spielart um einen von der klassischen Eignungsprüfung deutlich abgrenzbaren Vorgang.

Dies schließt nicht aus, dass der EuGH – gerade als Letztentscheidungsorgan mit Rechtsfortbildungsbefugnis – befugt ist, eine Kohärenzprüfung vorzunehmen. Allerdings wäre es zur Erhöhung der Nachvollziehbarkeit der Begründung des EuGH sinnvoll, diesen Prüfungsschritt deutlich von der Prüfung der Eignung zu trennen und als eigenes Prüfkriterium zu etablieren,[1843] wie es in der Rsp ohnehin teilweise geschieht.

1839 EuGH 06.11.2003, Rs C-243/01 (Gambelli) ECLI:EU:C:2003:597 Rz 69.

1840 EuGH 06.11.2003, Rs C-243/01 (Gambelli) ECLI:EU:C:2003:597 Rz 69; ganz ähnlich jeweils auch die Ausgangssituation in EuGH 06.03.2007, verb Rs C-338/04, Rs C-359/04 und C-360/04 (Placanica ua) ECLI:EU:C:2007:133; EuGH 08.09.2010, Rs C-46/08 (Carmen Media) ECLI:EU:C:2010:505.

1841 Es ist also nicht ausgeschlossen, dass die Beschränkung einer Grundfreiheit mit der Verfolgung eines anderen Ziels gerechtfertigt werden kann – dieses muss dann freilich (ua) wieder „kohärent" verfolgt werden.

1842 So explizit zB in EuGH 10.03.2009, Rs C-169/07 (Hartlauer) ECLI:EU:C:2009:141 Rz 54 ff; EuGH 17.07.2014, Rs C-173/13 (Leone) ECLI:EU:C:2014:2090 Rz 54; EuGH 13.02.2014, Rs C-367/12 (Sokoll-Seebacher) ECLI:EU:C:2014:68 Rz 39; diesem Ansatz zustimmend *Dieterich*, Systemgerechtigkeit 762 f.

1843 So auch *Schuster*, Kohärenzprinzip 104 f.

9.2.3.2.3.2 Kohärenzprüfung als Gleichheitsprüfung

Eine Betrachtung der Entscheidungen, in denen der EuGH mitgliedstaatliche Grundfreiheitsbeschränkungen am Kriterium der Kohärenz prüft, zeigt aber auch, dass diese Kohärenzprüfung in vielen Fällen starke Ähnlichkeiten zu einer Gleichheitsprüfung aufweist.[1844]

In der Rs *Elrick*[1845] bspw wurde der EuGH gefragt, ob Art 20 und 21 AEUV mit einer Regelung des deutschen Bundesausbildungsförderungsgesetz vereinbar sei, nach der einer Person für eine Ausbildung in einem anderen Mitgliedstaat keine Ausbildungsförderung zusteht, obwohl sie für eine vergleichbare Ausbildung im Inland Anspruch auf Förderung gehabt hätte. Dazu führte der EuGH aus, dass „aus dem Vorbringen der deutschen Regierung nicht klar hervor[gehe], wie die Erreichung des Ziels, nur solche Ausbildungen im Ausland zu fördern, die die Chancen der Auszubildenden auf dem Arbeitsmarkt erhöhen, durch die in Rede stehende Regelung und insbesondere durch die in § 2 Abs. 1 Nr. 2 BAföG vorgesehene Voraussetzung einer Mindestdauer von zwei Jahren ohne Berücksichtigung von Art und Inhalt dieser Ausbildung sichergestellt wird, wenn eine Ausbildung, die dieses Erfordernis nicht erfüllt, aber in Deutschland absolviert wird, unter bestimmten Umständen, wie insbesondere solchen, die für die Lage der Klägerin des Ausgangsverfahrens kennzeichnend sind, gefördert wird."[1846] Das Unterscheidungskriterium der Ausbildungsdauer sei mit Blick auf das vorgebrachte Ziel also „nicht kohärent"[1847] und die Regelung daher nicht im Einklang mit Art 20 und 21 AEUV.

Auch in der Rs *Hartlauer* führte der EuGH unter dem Stichwort „Kohärenz" im Wesentlichen eine Gleichheitsprüfung durch.[1848] In dieser Österreich betreffenden Entscheidung hatte der EuGH zu beurteilen, inwiefern eine Regelung mit der Niederlassungsfreiheit vereinbar ist, die eine Bedarfsprüfung (ua) für die Errichtung von Zahnambulatorien vorsieht.[1849] Die am Verfahren beteiligten Staaten brachten als Rechtfertigung für die Beschränkung der Niederlassungsfreiheit Gründe des Schutzes der öffentlichen Gesundheit vor.[1850] Im Rahmen der Prüfung der Eignung der Bedarfsprüfung zur Erreichung dieses Ziels erinnerte der EuGH zunächst daran, dass „eine nationale Regelung nur dann geeignet ist, die Verwirklichung des geltend gemachten Ziels zu gewährleisten, wenn sie tatsächlich dem Anliegen gerecht wird, es in kohärenter und systematischer Weise zu errei-

1844 Auch *Dieterich*, Systemgerechtigkeit 782 ff weist auf die Parallele zum in Art 20 GRC verankerten Gleichheitssatz hin, erachtet aber eine vollkommene Gleichsetzung für unzulässig.
1845 EuGH 24.10.2013, Rs C-275/12 (Elrick) ECLI:EU:C:2013:684.
1846 EuGH 24.10.2013, Rs C-275/12 (Elrick) ECLI:EU:C:2013:684 Rz 32.
1847 EuGH 24.10.2013, Rs C-275/12 (Elrick) ECLI:EU:C:2013:684 Rz 33.
1848 EuGH 10.03.2009, Rs C-169/07 (Hartlauer) ECLI:EU:C:2009:141.
1849 EuGH 10.03.2009, Rs C-169/07 (Hartlauer) ECLI:EU:C:2009:141 Rz 33 ff.
1850 EuGH 10.03.2009, Rs C-169/07 (Hartlauer) ECLI:EU:C:2009:141 Rz 41 ff.

chen"[1851]. In der Folge prüfte der Gerichtshof sehr detailliert, welche Unterschiede zwischen Zahnambulatorien – für die eine Bedarfsprüfung vorgesehen war – und Gruppenpraxen – für die keine Bedarfsprüfung vorgesehen war – bestehen.[1852] Diesbezüglich kam er zu dem Ergebnis, dass „diese beiden Kategorien von Leistungsanbietern vergleichbare Merkmale und eine vergleichbare Zahl von Ärzten haben und medizinische Leistungen in gleichwertigem Umfang erbringen können, [...] demnach auf dem betreffenden Markt für medizinische Leistungen eine ähnliche Bedeutung haben, und [...] daher die wirtschaftliche Situation der Vertragsärzte in bestimmten geografischen Gebieten und mithin die Erreichung der von den zuständigen Behörden verfolgten Planungsziele in gleicher Weise berühren"[1853]. Hinsichtlich der Rechtmäßigkeit der Bedarfsprüfung für Zahnambulatorien folgerte der EuGH daraus, dass die dargelegte „Inkohärenz"[1854] die Erreichung des durch die Bedarfsprüfungsregelung angestrebten Ziels in Frage stelle, nicht zuletzt, weil die österreichische Regierung nicht dargelegt habe, warum die Notwendigkeit der Zielerreichung nur hinsichtlich der Ambulatorien, nicht aber betreffend Gruppenpraxen bestehe.[1855]

Die genannten Fälle, die nur zwei Beispiele unter vielen sind,[1856] zeigen deutlich, dass der EuGH im Rahmen der Prüfung der Kohärenz einer mitgliedstaatlichen Maßnahme häufig eigentlich eine Art Gleichheitsprüfung vornimmt. In der Rs *Elrick* ging es um die Frage, ob es unionsrechtlich zulässig ist, dass eine Ausbildung, die im EU-Ausland absolviert wird, anders behandelt wird als eine vergleichbare Ausbildung im Inland; in der Rs *Hartlauer* um die Zulässigkeit der Ungleichbehandlung von Zahnambulatorien und zahnärztlichen Gruppenpraxen. Das jeweils als „Ziel" der Grundfreiheitsbeschränkung vorgebrachte öffentliche Interesse stellt eine potentielle sachliche Rechtfertigung für die Ungleichbehandlung dar. Der EuGH hätte daher, nachdem der Anwendungsbereich der GRC durch die Beschränkung der jeweiligen Grundfreiheit eröffnet war, auch prüfen können, ob die Bestimmung des Bundesausbildungsförderungsgesetzes mit Art 20 GRC vereinbar ist; im Fall *Hartlauer* (der noch vor der Rechtsverbindlich-

1851 EuGH 10.03.2009, Rs C-169/07 (Hartlauer) ECLI:EU:C:2009:141 Rz 55.
1852 EuGH 10.03.2009, Rs C-169/07 (Hartlauer) ECLI:EU:C:2009:141 Rz 56 ff.
1853 EuGH 10.03.2009, Rs C-169/07 (Hartlauer) ECLI:EU:C:2009:141 Rz 60.
1854 EuGH 10.03.2009, Rs C-169/07 (Hartlauer) ECLI:EU:C:2009:141 Rz 61.
1855 EuGH 10.03.2009, Rs C-169/07 (Hartlauer) ECLI:EU:C:2009:141 Rz 61.
1856 Als weitere Beispiele können die folgenden Entscheidungen genannt werden: EuGH 19.05.2009, verb Rs C-171/07 und C-172/07 (Apothekerkammer des Saarlandes) ECLI:EU:C:2009:316 Rz 42 ff; EuGH 19.05.2009, Rs C-531/06 (Kommission/Italien) ECLI:EU:C:2009:315 Rz 66 ff (in beiden Entscheidungen: Vergleich von bestimmten Nichtapothekern, die [ausnahmsweise] zum Betrieb einer Apotheke befugt sind, mit dem Regelfall, in dem Nichtapotheker nicht zum Betrieb einer Apotheke befugt sind); EuGH 18.05.2017, Rs C-99/16 (Lahorgue) ECLI:EU:C:2017:391 Rz 31 ff insb Rz 40 (Übermittlung von Schriftstücken an ein Gericht durch Einreichung bei der Kanzlei oder auf dem Postweg vs Übermittlung mittels RPVA-Router [französischer elektronischer Rechtsverkehr mit Gerichten]).

keit der GRC entschieden wurde) wäre zu fragen gewesen, ob die Regelung in Einklang mit dem allgemeinen Rechtsgrundsatz der Gleichheit steht.

Dazu kommt, dass auch die oben diskutierte Glücksspielkonstellation – strenge Voraussetzungen für das Anbieten von Glücksspiel, gleichzeitig aber offensive Werbung zur Bedienung fiskalischer Interessen – aus der Perspektive des Gleichheitssatzes behandelt und gelöst werden kann. Man könnte hier annehmen, dass es sich beim Anbieten von Glücksspiel und bei der Werbung für Glücksspiel deswegen um „gleiche" Sachverhalte handelt, weil von beiden dasselbe öffentliche Interesse „bedroht" wird (wenn auch möglicherweise in unterschiedlichem Ausmaß), nämlich insb das Interesse an der Suchtprävention. Die mögliche Rechtswidrigkeit einer mitgliedstaatlichen Maßnahme ergibt sich dann daraus, dass diese beiden „gleichen" Sachverhalte ohne Rechtfertigung ungleich behandelt werden, wobei bei der Beurteilung des Vorliegens einer „ungleichen Behandlung" nur darauf abgezielt würde, ob in beiden Bereichen Maßnahmen zur Beseitigung der potentiellen Bedrohung gesetzt werden.

Zugegebenermaßen werden die Anwendungsgrenzen des Gleichheitssatzes durch dieses Verständnis strapaziert.[1857] Dass zwischen dem vom EuGH angewandten Kohärenzerfordernis und der Gleichheitsprüfung jedenfalls strukturelle Ähnlichkeiten bestehen, zeigt sich aber vor allem in den eingangs diskutierten Fallkonstellationen recht deutlich. Dann ist es allerdings fraglich, ob überhaupt noch Raum für die legitime Anwendung des Kriteriums der Kohärenz bleibt. Das ist jedenfalls dann zu verneinen, wenn hinter der Kohärenzprüfung eigentlich eine verdeckte Gleichheitsprüfung steht. In diesen Fällen sollte der EuGH das unbestimmte, einer positivrechtlichen Grundlage entbehrende[1858] Kohärenzkriterium aufgeben und stattdessen eine – offene – Gleichheitsprüfung durchführen[1859] bzw die nationalen Gerichte mit der Durchführung betrauen. Dies

---

1857 *Schuster*, Kohärenzprinzip 87 ff verneint die „dogmatische Verankerung" des Kohärenzprinzips im Gleichheitssatz, soweit es um „Wertungskohärenz" geht, da nicht in allen Fällen eine Rückführung auf den Gleichheitssatz möglich sei, und geht – immer wieder auf die Rsp des BVerfG Bezug nehmend – davon aus, dass es sich bei der Wertungskohärenz um einen eigenen Unterpunkt des Rechtsstaatsgebots handle (95 ff); erstens erfolgt damit mE aber keine klare „dogmatische Verankerung", und zweitens schließt dies nicht aus, wie hier von strukturellen Ähnlichkeiten zwischen Kohärenzprinzip und Gleichheitsprüfung auszugehen.

1858 Art 7 AEUV erwähnt zwar die Kohärenz, bezieht sich aber eindeutig nur auf die Organe der EU bei Verwirklichung ihrer Politiken, nicht auf mitgliedstaatliche Maßnahmen. Die Bestimmung lautet: „Die Union achtet auf die Kohärenz zwischen ihrer Politik und ihren Maßnahmen in den verschiedenen Bereichen und trägt dabei unter Einhaltung des Grundsatzes der begrenzten Einzelermächtigung ihren Zielen in ihrer Gesamtheit Rechnung"; die in Art 21 Abs 3 UAbs 2 S 2 EUV verankerte Pflicht zur Kohärenz betrifft die im Rat tätig werdenden Mitgliedstaaten nur bei der gemeinsamen Außen- und Sicherheitspolitik; vgl *Schuster*, Kohärenzprinzip 62 (dort Hinweis auf Art 21 Abs 3 UAbs 2 S 1 EUV).

1859 Zwar trifft es zu, dass den Grundrechten in bestimmtem Ausmaß auch bei der Beurteilung der Rechtfertigung von Grundfreiheitsbeschränkungen eine Bedeutung zukommt, wie insb *Dieterich*, Systemgerechtigkeit 782 mwN ausführt. Dies gilt jedoch vorrangig für die nationalen Grundrechte, die in gewissem Ausmaß als Rechtfertigungsgründe herangezogen werden können (vgl etwa EuGH 12.03.2003, Rs C-112/00 [Schmidberger] ECLI:EU:C:2003:333). Offenkundig wird dem Gleichgilt umso mehr für Fälle, in denen Grundfreiheiten gar nicht betroffen sind, sondern sich die Anwendbarkeit des Unionsrechts aus der Anwendbarkeit von Sekundärrechtsakten ergibt – auch hier wird in den vergangenen Jahren die Kohärenz bzw Inkohärenz mitgliedstaatlicher Maßnahmen immer wieder ins Spiel gebracht.[1860] Während aber die Kohärenz als Element der Prüfung von Grundfreiheitsbeschränkungen nach bald zwanzigjähriger Rechtsprechungspraxis akzeptiert sein mag, ist nicht klar, wieso ein Kohärenzprinzip im gesamten Unionsrecht gelten sollte. Gerade dort wäre stattdessen eine Prüfung am Maßstab des Gleichheitssatzes systematisch sinnvoll.

Zwar ist auch der Gleichheitssatz in weiten Teilen undeterminiert. So ist zB an keiner Stelle näher definiert, wie hoch der Abstraktionsgrad ist, nach dem zu beurteilen ist, ob „gleiche“ oder „vergleichbare“ Sachverhalte vorliegen. Auch die Frage, inwiefern die Ziele einer Maßnahme bei der Beurteilung von Sachverhalten als „gleich“ oder „ungleich“ berücksichtigt werden dürfen, ist nicht abschließend geklärt. Und schließlich ist dem Einfallsreichtum des Rechtsetzers – und des EuGH als maßgeblicher Kontrollinstanz – durch das Erfordernis einer „sachlichen Rechtfertigung“ von Ungleichbehandlungen eigentlich keine Grenze gesetzt. Dennoch wäre der EuGH gut beraten, in Zukunft eher an der Ausgestaltung eben jener noch offenen Flanken des Gleichheitssatzes zu arbeiten, als ein mehr oder weniger beliebig einsetzbares Kriterium der Kohärenz ins Spiel zu bringen, für das es – anders als beim Gleichheitssatz – im Übrigen nicht in allen Mitgliedstaaten nationale Äquivalente gibt. Im Gegensatz dazu ist der Gleichheitssatz in den nationalen Rechtsordnungen als Teil der gemeinsamen Verfassungsüberlieferung und nicht zuletzt positivrechtlich in Art 20 GRC verankert.

9.2.3.2.3.3 Kohärenzprinzip und Mehrheit von Rechtsetzern

Erkennt man die strukturellen Ähnlichkeiten zwischen der vom EuGH angewandten Kohärenzprüfung und der Gleichheitsprüfung, dann ist es naheliegend, dass sich auch im Zusammenhang mit der Kohärenzprüfung Fragen nach der Vereinbarkeit dieses Maßstabs mit einer durch eine Mehrheit an Rechtsetzern erzeugten Rechtsetzungsvielfalt stellen. Der EuGH war bereits mehrmals mit Konstellationen befasst, in denen eine potentielle Inkohärenz der Rechtslage auf das Handeln mehrerer Rechtsetzer zurückzuführen war.

---

heitsrecht der GRC eher Rechnung getragen, wenn hinsichtlich grundfreiheitsbeschränkender Maßnahmen eine auf Art 20 GRC gestützte Grundrechtsprüfung durchgeführt wird, als dadurch, dass der Gleichheitsgrundsatz im Rahmen einer Kohärenzprüfung „berücksichtigt“ wird.

1860 Vgl etwa EuGH 21.07.2011, verb Rs C-159/10 und C-160/10 (Fuchs und Köhler) ECLI:EU:C:2011:508.

Zu nennen ist in diesem Zusammenhang der oben bereits erwähnte Fall *Hartlauer*[1861]. Die unterschiedliche Behandlung von zahnärztlichen Ambulatorien (Bedarfsprüfung vor Errichtung) und Gruppenpraxen (keine Bedarfsprüfung) folgte nämlich aus dem Unterschied zwischen dem Wiener bzw Oberösterreichischen Krankenanstaltengesetz auf der einen Seite und dem Ärztegesetz des Bundes auf der anderen Seite.[1862] Wie oben bereits erörtert, qualifizierte der EuGH die Ungleichbehandlung als Inkohärenz der die Bedarfsprüfung anordnenden Regelungen; er ließ sich davon auch nicht dadurch abhalten, dass die fraglichen Rechtsnormen von unterschiedlichen föderalen Hoheitsträgern erlassen wurden. Das wurde teilweise so gedeutet, dass die genannte Ungleichbehandlung Folge der Kompetenzverteilung und „aus der Sicht des bundesstaatsblinden EuGH"[1863] nicht erklärbar gewesen sei. Insofern habe der Gerichtshof „rational argumentiert, und, es wurde auch schon angesprochen, gleichheitskonform, da für ihn eben die bundesstaatliche Möglichkeit der Abweichung von der Gleichheit nicht beachtlich ist."[1864] Allerdings handelte es sich bei den fraglichen Landesgesetzen um Ausführungsgesetze zu einem in der maßgeblichen Frage keinen Ausführungsspielraum offenlassenden Bundesgrundsatzgesetz,[1865] was auch der EuGH erkannte;[1866] insofern kann die fragliche Ungleichheit gerade nicht auf die bundesstaatliche Kompetenzverteilung zurückgeführt werden, sondern ist im Ergebnis dem Bundesgesetzgeber zuzurechnen. Dass der EuGH außerdem in Konstellationen föderal bedingter Ungleichheit bei der Kohärenzprüfung gerade nicht „bundesstaatsblind" agieren darf, wird im Folgenden nachgewiesen.

Zunächst soll aber das Problem der Kohärenzprüfung bei einer Vielzahl von Rechtsetzern anhand zweier weiterer Entscheidungen des EuGH erörtert werden, nämlich den Entscheidungen in der Rs *Carmen Media*[1867] und der Rs *Digibet*[1868].

In der Rs *Carmen Media* stellte sich die Frage der Vereinbarkeit des schleswig-holsteinischen Lotterie- und Sportwettenmonopols mit der Niederlassungsfreiheit. Dabei hatte das vorlegende Gericht Zweifel daran, dass es sich bei dem Monopol um eine „kohärente" Beschränkung der Niederlassungsfreiheit handle, da hinsichtlich anderer Arten des Glücksspiels – wohlgemerkt: die zumindest teilweise in die Zuständigkeit des Bundes fielen – eine Expansionspolitik betrieben

1861 EuGH 10.03.2009, Rs C-169/07 (Hartlauer) ECLI:EU:C:2009:141.

1862 Auch *Grzeszick*, VVDStRL 71, 75 f geht davon aus, dass der EuGH in der Rs *Hartlauer* eine „kompetenzgefährdende Kohärenzprüfung" vornimmt, bezieht dies aber offenbar nur auf die Kompetenzverteilung zwischen Mitgliedstaaten und EU.

1863 Wortmeldung *Stöger* in VVDStRL 71, 102.

1864 Wortmeldung *Stöger* in VVDStRL 71, 102.

1865 Auch die Bedarfsprüfung für zahnärztliche Ambulatorien war in § 3 Abs 2 lit a Krankenanstalten- und Kuranstaltengesetz, also im Bundesgrundsatzgesetz, in der maßgeblichen Fassung angeordnet; dies offenbar verkennend *Philipp*, Systemgerechtigkeit 305.

1866 EuGH 10.03.2009, Rs C-169/07 (Hartlauer) ECLI:EU:C:2009:141 Rz 56.

1867 EuGH 08.09.2010, Rs C-46/08 (Carmen Media) ECLI:EU:C:2010:505.

1868 EuGH 12.06.2014, Rs C-156/13 (Digibet) ECLI:EU:C:2014:1756.

wurde.[1869] Der EuGH bejahte in seiner Entscheidung nicht nur die Notwendigkeit einer bereichs- bzw spielartenübergreifenden Betrachtung der mitgliedstaatlichen Maßnahmen, sondern sprach sich auch dagegen aus, die mitgliedstaatliche interne Kompetenzverteilung in irgendeiner Weise rechtfertigend in Betracht zu ziehen.[1870] Dazu verwies der Gerichtshof auf seine ständige Rsp, nach der ein Mitgliedstaat sich nicht auf interne Umstände berufen kann, um die Nichteinhaltung seiner unionsrechtlichen Verpflichtungen zu rechtfertigen.[1871] Nach Ansicht des EuGH in der Rs *Carmen Media* „müssen, auch wenn das Unionsrecht einer internen Zuständigkeitsverteilung, nach der für bestimmte Glücksspiele die Länder zuständig sind und für andere der Bund, nicht entgegensteht, in einem solchen Fall die Behörden des betreffenden Bundeslandes und die Bundesbehörden gleichwohl gemeinsam die Verpflichtung der Bundesrepublik Deutschland erfüllen, nicht gegen Art. 49 EG zu verstoßen. Soweit die Beachtung dieser Bestimmung es erfordert, müssen diese verschiedenen Behörden dabei folglich die Ausübung ihrer jeweiligen Zuständigkeiten koordinieren“[1872].

Zu beachten ist, dass zum Zeitpunkt des Einlangens des Vorlagenantrags in der Rs *Carmen Media* der Vertrag von Lissabon und mit ihm auch Art 4 Abs 2 EUV in der jetzt geltenden Fassung noch nicht in Kraft getreten waren;[1873] dementsprechend konnte das vorlegende Gericht diese Bestimmung auch nicht berücksichtigen. Auch der EuGH sah sich dementsprechend nicht veranlasst, auf Art 4 Abs 2 EUV einzugehen. Dennoch lässt sich fragen, ob der EuGH zu einem anderen Ergebnis kommen müsste, wenn er diese oder eine ähnliche Konstellation unter Beachtung von Art 4 Abs 2 EUV zu beurteilen hätte.

Dazu ist daran zu erinnern, dass die Kohärenzprüfung eine „verdeckte“ Gleichheitsprüfung darstellt. Der EuGH geht in der Rs *Carmen Media* davon aus, dass Sachverhalte, von denen dasselbe Bedrohungspotential für das öffentliche Interesse an Glücksspielsuchtprävention ausgeht, ohne sachliche Rechtfertigung ungleich behandelt werden und schließt daraus auf die mangelnde Kohärenz der Grundfreiheitsbeschränkung. Nun ist es aber, wie oben dargelegt wurde, Teil der bundesstaatlichen Identität aller untersuchten Bundesstaaten iSd Art 4 Abs 2 EUV, dass die föderalen Hoheitsträger in den ihnen zugeordneten Kompetenzbereichen eigenständig Recht setzen dürfen. Diese Befugnis, eigenständig Recht zu setzen, schließt es aus, einem Hoheitsträger einen (auf nationaler Ebene verfassungsrechtlichen) Vorwurf daraus zu machen, dass ähnliche Sachverhalte von einem anderen föderalen Hoheitsträger anders geregelt werden; Rechtsetzungsvielfalt ist im Bundesstaat nicht verpönt. Wenn nun die EU zur Achtung

1869 EuGH 08.09.2010, Rs C-46/08 (Carmen Media) ECLI:EU:C:2010:505 Rz 54, 57.
1870 EuGH 08.09.2010, Rs C-46/08 (Carmen Media) ECLI:EU:C:2010:505 Rz 67 ff.
1871 EuGH 08.09.2010, Rs C-46/08 (Carmen Media) ECLI:EU:C:2010:505 Rz 69.
1872 EuGH 08.09.2010, Rs C-46/08 (Carmen Media) ECLI:EU:C:2010:505 Rz 70.
1873 Das Vorabentscheidungsersuchen langte am 08.02.2009 beim EuGH ein.

dieses Aspekts der jeweiligen nationalen Identität Österreichs, Deutschlands und Belgiens verpflichtet ist, so soll damit ausgeschlossen werden, dass dieser Grundsatz durch das Unionsrecht unterlaufen wird. Genau dies wäre aber der Fall, würde man, wie es der EuGH in der Rs *Carmen Media* tut, im Rahmen der Kohärenzprüfung einen kompetenzübergreifenden Vergleich zwischen unterschiedlichen Rechtsakten vornehmen. Der EuGH spricht ja im Übrigen selbst an, dass die Konsequenz der Vornahme eines solchen kompetenzübergreifenden Vergleichs ist, dass Bund und Länder ihre Rechtsakte koordinieren müssen, um dem Unionsrecht und dabei insb den Grundfreiheiten Genüge zu tun. Genau dies verbietet aber Art 4 Abs 2 EUV.

Tatsächlich kam der EuGH in einer ähnlichen Konstellation unter Berücksichtigung von Art 4 Abs 2 EUV zu einem anderen Ergebnis, und zwar in seiner Entscheidung in der Rs *Digibet*[1874]. In diesem Verfahren hatte der EuGH zu beurteilen, ob eine „inkohärente“ Beschränkung der Dienstleistungsfreiheit dann vorliegt, wenn bestimmte Maßnahmen wie das Verbot von Online-Glücksspiel auf Grund der bundesstaatlichen Struktur eines Mitgliedstaates nicht im ganzen Territorium des Mitgliedstaates gelten. Konkret hatte Schleswig-Holstein als einziges Land das Online-Glücksspiel (und andere Maßnahmen) erlaubt, während dieses in allen anderen Ländern verboten war. Legte man hier den Maßstab an, der etwa in der Rs *Carmen Media* zur Anwendung kam, so müsste man die Kohärenz der Grundfreiheitsbeschränkung durch „den Mitgliedstaat“ verneinen, da das durch die Beschränkung angestrebte Ziel nicht konsequent verfolgt wird; dass die Länder über eigenständige Rechtsetzungsbefugnisse lediglich über begrenzte Gebiete verfügen, müsste als Umstand der innerstaatlichen Rechtsordnung bei der Rechtfertigungsprüfung außer Betracht bleiben.

Der Gerichtshof führte aber im Gegenteil aus, dass „die Verteilung der Zuständigkeiten zwischen den Ländern nicht in Frage gestellt werden [kann], da sie unter dem Schutz von Art. 4 Abs. 2 EUV steht, nach dem die Union verpflichtet ist, die jeweilige nationale Identität der Mitgliedstaaten zu achten, die in ihren grundlegenden politischen und verfassungsmäßigen Strukturen einschließlich der lokalen und regionalen Selbstverwaltung zum Ausdruck kommt“[1875]. Nach Ansicht des Gerichtshofs steht diese Ansicht nicht im Widerspruch zu den Äußerungen in der Rs *Carmen Media*, da dort wesentlich andere Umstände vorgelegen hätten; schließlich ging es in *Carmen Media* um das Verhältnis zwischen Bund und Ländern und einer etwaigen Verpflichtung zur Koordinierung zwischen diesen, während in der Rs *Digibet* „das horizontale Verhältnis zwischen den Bun-

1874 EuGH 12.06.2014, Rs C-156/13 (Digibet) ECLI:EU:C:2014:1756.
1875 EuGH 12.06.2014, Rs C-156/13 (Digibet) ECLI:EU:C:2014:1756 Rz 34.

desländern mit eigenen Gesetzgebungsbefugnissen im Rahmen eines föderal strukturierten Mitgliedstaats“[1876] entscheidungserheblich gewesen sei.[1877]

Diese Unterscheidung des EuGH vermag allerdings nicht zu überzeugen. Denn ebenso wie die Länder bzw dezentralen Hoheitsträger ein Recht darauf haben, ihre Kompetenzen eigenständig wahrzunehmen, kommt dem Bund dieses Recht hinsichtlich der ihm zustehenden Kompetenzen zu. Im Übrigen geht es ja im Verhältnis des Bundes zu den Ländern ebenso (auch) um den Schutz von (unter dem Anspruch der eigenständigen Wahrnehmbarkeit stehenden) Länderkompetenzen wie im Verhältnis mehrerer Länder zueinander. Um seiner aus Art 4 Abs 2 EUV erwachsenden Achtungspflicht Genüge zu tun, dürfte der EuGH daher auch in Konstellationen, die Bundes- und Landesrecht bzw das Recht des zentralen und der dezentralen Hoheitsträger betreffen, nicht auf kompetenzgrenzenübergreifende Kohärenz abstellen.

Allerdings ist auch die Aussage des EuGH, wonach „die Verteilung der Zuständigkeiten zwischen den Ländern“ nicht in Frage gestellt werden darf, insofern missverständlich, als sie nahelegt, dass die verfassungsrechtliche Kompetenzverteilung in einem Bundesstaat zur Gänze dem Schutz von Art 4 Abs 2 EUV unterliegt. Nach der hier vertretenen Ansicht ist es richtiger davon zu sprechen, dass das Ziel der Bundesstaatlichkeit, Rechtsetzungsvielfalt zu ermöglichen, Teil der bundesstaatlichen Identität jener Mitgliedstaaten ist, die als Bundesstaaten organisiert sind. Die Organe der EU haben daher darauf zu achten, dass in jenen Bereichen, welche in die Kompetenzen der Länder bzw dezentralen Einheiten fallen, Rechtsetzungsvielfalt herrschen darf. Dies schließt nicht aus, die von einzelnen föderalen Hoheitsträgern erlassenen Rechtsakte am Maßstab der Grundfreiheiten zu messen; ausgeschlossen sind jedoch Herangehensweisen, die dazu führen, dass eine vergleichende Betrachtung von Rechtsakten verschiedener föderaler Hoheitsträger die Rechtswidrigkeit eines der Rechtsakte bewirkt.

9.2.3.2.4 Kohärenz, Rechtsetzungsvielfalt und Art 4 Abs 2 EUV

Die vom EuGH postulierte Notwendigkeit „kohärenter“ Grundfreiheitsbeschränkungen weist strukturell einige Gemeinsamkeiten zur Gleichheitsanforderung des Gleichheitssatzes auf, insb wenn man sie in den bundesstaatlichen Kontext stellt. Wenn aber auch im Rahmen der Kohärenzprüfung eine (verdeckte) Gleichheitsprüfung durchgeführt wird, dann muss auch bei der Kohärenzprüfung Art 4 Abs 2 EUV dahingehend beachtet werden, dass der Vergleich nicht zur Rechtswidrigkeit bundesstaatlicher Rechtsetzungsvielfalt führen darf. Der EuGH

1876 EuGH 12.06.2014, Rs C-156/13 (Digibet) ECLI:EU:C:2014:1756 Rz 35.

1877 Außerdem wies der EuGH noch „rechtfertigend“ darauf hin, dass die Anwendbarkeit der schleswig-holsteinischen Regelung va auch zeitlich beschränkt war; s EuGH 12.06.2014, Rs C-156/13 (Digibet) ECLI:EU:C:2014:1756 Rz 36.

darf hier also nicht „bundesstaatsblind" agieren und die Kohärenz kompetenzgrenzenübergreifend beurteilen, sondern hat die innerstaatlichen Kompetenzgrenzen und die daraus resultierende Rechtsetzungsvielfalt zu respektieren.[1878]

Wie gerade dargestellt, erkannte auch der EuGH in der Rs *Digibet* im Ergebnis die Notwendigkeit der Berücksichtigung föderaler Rechtsetzungsvielfalt auf Grund von Art 4 Abs 2 EUV an. Die unterschiedliche Intensität von Grundfreiheitsbeschränkungen in den Landesrechtsordnungen eines Bundesstaats führt nicht zur Inkohärenz und damit Rechtswidrigkeit einer dieser Maßnahmen.

Gleiches muss aber auch für Konstellationen wie jene in der Rs *Carmen Media* gelten, wo vom EuGH als im Rahmen einer Kohärenzprüfung vergleichbar erachtete Sachverhalte durch den Bund und die Länder bzw ein Land unterschiedlich (bzw inkohärent) geregelt werden. Das vom EuGH zur Abgrenzung vorgetragene Argument, wonach offenbar nur die Kompetenzverteilung zwischen den Ländern, nicht aber jene zwischen Bund und Ländern schützenswert sein soll, kann nicht überzeugen. Denn ebenso wie die Länder bzw dezentralen Hoheitsträger ein Recht darauf haben, ihre Kompetenzen eigenständig wahrzunehmen, kommt dem Bund dieses Recht hinsichtlich der ihm zustehenden Kompetenzen zu.

Dagegen könnte man nun einwenden, dass es in der gerade genannten Konstellation aber nun nicht mehr um eine Gleichheitsprüfung im klassischen Sinn gehe und daher auch die bundesstaatliche Relativierung des Gleichheitssatzes, die durch Art 4 Abs 2 EUV auch für die Organe der EU beachtlich gemacht wird, nicht zur Anwendung kommen könne. Denn während es in dem Fall, dass die Länder bzw dezentralen Hoheitsträger im Rahmen ihrer jeweiligen Kompetenzen dieselbe Angelegenheit mit Wirkung für ihr jeweiliges Gebiet unterschiedlich regeln, schon deswegen um grundsätzlich gleiche Sachverhalte geht, weil es um die Ausübung derselben Tätigkeit geht,[1879] regeln Bund und Länder ja in der *Carmen Media*-Konstellation unterschiedliche Sachverhalte, die nicht gleich bzw vergleichbar sind. Das ist allerdings nur dann zutreffend, wenn man ein enges Verständnis der Gleichheitsprüfung hat; der EuGH erachtet im Gegensatz dazu die Regelung unterschiedlicher Glücksspielarten, die in unterschiedliche Kompetenzbereiche fallen, in *Carmen Media* als vergleichbar. Vertritt man die genannte Auffassung, so müsste man im Übrigen auch ohne Berücksichtigung von Art 4 Abs 2 EUV die Zulässigkeit einer Kohärenzprüfung im vorliegenden Fall verneinen.

Als Ergebnis bleibt daher festzuhalten, dass die vom EuGH im Rahmen seiner Prüfung der Rechtmäßigkeit von Grundfreiheitsbeschränkungen häufig vor-

---

1878 Anderer Ansicht *Philipp*, Systemgerechtigkeit 299 ff; die Frage der Vereinbarkeit mit Art 4 Abs 2 EUV aufwerfend, ohne sie abschließend zu beantworten, *Dieterich*, Systemgerechtigkeit 789 f.

1879 Dies gilt mit Blick auf Belgien jeweils nur innerhalb einer Kategorie dezentraler Hoheitsträger (Regionen oder Gemeinschaften), die über dieselben Kompetenzen verfügen.

genommene Kohärenzprüfung eine (verdeckte) Gleichheitsprüfung darstellt. Wie oben dargelegt, wäre dem EuGH im Sinne einer klaren Rechtsanwendung anzuraten, in derartigen Fällen statt einer verdeckten Gleichheitsprüfung unter dem Stichwort „Kohärenz" im Anschluss an die Grundfreiheitsprüfung eine Prüfung der fraglichen Maßnahme auf Basis von Art 20 GRC vorzunehmen.

Wendet der EuGH aber den von ihm entwickelten Maßstab der Kohärenz an, dann hat er auch im Rahmen der Grundfreiheitsprüfung Art 4 Abs 2 EUV zu beachten, mit dem Ergebnis, dass kompetenzgrenzenübergreifende Inkohärenzen nicht die Rechtswidrigkeit einer Grundfreiheitsbeschränkung zur Folge haben dürfen.

Gegen die hier vertretene Ansicht lässt sich auch nicht erfolgreich einwenden, dass den Mitgliedstaaten damit die Möglichkeit eröffnet ist, durch die Änderung ihrer Kompetenzverteilung rechtsmissbräuchlich die Grundfreiheiten zu umgehen.[1880] Eine Relativierung (auch) der Grundfreiheiten ist zu einem gewissen Ausmaß Zweck von Art 4 Abs 2 EUV; insofern ist eine Änderung der Kompetenzverteilung, die zu der hier angenommenen Relativierung der Grundfreiheiten in einem weiteren Bereich führt, nicht per se rechtsmissbräuchlich. Sofern aber eine Änderung der Kompetenzverteilung lediglich den Zweck hat, eine Grundfreiheit zu umgehen, wird sie bzw die durch sie bewirkte Rechtsetzungsvielfalt nicht Teil der nationalen bundesstaatlichen Identität, da die fragliche Verfassungsänderung wegen Verstoßes gegen die Grundfreiheiten iVm dem Loyalitätsgebot des Art 4 Abs 3 EUV selbst unionsrechtswidrig ist und daher nicht angewendet werden darf.[1881]

Weitere Argumente, die in der Literatur gegen eine Beachtung der aus der Kompetenzverteilung erwachsenden bundesstaatlichen Rechtsetzungsvielfalt im Rahmen der Kohärenzprüfung vorgebracht werden, lassen die Bedeutung von Art 4 Abs 2 EUV vollkommen außer Acht und können daher gegen die hier gemachte Überlegung nicht erfolgreich ins Treffen geführt werden:[1882]

Das Argument, dass mit der hier angenommenen Relativierung der Kohärenzprüfung bundesstaatlich organisierte Mitgliedstaaten gegenüber Zentralstaaten bevorzugt würden, weil für ihre Rechtsordnungen geringere Kohärenzanforderungen gelten, trifft zu.[1883] Dies ist aber Konsequenz des Schutzes der jeweiligen nationalen Identität eines jeden Mitgliedstaates und kann insofern nicht bean-

---

1880 So *Philipp*, Systemgerechtigkeit 299 f.

1881 Vgl dazu oben bei 3.6.4.4.7 (= 127).

1882 *Philipp*, Systemgerechtigkeit 301 erwähnt die „grundlegenden politischen und verfassungsmäßigen Strukturen" der Mitgliedstaaten mit einem Satz (bei FN 1077), verneint aber pauschal ihre „Nivellierung" durch die Annahme der Zulässigkeit einer kompetenzgrenzenübergreifenden – also bundesstaatsblinden – Kohärenzprüfung; in der Quelle, die er dazu zitiert, werden hingegen Zweifel an der Vereinbarkeit mit Art 4 Abs 2 EUV geäußert; s *Fuchs*, Die Fälle Carmen Media und Winner Wetten, DeLuxe Europarecht aktuell, 01/2011 (abrufbar unter <https://www.rewi.europa-uni.de/de/lehrstuhl/or/europarecht/deluxe/archiv/Gl__cksspiel.pdf> [abgerufen am 16.08.2020]).

1883 So *Philipp*, Systemgerechtigkeit 300.

standet werden. Das Anknüpfen an den völkerrechtlichen Grundsatz, wonach innerstaatliches Recht – wie auch die föderale Kompetenzverteilung – nicht die Nichterfüllung völkerrechtlicher Pflichten rechtfertigen kann,[1884] ist hier unzulässig, da es mit Art 4 Abs 2 EUV eine besondere Regelung der Frage der Beachtlichkeit innerstaatlichen Rechts gibt.[1885] Auch das Argument, dass das Kohärenzprinzip bei einer Berücksichtigung der Bundesstaatlichkeit seinen „gleichheitsrechtlichen Schutzauftrag“[1886] nicht erfüllen könne,[1887] hinkt, wenn man, wie hier auch, den Gleichheitssatz durch die durch Art 4 Abs 2 EUV geschützte bundesstaatliche Rechtsetzungsvielfalt relativiert erachtet.

9.2.3.3 Beihilfenrecht und föderale Rechtsetzungsvielfalt

9.2.3.3.1 Unionales Beihilfenverbot als verdeckte Gleichheitsanforderung

9.2.3.3.1.1 Problemstellung

Art 107 AEUV verbietet die Gewährung bestimmter staatlicher oder aus staatlichen Mitteln gewährter Beihilfen, durch die der Wettbewerb verfälscht wird oder verfälscht werden könnte und die den Handel zwischen den Mitgliedstaaten beeinträchtigen. Ob die fraglichen Mittel von einem Zentralstaat, den Ländern bzw dezentralen Hoheitsträgern oder staatlichen Untereinheiten wie bspw Gemeinden stammen, ist für die Qualifikation als Beihilfe grundsätzlich irrelevant.[1888] Von den dezentralen Hoheitsträgern gewährte Förderungen oder landesrechtliche Steuerregelungen können also Beihilfen darstellen.

Eine Voraussetzung dafür, dass man von einer Beihilfe iSd Art 107 AEUV sprechen kann, ist, dass die Maßnahme „selektiv“ ist.[1889] Selektiv ist eine Maßnahme dann, wenn durch sie ein bestimmter Kreis an Unternehmen gegenüber anderen Unternehmen begünstigt wird, die sich in einer ähnlichen Situation befinden, ohne dass dies durch das Wesen und die Struktur der Maßnahme gerecht-

1884 *Philipp*, Systemgerechtigkeit 301 f.
1885 Die im Übrigen nichts daran ändert, dass im Fall einer rechtswidrigen Grundfreiheitsbeschränkung der Mitgliedstaat die Verantwortung dafür zu übernehmen hat; eine solche Verantwortlichkeit besteht aber eben nur, wenn überhaupt ein Verstoß gegen das Primärrecht vorliegt; aA anscheinend *Philipp*, Systemgerechtigkeit 300.
1886 *Philipp*, Systemgerechtigkeit 307.
1887 *Philipp*, Systemgerechtigkeit 307.
1888 EuGH 14.10.1987, Rs 248/84 (Deutschland/Kommission) ECLI:EU:C:1987:437 Rz 17.
1889 Zu den weiteren Voraussetzungen zB *Bär-Bouyssière* in Schwarze, Art 107 AEUV Rz 9 ff; *Kliemann* in von der Groeben/Schwarze/Hatje, Art 107 AEUV Rz 17 ff; *Cremer* in Calliess/Ruffert, Art 107 AEUV Rz 10 ff; *Rusche* in Kellerbauer/Klamert/Tomkin, Art 107 TFEU Rz 18 ff; *Nowak* in Geiger/Khan/Kotzur, Art 107 AEUV RZ 18 ff; *Jaeger*, Europarecht 345 ff mwN.

fertigt werden kann.[1890] Kommt eine staatliche Zuwendung unterschiedslos allen zugute, so liegt keine Beihilfe vor. Das Merkmal der Selektivität einer Maßnahme verlangt also nach einer Gleichheitsprüfung: Werden bestimmte Unternehmen gegenüber anderen Unternehmen begünstigt, die sich in einer ähnlichen Situation befinden – wird also Gleiches ungleich behandelt?[1891] Selektivität liegt insb dann nicht vor, wenn gleiche Situationen gleich behandelt werden;[1892] dieses Gleichbehandlungsgebot könnte möglicherweise ebenso wie andere Gleichbehandlungsgebote in Konflikt mit der bundesstaatlichen Rechtsetzungsvielfalt geraten.

Ein solcher Konflikt läge dann vor, wenn gerade die bundesstaatliche Rechtsetzungsvielfalt die Qualifikation einer staatlichen Maßnahme als selektive Maßnahme und damit Beihilfe beeinflussen könnte. Dabei ist vor allem die unterschiedliche Regelung ähnlicher Sachverhalte durch dezentrale Hoheitsträger von Bedeutung. Die Länder bzw dezentralen Hoheitsträger verfügen ja in der Sache über die gleichen Kompetenzen, die sie aber über jeweils andere Teile des Staatsgebiets und insofern territorial beschränkt ausüben.[1893] Das kann nun zB zur Folge haben, dass ein Land eine Förderung gewährt, die es für ähnliche Sachverhalte in anderen Bundesländern nicht gibt. Auch steuerliche Regelungen können von Land zu Land bzw je nach dezentralem Hoheitsträger und damit an territoriale Gesichtspunkte anknüpfend unterschiedlich ausgestaltet sein.

Die unterschiedliche Ausgestaltung von Förder- bzw Steuerregelungen durch verschiedene dezentrale Hoheitsträger könnte man nun insofern als problematisch erachten, als damit die unter das günstigste Regime fallenden Wirtschaftsteilnehmer gegenüber jenen begünstigt werden, die ihre Tätigkeit im Gebiet der anderen dezentralen Hoheitsträger ausüben.[1894] Inwiefern derartige territorial unterschiedliche Regelungen in einem Mitgliedstaat allein auf Grund ihrer territorialen Beschränktheit als selektiv – also als territorial selektiv[1895] – qualifiziert werden können, wird im Folgenden diskutiert.

1890 Dazu zB *Bartosch*, EU-Beihilfenrecht, Art 107 Abs 1 AEUV Rz 135 ff; *Kliemann* in von der Groeben/Schwarze/Hatje, Art 107 AEUV Rz 44 ff; *Rusche* in Kellerbauer/Klamert/Tomkin, Art 107 TFEU Rz 57 ff.

1891 Dem EuGH zufolge fällt die Prüfung der Frage, ob eine Maßnahme selektiv ist, „somit im Wesentlichen mit der Prüfung zusammen, ob die Maßnahme für diese Gruppe von Wirtschaftsteilnehmern in nicht diskriminierender Weise gilt"; EuGH 21.12.2016, Rs C-524/14 P (Kommission/Hansestadt Lübeck) ECLI:EU:C:2016:971 Rz 53.

1892 Weiters auch dann nicht, wenn eine prima facie selektive Maßnahme durch „die Natur und den Aufbau des fraglichen Systems" belastender Maßnahmen gerechtfertigt ist; zB EuGH 08.09.2011, Rs C-279/08 P (Niederlande/Kommission) ECLI:EU:C:2011:551 Rz 62 mwN; s auch *Bartosch*, EU-Beihilfenrecht, Art 107 Abs 1 AEUV Rz 135 ff.

1893 Dies gilt mit Blick auf Belgien wiederum nur jeweils innerhalb einer Kategorie (Regionen oder Gemeinschaften) von Hoheitsträgern.

1894 Gibt es mehrere Abstufungen der Günstigkeit, so wäre potentiell jede Maßnahme bis auf die „ungünstigste", also jene, die Unternehmen am meisten belastet, eine Beihilfe.

1895 Dazu zB *Bartosch* in Szyszczak, Handbook 176 ff.

9.2.3.3.1.2 Frage nach dem maßgeblichen „Bezugsrahmen"

In Frage steht also, ob die Beschränkung der Reichweite einer begünstigenden Maßnahme auf einen Teil des Staatsgebiets diese zu einer – territorial – selektiven Maßnahme macht. Dies könnte man bejahen, wenn man die Maßnahme mit der Rechtslage in den anderen Teilen des Staatsgebiets vergleicht: Wenn lediglich in Bayern eine Förderung gewährt wird, dann werden damit die in Bayern tätigen Unternehmen im Vergleich zu den in anderen Bundesländern tätigen Unternehmen begünstigt, obwohl sich die in den anderen Bundesländern tätigen Unternehmen prima facie in einer ähnlichen Situation befinden. Ein solcher Vergleich liegt nahe, wenn die Maßnahme, die nur bayerische Unternehmen begünstigt, vom Bundesgesetzgeber erlassen wird.[1896]

Möglicherweise ist dies aber anders zu beurteilen, wenn die Maßnahme vom bayerischen Landesgesetzgeber erlassen wird: Hier könnte man mit Verweis darauf, dass der bayerische Landesgesetzgeber nur über eine territorial beschränkte Regelungshoheit verfügt, davon ausgehen, dass ein Vergleich von Unternehmen, die der Regelungshoheit Bayerns unterfallen, mit solchen, die der Regelungshoheit eines anderen Bundeslands unterliegen, im Rahmen der Selektivitätsprüfung unzulässig ist.[1897] Zu prüfen wäre dann lediglich, ob die bayerische Maßnahme bestimmte in Bayern tätige Unternehmen gegenüber anderen in Bayern tätigen Unternehmen begünstigt.

Es ist daher – wie auch bei anderen Gleichheitsproblemen – für die Beurteilung des Vorliegens von (territorialer) Selektivität von maßgeblicher Bedeutung, in welchem Rahmen man die Selektivitäts- bzw Gleichheitsprüfung durchführt. Beschränkt man die Selektivitätsprüfung auf einen Teil des Staatsgebiets, so fällt das Argument, eine Maßnahme sei selektiv, weil sie nicht alle Unternehmer innerhalb des Staatsgebiets gleichbehandle, weg.

Gleich hier sei aber darauf hingewiesen, dass die Veränderung des Bezugsrahmens für die Selektivitätsprüfung nicht die einzige Möglichkeit ist, um das Kriterium der Selektivität in Einklang mit der bundesstaatlichen Rechtsetzungsvielfalt zu bringen. Wie bereits an mehreren Stellen in dieser Untersuchung argumentiert, kann die bundesstaatliche Rechtsetzungsvielfalt auch als Rechtfertigung einer prima facie rechtswidrigen Ungleichbehandlung dienen. Darauf wird weiter unten noch eingegangen.[1898]

Zunächst soll aber die Rsp des EuGH dargestellt werden. Dieser war nämlich bereits in einigen Fällen mit der Frage befasst, ob Maßnahmen auf Grund dessen, dass sie nur in einem Teil des Gebiets eines Mitgliedstaates zur Anwendung

1896 Vgl etwa EuGH 19.09.2000, Rs C-156/98 (Deutschland/Kommission) ECLI:EU:C:2000:467 insb bei Rz 23.
1897 Oder: durch das bundesstaatliche System gerechtfertigt; dazu noch unten bei 9.2.3.3.7 (= 434).
1898 Unten bei 9.2.3.3.7 (= 434).

kommen, als territorial selektiv qualifiziert werden können. Die relevanten Entscheidungen werden im Folgenden kurz erörtert.

9.2.3.3.2 *Territoriale Selektivität in der Rsp des EuGH*

Zunächst geht der EuGH in einigen Entscheidungen davon aus, dass Maßnahmen eines Mitgliedstaates, die nur in einem Teilgebiet des Staates begünstigende Wirkung haben, territorial selektive Beihilfen sein können.[1899] Dabei weist der EuGH zutreffend darauf hin, dass sich das schon aus den primärrechtlich vorgesehenen Rechtfertigungsgründen für Beihilfen ergibt, denen zufolge Beihilfen zur Förderung bestimmter Gebiete als mit dem Binnenmarkt vereinbar erklärt werden können[1900] – daraus lässt sich schließen, dass auf ein bestimmtes Gebiet beschränkte Maßnahmen grundsätzlich als rechtfertigungsbedürftige Beihilfen qualifiziert werden können. In den gerade[1901] angeführten, vom EuGH entschiedenen Fällen wurden die territorial selektiven Maßnahmen vom zentralen Hoheitsträger erlassen, der für das gesamte Staatsgebiet wirksame Rechtsakte setzen kann, in den konkreten Fällen aber nur Teile seines Staatsgebietes begünstigte.

Der EuGH war aber auch schon mit Konstellationen befasst, in denen in Frage stand, ob von dezentralen Hoheitsträgern mit territorial beschränkten Befugnissen gesetzte Maßnahmen als territorial selektiv beurteilt werden können. In der Rs *Portugal/Kommission*[1902] zB hatte der EuGH die Rechtmäßigkeit einer Beihilfeentscheidung der Kommission zu beurteilen. In ihrer Entscheidung war die Kommission davon ausgegangen, dass eine Senkung der Körperschafts- und Einkommensteuer, die lediglich für auf den Azoren ansässige Unternehmen galt, eine selektive Maßnahme darstellte.[1903] Die Rechtslage war so gestaltet, dass der zentrale portugiesische Gesetzgeber für beide Steuerarten einen einheitlichen Steuersatz vorsah, gleichzeitig aber den autonomen Regionen das Recht einräumte, für ihr jeweiliges Gebiet Senkungen dieses Steuersatzes anzuordnen. Von dieser Befugnis zur Steuersenkung hatte die autonome Region der Azoren Gebrauch gemacht.

Hinsichtlich der Selektivität dieser Steuersenkung weist der EuGH zunächst darauf hin, dass es gerade bei fiskalischen Maßnahmen – Steuererleichterungen – besonders bedeutsam sei, den fraglichen Bezugsrahmen und damit den maß-

1899 EuGH 19.09.2000, Rs C-156/98 (Deutschland/Kommission) ECLI:EU:C:2000:467 insb bei Rz 23; EuGH 09.06.2011, verb Rs C-71/09 P ua (Presidente del Consiglio dei Ministri) ECLI:EU:C:2011:368 Rz 96.

1900 Nach der geltenden Rechtslage normiert in Art 107 Abs 3 lit a AEUV, vgl auch Art 107 Abs 2 lit c AEUV.

1901 In FN 1899.

1902 EuGH 06.09.2006, Rs C-88/03 (Portugal/Kommission) ECLI:EU:C:2006:511. Vgl dazu auch *Cloots*, Identity 246.

1903 EuGH 06.09.2006, Rs C-88/03 (Portugal/Kommission) ECLI:EU:C:2006:511 Rz 15 ff zur angefochtenen Entscheidung.

geblichen Normalsteuersatz zu ermitteln, da eine Steuererleichterung nur durch eine Abweichung vom Normalsteuersatz feststellbar sei.[1904] Nach dem EuGH ist der „normale Steuersatz [...] der Satz, der in dem geografischen Gebiet gilt, das den Bezugsrahmen bildet"[1905]. Dieser Bezugsrahmen muss aber dem EuGH zufolge „nicht zwangsläufig in den Grenzen des Staatsgebiets des betreffenden Mitgliedstaats festgelegt werden, so dass eine Maßnahme, die nur für einen Teil des Staatsgebiets eine Vergünstigung gewährt, nicht schon deshalb selektiv"[1906] ist.

In den weiteren Passagen des Urteils erörtert der EuGH die Voraussetzungen dafür, dass der Bezugsrahmen in einer Konstellation wie der von ihm zu beurteilenden auf einen Teil des Staatsgebiets beschränkt werden kann. Der EuGH verlangt dafür danach, dass jener Hoheitsträger, der die begünstigende Maßnahme für sein Hoheitsgebiet erlässt, in diesem über vom Zentralstaat autonome Befugnisse verfügt und somit in der Lage ist, „eine grundlegende Rolle bei der Festlegung des politischen und wirtschaftlichen Umfelds"[1907] zu spielen, in dem die fraglichen Unternehmen tätig sind. Der EuGH konkretisierte diese Anforderungen näher und verlangte danach, dass dem Hoheitsträger auf verfassungsrechtlicher Ebene ein eigener politischer und administrativer Status eingeräumt sein muss (verfassungsrechtlich-institutionelle Autonomie), dass die Zentralregierung keine Möglichkeit haben durfte, die begünstigende Maßnahme zu beeinflussen (verfahrensrechtliche Autonomie) und dass die wirtschaftlichen Folgen der begünstigenden Maßnahme vom fraglichen Hoheitsträger selbst getragen werden (finanzielle Autonomie).[1908] Im Ergebnis verneinte der EuGH in der Rs *Portugal/ Kommission* die Möglichkeit der Beschränkung des Bezugsrahmens auf das Gebiet der Azoren, da keine ausreichende finanzielle Autonomie der Region vorlag.[1909]

Ähnlich war die Konstellation, die der EuGH in der Rs *UGT-Rioja*[1910] zu beurteilen hatte. Hier war zu beurteilen, ob eine Senkung der (Körperschafts-)Steuer, die nur in einem Teil des spanischen Staatsgebietes wirksam war, eine territorial selektive Beihilfe darstellte. Die räumliche Beschränkung der Steuersenkung ergab sich auch in diesem Fall aus der räumlichen Beschränkung des Hoheitsgebietes jener Hoheitsträger,[1911] die die Steuersenkung beschlossen hatten.

1904 EuGH 06.09.2006, Rs C-88/03 (Portugal/Kommission) ECLI:EU:C:2006:511Rz 56.
1905 EuGH 06.09.2006, Rs C-88/03 (Portugal/Kommission) ECLI:EU:C:2006:511 Rz 56.
1906 EuGH 06.09.2006, Rs C-88/03 (Portugal/Kommission) ECLI:EU:C:2006:511 Rz 57.
1907 EuGH 06.09.2006, Rs C-88/03 (Portugal/Kommission) ECLI:EU:C:2006:511 Rz 58.
1908 EuGH 06.09.2006, Rs C-88/03 (Portugal/Kommission) ECLI:EU:C:2006:511 Rz 67f.
1909 EuGH 06.09.2006, Rs C-88/03 (Portugal/Kommission) ECLI:EU:C:2006:511 Rz 77ff.
1910 EuGH 11.09.2008, verb Rs C-428/06 bis C-434/06 (UGT-Rioja) ECLI:EU:C:2008:488.
1911 Wobei im Vorabentscheidungsverfahren vor dem EuGH nicht abschließend geklärt werden konnte, ob die Steuersenkung der autonomen Gemeinschaft des Baskenlandes oder aber drei Untereinheiten dieser autonomen Region zuzurechnen war; im Ergebnis beurteilte der EuGH das Vorliegen von

In seiner Beurteilung wiederholte der EuGH zunächst, dass der Bezugsrahmen für die Beurteilung der Selektivität einer steuerlichen Maßnahme nicht zwingend das gesamte Staatsgebiet des fraglichen Mitgliedstaates erfassen muss, wenn die fragliche Maßnahme von einem ausreichend autonomen Hoheitsträger mit territorial beschränktem Hoheitsgebiet erlassen wurde.[1912] In weiterer Folge prüfte der Gerichtshof, ob diese Voraussetzungen auf den zu beurteilenden Fall zutrafen und konkretisierte dabei die einzelnen Formen der Autonomie.

Hinsichtlich der verfahrensrechtlichen Autonomie führte der EuGH aus, dass diese nicht bereits dadurch beeinträchtigt werde, dass es vor bzw im Rahmen der Erlassung von Rechtsakten zu einem Abstimmungsverfahren zwischen dem dezentralen Hoheitsträger und der Zentralregierung kommt, soweit die Letztentscheidung vom dezentralen Hoheitsträger getroffen wird.[1913] Auch Pflichten zur materiellen Berücksichtigung zentralstaatlicher Interessen wie etwa dem wirtschaftlichen Gleichgewicht im Gesamtstaat ändern dem Gerichtshof zufolge nichts an der verfahrensrechtlichen Autonomie eines dezentralen Hoheitsträgers.[1914]

Auf das Kriterium der finanziellen Autonomie Bezug nehmend untersuchte der EuGH die Bedeutung der spanischen Finanzausgleichsmechanismen. Diesbezüglich kam er zu dem Ergebnis, dass allein die Tatsache, dass es Transferzahlungen zwischen dem zentralen und dem dezentralen Hoheitsträger gibt, nicht automatisch ausschließt, dass der dezentrale Hoheitsträger als finanziell autonom qualifiziert werden könne, da diese Transferzahlungen nicht zwingend mit der vom dezentralen Hoheitsträger gewährten Begünstigung in Zusammenhang stehen müssen.[1915] Die Beurteilung des Vorliegens der von ihm aufgestellten Kriterien überließ der EuGH dem nationalen vorlegenden Gericht.[1916]

Dass der Bezugsrahmen für die Beurteilung des Vorliegens von Selektivität auf das Hoheitsgebiet der fraglichen Gebietskörperschaft beschränkt werden kann, bestätigte der EuGH erneut in der Rs *Regione Sardegna*.[1917] Ohne dies im Detail zu prüfen,[1918] bejahte der EuGH dort die ausreichende Autonomie der italienischen Region Sardinien, wies aber zugleich darauf hin, dass eine Regelung auch

ausreichender Autonomie dieser Hoheitsträger gemeinsam; vgl EuGH 11.09.2008, verb Rs C-428/06 bis C-434/06 (UGT-Rioja) ECLI:EU:C:2008:488 Rz 61 ff.

1912 EuGH 11.09.2008, verb Rs C-428/06 bis C-434/06 (UGT-Rioja) ECLI:EU:C:2008:488 Rz 47 f, 51.

1913 EuGH 11.09.2008, verb Rs C-428/06 bis C-434/06 (UGT-Rioja) ECLI:EU:C:2008:488 Rz 96.

1914 EuGH 11.09.2008, verb Rs C-428/06 bis C-434/06 (UGT-Rioja) ECLI:EU:C:2008:488 Rz 102 f.

1915 EuGH 11.09.2008, verb Rs C-428/06 bis C-434/06 (UGT-Rioja) ECLI:EU:C:2008:488 Rz 135.

1916 EuGH 11.09.2008, verb Rs C-428/06 bis C-434/06 (UGT-Rioja) ECLI:EU:C:2008:488 Rz 144.

1917 EuGH 17.11.2009, Rs C-169/08 (Regione Sardegna) ECLI:EU:C:2009:709 Rz 60 f.

1918 Wohl auch deswegen, weil es im Ergebnis nicht entscheidungserheblich gewesen wäre, da selbst innerhalb des beschränkten Bezugsrahmens eine selektive Regelung vorlag, die zwischen Unternehmen bzw Personen unterschied, die eine Tätigkeit in Sardinien ausüben, ohne dort ihren Sitz zu haben, und solchen, die ihren (Wohn-)Sitz in Sardinien hatten; vgl EuGH 17.11.2009, Rs C-169/08 (Regione Sardegna) ECLI:EU:C:2009:709 Rz 62.

innerhalb des beschränkten territorialen Bezugsrahmens nicht selektiv sein darf.[1919]

9.2.3.3.3 Würdigung der Rsp

Der EuGH unterscheidet in seiner Rsp zwischen drei Konstellationen:[1920] Erstens jener, in der ein Hoheitsträger, der die Befugnis hat, für das gesamte Staatsgebiet verbindliche Rechtsakte zu erlassen, einen Rechtsakt erlässt, der nur Unternehmen eines Teilgebiets begünstigt. In diesem Fall dient das gesamte Staatsgebiet als Bezugsrahmen und die Maßnahme ist (territorial) selektiv. Aus der Qualifikation als selektiv folgt nicht zwingend die Qualifikation als rechtswidrige Beihilfe, da es auch für Beihilfen Rechtfertigungsmöglichkeiten gibt.

Zweitens spricht der EuGH in der Rs *Portugal/Kommission* auch die Konstellation an, dass die dezentralen Hoheitsträger befugt sind, im Rahmen ihrer Kompetenzen für ihr Hoheitsgebiet einen Steuersatz frei festzusetzen, ohne dass es einen auf nationaler Ebene geltenden „Normalsteuersatz" gibt, von dem lediglich abgewichen wird.[1921] In dieser Konstellation könne mangels Normalsteuersatzes – und damit auch mangels Vergleichsmaßstabes – nicht davon ausgegangen werden, dass die Maßnahmen der dezentralen Einheiten selektiv seien.[1922] Diese zweite Konstellation entspricht dem Regelfall der Verwirklichung föderaler Rechtsetzungsvielfalt durch die Länder bzw dezentralen Hoheitsträger im Bundesstaat.[1923]

Drittens nannte der EuGH die Konstellation, mit der er tatsächlich befasst war, nämlich die Senkung eines nationalen Steuersatzes durch einen dezentralen Hoheitsträger in seinem Hoheitsgebiet.[1924] Für die Beurteilung des maßgeblichen Bezugsrahmens in dieser Konstellation etablierte der EuGH den oben erwähnten Autonomietest.

Im Lichte der bundesstaatlichen Rechtsetzungsvielfalt sind va die zweite und dritte Konstellation von Relevanz. Diesen beiden Konstellationen ist gemeinsam, dass in beiden Fällen allen dezentralen Einheiten Hoheitsbefugnisse über ihr jeweiliges Hoheitsgebiet zukommen, die diese in unterschiedlicher Weise ausüben dürfen. Der wesentliche Unterschied zwischen diesen beiden Konstellationen besteht darin, dass dem EuGH zufolge in der zweiten Konstellation ein einheitlicher, nationaler Steuersatz für die Beurteilung der Selektivität fehlt, während ein solcher in der dritten Konstellation vorliegt. Nur in dem Fall, dass ein ein-

1919 EuGH 17.11.2009, Rs C-169/08 (Regione Sardegna) ECLI:EU:C:2009:709 Rz 61.
1920 Dazu auch *Bär-Bouyssière* in Schwarze, Art 107 AEUV Rz 13 (1538).
1921 EuGH 06.09.2006, Rs C-88/03 (Portugal/Kommission) ECLI:EU:C:2006:511 Rz 64.
1922 EuGH 06.09.2006, Rs C-88/03 (Portugal/Kommission) ECLI:EU:C:2006:511 Rz 64.
1923 Zur Frage, inwiefern die vom EuGH entwickelten Grundsätze auf Bundesstaaten übertragen werden können, s gleich unten bei 9.2.3.3.4 (= 428).
1924 EuGH 06.09.2006, Rs C-88/03 (Portugal/Kommission) ECLI:EU:C:2006:511 Rz 65.

heitlicher Steuersatz vorliegt, verlangt der EuGH explizit nach einer besonderen Qualifikation – nämlich der Autonomie der dezentralen Einheiten –, um den Bezugsrahmen bei der Selektivitätsprüfung auf das Teilgebiet zu beschränken.

Diese Unterscheidung und die daraus folgende Reihenfolge der Prüfungsschritte zur Beurteilung der Frage, ob eine territorial unterschiedlich ausgestaltete Maßnahme als selektiv zu qualifizieren ist, ist allerdings nicht nachvollziehbar. Denn theoretisch besteht immer die Möglichkeit der Herstellung eines fiktiven nationalen Steuersatzes als Vergleichsmaßstab. Wenn lediglich ein einziges Land eine Abgabe einführt, so könnte man daraus schließen, dass die Rechtslage in allen anderen Ländern günstiger ist und daher jeweils eine territorial selektive Beihilfe darstellt. Es mag zwar stimmen, dass die Ermittlung des Vergleichsmaßstabs schwieriger ist, wenn es keinen einheitlichen nationalen Steuersatz gibt, der in weiterer Folge als nationaler Bezugsrahmen dienen kann. Allerdings kann die Frage, inwieweit der Bezugsrahmen territorial beschränkt werden darf, nicht davon abhängig gemacht werden, ob es „einfach" ist, einen solchen Bezugsrahmen herzustellen. Anders formuliert: Ob es zulässig sein soll, einen nationalen Bezugsrahmen herzustellen, ist die Frage, die der EuGH klären möchte.[1925] Das (Nicht-)Vorliegen eines nationalen Steuersatzes, der in weiterer Folge als Bezugsrahmen dienen könnte, kann dann aber nicht Ausgangspunkt der Beurteilung dieser Frage sein.

Die vom EuGH vorgenommene Unterscheidung zwischen der zweiten und dritten Konstellation ist somit vernachlässigbar.[1926] Die Rsp des EuGH kann sinnvollerweise nur so verstanden werden, dass dann, wenn dezentrale Hoheitsträger Rechtsakte erlassen, der Bezugsrahmen für die Beurteilung der Selektivität dann auf das Hoheitsgebiet des fraglichen Hoheitsträgers beschränkt werden kann, wenn dieser Hoheitsträger bei der Erlassung des Rechtsaktes autonom agiert hat. Dabei ist auf die vom EuGH entwickelten Autonomiekriterien zurückzugreifen.

9.2.3.3.4 Übertragbarkeit der Rsp auf Bundesstaaten?

Die Rsp des EuGH zur territorialen Selektivität und der Beschränkung des geographischen Bezugsrahmens für die Selektivitätsprüfung bei ausreichender Autonomie scheint in Einklang mit der aus Art 4 Abs 2 EUV erwachsenden Pflicht zu stehen, nach der die Organe der EU ua auch die föderale Rechtsetzungsvielfalt ihrer bundesstaatlichen Mitgliedstaaten zu achten haben. Durch die Nichtan-

1925 Da dies Voraussetzung für die Beurteilung dessen ist, ob eine unionsrechtlich relevante Beihilfe vorliegt oder nicht.

1926 Vgl auch EuGH 17.11.2009, Rs C-169/08 (Regione Sardegna) ECLI:EU:C:2009:709 60 f, wo es ebenfalls keinen in einem nationalen Rechtsakt festgesetzten einheitlichen Steuersatz gab, von dem abgewichen wurde.

nahme des Vorliegens territorialer Selektivität bei bestimmten von dezentralen Hoheitsträgern gesetzten begünstigenden Maßnahmen vermeidet es der EuGH nämlich, die Rechtsetzungsvielfalt durch das Beihilfenrecht einzuschränken. Allerdings hat sich der EuGH in seiner Rsp dazu nicht mit Bundesstaaten auseinandergesetzt. In den fraglichen Entscheidungen ging es nämlich jeweils um andere Formen der föderalen Organisation eines Staates.

Dass die vom EuGH aufgestellten Grundsätze sich auch auf Bundesstaaten übertragen lassen, lässt sich aber leicht begründen. Denn der EuGH hatte sich in den relevanten Entscheidungen zwar nicht mit bundesstaatlichen Strukturen befasst. Allerdings waren seine Ausführungen in beiden Entscheidungen allgemein genug, um problemlos auch auf Bundesstaaten übertragen werden zu können. Insb waren die spezifischen Asymmetrien des portugiesischen und spanischen Föderalismus für den EuGH jeweils nicht entscheidungserheblich. Der EuGH stellte lediglich darauf ab, dass es einen zentralen Hoheitsträger und mehrere dezentrale Hoheitsträger gibt, wobei der Hoheitsbereich der dezentralen Hoheitsträger (auch) nach territorialen Gesichtspunkten voneinander abgegrenzt wird. Diese allgemeine Charakterisierung trifft auch auf Bundesstaaten zu.

Es kann daher grundsätzlich davon ausgegangen werden, dass der EuGH in Fällen mit Bundesstaatsbezug, in denen die territoriale Selektivität von Rechtsakten der Länder bzw der dezentralen Einheiten in Frage steht, die von ihm in den Rs *Portugal/Kommission* und *UGT-Rioja* entwickelten Grundsätze anwenden würde.

9.2.3.3.5 Übertragbarkeit der Rsp auf nichtsteuerliche Maßnahmen?

Bevor untersucht werden kann, ob die Übertragung der Grundsätze der Rsp des EuGH zur territorialen Selektivität auf Bundesstaaten zu mit Art 4 Abs 2 EUV vereinbaren Ergebnissen führt, kann auch noch gefragt werden, ob der Anwendungsbereich dieser Grundsätze möglicherweise auf steuerliche Maßnahmen beschränkt sein sollte. Der EuGH hatte sich nämlich in den fraglichen Entscheidungen nur mit steuerlichen Maßnahmen auseinanderzusetzen. Inwiefern die vom Gerichtshof aufgestellten Grundsätze auch auf Maßnahmen übertragen werden können, bei denen es sich nicht um steuerliche Begünstigungen handelt, ist daher zu erörtern.

Die wesentliche Frage der oben dargestellten Entscheidungen war, in welchen Fällen der Bezugsrahmen für die Vornahme einer Selektivitätsprüfung abweichend vom Normalfall, in dem das ganze Staatsgebiet eines Mitgliedstaats den Bezugsrahmen darstellt, auf einen Teil des Staatsgebiets beschränkt werden kann. Der Bezugsrahmen ist deswegen von Bedeutung, weil nur innerhalb dieses Bezugsrahmens nach Regelungen gesucht werden darf, die mit der möglicherweise begünstigenden Maßnahme verglichen werden und so ihre Selektivität begründen können. Der EuGH geht davon aus, dass diesem Bezugsrahmen im Zusammenhang mit steuerlichen Maßnahmen eine besondere Bedeutung zukommt, denn „das tatsächliche Vorliegen einer Vergünstigung [kann] nur in Bezug auf eine so genannte ‚normale' Besteuerung festgestellt werden"[1927]. Als Normalsteuersatz definiert der EuGH dann jenen Steuersatz, der innerhalb des Gebietes gilt, das den Bezugsrahmen bildet.[1928]

Tatsächlich hat aber die Frage des maßgeblichen geographischen Bezugsrahmens in allen Konstellationen Bedeutung, in denen die Selektivität einer Maßnahme mit ihrer Beschränkung auf ein bestimmtes Gebiet begründet werden soll. Es wurde bereits darauf hingewiesen, dass es sich bei der Selektivitätsprüfung um eine Gleichheitsprüfung handelt. Daher ist es, wie bei allen Formen der Gleichheitsprüfung, von Bedeutung, ob man den Kreis der möglichen Vergleichsgegenstände auf ein bestimmtes, geographisches Gebiet beschränkt. Dies lässt sich auch an einem Beispiel verdeutlichen:

Sieht eine Regelung des Landes Bayern vor, dass bestimmte bayerische Unternehmen gefördert werden sollen, so lässt sich fragen, ob diese dadurch gegenüber anderen bayerischen Unternehmen begünstigt werden, die sich in einer ähnlichen Situation befinden. Ebenso ließe sich fragen, ob die fraglichen Unternehmen gegenüber anderen Unternehmen aus anderen Bundesländern begünstigt werden, die sich in einer ähnlichen Situation befinden. In beiden Fällen läge bejahendenfalls eine selektive Maßnahme vor. Werden aber durch eine bayerische Maßnahme alle bayerischen Unternehmen gefördert, die sich in einer ähnlichen Situation befinden, so liegt bei einer Binnenbetrachtung, bei der der Bezugsrahmen lediglich Bayern ist, keine selektive Maßnahme vor. Geht man davon aus, dass der Bezugsrahmen das gesamte Staatsgebiet ist, so liegt eine territorial selektive Maßnahme vor, also eine Maßnahme, die Unternehmen nach territorialen Gesichtspunkten unterscheidet und einige davon begünstigt.

Die Ermittlung des Bezugsrahmens – mit anderen Worten: des relevanten Vergleichsgebietes – ist damit nicht nur bei steuerlichen Begünstigungen von Relevanz, sondern ebenso bei allen sonstigen Maßnahmen, die eine Begünstigung darstellen, wie zB klassische Fördermaßnahmen.[1929]

Die Frage nach dem maßgeblichen territorialen Bezugsrahmen bei potentiellen Beihilfemaßnahmen, die von einem dezentralen Hoheitsträger erlassen werden, stellt sich also nicht nur bei steuerlichen Maßnahmen. Außerdem sind nach der hier vertretenen Ansicht keine Gründe ersichtlich, warum diese Frage im

1927 EuGH 06.09.2006, Rs C-88/03 (Portugal/Kommission) ECLI:EU:C:2006:511 Rz 56.
1928 EuGH 06.09.2006, Rs C-88/03 (Portugal/Kommission) ECLI:EU:C:2006:511 Rz 56.
1929 So inzwischen auch der EuGH; EuGH 21.12.2016, Rs C-524/14 P (Kommission/Hansestadt Lübeck) ECLI:EU:C:2016:971 Rz 55.

Zusammenhang mit steuerlichen Maßnahmen anders beurteilt werden sollte als bei nicht-steuerlichen Maßnahmen.[1930]

Im Ergebnis spricht daher viel dafür, die vom EuGH in den Rs *Portugal/Kommission* und *UGT-Rioja* aufgestellten Grundsätze über die Beschränkung des territorialen Bezugsrahmens für die Selektivitätsprüfung bei von dezentralen Hoheitsträgern erlassenen steuerlichen Maßnahmen auch auf den Bereich der nichtsteuerlichen Maßnahmen zu übertragen. Dem entspricht auch die jüngere Rsp des EuGH.[1931]

9.2.3.3.6 *Übertragung der Rsp auf bundesstaatliche Rechtsetzungsvielfalt in Österreich, Deutschland und Belgien*

Im Folgenden wird untersucht, ob die deutschen und österreichischen Länder sowie die belgischen dezentralen Hoheitsträger bei der Ausübung ihrer Kompetenzen als „autonom" iSd oben diskutierten Rsp des EuGH qualifiziert werden können. Dazu müssten diese Hoheitsträger über verfassungsrechtlich-institutionelle, verfahrensrechtliche und finanzielle Autonomie verfügen.

Sowohl die deutschen als auch die österreichischen Länder verfügen über die vom EuGH geforderte verfassungsrechtlich-institutionelle Autonomie, da ihre eigenständige Rechtsstellung in den jeweiligen Verfassungen sichergestellt wird. Dass Österreich bzw Deutschland jeweils in Länder gegliedert sind, unterliegt dem stärksten Schutz der jeweiligen Verfassungsrechtsordnung.[1932] Die belgischen dezentralen Hoheitsträger genießen ebenfalls den Schutz des belgischen Verfassungsrechts; ihre Existenz wird in den Art 2 ff BV abgesichert.[1933] Insofern besteht auch hinsichtlich der belgischen Regionen und Gemeinschaften die vom EuGH geforderte verfassungsrechtlich-institutionelle Autonomie.

Bei der verfahrensrechtlichen Autonomie ist die Beurteilung etwas komplizierter. Der EuGH legt den Begriff der verfahrensrechtlichen Autonomie in der Rs *UGT-Rioja* weit aus; insofern kann hinsichtlich der deutschen Länder davon ausgegangen werden, dass die Letztentscheidungsbefugnis über ihre Rechtsakte bei diesen liegt (und nicht etwa beim Bund) und dass die deutschen Länder insofern auch über ausreichende verfahrensrechtliche Autonomie verfügen.[1934]

1930 So auch *Bartosch*, EU-Beihilfenrecht, Art 107 Abs 1 AEUV Rz 156 ff; vgl EuGH 21.12.2016, Rs C-524/14 P (Kommission/Hansestadt Lübeck) ECLI:EU:C:2016:971 Rz 55.

1931 EuGH 21.12.2016, Rs C-524/14 P (Kommission/Hansestadt Lübeck) ECLI:EU:C:2016:971 Rz 55.

1932 Siehe dazu schon oben bei 5.2 (= 188, Österreich) bzw 6.2.2 (= 274, Deutschland).

1933 Vgl dazu oben bei 7.2 (= 335).

1934 Zweifel könnte man hinsichtlich der deutschen Länder uU auf Grund von Art 28 Abs 3 GG haben; allerdings betrifft diese Bestimmung nur Extremfälle, in denen grobe Verstöße gegen die grundgesetzlichen Grundrechte bzw das Homogenitätsgebot des Art 28 Abs 1 oder das Recht der Gemeinden auf Selbstverwaltung iSd Art 28 Abs 2 GG vorliegen. Art 28 Abs 3 GG kann daher nicht so verstanden werden, dass den Ländern im Regelfall nicht die Letztentscheidungsbefugnis über die von ihnen gesetzten Rechtsakte zukommt. Außer Acht gelassen werden kann hier

In Österreich ist das möglicherweise anders zu beurteilen. Denn erstens ist in Art 97 Abs 2 B-VG angeordnet, dass Landesgesetze, die in der Vollziehung die Mitwirkung von Bundesorganen vorsehen, der Zustimmung der Bundesregierung bedürfen. Bei derartigen Landesgesetzen liegt also die Entscheidung über die Erlassung nicht ausschließlich beim jeweiligen Land. Allerdings ist zuzugestehen, dass es nur wenige beihilferechtsrelevante Länderregelungen geben wird, bei denen notwendigerweise eine Mitwirkung von Bundesorganen vorzusehen ist. Insofern ist Art 97 Abs 2 B-VG von vernachlässigbarer Relevanz für das Vorliegen von verfahrensrechtlicher Autonomie iSd Rsp des EuGH.

Zweitens ist das in § 9 F-VG geregelte Vermittlungsverfahren zu erwähnen. Nach § 9 Abs 1 F-VG haben die Länder Gesetzesbeschlüsse ihrer Landtage, die Landesabgaben zum Gegenstand haben, vor ihrer Kundmachung dem Bundeskanzleramt bekanntzugeben; die Bundesregierung kann nach § 9 Abs 2 F-VG binnen acht Wochen wegen Gefährdung von Bundesinteressen Einspruch gegen einen derartigen Gesetzesbeschluss erheben. Der Einspruch der Bundesregierung kann ein Vermittlungsverfahren auslösen, an dessen Ende eine verbindliche Entscheidung steht. Entscheidet der Vermittlungsausschuss, dass der Einspruch der Bundesregierung aufrechterhalten wird, so darf der Gesetzesbeschluss nicht kundgemacht werden (§ 9 Abs 10 F-VG). Der Vermittlungsausschuss setzt sich zur gleichen Zahl aus Vertreterinnen und Vertretern von Nationalrat und Bundesrat zusammen. Der Bundesrat hat zwar im (Bundes-)Gesetzgebungsverfahren die Funktion, die Interessen der Länder zu wahren; formell ist er aber ebenso wie der Nationalrat ein Bundesorgan.[1935] Auch ein Vermittlungsausschuss, der sich aus Vertreterinnen und Vertretern dieser beiden Organe zusammensetzt, um über die Aufrechterhaltung eines Einspruchs eines Bundesorgans zu entscheiden, ist daher als Bundesorgan[1936] zu qualifizieren. Somit kommt auch in diesem Fall dem jeweiligen Land nicht die Letztentscheidungsbefugnis über die Erlassung eines Landesgesetzes zu.[1937]

Sieht man also das Erfordernis der verfahrensrechtlichen Autonomie nur dann als erfüllt an, wenn das Land in jedem Fall befugt ist, selbstständig zu entschei-

---

auch Art 32 Abs 3 GG, wonach die Länder nur mit Zustimmung des Bundes völkerrechtliche Verträge schließen dürfen. Während ein völkerrechtlicher Vertrag nämlich die Grundlage für einen einheitlichen nationalen Bezugsrahmen darstellen mag, wird er idR nicht (allein und unmittelbar anwendbar) die davon abweichende begünstigende Maßnahme darstellen.

1935 Man könnte den Bundesrat insb bei der Bundesverfassungsgesetzgebung auch als Gesamtstaatsorgan qualifizieren; jedenfalls ist er aber nicht als „Länderorgan" zu qualifizieren.

1936 Oder Gesamtstaatsorgan – jedenfalls aber nicht als „Länderorgan".

1937 Drittens könnte man an Art 16 Abs 4 und Art 23d Abs 5 B-VG denken; nach diesen Bestimmungen kann der Bund in bestimmten Konstellationen anstelle eines Landes Rechtsakte erlassen und insofern eine Entscheidung des Landes an sich ziehen; allerdings sind die Länder auch unmittelbar im Anschluss daran befugt, die entsprechenden Kompetenzen selbst auszuüben. Insofern kann nicht von einer Beschränkung der Entscheidungsbefugnis der Länder gesprochen werden. Zu einer Beschränkung der verfahrensrechtlichen Autonomie könnte es allerdings durch das in Art 16 Abs 5 B-VG vorgesehene Aufsichts- und Weisungsrecht des Bundes kommen.

den, ob und mit welchem Inhalt ein Rechtsakt erlassen wird, dann wären die österreichischen Länder nicht verfahrensrechtlich autonom. Es wäre aber auch denkbar, das Kriterium der verfahrensrechtlichen Autonomie nur auf den Rechtsakt zu beziehen, dessen Qualifikation als selektiv in Frage steht. Bei einer derartigen Betrachtung würde nicht abstrakt auf die (Verfassungs-)Rechtslage und die Befugnisse des Landes abgestellt, sondern gefragt, ob konkret die Erlassung des zur Prüfung stehenden Rechtsaktes verfahrensrechtlich autonom erfolgte. Bei diesem zweiten Verständnis könnte § 9 F-VG niemals die verfahrensrechtliche Autonomie ausschließen: In dem Fall, dass die Bundesregierung bzw in weiterer Folge der Vermittlungsausschuss die Kundmachung des Landesabgabengesetzes untersagt, darf ja gar kein Rechtsakt erlassen werden, der als Beihilfe qualifiziert werden kann. Wird aber ein Landesabgabengesetz erlassen, so beruht dies und der Inhalt dieses Gesetzes auf der Entscheidung des Landesabgabengesetzgebers. Der Bund kann nur die Erlassung des Gesetzes an sich verhindern, nicht aber dessen Inhalt beeinflussen.

Ob bei dem Kriterium der verfahrensrechtlichen Autonomie abstrakt auf die Befugnisse des Landes oder aber auf den konkreten Rechtsetzungsprozess abzustellen ist, kann anhand der Rsp des EuGH nicht eindeutig beantwortet werden; eine Formulierung in der Rs *UGT-Rioja* deutet eher in Richtung einer konkreten Beurteilung des Verfahrens zur Erlassung des fraglichen Rechtsaktes.[1938]

Hinsichtlich der belgischen dezentralen Hoheitsträger kann auf Grund der differenzierten Kompetenzrechtslage keine pauschale Antwort auf die Frage nach der verfahrensrechtlichen Autonomie gegeben werden. Insb hinsichtlich jener Kompetenzbereiche, für die Art 92bis SGRI den verpflichtenden Abschluss eines interföderalen Vertrags zwischen verschiedenen föderalen Hoheitsträgern als Voraussetzung für die rechtmäßige Kompetenzausübung vorsieht, kann das Bestehen einer verfahrensrechtlichen Autonomie der einzelnen dezentralen Hoheitsträger bezweifelt werden.

Mit Blick auf die finanzielle Autonomie kann im Lichte der Rsp[1939] davon ausgegangen werden, dass die Finanzausgleichssysteme in Österreich, Deutschland und Belgien nicht per se zu einem Mangel an finanzieller Autonomie führen.

Die deutschen Länder können durchaus als autonom iSd Rsp des EuGH zur Autonomie als Voraussetzung für die Beschränkung des territorialen Bezugsrahmens bei der Selektivitätsprüfung qualifiziert werden. Zweifel hinsichtlich des Vorliegens verfahrensrechtlicher Autonomie bestehen aber wie gerade aufgezeigt

1938 EuGH 11.09.2008, verb Rs C-428/06 bis C-434/06 (UGT-Rioja) ECLI:EU:C:2008:488 Rz 95: „muss eine Entscheidung der unterstaatlichen Einrichtung, um in Ausübung ausreichend autonomer Befugnisse erlassen worden zu sein, getroffen worden sein, ohne dass die Zentralregierung die Möglichkeit hatte, ihren Inhalt unmittelbar zu beeinflussen".

1939 EuGH 11.09.2008, verb Rs C-428/06 bis C-434/06 (UGT-Rioja) ECLI:EU:C:2008:488 Rz 135. Dazu schon oben bei 9.2.3.3.2 (= 424).

zum einen hinsichtlich der österreichischen Länder insb bei der Erlassung von Landesabgabengesetzen und zum anderen hinsichtlich der belgischen dezentralen Hoheitsträger in Bereichen, in denen das SGRI den verpflichtenden Abschluss von interföderalen Vereinbarungen über die Kompetenzausübung vorsieht.

9.2.3.3.7 Vereinbarkeit der Rsp des EuGH mit Art 4 Abs 2 EUV?

Soweit – wie gerade untersucht – die dezentralen Hoheitsträger in Deutschland, Österreich und Belgien die vom EuGH aufgestellten Autonomieanforderungen erfüllen, hat dies zur Konsequenz, dass Maßnahmen der Länder bzw der dezentralen Hoheitsträger nicht bereits deswegen als selektiv iSd Art 107 AEUV qualifiziert werden dürfen, weil sie sich nur auf das jeweilige (Landes-)Gebiet erstrecken. Der Bezugsrahmen bei der beihilfenrechtlichen Selektivitätsprüfung wird also auf das Gebiet beschränkt, für welches der eine Maßnahme setzende Hoheitsträger zuständig ist. Eine über das Beihilfenrecht erzwungene Angleichung der Rechtsordnungen der dezentralen Hoheitsträger scheint damit ausgeschlossen und der von Art 4 Abs 2 EUV geschützten bundesstaatlichen Rechtsetzungsvielfalt insofern Genüge getan.[1940]

Problematisch bleibt aber, dass der EuGH durch seine Rsp unionsrechtliche Anforderungen an die Autonomie aufstellt, denen die nationalen Rechtsordnungen entsprechen müssen, um von der Beschränktheit des Bezugsrahmens bei der Selektivitätsprüfung zu profitieren.[1941] Das ist allerdings schwer mit Art 4 Abs 2 EUV vereinbar. Soweit nämlich eine Form der Autonomiegewährung als Teil der nationalen Identität eines Mitgliedstaates qualifiziert werden kann, muss der EuGH diese Autonomie achten, was eben auch eine Relativierung von Gleichheitsanforderungen wie bei der Selektivitätsprüfung zur Folge haben kann. Es ist dem Gerichtshof dann verwehrt, weitere oder zusätzliche Anforderungen an das Vorliegen „ausreichender“ Autonomie zu stellen.

Dies bedeutet nicht, dass die Mitgliedstaaten zB durch die Einräumung von Autonomie in Einzelfragen die Anwendbarkeit des unionalen Beihilfenrechts umgehen können. Geschützt sind eben nur Autonomieformen bzw -einräumungen, die Teil der nationalen Identität sind. Dies nachzuweisen, dürfte hinsichtlich der autonomen Regionen bzw Gemeinschaften in Spanien und Portugal heute nicht schwerfallen; die Entscheidungen des EuGH in den Rs *Portugal/Kommission* bzw *UGT-Rioja* ergingen aber noch zur Rechtslage vor dem Vertrag von Lissabon.[1942]

1940 Einen Bezug zur nationalen Identität (iSd Vorgängerbestimmung des Art 6 Abs 3 EUV) stellte im Übrigen schon GA *Kokott* 08.05.2008, verb Rs C-428/06 bis C-434/06 (UGT-Rioja) ECLI:EU:C:2008:262 Rz 54 her.

1941 Insofern ist der Befund, dass die Rsp einen ausreichenden Ausgleich mit Art 4 Abs 2 EUV herstelle, unzutreffend; so aber *Kühling/Rüchardt/Koenig/Förtsch* in Streinz, Art 107 AEUV Rz 85.

1942 Vgl zur mangelnden Justitiabilität der unionalen Identitätsklauseln vor dem Vertrag von Lissabon oben in FN 1.

Richtigerweise müsste der EuGH also bei der Beurteilung der Selektivität einer von einer dezentralen Stelle erlassenen Maßnahme danach fragen, ob diese die Ausübung einer von Art 4 Abs 2 EUV iVm dem jeweiligen nationalen Verfassungsrecht geschützten Form der Autonomie darstellt. Dies ist bei den österreichischen und deutschen Ländern sowie den belgischen dezentralen Hoheitsträgern der Fall.[1943] Konsequenz einer solchen Autonomiegewährung kann es sein, dass die autonomen Hoheitsträger unabhängig voneinander Recht setzen dürfen. Auch dies trifft auf die genannten dezentralen Hoheitsträger Österreichs, Deutschlands und Belgiens zu. Die dadurch bewirkte Rechtsetzungsvielfalt ist vom EuGH zu achten. Um dieser Achtungspflicht nachzukommen, darf der EuGH keine nachteiligen Folgen daraus ziehen, dass ein Rechtsakt nur einen beschränkten territorialen Anwendungsbereich hat bzw die Rechtslage in unterschiedlichen Ländern bzw dezentralen Hoheitsträgern unterschiedlich „günstig" ausgestaltet ist.

Dazu hat der EuGH wiederum zwei Möglichkeiten: Der Gerichtshof kann entweder – wie er das unter anderen Prämissen in seiner bisherigen Rsp tut[1944] – auf Art 4 Abs 2 EUV gestützt den Bezugsrahmen bei der Selektivitätsprüfung auf das Gebiet des fraglichen Hoheitsträgers beschränken bzw anders formuliert, die Vergleichbarkeit der Rechtsakte eines dezentralen Hoheitsträgers mit Rechtsakten anderer Rechtsetzer desselben Mitgliedstaates ausschließen; oder er kann die durch Art 4 Abs 2 EUV geschützte Rechtsetzungsvielfalt als Rechtfertigung für die prima facie bestehende territoriale Selektivität der fraglichen Maßnahme heranziehen; auch im Rahmen der Selektivitätsprüfung findet nämlich eine (beschränkte) Rechtfertigungsprüfung statt,[1945] die um diesen Aspekt erweitert werden könnte. Nach der Rsp handelt es sich dabei zwar nicht um eine umfassende Rechtfertigungsprüfung; gefragt wird lediglich, ob eine prima facie selektive Maßnahme durch „die Natur und den Aufbau des fraglichen Systems"[1946] belastender oder begünstigender Maßnahmen gerechtfertigt ist. Gerade die bundesstaatliche Organisation könnte aber zumindest bei einem weiten Verständnis zum Aufbau jedes belastenden Systems innerhalb eines Bundesstaates gezählt werden.

1943 Weiters bei den autonomen Regionen bzw Gemeinschaften Spaniens, Portugals und Italiens; das Argument der durch die nationale Identität geschützten Autonomie und damit auch der durch die nationale Identität geschützten Rechtsetzungsvielfalt lässt sich möglicherweise auch für die kommunale Ebene fruchtbar machen.

1944 In EuGH 06.09.2006, Rs C-88/03 (Portugal/Kommission) ECLI:EU:C:2006:511 und EuGH 11.09.2008, verb Rs C-428/06 bis C-434/06 (UGT-Rioja) ECLI:EU:C:2008:488 im Wesentlichen gestützt auf den heutigen Art 107 Abs 1 AEUV und das darin enthaltene Kriterium der Selektivität; in EuGH 17.09.2002, Rs C-320/00 (Lawrence) ECLI:EU:C:2002:498 hinsichtlich des Verbotes unterschiedlichen Entgelts für Männer und Frauen (heute Art 157 AEUV).

1945 Zum Beispiel EuGH 08.11.2001, Rs C-143/99 (Adria-Wien Pipeline) ECLI:EU:C:2001:598 Rz 42; EuGH 22.12.2008, C-487/06 P (British Aggregates Association) ECLI:EU:C:2008:757 Rz 83; EuGH 08.09.2011, Rs C-279/08 P (Niederlande/Kommission) Rz 62 jeweils mwN.

1946 EuGH 08.09.2011, Rs C-279/08 P (Niederlande/Kommission) ECLI:EU:C:2011:551 Rz 62.

Die erste Variante hätte den Vorteil, dass der EuGH im Wesentlichen genauso vorgehen würde, wie in seiner bisherigen Rsp und den Ausschluss der Selektivität auf Grund einer Beschränkung des Bezugsrahmens vornehmen würde. Dies entspricht strukturell auch dem Vorgehen der überwiegenden Ansicht und Rsp bei der Relativierung des Gleichheitssatzes auf nationaler Ebene.[1947] Die zweite Variante hätte den Vorteil, dass der durch Art 4 Abs 2 EUV verfügte Schutz der bundesstaatlichen Rechtsetzungsvielfalt als auf die nationale Identität gestützte Ausnahme von der Regel zum Ausdruck käme.

9.2.3.4 Weitere denkbare „verdeckte" Gleichheitsanforderungen im Primärrecht

Hinzuweisen bleibt noch darauf, dass die angestellten Überlegungen sich strukturell auch auf weitere Bereiche des Unionsprimärrechts übertragen lassen. Dabei ist insb an die dem Verhältnismäßigkeitsgebot des Art 52 Abs 1 GRC unterliegenden Grundrechte der GRC zu denken. Bei der Handhabung des im Verhältnismäßigkeitsgrundsatzes beinhalteten Erforderlichkeitskriteriums ist im Lichte von Art 4 Abs 2 EUV und der dadurch geschützten bundesstaatlichen Rechtsetzungsvielfalt darauf zu achten, dass die mangelnde Erforderlichkeit einer mitgliedstaatlichen Maßnahme nicht allein damit begründet werden darf, dass andere Rechtsetzer innerhalb desselben Mitgliedstaates ähnliche Ziele mit „gelinderen Mitteln" verfolgen. So, wie bei der Kohärenzprüfung im Zusammenhang mit den unionsrechtlichen Grundfreiheiten ein kompetenzgrenzenübergreifender Vergleich wegen Art 4 Abs 2 EUV nicht automatisch die Konsequenz der Unionsrechtswidrigkeit nach sich ziehen darf, ist dies auch im Zusammenhang mit der Auslegung der Grundrechte zu beachten.

Hinzuweisen ist an dieser Stelle darauf, dass es durch die hier vorgenommene Berücksichtigung der bundesstaatlichen Strukturen Österreichs, Deutschlands und Belgiens nicht zu einer Unterwanderung des unionalen Grundrechtsschutzes durch die mitgliedstaatliche bundesstaatliche Kompetenzverteilung kommt: Art 4 Abs 2 ermöglicht es nicht, erfolgreich einzuwenden, dass eine ein gelinderes Mittel darstellende Maßnahme durch einen Mitgliedstaat nicht gesetzt werden kann, weil sie in die Zuständigkeit eines anderen als des die eingreifende Maßnahme setzenden föderalen Hoheitsträgers fällt.[1948] Ausgeschlossen wird durch Art 4 Abs 2 EUV lediglich eine Missachtung der bundesstaatlichen Rechtsetzungsvielfalt dahingehend, dass allein aus der konkreten Kompetenzausübung durch einen

1947 Siehe dazu schon oben bei 6.4.4.2 (Deutschland [= 316]), 5.4.4.2 (Österreich [= 238]), 7.4.3.3 (Belgien [= 364]).

1948 Um an das obige, fiktive Beispiel (bei 5.4.3.2.3 [= 232]) anzuknüpfen: Wenn der Bund nur für Verkaufsverbote zuständig ist und die Länder für Verkaufsbeschränkungen, so kann der Bund nicht erfolgreich einwenden, er könne ja gar keine Verkaufsbeschränkungen erlassen, da dies nicht in seine Zuständigkeit fiele.

föderalen Hoheitsträger gleichsam „automatisch“ auf die Grundrechtswidrigkeit (insb aufgrund mangelnder Erforderlichkeit) einer Maßnahme eines anderen föderalen Hoheitsträgers geschlossen wird.[1949]

9.2.3.5 Ergebnis: Relativierung von Gleichheitsanforderungen durch Art 4 Abs 2 EUV

Als Zwischenfazit zu den vorangegangenen Ausführungen hinsichtlich unionsrechtlicher Gleichheitsanforderungen an die Mitgliedstaaten kann das Folgende festgehalten werden:

Im Unionsprimärrecht finden sich einerseits offene Gleichheitsanforderungen an die Mitgliedstaaten, dabei insb der Gleichheitssatz. Andererseits lassen sich aber auch verdeckte Gleichheitsanforderungen ausmachen, so insb bei der Prüfung mitgliedstaatlicher Beschränkungen der Grundfreiheiten und von mitgliedstaatlichen Maßnahmen am Maßstab des Beihilfenverbots.

Es wurde erörtert, dass diese Gleichheitsanforderungen in Konflikt mit der bundesstaatlich bedingten Rechtsetzungsvielfalt treten können, der aber auf Grund von Art 4 Abs 2 EUV zu Gunsten letzterer aufzulösen ist. Art 4 Abs 2 EUV verlangt also mit Blick auf die bundesstaatlichen Mitgliedstaaten nach einer Relativierung der unionalen Gleichheitsanforderungen.

Der EuGH hat in seiner Rsp zu den verschiedenen Gleichheitsanforderungen bereits unterschiedliche Arten der Relativierung vorgenommen, verfolgt dabei jedoch ersichtlich kein übergreifendes, einheitliches Konzept: Im Zusammenhang mit dem Gleichheitssatz schließt der EuGH in einem nicht bundesstaatlich konnotierten Fall das Vorliegen einer relevanten Ungleichbehandlung aus, wenn diese auf die Handlungen mehrerer Rechtsetzer zurückzuführen ist.[1950] Im Bereich des Beihilfenrechts spricht der EuGH im Rahmen der Selektivitätsprüfung von der Möglichkeit einer territorialen Beschränkung des Bezugsrahmens, wenn ausreichende Autonomie des fraglichen Rechtsetzers vorliegt[1951] – bringt dies allerdings nicht mit dem gerade genannten, zum Gleichheitssatz entwickelten Konzept in Verbindung. Im Bereich der Grundfreiheiten schließlich hat der EuGH mit der Anforderung, dass Beschränkungen auch rechtsetzerübergreifend „systematisch und kohärent“ erfolgen müssen, zunächst einen ganz anderen Weg

---

1949 Nur weil also etwa in Niederösterreich Automatenglücksspiel erlaubt ist, ist ein Verbot des Automatenglücksspiels in Wien nicht automatisch eine Verletzung der unternehmerischen Freiheit. Dies schließt allerdings nicht aus, das Verbot des Automatenglücksspiels in Wien wegen – anders begründeter – mangelnder Erforderlichkeit als grundrechtswidrig zu qualifizieren. Ebenso wäre ein Verbot des Automatenglücksspiels in Wien nicht „automatisch“ eine Verletzung der unternehmerischen Freiheit, nur weil der Bund noch „gefährlichere“ Glücksspielarten erlaubt.

1950 EuGH 17.09.2002, Rs C-320/00 (Lawrence) ECLI:EU:C:2002:498, dazu oben bei 9.2.2.5 (= 398).

1951 EuGH 06.09.2006, Rs C-88/03 (Portugal/Kommission) ECLI:EU:C:2006:511 und EuGH 11.09.2008, verb Rs C-428/06 bis C-434/06 (UGT-Rioja) ECLI:EU:C:2008:488; dazu oben bei 9.2.3.3.2 (= 424).

beschritten,[1952] dies aber jüngst unter Berufung auf Art 4 Abs 2 EUV und die bundesstaatliche Kompetenzverteilung relativiert.[1953]

Die vorangehenden Ausführungen haben gezeigt, dass in all diesen Konstellationen strukturell ähnliche Fragen auftreten. Es handelt sich jeweils um Gleichheitsprüfungen, welche die bundesstaatliche Rechtsetzungsvielfalt gefährden können. Soweit es sich um Bundesstaaten handelt, sind daher die an diese mitgliedstaatlichen Rechtsordnungen gestellten Anforderungen dahingehend zu relativieren, dass scheinbare „Ungleichheiten“, die auf Grund der territorialen und sachlichen Beschränktheit der Hoheitsträger auftreten, dem Mitgliedstaat nicht vorgeworfen werden dürfen.

Diese Relativierung kann dadurch bewirkt werden, dass die Vergleichbarkeit der Rechtsakte unterschiedlicher föderaler Rechtsetzer auf Grund von Art 4 Abs 2 EUV von vornherein ausgeschlossen wird. Wie bereits mehrfach dargelegt krankt dieser Ansatz freilich daran, dass grundsätzlich alles miteinander verglichen werden kann, die unterschiedlichen Rechtsakte letztlich Teil einer einheitlichen Rechtsordnung sind und der bundesstaatliche Mitgliedstaat sich ja auch alle diese Handlungen für sich genommen vor dem EuGH vorwerfen lassen müsste. Ebenso wäre es denkbar, die durch Art 4 Abs 2 EUV geschützte bundesstaatliche Rechtsetzungsvielfalt innerhalb der einzelnen Gleichheitsprüfungen als die Unionsrechtswidrigkeit ausschließende sachliche Rechtfertigung anzusehen.

Wichtig wäre es jedenfalls, dass die Wahl für den einen oder den anderen Weg hinsichtlich der unterschiedlichen, aber strukturell doch ähnlichen Gleichheitsanforderungen einheitlich ausfällt, um Verwirrungen über die Bedeutung der Bundesstaatlichkeit für unionsrechtliche Gleichheitsanforderungen zu vermeiden. Einen einheitlichen Anknüpfungspunkt dafür bietet Art 4 Abs 2 EUV, der – wie die Rsp zu den Grundfreiheiten zeigt – auch Anlass geben kann, überkommene Rsp neu zu überdenken.

1952 Insb EuGH 08.09.2010, Rs C-46/08 (Carmen Media) ECLI:EU:C:2010:505.
1953 EuGH 12.06.2014, Rs C-156/13 (Digibet) ECLI:EU:C:2014:1756.

10. Zusammenfassung

1 Die vorliegende Untersuchung ging der Frage nach, ob und wenn ja in welchem Ausmaß die Organe der EU verpflichtet sind, die Bundesstaatlichkeit ihrer Mitgliedstaaten Österreich, Deutschland und Belgien zu achten. Zur Beantwortung dieser Frage waren Überlegungen zum unionalen Rahmen des Art 4 Abs 2 EUV und den ihn befüllenden mitgliedstaatlichen Rechtsordnungen anzustellen. Die durchgeführte Analyse zeigte, dass viele Aspekte der Bundesstaatlichkeit als von Art 4 Abs 2 EUV geschützt qualifiziert werden können und deckte Konstellationen auf, in denen dieser Schutz schlagend wird. Im Folgenden werden die wesentlichen Ergebnisse der Arbeit kapitelweise zusammengefasst.

2 Die EU fußt auf einem völkerrechtlichen Zusammenschluss ihrer Mitgliedstaaten. Allerdings hat sich die EU von einer „klassischen" internationalen Organisation weg- bzw weiterentwickelt; auch das EU-Recht folgt in vielerlei Hinsicht nicht mehr ausschließlich einer „völkerrechtlichen" Logik. Vielmehr nehmen das Unions(verfassungs)recht und das nationale Verfassungsrecht der Mitgliedstaaten in verschiedenen Hinsichten Bezug und/oder Rücksicht aufeinander. Ausdruck dieses Wechselbezugs sind auf nationaler Ebene bestehende Integrationsschranken sowie die „Identitätsklausel" des Art 4 Abs 2 EUV:
In den nationalen Rechtsordnungen finden sich unterschiedliche Formen der Integrationsschranken für die Weiterentwicklung des Primärrechts und der darauf beruhenden Rechtsakte. Inhaltlich stellen diese Schranken auf grundlegende Wertungen der Verfassungsrechtsordnungen der jeweiligen Mitgliedstaaten ab.
Eine inhaltlich zumindest teilweise äquivalente Bestimmung findet sich mit Art 4 Abs 2 EUV auch im Unionsrecht, der die Achtung der nationalen Identität der Mitgliedstaaten durch die Organe der EU anordnet. Als nationale Identität eines Mitgliedstaates sind insb grundlegende verfassungsrechtliche Strukturen zu qualifizieren. Damit werden aber Fragen der ausreichenden Achtung der nationalen Identität durch Sekundärrechtsakte – anders formuliert: die Vereinbarkeit des Sekundärrechts mit dem grundlegenden Verfassungsrecht der Mitgliedstaaten – zu unionsrechtlichen Fragen, die zunächst der EuGH zu beantworten hat, nicht die nationalen (Verfassungs-)Gerichte. Keinesfalls sind Sekundärrechtsakte, welche die grundlegenden verfassungsmäßigen Strukturen – die nationale Identität – eines Mitgliedstaates missachten, automatisch als ultra-vires-Akte zu qualifizieren.
Identitätsschützende nationale Integrationsvorbehalte können (in Ausnahmefällen) zur Qualifikation von EuGH Entscheidungen als ultra-vires-Akte füh-

ren, wenn der EuGH seine – sich auch auf Art 4 Abs 2 EUV beziehende – Rechtsfortbildungsbefugnis überschritten und den fraglichen Integrationsvorbehalt verletzt hat. Die schwierige Beurteilung, ob eine solche Konstellation vorliegt, obliegt wiederum den mitgliedstaatlichen Gerichten. Die Frage der Vereinbarkeit eines EU-Rechtsaktes mit den grundlegenden verfassungsmäßigen Strukturen – der nationalen Identität – eines Mitgliedstaates stellt sich den mitgliedstaatlichen Gerichten daher nur in Ausnahmefällen und auch dann nur hinsichtlich der Entscheidungen des EuGH.

3 In Kapitel 3 wurde untersucht, ob und auf welcher Basis innerhalb der Unionsrechtsordnung interne mitgliedstaatliche Strukturen wie die Bundesstaatlichkeit berücksichtigt werden. Als Ausgangspunkt diente dabei die These von der „Länderblindheit" der EU, der zufolge die EU den bundesstaatlichen Aufbau eines Mitgliedstaates als Angelegenheit der internen mitgliedstaatlichen Organisation nicht berücksichtigt. Der bundesstaatliche Aufbau kann daher nicht als Rechtfertigung für die Nichterfüllung unionsrechtlicher Verpflichtungen herangezogen werden.

Der Ursprung dieser These liegt in den völkerrechtlichen Wurzeln der EU, denn im Völkerrecht gibt es erstens keine Vorgaben für die Ausgestaltung der internen staatlichen Organisation, und zweitens kann sich ein Staat grundsätzlich nicht auf diese interne Organisation berufen, um die Nichteinhaltung des Völkerrechts zu rechtfertigen. Die völkerrechtlichen Wurzeln des Unionsrechts zeigen sich insb darin, dass im Primärrecht regelmäßig den Mitgliedstaaten als Gesamtstaaten Rechte und Pflichten zugesprochen werden. Gegenüber internen Mechanismen zur Aufteilung der Verantwortlichkeit innerhalb eines – zB bundesstaatlich organisierten – Mitgliedstaates (zB Art 23d Abs 5 B-VG, Art 169 BV und Art 16 Abs 3 SGRI) ist das Unionsrecht gleichgültig; es gebietet diese nicht, lässt sie aber zu, sofern der effet utile dem nicht entgegensteht.

Allerdings finden sich schon im Völkerrecht Ausnahmen vom Grundsatz der Irrelevanz interner staatlicher Strukturen: So ist erstens die verfassungsrechtliche Ermächtigung von Gliedstaaten, völkerrechtliche Verträge abzuschließen, Voraussetzung für deren (beschränkte) Völkerrechtssubjektivität. Gibt es eine solche verfassungsrechtliche Ermächtigung, sind die Gliedstaaten selbst Vertragspartner eines völkerrechtlichen Vertrags und für dessen Erfüllung verantwortlich. In diesen Konstellationen kommt es also zu einer Durchbrechung des Grundsatzes, dass der Bund im völkerrechtlichen Verkehr bezüglich der Gliedstaaten eine vermittelnde Rolle einnimmt. Zweitens finden sich in völkerrechtlichen Verträgen sog „Bundesklauseln", die eine unterschiedlich ausgeprägte Berücksichtigung der bundesstaatlichen Struktur, insb der föderalen Kompetenzverteilung einer Vertragspartei, vorschreiben. Und drittens ermöglicht Art 46 WVK eine ausnahmsweise erfolgende Berufung auf interne Vorschriften eines Staates, wenn diese beim Vertragsabschluss verletzt wurden, die Verletzung aber offensichtlich war und eine Vorschrift von grundlegender Bedeutung betrifft.

Auch im Unionsrecht finden sich mit Art 16 Abs 2 EUV (Befugnis, auch Mitglieder gliedstaatlicher Regierungen in den Rat zu entsenden) und den Bestimmungen über den Ausschuss der Regionen (Art 300, 305 ff AEUV) sehr spezifische, punktuelle Anhaltspunkte für eine Berücksichtigung interner mitgliedstaatlicher Strukturen. Wesentlich weiter reichende Auswirkungen hat Art 4 Abs 2 EUV, der die Organe der EU zur Achtung der jeweiligen nationalen Identität der Mitgliedstaaten verpflichtet, „die in ihren grundlegenden politischen und verfassungsmäßigen Strukturen einschließlich der regionalen und lokalen Selbstverwaltung zum Ausdruck kommt". Art 4 Abs 2 EUV weist Ähnlichkeiten zu Art 46 WVK auf, geht aber weit über diesen hinaus, weil nicht nur offensichtliche Verletzungen grundlegender Strukturen releviert werden können. Art 4 Abs 2 EUV führt damit zumindest potentiell zu einer weitgehenden Ausnahme vom Grundsatz der Irrelevanz interner mitgliedstaatlicher Strukturen.

Art 4 Abs 2 EUV kann von den Mitgliedstaaten auf verschiedene Arten instrumentalisiert werden: Die nationale Identität könnte etwa schon im EU-Rechtsetzungsverfahren vorgebracht werden, um in einem Rechtsakt eine Sonderrolle oder Sonderregelung für einen Mitgliedstaat zu erwirken oder den fraglichen Rechtsakt ganz zu verhindern. Die durch Art 4 Abs 2 EUV geschützte nationale Identität kann aber auch „ex post" gegen einen EU-Rechtsakt ins Treffen geführt werden, um dessen Nichtigkeit vor dem EuGH zu begründen; und schließlich lässt sich die nationale Identität heranziehen, um vor dem EuGH Spielräume bei der Durchführung des Unionsrechts zu begründen, etwa im Zusammenhang mit der Rechtfertigung von Grundfreiheitsbeschränkungen. Der Fokus der durchgeführten Untersuchung liegt auf dem „harten" Einsatz von Art 4 Abs 2 EUV, der im Streitfall vor dem EuGH erfolgt.

Dazu wurde in einem ersten Schritt dargestellt, welche Bedeutung dem Begriff „Identität" im Wissenschaftsdiskurs zukommt. Dabei wurde festgestellt, dass „Identität" ein schillernder und in vielen Wissenschaftsdisziplinen verwendeter Begriff ist, was eine klare Begriffsdefinition erschwert. Im rechtswissenschaftlichen Diskurs ist ein Trend auszumachen, Topoi, die früher häufig unter dem Titel „staatliche Souveränität" diskutiert wurden, als Identitätsfragen neu aufzuwerfen.

Daran anschließend wurde analysiert, wie der EuGH die in Art 4 Abs 2 EUV geschützte nationale Identität versteht. Da sich aus der Rsp aber kein klares Bild ableiten ließ, wurde im Anschluss daran losgelöst von der Rsp ermittelt, was unter den unionsrechtlichen Begriffen der „nationalen Identität" und der Pflicht zu ihrer „Achtung" zu verstehen ist.

Der Begriff „nationale Identität" ist ebenso wie die Wendung „grundlegende politische und verfassungsmäßige Strukturen" offen für verschiedene Deutungen. Dies macht es nicht einfach, den Inhalt der nationalen Identität einzelner Mitgliedstaaten anhand eines unionsautonomen Maßstabs zu ermitteln. Hier wurde vertreten, dass grundlegende politische und verfassungsmäßige Strukturen nicht voneinander getrennt werden können und daher unter Berücksichtigung sowohl verfassungsrechtlicher als auch politischer Kriterien zu ermitteln sind. Zu diesen Kriterien zählen in der jeweiligen Rechtsordnung selbst enthaltene Präambeln bzw Zielbestimmungen und Normenhierarchien, die jeweils zum Ausdruck bringen, dass bestimmten Verfassungsinhalten ein besonderer Stellenwert innerhalb der mitgliedstaatlichen Verfassungsrechtsordnung zukommt, sowie politikwissenschaftliche Aussagen zur Relevanz bestimmter Verfassungsinhalte für das politische System als Ganzes. Da der Fokus der Untersuchung auf bundesstaatlichen Rechtsordnungen liegt, wurde auf die nationale und vergleichende Föderalismusforschung Bezug genommen. Auch der Rsp nationaler Verfassungsgerichte wurde diesbezüglich eine Indizfunktion zugesprochen. Die genannten Kriterien ermöglichen eine strukturierte Untersuchung dessen, was innerhalb eines mitgliedstaatlichen Systems zur nationalen Identität gehört. Je mehr Indizien für die Einordnung als Bestandteil der nationalen Identität sprechen, umso eher lässt sich eine entsprechende Einordnung vertreten – es ist aber nicht ausgeschlossen, dass ein Element ausschließlich anhand eines einzigen Kriteriums als Bestandteil der nationalen Identität qualifiziert werden kann, wenn sich dies aus dem mitgliedstaatlichen System mit hinreichender Deutlichkeit ergibt.

Im Anschluss daran wurde analysiert, wie der Begriff „achten" in Art 4 Abs 2 EUV zu verstehen ist, wer zur Achtung verpflichtet ist und welche Konsequenz eine Missachtung der nationalen Identität hat.

Zur Diskussion stehen ein Verständnis des in Art 4 Abs 2 EUV verankerten Achtungsgebots als absolutes Eingriffsverbot und ein Verständnis als (schwächeres) Berücksichtigungsgebot. Die besseren Argumente – insb die Funktion von Art 4 Abs 2 EUV – sprechen eher für ein absolut verstandenes Achtungsgebot: Als Bestandteil der nationalen Identität können ohnehin nur grundlegende Elemente der verfassungsmäßigen und politischen Strukturen eines Mitgliedstaates geschützt werden. Wenn aber ohnehin nur grundlegende nationale Strukturen geschützt werden, dann entspricht es dem Zweck des Art 4 Abs 2 EUV, mitgliedstaatliche Freiräume zu garantieren und diese Strukturen absolut zu schützen, sie also nicht zum Gegenstand von Abwägungsprozessen zu machen.

Durch Art 4 Abs 2 EUV werden die Organe der EU in allen Tätigkeitsbereichen verpflichtet. Diskutiert wurden überdies Sorgfaltspflichten der Mitgliedstaaten im Rechtsetzungsprozess, für deren Annahme Art 4 Abs 2 EUV aber keine Anhaltspunkte liefert.

Die Konsequenz einer Missachtung der durch Art 4 Abs 2 EUV geschützten nationalen Identität durch einen Sekundärrechtsakt ist dessen Primärrechtswidrigkeit; gegen eine Relativierung des Anwendungsvorrangs sprechen systematische Argumente sowie auch die jüngere Rsp des EuGH.

4 In Kapitel 4 wurde eine Vorstrukturierung der Untersuchung der bundesstaatlichen Rechtsordnungen Österreichs, Deutschlands und Belgiens vorgenommen und ein analytischer Rahmen für die einzelnen Länderkapitel entwickelt. Eine solche Vorstrukturierung war notwendig, um aus der Fülle bundesstaatsrelevanter Fragestellungen jene herauszufiltern, die von struktureller Relevanz für das Verhältnis bundesstaatlicher Mitgliedstaaten zur Unionsrechtsordnung sind.

Als Ausgangspunkt dieses analytischen Rahmens wurde die bundesstaatliche Kompetenzverteilung (Verteilung der Verbandskompetenzen) gewählt, wofür neben vielen anderen in der Untersuchung genannten Gründen spricht, dass die bundesstaatliche Kompetenzverteilung Auswirkungen auf die gesamte staatliche Tätigkeit hat und die bundesstaatliche Kompetenzverteilung außerdem der einzige bundesstaatliche Aspekt ist, der bisher in der Rsp des EuGH in Verbindung mit der nationalen Identität iSd Art 4 Abs 2 EUV gebracht wurde. Eine Untersuchung der bundesstaatsrelevanten nationalen Identitäten ausgehend von der bundesstaatlichen Kompetenzverteilung zu strukturieren, ist zum einen also praxisrelevant und eröffnet zum anderen auch den Zugriff auf Strukturprobleme des Verhältnisses bundesstaatlicher Rechtsordnungen zur Unionsrechtsordnung, die nicht nur in spezifischen Einzelfällen schlagend werden, sondern das Verhältnis zwischen einem föderal organisierten Mitgliedstaat und der EU dauerhaft und wiederkehrend belasten können. Die Lösung derartiger Strukturprobleme findet sich nur selten unmittelbar in der bundesstaatlichen Kompetenzverteilung selbst, sondern muss aus der gesamten bundesstaatlichen Rechtsordnung ermittelt werden. Die bundesstaatliche Kompetenzverteilung zum Ausgangspunkt zu nehmen, bedeutet daher nicht, dass nur die Normen der bundesstaatlichen Kompetenzverteilungen analysiert werden, sondern dass diese den gedanklichen Ausgangspunkt dafür bildet, strukturelle Fragen mit Bundesstaatsrelevanz überhaupt erst zu identifizieren und systematisch abhandeln zu können.

Ausgehend von der bundesstaatlichen Kompetenzverteilung wurden die Kategorien strukturelle Voraussetzungen der bundesstaatlichen Kompetenzverteilung, strukturelle Ausgestaltung der Kompetenzverteilung und strukturelle Konsequenzen der Kompetenzverteilung gebildet.

Als Voraussetzung der Kompetenzverteilung wird dabei die Existenz von mehreren föderalen Hoheitsträgern angesehen.

Der zweite Punkt des Untersuchungsrahmens, strukturelle Ausgestaltung der Kompetenzverteilung, umfasst Fragen formeller und materieller Art. In formeller Hinsicht ist zu untersuchen, in welchem Verfahren die Kompetenzverteilung abgeändert werden kann und welche Rolle die dezentralen Hoheitsträger dabei spielen. In materieller Hinsicht ist zu fragen, welches Ausmaß an Autonomie den Hoheitsträgern eingeräumt wird und wie sowie in welchen Bereichen diese zusammenwirken.

Den letzten Punkt des dreiteiligen Untersuchungsrahmens bildet die Frage nach den Konsequenzen einer bundesstaatlichen Kompetenzverteilung. Hier ist zum einen darauf einzugehen, dass die Konsequenz einer Kompetenzverteilung ist, dass es mehrere Hoheitsträger gibt, die Kompetenzen ausüben können. Es stellt sich daher die Frage, wie sich von unterschiedlichen Hoheitsträgern gesetzte Maßnahmen im Konfliktfall zueinander verhalten. Zum anderen folgt aus der Kompetenzverteilung, dass keiner der föderalen Hoheitsträger über alle Lebenssachverhalte umfassende Kompetenzen verfügt. Die Existenz der Kompetenzverteilung hat also zur Folge, dass die Kompetenzen der Hoheitsträger rechtlich beschränkt sind. Im Zusammenhang mit dieser Beschränktheit der Kompetenzen der föderalen Hoheitsträger stellen sich einige Fragen, so etwa, ob es eine Pflicht zu einer gemeinsamen Anstrengung der Kompetenzträger zur Erreichung gemeinsamer (verfassungsrechtlich verankerter) Ziele gibt. Weiters ist es als Konsequenz der Kompetenzverteilung zu betrachten, dass (zumindest) dann, wenn den dezentralen Hoheitsträgern Rechtsetzungskompetenzen eingeräumt werden, vielfältige Regelungen ermöglicht werden sollen, was auch bedeutet, dass Regelungsunterschiede in Kauf zu nehmen sind. Dies steht potentiell in einem Spannungsverhältnis insb zu Gleichheitsgarantien.

Nach der theoretischen Darlegung des Untersuchungsrahmens wurde dieser in den drei anschließenden Kapiteln auf die untersuchten mitgliedstaatlichen Rechtsordnungen Österreichs, Deutschlands und Belgiens angewandt.

5 Im fünften Kapitel wurden Aspekte der bundesstaatlichen Identität Österreichs iSd Art 4 Abs 2 EUV identifiziert. Um die grundlegenden politischen und verfassungsmäßigen Strukturen mit Bundesstaatsrelevanz zu ermitteln, wurde auf die Rsp des VfGH und das durch Art 44 Abs 3 B-VG geschützte bundesstaatliche Grundprinzip sowie auf Charakterisierungen des österreichischen Bundesstaates in der vergleichenden Föderalismusforschung Bezug genommen. Auf diese Art wurden folgende Aspekte der bundesstaatlichen Identität identifiziert:

- Der derzeitige Bestand der Länder kann als grundlegende politische und verfassungsmäßige Struktur iSd Art 4 Abs 2 EUV verstanden werden:

Selbst wenn man nicht davon ausgeht, dass der Bestand der Länder dem Schutz des bundesstaatlichen Grundprinzips unterliegt, gibt das in Art 2 Abs 3 B-VG geregelte besondere Verfahren einen sehr starken Hinweis darauf, dass der Bestand der Länder innerhalb der österreichischen Verfassungsrechtsordnung einen besonderen Stellenwert hat.

- Weiters wurden der Bundesrat und die mittelbare Bundesverwaltung als grundlegende verfassungsmäßige Strukturen iSd Art 4 Abs 2 EUV qualifiziert.
- Aus den vorangehenden Überlegungen lässt sich festhalten, dass sich die durch den Bundesstaat und die bundesstaatliche Kompetenzverteilung bedingte Regelungsvielfalt gegenüber verfassungsrechtlichen Gleichheitsgarantien idR durchzusetzen vermag. Dies resultiert nach Ansicht des VfGH aus dem bundesstaatlichen Grundprinzip. Dies spricht dafür, die durch die Bundesstaatlichkeit bewirkte Relativierung von Gleichheitsanforderungen als grundlegende politische und verfassungsmäßige Strukturen Österreichs iSd Art 4 Abs 2 EUV zu qualifizieren.
- Weiters wurde diskutiert, inwiefern das bundesstaatliche Grundprinzip die Autonomie von Bund und insb Ländern schützt. Das wesentliche Ergebnis dieser Überlegungen ist, dass selbst dann, wenn man die diesbezüglichen Aspekte des bundesstaatlichen Grundprinzips als Bestandteil des Art 4 Abs 2 EUV qualifiziert, der Schutz der Autonomie bzw der autonomen Kompetenzen gerade nicht im Verhältnis zur EU greift. Die weitreichende Befugnis des Bundes, die Kompetenzen der Länder durch Übertragung von Befugnissen an die EU zu determinieren verhindert grundsätzlich, dass die Autonomie der Länder gegenüber der EU geltend gemacht werden kann.
- Schließlich wurde auch festgehalten, dass die durch die Kompetenzverteilung bewirkte Beschränktheit der Kompetenzen der einzelnen föderalen Hoheitsträger auf innerstaatlicher Ebene nicht als Rechtfertigung für die Nichteinhaltung verfassungsrechtlicher Verpflichtungen – etwa der Grundrechte – dienen kann. Insofern kann die Beschränktheit der Kompetenzen auch nicht als grundlegende politische und verfassungsmäßige Struktur herangezogen werden, um auf unionaler Ebene die Nichterfüllung von EU-Recht zu rechtfertigen.

6 Im sechsten Kapitel wurden Aspekte der bundesstaatlichen Identität Deutschlands iSd Art 4 Abs 2 EUV identifiziert. Um die grundlegenden politischen und verfassungsmäßigen Strukturen mit Bundesstaatsrelevanz zu ermitteln, wurde vor allem auf die durch die Ewigkeitsklausel des Art 79 Abs 3 GG geschützten, bundesstaatsrelevanten Inhalte eingegangen, aber auch die grundlegende Bestimmung des Art 20 GG, die Rsp des BVerfG und Charakterisierungen des deutschen Bundesstaates in der vergleichenden Föderalismus-

forschung wurden berücksichtigt. Auf diese Art wurden folgende Aspekte der bundesstaatlichen Identität identifiziert:

- Die derzeitige Struktur des deutschen Bundesstaates mit sechzehn Ländern und deren gebietsmäßige Zusammensetzung stellt – auch wenn sie nicht durch Art 79 Abs 3 1. Var GG geschützt wird – eine grundlegende politische und verfassungsmäßige Struktur Deutschlands iSd Art 4 Abs 2 EUV dar.
- Zu Art 79 Abs 3 1. Var GG wurde festgestellt, dass diese Bestimmung danach verlangt, dass die Länder materiell eigenständig tätig werden können. Erforderlich sind dabei insb eigenständige Landesgesetzgebungsbefugnisse sowie entsprechende Befugnisse betreffend die eigene Landesorganisation und Landesverfassung. Im System des deutschen Grundgesetzes wird die Eigenständigkeit der Länder weder durch Handeln des Bundes auf völkerrechtlicher Ebene noch durch die Eingliederung in die Europäische Union relativiert; der durch Art 79 Abs 3 1. Var GG vermittelte Schutz der Eigenständigkeit der Länder wirkt auch in diesen Bereichen. Mit Blick auf Art 4 Abs 2 EUV sprechen der durch Art 79 Abs 3 GG gewährte Schutz sowie die Rsp des BVerfG dafür, dass die so ausgestaltete Eigenständigkeit der Länder zu den grundlegenden politischen und verfassungsmäßigen Strukturen Deutschlands und damit zu dessen nationaler Identität zu zählen ist.
- Art 79 Abs 3 2. Var GG legt darüber hinaus nahe, dass die Mitwirkung der Länder an der Bundesgesetzgebung – die derzeit durch den Bundesrat erfolgt – eine grundlegende politische und verfassungsmäßige Struktur Deutschlands darstellt und damit auch einen Teil der deutschen nationalen Identität ausmacht. Im Übrigen wird das Bundesratsmodell auch in der politikwissenschaftlichen Literatur als kennzeichnend für den deutschen Bundesstaat hervorgehoben. Auch dies spricht dafür, die Mitwirkung der Länder an der Bundesgesetzgebung – derzeit eben in der Form des Bundesrates – als Bestandteil der deutschen nationalen Identität iSd Art 4 Abs 2 EUV zu qualifizieren.
- Die bundesstaatliche Identität Deutschlands wurde aber auch über Art 79 Abs 3 GG hinaus analysiert, insb was die strukturellen Konsequenzen der Existenz einer Kompetenzverteilung betrifft. Dabei wurde die Identitätsrelevanz von bundesstaatlichen Kooperationspflichten verneint.
- Dass das BVerfG zukünftig die Bundestreue bzw einzelne Aspekte der Bundestreue mit der durch Art 79 Abs 3 GG geschützten Verfassungsidentität und/oder der nationalen Identität iSd Art 4 Abs 2 EUV in Beziehung setzt, liegt durch die Bedeutung nahe, die der Bundestreue für das Funktionieren des Bundesstaats beigemessen wird. Eine entsprechende Praxis des BVerfG böte dem EuGH einen Anhaltspunkt dafür, die

Bundestreue als grundlegende politische und verfassungsmäßige Struktur iSd Art 4 Abs 2 EUV zu qualifizieren. Es ist auf Grund der Funktion des Art 4 Abs 2 EUV, der nationalen Wertungen auf unionaler Ebene Geltung verschaffen will, zwar nicht ausgeschlossen, aber jedenfalls unwahrscheinlich, dass der EuGH eine entsprechende Einordnung durch das BVerfG unter Hinweis auf das Fehlen einer eindeutigen Rechtsgrundlage im Grundgesetz ablehnt.

- Als grundlegende politische und verfassungsmäßige Struktur Deutschlands iSd Art 4 Abs 2 EUV wurde hingegen die erörterte bundesstaatliche Relativierung des Gleichheitssatzes qualifiziert: Im deutschen Bundesstaat sind die Länder und der Bund befugt, im Rahmen ihrer jeweiligen Kompetenzen unterschiedlich ausgestaltete Rechtsakte zu erlassen, ohne dass dies verfassungswidrig wäre. Diese Relativierung des Gleichheitssatzes wird zwar nicht durch Art 79 Abs 3 GG geschützt, ihre Bedeutung für die Verwirklichung der Bundesstaatlichkeit wird aber in der oben angeführten Literatur und va auch in der Rsp des BVerfG betont.

7 Zur bundesstaatlichen Identität Belgiens iSd Art 4 Abs 2 EUV wurde im siebenten Kapitel Folgendes ermittelt: Die belgische Verfassungsrechtsordnung ist grundsätzlich sehr europarechtsfreundlich, woran auch die Entscheidung des GH idS 62/2016 nichts ändert. Dementsprechend werden auch Konfliktlagen zwischen der bundesstaatlichen Kompetenzverteilung und dem Unionsrecht häufig zu Gunsten des Unionsrechts gelöst. Dennoch lassen sich einige Grundmerkmale des belgischen Bundesstaates ausmachen, die als identitätsstiftend iSd Art 4 Abs 2 EUV qualifiziert werden können und damit – aus unionsrechtlicher Perspektive – im Konfliktfall gegen entgegenstehendes Unionsrecht ins Treffen geführt werden können.

- So zählt etwa die Entscheidung darüber, welche und wie viele dezentrale Hoheitsträger es im belgischen Bundesstaat geben soll, zu den grundlegenden Systementscheidungen, die von den Organen der Union als Teil der nationalen Identität Belgiens nach Art 4 Abs 2 EUV zu achten sind. Der Schutz des Art 4 Abs 2 EUV kommt also der derzeitigen Zusammensetzung des belgischen Bundesstaates zugute und würde auch eine Neugliederung des Bundesstaates (etwa nach einer siebenten Staatsreform) erfassen.
- Auch die Einrichtung eines Senats als zweite Kammer der föderalen Gesetzgebung sowie der Bundesverfassungsgesetzgebung ist grundlegend für das Funktionieren des belgischen Bundesstaates und damit identitätsstiftend iSd Art 4 Abs 2 EUV, wenngleich nicht verkannt werden darf, dass sowohl im Senat als auch in der Abgeordnetenkammer der Föderalisierung Belgiens va durch die Aufteilung in Sprachgruppen entsprochen wird. Der Mitbestimmung der beiden großen Sprachgruppen bei der Er-

lassung von – insb die Kompetenzverteilung ändernden – Gesetzen nach Art 4 BV kommt ebenso grundlegende Bedeutung für das Funktionieren des Bundesstaates zu.

- Die Aufteilung der Außenvertretungskompetenz zwischen dem Bund als zentralem Hoheitsträger und den dezentralen Hoheitsträgern kann ebenfalls als grundlegend für den belgischen Bundesstaat und damit als Teil der nationalen bundesstaatlichen Identität qualifiziert werden.
- Das System der Normenkontrolle (insb durch den GH) ist ein zentraler Faktor bei der Sicherstellung der Einhaltung der verfassungsrechtlichen Vorgaben durch die Rechtsetzung der föderalen Hoheitsträger und kann somit aus bundesstaatlicher Perspektive als iSd Art 4 Abs 2 EUV grundlegend für die belgische Verfassungsrechtsordnung qualifiziert werden.
- Weiters spricht viel dafür, den in Art 143 Abs 1 BV normierten Grundsatz der föderalen Loyalität, der alle föderalen Hoheitsträger bei jeglicher Kompetenzausübung bindet, als Teil der nationalen Identität zu qualifizieren.
- Auch der Umstand, dass es auf Grund des belgischen föderalen Systems Rechtsakte gibt, die zwingend über einen beschränkten territorialen Anwendungsbereich verfügen, ist nach der hier vertretenen Ansicht Teil der nationalen bundesstaatlichen Identität Belgiens iSd Art 4 Abs 2 EUV.[1954] Die erwähnten vereinzelten Kooperationspflichten ändern nichts daran, dass dieser Grundsatz der Beschränktheit der föderalen Hoheitsträger zur nationalen bundesstaatlichen Identität Belgiens zählt.
- Und schließlich ist auch die Relativierung des Gleichheitssatzes und vergleichbarer Gleichheitsgarantien als Teil der nationalen bundesstaatlichen Identität Belgiens zu qualifizieren.

8 Im Rahmen einer kurzen vergleichenden Betrachtung wurde anschließend gezeigt, dass es in den drei analysierten bundesstaatlichen Systemen viele Gemeinsamkeiten gibt. Dazu zählt insb das Erfordernis einer zweiten Kammer bei der Bundesgesetzgebung, aber etwa auch die Existenz von gerichtlichen Konfliktlösungsverfahren. Viele der herausgearbeiteten Bestandteile der bundesstaatlichen Identitäten Österreichs, Deutschlands und Belgiens iSd Art 4 Abs 2 EUV scheinen aber nicht von einer Beeinträchtigung durch Handlungen der EU-Organe bedroht. Als potentiell konfliktträchtiges Feld der bundesstaatlichen Identitäten wurde jenes der bundesstaatlichen Vielfalt ermittelt, dem sich die weitere Untersuchung widmet. Dabei wurden die Überlegungen in ein Unterkapitel zur bundesstaatlichen konstitutiven Vielfalt und zur bundesstaatlichen Rechtsetzungsvielfalt gegliedert. Diese beiden Arten der bundesstaatlichen Vielfalt unterscheiden sich insb durch ihr Verhält-

1954 So auch *Cloots*, TBP 2017, 314.

nis zur bundesstaatlichen Kompetenzverteilung voneinander: Die konstitutive Vielfalt verlangt nach einer Mehrzahl an föderalen Hoheitsträgern und steht insofern gedanklich vor der bundesstaatlichen Kompetenzverteilung. Rechtsetzungsvielfalt muss im Gegensatz dazu nur dann ermöglicht werden, wenn die bundesstaatliche Kompetenzverteilung die Kompetenz zur Regelung gleicher oder ähnlicher Sachverhalte auf mehrere Hoheitsträger aufteilt. Rechtsetzungsvielfalt ist insofern akzessorisch zur bundesstaatlichen Kompetenzverteilung, setzt diese voraus und knüpft an sie an.

9 Hinsichtlich der bundesstaatlichen Vielfalt wird in der vorliegenden Untersuchung also zwischen konstitutiver Vielfalt und Rechtsetzungsvielfalt unterschieden. Konstitutive Vielfalt idS ist das Erfordernis des Bestehens einer Vielfalt an föderalen Hoheitsträgern, die über ein Mindestmaß an eigenständigen Befugnissen verfügen müssen. Diese konstitutive Vielfalt, die insb in Deutschland und durch Art 79 Abs 3 GG geschützt wird, kann in bestimmten Fällen als Kompetenzausübungsschranke bei der Ausübung von geteilten Kompetenzen durch die EU wirken.

Mit Blick auf die konstitutive Vielfalt wurde weiters gefragt, wie sich diese zu Einheitsvorgaben im EU-Sekundärrecht verhält. Dabei wurde zunächst festgestellt, dass sich aus der konstitutiven Vielfalt kein allgemeines Verbot, unionsrechtsweit einheitliches Recht zu setzen, ableiten lässt.

Anschließend daran wurde untersucht, ob es mit der konstitutiven Vielfalt und Art 4 Abs 2 EUV in Einklang steht, wenn der unionale Rechtsetzer den/die mitgliedstaatlichen Rechtsetzer dazu verpflichtet, in Bereichen, die nach der mitgliedstaatlichen Kompetenzverteilung in die (Vollziehungs- und Organisations-)Kompetenz der dezentralen Hoheitsträger fallen, eine einzige mitgliedstaatliche Behörde einzurichten. Dazu wurde festgestellt, dass die konstitutive Vielfalt der Verwirklichung von Zielen wie der Kommunikations- und Kooperationsvereinfachung nicht prinzipiell entgegensteht.

Als zweiter Aspekt bundesstaatlicher Vielfalt wurde im Anschluss daran bundesstaatliche Rechtsetzungsvielfalt untersucht. Rechtsetzungsvielfalt bedeutet, dass es den föderalen Hoheitsträgern innerhalb eines Bundesstaates in den ihnen jeweils nach der Kompetenzverteilung zustehenden Bereichen möglich sein muss, unabhängig voneinander „vielfältig" Recht zu setzen. Der Schutz der bundesstaatlichen Rechtsetzungsvielfalt zeigt sich in den untersuchten bundesstaatlichen Rechtsordnungen durch die – von Art 4 Abs 2 EUV erfasste – Relativierung von Gleichheitsgarantien.

Es liegt daher nahe, danach zu fragen, wie sich diese bundesstaatliche Vielfalt auf unionsrechtliche Gleichheitsgarantien auswirkt. Im Unionsprimärrecht finden sich zum einen offene Gleichheitsanforderungen an die Mitgliedstaaten, dabei insb der Gleichheitssatz. Zum anderen lassen sich aber auch verdeckte Gleichheitsanforderungen ausmachen, so insb bei der Prüfung mitgliedstaatlicher Beschränkungen der Grundfreiheiten und von mitgliedstaatlichen Maßnahmen am Maßstab des Beihilfenverbots.

Es wurde erörtert, dass diese Gleichheitsanforderungen in Konflikt mit der bundesstaatlich bedingten Rechtsetzungsvielfalt treten können, der aber auf Grund von Art 4 Abs 2 EUV zu Gunsten letzterer aufzulösen ist. Art 4 Abs 2 EUV verlangt also mit Blick auf die bundesstaatlichen Mitgliedstaaten nach einer Relativierung der unionalen Gleichheitsanforderungen.

Der EuGH hat in seiner Rsp zu den verschiedenen Gleichheitsanforderungen bereits unterschiedliche Arten der Relativierung vorgenommen, verfolgt dabei jedoch ersichtlich kein übergreifendes, einheitliches Konzept: Im Zusammenhang mit dem Gleichheitssatz schließt der EuGH in einem nicht bundesstaatlich konnotierten Fall das Vorliegen einer relevanten Ungleichbehandlung aus, wenn diese auf die Handlungen mehrerer Rechtsetzer zurückzuführen ist. Im Bereich des Beihilfenrechts spricht der EuGH im Rahmen der Selektivitätsprüfung von der Möglichkeit einer territorialen Beschränkung des Bezugsrahmens, wenn ausreichende Autonomie des fraglichen Rechtsetzers vorliegt – bringt dies allerdings nicht mit dem gerade genannten, zum Gleichheitssatz entwickelten Konzept in Verbindung. Im Bereich der Grundfreiheiten schließlich hat der EuGH mit der Anforderung, dass Beschränkungen auch rechtsetzerübergreifend „systematisch und kohärent“ erfolgen müssen, zunächst einen ganz anderen Weg beschritten, dies aber jüngst unter Berufung auf Art 4 Abs 2 EUV und die bundesstaatliche Kompetenzverteilung relativiert.

Die vorangehenden Ausführungen haben aufgezeigt, dass in all diesen Konstellationen strukturell ähnliche Fragen auftreten. Es handelt sich jeweils um durchzuführende Gleichheitsprüfungen, welche die bundesstaatliche Rechtsetzungsvielfalt gefährden können. Soweit es sich um Bundesstaaten handelt, sind daher die an diese mitgliedstaatlichen Rechtsordnungen gestellten Anforderungen dahingehend zu relativieren, dass scheinbare „Ungleichheiten“, die auf Grund der territorialen und sachlichen Beschränktheit der Hoheitsträger auftreten, dem Mitgliedstaat nicht vorgeworfen werden dürfen.

Diese Relativierung kann dadurch bewirkt werden, dass die Vergleichbarkeit der Rechtsakte unterschiedlicher föderaler Rechtsetzer auf Grund von Art 4 Abs 2 EUV von vornherein ausgeschlossen wird. Wie bereits mehrfach dargelegt, krankt dieser Ansatz freilich daran, dass grundsätzlich alles miteinander verglichen werden kann, die unterschiedlichen Rechtsakte letztlich Teil einer einheitlichen Rechtsordnung sind und der bundesstaatliche Mitgliedstaat sich ja auch alle diese Handlungen für sich genommen vor dem EuGH vorwerfen lassen müsste. Ebenso wäre es denkbar – dies ist auch die in der vorliegenden Untersuchung präferierte Lösung –, die durch Art 4 Abs 2 EUV geschützte bundesstaatliche Rechtsetzungsvielfalt innerhalb der einzelnen Gleichheitsprüfungen als die Unionsrechtswidrigkeit ausschließende sachliche Rechtfertigung anzusehen.

Wichtig wäre es jedenfalls, dass die Wahl für den einen oder den anderen Weg hinsichtlich der unterschiedlichen Gleichheitsanforderungen einheitlich ausfällt, um Verwirrungen über die Bedeutung der Bundesstaatlichkeit für unionsrechtliche Gleichheitsanforderungen zu vermeiden. Einen einheitlichen Anknüpfungspunkt dafür bietet Art 4 Abs 2 EUV, der – wie die Rsp zu den Grundfreiheiten zeigt – auch Anlass geben kann, überkommene Rsp neu zu überdenken.

Hinzuweisen bleibt noch darauf, dass die angestellten Überlegungen sich strukturell auch auf weitere Bereiche des Unionsprimärrechts übertragen lassen. Dabei ist insb an die dem Verhältnismäßigkeitsgebot des Art 52 Abs 1 GRC unterliegenden Grundrechte der GRC zu denken. Bei der Handhabung des im Verhältnismäßigkeitsgrundsatzes beinhalteten Erforderlichkeitskriteriums ist im Lichte von Art 4 Abs 2 EUV und der dadurch geschützten bundesstaatlichen Rechtsetzungsvielfalt darauf zu achten, dass die mangelnde Erforderlichkeit einer mitgliedstaatlichen Maßnahme nicht allein damit begründet werden darf, dass andere Rechtsetzer innerhalb desselben Mitgliedstaates ähnliche Ziele mit „gelinderen Mitteln“ verfolgen. So, wie bei der Kohärenzprüfung im Zusammenhang mit den unionsrechtlichen Grundfreiheiten nach der hier vertretenen Ansicht ein kompetenzgrenzenübergreifender Vergleich auf Grund von Art 4 Abs 2 EUV nicht automatisch die Konsequenz der Unionsrechtswidrigkeit nach sich ziehen darf, ist dies auch im Zusammenhang mit der Auslegung der Grundrechte zu beachten.

11. Literaturverzeichnis

Abrahams, Identity in Feintuch (ed) Eight Words for the Study of Expressive Culture (2003) 198–222. [*Abrahams* in Feintuch, Culture]

Achterberg, Antinomien verfassungsgestaltender Grundentscheidungen, Der Staat 1969, 159–180.

Ackermann, Case C-36/02, Omega Spielhallen- und Automatenaufstellungs-GmbH v. Oberbürgermeisterin der Bundesstadt Bonn, Judgment of the Court of Justice (First Chamber) of 14 October 2004, nyr, CMLR 2005, 1107–1120.

Ackrén, Inselautonomien – konstitutionelle und politische Entwicklungen, in Gamper ea (Hg) Föderale Kompetenzverteilung in Europa (2016) 431–453. [*Ackrén* in Gamper, Kompetenzverteilung]

Acquaviva, Subjects of International Law: A Power-Based Analysis, Vanderbilt Journal of Transnational Law 2005 (38:2) 345–396.

Adamovich, Über das bundesstaatliche Prinzip, in Schäffer ea (Hg) Staat – Verfassung – Verwaltung, FS Koja (1998) 213–220. [*Adamovich* in FS Koja]

Adamovich/Funk/Holzinger/Frank, Österreichisches Staatsrecht Band I – Grundlagen, 2. Auflage (2011). [*Adamovich/Funk/Holzinger/Frank*, Staatsrecht I]

Aichlreiter, Art 139 B-VG, in Kneihs/Lienbacher (Hg) Rill-Schäffer-Kommentar Bundesverfassungsrecht, 4. Lfg (2003). [*Aichlreiter* in Kneihs/Lienbacher, Art 139 B-VG]

Akerlof/Kranton, Identity Economics (2010). [*Akerlof/Kranton*, Economics]

Alen, De federale loyauteit: ondanks alles, toch een bevoegdheidsverdelend concept?, in Verhoeven (eds) La Loyauté – Mélanges offerts à Étienne Cerexhe (1997) 19–37. [*Alen* in FS Cerexhe]

Alen, De nationale identiteit – Slotwoord, TBP 2017, 366–372.

Alen, Der Föderalstaat Belgien – Nationalismus – Föderalismus – Demokratie (1995). [*Alen*, Föderalstaat]

Alen/Ergec, Het territorialiteitsbeginsel in de belgische en den europese rechtspraak. Een poging tot synthese, RW 1998/1999, 417–424.

Alen/Muylle, Handboek von het Belgisch Staatsrecht (2011). [*Alen/Muylle*, Handboek]

Alexy, Theorie der Grundrechte (1985). [*Alexy*, Theorie])

Alter, Establishing the Supremacy of European Law: The Making of an International Rule of Law in Europe (2003). [*Alter*, Supremacy]

Anderson, Imagined Communities, 2nd revised edition (2006). [*Anderson*, Communities]

Aristoteles, Politics, Book III, abrufbar unter http://www.perseus.tufts.edu/hopper/text?doc=Perseus%3Atext%3A1999.01.0058%3Abook%3D3%3Asection%3D1276a (27.12.2021).

Arzoz, Systeme der Kompetenzverteilung in Spanien aus rechtsvergleichender Perspektive, in Gamper ea (Hg) Föderale Kompetenzverteilung in Europa (2016) 317–348. [*Arzoz* in Gamper, Kompetenzverteilung]

Azizi, Zum Verfassungsgebot der Wirtschaftsgebietseinheit und zu seiner wirtschaftspolitischen Tragweite – Eine Erörterung am Beispiel der Energiepolitik, ÖJZ 1985, 97–110 (Teil 1) und 134–145 (Teil 2).

Baade, Die Identität der Mehrheit und die Grenzen ihres Schutzes, AöR 2017, 566–613.

Bär-Bouyssière, Art 107 AEUV, in Schwarze/Becker/Hatje/Schoo (Hg) EU-Kommentar, 4. Auflage (2019). [*Bär-Bouyssière* in Schwarze, Art 107 AEUV]

Bartosch, EU-Beihilfenrecht, 3. Auflage (2020). [*Bartosch*, EU-Beihilfenrecht]

Bartosch, The concept of selectivity?, in Szyszczak (ed) Research Handbook on European State Aid Law (2011) 176–192. [*Bartosch* in Szyszczak, Handbook]

Bauer, Art 20 GG, in Dreier (Hg) GG Kommentar Band II, 3. Auflage (2015). [*Bauer* in Dreier, Art 20 GG]

Bauer, Die Bundestreue: zugleich ein Beitrag zur Dogmatik des Bundesstaatsrechts und zur Rechtsverhältnislehre (1992). [*Bauer*, Bundestreue]

Baumgartner, Der Rang des Gemeinschaftsrechts im Stufenbau der Rechtsordnung, JRP 2000, 84–99.

Bayer, Die Bundestreue (1961). [*Bayer*, Bundestreue]

Beckers, L'autorité et les effets des arrêts de la Cour d'Arbitrage (1987). [*Beckers*, L'autorité]

Bednar, Federalism as a Public Good, CPE 2005, 189–205.

Behnke/Benz, The Politics of Constitutional Change between Reform and Evolution, Publius 2009, 213–240.

Behrendt, Le juge constitutionnel, un législateur–cadre positif (2006). [*Behrendt*, Le juge]

Behrendt, The process of constitutional amendment in Belgium, in Contiades (ed) Engineering Constitutional Change – A Comparative Perspective on Europe, Canada and the USA (2012) 35–50. [*Behrendt* in Contiades, Constitutional Amendment]

Behrendt/Bouhon, Introduction à la Théorie générale de l'État – Manuel, 4. Auflage (2020). [*Behrendt/Bouhon*, Introduction]

Behrendt/Vrancken, Principes de droit constitutionnel belge, 2. Auflage (2019). [*Behrendt/Vrancken*, Principes]

Bell, Art 20 CFR, in Peers ea (eds) The EU Charter of Fundamental Rights – A Commentary (2014). [*Bell* in Peers, Art 20 CFR]

Benz, Balancing Rigidity and Flexibility: Constitutional Dynamics in Federal Systems, West European Politics 2013, 726–749.

Benz, Federalism As an Ideal Political Order and an Objective for Constitutional Reform, Publius Spring 1995, 1927.

Benz, From Unitary to Asymmetric Federalism in Germany: Taking Stock after 50 Years, Publius Fall 1999, 55–78.

Benz, Kein Ausweg aus der Politikverflechtung? – Warum die Bundesstaatskommission scheiterte, aber nicht scheitern musste, Politische Vierteljahresschrift 2005, 204–214.

Benz, Politik in Mehrebenensystemen (2009). [*Benz*, Politik]

Berchtold, Über die Durchführung von Staatsverträgen durch die Länder, JBl 1967, 244–252.

Berger, Anwendungsvorrang und nationale Verfassungsgerichte: ein Vergleich der verfassungsgerichtlichen Rechtsprechung in Deutschland, Frankreich und Spanien im Hinblick auf die Effektivität des unionsrechtlichen Anwendungsvorrangs (2016). [*Berger*, Anwendungsvorrang]

Berka, Art 7 B-VG, in Kneihs/Lienbacher (Hg) Rill-Schäffer-Kommentar Bundesverfassungsrecht, 1. Lfg (2001). [*Berka* in Kneihs/Lienbacher, Art 7 B-VG]

Berka, Verfassungsrecht, 7. Auflage (2018). [*Berka*, Verfassungsrecht]

Berka/Binder/Kneihs, Die Grundrechte, 2. Auflage (2019). [*Berka/Binder/Kneihs*, Grundrechte]

Bernhardt, Der Abschluß völkerrechtlicher Verträge im Bundesstaat (1957). [*Bernhardt*, Abschluß]

Bernier, International Legal Aspects of Federalism (1973). [*Bernier*, Federalism]

Bernstein, Identity Politics, Annual Review of Sociology 2005, 47–74.

Bertel, Staatszielbestimmungen – Bedeutung und Funktion im österreichischen Verfassungsrecht, in Breitenlechner/Kalteis/Kolar/Kristoferitsch/Lukan/Manolas/Rogatsch/Tobisch (Hg) Sicherung von Stabilität und Nachhaltigkeit durch Recht (2014) 139–158. [*Bertel* in Breitenlechner ea, Stabilität]

Besselink, Case C-208/09, Ilonka Sayn-Wittgenstein v. Landeshauptmann von Wien, Judgment of the Court (Second Chamber) of 22 December 2010, nyr, CMLR 2012, 671–694.

Besselink, Does EU Law Recognise Legal Limits to Integration? Accommodating Diversity and its Limits, in Giegerich/Gstrein/Zeitzmann (eds) The EU Between "an Ever Closer Union" and Inalienable Policy Domains of Member States (2014) 59–77. [*Besselink* in Giegerich/Gstrein/Zeitzmann, EU]

Besselink, National and constitutional identity before and after Lisbon, Utrecht Law Review 2010 (6:3) 36–49.

Bethge, § 31 BVerfGG, in Maunz ea (Hg) Bundesverfassungsgerichtsgesetz: BVerfGG, 56. Lfg (Februar 2019). [*Bethge* in Maunz, § 31 BVerfGG]

Bethge, Die Grundrechtssicherung im föderativen Bereich, AöR 1985, 169–218.

Bezemek, Gleichheitssatz, in Heißl (Hg) Handbuch Menschenrechte (2009) 228–262. [*Bezemek* in Heißl, Handbuch]

Bilgrami, Identity in Bernstein/Ophir/Stoler (eds) Political Concepts (2018) 159–166. [*Bilgrami* in Bernstein, Concepts]

Biondi, Subsidiarity in the Courtroom, in Biondi/Eeckhout/Ripley (Hg), EU Law After Lisbon (2012) 213–227. [*Biondi* in Biondi/Eeckhout/Ripley, EU Law]

Bleckmann, Der allgemeine Gleichheitssatz beim Zusammenwirken des Europäischen Gemeinschaftsrechts mit dem nationalen Recht, NJW 1985, 2856–2860.

Bleckmann, Grundgesetz und Völkerrecht (1975). [*Bleckmann*, Grundgesetz]

Blumenwitz, Der Schutz innerstaatlicher Rechtsgemeinschaften beim Abschluß völkerrechtlicher Verträge: ein Beitrag zur Dezentralisierung der auswärtigen Gewalt in den föderalen Staatsordnungen der Gegenwart (1972). [*Blumenwitz*, Schutz]

Bobek, *Landtová*, *Holubec*, and the Problem of an Uncooperative Court: Implications for the Preliminary Rulings Procedure, ECLR 2014, 54–89.

Bonelli, The Taricco Saga and the consolidation of judicial dialogue in the European Union, Maastricht Journal of European and Comparative Law 2018, 357–373.

Bothe, Art 46 VCLT, in Corten/Klein (eds) The Vienna Convention on the Law of Treaties – A Commentary (2011). [*Bothe* in Corten/Klein, Art 46 VCLT]

Boysen, Art 3 GG, in von Münch/Kunig (Hg), Grundgesetz Kommentar Band 1, 7. Auflage (2021). [*Boysen* in von Münch/Kunig, Art 3 GG]

Boysen, Gleichheit im Bundesstaat (2005). [*Boysen*, Gleichheit]

Braun, Making Federalism More Efficient: A Comparative Assessment, Acta Politica 2008, 4–25.

Breuer, Staatshaftung für judikatives Unrecht (2011). [*Breuer*, Staatshaftung]

Breuss/Eller, The Optimal Decentralisation of Government Activity: Normative Recommendations for the European Constitution, CPE 2004, 27–76.

Broch, Intersections of Gender and National Identity in Sport: A Cultural Sociological Overview, Sociology Compass 2016, 567–579.

Brooks, Enigmas of Identity (2011). [*Brooks*, Identity]

Brubaker/Cooper, Beyond “Identity”, Theory and Society 2000, 1–47.

Bryde, Art 79 GG, in von Münch/Kunig (Hg), Grundgesetz Kommentar Band 2, 7. Auflage (2021). [*Bryde* in von Münch/Kunig, Art 79 GG]

Buckler, Ein neuer allgemeiner Rechtsgrundsatz: Das unionsrechtliche Missbrauchsverbot – Anmerkung zum Urteil des EuGH v. 22.11.2017, Rs. C-251/16 (Cussens u. a./ Brosnan), EuR 2018, 371–381.

Buhr/Fabrykant/Hoffmann, The Measure of a Nation: Lithuanian Identity in the New Century, Journal of Baltic Studies 2014, 143–168.

Bumke, Die Pflicht zur konsistenten Gesetzgebung: Am Beispiel des Ausschlusses der privaten Vermittlung staatlicher Lotterien und ihrer bundesverfassungsgerichtlichen Kontrolle, Der Staat 2010, 77–105.

Burchardt, Die Ausübung der Identitätskontrolle durch das Bundesverfassungsgericht, ZaöRV 2016, 527–551.

Burchardt, Die Rangfrage im europäischen Normenverbund: theoretische Grundlagen und dogmatische Grundzüge des Verhältnisses von Unionsrecht und nationalem Recht (2015). [*Burchardt*, Rangfrage]

Burchardt, Kehrtwende in der Grundrechts- und Vorrangrechtsprechung des EuGH? – Anmerkung zum Urteil des EuGH vom 5.12.2017 in der Rechtssache M.A.S. und M.B. (C-42/17, „Taricco II“), EuR 2018, 248–264.

Burkhart, Reforming Federalism in Germany: Incremental Changes instead of the Big Deal, Publius 2008, 341–365.

Burmester, Federal Clauses: An Australian Perspective, ICLQ 1985, 522–537.

Burtscher, EG-Beitritt und Föderalismus. Folgen einer EG-Mitgliedschaft für die bundesstaatliche Ordnung Österreichs (1990). [*Burtscher*, EG-Beitritt]

Busch, Die Lindauer Vereinbarung und die ständige Vertragskommission der Länder: ein Beitrag zur Lehre vom Abschluß von Kulturabkommen in der Bundesrepublik Deutschland (1969). [*Busch*, Vereinbarung]

Bußjäger, Art 2 B-VG, in Kahl/Khakzadeh/Schmid (Hg) Bundesverfassungsrecht – B-VG und Grundrechte (2021). [*Bußjäger* in Kahl ea, Art 2 B-VG]

Bußjäger, Art 42 Abs 1–4 B-VG, in Kneihs/Lienbacher (Hg) Rill-Schäffer-Kommentar Bundesverfassungsrecht, 11. Lfg (2013). [*Bußjäger* in Kneihs/Lienbacher, Art 42 Abs 1–4 B-VG]

Bußjäger, Austria’s Cooperative Federalims, in Bischof/Karlhofer (eds) Austrian Federalism in Comparative Perspective (2015) 11–33. [*Bußjäger* in Bischof/Karlhofer, Federalism]

Bußjäger, Bundesstaat und Gleichheitsgrundsatz, JBl 2007, 289–297.

Bußjäger, Der Bundesstaat in der jüngeren Rechtsprechung des Verfassungsgerichtshofs in Adamovich/Funk/Holzinger/Frank (Hg) Festschrift für Gerhart Holzinger (2017) 201–214. [*Bußjäger* in FS Holzinger]

Bußjäger, Die Mitwirkung der Länder beim Abschluss von Staatsverträgen, ZÖR 2013, 111–124.

Bußjäger, Die Mitwirkung der österreichischen Länder an Vorhaben im Rahmen der EU, in Hummer/Obwexer (Hg) 10 Jahre EU-Mitgliedschaft Österreichs (2006) 55–73. [*Bußjäger* in Hummer/Obwexer, EU-Mitgliedschaft]

Bußjäger, Die Zustimmungsrechte des Bundesrates (2001). [*Bußjäger*, Zustimmungsrechte]

Bußjäger, Folgerungen aus dem Lissabonurteil des Bundesverfassungsgerichts, JBl 2010, 273–283.

Bußjäger, Grenzänderung und Bundesstaat, ZÖR 2009, 115–131.

Bußjäger, Homogenität und Differenz: Zur Theorie der Aufgabenverteilung zwischen Bund und Ländern in Österreich (2006). [*Bußjäger*, Homogenität]

Bußjäger, Mitwirkung der Länder an der Rechtsetzung in der Europäischen Union, in Griller/Kahl/Kneihs/Obwexer (Hg) 20 Jahre EU-Mitgliedschaft Österreichs (2015) 359–381. [*Bußjäger* in Griller ea, EU-Mitgliedschaft]

Bußjäger/Heißl, Nationaler Souveränitätsanspruch versus autonome Rechtsordnung? Integrationsschranken im Spannungsverhältnis zur Vorrangjudikatur des EuGH, ÖJZ 2008, 307–315.

Bustos Gisbert, National Constitutional Identity in European Constitutionalism: Revisiting the tale of the Emperor's new clothes in Spain?, in Saiz Arnaiz/Alcoberro Llivina (eds) National Constitutional Identity and European Integration (2013) 75–92. [*Bustos Gisbert* in Saiz Arnaiz, Constitutional Identity]

Butler, Gender Trouble – Feminism and the Subversion of Identity (1990). [*Butler*, Trouble]

Calhoun, Social Theory and the Politics of Identity, in Calhoun (ed) Social Theory and the Politics of Identity (1991, reprinted 1998) 9–36. [*Calhoun* in Calhoun, Social Theory]

Calliess, 70 Jahre Grundgesetz und europäische Integration: „Take back control" oder „Mehr Demokratie wagen"?, NVwZ 2019, 684–692.

Calliess, Art 16 EUV, in Calliess/Ruffert (Hg) Kommentar EUV/AEUV, 5. Auflage (2016). [*Calliess* in Calliess/Ruffert, Art 16 EUV]

Calliess, Art 24 GG, in Maunz/Dürig (Hg) GG Kommentar, 79. EL (Dezember 2016). [*Calliess* in Maunz/Dürig, Art 24 GG]

Calliess, Konfrontation statt Kooperation zwischen BVerfG und EuGH? Zu den Folgen des Karlsruher PSPP-Urteils, NVwZ 2020, 897–904.

Calliess/Kahl/Puttler, Art 4 EUV, in Calliess/Ruffert (Hg) Kommentar EUV/AEUV, 5. Auflage (2016). [*Calliess/Kahl/Puttler* in Calliess/Ruffert, Art 4 EUV]

Claes, National Identity: Trump card or up for negotiation?, in Saiz Arnaiz/Alcoberro Llivina (eds) National Constitutional Identity and European Integration (2013) 109–140. [*Claes* in Saiz Arnaiz, Constitutional Identity]

Claes, The Primacy of EU Law in European and National Law, in Chalmers/Arnull (eds) The Oxford Handbook of European Union Law (2015) 179–211. [*Claes* in Handbook]

Claes/Reestman, The Protection of National Constitutional Identity and the Limits of European Integration at the Occasion of the Gauweiler Case, GLJ 2015, 917–970.

Classen, Art 23 GG, in von Mangoldt/Klein/Starck (Hg) GG Kommentar Band II, 7. Auflage (2018). [*Classen* in von Mangoldt, Art 23 GG]

Classen, Art 24 GG, in von Mangoldt/Klein/Starck (Hg) GG Kommentar Band II, 7. Auflage (2018). [*Classen* in von Mangoldt, Art 24 GG]

Classen, Zu wenig, zu fundamentalistisch – zur grundrechtlichen Kontrolle „unionsrechtlich determinierter" nationaler Hoheitsakte, EuR 2016, 304–313.

Cloots, Het mysterie van den Belgische nationale en constitutionele identiteit, TBP 2017, 310–321.

Cloots, National Identity in EU Law (2015). [*Cloots*, Identity]

Cloots, Respecting linguistic identity within the EU's internal market: Las, CMLR 2014, 623–646.

Craig, Subsidiarity: A Political and Legal Analysis, JCMS 2012, 72–87.

Cremer, Art 107 AEUV, in Calliess/Ruffert (Hg) Kommentar EUV/AEUV, 5. Auflage (2016). [*Cremer* in Calliess/Ruffert, Art 107 AEUV]

De Beauvoir, Das andere Geschlecht – Sitte und Sexus der Frau, 10. Auflage (2009). [*de Beauvoir*, Geschlecht]

De Boer, Addressing rights divergences under the Charter: Melloni, CMLR 2013, 1083–1104.

De Groot/Spreutels/Peremans/Goedertier, Rapport de la Cour Constitutionnelle de Belgique présenté au XVIIe congrès de la conférence de Cours Constitutionnelles Européenes (2017), abrufbar unter http://www.const-court.be/de/common/home.html (abgerufen am 16.08.2020). [*De Groot/Spreutels/Peremans/Goedertier*, Rapport]

De Visscher/Laborderie, Belgique: stop ou encore? Entre fédéralisme, confédéralisme et séparatisme, Politique étrangère 2013/2014 (78:4) 23–35.

De Witte, European Union Law: How Autonomous is its Legal Order?, ZÖR 2010, 141–155.

De Witte/Mayoral/Jaremba/Wind/Podstawa (eds) National Courts and EU Law: New Issues, Theories and Methods [de Witte/Mayoral/Jaremba/Wind/Podstawa, EU Law]

Delpérée, La Belgique est un État fédéral, JT 1993, 637–646.

Delpérée/Verdussen, L'égalité, mesure du fédéralisme, RBDC 2004, 289–303.

Dermine, La Belgique face à la règle d'or budgétaire: sur l'incorporation de l'article 3, § 1, du traité de stabilité, de coopération et de gouvernance au sein de l'ordre juridique belge, RBDC 2014, 177–196.

Dermine, La loyauté fédérale et la sixième réforme de l'état – essai d'interprétation, APT 2015, 211–225.

Descombes, Die Rätsel der Identität, 2. Auflage (2013). [*Descombes*, Identität]

Di Federico, The Potential of Article 4(2) TEU in the Solution of Constitutional Clashes Based on Alleged Violations of National Identity and the Quest for Adequate (Judicial) Standards, EPL 2019, 347–380.

Dieterich, Systemgerechtigkeit und Kohärenz: Legislative Einheit und Vielheit durch Verfassungs- und Unionsrecht (2014). [*Dietrich*, Systemgerechtigkeit]

Dietlein, Art 79 GG, in Epping/Hillgruber (Hg) GG Kommentar, 48. Edition (15.08.2021). [*Dietlein* in Epping/Hillgruber, Art 79 GG]

Dobbs, Sovereignty, Article 4(2) TEU and the Respect of National Identities: Swinging the Balance of Power in Favour of the Member States?, Yearbook of European Law 2014, 298–334.

Dobbs, The Shifting Battleground of Article 4(2) TEU: Evolving National Identities and the corresponding need for EU management?, European Journal of Current Legal Issues 2015 (21:2).

Donnarumma, Intégration européenne et sauvegarde de l'identité nationale dans la jurisprudence de la Cour de justice et des Cours constitutionnelles, Revue française de droit constitutionnel 2010, 719–750.

Dörfer, Bundesverfassungsgericht und Bundesstaat (2010). [*Dörfer*, Bundesverfassungsgericht]

Dreher, Die Kompetenzverteilung zwischen Bund und Ländern im Rahmen der auswärtigen Gewalt nach dem Bonner Grundgesetz (1970). [*Dreher*, Kompetenzverteilung]

Dreier, § 1 Deutschland, in von Bogdandy/Cruz Villalón/Huber (Hg) Handbuch Ius Publicum Europaeum Band I Grundlagen und Grundzüge staatlichen Verfassungsrechts (2007) 3–85. [*Dreier* in HB Ius Publicum Europaeum Band I]

Dreier, Art 28 GG, in Dreier (Hg) GG Kommentar Band II, 3. Auflage (2015). [*Dreier* in Dreier, Art 28 GG]

Dreier, Art 79 III GG, in Dreier (Hg) GG Kommentar Band II, 3. Auflage (2015). [*Dreier* in Dreier, Art 79 Abs 3 GG]

Drewry, Political Institutions: Legal Perspectives, in Goodin/Klingemann (eds) A New Handbook of Political Science (1998) 192–204. [*Drewry* in Goodin/Klingemann, Handbook]

Dumont/van Drooghenbroeck, L'interdiction des sous-nationalités à Bruxelles, APT 2011, 201–226.

Dunn, Identity Crises – A Social Critique of Postmondernity (1998). [*Dunn*, Crises]

Eckes, Protecting Supremacy from External Influences: A Precondition for a European Constitutional Legal Order?, ELJ 2012, 230–250.

Edenharter, Grundrechtsschutz in föderalen Mehrebenensystemen (2018). [*Edenharter*, Grundrechtsschutz]

Edling, Zentralistische Verflechtungstendenzen im Föderalismus – Eine Empirische Analyse und ein bürokratietheoretischer Erklärungsansatz am Beispiel der Bundesrepublik Deutschland (1984). [*Edling*, Verflechtungstendenzen]

Egger, Alexander, Art 23d B-VG, in Kneihs/Lienbacher (Hg) Rill-Schäffer-Kommentar Bundesverfassungsrecht, 18. Lfg (2017). [*Egger* in Kneihs/Lienbacher, Art 23d B-VG]

Egger, Jakob, Die mittelbare Bundesverwaltung und ihre Ausnahmen, ÖJZ 2018, 900–907.

Egli, Die Bundestreue. Eine rechtsvergleichende Untersuchung (2010). [*Egli*, Bundestreue]

Eidlin, Class Formation and Class Identity: Birth, Death, and Possibilities for Renewal, Sociology Compass 2014, 1045–1062.

Eisenstadt/Giesen, The construction of collective identity, European Journal of Sociology 1995, 72–102.

Elazar, Exploring Federalism (1987). [*Elazar*, Federalism]

Elazar, Federal Systems of the World: A Handbook of Federal, Confederal and Autonomy Arrangements (1991). [*Elazar*, Federal Systems]

Elst/Van Nieuwenhove, Constitutieve bevoegdheden ("constituieve autonomie"), in in Seutin/van Haegendoren (eds) De transversale bevoegdheden in het federale België (2017) 63–108. [*Elst/Van Nieuwenhove* in Seutin/van Haegendoren, Bevoegdheden]

Engelmann/Schwartz, Perceptions of Austrian Federalism, Publius Winter 1981, 81–93.

Engels, Chancengleichheit und Bundesstaatsprinzip (2001). [Engels, Chancengleichheit]

Epiney, Gemeinschaftsrecht und Föderalismus: „Landes-Blindheit" und Verpflichtung zur Berücksichtigung innerstaatlicher Verfassungsstrukturen, EuR 1994, 301–324.

Eriksen, What is Anthropology? (2004). [*Eriksen*, Anthropology]

Erikson, Ego development and historical change, Psychoanalytic Study of the Child 1946, 359–396.

Erikson, The problem of ego identity, Journal of the American Psychoanalytic Association 1956, 56–121.

Erk, Austria: A Federation without Federalism, Publius Winter 2004, 1–20.

Erk, Explaining Federalism – State, society and congruence in Austria, Belgium, Canada, Germany and Siwtzerland (2008). [*Erk*, Federalism]

Ermacora, Über das Wesen des österreichischen Bundesstaates in Theorie und Praxis, JBl 1957, 521–525 und 549–552 (Fortsetzung).

Esterbauer, Das politische System Österreich (1995). [*Esterbauer*, System]

Everling, Europas Zukunft unter der Kontrolle der nationalen Verfassungsgerichte, EuR 2010, 91–108.

Evers, Art 79 Abs 3 GG, in Kahl/Waldhoff/Walter (Hg) Bonner Kommentar zum Grundgesetz, 45. EL (10.1982). [*Evers* in BK Art 79 Abs 3 GG]

Fabbrini/Sajó, The dangers of constitutional identity, ELJ 2019, 457–473.

Faraguna, Constitutional Identity in the EU—A Shield or a Sword?, GLJ 2017, 1617–1640.

Faraguna, Taking Constitutional Identity Away from the Courts, Brooklyn Journal of International Law 2016, 491–578.

Faraguna, On the identity clause and its abuses: "back to the Treaty", EPL 2021, 427–446.

Fassbender, Art 32 GG, in Kahl/Waldhoff/Walter (Hg) Bonner Kommentar zum Grundgesetz, 152. EL (06.2011). [*Fassbender* in BK Art 32 GG]

Fastenrath, Inländerdiskriminierung – Zum Gleichbehandlungsgebot beim Zusammenwirken mehrerer (Teil)rechtsordnungen im vertical gegliederten und international integrierten Staat, JZ 1987, 170–178.

Fastenrath, Kompetenzverteilung im Bereich der auswärtigen Gewalt (1996). [*Fastenrath*, Kompetenzverteilung]

Feld, The European constitution project from the perspective of constitutional political economy, Public Choice 2005, 417–448.

Feyen, Beyond Federal Dogmatics – The Influence of EU Law on Belgian Constitutional Case Law Regarding Federalism (2013). [*Feyen*, Federal Dogmatics]

Feyen, Economic and Monetary Union: Caught between Brussels and Luxembourg?, in Cloots/de Baere/Sottiaux (eds) Federalism in the European Union (2012) 392–404. [*Feyen* in Cloots, Federalism]

Finck, Subnational Authorities in EU Law (2017). [*Finck*, Authorities]

Flohimont, Comparaison et comparabilité dans la jurisprudence de la Cour constitutionnelle: rigueur ou jeu de hasard?, RBDC 2008, 217–235.

Forsthoff, Bankenunion und Bundesverfassungsgericht – Von der politischen Erfolgsgeschichte zur verfassungsrechtlichen Verlustsaga?, EuZW 2019, 977–982.

Frank, Gemeinschaftsrecht und Staatliche Verwaltung (2000). [*Frank*, Gemeinschaftsrecht]

Franzius, Art 4 EUV, in Pechstein/Nowak/Häde (Hg) Frankfurter Kommentar zu EUV, GRC und AEUV, Band I (2017). [*Franzius* in Pechstein/Nowak/Häde, Art 4 EUV]

Franzius, Die Abweichungsgesetzgebung, NVwZ 2008, 492–499.

Friesen, The Distribution of Treaty-Implementing Powers in Constitutional Federations: Thoughts on the American and Canadian Model, CLR 1994, 1415–1450.

Fromage, National Constitutional Identity and Its Regional Dimension Post-Lisbon as Part of a General Trend Towards Multilevel Governance Within the EU, EPL 2021, 497–516.

Fromage/de Witte, National Constitutional Identity Ten Years on: State of Play and Future Perspectives, EPL 2021, 411–424.

Funk, Die grundlegenden Ordnungsprobleme im System der bundesstaatlichen Kompetenzverteilung, JBl 1976, 449–464.

Gal/Shifman/Kampf, "It Gets Better": Internet memes and the construction of collective identity, new media & society 2016, 1698–1714.

Gamper, Bundesstaatsblindheit, in Lachmayer/Bauer, Praxiswörterbuch Europarecht (2008) 148. [*Gamper* in Lachmayer/Bauer, Praxiswörterbuch]

Gamper, Die Kompetenzverteilung in der Judikatur des österreichischen Verfassungsgerichtshofs, BRGÖ 2021, 344–357.

Gamper, Die Regionen mit Gesetzgebungshoheit (2004). [*Gamper*, Regionen]

Gamper, Die verfassungsrechtliche Grundordnung als Rechtsproblem (2000). [*Gamper*, Grundordnung]

Gamper, Kompetenzgerichtsbarkeit und Kompetenzinterpretation in Österreich, in Gamper ea (Hg) Föderale Kompetenzverteilung in Europa (2016) 575–605. [*Gamper* in Gamper, Kompetenzverteilung]

Gamper, Länder ohne Gesetzgebung: Was bliebe von der Bundesverfassung?, in Lienbacher/Pürgy (Hg) Ist die Gesetzgebungskompetenz der Länder noch sinnvoll? (2020) 51–76. [*Gamper* in Lienbacher/Pürgy, Gesetzgebungskompetenz]

Gamper, Landesverwaltungsgerichte im Spannungsfeld der Bauprinzipien der Bundesverfassung, in Bußjäger ea (Hg) Die neuen Landesverwaltungsgerichte Grundlagen – Organisation – Verfahren (2013) 1–28. [*Gamper* in Bußjäger, Landesverwaltungsgerichte]

Gamper, Regeln der Verfassungsinterpretation (2012). [*Gamper*, Verfassungsinterpretation]

Geiger, Art 4 EUV, in Geiger/Khan/Kotzur (Hg) EUV/AEUV, 6. Auflage (2017). [*Geiger* in Geiger/Khan/Kotzur, Art 4 EUV]

Gentzsch/Brade, Die Bankenunion vor dem Bundesverfassungsgericht. Neue Impulse für grundlegenden Fragestellungen des Verfassungs- und Unionsrechts, EuR 2019, 602–637.

Gérard, Het stabiliteitsverdrag – arrest vanuit Duits perspectief, TBP 2017, 347–353.

Gérard/Verrijdt, Belgian Constitutional Court Adopts National Identity Discourse, ECLR 2017, 182–205.

Ghaziani, Post-Gay Collective Identity Construction, Social Problems 2011, 99–125.

Giegerich, Europäische Verfassung und deutsche Verfassung im transnationalen Konstitutionalisierungsprozeß: wechselseitige Rezeption, konstitutionelle Evolution und föderale Verflechtung (2003). [*Giegerich*, Verfassung]

Gilbert, Cultural Identity and Political Ethics (2010). [*Gilbert*, Identity]

Gleason, Identifying Identity: A Semantic History, The Journal of American History, 1983, 910–931.

Goldhammer, Die Achtung der nationalen Identität durch die Europäische Union. Theorie und Dogmatik des Art. 4 Abs. 2 EUV im Lichte der ersten Entscheidungen, in Baer/Lepsius/Schönberger/Waldhoff/Walter (Hg) Jahrbuch des Öffentlichen Rechts der Gegenwart Band 63 (2015) 105–127. [*Goldhammer* in JBÖR 2015]

González Pascual, Criminal Law as an essential function of the state: last line of resistance?, in Saiz Arnaiz/Alcoberro Llivina (eds) National Constitutional Identity and European Integration (2013) 159–176. [*González Pascual* in Saiz Arnaiz, Constitutional Identity]

Goodin/Klingemann, Political Science: The Discipline, in Goodin/Klingemann (eds) A New Handbook of Political Science (1998) 4–49. [*Goodin/Klingemann* in Goodin/Klingemann, Handbook]

Gors, Une cause de refus de renvoi préjudiciel: la primauté de la Convention Européenne sur la constitution, RBDC 2005, 507–531.

Grabenwarter, § 20 Österreich, in von Bogdandy/Cruz Villalón/Huber (Hg) Handbuch Ius Publicum Europaeum Band II Offene Staatlichkeit – Wissenschaft vom Verfassungsrecht (2007) 211–241. [*Grabenwarter* in HB Ius Publicum Europaeum Band II]

Grabenwarter, Staatliches Unionsverfassungsrecht, in von Bogdandy/Bast (Hg) Europäisches Verfassungsrecht, 2. Auflage (2009) 121–176. [*Grabenwarter* in von Bogdandy/Bast, Verfassungsrecht]

Grabenwarter/Pabel, Europäische Menschenrechtskonvention, 7. Auflage (2021). [*Grabenwarter/Pabel*, EMRK]

Gragl, The Pure Theory of Law and Legal Monism – Epistemological Truth and Empirical Plausibility, ZÖR 2015, 665–736.

Gramm, Gewaltenverschiebungen im Bundesstaat, AöR 1999, 212–236.

Grant, Defining Statehood: The Montevideo Convention and its Discontents, Columbia Journal of Transnational Law 1998/1999 (37:2) 403–457.

Grasse, § 101 Dissoziativer Föderalismus (2): Föderalismus in Italien, in Härtel (Hg) Handbuch Föderalismus Band 4: Föderalismus in Europa und der Welt (2012) 797–818. [*Grasse* in Härtel, Handbuch]

Grewe, Constance, Methods of Identification of National Constitutional Identity, in Saiz Arnaiz/Alcoberro Llivina (eds) National Constitutional Identity and European Integration (2013) 37–48. [*Grewe* in Saiz Arnaiz, Constitutional Identity]

Grewe, Wilhelm, Die auswärtige Gewalt der Bundesrepublik, VVDStRL 12 (1953) 129–178. (*Grewe*, VVDStRL 12)

Grewe, Wilhelm, Zum Verfassungsrecht der auswärtigen Gewalt, AöR 1987, 521–543.

Griller, Der Stufenbau der österreichischen Rechtsordnung nach dem EU-Beitritt, JRP 2000, 273–288.

Griller, Die Übertragung von Hoheitsrechten auf zwischenstaatliche Einrichtungen (1989). [*Griller*, Hoheitsrechte]

Griller, Verfassungsfragen der österreichischen EU-Mitgliedschaft, ZfRV 1995, 89–115.

Grimm, Das Grundgesetz als Riegel vor einer Verstaatlichung der Europäischen Union, Der Staat 2009, 475–496.

Grimm, Souveränität: Herkunft und Zukunft eines Schlüsselbegriffs (2009). [*Grimm*, Souveränität]

Grzeszick, Art 20 GG (Bundesstaat), in Maunz/Dürig (Hg) GG Kommentar, 46. EL (März 2006). [*Grzeszick* in Maunz/Dürig, Art 20 GG]

Grzeszick, Rationalitätsanforderungen an die parlamentarische Rechtsetzung im demokratischen Rechtsstaat, in Lienbacher ea (Hg) Grundsatzfragen der Rechtsetzung und Rechtsfindung, VVDStRL 71 (2012) 49–81. [*Grzeszick* in VVDStRL 71]

Guastaferro, Beyond the Exceptionalism of Constitutional Conflicts: The Ordinary Functions of the Identity Clause, Yearbook of European Law 2012, 263–318.

Guastaferro, Coupling National Identity with Subsidiarity Concerns in National Parliaments' Reasoned Opinions, Maastricht Journal of European and Comparative Law 2014, 320–340.

Gundel, Der Status der Länderstaatsverträge im deutschen Bundesstaatsrecht, DÖV 2017, 15–22.

Ha/Jang, National Identity, National Pride, and Happiness: The Case of South Korea, Social Indicators Research 2015, 471–482.

Haack, Widersprüchliche Regelungskonzeptionen im Bundesstaat (2002). [*Haack*, Regelungskonzeptionen]

Häberle, Kulturhoheit im Bundesstaat – Entwicklungen und Perspektiven, AöR 1999, 549–582.

Habermas, Staatsbürgerschaft und nationale Identität (1991). [*Habermas*, Staatsbürgerschaft]

Haider/Stöger, Art 4 EUV, in Jaeger/Stöger (Hrsg), EUV/AEUV (Stand 2012). [*Haider/Stöger* in Jaeger/Stöger, Art 4 EUV]

Hain, Art 79 GG, in von Mangoldt/Klein/Starck (Hg) GG Kommentar Band II, 7. Auflage (2018). [*Hain* in von Mangoldt, Art 79 GG]

Haller, Die Prüfung von Gesetzen (1979). [Haller, Prüfung]

Halmai, Abuse of Constitutional Identity. The Hungarian Constitutional Court on Interpretation of Article E) (2) of the Fundamental Law, Review of Central and Eastern European Law 2018, 23–42.

Haltern, Europäischer Kulturkampf – Zur Wahrung „nationaler Identität" im Unions-Vertrag, Der Staat 1998, 591–623.

Haltern, Was bedeutet Souveränität? (2007). [*Haltern*, Souveränität]

Hammer, Art 16 B-VG, in Korinek/Holoubek/Bezemek/Fuchs/Martin/Zellenberg (Hg) B-VG Kommentar, 2. Lfg (1999). [*Hammer* in Korinek/Holoubek, Art 16 B-VG]

Hammer, EU-Verfassungsvertrag, Gesamtänderung der Bundesverfassung und pouvoir constituant, juridikum 2004, 112–116.

Hammer, Länderstaatsverträge. Zugleich ein Beitrag zur Selbständigkeit der Länder im Bundesstaat (1992). [*Hammer*, Länderstaatsverträge]

Hanebeck, Die Einheit der Rechtsordnung als Anforderung an den Gesetzgeber? Zu verfassungsrechtlichen Anforderungen wie „"Systemgerechtigkeit"" und "„Widerspruchsfreiheit"" der Rechtsetzung als Maßstab verfassungsgerichtlicher Kontrolle, Der Staat 2002, 429–451.

Happacher, Von der Einheit zur Autonomie und wieder zurück: Kompetenzverteilung all'italiana, in Gamper ea (Hg) Föderale Kompetenzverteilung in Europa (2016) 245-282. [*Happacher* in Gamper, Kompetenzverteilung]

Haratsch, § 210 Grundfreiheiten des europäischen Marktes, in Isensee/Kirchhof (Hg) Handbuch des Staatsrechts der Bundesrepublik Deutschland Band X Deutschland in der Staatengemeinschaft, 3. Auflage (2012) 173–194. [*Haratsch* in HB StR § 210]

Haratsch, Art 79 GG, in Sodan (Hg) Grundgesetz Kommentar, 4. Auflage (2018). [*Haratsch* in Sodan, Art 79 GG]

Haratsch, Nationale Identität aus europarechtlicher Sicht, EuR 2016, 131–147.

Hartmann, Das politische System der Bundesrepublik Deutschland im Kontext (2004). [*Hartmann*, System]

Hatje, Art 4 EUV, in Schwarze/Becker/Hatje/Schoo (Hg) EU-Kommentar, 4. Auflage (2019). [*Hatje* in Schwarze, Art 4 EUV]

Heintschel von Heinegg/Frau, Art 24 GG, in Epping/Hillgruber (Hg) GG Kommentar, 48. Edition (15.08.2021). [*Heintschel von Heinegg/Frau* in Epping/Hillgruber, Art 24 GG]

Heintschel von Heinegg/Frau, Art 32 GG, in Epping/Hillgruber (Hg) GG Kommentar, 48. Edition (15.08.2021). [*Heintschel von Heinegg/Frau* in Epping/Hillgruber, Art 32 GG]

Hellbling, Die Änderungen der österreichischen Bundesverfassung im Licht des Verfassungsbruchs, in Hellbling/Mayer-Maly/Marcic (Hg) Föderative Ordnung Band I – Bundesstaat auf der Waage (1969) 33–121. [*Hellbling* in Hellbling, Bundesstaat]

Hellbling, Die neuen Bestimmungen über die Verwaltungs- und Verfassungsgerichtsbarkeit, ÖJZ 1947, 209–213.

Henning, Personale Identität und personale Identitäten – Ein Problemfeld der Philosophie, in Petzold (Hg) Identität - Ein Kernthema moderner Psychotherapie in interdisziplinärer Perspektive (2012) 19–38. [*Henning* in Petzold, Identität]

Hensel, Bindungswirkung und Verfahren, Der Staat 2011, 581–607.

Herbst, Gesetzgebungskompetenzen im Bundesstaat (2014). [Herbst, Gesetzgebungskompetenzen]

Herdegen, § 211 Grundrechte der Europäischen Union, in Isensee/Kirchhof (Hg) Handbuch des Staatsrechts der Bundesrepublik Deutschland Band X Deutschland in der Staatengemeinschaft, 3. Auflage (2012) 195–223. [*Herdegen* in HB StR § 211]

Herdegen, Art 79 Abs 3 GG, in Maunz/Dürig (Hg) GG Kommentar, 72. EL (Juli 2014). [*Herdegen* in Maunz/Dürig, Art 79 GG]

Hesse, Joachim Jens/Ellwein, Thomas, Das Regierungssystem der Bundesrepublik Deutschland, 10. Auflage (2012). [*Hesse/Ellwein*, Regierungssystem]

Hesse, Konrad, Bundesstaatsreform und Grenzen der Verfassungsänderung, AöR 1973, 1–52.

Hesse, Konrad, Der unitarische Bundesstaat (1962). [*Hesse*, Bundesstaat]

Heun, Art 3 GG, in Dreier (Hg) GG Kommentar Band I, 3. Auflage (2013). [*Heun* in Dreier, Art 3 GG]

Heun, Art 59 GG, in Dreier (Hg) GG Kommentar Band II, 3. Auflage (2015). [*Heun* in Dreier, Art 59 GG]

Heun, Die Verfassungsordnung der Bundesrepublik Deutschland (2012). [*Heun*, Verfassungsordnung]

Hiesel, Gibt es in Österreich unabänderliches Verfassungsrecht?, ÖJZ 2002, 121–127.

Himsworth, Das Vereinigte Königreich: Die Evolution der Devolution, in Gamper ea (Hg) Föderale Kompetenzverteilung in Europa (2016) 377–403. [*Himsworth* in Gamper, Kompetenzverteilung]

Hoffmeister, Art 7 VCLT, in Dörr/Schmalenbach (Hg) Vienna Convention on the Law of Treaties – A Commentary, 2nd edition (2018). [*Hoffmeister* in Dörr/Schmalenbach, Art 7 VCLT]

Hofmann, Art 20 GG, in Schmidt-Bleibtreu/Hofmann/Henneke (Hg) GG Kommentar zum Grundgesetz, 14. Auflage (2018). [*Hofmann* in Schmidt-Bleibtreu/Hofmann/Henneke, Art 20 GG]

Holdgaard/Elkan/Schaldemose, From cooperation to collision: The ECJ's Ajos Ruling and the Danish Supreme Court's refusal to comply, CMLR 2018, 17–54.

Höllbacher, Unmittelbare Bundesverwaltung (2013). [*Höllbacher*, Bundesverwaltung]

Holoubek, Art 7 Abs 1 S 1 und 2 B-VG, in Korinek/Holoubek/Bezemek/Fuchs/Martin/Zellenberg (Hg) B-VG Kommentar, 14. Lfg (2018). [*Holoubek* in Korinek/Holoubek, Art 7 B-VG]

Holoubek, Die Sachlichkeitsprüfung des allgemeinen Gleichheitssatzes, ÖZW 1991, 72–81.

Holoubek, Säumnis des Gesetzgebers, in Holoubek/Lang (Hg) Rechtsschutz gegen staatliche Untätigkeit (2011) 247–263. [*Holoubek* in Holoubek/Lang, Untätigkeit]

Holoubek, Verhältnismäßigkeit und Sachlichkeit: Überlegungen zu ihrer Bedeutung in der Struktur der Gleichheitsprüfung, ZÖR 2019, 867–881.

Hölscheidt, Art 20 GRC, in Meyer/Hölscheidt (Hg) Charta der Grundrechte der Europäischen Union, 5. Auflage (2019). [*Hölscheidt* in Meyer/Hölscheidt, Art 20 GRC]

Holzinger, Aktuelle Fragen des Bundesstaatsprinzips, in Berka/Schäffer/Stolzlechner/Wiederin (Hg) Verfassungsreform Überlegungen zur Arbeit des Österreich-Konvents (2004) 71–83. [*Holzinger* in Berka, Verfassungsreform]

Holzinger, Der Bundesstaat in der Verfassungswirklichkeit, in Schambeck (Hg) Bundesstaat und Bundesrat in Österreich (1997) 235–274. [*Holzinger* in Schambeck, Bundesstaat]

Holzinger, Der österreichische Bundesstaat und seine Reform, in Akyürek ea (Hg) Staat und Recht in europäischer Perspektive: Festschrift Heinz Schäffer (2006) 277–294. [*Holzinger* in FS Schäffer]

Holzinger, Verfassungsrechtliche Aspekte der Bundesstaatsreform, Institut für Föderalismus (Hg) Im Dienste der Länder – im Interesse des Gesamtstaates, Festschrift 60 Jahre Verbindungsstelle der Bundesländer (2011) 269–281. [*Holzinger* in FS 60 Jahre Verbindungsstelle]

Hrbek, Germany (Federal Republic of Germany), in Griffiths (ed) Handbook of Federal Countries, 2005 (2005) 149–164. [*Hrbek* in Griffiths, Handbook]

Huber, Bewahrung und Veränderung rechtsstaatlicher und demokratischer Verfassungsstrukturen in den internationalen Gemeinschaften – 50 Jahre danach, AöR 2016, 117–135.

Hüchting, Abschluß und Vollzug völkerrechtlicher Verträge des Bundes im Bereich der ausschließlichen Zuständigkeiten der Länder nach dem Grundgesetz (1965). [*Hüchting*, Verträge des Bundes]

Hufeld, § 215 Anwendung des europäischen Rechts in den Grenzen des Verfassungsrechts, in Isensee/Kirchhof (Hg) Handbuch des Staatsrechts der Bundesrepublik Deutschland Band X Deutschland in der Staatengemeinschaft, 3. Auflage (2012) 383–431. [*Hufeld* in HB StR § 215]

Hughes, Identity, Law and Politics (1995). [*Hughes*, Identity]

Hummer, Der Bundesrat und die Gesetzgebung, in Schambeck (Hg) Bundesstaat und Bundesrat in Österreich (1997) 367–398. [*Hummer, G.* in Schambeck, Bundesstaat]

Huster/Rux, Art 20 GG, in Epping/Hillgruber (Hg) GG Kommentar, 48. Edition (15.08.2021). [*Huster/Rux* in Epping/Hillgruber, Art 20 GG]

Hüther/Hafemann, § 14 Öffentliche Güter, Wettbewerb, Kompetenzverteilung – ökonomische Analysen zum Föderalismus, in Härtel (Hg) Handbuch Föderalismus Band 1: Grundlagen des Föderalismus und der deutsche Bundesstaat (2012) 333–358. [*Hüther/Hafemann* in Härtel, Handbuch]

Hwang, Vorrang der Verfassungsidentität als Herausforderung für die Rechtsordnung der Europäischen Union?, Der Staat 2017, 107–132.

Ingold, Die verfassungsrechtliche Identität der Bundesrepublik Deutschland: Karriere – Konzept – Kritik, AöR 2015, 1–30.

Ipsen, Als Bundesstaat in der Gemeinschaft, in Caemmerer/Schlochauer/Steindorff (Hg) FS Hallstein (1966) 248–265. [*Ipsen* in FS Hallstein]

Isensee, § 126 Idee und Gestalt des Föderalismus im Grundgesetz, in Isensee/Kirchhof, Handbuch des Staatsrechts Band VI: Bundesstaat, 3. Auflage (2008). [*Isensee* in HB StR § 126]

Jabloner, Der Bundesstaat und die Gerichtsbarkeit des öffentlichen Rechts, in Schambeck (Hg) Bundesstaat und Bundesrat in Österreich (1997) 135–154. [*Jabloner* in Schambeck, Bundesstaat]

Jabloner, Die Mitwirkung der Bundesregierung an der Landesgesetzgebung (1989). [*Jabloner*, Mitwirkung]

Jabloner, Verfassungsrechtliche Grundordnung und historisch erste Verfassung, JRP 2001, 34–46.

Jacobsohn, Constitutional Identity, The Review of Politics 2006, 361–397.

Jaeger, Gesetzgebung der Länder aus unionsrechtlicher Perspektive, in Lienbacher/Pürgy (Hg) Ist die Gesetzgebungskompetenz der Länder noch sinnvoll? (2020) 21–50. [*Jaeger* in Lienbacher/Pürgy, Gesetzgebungskompetenz]

Jaeger, Materielles Europarecht (2017). [*Jaeger*, Europarecht]

Jakab, Die Dogmatik des österreichischen öffentlichen Rechts aus deutschem Blickwinkel – ex contrario fiat lux, Der Staat 2007, 268–291.

Jakab, European Constitutional Language (2016). [*Jakab*, Language]

Jakab/Kirchmair, Art 10 Abs 1 Z 2 B-VG, in Kneihs/Lienbacher (Hg) Rill-Schäffer-Kommentar Bundesverfassungsrecht, 23. Lfg (2019). [*Jakab/Kirchmair* in Kneihs/Lienbacher, Art 10 Abs 1 Z 2 B-VG]

Janko, Gesamtänderung der Bundesverfassung (2004). [*Janko*, Gesamtänderung]

Jarass, Art 20 GRC, in Jarass (Hg) Charta der Grundrechte, 4. Auflage (2021). [*Jarass* in Jarass, Art 20 GRC]

Jarass, Art 51 GRC, in Jarass (Hg) Charta der Grundrechte, 4. Auflage (2021). [*Jarass* in Jarass, Art 51 GRC]

Jarass, Art 52 GRC, in Jarass (Hg) Charta der Grundrechte, 4. Auflage (2021). [*Jarass* in Jarass, Art 52 GRC]

Jarass, Art 59 GG, in Jarass/Pieroth (Hg) GG Kommentar, 16. Auflage (2020). [*Jarass* in Jarass/Pieroth, Art 59 GG]

Jaraczewski, Gazing into the Abyss: The K 3/21 decision of the Polish Constitutional Tribunal, Verfassungsblog, 12.10.2021 (abgerufen am 25.11.2021).

Jasper/McGarry, Introduction – The Identity Dilemma, Social Movements, and Contested Identity, in McGarry/Jasper (eds) The Identity Dilemma: Social Movements and Collective Identity (2015) 1–17. [*Jasper/McGarry* in McGarry/Jasper, Dilemma]

Jasper/Tramontano/McGarry, Scholarly Research on Collective Identities, in McGarry/Jasper (eds) The Identity Dilemma: Social Movements and Collective Identity (2015) 18–41. [*Jasper/Tramontano/McGarry* in McGarry/Jasper, Dilemma]

Jellinek, Allgemeine Staatslehre = Recht des modernen Staates Band 1, 2. Auflage (1905). [*Jellinek*, Staatslehre]

Jellinek, Die Lehre von den Staatenverbindungen (1882, Nachdruck 1996). [*Jellinek*, Staatenverbindungen]

Jestaedt, Vom Nutzen der Rechtstheorie in der Europäischen Integration, in Herzig/Klamert/Palmstorfer/Puff/Vranes/Weismann (Hg) Europarecht und Rechtstheorie (2017) 1–18. [*Jestaedt* in Herzig, Europarecht]

Jestaedt, Warum in die Ferne schweifen, wenn der Maßstab liegt so nah?, Der Staat 2009, 497–516.

Kaczorowska-Ireland, What Is the European Union required to Respect under Article 4(2) TEU?: The Uniqueness Approach, EPL 2019, 57–82.

Kaddous, The European Union's Common Values and National Identities: Convergence or Contradiction?, in Giegerich/Gstrein/Zeitzmann (eds) The EU Between "an Ever Closer Union" and Inalienable Policy Domains of Member States (2014) 81–106. [*Kaddous* in Giegerich/Gstrein/Zeitzmann, EU]

Karlhofer, Gestaltungskraft und Vetomacht – Funktion und Praxis der Landeshauptleutekonferenz, in Institut für Föderalismus (Hg) Im Dienste der Länder – im Interesse des Gesamtstaates, Festschrift 60 Jahre Verbindungsstelle der Bundesländer (2011) 311–326. [*Karlhofer* in FS 60 Jahre Verbindungsstelle]

Kelemen/Pech, The Uses and Abuses of Constitutional Pluralism: Undermining the Rule of Law in the Name of Constitutional Identity in Hungary and Poland, Cambridge Yearbook of European Legal Studies 2019, 59–74.

Kelsen, Die Bundesexekution, in Festgabe für Fritz Fleiner, Einzelausgabe (1927) 127–187. [*Kelsen* in FS Fleiner]

Kelsen, Die Stellung der Länder in der künftigen Verfassung Deutschösterreichs, ZÖR 1919/20, 98–122.

Kelsen, General Theory of Law and State (reissued 1961). [*Kelsen*, General Theory]

Kelsen/Fröhlich/Merkl, Die Bundesverfassung vom 1. Oktober 1920 (1922). [*Kelsen/Fröhlich/Merkl*]

Kempen, Art 32 GG, in von Mangoldt/Klein/Starck (Hg) GG Kommentar Band II, 7. Auflage (2018). [*Kempen* in von Mangoldt, Art 32 GG]

Kempen, Art 59 GG, in von Mangoldt/Klein/Starck (Hg) GG Kommentar Band II, 7. Auflage (2018). [*Kempen* in von Mangoldt, Art 59 GG]

Khakzadeh, Art 7 B-VG, in Kahl/Khakzadeh/Schmid (Hg) Bundesverfassungsrecht – B-VG und Grundrechte (2021). [*Khakzadeh* in Kahl ea, Art 7 B-VG]

in Khakzadeh in Kahl ea, Art 7 B-VG Rz 40

Khakzadeh, Die „Erforderlichkeit" als Rechtsbegriff? ZÖR 2003, 351–396.

Khushal Murkens, Identity trumps integration, Der Staat 2009, 517–534.

Kincaid, Values and Value Tradeoffs in Federalism, Publius, Spring 1995, 29–44.

Kingreen, Art 51 GRC, in Calliess/Ruffert (Hg) Kommentar EUV/AEUV, 5. Auflage (2016). [*Kingreen* in Calliess/Ruffert, Art 51 GRC]

Kingreen, Art 52 GRC, in Calliess/Ruffert (Hg) Kommentar EUV/AEUV, 5. Auflage (2016). [*Kingreen* in Calliess/Ruffert, Art 52 GRC]

Kingreen, Art 3 GG, in Kahl/Waldhoff/Walter (Hg) Bonner Kommentar zum Grundgesetz, 202. EL (02.2020). [*Kingreen* in BK Art 3 GG]

Kirchhof, § 181 Allgemeiner Gleichheitssatz, in Isensee/Kirchhof (Hg) Handbuch des Staatsrechts der Bundesrepublik Deutschland Band VIII Grundrechte: Wirtschaft, Verfahren, Gleichheit, 3. Auflage (2010) 697–838. [*Kirchhof* in HB StR § 181]

Kirchhof, § 214 Der deutsche Staat im Prozeß der europäischen Integration, in Isensee/Kirchhof (Hg) Handbuch des Staatsrechts der Bundesrepublik Deutschland Band X Deutschland in der Staatengemeinschaft, 3. Auflage (2012) 299–382. [*Kirchhof* in HB StR § 214]

Kirchhof, Art 3 Abs 1 GG, in Maunz/Dürig (Hg) GG Kommentar, 75. EL (September 2015). [*Kirchhof* in Maunz/Dürig, Art 3 Abs 1 GG]

Kirchmair, Nationale Souveränität als Verfassungsidentität, DÖV 2021, 321–327.

Kischel, Art 3 GG, in Epping/Hillgruber (Hg) GG Kommentar, 48. Edition (15.08.2021). [*Kischel* in Epping/Hillgruber, Art 3 GG]

Kischel, Comparative Law (2019). [*Kischel*, Comparative Law]

Kischel, Darf der Gesetzgeber das Bundesverfassungsgericht ignorieren? – Zum erneuten Erlaß für nichtig erklärter Gesetze, AöR 2006, 219–254.

Klamert, Art 4 TEU, in Kellerbauer/Klamert/Tomkin (eds) The EU Treaties and the Charter of Fundamental Rights – A Commentary (2019). [*Klamert* in Kellerbauer/Klamert/Tomkin, Art 4 TEU]

Klamert, EU-Recht, 2. Auflage (2018). [*Klamert*, EU-Recht]

Klamert, The Principle of Loyalty in EU Law (2014). [*Klamert*, Loyalty]

Klamert, Zur Pragmatik der Kompetenzverteilung in der EU in Herzig/Klamert/Palmstorfer/Puff/Vranes/Weismann (Hg) Europarecht und Rechtstheorie (2017) 137–163. [*Klamert* in Herzig ea, Europarecht]

Klecatsky, Die föderalistischen Strukturelemente der Gerichtsbarkeit, in Hellbling/Mayer-Maly/Marcic (Hg) Föderative Ordnung Band II – Föderalismus in Österreich (1970) 159–203. [*Klecatsky* in Hellbling, Föderalismus]

Klein, Europäischer Grundrechtsschutz und nationale Identität, in Niedobitek/Sommermann (Hg) Die Europäische Union als Wertegemeinschaft (2013) 59–75. [*Klein* in Niedobitek/Sommermann, Wertegemeinschaft]

Kliemann, Art 107 AEUV, in von der Groeben/Schwarze/Hatje, Europäisches Unionsrecht, 7. Auflage (2015). [*Kliemann* in von der Groeben/Schwarze/Hatje, Art 107 AEUV]

Kneihs, Der (Nicht-)Beitritt der Union zur EMRK und seine Konsequenzen für Österreich in der Union, in Griller/Kahl/Kneihs/Obwexer (Hg) 20 Jahre EU-Mitgliedschaft Österreichs (2015) 257–289. [*Kneihs* in Griller ea, EU-Mitgliedschaft]

Kneihs, Die „demokratische Republik“: Zu den Befugnissen des Bundespräsidenten, JRP 2017, 73–77.

Kneihs, Freiheitsentzug im Pflegeheim und Kompetenzverteilung. Anmerkungen zu VfGH G 208/02 vom 28.6.2003, ZfV 2004, 304–310.

Kneihs, Kundmachung, Geltung, Fehlerkalkül (2012). [*Kneihs*, Kundmachung]

Kneihs/Schmidlechner, Verwaltungsgerichte für die Bürger/innen. JRP 2016, 8–26.

Köchle/Pavlidis, Art 20 GRC, in Holoubek/Lienbacher, GRC-Kommentar, 2. Auflage (2019). [*Köchle/Pavlidis* in Holoubek/Lienbacher, Art 20 GRC]

Kohl, Das bundesstaatliche Prinzip in der österreichischen Verfassungsrechtswissenschaft der Ersten Republik, in Schennach (Hg) Rechtshistorische Aspekte des österreichischen Föderalismus (2015) 118–146. [*Kohl* in Schennach, Föderalismus]

Kohler/Petersohn, Belgien: Vorzeigemodell eines dualen Föderalismus oder konföderales Gebilde sui generis?, in Gamper ea (Hg) Föderale Kompetenzverteilung in Europa (2016) 181–214. [*Kohler/Petersohn* in Gamper, Kompetenzverteilung]

Koja, Allgemeine Staatslehre (1993). [*Koja*, Staatslehre]

Koja, Das Verfassungsrecht der österreichischen Bundesländer, 2. Auflage (1988). [*Koja*, Bundesländer]

Komárek, Czech Constitutional Court: Playing with Matches: The Czech Constitutional Court Declares a Judgement of the Court of Justice of the EU Ultra Vires, Judgement of 31. January 2012, Pl. ÚS 5/12, Slovak Pensions XVII, ECLR 2012, 323–337.

Konstadinides, Dealing with Parallel Universes: Antinomies of Sovereignty and the Protection of National Identity in European Judicial Discourse, Yearbook of European Law 2015, 127–169.

Koppensteiner/Weber, Die Monopolisierung des Vertriebs von E-Zigaretten aus unions- und verfassungsrechtlicher Sicht, ÖZW 2016, 32–43.

Korioth, Der deutsche Föderalismus im vereinten Europa, in Papier/Münch/Kellermann (Hg) Föderalismus – Der deutsche Bundesstaat in der Europäischen Union (2018) 11–26. [*Korioth* in Papier, Föderalismus]

Korioth, Europäische und nationale Identität: Integration durch Verfassungsrecht? VVDStRL 62 (2003) 117–155 [*Korioth*, VVDStRL 62]

Kössinger, Die Durchführung des Europäischen Gemeinschaftsrechts im Bundesstaat (1989). [*Kössinger*, Durchführung]

Kottmann/Wohlfahrt, Der gespaltene Wächter? Demokratie, Verfassungsidentität und Integrationsverantwortung im Lissabon-Urteil, ZaöRV 2009, 443–470.

Kowalsky, Die Rechtsgrundlagen der Bundestreue (1970). [*Kowalsky*, Rechtsgrundlagen]

Krämer, Art 52 GRC, in Stern/Sachs (Hg) GRCh Europäische Grundrechte-Charta Kommentar (2016). [*Krämer* in Stern/Sachs, Art 52 GRC]

Krieger, Art 3 GG, in Schmidt-Bleibtreu/Hofmann/Henneke (Hg) GG Kommentar zum Grundgesetz, 14. Auflage (2018). [*Krieger* in Schmidt-Bleibtreu/Hofmann/Henneke, Art 3 GG]

Kröll, Der EuGH als „Hüter" des republikanischen Grundprinzips der österreichischen Bundesverfassung?, in Lienbacher/Wielinger (Hg) Öffentliches Recht – Jahrbuch 2011 (2011) 313–333. [*Kröll* in Lienbacher/Wielinger, Jahrbuch]

Kroskrity, Identity, Journal of Linguistic Anthropology, 1999, 111–114.

Kruis, Der Anwendungsvorrang des EU-Rechts in Theorie und Praxis (2013). [*Kruis*, Anwendungsvorrang]

Krygier, Rule of Law, in Rosenfeld/Sajó (eds) The Oxford Handbook of Comparative Constitutional Law (2012) 233–249. [*Krygier* in Rosenfeld/Sajó, Handbook]

Krzizek, Konkurrierende Zuständigkeiten nach der österreichischen Bundesverfassung, JBl 1952, 124–127.

Kühling/Rüchardt/Koenig/Förtsch, Art 107 AEUV, in Streinz (Hg) EUV/AEUV, 3. Auflage (2018). [*Kühling/Rüchardt/Koenig/Förtsch* in Streinz, Art 107 AEUV]

Kumm, Why Europeans will not embrace constitutional patriotism, International Journal of Constitutional Law 2008, 117–136.

Labuda, Die Zusammensetzung des Bundesrates, in Schambeck (Hg) Bundesstaat und Bundesrat in Österreich (1997) 347–365. [*Labuda* in Schambeck, Bundesstaat]

Ladenburger/Vondung, Art 51 GRC, in Stern/Sachs (Hg) GRCh Europäische Grundrechte-Charta Kommentar (2016). [*Ladenburger/Vondnung* in Stern/Sachs, Art 51 GRC]

Lauger, Gangs, identity and cultural performance, Sociology Compass 2020, 14:e12772, 1–12.

Lebitsch-Buchsteiner, Die bundesstaatliche Rücksichtnahmepflicht (2001). [Lebitsch-Buchsteiner, Rücksichtnahmepflicht]

Lecours, Belgium (Kingdom of Belgium), in Griffiths (ed) Handbook of Federal Countries, 2005 (2005) 58–72. [*Lecours* in Griffiths, Handbook]

Leisner, Art 20 GG, in Sodan (Hg) Grundgesetz Kommentar, 4. Auflage (2018). [*Leisner* in Sodan, Art 20 GG]

Lejeune, Droit constitutionnel belge, 3. Auflage (2017). [*Lejeune*, Droit constitutionnel]

Lejeune, Le principe de la loyauté fédérale: une regle de comportement au contenu mal defini, APT 1994, 233–238.

Lemke, Art 20 GRC, in von der Groeben/Schwarze/Hatje, Europäisches Unionsrecht, 7. Auflage (2015). [*Lemke* in von der Groeben/Schwarze/Hatje, Art 20 GRC]

Lemmens/van Leuven, Les destinataires des droits constitutionnels, in Verdussen/Bonbled (dir) Les droits constitutionnels en Belgique (2011) 111–144. [*Lemmens/van Leuven* in Verdussen/Bonbled, Droits constitutionnels]

Lenaerts, La vie après l'avis: Exploring the principle of mutual (yet not blind) trust, CMLR 2017, 805–840.

Lenz, Art 4 EUV, in Lenz/Borchardt (Hg), EU-Verträge Kommentar, 6. Auflage (2013). [*Lenz* in Lenz/Borchardt, Art 4 EUV]

Lepsius, Souveränität und Identität als Frage des Institutionen-Settings, in Baer/Lepsius/Schönberger/Waldhoff/Walter (Hg) Jahrbuch des Öffentlichen Rechts der Gegenwart Band 63 (2015) 63–90. [*Lepsius* in JBÖR 2015]

Leve, Identity, Current Anthropology 2011, 513–535.

Lévi-Strauss/Benoist, Schlussfolgerungen in Benoist (Hg) Identität – Ein Interdisziplinäres Seminar unter der Leitung von Claude Lévi-Strauss (1980) 250260. [*Lévi-Strauss/Benoist* in Benoist, Identität]

Lewicki, Souveränität im Wandel (2006). [*Lewicki*, Souveränität]

Liang, Colonial Clauses and Federal Clauses in United Nations Multilateral Instruments, AJIL 1951, 108–128.

Lienbacher, Die Landeshauptleutekonferenz, die Landesamtsdirektorenkonferenz und das Bundeskanzleramt-Verfassungsdienst, in Institut für Föderalismus (Hg) Im Dienste der Länder – im Interesse des Gesamtstaates, Festschrift 60 Jahre Verbindungsstelle der Bundesländer (2011) 147–161. [*Lienbacher* in FS 60 Jahre Verbindungsstelle]

Lienbacher, Entwicklung und Zustand der Bundesstaatlichkeit in Österreich, in Aulehner ea (Hg) Föderalismus – Auflösung oder Zukunft der Staatlichkeit? (1997) 169–206. [*Lienbacher* in Aulehner, Föderalismus]

Lienbacher/Lukan, Constitutional Identity in Austria, in Calliess/van der Schyff (eds) Constitutional Identity in a Europe of Multilevel Constitutionalism (2020) 41–58. [*Lienbacher/Lukan* in Calliess/van der Schyff, Identity]

Lienbacher/Pürgy, Kooperativer Bundesstaat, in Pürgy (Hg) Recht der Länder Band I (2012) 561–592. [*Lienbacher/Pürgy* in Pürgy, Recht der Länder]

Lindeboom, Why EU Law Claims Supremacy, Oxford Journal of Legal Studies 2018 (38:2) 328–356.

Lochmann, Taricco I – ein Ultra-vires-Akt? Zur Rechtsfortbildung durch den EuGH, EuR 2019, 61–86.

Lock, Walking on a Tightrope: The draft ECHR accession agreement and the autonomy of the EU legal order, CMLR 2011, 1025–1054.

Lopatka, Die Stellung der österreichischen Bundesländer in der unionalen Rechtsetzung. Systeme (2020). [*Lopatka*, Bundesländer]

Lücke, Bundesfreundliches und bürgerfreundliches Verhalten: Zur bürgerbezogenen Ergänzungsbedürftigkeit des Grundsatzes des bundesfreundlichen Verhaltens, Der Staat 1978, 341–367.

Luhmann, Das Recht der Gesellschaft (1993). [*Luhmann*, Gesellschaft]

Lukan, Art 11 Abs 2 B-VG, in Kneihs/Lienbacher (Hg) Rill-Schäffer-Kommentar Bundesverfassungsrecht, 19. Lfg (2017). [*Lukan* in Kneihs/Lienbacher, Art 11 Abs 2 B-VG]

MacCormick, Questioning Sovereignty: Law, State, and Nation in the European Commonwealth (1999). [*MacCormick*, Sovereignty]

Madner, Staatliche Kompetenzverteilung und Gemeinschaftsrecht, in Griller ea (Hg) Wirtschaftsverfassung und Binnenmarkt – FS Heinz-Peter Rill zum 70. Geburtstag (2010) 137–159. [*Madner* in FS Rill]

Marschall, Das politische System Deutschlands, 4. Auflage (2018). [*Marschall*, System]

Martens, La Cour de cassation, la Constitution et la Cour constitutionnelle: la paix des juges?, JT 2007, 653–655.

Martens, Le rôle de la Cour d'Arbitrage dans l'édification du fédéralisme en Belgique, RBDC 2003, 3–12.

Martínez, § 102 Der präföderale Staat: Das Beispiel Spanien, in Härtel (Hg) Handbuch Föderalismus Band 4: Föderalismus in Europa und der Welt (2012) 819-844. [*Martínez* in Härtel, Handbuch]

Martinico, Taming National Identity: A Systematic Understanding of Article 4.2 TEU, EPL 2021, 447–464.

Mayer, Franz C., Verfassungsgerichtsbarkeit, in von Bogdandy/Bast (Hg) Europäisches Verfassungsrecht, 2. Auflage (2009) 559–607. [*Mayer* in von Bogdandy/Bast, Verfassungsrecht]

Mayer, Heinz, Gibt es unabänderliches Verfassungsrecht?, in Akyürek ea (Hg) Staat und Recht in europäischer Perspektive: Festschrift Heinz Schäffer (2006) 473–484. [*Mayer* in FS Schäffer]

Mayer/Kucsko-Stadlmayer/Stöger, Bundesverfassungsrecht, 11. Auflage (2015). [*Mayer/Kucsko-Stadlmayer/Stöger*, Bundesverfassungsrecht]

McCrane/Bechhofer, Understanding National Identity (2015). [*McCrane/Bechhofer*, Identity]

Melichar, Entwicklungstendenzen im österreichischen Föderalismus, ZÖR 1967, 220–269.

Melin, Die Rolle der deutschen Bundesländer im Europäischen Rechtsetzungsverfahren nach Lissabon, EuR 2011, 655–683.

Merkl, Zum rechtstechnischen Problem der bundesstaatlichen Kompetenzverteilung, ZÖR 1921, 336–359.

Merli, Einwirkungen des Unionsrechts auf die Verwaltungsorganisation, in Griller/Kahl/Kneihs/Obwexer (Hg) 20 Jahre EU-Mitgliedschaft Österreichs (2015) 475–493. [*Merli* in Griller ea, EU-Mitgliedschaft]

Meron, Article 46 of the Vienna Convention on the Law of Treaties (Ultra Vires Treaties): Some Recent Cases, British Yearbook of International Law, 1978 (49:1) 175–199.

Meyer-Ladewig/Lehner, Art 14 EMRK, in Meyer-Ladewig/Nettesheim/von Raumer (Hg) EMRK Handkommentar, 4. Auflage (2017). [*Meyer-Ladewig/Lehner* in Meyer-Ladewig/Nettesheim/von Raumer, Art 14 EMRK]

Miller/Ali, Testing the national identity argument, European Political Science Review 2014, 237–259.

Millet, The Respect for National Constitutional Identity in the European Legal Space: An Approach to Federalism as Constitutionalism, in Azoulai (ed) The Question of Competence in the European Union (2014) 253–275. [*Millet* in Azoulai, Competence]

Möllers, Staat als Argument (2000). [*Möllers*, Staat]

Möllers, Verfassunggebende Gewalt – Verfassung – Konstitutionalisierung, in von Bogdandy/Bast (Hg) Europäisches Verfassungsrecht, 2. Auflage (2009) 227–278. [*Möllers* in von Bogdandy/Bast, Verfassungsrecht]

Mols, Politik als Wissenschaft: Zur Definition, Entwicklung und Standortbestimmung einer Disziplin, in Lauth/Wagner (Hg) Politikwissenschaft: Eine Einführung, 9. Auflage (2019) 23–31. [*Mols* in Lauth/Wagner, Politikwissenschaft]

Morgenthaler, Art 100 GG, in Epping/Hillgruber (Hg) Beck Online Kommentar Grundgesetz, 48. Edition (15.08.2021). [*Morgenthaler* in Epping/Hillgruber, Art 100 GG].

Moritz, Zur Zulässigkeit von Kompetenzfeststellungsanträgen nach Art 138 Abs 2 B-VG, ÖJZ 1988, 2–11.

Murphy, Article 4(2) TEU: A Blow to the Supremacy of Union Law?, Trinity College Law Review 2017, 94–121.

Mussche, Social citizenship vs. the territoriality principle: lessons for Flanders' solidarity circle, in Cantillon ea (eds) Social Federalims: The creation of a layered welfare state. The Belgian case (2011) 171–196. [*Mussche* in Cantillon, Social Federalism]

Nettesheim, Art 288 AEUV, in Grabitz/Hilf/Nettesheim, Das Recht der Europäischen Union, 73. EL (Mai 2021). [*Nettesheim* in Grabitz/Hilf/Nettesheim, Art 288 AEUV]

Nettesheim, Art 32 GG, in Maunz/Dürig (Hg) GG Kommentar, 90. Lfg (Februar 2020). [*Nettesheim* in Maunz/Dürig, Art 32 GG]

Nettesheim, Art 59 GG, in Maunz/Dürig (Hg) GG Kommentar, 90. Lfg (Feburar 2020). [*Nettesheim* in Maunz/Dürig, Art 59 GG]

Nettesheim, Kompetenzen, in von Bogdandy/Bast (Hg) Europäisches Verfassungsrecht, 2. Auflage (2009) 389–440. [*Nettesheim* in von Bogdandy/Bast, Verfassungsrecht]

Nicholson, Statehood and the State-Like in International Law (2019). [*Nicholson*, Statehood]

Niethammer, Kollektive Identität (2000). [*Niethammer*, Identität]

Niethammer, Kollektive Identität: heimliche Quellen einer unheimlichen Konjunktur (2000). [*Niethammer*, Identität]

Novak, Bundesstaatliche Ordnung und Verfassungsgerichtsbarkeit: Auf der Suche nach neuen Wegen in Österreich, in Haller/Kölz/Müller/Thürer (Hg) Festschrift für Ulrich Häfelin (1989). [*Novak* in FS Häfelin]

Nowak, Art 107 AEUV, in Geiger/Khan/Kotzur (Hg) EUV/AEUV, 6. Auflage (2017). [*Nowak* in Geiger/Khan/Kotzur, Art 107 AEUV]

Nußberger, § 209 Europäische Menschenrechtskonvention, in Isensee/Kirchhof (Hg) Handbuch des Staatsrechts der Bundesrepublik Deutschland Band X Deutschland in der Staatengemeinschaft, 3. Auflage (2012) 135–171. [*Nußberger* in HB StR § 209]

Oberndorfer, Art 1 B-VG, in Korinek/Holoubek/Bezemek/Fuchs/Martin/Zellenberg (Hg) B-VG Kommentar, 3. Lfg (2000). [*Oberndorfer* in Korinek/Holoubek, Art 1 B-VG]

Obwexer, Art 4 EUV, in von der Groeben/Schwarze/Hatje, Europäisches Unionsrecht, 7. Auflage (2015). [*Obwexer* in von der Groeben/Schwarze/Hatje, Art 4 EUV]

Obwexer, Funktionalität und Bedeutung der Rechtsvergleichung in der Rechtsprechung des EuGH, in Gamper/Verschraegen (Hg) Rechtsvergleichung als juristische Auslegungsmethode (2013) 115–139. [*Obwexer* in Gamper/Verschraegen, Rechtsvergleichung]

Oeter, Deutschland – Exekutivföderalismus im Korsett des unitarischen Bundesstaates, in Gamper ea (Hg) Föderale Kompetenzverteilung in Europa (2016) 103–128. [*Oeter* in Gamper, Kompetenzverteilung]

Oeter, Integration und Subsidiarität im deutschen Bundesstaatsrecht – Untersuchungen zu Bundesstaatstheorie unter dem Grundgesetz (1998). [*Oeter*, Integration]

Öhlinger, Art 50 B-VG: Die neue Integrationsbestimmung des österreichischen Bundesverfassungsrechts, in Hummer (Hg) Neueste Entwicklungen im Zusammenspiel von Europarecht und nationalem Recht der Mitgliedstaaten (2010) 623–649. [*Öhlinger* in Hummer, Neueste Entwicklungen]

Öhlinger, Autonome Geltung und Vorrang des EU-Rechts in den Mitgliedstaaten, juridikum 2019, 147–157.

Öhlinger, Der Bundesstaat zwischen Reiner Rechtslehre und Verfassungsrealität (1976). [*Öhlinger*, Bundesstaat]

Öhlinger, Der völkerrechtliche Vertrag im staatlichen Recht (1973). [*Öhlinger*, Vertrag]

Öhlinger, Die österreichische Verfassung und die europäische Integration, in Hummer (Hg) Paradigmenwechsel im Europarecht zur Jahrtausendwende (2004) 67–85. [*Öhlinger*, in Hummer, Paradigmenwechsel]

Öhlinger, Die Verwaltungsgerichte im System der österreichischen Bundesverfassung, in Fischer ea (Hg) Handbuch der Verwaltungsgerichsbarkeit (2014) 37–69. [*Öhlinger* in Fischer, Verwaltungsgerichtsbarkeit]

Öhlinger, Staatlichkeit zwischen Integration und Souveränität, in Griller/Kahl/Kneihs/Obwexer (Hg) 20 Jahre EU-Mitgliedschaft Österreichs (2015) 111–147. [*Öhlinger* in Griller ea, EU-Mitgliedschaft]

Öhlinger, Verfassungskern und verfassungsrechtliche Grundordnung, in Weber, K/Wimmer (Hg) Vom Verfassungsstaat am Scheideweg – Festschrift für Peter Pernthaler (2005) 273–293. [*Öhlinger* in FS Pernthaler]

Öhlinger/Eberhard, Verfassungsrecht, 12. Auflage (2019). [*Öhlinger/Eberhard*, Verfassungsrecht]

Öhlinger/Müller, Art 50 B-VG, in Korinek/Holoubek/Bezemek/Fuchs/Martin/Zellenberg (Hg) B-VG Kommentar, 14. Lfg (2018). [*Öhlinger/Müller* in Korinek/Holoubek, Art 50 B-VG]

Öhlinger/Potacs, EU-Recht und staatliches Recht, 7. Auflage (2020). [*Öhlinger/Potacs*, EU-Recht]

Opp, Collective identity, rationality and collective political action, Rationality and Society 2012, 73–105.

Orator/Thalmann/Vranes, Meilensteine in der rechtlichen Entwicklung der Integration, in Griller/Kahl/Kneihs/Obwexer (Hg) 20 Jahre EU-Mitgliedschaft Österreichs (2015) 3–28. [*Orator/Thalmann/Vranes* in Griller ea, EU-Mitgliedschaft]

Palmstorfer, Bundesverfassungsrechtliche Integrationsschranken und Unionsrecht, in Jabloner/Jakab/Kirchmair/Pfersmann/Wiederin (Hg) Scharfsinn im Recht – Liber Amicorum Michael Thaler zum 70. Geburtstag (2019) 417–428. [*Palmstorfer* in FS Thaler]

Parekh, A New Politics of Identity: Political Principles for an Interdependent World (2008). [*Parekh*, Identity]

Pas, Federalisme met gemeenschappen én gewesten: een tussenstand van moeilikheden, mogelijkheden en voorstellen, TBP 2011, 486–502.

Patzelt, Einführung in die Politikwissenschaft, 7. Auflage (2013). [*Patzelt*, Einführung]

Peers/Prechal, Art 52 CFR, in Peers ea (eds) The EU Charter of Fundamental Rights – A Commentary (2014). [*Peers/Prechal* in Peers, Art 52 CFR]

Peeters, De plaats van samenwerkingsakkoorden in het constitutioneel kader (2016). [*Peeters*, Samenwerkingsakkorden]

Peeters, Le principe de la loyauté fédérale: une metamorphose radicale, APT 1994, 239–242.

Perju, Identity Federalism in Europe and the United States, Vanderbilt Journal of Transnational Law 2020 (53:1) 207–273.

Perner, Grundfreiheiten, Grundrechte-Charta und Privatrecht (2013). [*Perner*, Grundfreiheiten]

Pernice, Der Schutz nationaler Identität in der Europäischen Union, AöR 2011, 185–221.

Pernthaler, Bundesstaat und Rechtsstaat – ein spannungsgeladenes Naheverhältnis in Adamovich/Funk/Holzinger/Frank (Hg) Festschrift für Gerhart Holzinger (2017) 617–630. [*Pernthaler* in FS Holzinger]

Pernthaler, Der differenzierte Bundesstaat: Theoretische Grundlagen, praktische Konsequenzen und Anwendungsbereiche in der Reform des österreichischen Bundesstaates (1992). [*Pernthaler*, differenzierter Bundesstaat]

Pernthaler, Der österreichische Bundesstaat im Spannungsfeld von Föderalismus und formalem Rechtspositivismus, ZÖR 1969, 361–379.

Pernthaler, Der österreichische Bundesstaat im Spannungsfeld von Föderalismus und formalem Rechtspositivismus, ZÖR 1969, 361–379.

Pernthaler, Der Verfassungskern — Gesamtänderung und Durchbrechung der Verfassung im Lichte der Theorie, Rechtsprechung und europäischen Verfassungskultur (1998). [*Pernthaler*, Verfassungskern]

Pernthaler, Die Bundesaufsicht nach Art 15 Abs 8 B-VG, in Pernthaler/Weber, K (Hg) Theorie und Praxis der Bundesaufsicht in Österreich, 32–64. [*Pernthaler* in Pernthaler/Weber, Bundesaufsicht]

Pernthaler, Die Staatsgründungsakte der österreichischen Bundesländer (1979). [*Pernthaler*, Staatsgründungsakte]

Pernthaler, Die Stellung der Länder in der Bundesverfassung, in Österreichische Parlamentarische Gesellschaft (Hg) 75 Jahre Bundesverfassung – Festschrift aus Anlaß des 75. Jahrestages der Beschlußfassung über das Bundes-Verfassungsgesetz (1995) 658–684. [*Pernthaler* in FS 75 Jahre B-VG]

Pernthaler, EU-Mitgliedschaft, Bundesstaatsreform und Verwaltungsentlastung, ZÖR 1998, 1–21.

Pernthaler, Föderalismus und Verantwortung nach der österreichischen Bundesverfassung, in Haller/Kölz/Müller/Thürer (Hg) Festschrift für Ulrich Häfelin zum 65. Geburtstag (1989) 351–369. [*Pernthaler* in FS Häfelin]

Pernthaler, Österreichisches Bundesstaatsrecht (2004). [*Pernthaler*, Bundesstaatsrecht]

Pernthaler/Rath-Kathrein, Bindung von Mitgliedern des Bundesrates an Aufträge der sie entsendenden Landtage, in Griller ea (Hg) Grundfragen und aktuelle Probleme des öffentlichen Rechts FS Rill (1995) 197–212. [*Pernthaler/Rath-Kathrein* in FS Rill 1995]

Pernthaler/Weber, Karl, Bundesverfassung und Föderalismus - Bemerkungen zum Stand der theoretischen und politischen Diskussion um das föderalistische Baugesetz der österreichischen Verfassung, Der Staat 1982, 576–590.

Pernthaler/Weber, Karl, Landesbürgerschaft und Bundesstaat (1983). [*Pernthaler/Weber*, Landesbürgerschaft]

Peters/König, Kapitel 21: Das Diskriminierungsverbot, in Dörr/Grote/Marauhn (Hg) EMRK/GG Konkordanz-Kommentar Band II, 2. Auflage (2013). [*Peters/König* in Dörr/Grote/Marauhn, Art 14 EMRK]

Peukert, Art 14 (Diskriminierungsverbot), in Frowein/Peukert, EMRK-Kommentar, 3. Auflage (2009). [*Peukert* in Frowein/Peukert, Art 14 EMRK]

Philipp, Systemgerechtigkeit bei den Marktfreiheiten der Europäischen Union: Die gebotene Kohärenz nationaler Gesetzgebung (2016). [*Philipp*, Systemgerechtigkeit]

Piccirilli, The „Taricco Saga“: the Italian Constitutional Court continues its European Journey, ECLR 2018, 814–833.

Pieper, Art 59 GG, in Epping/Hillgruber (Hg) GG Kommentar, 48. Edition (15.08.2021). [*Pieper* in Epping/Hillgruber, Art 59 GG]

Pieret, La Belgique fédérale est-elle un état souverain?, RBDC 2007, 3–18.

Pietzcker, § 125 Der allgemeine Gleichheitssatz, in Merten/Papier (Hg) Handbuch der Grundrechte Band V – Grundrechte in Deutschland: Einzelgrundrechte II (2013) 883–941. [*Pietzcker* in Merten/Papier Handbuch V]

Polzin, Constitutional Identity as a Constructed Reality and a Restless Soul, GLJ 2017, 1595–1615.

Polzin, Constitutional identity, unconstitutional amendments and the idea of constituent power: The development of the doctrine of constitutional identity in German constitutional law, International Journal of Constitutional Law, 2016, 411–438.

Polzin, Verfassungsidentität – Ein normatives Konzept des Grundgesetzes? (2018). [*Polzin*, Verfassungsidentität]

Popelier, Dynamic Federalism – A New Theory for Cohesion and Regional Autonomy (2021). [*Popelier*, Federalism]

Popelier, Zuständigkeitsteilung in Belgien: Kompetenzverteilung als Kennzeichen multinationalen Konfliktmanagements, in Gamper ea (Hg) Föderale Kompetenzverteilung in Europa (2016) 151–180. [*Popelier* in Gamper, Kompetenzverteilung]

Popelier, Bicameralism in Belgium: the dismantlement of the Senate for the sake of multinational confederalism, Perspectives on Federalism 2018, 10:2, E215–237.

Popelier/Bielen, How Courts Decide Federalism Disputes: Legal Merit, Attitudinal Effects, and Strategic Considerations in the Jurisprudence of the Belgian Constitutional Court, Publius 2018, 587–616.

Popelier/Cantillon, Bipolar Federalism and the Social Welfare State: A Case for Shared Competences, Publius 2013, 626–647.

Popelier/Lemmens, The Constitution of Belgium – A Contextual Analysis (2015). [*Popelier/Lemmens*, Constitution]

Popelier/Sinardet, Stabiliteit en instabiliteit in den Belgische federale staatsstructuur, in Popelier ea (eds) België, quo vadis? Warheen na de zesde staatshervorming? (2012) 3–31. [*Popelier/Sinardet* in Popelier, Zesde staatshervorming]

Posch, Vorrang des Gemeinschaftsrechts vor Verfassungsrecht (2010). [*Posch*, Vorrang]

Pöschl, § 14 Gleichheitsrechte, in Merten/Papier/Kucsko-Stadlmayer (Hg) Handbuch der Grundrechte Band VII/1 – Grundrechte in Österreich, 2. Auflage (2014) 519–590. [*Pöschl* in Merten/Papier/Kucsko-Stadlmayer, Handbuch]

Pöschl, Gleichheit vor dem Gesetz (2008). [*Pöschl*, Gleichheit]

Potacs, Das Verhältnis zwischen der EU und ihren Mitgliedstaaten im Lichte traditioneller Modelle, ZÖR 2010, 117–139.

Potacs, Die Kompetenzverteilung und die EU, BRGÖ 2021, 391–398.

Potacs, EU-Verfassung und staatliche Integrationsschranken, JRP 2019, 271–277.

Potacs, Geltung des EU-Rechts in Österreich, in Hummer (Hg) Neueste Entwicklungen im Zusammenspiel von Europarecht und nationalem Recht der Mitgliedstaaten (2010) 103–122. [*Potacs* in Hummer, Neueste Entwicklungen]

Potacs, Rechtstheorie, 2. Auflage (2019). [*Potacs*, Rechtstheorie]

Potacs, Wertkonforme Auslegung des Unionsrechts?, EuR 2016, 164–176.

Pratt/Matsuba, The Life Story, Domains of Identity, and Personality Development in Emerging Adulthood: Integrating Narrative and Traditional Approaches (2018). [*Pratt/Matsuba*, Life Story]

Prickartz, State Sovereignty, National Identity, and Common Values in the European Union, in Kopetzki/Lanser/Leitner/Potocnik-Manzouri/Safron/Tillian/Wieser (Hg) Autoritäres vs liberales Europa (2019) 167–182. [*Prickartz* in Kopetzki, Europa]

Pürgy, Bundesverfassungsrecht und Landesrecht, in Pürgy (Hg) Recht der Länder Band I (2012) 1–60. [*Pürgy* in Pürgy, Recht der Länder]

Pürgy, Die Länder als Bundesgesetzgeber? Unmittelbare Zustimmungsrechte der Länder zu Bundesgesetzen, in Holoubek ea (Hg) Die Zukunft der Verfassung - Die Verfassung der Zukunft? FS Karl Korinek (2010) 261–285. [*Pürgy* in FS Korinek]

Pürgy, Ist die Gesetzgebungskompetenz der Länder noch sinnvoll? – Hintergrund und Berechtigung der Fragestellung, in Lienbacher/Pürgy (Hg) Ist die Gesetzgebungskompetenz der Länder noch sinnvoll? (2020) 3–20. [*Pürgy* in Lienbacher/Pürgy, Gesetzgebungskompetenz]

Puttler, Art 4 EUV, in Calliess/Ruffert (Hg) Kommentar EUV/AEUV, 5. Auflage (2016). [*Puttler* in Calliess/Ruffert, Art 4 EUV]

Rademacher, Die „Verfassungsidentität“ als Grenze der Kompetenzübertragung auf die Europäische Union?, EuR 2018, 140–159.

Ranacher, Das Subsidiaritätsprinzip in der Rsp des EuGH, in Gamper/Bußjäger (Hg) Subsidiarität anwenden: Regionen, Staaten, Europäische Union – La Sussidiarietá Applicata: Regioni, Stati, Unione Europea (2006) 178–203. [*Ranacher* in Gamper/Bußjäger, Subsidiarität]

Ranacher, Die Funktion des Bundes bei der Umsetzung des EU-Rechts durch die Länder (2002). [*Ranacher*, Umsetzung]

Randelzhofer, Art 24 GG, in Maunz/Dürig (Hg) GG Kommentar, 30. Lfg (Dezember 1992). [*Randelzhofer* in Maunz/Dürig, Art 24 GG]

Rasson, Le principe du «vivre ensemble» belge: une épopée constitutionelle, CDPK 2012, 25–75.

Rauchegger, National constitutional rights and the primacy of EU law: M.A.S, CMLR 2018, 1521–1548.

Rauschning, Art 59 GG, in Kahl/Waldhoff/Walter (Hg) Bonner Kommentar zum Grundgesetz, 143. EL (12.2009). [*Rauschning* in BK Art 59 GG]

Reeskens/Wright, Subjective Well-Being and National Satisfaction: Taking Seriously the “Proud of What?“ Question, Psychological Science 2011, 1460–1462.

Reid, A Practitioner's Guide to the European Convention on Human Rights, 5th edition (2015). [*Reid*, Guide]

Reinisch/Seidl-Hohenveldern/Hummer/Köck, 1. Kapitel: Die Staaten, in Reinisch (Hg) Österreichisches Handbuch des Völkerrechts, Band I – Textteil, 6. Auflage (2021) 159–214. [Reinisch, Handbuch]

Renauld/van Drooghenbroeck, Le principe d'égalité et de non-discrimination, in Verdussen/Bonbled (dir) Les droits constitutionnels en Belgique (2011) 553–605. [*Renauld/van Drooghenbroeck* in Verdussen/Bonbled, Droits constitutionnels]

Rennert, Historisches zur Bindungswirkung und Gesetzeskraft verfassungsgerichtlicher Entscheidungen, Der Staat 1993, 527–552.

Rensmann, Art 46 VCLT, in Dörr/Schmalenbach (Hg) Vienna Convention on the Law of Treaties – A Commentary, 2nd edition (2018). [*Rensmann* in Dörr/Schmalenbach, Art 46 VCLT]

Ress, Der ausbrechende Rechtsakt, ZÖR 2009, 387–395.

Reuchamps, Le fédéralisme et ses deux sens – négatifs – en Belgique francophone, RDUL 2009, 527–540.

Rigaux, Sur l'opportunité d'interdire de modifier la structure fédérale de l'état par une clause constitutionnelle irreformable, APT 1994, 243–246.

Rill, Die österreichische Bundesstaatlichkeit und die Gesamtänderungsschwelle des Art 44 Abs 3 B-VG, in Akyürek ea (Hg) Staat und Recht in europäischer Perspektive: Festschrift Heinz Schäffer (2006) 717–738. [*Rill* in FS Schäffer]

Rill, Gliedstaatsverträge (1972). [*Rill*, Gliedstaatsverträge]

Rill, Möglichkeiten der Teilnahme Österreichs am Gemeinsamen Markt und ihre Konsequenzen für die Harmonisierung des österreichischen Wirtschaftsrechts mit dem der EG, in Korinek/Rill (Hg) Österreichisches Wirtschaftsrecht und das Recht der EG (1990) 9–33. [*Rill* in Korinek/Rill, Wirtschaftsrecht]

Rill/Schäffer†/Rill, Art 44 B-VG, in Kneihs/Lienbacher (Hg) Rill-Schäffer-Kommentar Bundesverfassungsrecht, 14. Lfg (2014). [*Rill/Schäffer†/Rill* in Kneihs/Lienbacher, Art 44 B-VG]

Rill/Schäffer, Art 1 B-VG, in Kneihs/Lienbacher (Hg) Rill-Schäffer-Kommentar Bundesverfassungsrecht, 4. Lfg (2006). [*Rill/Schäffer* in Kneihs/Lienbacher, Art 1 B-VG]

Ringhofer, Srukturprobleme des Rechts – dargestellt am Staatsbürgerschaftsgesetz 1965 (1966). [*Ringhofer*, Strukturprobleme]

Ritzer/Ruttloff, Die Kontrolle des Subsidiaritätsprinzips: Geltende Rechtslage und Reformperspektiven, EuR 2006, 116–137.

Robbers, Art 20 Abs 1 GG, in Kahl/Waldhoff/Walter (Hg) Bonner Kommentar zum Grundgesetz, 165. EL (01.2014). [*Robbers* in BK Art 20 GG]

Rodas, Identity in Adams/Reiss/Serlin, Keywords for Disability Studies (2015) 103–105. [*Rodas* in Adams, Keywords]

Rohregger, Art 140 B-VG, in Korinek/Holoubek/Bezemek/Fuchs/Martin/Zellenberg (Hg) B-VG Kommentar, 6. Lfg (2003). [*Rohregger* in Korinek/Holoubek, Art 140 B-VG]

Rosenfeld, Constitutional Identity, in Rosenfeld/Sajó (eds) The Oxford Handbook of Comparative Constitutional Law (2012) 756–775. [*Rosenfeld* in Rosenfeld/Sajó, Handbook]

Rossi, Art 20 GRC, in Calliess/Ruffert, 5. Auflage (2016). [Rossi in Calliess/Ruffert, Art 20 GRC]

Rousseau, Die Verfassungsidentität – Schutzschirm für die nationale Identität oder Teil des europäischen Sterns?, in Baer/Lepsius/Schönberger/Waldhoff/Walter (Hg) Jahrbuch des Öffentlichen Rechts der Gegenwart Band 63 (2015) 91–104. [*Rousseau* in JBÖR 2015]

Rozek, Art 70 GG, in von Mangoldt/Klein/Starck (Hg) GG Kommentar Band II, 7. Auflage (2018). [*Rozek* in von Mangoldt, Art 70 GG]

Rudolf, Völkerrecht und deutsches Recht (1967). [*Rudolf*, Völkerrecht]

Rusche, Art 107 TFEU, in Kellerbauer/Klamert/Tomkin (eds) The EU Treaties and the Charter of Fundamental Rights – A Commentary (2019). [*Rusche* in Kellerbauer/Klamert/Tomkin, Art 107 TFEU]

Sachs, Art 20 GRC, in Stern/Sachs (Hg) GRCh Europäische Grundrechte-Charta Kommentar (2016). [*Sachs* in Stern/Sachs, Art 20 GRC]

Sachs, Art 20 GG, in Sachs (Hg) GG Kommentar, 9. Auflage (2021). [*Sachs* in Sachs, Art 20 GG]

Sachs, Art 79 GG, in Sachs (Hg) GG Kommentar, 9. Auflage (2021). [*Sachs* in Sachs, Art 79 GG]

Sachs, Art. 14 EMRK: Allgemeines Willkürverbot oder striktes Unterscheidungsverbot?, ZÖR 1984, 333–392.

Sagar, Constitutional Interpretation in Federations and its Impact on the Federal Balance, Perspectives on Federalism 2011, 3:1, E1-22.

Sajó, Constitutional Sentiments (2011). [*Sajó*, Sentiments]

Sannwald, Art 79 GG, in Schmidt-Bleibtreu/Hofmann/Henneke (Hg) GG Kommentar zum Grundgesetz, 14. Auflage (2018). [*Sannwald* in Schmidt-Bleibtreu/Hofmann/Henneke, Art 79 GG]

Šarčević, Das Bundesstaatsprinzip. Eine staatsrechtliche Untersuchung zur Dogmatik der Bundesstaatlichkeit des Grundgesetzes (2000). [*Šarčević*, Bundesstaatsprinzip]

Sauer, Art 14 EMRK, in Karpenstein/Mayer (Hg) EMRK Konvention zum Schutz der Menschenrechte und Grundfreiheiten – Kommentar, 2. Auflage (2015). [*Sauer* in Karpenstein/Mayer, Art 14 EMRK]

Sauer, Der novellierte Kontrollzugriff des Bundesverfassungsgerichts auf das Unionsrecht, EuR 2017, 186–206.

Sauer, Europas Richter Hand in Hand? – Das Kooperationsverhältnis zwischen BVerfG und EuGH nach Honeywell, EuZW 2011, 94–97.

Sauer, Art 24 GG, in Kahl/Waldhoff/Walter (Hg) Bonner Kommentar zum Grundgesetz, 198. EL (05.2019). [*Sauer* in BK Art 24 GG]

Saunders, Constitutional Arrangements of Federal Systems, Publius Spring 1995, 61–79.

Schäffer †/Kneihs, Art 140 B-VG, in Kneihs/Lienbacher (Hg) Rill-Schäffer-Kommentar Bundesverfassungsrecht, 18. Lfg (2017). [*Schäffer†/Kneihs* in Kneihs/Lienbacher, Art 140 B-VG]

Schäffer, Überlegungen zur Neuordnung der bundesstaatlichen Kompetenzverteilung, in Schäffer/Stolzlechner (Hg) Reformbestrebungen im Österreichischen Bundesstaat (1993) 7–27. [*Schäffer* in Schäffer/Stolzlechner, Reformbestrebungen]

Schäffer, Weinaufsicht und mittelbare Bundesverwaltung, ZfV 1988, 361–374.

Scharpf, Die Politikverflechtungs-Falle: Europäische Integration und deutscher Föderalismus im Vergleich, Politische Vierteljahresschrift 1985, 323–356.

Scharpf/Reissert/Schnabel, Politikverflechtung: Theorie und Empirie des kooperativen Föderalismus der Bundesrepublik (1976). [*Scharpf/Reissert/Schnabel*, Politikverflechtung]

Schaus, Art 27 VCLT, in Corten/Klein (eds) The Vienna Convention on the Law of Treaties – A Commentary (2011). [*Schaus* in Corten/Klein, Art 27 VCLT]

Schennach, Zur historischen Entwicklung der Kompetenzverteilung in Österreich, in Gamper ea (Hg) Föderale Kompetenzverteilung in Europa (2016) 489–521. [*Schennach* in Gamper, Kompetenzverteilung]

Schiek, Art 23 CFR, in Peers ea (eds) The EU Charter of Fundamental Rights – A Commentary (2014). [*Schiek* in Peers, Art 23 CFR]

Schill/Krenn, Art 4 EUV, in Grabitz/Hilf/Nettesheim (Hg) Das Recht der Europäischen Union, 65. EL (August 2018). [*Schill/Krenn* in Grabitz/Hilf/Nettesheim, Art 4 EUV]

Schlaich/Korioth, Das Bundesverfassungsgericht, 12 Auflage (2021). [*Schlaich/Korioth*, Bundesverfassungsgericht]

Schmalenbach, Administrativer Verfassungsschutz: Bürger unter Beobachtung, in Thiel (Hg) Wehrhafte Demokratie – Beiträge über die Regelungen zum Schutze der freiheitlichen demokratischen Grundordnung (2003) 415–445. [*Schmalenbach* in Thiel, Demokratie]

Schmalenbach, Art 53 VCLT, in Dörr/Schmalenbach (Hg) Vienna Convention on the Law of Treaties – A Commentary, 2nd edition (2018). [*Schmalenbach* in Dörr/Schmalenbach, Art 53 VCLT]

Schmalenbach, Art 27 VCLT, in Dörr/Schmalenbach (Hg) Vienna Convention on the Law of Treaties – A Commentary, 2nd edition (2018). [*Schmalenbach* in Dörr/Schmalenbach, Art 27 VCLT]

Schmalenbach, Art 3 VCLT, in Dörr/Schmalenbach (Hg) Vienna Convention on the Law of Treaties – A Commentary, 2nd edition (2018). [*Schmalenbach* in Dörr/Schmalenbach, Art 3 VCLT]

Schmalenbach, Der neue Europaartikel 23 des Grundgesetzes im Lichte der Arbeit der Gemeinsamen Verfassungskommission (1996). [*Schmalenbach*, Europaartikel]

Schmidt, Der Bundesstaat und das Verfassungsprinzip der Bundestreue (1966). [*Schmidt*, Bundestreue]

Schmidt, Law and Identity: Transnational Arranged Marriages and the Boundaries of Danishness, Journal of Ethnic and Migration Studies 2011, 257–275.

Schnapp, Art 20 GG, in von Münch/Kunig (Hg), Grundgesetz Kommentar Band 1, 7. Auflage (2021). [*Schnapp* in von Münch/Kunig, Art 20 GG]

Schnettger, Article 4(2) TEU as a Vehicle for National Constitutional Identity in the Shared European Legal System, in Calliess/van der Schyff (eds) Constitutional Identity in a Europe of Multilevel Constitutionalism (2020) 9–37. [*Schnettger* in Calliess/van der Schyff, Identity]

Schnizer, Österreichische Verfassungsmythen und Erkenntnis des Rechts, JRP 2004, 16–38.

Schönberger, Die Europäische Union zwischen „Demokratiedefizit" und Bundesstaatsverbot, Der Staat 2009, 535–558.

Schönberger, Identitäterä. Verfassungsidentität zwischen Widerstandsformel und Musealisierung des Grundgesetzes, in Baer/Lepsius/Schönberger/Waldhoff/Walter (Hg) Jahrbuch des Öffentlichen Rechts der Gegenwart Band 63 (2015) 41–62. [*Schönberger* in JBÖR 2015]

Schramek, Gerichtsbarkeit im Bundesstaat (2017). [*Schramek*, Gerichtsbarkeit]

Schuster, Das Kohärenzprinzip in der Europäischen Union (2017). [*Schuster*, Kohärenzprinzip]

Schütze, European Union Law, 2nd edition (2018). [*Schütze*, EU Law]

Schwarz, Art 28 GG, in von Mangoldt/Klein/Starck (Hg) GG Kommentar Band II, 7. Auflage (2018). [*Schwarz* in von Mangoldt, Art 28 GG]

Schwarze, Die verordnete Demokratie, EuR 2010, 108–118.

Schweizer, Art 14 EMRK, in Pabel/Schmahl (Hg) Internationaler Kommentar zur Europäischen Menschenrechtskonvention, 9. Lieferung (August 2007). [*Schweizer* in Pabel/Schmahl, Art 14 EMRK]

Schwerdtfeger, Art 51 GRC, in Meyer/Hölscheidt (Hg) Charta der Grundrechte der Europäischen Union, 5. Auflage (2019). [*Schwerdtfeger* in Meyer/Hölscheidt, Art 51 GRC]

Schwerdtfeger, Art 52 GRC, in Meyer/Hölscheidt (Hg) Charta der Grundrechte der Europäischen Union, 5. Auflage (2019). [*Schwerdtfeger* in Meyer/Hölscheidt, Art 52 GRC]

Schwerdtfeger, Europäisches Unionsrecht in der Rechtsprechung des Bundesverfassungsgerichts – Grundrechts-, ultra-vires- und Identitätskontrolle im gewaltenteiligen Mehrebenensystem, EuR 2015, 290–310.

Seidel, Die Zustimmung der Bundesregierung zu Verträgen der Bundesländer mit auswärtigen Staaten gemäß Art. 32 III GG (1975). [*Seidel*, Zustimmung]

Shaw, International Law, 8th edition (2017). [*Shaw*, International Law]

Sieckmann/Kessal-Wulf, Art 100 GG, in von Mangoldt/Klein/Starck (Hg) GG Kommentar Band III, 7. Auflage (2018). [*Sieckman/Kessal-Wulf* in von Mangoldt, Art 100 GG]

Siekmann, Art 107 GG, in Sachs (Hg) GG Kommentar, 9. Auflage (2021). [*Siekmann* in Sachs, Art 107 GG]

Simeon, Constitutional Design and Change in Federal Systems: Issues and Questions, Publius 2009, 241–261.

Simon, Grenzen des Bundesverfassungsgerichts im europäischen Integrationsprozess (2016). [*Simon*, Grenzen]

Simon, L'identité constitutionelle dans la jurisprudence de l'Union européenne, in Burgorgue-Larsen (dir) L'identité constitutionelle saisie par les juges en Europe (2011) 27–43. [*Simon*, in Burgorgue-Larsen, L'identité]

Skouris, Nationale Identität und europäische Einheit, in Papier/Münch/Kellermann (Hg) Föderalismus – Der deutsche Bundesstaat in der Europäischen Union (2018) 111–129. [*Skouris* in Papier, Föderalismus]

Smend, Ungeschriebenes Verfassungsrecht im monarchischen Bundesstaat, in Festgabe für Otto Mayer: zum 70. Geburtstag dargebracht von Freunden, Verehrern u. Schülern (1916) 247–270. [*Smend* in FS Mayer]

Smith, National Identity (1991). [*Smith*, Identity]

Smith, The Evolution of Infringement and Sanction Procedures: Of Pilots, Diversions, Collisions, and Circling, in Chalmers/Arnull (eds) The Oxford Handbook of European Union Law (2015) 350–375. [*Smith* in Handbook]

Sökefeld, Identität - ethnologische Perspektiven, in Petzold (Hg) Identität - Ein Kernthema moderner Psychotherapie in interdisziplinärer Perspektive (2012) 39–56. [*Sökefeld* in Petzold, Identität]

Somers, Het gelijkheidsbeginsel als bevoegdheidsverdekend criterium: Over de toepasbaarheid van he gelijkheidsbeginsel wanneer wetgevers van een verschillend niveau een soortgelijke situatie op een verschillende manier reguleren, TBP 2015, 449–462.

Somers, The Narrative Constitution of Identity: A Relational and Network Approach, Theory and Society 1994, 605–649.

Sommermann, § 14 Deutschland, in von Bogdandy/Cruz Villalón/Huber (Hg) Handbuch Ius Publicum Europaeum Band II Offene Staatlichkeit – Wissenschaft vom Verfassungsrecht (2007) 3–35. [*Sommermann* in HB Ius Publicum Europaeum Band II]

Sommermann, § 3 Die gemeinsamen Werte der Union und der Mitgliedstaaten, in Niedobitek (Hg) Europäisches Unionsrecht, Band 1 Grundlagen der Union (2014) 287–320. [*Sommermann* in Niedobitek, Grundlagen]

Sommermann, Art 20 GG, in von Mangoldt/Klein/Starck (Hg) GG Kommentar Band II, 7. Auflage (2018). [*Sommermann* in von Mangoldt, Art 20 GG]

Sommermann, Die Bedeutung der Rechtsvergleichung für die Fortentwicklung des Staats- und Verwaltungsrechts in Europa, DÖV 1999, 1017–1029.

Sommermann, Integrationsgrenzen des Grundgesetzes und europäischer Verfassungsverbund: Brauchen wir eine neue Verfassung?, DÖV 2013, 708–714.

Sommermann, Staatsziel „Europäische Union" – zur normativen Reichweite des Art. 23 Abs. 1 S. 1 GG n.F., DÖV 1994, 596–604.

Sommermann, Staatsziele und Staatszielbestimmungen (1997). [*Sommermann*, Staatsziele]

Sommermann, The Theory of "Essential National Policies" in the Lisbon Judgment of the German Federal Constitutional Court, in Giegerich/Gstrein/Zeitzmann (eds) The EU Between "an Ever Closer Union" and Inalienable Policy Domains of Member States (2014) 43–58. [*Sommermann* in Giegerich/Gstrein/Zeitzmann, EU]

Sonn, Die auswärtige Gewalt des Gliedstaates im Bundesstaat (1960). [*Sonn*, Auswärtige Gewalt]

Sottiaux, Het Stabiliteitsverdragarrest in het licht van de rechtspraak van de hoogste Belgische rechtscolleges, TBP 2017, 305–309.

Stammers, Contested Identities in Struggles for Human Rights: A Long View, in McGarry/Jasper (eds) The Identity Dilemma: Social Movements and Collective Identity (2015) 108–127. [*Stammers* in McGarry/Jasper, Dilemma]

Starck, § 1 Idee und Struktur des Föderalismus im Lichte der Allgemeinen Staatslehre, in Härtel (Hg) Handbuch Föderalismus Band 1: Grundlagen des Föderalismus und der deutsche Bundesstaat (2012) 41–55. [*Starck* in Härtel, Handbuch]

Starck, Aspekte deutscher Bundesstaatlichkeit in Rechtsprechung und Reformplänen, in Hammer/Somek/Stelzer/Weichselbaum (Hg) Demokratie und sozialer Rechtsstaat in Europa – Festschrift für Theo Öhlinger (2004) 254–271. [*Starck* in FS Öhlinger]

Steinberger, Constitutional Subdivisions of States or Unions and their Capacity to conclude Treaties - Comments on Art. 5 Para. 2 of the ILC's 1966 Draft Articles on the Law of Treaties, ZaöRV 1967, 411–428.

Stettner, Grundfragen einer Kompetenzlehre (1983). [Stettner, Kompetenzlehre]

Stolzlechner/Stoll, Zur ersatzweisen Unterbringung und Aufteilung hilfs- und schutzbedürftiger Fremder durch den Bund, bbl 2016, 77–93.

Storr, Art 4 B-VG, in Kneihs/Lienbacher (Hg) Rill-Schäffer-Kommentar Bundesverfassungsrecht, 17. Lfg (2016). [*Storr* in Kneihs/Lienbacher, Art 4 B-VG]

Storr, Die österreichische Bundesverfassung – eine Hausbesichtigung, ZfV 2009, 530–539.

Storr, Untätigkeit und Unionsrecht, in Holoubek/Lang (Hg) Rechtsschutz gegen staatliche Untätigkeit (2011) 51–72. [*Storr* in Holoubek/Lang, Untätigkeit]

Streinz, Art 20 GRC, in Streinz (Hg) EUV/AEUV, 3. Auflage (2018). [*Streinz* in Streinz, Art 20 GRC]

Streinz, Art 4 EUV, in Streinz (Hg) EUV/AEUV, 3. Auflage (2018). [*Streinz* in Streinz, Art 4 EUV]

Streinz, Art 59 GG, in Sachs (Hg) GG Kommentar, 9. Auflage (2021). [*Streinz* in Sachs, Art 59 GG]

Streinz/Michl, Art 51 GRC, in Streinz (Hg) EUV/AEUV, 3. Auflage (2018). [*Streinz/Michl* in Streinz, Art 51 GRC]

Streinz/Michl, Art 52 GRC, in Streinz (Hg) EUV/AEUV, 3. Auflage (2018). [*Streinz/Michl* in Streinz, Art 52 GRC]

Sturm, Austria (Federal Republic of Austria), in Griffiths (ed) Handbook of Federal Countries, 2005 (2005) 45–57. [*Sturm* in Griffiths, Handbook]

Terhechte, Art 51 GRC, in von der Groeben/Schwarze/Hatje, Europäisches Unionsrecht, 7. Auflage (2015). [*Terhechte* in von der Groeben/Schwarze/Hatje, Art 51 GRC]

Terhechte, Art 52 GRC, in von der Groeben/Schwarze/Hatje, Europäisches Unionsrecht, 7. Auflage (2015). [*Terhechte* in von der Groeben/Schwarze/Hatje, Art 52 GRC]

Thaler, Gibt es einen harten Kern von Art 44 Abs 3 B-VG? – Ein Denkexperiment, ZÖR 2020, 195–208.

Thaler, Rechtsphilosophie und das Verhältnis zwischen Gemeinschaftsrecht und nationalem Recht, JRP 2000, 75–84.

Thienel, Art 138a B-VG, in Korinek/Holoubek/Bezemek/Fuchs/Martin/Zellenberg (Hg) B-VG Kommentar, 3. Lfg (2000). [*Thienel* in Korinek/Holoubek, Art 138a B-VG]

Thienel, Art 15a B-VG, in Korinek/Holoubek/Bezemek/Fuchs/Martin/Zellenberg (Hg) B-VG Kommentar, 3. Lfg (2000). [*Thienel* in Korinek/Holoubek, Art 15a B-VG]

Thienel, Derogation – eine Untersuchung auf Grundlage der Reinen Rechtslehre, in Walter (Hg) Untersuchungen zur Reinen Rechtslehre II (1988) 11–43. [*Thienel* in Walter, Untersuchungen]

Thienel, Ein „komplexer" oder ein normativer Bundesstaatsbegriff?, ZÖR 1991, 215–252.

Thienel, Was ist ein außer Kraft getretenes Gesetz?, JBl 1994, 26 (1. Teil), 92 (2. Teil).

Thurner, Der Bundesstaat in der neueren Rechtsprechung des Verfassungsgerichtshofes unter besonderer Berücksichtigung der Kompetenzverteilung (1994). [*Thurner*, Kompetenzverteilung]

Thym, Europäische Integration im Schatten souveräner Staatlichkeit, Der Staat 2009, 559–586.

Timmermann, Balancing effective criminal sanctions with effective fundamental rights protection in cases of VAT fraud: Taricco, CMLR 2016, 779–796.

Todd, The politics of identity change and conflict: An agenda for research, politics 2018, 84–93.

Torres Peréz, Melloni in Three Acts: From Dialogue to Monologue, ECLR 2014, 308–331.

Troper, Sovereignty, in Rosenfeld/Sajó (eds) The Oxford Handbook of Comparative Constitutional Law (2012) 351–369. [*Troper* in Rosenfeld/Sajó, Handbook]

Tulkens, La Cour d'Arbitrage et le pouvoir constitutant, in Delpérée ea (eds) Regards croisés sur la Cour d'Arbitrage (1995) 25–35. [*Tulkens* in Delpérée, Regards]

Tushnet, Constitution, in Rosenfeld/Sajó (eds) The Oxford Handbook of Comparative Constitutional Law (2012) 218–232. [*Tushnet* in Rosenfeld/Sajó, Handbook]

Uyttendaele, Les Institutions de la Belgique (2014). [*Uyttendaele*, Institutions]

Uyttendaele, Trente leçons de droit constitutionnel (2014). [*Uyttendaele*, Droit constitutionnel]

Van de Craen, The Federated State and Its Treaty-Making Power, RBDI 1983, 377–422.

Van der Schyff, De Nederlandse constitutionele identiteit: soberheid troef, TBP 2017, 322–329.

Van der Schyff, Exploring Member State and European Union Constitutional Identity, EPL 2016, 227–242.

Van der Schyff, The Constitutional Relationship between the European Union and its Member States: The Role of National Identity in Article 4 (2) TEU, ELR 2012, 563–583.

Van Drooghenbroeck, Le fédéralisme sous la contrainte du droit des droits de l'homme?, in Vandenbossche/Van Drooghenbroeck (eds) Europese voorschriften en staatshervorming/Contraintes européennes et réforme de l'Etat (2013) 295–339. [*Van Drooghenbroeck* in Vandenbossche/Van Drooghenbroeck, Europese voorschriften]

Van Eijken, Case C-391/09, Malgožata Runevič-Vardyn and Łukasz Paweł Wardyn v. Vilniaus miesto savivaldybe.s administracija and Others, Judgment of the Court (Second Chamber) of 12 May 2011, nyr, CMLR 2012, 809–826.

Van Elsuwege/Adam, Belgium – The Limits of Constitutional Dialogue for the Prevention of Reverse Discrimination, ECLR 2009, 327–329.

Van Impe, De belgische Bondsstaat of de kenmerken van het federalisme in België, TBP 1991, 437–441.

Van Nuffel, Does EU-Decision-Making Take into Account Regional Interests?, in Cloots/de Baere/Sottiaux (eds) Federalism in the European Union (2011) 191–209. [*van Nuffel* in Cloots, Federalism]

Vandamme, Prochain Arrêt: La Belgique! Explaining Recent Preliminary References of the Belgian Constitutional Court, ECLR 2008, 127–148.

Vande Lanotte/Goedertier/Haeck, Handboek Belgisch publiekrecht. Deel 1 en 2 (2015). [*Vande Lanotte*, Belgisch Publiekrecht]

Vandenbruwaene/Popelier, Belgian Parliaments and the Early Warning System, in Cornell/Goldoni (eds) National and Regional Parliaments in the EU-Legislative Procedure Post-Lisbon: The Impact of the Early Warning Mechanism (2017) 181–198. [*Vandenbruwaene/Popelier* in Cornell/Goldoni, Mechanism]

Vanpraet, België in Europa: de bevoegdheidsverdelende regels en het (con)federalisme in het kwadraat, in Vandenbossche/Van Drooghenbroeck (eds) Europese voorschriften en staatshervorming/Contraintes européennes et réforme de l'Etat (2013) 355–394. [*Vanpraet* in Vandenbossche/Van Drooghenbroeck, Europese voorschriften]

Vanpraet, De algemene beginselen van den bevoegdheidsverdeling, in Seutin/van Haegendoren (eds) De transversale bevoegdheden in het federale België (2017) 1–62. [*Vanpraet* in Seutin/van Haegendoren, Bevoegdheden]

Vanpraet, De latente staatshervorming: de bevoegdheidsverdeling in de rechtspraak van het Grondwettelijk Hof en de adviespraktijk van de Raad van State (2011). [*Vanpraet*, Staatshervorming]

Vanpraet, Het dogma van de exclusieve bevoegdheden gerelativeerd: de meervoudige bevoegdheidskwalificatie in het federale België, in Popelier ea (eds) België, quo vadis? Warheen na de zesde staatshervorming? (2012) 209–230. [*Vanpraet* in Popelier, Zesde staatshervorming]

Vanpraet, Towards a two-speed social security system in federal Belgium?, in Cantillon ea (eds) Social Federalism: The creation of a layered welfare state. The Belgian case (2011) 159–169. [*Vanpraet* in Cantillon, Social Federalism]

Vašek, Unabänderliches Verfassungsrecht und Revisionsschranken in der österreichischen Bundesverfassung – dargestellt am demokratischen, republikanischen und bundesstaatlichen Prinzip (2013). [*Vašek*, Revisionsschranken]

Velaers, Social Federalism and the Distribution of Competences in Belgium, in Cantillon ea (eds) Social Federalism: The creation of a layered welfare state. The Belgian case (2011) 137–157. [*Velaers* in Cantillon, Social Federalism]

Velaers, Territorialiteit versus personaliteit: een never ending story?, in Popelier ea (eds) België, quo vadis? Warheen na de zesde staatshervorming? (2012) 61–107. [*Velaers* in Popelier, Zesde staatshervorming]

Verdussen, Justice Constitutionnelle (2012). [*Verdussen*, Justice]

Verschueren, Social Federalism and EU law on the free movement of persons, in Cantillon ea (eds) Social Federalism: The creation of a layered welfare state. The Belgian case (2011) 197–225. [*Verschueren* in Cantillon, Social Federalism]

Verschueren, The Impact of EU Law on the Devolution of Social Powers in the Member States, in Cloots/de Baere/Sottiaux (eds) Federalism in the European Union (2012) 265–286. [*Verschueren* in Cloots, Federalism]

Villiger, Commentary on the 1969 Vienna Convention in the Law of Treaties (2009). [*Villiger*, Commentary]

Villotti, National Constitutional Identities and the Legitimacy of the European Union – Two Sides of the European Coin, ZEuS 2015, 475–505.

Von Bogdandy, Europäische und nationale Identität: Integration durch Verfassungsrecht? VVDStRL 62 (2003) 156–188 [*von Bogdandy*, VVDStRL 62]

Von Bogdandy/Schill, Art 4 EUV in Grabitz/Hilf/Nettesheim (Hg) Das Recht der Europäischen Union, 51. EL (September 2013). [*von Bogdandy/Schill* in Grabitz/Hilf/Nettesheim, Art 4 EUV]

Von Bogdandy/Schill, Die Achtung der nationalen Identität unter dem reformierten Unionsvertrag - Zur unionsrechtlichen Rolle nationalen Verfassungsrechts und zur Überwindung des absoluten Vorrangs, ZaöRV 2010, 701–734.

Von Bogdandy/Schill, Overcoming Absolute Primacy: Respect for National Identity under the Lisbon Treaty, CMLR 2011, 1417–1453.

Voßkuhle, Art 94 GG in von Mangoldt/Klein/Starck (Hg) GG Kommentar Band III, 7. Auflage (2018). [*Voßkuhle* in von Mangoldt, Art 94 GG]

Wahl, Die Schwebelage im Verhältnis von Europäischer Union und Mitgliedstaaten, Der Staat 2009, 587–614.

Wallnöfer, Bundesstaatlicher Wert und Unwert von Art 12 B-VG am Beispiel des Elektrizitätsrechts, in Holoubek ea (Hg) Die Zukunft der Verfassung - Die Verfassung der Zukunft? FS Karl Korinek (2010) 287–309. [*Wallnöfer* in FS Korinek]

Walter, Christian/Vordermayer, Verfassungsidentität als Instrument richterlicher Selbstbeschränkung in transnationalen Integrationsprozessen. Vergleichende Überlegungen anhand der Rechtsprechung von EuGH und EGMR, in Baer/Lepsius/Schönberger/Waldhoff/Walter (Hg) Jahrbuch des Öffentlichen Rechts der Gegenwart Band 63 (2015) 129–166. [*Walter/Vordermayer* in JBÖR 2015]

Walter, Christian, Art 19 VCLT, in in Dörr/Schmalenbach (Hg) Vienna Convention on the Law of Treaties – A Commentary, 2nd edition (2018). [*Walter* in Dörr/Schmalenbach, Art 19 VCLT]

Walter, Maja, Integrationsgrenze Verfassungsidentität - Konzept und Kontrolle aus europäischer, deutscher und französischer Perspektive, ZaöRV 2012, 177–200.

Walter, Robert, Der Stufenbau nach der derogatorischen Kraft im österreichischen Recht, ÖJZ 1965, 169–174.

Ward, Art 51 CFR, in Peers ea (eds) The EU Charter of Fundamental Rights – A Commentary (2014). [*Ward* in Peers, Art 51 CFR]

Watts, Comparing Federal Systems, 3. Auflage (2008). [*Watts*, Federal Systems]

Weber, Karl, Art 2 B-VG, in Korinek/Holoubek/Bezemek/Fuchs/Martin/Zellenberg (Hg) B-VG Kommentar, 9. Lfg (2009). [*Weber, K.*, in Korinek/Holoubek, Art 2 B-VG]

Weber, Karl, Die Entwicklung des österreichischen Bundesstaates, in Schambeck (Hg) Bundesstaat und Bundesrat in Österreich (1997) 37–64. [*Weber, K.*, in Schambeck, Bundesstaat]

Weber, Karl, Die mittelbare Bundesverwaltung (1987). [*Weber, K.*, Bundesverwaltung]

Weber, Karl, Kriterien des Bundesstaates (1980). [*Weber, K.*, Kriterien]

Weber, Teresa, Art 16 B-VG, in Kneihs/Lienbacher (Hg) Rill-Schäffer-Kommentar Bundesverfassungsrecht, 19. Lfg (2017). [*Weber* in Kneihs/Lienbacher, Art 16 B-VG]

Weber, Teresa, Die föderale Kompetenzverteilung als Beispiel für Pfadabhängigkeit, DÖV 2016, 761–767.

Wegener, Art 267 AEUV, in Calliess/Ruffert (Hg) Kommentar EUV/AEUV, 5. Auflage (2016). [*Wegener* in Calliess/Ruffert, Art 267 AEUV]

Weichselbaum, Das Legalitätsprinzip als Nahtstelle zwischen den Grundprinzipien der Bundesverfassung, in Hammer ea (Hg) Demokratie und sozialer Rechtsstaat in Europa FS Öhlinger (2004) 640–660. [*Weichselbaum* in FS Öhlinger]

Weigert/Teitge/Teitge, Society and Identity. Toward a Sociological Psychology (1986). [*Weigert/Teitge/Teitge*, Identity]

Weiler, On the power of the Word: Europe's constitutional iconography, International Journal of Constitutional Law 2005, 173–190.

Weiser, Berücksichtigung im Bundesstaat (2017). [*Weiser*, Berücksichtigung]

Wendel, Permeabilität im europäischen Verfassungsrecht: verfassungsrechtliche Integrationsnormen auf Staats- und Unionsebene im Vergleich (2011). [*Wendel*, Permeabilität]

Werner, Die Kompetenzartikel der Bundesverfassung in der Rechtsprechung des Verfassungsgerichtshofs, JBl 1960, 161–165.

Werner, Vorläufige Verfassung – oder Bundesverfassung?, ÖJZ 1946, 277–280.

Wiederin, § 7 Österreich, in von Bogdandy/Cruz Villalón/Huber (Hg) Handbuch Ius Publicum Europaeum Band I Grundlagen und Grundzüge staatlichen Verfassungsrechts (2007) 389–449. [*Wiederin* in HB Ius Publicum Europaeum Band I]

Wiederin, Art 10 Abs 3 B-VG, in Korinek/Holoubek/Bezemek/Fuchs/Martin/Zellenberg (Hg) B-VG Kommentar, 10. Lfg (2011). [*Wiederin* in Korinek/Holoubek, Art 10 Abs 3 B-VG]

Wiederin, Bundesrecht und Landesrecht – Zugleich ein Beitrag zu Strukturproblemen der Kompetenzverteilung in Österreich und Deutschland (1995). [*Wiederin*, Bundesrecht]

Wiederin, Der Vorrang des Unionsrechts vor nationalem Recht, in Griller/Kahl/Kneihs/Obwexer (Hg) 20 Jahre EU-Mitgliedschaft Österreichs (2015) 179–202. [*Wiederin* in Griller ea, EU-Mitgliedschaft]

Wiederin, Deutschland über alles: Das Lissabon-Urteil des Bundesverfassungsgerichts, ÖJZ 2010, 398–406.

Wiederin, Einheitsstaat oder Bundesstaat? Diskurse und Entscheidungen 1945, in Schennach (Hg) Rechtshistorische Aspekte des österreichischen Föderalismus (2015) 183–208. [*Wiederin* in Schennach, Föderalismus]

Wiederin, Gesamtänderung, Totalrevision und Verfassunggebung, in Akyürek ea (Hg) Staat und Recht in europäischer Perspektive: Festschrift Heinz Schäffer (2006) 961–980. [*Wiederin* in FS Schäffer]

Wiederin, Theorien als Methoden der Kompetenzinterpretation, ZfV 2015, 236–242.

Wieland, Art 100 GG, in Dreier (Hg) GG Kommentar Band III, 3. Auflage (2018). [*Wieland* in Dreier, Art 100 GG]

Wieland, Art 94 GG, in Dreier (Hg) GG Kommentar Band III, 3. Auflage (2018). [*Wieland* in Dreier, Art 94 GG]

Wielinger, Zur Befindlichkeit des österreichischen Bundesstaates, in Schäffer ea (Hg) Staat – Verfassung – Verwaltung, FS Koja (1998) 495–505 [*Wielinger* in FS Koja]

Wildhaber, Treaty-Making Power and Constitution: an international and comparative study (1971). [*Wildhaber*, Treaty-Making]

Willi, Das Problem des „Sammelgesetzes" vor dem Hintergrund der maßgeblichen „Baugesetze" der österreichischen Bundesverfassung, ZÖR 2008, 321–334.

Wischmeyer, Nationale Identität und Verfassungsidentität. Schutzgehalte, Instrumente, Perspektiven, AöR 2015, 415–460.

Witte, Viel Lärm um nichts? – Wirkung und Normenhierarchie des Völkerrechts im Unionsrecht vor und nach *Kadi*, ZÖR 2012, 679–702.

Wittgenstein, Philosophische Untersuchungen, 2. Auflage (1958). [*Wittgenstein*, Untersuchungen]

Wittreck, § 18 Die Bundestreue, in Härtel (Hg) Handbuch Föderalismus Band 1: Grundlagen des Föderalismus und der deutsche Bundesstaat (2012) 497–526. [*Wittreck* in Härtel, Handbuch]

Wittreck, Vorbemerkungen zu Art 70 bis 74 GG, in Dreier (Hg) GG Kommentar Band II, 3. Auflage (2015). [*Wittreck* in Dreier, Vorb zu Art 70 bis 74 GG]

Wodak/de Cilia/Reisigl/Liebhart, The Discursive Construction of National Identity, 2nd edition (2009). [*Wodak/de Cilia/Reisigl/Liebhart*, Identity]

Wollenschläger, Art 3 GG, in von Mangoldt/Klein/Starck (Hg) GG Kommentar Band I, 7. Auflage (2018). [*Wollenschläger* in von Mangoldt, Art 3 GG]

Wollenschläger, Art 23 GG, in Dreier (Hg) GG Kommentar Band II, 3. Auflage (2015). [*Wollenschläger* in Dreier, Art 23 GG]

Wollenschläger, Art 24 GG, in Dreier (Hg) GG Kommentar Band II, 3. Auflage (2015). [*Wollenschläger* in Dreier, Art 24 GG]

Wollenschläger, Art 32 GG, in Dreier (Hg) GG Kommentar Band II, 3. Auflage (2015). [*Wollenschläger* in Dreier, Art 32 GG]

Wouters/Nollkaemper/de Wet (eds) The Europeanisation of International Law - The Status of International Law in the EU and its Member States (2008). [Wouters/Nollkaemper/de Wet, Europeanisation]

Wutscher, Abuse of Law as a General Principle of EU Law?, in Potacs/Tichý (eds) Abuse of Law (2017) 287–307. [*Wutscher* in Potacs/Tichý, Abuse]

Wyttenbach, Umsetzung von Menschenrechtsübereinkommen in Bundesstaaten (2017). [*Wyttenbach*, Umsetzung]

Zbíral, Czech Constitutional Court, Judgement of 31 January 2012, Pl. ÚS 5/12., CMLR 2012, 1475–1491.

Zellweger, Völkerrecht und Bundesstaat – Mittel des Völkerrechts zur Vereinbarung von Staatsvertrags- und Bundesstaatsrecht (1992). [*Zellweger*, Bundesstaat]

Ziegenhorn, Art 16 EUV, in Grabitz/Hilf/Nettesheim (Hg) Das Recht der Europäischen Union, 51. EL (September 2013). [*Ziegenhorn* in Grabitz/Hilf/Nettesheim, Art 16 EUV]

Ziekow, Abweichung von bindenden Verfassungsgerichtsentscheidungen?, NVwZ 1995, 247–250.

Zweigert/Kötz, Introduction to comparative law, 3. Auflage (1998, unveränderter Nachdruck 2011). [*Zweigert/Kötz*, Introduction]

12. Rechtsprechungsverzeichnis

Österreich (VfGH)

VfSlg 1030/1928
VfSlg 1462/1932
VfSlg 1478/1932
VfSlg 2455/1952
VfSlg 2674/1954
VfSlg 2977/1956
VfSlg 4348/1963
VfSlg 4486/1963
VfSlg 5676/1968
VfSlg 6344/1970
VfSlg 6755/1972
VfSlg 7038/1973
VfSlg 7516/1975
VfSlg 8161/1977
VfSlg 8247/1978
VfSlg 8247/1978
VfSlg 8247/1978
VfSlg 9116/1981
VfSlg 10.050/1984
VfSlg 10.292/1984
VfSlg 10.831/1986
VfSlg 11.403/1987
VfSlg 11.756/1988
VfSlg 11.829/1988
VfSlg 11.979/1989
VfSlg 12.939/1991
VfSlg 13.234/1992
VfSlg 14.362/1995
VfSlg 14.644/1996
VfSlg 14.846/1997
VfSlg 15.552/1999
VfSlg 17.777/2006
VfSlg 18.096/2007
VfSlg 19.568/2011
VfSlg 19.583/2011
VfSlg 19.632/2012
VfSlg 19.751/2013

VfSlg 19.904/2014
VfSlg 19.954/2015
VfSlg 19.964/2015
VfGH 20.06.2015, E 163/2014
VfSlg 20.002/2015
VfSlg 20.036/2015
VfSlg 20.213/2017
VfSlg 20.218/2017

Deutschland (BVerfG)

BVerfGE 1, 117 (Finanzausgleichsgesetz)
BVerfGE 1, 14 (Südweststaat)
BVerfGE 1, 299 (Wohnungsbauförderung)
BVerfGE 1, 372 (Deutsch-Französisches Wirtschaftsabkommen)
BVerfGE 2, 347 (Kehler Hafen)
BVerfGE 3, 407 (Baugutachten)
BVerfGE 4, 115 (Besoldungsgesetz NRW)
BVerfGE 5, 34 (Baden-Abstimmung)
BVerfGE 6, 309 (Reichskonkordat)
BVerfGE 7, 377 (Apothekenurteil)
BVerfGE 8, 122 (Volksbefragung Hessen)
BVerfGE 11, 89 (Bremisches Urlaubsgesetz)
BVerfGE 12, 205 (1. Rundfunkentscheidung)
BVerfGE 13, 54 (Neugliederung Hessen)
BVerfGE 14, 221 (Fremdrenten)
BVerfGE 32, 346 (Strafbestimmungen in Gemeindesatzungen)
BVerfGE 33, 303 (numerus clausus I)
BVerfGE 34, 9 (Besoldungsvereinheitlichung)
BVerfGE 36, 342 (Niedersächsisches Landesbesoldungsgesetz)
BVerfGE 37, 271 (Solange I)
BVerfGE 42, 20 (Öffentliches Wegeeigentum)
BVerfGE 55, 274 (Berufsausbildungsabgabe)
BVerfGE 55, 349 (Hess-Entscheidung)
BVerfGE 60, 16 (Härteausgleichsleistungen)
BVerfGE 60, 175 (Startbahn West)
BVerfGE 72, 330 (Finanzausgleich I)
BVerfGE 73, 118 (4. Rundfunkentscheidung)
BVerfGE 73, 339 (Solange II)
BVerfGE 76, 1 (Familiennachzug)
BVerfGE 81, 310 (Kalkar II)
BVerfGE 87, 181 (7. Rundfunkentscheidung)

BVerfGE 89, 155 (Maastricht)
BVerfGE 92, 203 (EG-Fernsehrichtlinie)
BVerfGE 96, 345 (Landesverfassungsgerichte)
BVerfGE 98, 106 (Verpackungssteuer)
BVerfGE 98, 365 (Bayerisches Schwangerenhilfegesetz)
BVerfGE 98, 83 (Landesabfallabgaben)
BVerfGE 99, 1 (Bayerische Kommunalwahlen)
BVerfGE 101, 158 (Finanzausgleich III)
BVerfGE 102, 147 (Bananenmarktordnung)
BVerfGE 102, 224 (Funktionszulagen)
BVerfGE 103, 81 (Pofalla I)
BVerfGE 104, 249 (Biblis A)
BVerfGE 106, 1 (Oberfinanzdirektionen)
BVerfGE 106, 62 (Altenpflege)
BVerfGE 110, 33 (Zollkriminalamt)
BVerfGE 111, 226 (Juniorprofessur)
BVerfGE 116, 327 (Berliner Haushalt)
BVerfGE 123, 267 (Lissabon)
BVerfGE 125, 141 (Gewerbesteuer Mindesthebesatz)
BVerfGE 129, 108 (Legislativstreit Schuldenbremse)
BVerfGE 133, 241 (Luftsicherheitsgesetz)
BVerfGE 134, 1 (Studiengebühren Bremen)
BVerfGE 134, 366 (OMT-Vorlagebeschluss)
BVerfGE 137, 108 (Art 91e GG)
BVerfGE 138, 261 (Thüringer Ladenöffnungsgesetz)
BVerfGE 140, 317 (Haftbefehl)
BVerfGE 142, 123 (OMT-Urteil)
BVerfG 24.07.2018, 2 BvR 1961/09 (Europäische Schulen) ECLI:DE:BVerfG:2018:rs20180724.2bvr196109
BVerfG, 30.07.2019, 2 BvR 1685/14 und 2 BvR 2631/15 (Bankenunion) ECLI:DE:BVerfG:2019:rs20190730.2bvr168514
BVerfG 05.05.2020, 2 BvR 859/15 ua (PSPP) ECLI:DE:BVerfG:2020:rs20200505.2bvr085915

Belgien (Belgischer Kassationshof, GH)

Belgischer Kassationshof 27.05.1971, AC 1971, 959
Belgischer Kassationshof 09.11.2004, Pas 2004, 1745
Belgischer Kassationshof 16.11.2004, Pas 2004, 1759

~

GH 16.10.1991, 26/91
GH 14.11.1991, 33/91

GH 18.06.1992, 50/92
GH 15.07.1993, 62/93
GH 03.02.1994, 12/94
GH 09.02.1994, 16/94
GH 21.03.2000, 28/2000
GH 13.03.2001, 33/2001
GH 22.01.2003, 8/2003
GH 30.06.2004, 119/2004
GH 14.07.2004, 132/2004
GH 22.06.2005, 107/2005
GH 13.07.2005, 128/2005
GH 19.04.2006, 51/2006
GH 21.01.2009, 11/2009
GH 08.07.2010, 83/2010
GH 29.07.2010, 95/2010
GH 28.10.2010, 124/2010
GH 02.03.2011, 33/2011
GH 12.07.2012, 89/2012
GH 12.03.2015, 29/2015
GH 28.05.2015, 81/2015
GH 29.10.2015, 154/2015
GH 28.04.2016, 62/2016
GH 15.06.2017, 75/2017

EU (EuGH, EuG, Generalanwältinnen und Generalanwälte)

EuG 10.05.2016, Rs T-529/13 (Izsák/Kommission) ECLI:EU:T:2016:282

~

EuGH 05.02.1963, Rs 26/62 (Van Gend & Loos) ECLI:EU:C:1963:1
EuGH 15.07.1964, Rs 6/64 (Costa/ENEL) ECLI:EU:C:1964:66
EuGH 06.10.1970, Rs C-9/70 (Grad) ECLI:EU:C:1970:78
EuGH 04.12.1974, Rs C-41/74 (van Duyn) ECLI:EU:C:1974:133
EuGH 19.10.1977, verb Rs C-117/76 und C-16/77 (Ruckdeschel) ECLI:EU:C:1977:160
EuGH 09.03.1978, Rs 106/77 (Simmenthal) ECLI:EU:C:1978:49
EuGH 18.01.1984, Rs C-327/82 (Ekro) ECLI:EU:C:1984:11
EuGH 13.12.1984, Rs 106/83 (Sermide SpA) ECLI:EU:C:1984:394
EuGH 14.10.1987, Rs 248/84 (Deutschland/Kommission) ECLI:EU:C:1987:437
EuGH 24.03.1988, Rs 104/86 (Kommission/Italien) ECLI:EU:C:1988:171
EuGH 13.07.1989, Rs C-5/88 (Wachauf) ECLI:EU:C:1989:321
EuGH 12.06.1990, Rs C-8/88 (BRD/Kommission) ECLI:EU:C:1990:241
EuGH 18.06.1991, Rs C-260/89 (ERT) ECLI:EU:C:1991:254
EuGH 02.07.1996, Rs C-290/94 (Kommission/Griechenland) ECLI:EU:C:1996:265

EuGH 06.02.1997, Rs C-205/96 (Kommission/Belgien) ECLI:EU:C:1997:63
EuGH 21.03.1997, Rs C-95/97 (Wallonische Region/Kommission) ECLI:EU:C:1997:184
EuGH 01.10.1997, Rs C-180/97 (Regione Toscana/Kommission) ECLI:EU:C:1997:451
EuGH 17.09.1998, Rs C-323/96 (Kommission/Belgien) ECLI:EU:C:1998:411
EuGH 21.09.1999, Rs C-124/97 (Läärä) ECLI:EU:C:1999:435
EuGH 21.10.1999, Rs C-67/98 (Zenatti) ECLI:EU:C:1999:514
EuGH 19.09.2000, Rs C-156/98 (Deutschland/Kommission) ECLI:EU:C:2000:467
EuGH 08.11.2001, Rs C-143/99 (Adria-Wien Pipeline) ECLI:EU:C:2001:598
EuGH 22.11.2001, Rs C-452/98 (Nederlandse Antillen/Rat) ECLI:EU:C:2001:623
EuGH 17.01.2002, Rs C-423/00 (Kommission/Belgien) ECLI:EU:C:2002:32
EuGH 17.09.2002, Rs C-320/00 (Lawrence) ECLI:EU:C:2002:498
EuGH 17.09.2002, Rs C-253/00 (Munoz) ECLI:EU:C:2002:497
EuGH 12.03.2003, Rs C-112/00 (Schmidberger) ECLI:EU:C:2003:333
EuGH 11.09.2003, Rs C-6/01 (Anomar) ECLI:EU:C:2003:446
EuGH 06.11.2003, Rs C-243/01 (Gambelli) ECLI:EU:C:2003:597
EuGH 13.01.2004, Rs C-256/01 (Allonby) ECLI:EU:C:2004:18
EuGH 13.01.2004, Rs C-453/00 (Kühne & Heitz) ECLI:EU:C:2004:17
EuGH 15.07.2004, Rs C-321/02 (Harbs) ECLI:EU:C:2004:447
EuGH 14.10.2004, Rs C-36/02 (Omega-Spielhallen) ECLI:EU:C:2004:614
EuGH 02.05.2006, Rs C-417/04 P (Regione Siciliana/Kommission) ECLI:EU:C:2006:282
EuGH 06.09.2006, Rs C-88/03 (Portugal/Kommission) ECLI:EU:C:2006:511
EuGH 06.03.2007, verb Rs C-338/04, Rs C-359/04 und C-360/04 (Placanica ua) ECLI:EU:C:2007:133
EuGH 03.05.2007, Rs C-303/05 (Advocaten voor de Wereld VZW) ECLI:EU:C:2007:261
EuGH 18.10.2007, Rs C-195/06 (Österreichischer Rundfunk) ECLI:EU:C:2007:613
EuGH 06.03.2008, Rs C-98/07 (BG Factoring) ECLI:EU:C:2008:144
EuGH 01.04.2008, Rs C-212/06 (Flämische Pflegeversicherung) ECLI:EU:C:2008:178
EuGH 03.09.2008, verb Rs C-402/05 P und C-415/05 P (Kadi) ECLI:EU:C:2008:461
EuGH 11.09.2008, verb Rs C-428/06 bis C-434/06 (UGT-Rioja) ECLI:EU:C:2008:488
EuGH 22.12.2008, C-487/06 P (British Aggregates Association) ECLI:EU:C:2008:757
EuGH 10.03.2009, Rs C-169/07 (Hartlauer) ECLI:EU:C:2009:141
EuGH 19.05.2009, verb Rs C-171/07 und C-172/07 (Apothekerkammer des Saarlandes) ECLI:EU:C:2009:316
EuGH 19.05.2009, Rs C-531/06 (Kommission/Italien) ECLI:EU:C:2009:315
EuGH 16.07.2009, Rs C-428/07 (Horvath) ECLI:EU:C:2009:458
EuGH 17.11.2009, Rs C-169/08 (Regione Sardegna) ECLI:EU:C:2009:709
EuGH 22.06.2010, verb Rs C-188/10 und 189/10 (Melki und Abdeli) ECLI:EU:C:2010:363
EuGH 08.09.2010, Rs C-46/08 (Carmen Media) ECLI:EU:C:2010:505
EuGH 22.12.2010, Rs C-208/09 (Sayn-Wittgenstein) ECLI:EU:C:2010:806

EuGH 12.05.2011, Rs C-391/09 (Runevič-Vardyn) ECLI:EU:C:2011:291
EuGH 09.06.2011, verb Rs C-71/09 P ua (Presidente del Consiglio dei Ministri) ECLI:EU:C:2011:368
EuGH 08.09.2011, Rs C-279/08 P (Niederlande/Kommission) ECLI:EU:C:2011:551
EuGH 01.03.2012, Rs C-393/10 (O'Brien) ECLI:EU:C:2012:110
EuGH 24.05.2011, Rs C-51/08 (Kommission/Luxemburg) ECLI:EU:C:2011:336
EuGH 22.06.2011, Rs C-399/09 (Landtova) ECLI:EU:C:2011:415
EuGH 21.07.2011, verb Rs C-159/10 und C-160/10 (Fuchs und Köhler) ECLI:EU:C:2011:508
EuGH 19.12.2012, Rs C-364/11 (El Karem El Kott) ECLI:EU:C:2012:826
EuGH 26.02.2013, Rs C-399/11 (Melloni) ECLI:EU:C:2013:107
EuGH 26.02.2013, RS C-617/10 (Åkerberg Fransson) ECLI:EU:C:2013:105
EuGH 16.04.2013, Rs C-202/11 (Las) ECLI:EU:C:2013:239
EuGH 24.10.2013, Rs C-151/12 (Kommission/Spanien) ECLI:EU:C:2013:690
EuGH 24.10.2013, Rs C-275/12 (Elrick) ECLI:EU:C:2013:684
EuGH 13.02.2014, Rs C-367/12 (Sokoll-Seebacher) ECLI:EU:C:2014:68
EuGH 12.06.2014, Rs C-156/13 (Digibet) ECLI:EU:C:2014:1756
EuGH 17.07.2014, verb Rs C-473/13 und C-514/13 (Bero) ECLI:EU:C:2014:2095
EuGH 17.07.2014, verb Rs C-58/13 und C-59/13 (Torresi) ECLI:EU:C:2014:2088
EuGH 17.07.2014, Rs C-173/13 (Leone) ECLI:EU:C:2014:2090
EuGH, 18.12.2014, 2/13 (EMRK-Beitritt) ECLI:EU:C:2014:2454
EuGH 16.06.2015, Rs C-62/14 (Gauweiler) ECLI:EU:C:2015:400
EuGH 18.06.2015, Rs C-508/13 (Estland/Kommission) ECLI:EU:C:2015:403
EuGH 08.09.2015, Rs C-105/14 (Taricco) ECLI:EU:C:2015:555
EuGH 29.09.2015, Rs C-276/14 (Gmina Wrocław) ECLI:EU:C:2015:635
EuGH 17.11.2015, Rs C-115/14 (RegioPost) ECLI:EU:C:2015:760
EuGH 19.04.2016, Rs C-441/14 (Ajos) ECLI:EU:C:2016:278
EuGH 04.05.2016, Rs C-547/14 (Philip Morris) ECLI:EU:C:2016:325 Rz 216 ff
EuGH 02.06.2016, Rs C-438/14 (Bogendorff von Wolffersdorff) ECLI:EU:C:2016:401
EuGH 21.12.2016, Rs C-524/14 P (Kommission/Hansestadt Lübeck) ECLI:EU:C:2016:971
EuGH 21.12.2016, Rs C-51/15 (Remondis) ECLI:EU:C:2016:985
EuGH 18.05.2017, Rs C-99/16 (Lahorgue) ECLI:EU:C:2017:391
EuGH 22.11.2017, Rs C-251/16 (Cussens) ECLI:EU:C:2017:881
EuGH 05.12.2017, Rs C-42/17 (M.A.S.) ECLI:EU:C:2017:936
EuGH 05.12.2017, Rs C-600/14 (Deutschland/Rat) ECLI:EU:C:2017:935
EuGH 05.06.2018, Rs C-673/16 (Coman) ECLI:EU:C:2018:385
EuGH 12.07.2018, Rs C-540/16 (Spika) ECLI:EU:C:2018:565
EuGH 11.12.2018, Rs C-493/17 (Weiss) ECLI:EU:C:2018:1000
EuGH 13.03.2019, Rs C-128/17 (Polen/Europäisches Parlament) ECLI:EU:C:2019:194
EuGH 13.06.2019, Rs C-317/18 (Correia Moreira) ECLI:EU:C:2019:499
EuGH 31.10.2019, Rs C-391/17 (Kommission/Vereinigtes Königreich) ECLI:EU:C:2019:919
EuGH 31.10.2019, Rs C-395/17 (Kommission/Niederlande) ECLI:EU:C:2019:918

EuGH 02.04.2020, Rs C-715/17 (Kommission/Polen). ECLI:EU:C:2020:257
EuGH 18.06.2020, RS C-328/19 (Porin kaupunki) ECLI:EU:C:2020:483
EuGH 16.07.2020, Rs C-311/18 (Facebook Ireland und Schrems) ECLI:EU:C:2020:559
EuGH 06.10.2020, verb Rs C-511/18, C-512/18 und C-520/18 (La Quadrature du Net u.a.) ECLI:EU:C:2020:791
EuGH 06.10.2020, Rs C-623/17 (Privacy International) ECLI:EU:C:2020:790
EuGH 17.12.2020, Rs C-808/18 (Kommission/Ungarn) ECLI:EU:C:2020:1029
EuGH 25.02.2021, Rs C-658/19 (Kommission/Spanien) ECLI:EU:C:2021:138
EuGH 02.03.2021, C-824/18 (A.B. u.a.) ECLI:EU:C:2021:153
EuGH 14.04.2021, Rs C-504/20 P (Wagenknecht/Rat) ECLI:EU:C:2021:305
EuGH 06.05.2021, Rs C-679/20 (Administración General del Estado) ECLI:EU:C:2021:362
EuGH 15.07.2021, Rs C-742/19 (B.K.) ECLI:EU:C:2021:597
EuGH 02.09.2021, Rs C-718/18 (Kommission/Deutschland) ECLI:EU:C:2021:662

~

GA *Bobek* 06.02.2019, Rs C-391/17 (Kommission/Vereinigtes Königreich) ECLI:EU:C:2019:97
GA *Bobek* 06.02.2019, Rs C-395/17 (Kommission/Niederlande) ECLI:EU:C:2019:98
GA *Bot* 30.04.2014, verb Rs C-473/13 und C-514/13 (Bero) ECLI:EU:C:2014:295
GA *Bot* 18.07.2017, Rs C-42/17 (M.A.S) ECLI:EU:C:2017:564
GA *Jääskinen* 16.12.2010, Rs C-391/09 (Runevič-Vardyn) ECLI:EU:C:2010:784
GA *Jääskinen* 12.07.2012, Rs C-202/11 (Las) ECLI:EU:C:2012:456
GA Jääskinen 30.06.2015, Rs C-276/14 (Gmina Wrocław) ECLI:EU:C:2015:431
GA *Kokott* 08.05.2008, verb Rs C-428/06 bis C-434/06 (UGT-Rioja) ECLI:EU:C:2008:262
GA *Kokott* 17.11.2011, Rs C-393/10 (*O'Brien*) ECLI:EU:C:2011:746
GA *Kokott* 30.05.2013, Rs C-151/12 (*Kommission/Spanien*) ECLI:EU:C:2013:354
GA *Kokott* 31.05.2016, Rs C-157/15 (*Achbita*) ECLI:EU:C:2016:382
GA *Maduro* 08.10.2008, Rs C-213/07 (Michaniki) ECLI:EU:C:2008:544
GA *Mengozzi* 09.09.2015, Rs C-115/14 (RegioPost) ECLI:EU:C:2015:566
GA *Mengozzi* 30.06.2016, Rs C-51/15 (Remondis) ECLI:EU:C:2016:504
GA *Øe* 04.05.2017, Rs C-566/15 (Erzberger) ECLI:EU:C:2017:347
GA *Sharpston*, 28.06.2007, Rs C-212/6 (Flämische Pflegeversicherung) ECLI:EU:C:2007:398
GA *Sharpston* 14.10.2010, Rs C-208/09 (Sayn-Wittgenstein) ECLI:EU:C:2010:608
GA *Wahl* 10.04.2014, verb Rs C-58/13 und C-59/13 (Torresi) ECLI:EU:C:2014:265
GA *Wathelet* 14.01.2016, Rs C-438/14 (Bogendorff von Wolffersdorff) ECLI:EU:C:2016:11
GA *Wathelet* 11.01.2018, Rs C-673/16 (Coman) ECLI:EU:C:2018:2
GA *Wathelet* 04.10.2018, RS C-493/17 (Weiss) ECLI:EU:C:2018:815.

Sonstige

Corte Costituzionale (Italienisches Verfassungsgericht), Beschluss 24/2017, ECLI:IT:COST:2017:24

EGMR 13.06.1979, Marckx/Belgium, 6833/74

EGMR 23.07.1968, Case „Relating to certain aspects of the laws in the use of languages in Belgium"/Belgium, 1474/62 et al.

EGMR 23.10.1990, Darby/Sweden, 11581/85

EGMR 03.06.2008, Siveri et Chinelli/Italy, 13148/04

High Court of Australia, 01.07.1983, Commonwealth vs Tasmania

ICJ La Grand (Germany v United States of America) Judgement of 27.06.2001, ICJ Reports 2001, 466

ICJ La Grand (Germany v United States of America) Provisional Measures, Order of 03.03.1999, ICJ Reports 1999, 9

United States Supreme Court, 19.04.1920, 252 US 416 (1920) Missouri vs Holland

Stichwortverzeichnis